이론 & 실무
정보통신망법

이창범 · 황창근 · 정필운 공저

Information and Communications Network Law
Theory & Practice

박영사

책 발간에 붙여

「정보통신망 이용촉진 및 정보보호 등에 관한 법률」(이 책에서는 '정보통신망법'으로 줄여서 표현하였다)이 제정된 지 어언 30년이 넘었다. 그동안 정보통신망법은 정보통신기술(ICT) 발전의 속도만큼이나 빠르게 변해왔다. 법률의 명칭도 세 번이나 바뀌었고 전문개정도 두 차례나 있었으며 적용 범위와 대상도 계속 확대·축소를 반복해 왔다. 정보통신망법은 인터넷이라고 하는 "보이지 않은" 가상공간에서 개인과 기업의 활동을 규율하는 가장 기본적인 법률이면서 없어서는 안 될 중요한 법률이다. 2011년 「개인정보 보호법」이 제정된 이후에도 실무상 정보통신망법은 기업의 CPO 및 CISO, 컨설팅전문가, 수사기관, 법원 모두에게 여전히 「개인정보 보호법」보다 더 중요한 법률이었다. 2020년 개정 「개인정보 보호법」에 따라 개인정보보호 관련 규정이 모두 삭제·이관됨에 따라 개인정보보호와 관련한 정보통신망법의 역할은 그 운명을 다하였으나 이용자보호법 및 정보보호법으로서의 그 기능과 역할에는 변함이 없다. 오히려 사물인터넷과 5G 시대의 본격화에 따라 이용자보호법으로서 정보통신망법의 중요성은 더욱 커질 것이다.

우리는 정보통신망법을 통해서 인류가 한 번도 경험해보지 못한 가상세계에서의 질서에 익숙해질 수 있었다. 정보통신망법을 통해 가상세계에 대한 막연한 두려움을 극복할 수 있었고, 가상세계를 신뢰할 수 있었으며, 가상세계를 현실세계로 받아들일 수 있었다. 현재 우리나라 국민이 누리고 있는 세계 최고 수준의 인터넷 서비스와 정보환경은 정보통신망법에 힘입은 바 크다. 선제적 규제에 대한 비판도 적지 않았으나 정보통신망법이 제도적으로 뒷받침해주지 않았다면 가상현실에 대한 이처럼 빠른 적응과 도약은 불가능했을 것이다. 정보통신망법의 일부는 다른 나라 법제도를 벤치마킹한 부분도 없지 아니하나, 그 대부분은 우리나라가 독자적으로 고안한 제도이다. 지금은 다른 나라에서도 정보통신망법과 유사한 법률이 많이 발견되지만, 2000년대 초중반까지만 해도 정보통신망법은 가상세계의 법질서를 수립해가는 개척자의 입장에 있었다.

이 책의 저자들은 오랫동안 정보통신 관련 법제를 연구하고 강의해온 학자들이자 정보통신망법의 제·개정 역사를 함께 해온 역사의 증인이며 가상세계를 규율하는 그 밖의 다수 법령의 제·개정 작업에 참여해온 사이버법의 개척자이기도 하다. 이에 저자들은 정보통신망법의 중요성에도 불구하고 정보통신망법을 준수하고 집행해야 하는 현장의 실무자들이 참고할 수 있는 이론서나 참고서가 없는 것을 무척 아쉽게 생각해오던 차에 이번 겨울 방학에 집중적으로 집필하여 이 책을 내게 되었다. 당초에는 역사에 남긴다는 사명감으로 세상에 잘 알려지지 않은 입법의 배경과 취지를 담을 계획이었지만 시간상 그런 꿈은 접어야 했다. 이 책은 기업실무자, 정책담당자, 전문변호사, 학생 및 수험생 등을 위한 입문서 내지 참고서로 활용할 수 있도록 고안되었다.

미리 밝혀두면 저자들은 평소 정보통신망법에 대한 체계적인 연구가 부족하고 공개적인 토론과 논의 없이 규제기관의 일방적인 해석에 의존해온 것에 대해 문제의식을 가지고 있었다. 또한 정보통신 영역에서 현행 법률 해설서와 같이 해석론에 그친 책 발간에 대해서도 아쉬움을 가지고 있었다. 이러한 이유로 이 책은 규제기관이나 판례의 해석론과 다른, 저자들의 해석론을 펼친 부분이 적지 않다. 또한 현행 정보통신망법 해석론을 넘어 입법론을 전개한 부분도 적지 않다.

이 책이 정보통신망법의 해석 및 적용에 대한 이론적·학문적 토론의 장을 조금이라도 제공할 수 있었으면 하는 바람이다. 독자 여러분의 추상과 같은 비판을 환영하며 이를 언제든지 받아들이고 해명하는 것을 주저하지 않을 것이다. 끝으로 저자들의 뜻을 받아들여 이 책을 출간해 준 박영사와 조성호 이사님과 그리고 기획·편집을 맡아주신 김한유, 김상인 선생님께 깊은 감사를 드린다.

2021년 6월
코로나19를 극복하고 일상으로 돌아가고픈 마음을 담아
공동저자 씀

차   례

제 5 부　보칙 및 벌칙

제1장　보　칙 ································· 365

부 록

제 1 부

총 론

제1장 정보통신망법의 목적 및 적용범위

제1절 정보통신망법의 목적과 연혁

1. 정보통신망법의 목적

정보통신망법은 "정보통신망의 이용을 촉진하고 정보통신서비스를 이용하는 자를 보호함과 아울러 정보통신망을 건전하고 안전하게 이용할 수 있는 환경을 조성하여 국민생활의 향상과 공공복리의 증진에 이바지함"을 목적으로 한다(제1조). 이처럼 정보통신망법은 "정보통신망의 이용 촉진"과 "정보통신망의 안전한 이용환경 조성" 그리고 "정보통신서비스 이용자 보호"라는 세 가지 다른 목적을 동시에 추구한다. 정보통신망을 안전하게 관리하고 건전한 이용환경을 조성함으로써 궁극적으로 정보통신망의 이용을 촉진하고 정보통신서비스 이용자도 보호하겠다는 것이다. 정보통신망 또는 정보통신서비스를 이용하는 개인의 이익 보호도 중요하지만 공중망 또는 공공재로써 정보통신망의 안정적인 관리와 건전한 이용환경 조성이 이 법의 중요한 목적임을 선언한 것이다. 이에 따라 이 법은 정보통신서비스 제공자는 물론 정보통신서비스 이용자에 대해서도 다양한 의무를 부여하고 있다.

정보통신망법의 목적은 지난 35년간 꾸준히 확장되어 왔다. 1986년 제정 당시(법률 제3848호)에는 "전산망의 개발보급과 이용등"을 촉진하여 정보화사회의 기반을 조성하는 것이 주된 목적이었다. 그러나 1999년 5월 1차 전부개정으로 이 법의 목적은 정보통신망의 이용을 촉진하고 안정적인 관리·운영을 도모하며 정보통신서비스를 이용하는 자의 개인정보를 보호하여 정보사회의 기반을 조성하는 것으로 변경·확대되었다. "전산망"의 개념이 "정보통신망"으로 확대되고, "정보통신망의 안정적인 관리·운영"과 "이용자의 개인정보보호"가 추가되었다. 정보통신망법의 성격이 진흥법에서 보호법으로 전환되는 계기가 된 것이다.[1] 이어 2001년 1월 2차 전부개정에서는 "정보통신망의 건전하고 안전하게 이용할 수 있는 환경 조성"이 추가되었으며, 2020년 2월에는 이른바 "데이터 3법"(개인정보보호법, 정보통신망법, 신용정보법) 개정으로 정보통신망법 제4장에 규정되어 있던 개인정보보호 관련 규정이 삭제되고 「개인정보 보호법」으로 이전·통합됨에 따라 법의 목적에서 "이용자의 개인정보보호"가 빠지게 되었다.

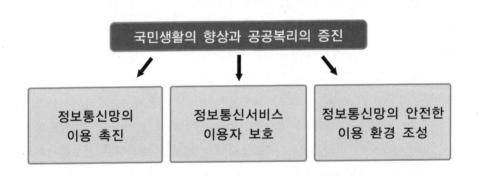

그림 1   정보통신망법의 목적

2. 정보통신망법의 연혁

정보통신방법은 1986년 5월 12일 법률 제3848호로 제정되어 1987년 1월 1일부터 시행되었다. 제정 당시에는 법률의 명칭이 「전산망 보급확장과 이용촉진에 관한 법률」(제정법)이었으나, 1999년 2월 8일 1차 전부 개정시 「정보통신망 이용촉진등에 관한 법률」(1차 전부개정)로 개칭되었고, 2001년 1월 16일 다시 2차 전부 개정을 겪으면서 현재와 같이 「정보통신망 이용촉진 및 정보보호 등에 관한 법률」(2차 전부개정)로 개칭되었다.

---

[1] 제정법의 진흥법으로서의 성격은 이후 새로 제정된 「정보화촉진기본법」(1995.8.4. 제정)이 이어받았다.

가. 법률의 제정 배경

제정법안은 그 제안이유를 전기통신과 전자계산조직의 균형적인 발전 및 효율적인 이용을 촉진하여 정보화사회의 기반조성과 고도화에 필요한 사항을 규정함으로써 국가경쟁력 우위확보는 물론 다가온 정보화사회의 물결을 능동적으로 수용함으로써 국가선진화의 목표를 달성하고 국민생활의 향상과 공공복리의 증진에 기여하기 위한 것이라고 밝히고 있다. 더불어 제정법안이 지원·육성하려는 전산망사업의 범위를 전자계산조직의 이용기술 개발인 소프트웨어업, 전산망의 구성·유지·보수사업, 정보의 처리·보관·전송역무를 제공하는 정보처리전송업, 전산망과 관련된 기타 사업 등이라고 설명하고 있었다.[2] 제정안에 대한 국회 전문위원 보고서도 이 법률이 적용대상으로 하고 있는 전산망사업의 범위는 전기통신설비와 컴퓨터등 하드웨어 및 그 이용기술인 소프트웨어를 활용하여 정보를 처리·보관 및 공급하는 전산망에 관련된 일체의 서비스사업이며, 전산망기기의 제조 및 가공업은 포함되지 않는다고 설명하고 있다. 전자계산기를 비롯한 기기의 조립·생산의 진흥과 조립·생산된 기기를 전기통신망에 결합하여 정보처리에 이용을 촉진하는 것은 「전자공업진흥법」의 적용대상이었다.[3]

이에 따라 제정법 제1조는 그 목적을 '전산망의 개발보급과 이용등을 촉진하여 정보화사회의 기반을 조성함으로써 국민생활의 향상과 공공복리의 증진에 이바지함을 목적으로 한다'고 규정하고 있다. 이와 같은 목적달성을 위하여 제정법은 "전산망"을 전기통신설비와 전자계산조직 및 전자계산조직의 이용기술을 활용하여 정보를 처리·보관하거나 전송하는 조직망으로 정의하고, 전산망과 관련한 기술개발 및 보급, 국가기간전산망사업의 추진, 정보의 공동활용체제 구축, 전산교육 확대, 관련 기관 및 단체의 설립·지원(한국전산원, 정보통신진흥협회) 등을 주된 내용으로 담고 있었다. 그 밖에 추상적인 의무 규정이기

---

2) 전산망보급확장과이용촉진에관한법률안의 제안이유 및 주요내용, 제12대 국회 의안번호120162, 1985. 11. 19.

3) 국회교통체신위원회, 전산망 보급확장과 이용촉진에 관한 법률안 심사보고서, 5–6쪽, 1986.4. 「전자공업진흥법」은 1969년 1월 28일 제정되어 1986년 1월 8일 「공업발전법」(현 산업발전법)의 제정으로 이에 흡수·폐지되었다.

는 하나 전산망을 이용하여 정보를 처리, 보관, 전송하는 사업을 영위하는 자에게 전산망의 안정성 및 정보의 신뢰성을 확보하기 위한 보호조치를 강구하도록 하는 의무를 부여하고 있었고, 불법 또는 부당한 방법으로 전산망에 대한 보호조치를 침해·훼손하거나 전산망에 의하여 처리, 보관, 전송되는 타인의 비밀을 침해·누설하는 자를 처벌하도록 하는 규정을 두고 있었다.

이후 1995년 12월 6일에는 일부개정으로 "전자문서"의 개념과 효력에 관한 규정이 국내법에 처음으로 규정되었다.

나. 1차 전부개정

1990년대 말 일반 기업 및 개인을 대상으로 PC통신과 인터넷 서비스의 보급·이용이 확산됨에 따라 정보통신망법은 대변혁을 맞게 되었다. 이에 1차 전부개정안은 그 제안이유를 PC통신, 인터넷 등 정보통신망을 통하여 수집·처리·보관·유통되는 개인정보의 오·남용에 대비하여 개인정보에 대한 보호규정을 신설하고, 수신자의 의사에 반하여 광고성 정보를 지속적으로 전송하는 행위를 금지하며, 국가기간전산망사업 추진 등에 관한 규정을 「정보화촉진기본법」(현재 「지능정보화기본법」)으로 이전하여 두 법의 관계를 재정비하고, 기타 현행 제도의 운영상 나타난 미비점을 개선·보완하려는 것이라고 밝히면서, 동시에 정보통신기술의 발달에 따른 정보통신망의 개념 변화를 반영하기 위하여 전기통신설비만을 활용한 정보통신체제도 "정보통신망"의 정의에 포함되도록 하고, 전자문서 이용의 일반화 추세에 부응할 수 있도록 전자문서의 정의를 일반적인 개념으로 확대·보완하며, 정보통신망 응용서비스 개발 촉진을 위한 지원 방법을 구체화하려는 것이라고 설명하고 있다.[4]

국회 전문위원 보고서도 1차 전부개정안의 제안이유를 1995년 8월 제정되어 1996년 1월부터 시행되고 있는 「정보화촉진기본법」에 의하여 국가기간전산망사업 등 전산망의 개발보급사업이 정보화촉진사업으로 전환되어 추진되고 있으나 정보통신망법에 여전히 국가기간전산망사업 추진 관련 규정(국가기간전산망사업 추진, 한국전산원 설립근거 등)이 남아 있어 두 개의 법률에서 중복 규정

---

4) 전산망보급확장과이용촉진에관한법률 개정법률안의 제안이유 및 주요내용, 제15대 국회 의안번호151426, 1998. 11. 26.

됨으로 인해 사업추진에 혼란이 초래될 우려가 있으므로 이를 정리할 필요가 있고, 정보화의 진전에 따라 정보통신의 이용이 보편화된 반면 개인의 프라이버시 침해, 무분별한 광고성 정보전송 등 새로운 문제들이 정보화촉진의 장애요소로 작용하고 있으나 이에 효과적으로 대처할 수 있는 규제조치가 미흡할 뿐만 아니라 정보통신망으로 유통되는 개인정보에 대한 보호 필요성이 크게 증대하여 이에 관한 제도적 장치를 마련하기 위한 것이라고 설명하고 있다.[5]

이와 같은 정보통신 기술 및 서비스 환경의 변화를 반영하여 1차 전부개정법은 법률의 규율대상을 "전산망"에서 "정보통신망"(전기통신기본법에 의한 전기통신설비를 활용하거나 전기통신설비와 컴퓨터 및 컴퓨터의 이용기술을 활용하여 정보를 수집·가공·저장·검색·송신 또는 수신하는 정보통신체제)으로 확대하였고, 정보통신서비스, 정보통신서비스제공자, 이용자 등의 개념을 새로 도입하였으며, 개인정보보호에 관한 규정과 광고성 정보 전송 금지에 관한 규정을 처음으로 도입하였다. 그 결과 정보통신망법의 규율 대상과 범위가 정보를 처리·보관·전송하는 조직망(전산망)에서 정보를 수집·가공·저장·검색·송신 또는 수신하는 정보통신체제(정보통신망)로 확대되고, 법률의 목적과 내용이 전산망 개발보급과 이용등 촉진 중심에서 이용자의 개인정보 및 사생활 보호 중심으로 전환·확대되었으며, 국가정보화촉진을 주된 목적으로 새로 제정된 「정보화촉진기본법」과의 관계가 명확히 정립되었다.

다. 2차 전부개정

2001년 1월 16일 2차 전부개정은 인터넷 시대의 본격화에 대비하기 위한 국내 유일의 법률로서 정보통신망법의 성격을 더욱 강화하였다. 정부가 제출한 2차 전부개정안은 그 제안이유를 정보통신망의 이용을 촉진하기 위하여 인터넷서비스 품질 개선 및 인터넷주소자원의 확충을 위한 시책을 마련하고, 정보통신서비스이용자의 개인정보를 보호하기 위하여 정보통신서비스제공자에 대한 규제를 강화하며, 인터넷상의 음란·폭력물로부터 청소년을 보호하기 위하여 정보내용등급자율표시제를 도입하는 한편, 학교·도서관 등 청소년이용시

---

5) 국회과학기술정보통신위원회, 전산망 보급확장과 이용촉진에 관한 법률 개정법률안 검토보고서, 3-4쪽, 1998. 12.

설에 대하여 청소년유해정보를 선별·차단할 수 있는 소프트웨어의 설치를 권장하고 그 밖의 현행 제도의 운영상 나타난 일부 미비점을 개선·보완하려는 것이라고 밝히고 있고,[6] 국회 전문위원 보고서도 2차 전부개정안의 개정 취지를 인터넷 보급·이용의 확산으로 개인정보의 침해 사례가 늘어나고 있고, 음란폭력물과 같은 청소년 유해정보의 범람 등 정보화역기능이 사회문제로 대두되고 있어 현행 정보통신망법의 정보통신망 이용촉진 관련 사항을 보완하는 한편, 인터넷이용 활성화 관련 조항을 신설하고, 정보통신서비스이용자의 개인정보보호제도를 대폭 강화하며, 불건전정보유통방지를 위하여 정보내용등급자율표시제를 도입하는 등 법적·제도적 보완대책을 강구하고자 하는 것이라고 설명하고 있다.[7]

이에 따라 2차 전부개정 법률은 정보통신망 이용 촉진에 인터넷 이용 확산을 추가하고, 인터넷 이용 확산에 따른 인터넷이용격차 해소, 인터넷서비스의 품질 측정·평가, 인터넷주소자원의 확충, 인터넷도메인이름 분쟁조정 등에 관한 시책 마련에 관한 규정을 추가하고 있다. 또한 청소년유해매체물로부터 청소년을 보호하기 위한 시책을 추진하기 위한 규정이 추가되고, 정보통신망에 공개된 정보로부터 법익을 침해받은 자를 보호하기 위한 정보 삭제 및 반박내용 게재 요청권이 신설되었다. 더 나아가 정보통신망의 안정성 확보를 위한 규정이 대폭 보완·강화되고(정보보호지침 고시, 집적정보통신시설 보호, 정보보호관리체계 인증, 망 침해행위등의 금지 등), 개인정보의 목적외 이용·제공·누설에 대한 벌칙이 1년 이하의 징역 또는 1천만원 이하의 벌금에서 5년 이하의 징역 또는 5천만원 이하의 벌금으로 강화되었으며, 한국정보보호진흥원(한국인터넷진흥원의 전신)의 설립[8] 및 개인정보분쟁조정위원회의 설치 근거가 마련되었다.

특히 2차 전부개정이 중요한 의미를 갖는 것은 정보통신망법의 적용범위가 영리목적의 민간부문으로 제한되는 계기가 되었다는 점이라고 할 수 있다.

---

6) 정보통신망 이용촉진등에 관한 법률 개정법률안의 제안이유 및 주요내용, 제16대 국회 의안번호160367, 2000. 11. 21.
7) 국회과학기술정보통신위원회, 정보통신망 이용촉진등에 관한 법률 개정법률안 심사보고서, 3쪽, 2000. 12.
8) 한국정보보호진흥원은 1995년 8월 4일 제정된 「정보화촉진기본법」(현 지능정보화기본법) 제14조에 의하여 설립된 한국정보보호센터를 개칭·확대한 것이다.

정보통신망법은 제정법 당시부터 영리와 비영리를 구분하지 않아 정보통신부 장관(체신부장관)이 관계 행정기관의 장과 협의하여 공공부문과 민간부분을 일원적으로 집행하여 왔으나, 2차 전부개정시 정보통신서비스 제공자를 "영리목적"으로 제한함으로써 국가 · 지자체 · 공공기관 · 비영리단체가 정보통신망법의 적용대상에서 제외되었다.

라. 법률의 일부개정

정보통신망법은 두 차례의 전부개정 외에도 그동안 수십 차례의 크고작은 일부개정이 있었다. 2004년 1월 29일 「인터넷주소자원에 관한 법률」의 제정으로 인터넷 주소자원 및 도메인이름에 관한 규정이 삭제되었다. 2007년 1월 26일에는 타인의 권리침해 정보에 대한 삭제 · 임시 조치, 게시판 이용자 본인확인제도,9) 권리침해 정보를 게시한 이용자에 관한 정보제공 요청권, 불법정보 유통금지 및 명예훼손 분쟁조정, 정보통신윤리위원회 등에 관한 규정이 추가되었으며,10) 2007년 12월 21일에는 통신과금서비스에 관한 장이 신설되었다. 2008년 6월 13일에는 개인정보보호 규정 위반에 대한 과징금제도가 새로 도입되고 벌칙규정이 강화되었으며, 2009월 4월 22일에는 개인정보보호 규정 위반에 대한 벌칙규정이 더욱 강화되었다. 2011월 3월 29일에는 「개인정보 보호법」 제정으로 개인정보분쟁조정위원회 관련 규정이 삭제되었고, 2011월 4월 5일에는 그동안 가이드라인(「인터넷상의 주민번호 대체수단 가이드라인」, 정보통신부, 2006.10)으로 운영되어 온 본인확인기관이 법정기구화 되었으며, 2014년 5월 28일에는 광고성 정보 전송에 대한 규제방식이 옵트아웃(opt-out)에서 옵트인(opt-in)으로 전환되는 큰 제도 변화가 있었다.

2015년 6월 22일에는 그동안 정보통신망법과 「전자문서 및 전자거래 기본법」(1999.2.8. 제정)에서 함께 규율해온 전자문서의 정의 및 효력에 관한 규정이 삭제되었으며, 2018년 6월 12에는 앱 접근권한 제한에 관한 규정이 신설되고,

---

9) 헌법재판소는 2012년 8월 23일 민간기업인 정보통신서비스 제공자에 대해서 게시판 이용자의 본인(실명) 확인을 요구하는 위헌이라는 결정을 내렸다(헌재 2012. 8. 23. 2010헌마47).

10) 불법통신 금지, 정보통신윤리위원회 등에 관한 규정은 당초 구 「전기통신사업법」에서 규정하고 있었으나 2007년 1월 26일 정보통신망법으로 이전되었다.

2018년 9월 18일에는 국내대리인 지정제도가 도입되었으며, 2020년 2월 4일에는 「개인정보 보호법」 개정으로 정보통신망법 중 개인정보보호 관련 규정이 모두 삭제되고 「개인정보 보호법」으로 이전되었다. 2020년 6월 9일에는 국외에서 이루어진 행위라도 국내 시장 또는 이용자에게 영향을 미치는 경우에는 정보통신망법을 적용하도록 하는 국외적용 규정이 명시되었으며, 정보통신망연결기기등의 안정성 확보를 위한 정보보호인증제도의 도입과 함께 정보통신망연결기기등을 제조하거나 수입한 자 및 소관 관계 중앙행정기관의 장에 대한 정보보호지침의 고시 및 권고, 정보통신망연결기기등 관련 침해사고 대응(원인분석, 취약점점검 등) 등에 관한 규정이 신설됨으로써 그동안 정보통신서비스 제공자를 주된 규율대상으로 해온 정보통신망법의 적용범위가 사물인터넷(IoT) 제조자 및 수입자에게로 확대되었다.

표 1 정보통신망법의 제·개정 연혁

구 분	제·개정 일자	주요 내용
제 정	1986. 5. 12	• 전산망 관련 기술개발 및 보급, 전산교육 확대, 시범사업 추진 • 국가기간전산망사업 추진, 정보의 공동활용체제 구축 • 전산망의 안정성 및 정보의 신뢰성을 확보하기 위한 사업자의 보호조치 강구 의무 • 전산망에 대한 보호조치를 침해·훼손하거나 전산망에 의하여 처리, 보관, 전송되는 타인의 비밀 침해·누설 금지
일부개정	1995. 12. 6	• "전자문서"의 개념과 효력에 관한 규정 신설
1차 전부개정	1999. 2. 8	• 적용대상을 전산망에서 정보통신망으로 확대 • 정보통신서비스, 정보통신서비스 제공자, 이용자 등의 개념 도입 • 정보통신망을 통해 유통되는 정보내용물과 정보통신망응용 서비스의 개발 촉진을 위한 재정·기술 등의 지원 • 정보통신망을 통해 처리되는 개인정보의 보호 규정 신설 • 수신자의 의사에 반하여 광고성 정보를 전송하는 행위 금지 • 「정보화촉진기본법」과의 관계 정립(국가기간전산망사업, 한국전산원 설립근거 등 전산망 개발보급 관련 규정 이전)
2차 전부개정	2001. 1. 16	• 정보통신서비스 제공자의 범위를 영리목적으로 제한 • 인터넷이용 활성화 관련 조항(인터넷서비스 품질개선, 인터

		넷주소자원 확충 등)의 신설 • 개인정보보호제도의 강화(위탁자의 책임 강화, 아동 개인정보보호, 준용규정 신설, 개인정보분쟁조정위원회 설치, 벌칙규정의 강화 등) • 유해매체물로부터 청소년보호를 위한 시책 추가(청소년유해매체물 표시, 정보내용등급 자율표시제 등) • 권익침해 정보의 삭제 및 반박내용 게재 요청권 신설 • 정보통신망 안정성 확보 규정의 보완·강화(정보보호지침 고시, 집적정보통신시설 보호, 정보보호관리체계 인증, 망 침해행위등의 금지 등) • 컴퓨터바이러스 유포, D-Dos 공격 등에 대한 처벌근거 마련 • 한국정보보호진흥원(현 한국인터넷진흥원의 전신)의 설립
일부개정	2004. 1. 29	• 인터넷 주소자원 및 도메인이름에 관한 규정이 삭제
	2007. 1. 26	• 타인의 권리침해 정보에 대한 삭제·임시 조치제도의 도입 • 게기판 이용자 본인확인제도 도입 • 권리침해 정보를 게시한 이용자에 관한 정보제공 요청권 신설 • 불법정보 유통금지, 명예훼손 분쟁조정, 정보통신윤리위원회 등에 관한 규정 추가
	2007. 12. 21	• 통신과금서비스에 관한 장의 신설
	2008. 6. 13	• 개인정보보호 규정 위반에 대한 과징금제도 도입 및 벌칙규정 강화
	2009. 4. 22	• 개인정보보호 규정 위반에 대한 벌칙규정 강화
	2011. 3. 29	•「개인정보 보호법」제정으로 개인정보분쟁조정위원회 관련 규정 삭제
	2011. 4. 5	• 인터넷 본인확인제도 및 본인확인기관의 법제화
	2014. 5. 28	• 광고성 정보 전송 규제방식이 옵트아웃(opt-out)에서 옵트인(op-in)으로 전환
	2015. 6. 22	• 전자문서의 정의 및 효력에 관한 규정 삭제
	2018. 6. 12	• 앱 접근 제한에 관한 규정 신설
	2018. 9. 18	• 국내대리인 지정제도 도입
	2020. 2. 4	• 개인정보보호 관련 규정 삭제 및「개인정보 보호법」으로 이전
	2020. 6. 9	• 정보통신망법의 국외적용 규정 명시 • 정보통신망법의 적용범위를 정보통신망서비스 제공자에서 정보통신연결기기등 제조·수입자로 확대(정보통신망연결

기기등에 대한 정보보호인증제 도입, 소관 중앙행정기관의 시험·검사·인증 등의 기준에 정보보호지침의 내용 반영 요청, 정보통신망연결기기등의 제조·수입자의 고시 준수 권고, 정보통신망연결기기등 관련 침해사고 대응 등)

제 2 절 정보통신방법의 적용범위 및 다른 법률과의 관계

1. 법률의 적용범위

가. 물적 적용범위

정보통신망법은 정보통신망, 정보통신연결기기등 및 이들을 통해서 제공되는 정보통신서비스와 수집·가공·저장·검색·송수신되는 정보의 보호 및 관리를 규율대상으로 한다.

첫째, "정보통신망"이란 「전기통신사업법」 제2조 제2호에 따른 전기통신설비를 이용하거나 전기통신설비와 컴퓨터 및 컴퓨터의 이용기술을 활용하여 정보를 수집·가공·저장·검색·송신 또는 수신하는 정보통신체제를 말한다(제2조 제2항 제1호). 정보를 송신 또는 수신하기 위해서 이용되는 유·무선 전송망뿐만 아니라 하드웨어와 소프트웨어를 포함하여 정보를 처리하는데 이용되는 정보통신체제 전체가 정보통신망에 포함된다.

둘째, "정보통신망연결기기등"이란 정보통신망에 연결되어 정보를 송·수신할 수 있는 기기·설비·장비 중 대통령령으로 정하는 기기·설비·장비를 의미한다(제45조 제1항 제2호). 일반적으로 사물인터넷(IoT) 서비스에 이용되는 기기등이 이에 속한다. "정보통신망연결기기등"도 "정보통신체제"의 일부를 구성하므로 "정보통신망"의 정의 및 범위에 포함되지만 사물인터넷 환경에서 정보통신망연결기기등의 제조자 및 수입자의 역할과 의무를 명확히 하기 위하여 2020년 6월 법 개정으로 "정보통신망연결기기등"이라는 용어를 새롭게 추가하였다.

셋째, "정보통신서비스"란 「전기통신사업법」 제2조 제6호에 따른 전기통신역무와 이를 이용하여 정보를 제공하거나 정보의 제공을 매개하는 것을 말한다(제2조 제2항 제2호). 이에 따라 정보통신서비스는 1) 전기통신역무, 2) 정보제공서비스, 3) 정보제공매개서비스 등 세 가지 유형으로 나뉜다. 정보제공서비스와 정보제공매개서비스는 전기통신역무를 이용해서 정보를 제공하고 매개하여야 하나 정보의 모든 제공 과정과 매개 과정이 전기통신역무를 이용하여 이루어질 필요는 없다. 일부라도 전기통신역무를 이용하여 이루어지는 것이라면 정보통신서비스에 해당한다. 다만, 정보제공서비스와 정보제공매개서비스는 원칙적으로 영리를 목적으로 제공되는 것에 한해서만 정보통신망법이 적용된다.

마지막으로 정보통신망법이 보호하고 하는 "정보"란 광(光) 또는 전자적 방식으로 처리되는 부호, 문자, 음성, 음향 및 영상 등으로 표현된 모든 종류의 자료 또는 지식을 말한다(제2조 제2항). 체계화되어 있고 의미가 내포된 데이터(information)와 평가를 거쳐 일반성이 입증된 지식(knowledge)뿐만 아니라 비체계화되어 있고 평가받지 못한 메시지(data)도 포함되고, 기업정보는 물론 개인정보, 통신정보, 의료정보, 금융정보, 행정정보 등도 포함된다. 온라인 콘텐츠도 정보가 될 수 있고, 전자우편도 정보가 될 수 있으며, 광고도 정보가 될 수 있다.

나. 인적 적용범위

정보통신망법은 원칙적으로 정보통신서비스 제공자와 이용자에게 적용된다. 다만, 일부 규정은 정보통신서비스 제공자가 아닌 자에게도 적용되는 경우가 있다. 정보통신망법이 정보통신서비스의 제공과 이용에 대해서 규율하는 법률이기는 하나 정보통신서비스의 제공과 이용 환경에는 여러 주체들이 관련되어 있기 때문이다.

(1) 정보통신서비스 제공자

정보통신망법상 "정보통신서비스 제공자"란 「전기통신사업법」 제2조 제8호에 따른 전기통신사업자와 영리를 목적으로 전기통신사업자의 전기통신역무를 이용하여 정보를 제공하거나 정보의 제공을 매개하는 자를 의미한다(제2조

제2항 제3호). 정보통신서비스 제공자는 대부분 전기통신사업자들이지만 그 일부는 전기통신사업자에 속하지 않은 정보제공자와 정보제공매개자도 있다.

(가) 전기통신사업자

「전기통신사업법」은 전기통신사업자를 기간통신사업자, 부가통신사업자 및 특수부가통신사업자로 나누고 있다.

1) 기간통신사업자

"기간통신사업자"란 전기통신회선설비를 설치하거나 이용하여 기간통신역무를 제공하는 사업자로서 과학기술정보통신부장관에게 등록 또는 신고한 자를 말한다(제6조 제1항). 이 경우 "기간통신역무"에는 ① 전화·인터넷접속 등과 같이 음성·데이터·영상 등을 그 내용이나 형태의 변경 없이 송신 또는 수신하게 하는 전기통신역무와 ② 음성·데이터·영상 등의 송신 또는 수신이 가능하도록 전기통신회선설비를 임대하는 전기통신역무의 두 가지 유형이 존재한다(제2조 제11호). 전기통신사업법 시행령 제9조는 기간통신사업을 '재정적 능력' 등록요건에 따라 ① 회선설비 보유 무선사업, ② 회선설비 보유 유선사업, ③ 회선설비 보유 소규모 유선사업, ④ 교환설비 보유 재판매사업, ⑤ 교환설비 미보유 재판매사업, ⑥ 구내통신사업, ⑦ 도매제공의무서비스 재판매사업(MVNO)로 분류하고 있다. 유·무선 통신사업자, 인터넷접속사업자, 인터넷전화사업자, 무선재판매사업자, 음성재판매사업자, 호집중사업자, 재과금사업자, 송출대행사업자, 국내전용회선재임대사업자, 국제전화사업자(국제전화전용회선재판매, 국제콜백) 등이 이에 해당한다.

2) 부가통신사업자

"부가통신사업자"란 기간통신사업자의 전기통신회선설비를 이용(임차)하여 기간통신역무외의 전기통신역무(부가통신역무)를 제공하는 사업자로서 과학기술정보통신부장관에게 신고한 자(신고한 것으로 본 자를 포함)를 말한다(제22조 제1항). 이 경우 "부가통신역무"란 기간통신역무를 이용하여 음성·데이터·영상 등의 전자기신호를 그 내용이나 형태의 변경없이 송신 또는 수신하는 전기통신서비스를 말한다. 주로 포털사이트, 게임사이트, 온라인쇼핑몰, 커뮤니티·블로그·미니홈피사업자, 가상사설망(VPN)사업자, 화상회의사업자, 음성사서함사업자, 데이터센터사업자, 호스팅사업자, 클라우드사업자 등이 이에 해당한다.

  3) 특수한 유형의 부가통신사업자

  "특수한 유형의 부가통신사업자"는 다른 사람 상호간에 컴퓨터를 이용하여 정보나 파일 등의 저장·전송을 주된 목적으로 하는 사업자로서 과학기술정보통신부장관에게 등록한 자를 말한다(제22조 제2항). 특수한 유형의 부가통신사업자에는 ① 웹하드 및 P2P사이트(「저작권법」 제104조에 따른 특수한 유형의 온라인서비스제공자가 제공하는 전기통신역무)를 운영하는 사업자와 ② 인터넷발송문자서비스(문자메시지 발송시스템을 전기통신사업자의 전기통신설비에 직접 또는 간접적으로 연결하여 문자메시지를 발송하는 전기통신역무)를 운영하는 사업자가 있다(제2조 제13호).

  (나) 정보제공자 또는 정보제공매개자

  영리를 목적으로 전기통신사업자의 전기통신역무를 이용하여 정보를 제공하거나 정보의 제공을 매개하는 자이다. 전기통신사업자와 달리 정보제공자와 정보제공매개자는 그 요건이 애매하여 판단을 필요로 하는 경우가 많다.

  첫째, 정보의 제공 또는 매개 행위가 있어야 한다. "제공"에는 정보의 판매, 대여, 증여, 배포, 공유 등의 행위가 모두 포함된다. 제공하는 방법에는 제한이 없다. 전송, 공개, 게시, 검색, 열람 등의 방법이 모두 포함된다. 따라서 인터넷 웹사이트를 운영하는 것만으로도 정보의 제공이 된다. "제공 매개"란 정보를 제공하려는 자와 제공받으려는 자를 연결시켜 주는 것을 의미한다. 대표적으로 전자우편 서비스와 P2P 서비스가 이에 해당한다. 제공되는 "정보"의 내용이나 형식에는 제한이 없다. 인터넷 웹사이트에 공개된 회사의 연혁, 연락처, 찾아오는 길, 취급 상품 및 서비스의 종류도 정보에 해당한다. 정보통신망법 제2조 제2항 제3호가 "업", "업무", "사업", "사업자" 등의 용어를 사용하지 않고 "제공자"라는 용어를 사용하고 있으나 정보통신망법의 목적 또는 성격에 비추어보면 업무의 의사 없이 1회성으로 정보를 제공하거나 제공을 매개하는 경우는 제외된다고 보는 것이 합리적일 것이다.

  둘째, 유·무선 전화, 인터넷 등 "전기통신사업자의 전기통신역무"를 이용해서 정보를 제공하거나 정보의 제공을 매개하여야 한다. 법인 또는 개인이 자체적으로 전기통신설비를 갖추어 자신만의 전기통신에 이용하는 경우에는 정보통신서비스 제공자에 해당하지 않는다.

셋째, 정보의 제공이 "영리"를 목적으로 행해진 것이어야 한다. "영리목적"이란 경제적 이익을 취득할 의사를 말한다. 해당 제공 또는 매개 행위를 통해 재산적 이득을 얻으려는 의사 또는 이윤을 추구하는 의사가 있으면 충분하다. 해당 제공 또는 매개 행위를 통해 직접적으로 얻게 되는 대가가 아니라 간접적으로 얻게 될 이익을 위한 경우도 포함된다. 판례도 「아동·청소년의 성보호에 관한 법률」 제11조 제2항에서 규정하는 "영리의 목적"이란 동법 위반행위의 직접적인 대가가 아니라 위반행위를 통하여 간접적으로 얻게 될 이익을 위한 경우에도 영리의 목적이 인정된다고 판시하고 있다(대법원 2020. 9. 24. 선고 2020도8978 판결).

> **판례** 대법원 2020. 9. 24. 선고 2020도8978 판결(영리목적의 의미)
>
> 아동·청소년의 성보호에 관한 법률(2020. 6. 2.) 제11조 제2항에서 규정하는 '영리의 목적'이란 위 법률이 정한 구체적 위반행위를 함에 있어서 재산적 이득을 얻으려는 의사 또는 이윤을 추구하는 의사를 말하며(대법원 2004. 3. 26. 선고 2003도8003 판결 등 참조), 이는 널리 경제적인 이익을 취득할 목적을 말하는 것으로서 반드시 아동·청소년이용음란물 배포 등 위반행위의 직접적인 대가가 아니라 위반행위를 통하여 간접적으로 얻게 될 이익을 위한 경우에도 영리의 목적이 인정된다(향정신성의약품관리법위반죄에 관한 대법원 1997. 12. 12. 선고 97도2368 판결, 도박개장죄에 관한 대법원 2008. 10. 23. 선고 2008도3970 판결, 의료법 위반죄에 관한 대법원 2017. 8. 18. 선고 2017도7134 판결 등 참조). 따라서 사설 인터넷 도박사이트를 운영하는 사람이, 먼저 카카오톡 오픈채팅방을 개설하여 아동·청소년이용음란 동영상을 게시하고 1:1대화를 통해 불특정다수를 위 오픈채팅방 회원으로 가입시킨 다음, 그 오픈채팅방에서 자신이 운영하는 도박사이트를 홍보하면서 회원들이 가입 시 입력한 이름, 전화번호 등을 이용하여 전화를 걸어 위 도박사이트 가입을 승인해주는 등의 방법으로 가입을 유도하고 그 도박사이트를 이용하여 도박을 하게 하였다면, 영리를 목적으로 도박공간을 개설한 행위가 인정됨은 물론, 나아가 영리를 목적으로 아동·청소년이용음란물을 공연히 전시한 행위도 인정된다고 할 것이다.

원칙적으로 영리사업자(상법상 상인·회사, 금융회사 등)가 전기통신역무를 이용하여 정보를 제공하는 것은 영리목적으로 보아야 한다. 그러나 영리사업자가 운영하는 웹사이트라고 하더라도 어떤 상업적 활동도 없이 오로지 비영리 목적(장학사업, 환경보호, 자선목적 등)으로만 운영하고 있다면 영리목적으로 볼 수 없다. 한편, 비영리 기관 · 단체(국가, 지방자치단체, 공공기관, 학교, 병원, 학술단체, 동호회, 자선단체, 종교단체, 동호회 등)가 전기통신역무를 이용해 정보를 제공하고 있는 경우 이를 무조건 비영리 목적으로 보아서는 안 된다. 비영리 기관 · 단체의 설립 목적범위 내에서 이루어지는 "수익" 활동은 영리목적에 해당한다. 국가, 지방자치단체 및 준정부기관[11]은 일반적으로 공익을 목적으로 함으로 영리목적이 인정되지 않는다. 반면 공기업, 병원 등은 비영리기관이지만 수익 활동을 하고 있으므로 대부분 영리 목적성이 인정된다. 그 밖에 비영리법인, 특수법인, 학교, 동창회, 기타공공기관 등이 수행하는 사업은 해당 사업의 성격 및 내용에 따라 영리성 유무를 판단해야 한다. 비영리 기관 · 단체라도 수익을 목적으로 하는 사업이 있다면 그 한도에서 영리성이 인정된다. 따라서 영리목적을 판단함에 있어서 영리기업인지 비영리기업인지 여부가 유일한 고려요소가 되어서는 안 되고 제공되는 서비스의 성격, 내용 및 목적을 함께 고려하여야 한다. 법인세법 제4조 제3항도 비영리 내국법인의 소득 중 일정소득을 수익사업으로 보고 법인세를 부과하고 있다.

영리 목적이 어느 정도 지속되어야 하는지에 대해서는 명확한 기준이 없으나 지속할 의사가 있어야 한다고 보는 것이 합리적이다. 따라서 블로그 운영자 또는 1인 방송 운영자의 광고 수입은 1회에 그쳤더라도 지속할 의사가 있었던 것으로 보는 것이 합리적이므로 영리 목적으로 보아야 한다. 그러나 동호회 운영자가 회원의 이익을 위하여 일시적으로 진행하는 공동 구매나 판매는 영리목적으로 보아서는 안 된다.

정보통신망법은 1986년 제정법 당시는 물론 1999년 1차 전부개정시까지도 영리와 비영리를 구분하지 아니하였다. 그러다 2001년 2차 전부개정시 영리목적이 추가되었다. 2차 전부개정시에도 정부가 제안한 개정안에는 정보통신서

---

11) 「공공기관의 운영에 관한 법률」상 공공기관은 공기업(시장형/준시장형), 준정부기관(기금관리형/위탁집행형), 기타공공기관(공기업과 준정부기관을 제외한 공공기관)으로 나뉜다(제5조).

비스 제공자를 영리 목적으로 제한하는 내용이 포함되어 있지 않았지만 국회
입법 과정에서 영리 목적이 추가된 것이다. 당시 정부에 의해서 「전자정부구현
을 위한 법률(안)」(현 전자정부법)이 발의되어 있는 상태여서 국회가 공공부문과
민간부문을 구분할 필요성을 느꼈기 때문이라고 할 수 있겠으나, 이는 정보통
신망 이용촉진 및 정보보호 등에 관한 사항을 포괄적으로 규율하고 있는 일반
법으로서 정보통신망법의 위상과 의의를 현저히 약화시키는 계기가 되었다. 특
히 행정안전부와 국가정보원의 집행권한이 직접적으로 미치는 정부 및 지방자
치단체 이외에 비영리 기관 및 단체까지 제외하고 있다는 점에서 공공과 민간,
영리와 비영리의 경계를 구분하기 어려운 사이버 공간의 특성에 대한 이해가
부족했다고 볼 수 있다. 정보통신망 이용촉진 및 정보보호에 관한 일반법의 부
재로 인해 공공부문과 민간부분을 아우르는 정보보호정책의 수립·시행과 부
처간 협력이 어렵게 되었고 대다수 비영리 기관 및 단체가 사실상 정보보호의
사각지대에 놓이게 되는 문제점을 낳고 있다.

(2) 정보통신서비스 이용자

"이용자"란 정보통신서비스 제공자가 제공하는 정보통신서비스를 이용하
는 자를 말한다(제2조 제2항 제4호). 이용자는 반드시 자연인이어야 할 필요는 없
다. 개인뿐만 아니라 기업도 이용자가 될 수 있다. 기업이용자는 그 자신이 다
른 정보통신서비스제공자의 이용자이자 그 스스로가 정보통신서비스 제공자가
되는 경우가 많다. 예컨대 호스팅서비스나 클라우드서비스를 이용하는 쇼핑몰
사업자는 그 자신 정보통신서비스 이용자에 해당하지만 개인이용자(소비자)의
정보통신서비스 제공자가 된다. 이처럼 기업이용자는 정보통신서비스 이용자
와 제공자의 지위를 함께 지니게 된다.

이용자의 국적은 문제되지 않는다. 국내에서 정보통신서비스를 이용하는
한 외국인이라도 정보통신망법의 보호를 받는다. 하지만 해외에 거주하는 외국
국적의 이용자는 원칙적으로 정보통신망법의 보호대상이 아니다. 해외에 거주
하는 한국인 이용자도 형법 제3조에 의해서 속인주의가 적용되는 경우를 제외
하고는 정보통신망법에 의하여 보호를 받지 못한다. 그런데 정보통신망법상 이
용자는 주로 보호의 대상이지만 의무의 주체인 경우도 많다. 특히 기업이용자

는 보호의 대상이자 의무의 주체이다. 의무주체로서의 이용자에게는 형법 제3조에 의해서 속인주의가 적용되는 경우를 제외하고 정보통신망법이 적용된다. 특히 정보통신망법 제5조의2는 국외에서 이루어진 행위라도 국내 시장 또는 이용자에게 영향을 미치는 경우에는 정보통신망법이 적용된다고 규정하고 있으므로 어떤 이용자의 행위가 국내 시장 또는 이용자에게 영향을 미치는 경우에는 정보통신망법이 적용된다.

이용자 관계가 성립하기 위해서는 정보통신서비스 제공자가 "영리를 목적"으로 제공하는 정보통신서비스를 이용하여야 한다. 따라서 정보통신서비스 제공자가 제공하는 정보통신서비스를 고용관계에서 이용한 임직원은 이용자의 범위에 포함되지 않는다. 또한 이용자 관계가 성립하기 위해서는 이용자가 정보통신서비스 제공자가 제공하는 정보통신서비스를 실질적으로 이용하여야 한다. 판례도 A통신사 직원이 아파트 통신장비실에 들어가 장애복구용 전화기를 이용하여 B통신사 가입자의 전화번호를 무단으로 수집하는 것은 정보통신망 불법침입(제48조 위반)에 해당할 뿐 이용자의 개인정보를 불법적으로 수집한 것[12]으로 보고 있지 않다(대법원 2013. 10. 17. 선고 2012도4387 판결). 그러나 이용자가 반드시 정보통신서비스 제공자가 제공하고 있는 정보통신서비스의 가입자이거나 회원이어야 할 필요는 없다. 또한 대부분 정보통신서비스 제공자가 제시한 서비스 이용약관의 적용을 받겠지만 이용자와 제공자 사이에 구체적으로 체결한 계약이 존재해야 할 필요도 없다. 사실상의 이용 행위가 있으면 된다.

(3) 정보통신망연결기기등의 제조자 및 수입자

정보통신망법은 "정보통신서비스"를 주된 규율대상으로 하고 있기 때문에 정보통신서비스와 정보통신서비스 제공자가 주된 규율대상이 되어 왔다. 그러나 5G 및 사물인터넷(IoT) 환경에서는 정보통신서비스 제공자의 노력만으로는 정보보호의 목적을 달성하기 어렵게 되었다. 정보통신망에 연결되는 수많은 단말기와 장비·기기의 안전성이 확보되지 않으면 전체 정보통신체제의 안전성을 확보기 어려운 환경이 되고 있다. 이에 따라 2020년 6월 개정 정보통신망법

---

12) 구 정보통신망법 제22조 제1항은 정보통신서비스 제공자가 이용자의 개인정보를 이용하려고 수집하는 경우에는 이용자의 동의를 받아야 한다고 규정하고 있었다.

은 "정보통신망연결기기등"과 정보통신망연결기기등를 "제조하거나 수입한 자"
도 규율대상에 추가하고 있다.

(4) 특정한 유형의 정보통신서비스 제공자

정보통신망법은 모든 정보통신서비스 제공자에게 적용되지만 일부 규정은
특정한 유형의 정보통신서비스 제공자에게만 적용된다. 이들은 정보통신서비
스 제공자로서의 일반적인 의무 이외에 해당 조문에서 규정하고 있는 의무를
준수하여야 한다. 추가적인 의무가 부여되는 정보통신서비스 제공자로는 집적
정보통신시설 사업자(제46조, 제47조), 주요정보통신서비스 제공자(제47조), 포털
서비스사업자(제48조의2), 호스팅서비스사업자(제48조의2), 온라인게임사업자(제
48조의2), 통신과금서비스제공자(제7장) 등이 있다.

(5) 그 밖의 인적 적용대상

정보통신망법은 정보통신서비스 제공자가 아닌 자에 대해서도 일정한 작
위 또는 부작위 의무를 부여하는 경우가 있다. 이에 따라 이동통신단말장치 제
조업자 및 이동통신단말장치의 소프트웨어를 제작하여 공급하는 자(제22조의2제
3항), 본인확인기관(제23조의3), 공공기관등(제44조의5), 정보보호 평가 · 인증기관
및 인증심사원(제47조, 제48조의6), 「소프트웨어 진흥법」 제2조에 따른 소프트웨
어사업자(제47조의4, 제48조의2), 「정보통신기반 보호법」에 따른 주요정보통신기
반시설 관리기관(제48조의2), 보안관제회사(제48조의2), 누구든지(제42조의2, 제44조
의7, 제48조, 제49조, 제49조의2, 제50조, 제50조의7, 제50조의8) 등도 정보통신망법의
규율대상이 된다.

2. 역외적용과 국내대리인

가. 정보통신망법의 역외적용

정보통신망법은 「전기통신사업법」 제2조 제8호에 따른 전기통신사업자와
영리를 목적으로 전기통신사업자의 전기통신역무를 이용하여 정보를 제공하거
나 정보의 제공을 매개하는 자에게 적용된다. 전기통신사업자는 「전기통신사업
법」에 따라 과학기술정보통신부장관에게 등록, 신고 등을 하여야 하지만 정보

제공자와 정보제공매개자는 등록, 신고 등의 의무가 없다. 따라서 국내에서 설립되지 아니한 사업자도 국내 이용자에게 영리 목적으로 정보통신서비스를 제공하고 있다면 이른바 "doing business"이론에 따라 정보통신망법이 적용된다. 국외 사업자도 국내 이용자에게 정보를 제공하거나 제공을 매개하기 위해서는 국내 전기통신사업자의 전기통신역무를 이용할 수밖에 없기 때문에 당연한 해석이지만, 국외 사업자에 대한 적용 시비를 없애기 위하여 정보통신망법은 2020년 6월 '이 법은 국외에서 이루어진 행위라도 국내 시장 또는 이용자에게 영향을 미치는 경우에는 적용한다.'라는 규정을 신설하였다(제5조의2).

따라서 국내에 주소 또는 영업소가 없는 정보통신서비스 제공자도 국내 이용자를 대상으로 정보통신서비스를 제공하거나 국내 시장 또는 이용자에게 영향을 미치는 행위를 하는 경우에는 정보통신망법이 적용된다. 다만 국내 이용자가 개인적으로 국외 사업자가 제공하는 정보통신서비스를 이용하고 있다는 것만으로는 부족하고 국외 사업자가 국내 시장을 서비스 대상지역으로 삼고 있는 경우에만 적용된다. 국내 시장을 서비스 대상지역으로 삼고 있는지 여부는 1) 한국어 서비스 지원 여부, 2) 한국 도메인(.kr 도메인) 사용 여부, 3) 한국시장을 상대로 한 광고·홍보 활동 여부, 4) 원화 결제 여부, 5) 한국 내 인적·물적 자원의 존재 여부, 6) 한국인을 위한 별도의 배송 시스템 유무 등을 종합적으로 고려하여야 한다. 한국에 서버, 인력 등이 전혀 존재하지 않거나 한국어 지원을 하지 않거나 원화결제를 허용하지 않더라도 실질적으로 한국시장을 대상으로 하고 있다고 판단할 수 있는 사정이 있다면 정보통신망법을 적용해야 한다.

서비스 제공자와 이용자 사이에 정보통신망법의 적용을 배제하는 계약이나 약관조항이 있더라도 그와 같은 합의는 효력이 없다. 다만, 기업이용자에 대해서는 준거법 합의 원칙에 따라 배제 합의의 효력이 인정될 수 있다. 판례는 "甲 외국법인이 인터넷을 기반으로 하여 전 세계적으로 제공하는 검색, 전자우편 등의 서비스에 가입한 乙 등이 甲 법인을 상대로 구 정보통신망법 제30조 제2항 및 제4항에 따라 甲 외국법인이 乙 등의 개인정보 및 서비스 이용 내역을 제3자에게 제공한 현황의 공개 등을 구한 사안에서, 정보통신망법 제30조에서 정한 정보통신서비스 이용자의 권리는 국제사법 제27조 제1항의 '준거법 선택에 의하더라도 박탈할 수 없는 소비자에게 부여되는 보호에 관한 강행규정'에 해당하고, 당사자가 준거법으로 외국법을 적용하는 것에 대한 합의를 하였더라도 이용자가 정보통신망법에 근거한 권리를 행사할 수 없도록 하는 것은 우리나라 강행규정에 의하여 소비자에게 부여되는 보호를 박탈하는 것으로서 그 범위 내에서는 외국법을 준거법으로 하는 합의의 효력을 인정할 수 없으므로, 乙 등과 甲 법인 사이의 서비스 이용에 관한 법률관계에는 서비스 약관상 준거법 합의가 있더라도 정보통신망법상 이용자의 권리보호에 관한 규정들이 적용되고, (중략) 甲 법인은 법령에 의하여 비공개 의무가 부과된 사항을 제외하고 乙 등의 개인정보 및 서비스 이용 내역을 제3자에게 제공하였는지와 그 내용을 공개할 의무가 있다."고 판시하였다(서울고등법원 2017. 2. 16. 선고 2015나2065729 판결).

나. 국내대리인 지정

인터넷은 국경이 없는 서비스가 가능하여 구글, 유튜브, 페이스북, 트위터 등 전지구적 차원에서 서비스를 제공하는 글로벌 정보통신서비스 제공자가 시장에서 활발하게 활동하고 있다. 그런데 국외에 기반을 둔 글로벌 정보통신서비스 제공자는 여러 나라의 법과 이를 운용하는 정부와 교섭하므로 특정 국가의 요청에 소극적인 경향이 있다.[13] 따라서 정부는 글로벌 정보통신서비스 제공자와 좀 더 효율적으로 의사소통하여 법집행을 실효적으로 하길 원한다. 국내대리인 지정 제도는 이러한 배경에서 마련된 제도 중 하나이다.

국내대리인 지정 제도란 역외 사업자가 역내에서 사업을 하는 경우 국내에 주소 또는 영업소가 있는 자를 대리인으로 지정하여 규제기관의 조사, 사업과 관련한 소송 등을 하는데 필요한 자료제출, 송달 등을 이를 통하여 하도록 하는 제도이다.[14] 유럽연합 일반개인정보규정(GDPR) 제27조와 제84조, 독일 네트워크집행법 제5조, 독일 미디어국가협약(Medienstaatsvertrag) 제92조 등도

---

13) 전학선, 정필운, 심우민, 윤진희, 강명원, "글로벌 플랫폼사업자의 자율규제 실태 및 협력방안 연구", 방송통신심의위원회, 2020
14) 전학선 외, 2020

이와 유사한 제도를 규정하고 있다. 우리나라도 지난 2018년 법 제32조의5를 신설하여 이를 도입하였다.

(1) 국내대리인 지정과 공개

국내에 주소 또는 영업소가 없는 정보통신서비스 제공자등으로서 이용자 수, 매출액 등을 고려하여 대통령령으로 정하는 기준에 해당하는 자는 제64조 제1항[15])에 따른 관계 물품 · 서류 등의 제출 사항을 대리하는 자(이하 "국내대리인"이라 한다)를 서면으로 지정하여야 한다(법 제32조의5 제1항).

여기서 "대통령령으로 정하는 기준에 해당하는 자"란 전년도(법인인 경우에는 직전 사업연도를 말한다) 매출액이 1조원 이상인 자, 정보통신서비스 부문 전년도(법인인 경우에는 직전 사업연도를 말한다) 매출액이 100억원 이상인 자, 이 법을 위반하여 정보통신서비스 이용의 안전성을 현저히 해치는 사건 · 사고가 발생하였거나 발생할 가능성이 있는 경우로서 법 제64조 제1항에 따라 방송통신위원회로부터 관계 물품 · 서류 등을 제출하도록 요구받은 자 중 하나에 해당하는 자를 말한다. 이 때 매출액은 전년도(법인인 경우에는 전 사업연도를 말한다) 평균환율을 적용하여 원화로 환산한 금액을 기준으로 한다(이상 영 제19조).

한편, 국내대리인은 국내에 주소 또는 영업소가 있는 자로 하여야 하며(제2항), 국내대리인을 지정한 때에는 국내대리인의 성명(법인의 경우에는 그 명칭 및 대표자의 성명을 말한다), 국내대리인의 주소(법인의 경우에는 영업소 소재지를 말한다), 전화번호 및 전자우편 주소의 사항 모두를 인터넷 사이트 등에 공개하여야 한다(제3항).

(2) 국내대리인 지정의 효과

위와 같이 지정된 국내대리인이 제64조 제1항에 따른 관계 물품 · 서류 등

---

15) 법 제64조(자료의 제출 등) ① 과학기술정보통신부장관 또는 방송통신위원회는 다음 각 호의 어느 하나에 해당하는 경우에는 정보통신서비스 제공자(국내대리인을 포함한다. 이하 이 조에서 같다)에게 관계 물품 · 서류 등을 제출하게 할 수 있다.
1. 이 법에 위반되는 사항을 발견하거나 혐의가 있음을 알게 된 경우
2. 이 법의 위반에 대한 신고를 받거나 민원이 접수된 경우
2의2. 이용자 정보의 안전성과 신뢰성 확보를 현저히 해치는 사건 · 사고 등이 발생하였거나 발생할 가능성이 있는 경우
3. 그 밖에 이용자 보호를 위하여 필요한 경우로서 대통령령으로 정하는 경우

의 제출과 관련하여 이 법을 위반한 경우에는 정보통신서비스 제공자등이 그 행위를 한 것으로 본다(법 제32조의5 제4항). 이는 간주 규정이므로 반증으로 뒤집을 수 없다.

3. 다른 법률과의 관계

정보통신망법은 민간분야의 "정보통신망" 이용촉진 및 정보보호등에 관하여 일반법으로서의 성격을 가진다. 정보통신망법은 '정보통신망 이용촉진 및 정보보호등에 관하여는 다른 법률에서 특별히 규정된 경우 외에는 이 법으로 정하는 바에 따른다. 다만, 제7장의 통신과금서비스에 관하여 이 법과 「전자금융거래법」의 적용이 경합하는 때에는 이 법을 우선 적용한다'라고 규정하고 있다(제5조). 따라서 「전자금융거래법」, 「의료법」, 「정보통신기반보호법」, 「전자문서법」, 「정보보호산업진흥법」, 「소프트웨어진흥법」, 「저작권법」, 「개인정보 보호법」 등에서 정보통신망 이용촉진 및 정보보호등에 관하여 특별한 규정이 있는 경우에는 해당 법률의 규정이 우선해서 적용되지만 해당 법률에서 규정하고 있지 아니한 사항에 대해서는 정보통신망법이 보충적으로 적용된다. 다만, 통신과금서비스와 관련해서는 정보통신망법이 「전자금융거래법」에 우선하여 적용된다.

한편, 입법자의 관점에서 정보통신망법은 이미 살펴본 그 연혁에서 알 수 있는 것처럼 정보통신망과 관련한 모든 입법의 일반법의 성격을 가진다. 따라서 새로운 입법 사항이 나타났을 때 이를 규율할 적절한 개별법이 있으면 그 법에 규율하지만, 새로운 입법 사항을 규율할만한 적절한 개별법을 찾지 못하는 경우 우선 정보통신망법에서 규율한다. 그리고 시간이 지나 당해 입법 사항에 관한 성격이 좀 더 분명해지면 기존 개별법으로 자리를 옮기고, 당해 입법 사항에 대한 규율의 필요성이 강조되고 규모가 커지면 별도의 개별법을 신설하기도 한다. 이러한 의미에서 정보통신망법은 이른바 옴니버스법의 성격을 가지고 있다.

제 2 장   정보통신망법의 체계 및 사업자등의 책무

제 1 절   정보통신망법의 특징 및 집행체계

    정보통신망법은 옴니버스법의 성격을 가진 법률로 다양한 내용을 다루고 있어 장별로 규율대상이 다르고 소관부처도 다르다. 청소년 유해매체물, 불법 콘텐츠, 광고성 정보 등으로부터의 이용자보호는 방송통신위원회 소관이고, 정보통신망 이용촉진, 정보보호 인증제도, 통신과금서비스 및 침해사고로부터의 이용자보호는 과학기술정보통신부의 소관이다. 구 정보통신망법상 전자문서 및 전자문서중계자에 관한 사항(제3장)은 과학기술정보통신부 소관이었으나 과학기술정보통신부 소관인 「전자문서법」으로 이전·통합되었고, 이용자의 개인정보보호에 관한 사항(제4장)은 방송통신위원회 소관이었으나 개인정보보호위원회 소관인 「개인정보 보호법」으로 이전·통합되었다.

표 2   정보통신망법 장별 소관 부처

관련 장		소관부처	
		방송통신위원회	과학기술정보통신부
제1장	총 칙	○	○
제2장	정보통신망의 이용촉진	×	○
제3장	전자문서중계자를 통한 전자문서의 활용 (삭제)	×	○
제4장	정보통신서비스의 안전한 이용환경 조성	○	×
제5장	정보통신망에서의 이용자 보호 등	○	×
제6장	정보통신망의 안정성 확보 등	×	○
	영리목적의 광고성정보 전송 제한	○	×
제7장	통신과금서비스	×	○
제8장	국제협력	○	○

제9장	보칙	○	○
제10장	벌칙	○	○

제 2 절 관 련 법 제

　정보통신망 이용촉진 및 정보보호등과 관련된 법령의 수는 대단히 많고 다양하다. 정보통신망 관련 법령은 그 목적에 따라 크게 이용촉진 관련 법령과 정보보호 관련 법령으로 나눌 수 있다. 대부분의 법률이 촉진과 보호를 함께 규정하고 있으나, 주로 이용촉진 관련 법령으로는 「전자문서법」, 「전자서명법」, 「전자정부법」, 「스마트도시법」, 「지능형전력망법」, 「이러닝법」, 「정보통신융합법」, 「클라우드컴퓨팅법」, 「방송통신발전기본법」, 「콘텐츠산업진흥법」, 「소프트웨어진흥법」 등이 있고, 정보보호 관련 법령으로는 「국가사이버안전관리규정」, 「정보보호산업진흥법」, 「산업기술보호법」, 「전자금융거래법」, 「전자상거래소비자보호법」, 「통신사기피해환급법」, 「의료법」, 「개인정보 보호법」등이 있다.

　정보통신망 관련 법령은 그 기능ㆍ역할에 따라 다시 1) 정보통신망 이용촉진 및 정보보호 제도 구축을 위한 법률, 2) 정보통신망 이용촉진 관련기반 마련을 위한 법률, 3) 정보통신망 관련기술 개발 및 산업촉진을 위한 법률, 4) 데이터 및 개인정보보호를 위한 법률, 5) 정보통신 이용자보호를 위한 법률 등으로 나눌 수 있다. 조직 내에서 정보보호 관련 업무를 맡고 있는 사람은 정확하고 효율적인 업무수행을 위하여 이들 법률 전반에 대한 깊은 이해가 필요하다.

표 3　정보통신망 이용촉진 및 정보보호등 관련 법령 현황

구 분	법령명	소관부처
정보통신망 이용촉진 및 정보보호 제도 구축	정보통신망 이용촉진 및 정보보호등에 관한 법률 (정보통신망법)	방송통신위원회 과학기술정보통신부
	지능정보화 기본법	과학기술정보통신부
	전자정부법	행정안전부
	정보통신기반보호법	과학기술정보통신부

	국가사이버안전관리규정(대통령훈령)	국가정보원
	정보보호산업의 진흥에 관한 법률(정보보호산업법)	과학기술정보통신부
	정보통신 진흥 및 융합 활성화 등에 관한 특별법 (정보통신융합법)	과학기술정보통신부
	방송통신발전 기본법(방송통신발전법)	방송통신위원회 과학기술정보통신부
정보통신망 이용촉진 관련기반 마련	전자문서 및 전자거래 기본법(전자문서법)	과학기술정보통신부 법무부
	전자서명법	과학기술정보통신부
	클라우드컴퓨팅 발전 및 이용자 보호에 관한 법률 (클라우드컴퓨팅법)	과학기술정보통신부
정보통신망 관련기술 개발 및 산업촉진	스마트도시 조성 및 산업진흥 등에 관한 법률(스마트도시법)	국토교통부
	국가통합교통체계효율화법(통합교통체계법)(지능형 교통체계)	국토교통부
	지능형전력망의 구축 및 이용촉진에 관한 법률(지능형전력망법)	산업통상자원부
	이러닝(전자학습)산업 발전 및 이러닝 활용 촉진에 관한 법률(이러닝산업법)	산업통상자원부
	드론 활용의 촉진 및 기반조성에 관한 법률(드론법)	국토교통부
	의료기기산업 육성 및 혁신의료기기 지원법 (혁신 의료기기산업법)	보건복지부
	콘텐츠산업 진흥법(콘텐츠산업법)	문화체육관광부
	소프트웨어 진흥법(소프트웨어산업법)	과학기술정보통신부
	전기통신사업법	과학기술정보통신부
	전기통신기본법	과학기술정보통신부
데이터 및 개인정보보호	전자금융거래법	금융위원회
	의료법(전자의무기록)	보건복지부
	산업기술의 유출방지 및 보호에 관한 법률(산업기술보호법)	산업통상자원부
	저작권법	문화체육관광부
	개인정보 보호법	개인정보보호위원회
	위치정보의 보호 및 이용에 관한 법률(위치정보법)	방송통신위원회
	신용정보의 이용 및 보호에 관한 법률(신용정보법)	금융위원회

정보통신망 이용자보호	전자상거래 등에서의 소비자보호에 관한 법률(전자상거래법)	공정거래위원회
	전기통신금융사기 피해 방지 및 피해금 환급에 관한 특별법 (통신사기피해환급법)	금융위원회
정보통신망 융합 촉진	자동차관리법	국토교통부
	선박법	해양수산부
	건축법(홈네트워크)	국토교통부

제 3 절 국가, 제공자, 이용자 등의 책임

1. 정보통신서비스 제공자 및 이용자의 책무

정보통신서비스 제공자는 이용자를 보호하고 건전하고 안전한 정보통신서비스를 제공하여 이용자의 권익보호와 정보이용능력의 향상에 이바지하여야 하고, 이용자는 건전한 정보사회가 정착되도록 노력하여야 한다(제3조 제1항). 정부는 정보통신서비스 제공자단체 또는 이용자단체의 정보보호 및 정보통신망에서의 청소년 보호 등을 위한 활동을 지원할 수 있다(제3조 제2항).

가. 정보통신서비스 제공자의 책임

정보통신서비스 제공자는 이용자 보호를 위해 이용자의 이동통신단말장치 내에 저장되어 있는 정보 및 이동통신단말장치에 설치된 기능에 대하여 접근이 필요한 경우에는 미리 접근권한에 대한 이용자의 동의를 얻어야 하고, 자신이 운영·관리하는 정보통신망에 공개된 타인의 권리를 침해하는 정보에 대해서 삭제 또는 임시조치를 해야 하며, 사생활 침해 또는 명예훼손 등 권리를 침해당하였다고 주장하는 자가 민·형사상의 소를 제기하기 위하여 해당 내용을 게재하거나 유통시킨 이용자의 정보(성명, 연락처 등)를 요구하면 이에 따라야 하고, 이용자(수신자)의 의사에 반하여 영리목적의 광고성 정보를 전송해서는 안 되며, 통신과금서비스이용자의 권리를 보호하기 위한 조치를 취하는 등의 책무를 이행하여야 한다.

또한, 정보통신서비스 제공자는 청소년유해매체물 표시, 청소년 보호책임자 지정, 불법촬영물등 유통방지 등 불법·유해매체로부터 청소년과 이용자를 보호하기 위한 조치를 취해야 하고, 자신이 운영·관리하는 정보통신망에 사생활 침해 또는 명예훼손 등 타인의 권리를 침해하는 정보가 유통되지 아니하도록 노력하여야 하며, 정보보호지침 준수, 정보보호 사전점검, 정보보호 최고책임자 지정·신고, 정보보호 관리체계 인증, 사이버공격정보의 제공, 침해사고의 신고 및 원인분석, 국내대리인 지정 등 건전하고 안전한 정보통신서비스를 제공하기 위한 책무를 이행하여야 한다.

나. 정보통신서비스 이용자의 책임

정보통신서비스 이용자는 사생활 침해 또는 명예훼손 등 타인의 권리를 침해하는 정보를 정보통신망에 유통시켜서는 안 되고, 정보통신망을 통하여 불법정보를 유통하여서는 안 되며, 정보통신망을 통하여 속이는 행위로 다른 사람의 정보를 수집하거나 다른 사람이 정보를 제공하도록 유인하여서는 안 된다(제44조). 또한, 정당한 접근권한 없이 또는 허용된 접근권한을 넘어 정보통신망에 침입하거나 정당한 사유 없이 정보통신시스템, 데이터 또는 프로그램 등을 훼손·멸실·변경·위조하거나 그 운용을 방해할 수 있는 악성프로그램을 전달 또는 유포하거나 정보통신망의 안정적 운영을 방해할 목적으로 대량의 신호 또는 데이터를 보내거나 부정한 명령을 처리하도록 하는 등의 방법으로 정보통신망에 장애가 발생하게 하여서는 안 된다(제48조).

2. 정보통신망 이용촉진 및 정보보호등 시책 수립

과학기술정보통신부장관 또는 방송통신위원회는 정보통신망의 이용촉진 및 안정적 관리·운영과 이용자 보호 등을 통하여 정보사회의 기반을 조성하기 위한 시책을 마련하여야 한다(제4조). 정보통신망의 이용촉진 및 정보보호등 시책에는 다음 각 호의 사항이 포함되어야 한다.

1. 정보통신망에 관련된 기술의 개발·보급
2. 정보통신망의 표준화

  3. 정보내용물 및 정보통신망 응용서비스의 개발 등 정보통신망의 이용 활
     성화

  4. 정보통신망을 이용한 정보의 공동활용 촉진

  5. 인터넷 이용의 활성화

  6. 정보통신망에서의 청소년 보호

  7. 정보통신망을 통하여 유통되는 정보 중 인공지능 기술을 이용하여 만든
     거짓의 음향·화상 또는 영상 등의 정보를 식별하는 기술의 개발·보급

  8. 정보통신망의 안전성 및 신뢰성 제고

  9. 그 밖에 정보통신망 이용촉진 및 정보보호등을 위하여 필요한 사항

  과학기술정보통신부장관 또는 방송통신위원회는 정보통신망의 이용촉진
및 정보보호등 시책을 마련할 때에는 「지능정보화 기본법」 제6조에 따른 지능
정보사회 종합계획과 연계되도록 하여야 한다. 정부는 지능정보사회 정책의
효율적·체계적 추진을 위하여 지능정보사회 종합계획을 3년 단위로 수립하
여야 한다. 종합계획은 과학기술정보통신부장관이 관계 중앙행정기관의 장 및
지방자치단체의 장의 의견을 들어 수립하며, 「정보통신 진흥 및 융합 활성화
등에 관한 특별법」 제7조에 따른 정보통신 전략위원회의 심의를 거쳐 수립·
확정한다.

  2020년 6월 법 개정으로 정보통신망의 이용촉진 및 정보보호등 시책에 포
함되어야 할 내용으로 '인공지능 기술을 이용하여 만든 거짓의 음향·화상 또
는 영상 등의 정보를 식별하는 기술의 개발·보급(제7호)'이 추가되었다. 딥페
이크 기술을 이용한 가짜 정보의 유통을 방지하기 위한 것이다. 딥페이크(deep
fake)란 딥 러닝(deep learning)과 가짜(fake)의 합성어로 인공지능(AI)을 기반으
로 영상과 음성을 조작해 가짜 영상, 음성, 기사 등을 만들어 내는 것을 의미한
다. 딥페이크에 활용되는 AI 원천 기술은 가공의 음향, 화상, 영상, 텍스트 등
을 만들어 내는 기술로 타인의 얼굴이나 신체 부위의 이미지를 중첩하거나 결
합하여 일반인이 합성 여부를 확인하는 것이 사실상 불가능한 가공의 영상을
만들어냄으로써 영화제작 등에 활용되는 유용한 기술이다.

  그러나 딥페이크 기술이 성인 동영상에 일반인 및 연예인의 얼굴을 합성

하여 인터넷에 공개하거나 그 밖의 가짜 영상을 제작해 언론사에 제보하여 가짜 뉴스를 양산하거나 실제 인물의 목소리를 따라하는 보이스피싱 등의 사기행위에 악용됨에 따라 심각한 사회적 문제로 부각되고 있다. 이에 과학기술정보통신부장관 또는 방송통신위원회가 마련하는 시책에 정보통신망을 통하여 유통되는 정보 중 인공지능 기술을 이용하여 만든 거짓의 음향·화상 또는 영상 등의 정보를 식별하는 기술의 개발·보급을 포함하도록 함으로써 건전한 정보통신망 이용환경을 조성하려는 것이다.16)

3. 중요 정보의 국외유출 제한 등의 조치

국내의 산업·경제 및 과학기술 등에 관한 중요 정보가 정보통신망을 통하여 국외로 유출되는 것을 방지하기 위하여 정부가 정보통신서비스 제공자 또는 이용자에게 하는 필요한 조치를 규정하고 있다(제51조). 다만 필요한 조치를 강제하는 수단은 규정되지 않아 사실상 선언적인 의미가 강하다.

가. 중요정보의 범위

중요정보는 국가안전보장과 관련된 보안정보 및 주요 정책에 관한 정보(1호), 국내에서 개발된 첨단과학 기술 또는 기기의 내용에 관한 정보(2호)로 규정하고 있다(제51조 제2항).

나. 정부의 범위

중요 정보의 국외유출 제한 등의 조치를 하는 주체는 정부이다. 여기서 정부란 정부조직법상의 정부의 개념과 동일하다. 다만 정부의 개념이나 범위와 관련하여 몇 가지 해석상 쟁점이 있다. 첫째, 국가정보원이 정부의 범위에 포함되는가 하는 점이다. 정부란 「대한민국헌법」상 제4장 정부를 일컫는 것이고, 대통령(제1절)과 행정부(제2절)로 크게 구분되는데 제3장 국회, 제5장 법원과 구

---

16) 20대 국회 박대출의원 정보통신망법 일부개정법률 대표발의안(2019. 11. 29), 이종걸의원 정보통신망법 일부개정법률 대표발의안(2019. 12. 19), 국회 과학기술정보통신위원회 전문위원 검토보고서(2020. 3) 참조

분되는 행정권한을 행사하는 일체의 국가행정기관이라고 할 것이고, 정부조직법이 보다 구체적인 행정기관의 종류를 규정하고 있다. 정부조직법에서도 정부에는 대통령, 국무총리, 행정각부로 구분하고 대통령 소속의 국가정보원을 정부에 포함하고 있다(제17조). 국가정보원을 중요정보의 국외유출 제한에서 제외하여야 할 특별한 사정이 없는 한 본 조문의 정부에 포함된다고 해석하는 것이 타당하다. 둘째, 지방자치단체가 정부의 범위에 포함되는지 문제가 된다. 앞서 본 바와 같이 정부란 헌법상 중앙정부, 정부조직법상 정부를 말하는 것이므로 지방자치단체는 포함될 수 없다고 해석하는 것이 타당하다. 따라서 지방자치단체는 이 법을 근거로 하여 중요 정보의 국외유출 제한조치를 취할 수 없다. 한편, 조례에서 이와 동일한 규정을 둘 수 있는지 문제가 된다. 지방자치단체는 법률상 근거 없이도 자치사무에 관하여 조례로 정할 수 있어 법률유보원칙이 적용되지 아니하고 다만 법령에 위배되어 조례를 정할 수 없다.[17] 그런데 이건 국외유출 제한은 주민에게 의무를 부과하는 것이므로 위 정보통신망법상 근거가 없는 이상 조례로도 정할 수 없다.

다. 정부의 조치와 그 한계

(1) 정보통신서비스 제공자에 대한 조치

정부가 정보통신서비스 제공자에 대하여 할 수 있는 조치로는, 정보통신망의 부당한 이용을 방지할 수 있는 제도적·기술적 장치의 설정(1호), 정보의 불법파괴 또는 불법조작을 방지할 수 있는 제도적·기술적 조치(2호), 정보통신서비스 제공자가 처리 중 알게 된 중요 정보의 유출을 방지할 수 있는 조치(3호) 등이 규정되어 있다(제3항).

(2) 이용자에 대한 조치의 허용 여부

제51조 제1항에서는 이용자에 대한 필요한 조치도 할 수 있도록 규정하고 있으나, 실제 어떤 필요한 조치를 할 수 있는지에 대하여 정보통신서비스 제공

---

17) 「지방자치법」 제22조(조례) 지방자치단체는 법령의 범위 안에서 그 사무에 관하여 조례를 제정할 수 있다. 다만, 주민의 권리 제한 또는 의무 부과에 관한 사항이나 벌칙을 정할 때에는 법률의 위임이 있어야 한다.

자와 달리 아무런 규정을 두고 있지 아니하다. 이처럼 구체적인 조치내용이 없음에도 불구하고 제1항을 근거로 '필요한 조치'를 할 수 있는지가 문제가 된다. 이는 필요한 조치의 구체적인 내용 규정 없이 단지 헌법 제37조 제2항의 "국가안전보장·질서유지 또는 공공복리를 위하여 필요한 경우에 한하여 법률로써 제한할 수 있다"는 근거를 반복한 것에 불과하다고 보이므로, 법치주의원리상 위 조문만을 근거로 구체적인 조치를 하기는 어렵다고 할 것이다. 이 부분에 대한 구체적인 입법이 필요하다.

4. 정보통신망 보호 등을 위한 국제협력

정부는 정보통신망에서의 청소년 보호를 위한 업무, 정보통신망의 안전성을 침해하는 행위를 방지하기 위한 업무, 그 밖에 정보통신서비스의 건전하고 안전한 이용에 관한 업무를 추진할 때 다른 국가 또는 국제기구와 상호 협력하여야 한다(제62조). 인터넷은 국경을 넘은 행위를 가능하게 한다. 특히 청소년의 건전한 성장에 저해되는 컨텐츠의 유통, 해킹, 피싱 등 범죄 행위에 적절히 대응하기 위해서는 다른 국가 또는 국제기구와 조약을 체결하거나 정책 공조, 형사사법공조 등 상호 협력이 필요하다. 법 제62조는 이와 같은 국제협력의 근거 규정을 두고 있다. 국제협력은 이와 같은 근거 규정이 없다고 하더라도 정부가 집행업무를 하며 필요하다면 권한 내에서 추진할 수 있는 행위이다. 이 규정은 이러한 정부의 국제협력 행위를 의무로 규정하였다는 점에서 의미가 있다.

정부는 정보통신망에서의 청소년 보호를 위한 업무, 정보통신망의 안전성을 침해하는 행위를 방지하기 위한 업무, 그 밖에 정보통신서비스의 건전하고 안전한 이용에 관한 업무를 추진할 때 다른 국가 또는 국제기구와 상호 협력하여야 한다(법 제62조). 그러나 음란물, 도박, 마약거래 등에 대한 각국의 규제가 달라 사이버범죄에 관한 국제협력은 쉽지 않다. 사이버범죄와 관련한 대표적인 국제조약으로는 유럽연합이 주도하여 2001년 만들어 2004년 발효된 '사이버범죄조약(Convention on Cybercrime, '부다페스트조약'이라고도 부른다.)'이 있다. 이 협약은 저작권 침해, 컴퓨터 관련 사기, 아동 포르노, 정보보안 침해, 기타 정보통신망을 통한 범죄에 관한 최초의 국제조약이다. 우리나라는 아직 사이버범죄조약에 가입하고 있지 않다.

한편, 정부는 한국인터넷진흥원을 통해 경제개발협력기구(OECD), 아시아·태평양경제(APEC), 아시아통신협의체(APT) 등 국제기구의 인터넷·정보보호 관련 국제적 논의, 협력과제 발굴 등에 주도적으로 참여하고 있고, 개도국의 사이버보안 역량을 강화하고 정보보호 분야 글로벌 파트너십 구축을 위하여 글로벌정보보호센터(GCCD)를 운영하고 있으며, IDB(미주개발은행)의 중남미 ICT 교육센터 설립·운영을 지원하는 등 다양한 협력 사업을 추진하고 있다. 그 밖에 사이버보안 협의체 운영을 통한 세계 각국과의 정보보호 분야 경험 공유 및 역량강화, 주요 전략국가와 우호 네트워크 구축 및 협력과제 발굴, 자문활동 및 글로벌 이슈 공동 대응 등 인터넷·정보보호 분야 국제협력·해외진출 기반 조성을 위하여 '글로벌 사이버보안 협력네트워크(CAMP)'를 구축·운영하고 있다.

제 4 절   한국인터넷진흥원의 설립·운영

정부는 정보통신망의 고도화(정보통신망의 구축·개선 및 관리에 관한 사항은 제외)와 안전한 이용 촉진 및 방송통신과 관련한 국제협력·국외진출 지원을 효율적으로 추진하기 위하여 한국인터넷진흥원(KISA, 이하 "인터넷진흥원"이라 한다.)을 설립한다(제52조). 인터넷진흥원은 1999년 「정보화촉진기본법」 일부개정에 의하여 "한국정보보호센터"라는 명칭으로 설립 근거가 마련되었고, 2001년 2차 정보통신망법 전부개정시 "한국정보보호센터"에서 "한국정보보호진흥원"으로 승격되었다. 2009년에는 정부조직 및 공공기관 통폐합 정책에 따라 구「정보통신망 이용촉진 및 정보보호 등에 관한 법률」제52조에 따른 한국정보보호진흥원, 「인터넷주소자원에 관한 법률」제9조에 따른 한국인터넷진흥원, 「정보화촉진기본법」제24조의2에 따른 정보통신국제협력진흥원이 "한국인터넷진흥원"이라는 하나의 명칭으로 통합되어 오늘에 이르고 있다.

인터넷진흥원은 정보통신망법에 의해서 설립된 특수법인이자 「공공기관운영법」에 따른 "준정부기관형" 공공기관으로 행정기관에 해당하지는 않는다. 사업을 수행하는 데 필요한 경비는 대부분 정부 출연금으로 충당한다. 주요 업무는 아래와 같으며 그 밖에 정보통신망법 또는 다른 법령에 따라 인터넷진흥원의 업무로 정하거나 위탁한 사업이나 과학기술정보통신부장관 · 행정안전부장관 · 방송통신위원회 또는 다른 행정기관의 장으로부터 위탁받은 사업을 수행한다(제52조).

표 4   인터넷진흥원의 주요 업무

1. 정보통신망의 이용 및 보호, 방송통신과 관련한 국제협력 · 국외진출 등을 위한 법 · 정책 및 제도의 조사 · 연구
2. 정보통신망의 이용 및 보호와 관련한 통계의 조사 · 분석
3. 정보통신망의 이용에 따른 역기능 분석 및 대책 연구
4. 정보통신망의 이용 및 보호를 위한 홍보 및 교육 · 훈련
5. 정보통신망의 정보보호 및 인터넷주소자원 관련 기술 개발 및 표준화
6. 정보보호산업 정책 지원 및 관련 기술 개발과 인력양성
7. 정보보호 관리체계의 인증, 정보보호시스템 평가 · 인증 등 정보보호 인증 · 평가 등의 실시 및 지원
8. 「개인정보 보호법」에 따른 개인정보 보호를 위한 대책의 연구 및 보호기술의 개발 · 보급 지원
9. 「개인정보 보호법」에 따른 개인정보침해 신고센터의 운영
10. 광고성 정보 전송 및 인터넷광고와 관련한 고충의 상담 · 처리
11. 정보통신망 침해사고의 처리 · 원인분석 및 대응체계 운영
12. 「전자서명법」 제21조에 따른 전자서명인증 정책의 지원
13. 인터넷의 효율적 운영과 이용활성화를 위한 지원
14. 인터넷 이용자의 저장 정보 보호 지원
15. 인터넷 관련 서비스정책 지원
16. 인터넷상에서의 이용자 보호 및 건전 정보 유통 확산 지원
17. 「인터넷주소자원에 관한 법률」에 따른 인터넷주소자원의 관리에 관한 업무
18. 「인터넷주소자원에 관한 법률」 제16조에 따른 인터넷주소분쟁조정위원회의 운영 지원
19. 「정보보호산업의 진흥에 관한 법률」 제25조 제7항에 따른 조정위원회의 운영지원

20. 방송통신과 관련한 국제협력·국외진출 및 국외홍보 지원
21. 제1호부터 제20호까지의 사업에 부수되는 사업

인터넷진흥원은 이와 같은 업무를 수행하기 위하여 필요한 경우 정보통신서비 제공자 등에 대하여 제64조 제1항 및 제2항 등에 따른 자료의 제출 요구 및 검사에 관한 업무를 수행할 수 있으나, 이는 인터넷진흥원의 고유 권한이 아니라 정보통신망법 또는 같은 법 시행령에 따라 과학기술정보통신부장관 또는 방송통신위원회로부터 위탁받은 권한이다(제65조 제3항).

제 2 부

정보통신망 이용 촉진

제1장 정보통신망 기술등의 개발 및 보급

제1절 기술개발의 추진 등

1. 기술개발의 추진 등

　　과학기술정보통신부장관은 정보통신망법에 따라 정보통신망과 관련된 기술 및 기기의 개발을 효율적으로 추진하기 위하여 대통령령으로 정하는 바에 따라 관련 연구기관으로 하여금 연구개발·기술협력·기술이전 또는 기술지도 등의 사업을 하게 할 수 있고 이에 따라 연구개발 등의 사업을 하는 연구기관에 대하여는 그 사업에 드는 비용의 전부 또는 일부를 지원할 수 있다(제6조). 연구개발 등의 추진에 드는 비용의 지급 및 관리 등에 필요한 사항은 대통령령으로 정하도록 위임하고 있으나 현행 정보통신망법 시행령은 위임 사항을 규정하고 있지 않다.

　　한편, 정보통신융합법은 정보통신 유망 기술·서비스 등의 지정, 정보통신 기술·서비스 등의 표준화, 정보통신 기술·서비스 등의 품질인증, 신규 정보통신 기술 및 서비스 등의 진흥, 중소기업 등의 연구개발 지원, 유망 정보통신 융합등 기술·서비스 등의 사업화 지원, 정보통신융합등 기술·서비스 개발 등의 지원, 기술거래의 활성화 등에 대해서 구체적인 규정을 두고 있다. 그 이외에도 정보통신산업 진흥계획 및 정보통신기술진흥 시행계획의 수립·시행, 정보통신기술 연구과제 등의 선정 및 지정, 정보통신 관련 신기술의 사업화 지원, 정보통신진흥기금의 설치 등에 대해서 규정하고 있다. 따라서 정보통신망법과 정보통신융합법은 서로 보완적인 관계라고 볼 수 있다.

　　이와 같은 책무를 효율적으로 추진·관리하기 위하여 과학기술정보통신부

장관은 「정보통신·방송 연구개발 관리규정」, 「정보통신·방송 연구개발 사업
비 산정 및 정산 등에 관한 규정」, 「정보통신·방송 연구개발 기술료 징수 및
사용관리에 관한 규정」, 「정보통신·방송 연구개발 보안관리 규정」, 「정보통
신·방송 연구윤리 진실성 확보 등에 관한 규정」, 「정보통신·방송 연구개발
기술개발사업 수행관리지침 정보통신·방송 연구개발 기반조성사업 수행관리
지침」 등 각종 하위 규정을 제정·운영하고 있다.

2. 기술관련 정보의 관리 및 보급

과학기술정보통신부장관은 정보통신망법에 따라 정보통신망과 관련된 기
술 및 기기에 관한 정보를 체계적이고 종합적으로 관리하여야 한다. 과학기술
정보통신부장관은 기술관련 정보를 체계적이고 종합적으로 관리하기 위하여
필요하면 관계 행정기관 및 국공립 연구기관 등에 대하여 기술관련 정보와 관
련된 자료를 요구할 수 있다. 이 경우 요구를 받은 기관의 장은 특별한 사유가
없으면 그 요구에 따라야 한다. 과학기술정보통신부장관은 기술관련 정보를 신
속하고 편리하게 이용할 수 있도록 그 보급을 위한 사업을 하여야 한다. 이 경
우 보급하려는 정보통신망과 관련된 기술 및 기기의 범위에 관하여 필요한 사
항은 대통령령으로 정한다(제7조). 현행 대통령령은 관련된 기술 및 기기의 범
위에 관하여 별도의 규정을 두고 있지 않다.

또한, 「정보통신산업진흥법」도 정보통신망법과 유사한 규정을 두고 있다.
과학기술정보통신부장관은 정보통신산업의 진흥을 위하여 정보통신기술 관련
정보를 체계적·종합적으로 관리·보급하는 방안을 마련하여야 하고 이를 위
하여 필요한 경우에는 관계 행정기관 및 국·공립 연구기관 등에 정보통신기
술 관련 정보와 이와 관련된 자료를 요구할 수 있다. 이 경우 요구를 받은 기
관의 장은 특별한 사유가 없으면 이에 협조하여야 한다. 과학기술정보통신부장
관은 정보통신기술 관련 정보를 신속하고 편리하게 이용할 수 있도록 그 보급
을 위한 사업을 하여야 한다. 이 경우 보급의 대상이 되는 정보통신기술 관련
정보의 세부적인 범위는 대통령령으로 정하도록 규정하고 있는데(제10조), 같은

법 시행령은 보급의 대상이 되는 정보통신기술 관련 정보를 ① 국내외 정보통신기술의 동향에 관한 사항, ② 정보통신기술의 표준화에 관한 사항, ③ 그 밖에 정보통신기술의 진흥을 위하여 보급이 필요한 사항으로 정하고 있다(영 제10조).

제 2 절 정보의 공통활용체제 구축 등

1. 정보내용물의 개발 지원

정부는 국가경쟁력을 확보하거나 공익을 증진하기 위하여 정보통신망법에 따라 정보통신망을 통하여 유통되는 정보내용물을 개발하는 자에게 재정 및 기술 등 필요한 지원을 할 수 있다(제10조). 이에 따라 「정보통신산업진흥법」도 과학기술정보통신부장관은 국가경쟁력 확보 또는 공익 증진을 위하여 정보통신망을 통하여 유통되는 정보 내용물을 개발하는 자에게 재정 및 기술 등 필요한 지원을 할 수 있다고 규정하고 있다(제20조). 그러나 두 법 모두 구체적인 지원방법을 규정하고 있지 않다. 이에 따라 정보내용물 지원사업은 주로 정보통신융합법 등에 따라 이루어지고 있다.

정보통신융합법은 정부는 디지털콘텐츠 제작자의 창의성을 높이고, 유망 디지털콘텐츠가 창작·유통·이용될 수 있는 환경을 조성하여야 하며, 관련 산업의 경쟁력을 강화하기 위하여 노력하여야 한다고 규정하면서, 디지털콘텐츠의 진흥 및 활성화를 위한 사업을 효율적으로 추진하기 위하여 전담기관을 지정할 수 있으며 필요한 비용의 전부 또는 일부를 보조할 수 있다고 규정하고 있다(제21조). 「콘텐츠산업진흥법」도 콘텐츠제작 활성화, 융합콘텐츠의 활성화, 콘텐츠 분야 창업 활성화 등 콘텐츠산업 발전 사업의 추진을 지원하기 위하여 필요한 경우 「정보통신산업 진흥법」 제41조에 따른 정보통신진흥기금 등을 이용할 수 있도록 규정하고 있다(제8조).

2. 정보통신망 응용서비스의 개발 촉진 등

정부는 정보통신망법에 따라 국가기관·지방자치단체 및 공공기관이 정보통신망을 활용하여 업무를 효율화·자동화·고도화하는 정보통신망 응용서비스를 개발·운영하는 경우 그 기관에 재정 및 기술 등 필요한 지원을 할 수 있다. 정부는 민간부문에 의한 정보통신망 응용서비스의 개발을 촉진하기 위하여 재정 및 기술 등 필요한 지원을 할 수 있으며, 정보통신망 응용서비스의 개발에 필요한 기술인력을 양성하기 위하여 다음 각 호의 시책을 마련하여야 한다(제11조).

1. 각급 학교나 그 밖의 교육기관에서 시행하는 인터넷 교육에 대한 지원
2. 국민에 대한 인터넷 교육의 확대
3. 정보통신망 기술인력 양성사업에 대한 지원
4. 정보통신망 전문기술인력 양성기관의 설립·지원
5. 정보통신망 이용 교육프로그램의 개발 및 보급 지원
6. 정보통신망 관련 기술자격제도의 정착 및 전문기술인력 수급 지원
7. 그 밖에 정보통신망 관련 기술인력의 양성에 필요한 사항

「정보통신산업진흥법」도 정부는 국가기관등이 정보통신망을 활용하여 업무를 효율화·자동화·고도화하는 응용서비스를 개발·운영하는 경우 해당 기관에 재정 및 기술 등 필요한 지원을 할 수 있고, 과학기술정보통신부장관은 민간부문에 의한 정보통신망 응용서비스의 개발을 촉진하기 위하여 재정 및 기술 등 필요한 지원을 할 수 있다고 규정하고 있다(제21조).

특히 정보통신융합법은 과학기술정보통신부장관은 다른 산업 및 서비스 등에 정보통신의 접목을 통하여 생산성과 가치를 높일 수 있도록 노력하여야 한다고 규정하면서, 정보통신융합등 기술·서비스의 개발을 촉진하기 위하여 다음 각 호의 사업을 추진할 수 있고, 필요한 경우에는 법인인 전담기관을 설립하거나 법인·단체에 위탁·운영할 수 있고 필요한 비용의 전부 또는 일부를 예산의 범위에서 출연 또는 보조할 수 있도록 규정하고 있다(제32조).

1. 정보통신융합등 기술·서비스 관련 연구개발 사업

2. 제1호에 따라 추진되는 과제에 대한 기획·평가·관리

3. 국가·지방자치단체, 대학·정부출연연구기관, 민간 등이 보유한 정보통신융합등 기술의 거래 등 기술이전을 위한 중개·알선 지원

4. 정보통신융합등 기술에 대한 평가 및 평가 기법의 개발·보급

5. 정보통신융합등 기술의 기술이전·사업화에 관한 통계조사·연구 등 관련 정보의 수집·분석·제공

6. 정보통신융합등 기술의 기술이전 후 상용화 연구개발 지원

7. 정보통신융합등 기술의 기술사업화 전문인력 양성

8. 정보통신융합등 기술의 기술거래·사업화 촉진을 위한 정보시스템 구축·활용

9. 지식재산권 등 정보통신융합등 기술 관련 연구성과물의 관리·홍보·활용

10. 정보통신융합등 기술·서비스의 수준조사 등 정책연구 사업

11. 정보통신융합등 기술·서비스 관련 시범사업

12. 그 밖에 정보통신기술진흥을 위하여 필요한 사업

그 밖에 정보통신망 응용서비스의 개발 촉진을 위한 법률로는 「스마트도시법」, 「지능형전력망법」, 「이러닝산업법」, 「혁신의료기기산업법」, 「드론법」 등 다수의 법률이 있다.

3. 정보의 공동활용체제 구축

정부는 정보통신망을 효율적으로 활용하기 위하여 정보통신망법에 따라 정보통신망 상호 간의 연계 운영 및 표준화 등 정보의 공동활용체제 구축을 권장할 수 있고, 정보의 공동활용체제를 구축하는 자에게 재정 및 기술 등 필요한 지원을 할 수 있다. 이를 위하여 중앙행정기관의 장은 소관 분야의 정보의 공동 활용을 위한 계획을 수립하여 고시할 수 있다(제12조). 이 경우 중앙행정기관의 장은 정보의 공동 활용을 위한 계획을 효율적으로 추진하기 위하여 다음 각 호의 사업을 수행하는 자에 대하여 지원을 할 수 있다(영 제6조).

1. 보유·관리하는 정보 중 공동 활용 대상 정보의 선정
2. 정보통신망 상호간 연계 시스템의 구축 및 운영
3. 정보통신망의 연계에 따른 각 기관 간 비용부담의 조정
4. 그 밖에 정보의 공동 활용체제 구축을 위하여 필요한 사항

정보의 공동활용체제 구축은 디지털경제의 핵심기반 중 하나이다. 국내의 경우 행정정보 공동활용체제, 국가공간정보 통합체계, 사회보장정보 시스템 등 행정기관 간 정보통신망 상호 연계 및 정보의 공동활용체제 구축은 활발하나, 민간부문에서의 정보의 공동활용체제 구축은 그리 활발한 편이 아니다. 민간분야에서는 의료기관 간 진료정보 공동활용을 위한 기반조성 사업이 일찍부터 추진되어 왔고, 최근에는 금융분야에서 마이데이터 사업을 중심으로 금융정보의 공동 활용을 위한 표준화 사업 등이 추진되고 있다.

제3절 정보통신망의 이용촉진 등

1. 정보통신망의 이용촉진 등에 관한 사업

과학기술정보통신부장관은 정보통신망법에 따라 공공, 지역, 산업, 생활 및 사회적 복지 등 각 분야의 정보통신망의 이용촉진과 정보격차의 해소를 위하여 관련 기술·기기 및 응용서비스의 효율적인 활용·보급을 촉진하기 위한 사업을 대통령령으로 정하는 바에 따라 실시할 수 있다. 이 경우 정부는 관련 사업에 참여하는 자에게 재정 및 기술 등 필요한 지원을 할 수 있다(제13조). 정보통신망의 이용촉진과 정보격차의 해소를 위하여 관련 기술·기기 및 응용서비스의 효율적인 활용·보급을 촉진하기 위하여 과학기술정보통신부장관이 구체적으로 실시할 수 있는 사업은 다음 각 호와 같다(영 제7조).

1. 정보통신망의 구성·운영을 위한 시험적 사업
2. 새로운 매체의 실용화를 위한 시험적 사업
3. 정보화산업 육성을 위한 선도 응용사업 및 관련 연구 지원 사업

4. 전자거래에 관한 기술개발 등 전자거래의 활성화를 위한 기반 조성 사업
5. 정보통신망 이용촉진을 위한 법·제도 개선 등 지원 사업
6. 그 밖에 정보사회의 기반조성을 위한 관련 기술·기기 및 응용서비스
  의 효율적인 활용과 보급을 위한 시범사업

그 밖에도 정부는 정보통신망의 이용촉진과 정보격차의 해소를 위하여 분야별로 「클라우드컴퓨팅법」, 「정보보호산업진흥법」, 「지능정보화기본법」 등 다양한 개별법을 제정하여 관련 기술·기기의 개발·보급과 이용 촉진을 지원하고 있다.

2. 인터넷 이용의 확산

정부는 정보통신망법에 따라 인터넷 이용이 확산될 수 있도록 공공 및 민간의 인터넷 이용시설의 효율적 활용을 유도하고 인터넷 관련 교육 및 홍보 등의 인터넷 이용기반을 확충하며, 지역별·성별·연령별 인터넷 이용격차를 해소하기 위한 시책을 마련하고 추진하여야 한다(제14조). 인터넷 이용확산 및 이용격차 해소를 위한 시책을 수립하기 위하여 정부는 1999년부터 매년 인터넷진흥원을 통해서 개인이용자를 대상으로 가계 및 개인의 "인터넷이용실태조사"를 실시해오고 있으며, 개인이용자와 기업이용자를 대상으로 매년 "정보보호실태조사"도 실시하고 있다. 조사결과를 바탕으로 정부는 인터넷진흥원, 지능정보화진흥원 등을 통해서 노인, 장애인, 저소득가정, 농어촌 등의 디지털 이용격차 해소를 위한 사업을 다양하게 시행하고 있다.

제 2 장   정보통신망 품질등의 인증 및 평가

제 1 절   정보통신망의 표준화 및 인증

과학기술정보통신부장관은 정보통신망의 이용을 촉진하기 위하여 정보통 신망법에 따라 정보통신망에 관한 표준을 정하여 고시하고, 정보통신서비스 제 공자 또는 정보통신망과 관련된 제품을 제조하거나 공급하는 자에게 그 표준 을 사용하도록 권고할 수 있다. 다만, 「산업표준화법」 제12조에 따른 한국산업 표준이 제정되어 있는 사항에 대하여는 그 표준에 따른다(제8조 제1항). 고시된 표준에 적합한 정보통신과 관련된 제품을 제조하거나 공급하는 자는 인증기관 의 인증을 받아 그 제품이 표준에 적합한 것임을 나타내는 표시를 할 수 있다. 인증을 받은 자가 아니면 그 제품이 표준에 적합한 것임을 나타내는 표시를 하 거나 이와 비슷한 표시를 하여서는 아니 되며, 이와 비슷한 표시를 한 제품을 판매하거나 판매할 목적으로 진열하여서는 아니 된다(제8조 제4항).

과학기술정보통신부장관은 제4항을 위반하여 제품을 판매하거나 판매할 목적으로 진열한 자에게 그 제품을 수거 · 반품하도록 하거나 인증을 받아 그 표시를 하도록 하는 등 필요한 시정조치를 명할 수 있다(제8조 제5항). 이를 위 하여 과학기술정보통신부장관은 정보통신망과 관련된 제품을 제조하거나 공급 하는 자의 제품이 고시된 표준에 적합한 제품임을 인증하는 인증기관을 지정 할 수 있다(제9조). 이 경우 정보통신망 및 관련제품에 관한 표준화의 대상 · 방 법 · 절차 및 인증표시, 미인증 제품의 수거 · 반품 · 시정 등에 필요한 사항과 인증기관의 지정기준 · 지정절차, 지정취소 · 업무정지의 기준 등에 필요한 사 항은 과학기술정보통신부령으로 정하도록 위임하고 있다(제8조 제6항, 제9조 제3 항). 그러나 현재 관련 부령은 마련되어 있지 않다.

대신 정보통신표준화와 인증에 관해서는 「정보통신산업진흥법」에 상세한 규정을 두고 있다. 과학기술정보통신부장관은 정보통신산업의 진흥을 위하여 다음 각 호의 사항에 필요한 시책을 마련하여야 하며(제12조), 정보통신기업, 공공기관 및 연구기관 등이 새로 개발한 정보통신기술등이 신속하게 그 성능을 인증받아 국내외의 신뢰를 얻을 수 있도록 필요한 시책을 마련하여야 한다(제14조).

1. 정보통신기술에 관한 표준화
2. 정보통신제품에 관한 표준화
3. 정보통신망에 관한 표준화
4. 정보통신 관련 서비스에 관한 표준화
5. 정보의 공동 활용을 위한 표준화
6. 그 밖에 정보통신표준화를 위하여 필요한 사항

산업통상자원부장관은 정보통신산업의 진흥을 위하여 「정보통신산업진흥법」에 따라 정보통신기술, 정보통신제품, 정보통신망 및 정보통신 관련 서비스 등에 관한 "정보통신표준"을 「산업표준화법」 제5조 제1항에 따른 산업표준으로 정하여 고시하고, 정보통신기업, 공공기관 및 연구기관 등에 그 사용을 권고할 수 있다(제13조). 이 경우 정보통신표준의 제정, 정보통신표준에 적합한 정보통신기술등의 인증, 인증표시의 사용 및 사후관리에 관한 사항은 「산업표준화법」에 따른다. 정부는 정보통신표준과 관련된 국제표준기구 또는 국제표준기관과 협력체계를 유지·강화하고 국내 정보통신표준이 국제표준으로 채택될 수 있도록 필요한 시책을 마련하여야 한다(제15조).

한편, 정보통신융합법은 정보통신융합등 기술·서비스 등에 관한 표준화와 인증에 대해서 별도의 규정을 두고 있다. 과학기술정보통신부장관은 정보통신 진흥 및 융합 활성화를 위하여 정보통신융합등 기술·서비스 등의 표준화에 관한 다음 각 호의 사업을 추진할 수 있고, 민간부문에서 추진하는 정보통신융합등 기술·서비스 등의 표준화 사업에 대한 지원을 할 수 있으며, 정보통신융합등 기술·서비스 등의 표준화사업을 위한 전문기관을 지정하고 필요한 비용의 전부 또는 일부를 보조할 수 있다(제16조).

1. 신규 정보통신융합등 기술 · 서비스 등 관련 표준의 제정 · 개정 및 폐지와 그 보급. 다만, 「산업표준화법」에 따른 한국산업표준이 제정되어 있는 사항에 대하여는 그 표준에 따른다.

2. 신규 정보통신융합등 기술 · 서비스 등 관련 국내외 표준의 조사 · 연구 개발

3. 그 밖에 신규 정보통신융합등 기술 · 서비스 등의 표준화에 필요한 사항

또한, 과학기술정보통신부장관은 정보통신융합법에 따라 정보통신융합등 기술 · 서비스 등의 편의성 · 안정성 · 신뢰성 · 확장성 등에 관한 품질인증기준을 정하여 고시할 수 있고, 고시한 품질기준에 적합한지를 인증할 수 있다. 과학기술정보통신부장관은 품질인증업무를 효율적으로 수행하기 위하여 인증기관을 지정할 수 있다. 인증을 받은 자는 대통령령으로 정하는 바에 따라 인증의 내용을 표시하거나 홍보할 수 있다. 인증을 받지 아니한 자는 인증 표시 또는 이와 유사한 표시를 하여서는 안 된다. 과학기술정보통신부장관은 인증이 다음 각 호의 어느 하나에 해당하는 경우 그 인증을 취소하여야 한다(제17조).

1. 거짓이나 그 밖의 부정한 방법으로 인증을 받은 경우

2. 품질기준에 미달하게 된 경우

3. 그 밖에 이 법이나 이 법에 따른 명령을 위반한 경우

그 밖에 국립전파연구원은 「방송통신발전기본법」 제33조와 같은 법 시행령 제22조 제4항에 따른 방송통신과 관련된 제품 및 서비스 등의 호환성과 연동성을 확보하고 정보의 공동 활용을 촉진하기 위하여 「방송통신표준화지침」을 제정 · 시행하고 있다. 국내 대표적인 정보통신표준의 제정, 보급 및 시험인증 지원기관으로는 「방송통신발전기본법」 제34조에 의해 설립된 한국정보통신기술협회(TTA)가 있다.

제 2 절   인터넷 서비스의 품질 개선

과학기술정보통신부장관은 정보통신망법에 따라 인터넷 서비스 이용자의 권익을 보호하고 인터넷 서비스의 품질 향상 및 안정적 제공을 보장하기 위한 시책을 마련하여야 한다(제15조). 이와 같은 시책을 추진하기 위하여 필요한 경우, 과학기술정보통신부장관은 정보통신서비스 제공자단체 및 이용자단체 등의 의견을 들어 인터넷 서비스 품질의 측정·평가에 관한 기준을 정하여 고시할 수 있고, 정보통신서비스 제공자는 해당 기준에 따라 자율적으로 인터넷 서비스의 품질 현황을 평가하여 그 결과를 이용자에게 알려줄 수 있다.

한편, 정보통신융합법은 정보통신 네트워크의 고도화 추진에 관한 규정을 별도로 두고 있다. 과학기술정보통신부장관은 정보통신 진흥 및 융합 활성화를 위하여 정보통신 네트워크의 고도화를 지속적으로 추진하여야 하고, 정보통신 네트워크 고도화를 위한 민간의 활발한 투자를 유도하고 지원하는 데 필요한 정책을 마련하여야 한다(제14조).

이를 위하여 과학기술정보통신부는 2007년부터 지능정보화진흥원(NIA)과 함께 매년 유선인터넷, 무선인터넷, 모바일동영상 등 유·무선 통신서비스를 대상으로 "통신서비스 품질평가"를 실시하고 있다. 통신서비스 품질평가는 전송속도(다운로드/업로드), 지연/손실율, 접속성공율(다운로드/업로드), 전송성공율(다운로드/업로드) 등으로 구성된다. 그 밖에도 과학기술정보통신부는 2020년부터 5G의 양(커버리지)과 질(다운로드 속도)를 측정·평가하는 "5G 커버리지 점검 및 품질평가"도 함께 실시하고 있다. 이들 평가는 정부평가, 이용자평가, 사업자 자율평가로 구성된다.

제 3 장   본인확인서비스와 본인확인기관의 지정

제 1 절   본인확인기관 지정제도의 의의

익명성은 인터넷의 주요 특징 중 하나이다. 표현을 하는데 익명성을 보장하면 평판이 손상될 일이 없으므로 좀 더 실험적인 표현을 하여 개인의 자율성과 자기만족을 증진할 수 있고, 실명으로 표현하면 나타날 수 있는 편견과 선입견이 없는 상태에서 표현을 할 수 있어 개인에게 이익이 된다. 또한 소수자, 탄압받는 집단이 좀 더 자유롭게 권력을 비판하고 더 많은 사상이 공론장에 나올 수 있도록 하여 민주주의를 증진할 수 있다(정필운, 2013).[1] 그러나 익명성은 행위자의 책임의식을 저하시켜 여러 가지 부작용을 유발할 수 있다. 특히 정보통신망을 통한 거래를 위해서는 본인확인을 할 수 있는 수단이 필요하다. 이러한 이유로 국내에서는 정보통신망을 통한 거래에서 본인확인을 위해 관행적으로 주민등록번호를 요구하여 왔다.

그런데 주민등록번호는 개인을 식별할 수 있는 유일한 식별자가 될 수 있으므로 그것이 유출되는 경우 그 피해가 심각하고 이를 매개로 개인정보를 결합할 수 있기 때문이다. 실제로 인터넷이 활발하게 이용되기 시작한 2000년대 초반부터 여러 업체에서 주민등록번호를 포함한 대량의 개인정보 유출 사고가 발생하여 사회문제가 되었다. 이러한 이유로 지난 2011~2012년 국회는 이러한 문제를 해결하기 위하여 제23조의2, 제23조의3, 제23조의4 등을 신설하였다. 우선 제23조의2는 정보통신서비스 제공자가 본인확인을 위하여 정보를 수집하는데 있어 원칙적으로 주민등록번호를 수집·이용할 수 없도록 하였다. 그

---

[1] 정필운, 사이버공간에서 표현의 자유의 제한과 그 한계: 헌재 2012.8.23. 2010헌마47, 252(병합) 결정과 후속 논의에 대한 비판적 검토, 법학연구 제23권 제3호, 연세대학교 법학연구원, 2013

리고 이를 보완하기 위하여 제23조의3과 제23조의4는 정보통신망을 통한 거래를 하는데 있어서 일정한 자격을 갖춘 제3자가 본인확인 서비스를 제공하도록 하는 본인확인제도를 마련하였다.

이상의 구조를 그림으로 제시하면 <그림 2>와 같다.

그림 2   본인확인제도의 법률관계

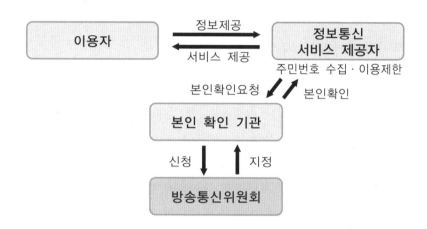

제 2 절   정보통신서비스 제공자의 주민등록번호 이용의 제한

정보통신서비스 제공자는 원칙적으로 이용자의 주민등록번호를 수집·이용할 수 없다(법 제23조의2 제1항). 이미 설명한 것처럼 주민등록번호는 개인을 식별할 수 있는 유일성을 가지는 정보로 그것이 유출되는 경우 그 피해가 심각하고 이를 매개로 개인정보를 결합할 수 있기 때문이다. 다만, 제23조의3에 따라 본인확인기관으로 지정받은 경우, 「전기통신사업법」 제38조 제1항에 따라 기간통신사업자로부터 이동통신서비스 등을 제공받아 재판매하는 전기통신사업자가 제23조의3에 따라 본인확인기관으로 지정받은 이동통신사업자의 본인확인업무 수행과 관련하여 이용자의 주민등록번호를 수집·이용하는 경우에는 이용자의 주민등록번호를 수집·이용할 수 있다(법 제23조의2 제1항). 그리고 후자의 경우에 따라 주민등록번호를 수집·이용할 수 있는 경우에도 이용자의 주민등록번호를 사용하지 아니하고 본인을 확인하는 방법을 제공하여야 한다 (법 제23조의2 제2항).

제3절 본인확인기관의 지정과 운영

1. 본인확인기관의 지정

방송통신위원회는 본인확인업무의 안전성 확보를 위한 물리적·기술적·관리적 조치계획, 본인확인업무의 수행을 위한 기술적·재정적 능력, 본인확인업무 관련 설비규모의 적정성 사항을 심사하여 대체수단의 개발·제공·관리업무(이하 "본인확인업무"라 한다)를 안전하고 신뢰성 있게 수행할 능력이 있다고 인정되는 자를 본인확인기관으로 지정할 수 있다(법 제23조의3 제1항). 그 지정을 위해서는 심사가 필요하다. 법 시행령 제9조의3 제1항은 법률이 제시한 3개 심사사항별 세부 심사기준을 구체적으로 규정하고 있다.

방송통신위원회는 2019년 12월 말을 기준으로 나이스평가정보, 코리아크레딧뷰로, SCI평가정보 3개사, SK텔레콤, KT, LG U+ 3개 이동통신사, 신한카드, 삼성카드 등 8개 신용카드사, 공인인증기관 6개사 등 총20개를 본인인증기관으로 지정하였다.

이와 같이 방송통신위원회에서 본인확인기관으로 지정받은 자가 본인확인업무의 전부 또는 일부를 휴지하고자 하는 때에는 휴지기간을 정하여 휴지하고자 하는 날의 30일 전까지 이를 이용자에게 통보하고 방송통신위원회에 신고하여야 한다. 이 경우 휴지기간은 6개월을 초과할 수 없다(제2항). 그리고 본인확인기관이 본인확인업무를 폐지하고자 하는 때에는 폐지하고자 하는 날의 60일 전까지 이를 이용자에게 통보하고 방송통신위원회에 신고하여야 한다(제3항). 그리고 심사사항별 세부 심사기준의 평가기준 및 평가방법 등에 관하여 필요한 사항은 「본인확인기관 지정 등에 관한 기준」[2]이 규정하고 있다.

한편, 본인확인기관의 지정절차는 시행령 제9조의4에서 자세히 규정하고 있는데, 그 개요는 <그림 3>과 같다.

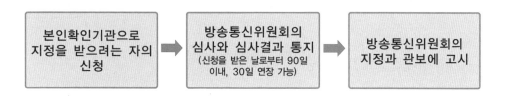

그림 3   본인확인기관이 지정절차

2. 본인확인업무의 휴지 · 폐지

본인확인기관이 본인확인업무를 휴지 또는 폐지하려면 휴지 또는 폐지의 사유, 휴지 또는 폐지의 일시(휴지의 경우에는 사업의 개시일시를 포함한다), 대체수단 및 개인정보의 이용 제한에 관한 사항(휴지의 경우에만 해당한다), 대체수단 및 개인정보의 파기에 관한 사항(폐지의 경우에만 해당한다) 사항을 이용자에게 통보하여야 한다(영 제9조의6 제1항). 그리고 방송통신위원회에는 제1항 각 호의 사항을 기재한 통보 서류, 대체수단 및 개인정보의 이용 제한 또는 파기 계획에 관한 서류, 이용자의 보호조치 계획에 관한 서류, 본인확인기관지정서(폐지의 경우에만 해당한다)를 제출하여야 한다(제2항). 휴지 또는 폐지의 통보 및 신고의 절차, 기준 및 방법 등에 관하여 필요한 세부사항은 「본인확인기관 지정 등에 관한 기준」에서 규정하고 있다.

3. 본인확인업무의 정지 및 지정취소

방송통신위원회는 본인확인기관이 1. 거짓이나 그 밖의 부정한 방법으로 본인확인기관의 지정을 받은 경우, 2. 본인확인업무의 정지명령을 받은 자가 그 명령을 위반하여 업무를 정지하지 아니한 경우, 3. 지정받은 날부터 6개월

---

2) [시행 2015. 8. 1.] [방송통신위원회고시 제2015-14호, 2015. 7. 31., 일부개정]

이내에 본인확인업무를 개시하지 아니하거나 6개월 이상 계속하여 본인확인업무를 휴지한 경우, 4. 제23조의3 제4항에 따른 지정기준에 적합하지 아니하게 된 경우 중 하나에 해당하는 때에는 6개월 이내의 기간을 정하여 본인확인업무의 전부 또는 일부의 정지를 명하거나 지정을 취소할 수 있다. 다만, 제1호 또는 제2호에 해당하는 때에는 그 지정을 취소하여야 한다(법 제23조의4 제1항).

4. 연계정보(CI) 및 중복가입확인정보(DI)

정보통신망법상 본인확인서비스는 청소년보호 등을 위하여 법령상 본인확인이 요구되는 경우 등에 한하여 주민등록번호를 대체하여 사용할 수 있도록 고안된 것이지만 실무적으로는 반드시 본인확인이 필요하지 아니한 경우에까지 광범위하게 이용되고 있어 온라인상에서의 익명 활동의 자유를 심각하게 침해하고 있다. 더구나 많은 정보통신서비스 제공자들이 이용자들에게 본인확인을 위한 목적으로 본인확인서비스를 이용한다고 고지하면서 실질적으로는 이용자의 동의도 받지 않고 본인확인기관으로부터 연계정보(CI)[3]와 중복가입확인정보(DI)[4]를 수집하여 다수의 데이터베이스를 연동 또는 연계하는 수단으로 이용하거나 이용자의 서비스 중복가입을 막는데 이용하고 있다. 「본인확인기관 지정 등에 관한 기준」에서 본인확인기관 지정을 위한 '심사사항별 세부심사기준의 평가기준'(별표2)으로 본인확인정보의 제공 이외에 연계정보 및 중복가입확인정보의 제공도 심사기준의 하나로 포함되어 있으나, 이는 본인확인기관이 본인확인서비스의 일부로 연계정보와 중복가입확인정보 제공 서비스를

---

3) "연계정보(CI)"란 정보통신서비스 제공자의 온·오프라인 서비스 연계를 위해 본인확인기관이 이용자의 주민등록번호와 본인확인기관간 공유 비밀정보를 이용하여 생성한 정보를 말한다.
4) "중복가입확인정보(DI)"란 웹사이트에 가입하고자 하는 이용자의 중복가입 여부를 확인하는 데 사용되는 정보로서 본인확인기관이 이용자의 주민등록번호, 웹사이트 식별번호 및 본인확인기관간 공유비밀정보를 이용하여 생성한 정보를 말하고, "웹사이트 식별정보"란 정보통신서비스 제공자가 운영하는 웹사이트를 다른 웹사이트와 구별하기 위하여 본인확인기관이 부여한 정보를 말하며, "공유비밀정보"란 본인확인기관이 특정 이용자에 대해 동일한 중복가입확인정보와 연계정보를 생성하기 위해 공유하는 정보를 말한다.

취급할 수 있다는 것이지 이용자의 동의 없이 해당 정보를 제공하거나 제공받
을 수 있다는 것을 의미하는 것은 아니다. 특히 연계정보는 주민등록번호를 해
쉬한 것으로 사실상 주민등록번호 그 자체와 같다고 할 수 있다. 주민등록번호
를 통해서 이용자의 개인정보가 포함되어 있는 대한민국의 모든 데이터베이스
를 연동·연계할 수 있는 것과 마찬가지로 연계정보를 통해서도 모든 데이터
베이스의 연계·연동이 가능하다. 이와 같이 심각한 위험이 내포되어 있고 실
무상으로 광범위하게 남용·악용되고 있는 본인확인정보, 연계정보 및 중복가
입정보를 더 이상 방치해서는 안 될 것이다.

제 3 부

정보통신망 이용자 보호

제1장 청소년 이용자의 보호

제1절 개 관

1. 입법취지

정보통신망법은 인터넷환경에서 청소년을 보호하기 위한 다양한 제도를 마련하고 있다. 원래 청소년보호법제의 일반법으로 「청소년보호법」이 제정되어 있는데, 동법은 모든 영역에서의 청소년 보호에 관한 기본적인 내용을 담고 있다. 즉 "청소년에게 유해한 매체물과 약물 등이 청소년에게 유통되는 것과 청소년이 유해한 업소에 출입하는 것 등을 규제하고 청소년을 유해한 환경으로부터 보호·구제함으로써 청소년이 건전한 인격체로 성장할 수 있도록 함을 목적으로 한다."라고 규정하여(제1조), 청소년의 유해환경으로부터의 일체의 보호를 목적으로 하는 법률임을 알 수 있다. 정보통신망법상의 청소년보호에 관한 규정은 이 중에서 유해한 인터넷환경을 청소년유해환경으로 전제하여 다양한 보호대책을 규정하고 있다.

오늘날 청소년보호의 문제는 인터넷환경의 발달과 청소년의 이용 증가로 인하여 인터넷의 유해한 환경을 중심으로 형성되어 있다고 하여도 과언이 아니고, 청소년보호를 위한 인터넷규제법제는 그 목적에 따라 유해 콘텐츠로부터 보호, 인터넷 중독·과몰입 규제, 개인정보와 프라이버시 보호라는 3가지로 분류할 수 있는데, 정보통신망법이 다루고 있는 청소년보호 문제는 주로 유해콘텐츠로부터의 보호이다.

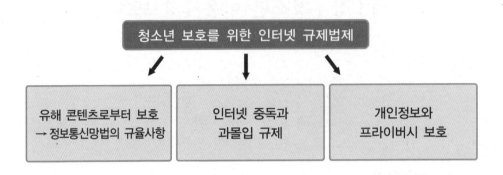

그림 4   청소년 보호를 위한 인터넷 규제법제의 체계와 정보통신망법의 규율 대상

2. 정보통신망법의 청소년보호 관련 규정

현재 정보통신망법이 규정하고 있는 청소년 이용자 보호 규정으로는 청소년 보호를 위한 시책의 마련 등(제41조), 청소년유해매체물의 표시(제42조), 청소년유해매체물의 광고금지(제42조의2), 청소년 보호 책임자의 지정 등(제42조의3), 영상 또는 음향정보 제공사업자의 보관의무(제43조), 대화형정보통신서비스에서의 아동 보호(제44조의8), 불법촬영물등 유통방지 책임자 지정(제44조의9 제1항 제3호)이 있다. 이외에도 청소년보호와 관련하여 방송통신심의위원회는 청소년유해매체물을 결정하고 여성가족부장관이 고시하는 청소년유해매체물 규제체계(제44조의7)도 청소년 이용자 보호를 위한 규정이라고 할 것이다.

3. 청소년보호법제와 관계

가. 청소년보호법

청소년보호법이 일반적인 청소년 유해환경으로부터의 청소년보호라는 일반적인 보호법체계라면, 정보통신망법은 유해한 인터넷환경으로부터의 청소년보호라는 목적으로 규정된 것인 만큼 양자는 일반법과 특별법의 관계에 있다. 특히 청소년유해매체물 규제에서 양자는 밀접한 관련을 맺고 있다. 청소년에게 유해한 매체물이 유통되는 것을 규제하기 위한 목적으로 제정된 청소년보호법의 규제체계의 핵심은 '청소년유해매체물'제도이고, 인터넷매체에 있어서도 동일하게 적용되는데 구체적인 내용은 정보통신망법이 규정하고 있다. 1997년 도입된 청소년유해매체물제도는 매체물의 범위를 분류하고 그 중 청소년에게 유해한 매체물을 결정하여 그에 대하여는 표시·포장·광고선전 등의 유통상의 제한을 가하는 규제체계를 말한다. 청소년유해매체물은 청소년보호위원회 또는 각 심의기관이 청소년에게 유해한 것으로 결정하거나 확인하여 여성가족부장관이 고시한 매체물을 말한다(청소년보호법 제2조 제3호).

그러나 오늘날 인터넷이 생활의 주된 무대이자 중심이 되고 있는 현실에서 아동 및 청소년보호의 문제는 오프라인에서 온라인환경으로 옮겨왔다는데 이론이 없는데, 그런 견지에 미국의 아동온라인보호법(COPA)과 같은 인터넷환경에서의 청소년보호를 위한 독자적인 규제체계가 필요하다는 입법론도 제시되고 있다.[1]

나. 기타 청소년보호법제

「청소년보호법」과 정보통신망법을 제외하고 인터넷상 청소년보호를 규정하고 있는 다른 법률로는 「아동·청소년의 성보호에 관한 법률」(이하 '청소년성보호법'이라 함), 「전기통신사업법」, 「게임 산업 진흥에 관한 법률」(이하 '게임산업법'이라 함), 「영화 및 비디오물의 진흥에 관한 법률」(이하 '영화법'이라 함), 「개인정보 보호법」 등이 있다.

아동청소년성보호법은 아동·청소년대상 성범죄의 처벌과 절차에 관한 특례 규정, 피해아동·청소년을 위한 구제 및 지원 절차, 성범죄로 유죄판결이 확정된 자의 신상정보 공개와 취업제한, 보호관찰 등을 규정하고 있다. 특히 아동·청소년대상 성범죄를 규정하여 일반 성범죄보다 가중처벌하는 특례를 규정하고 있는 것을 특징으로 한다.

「전기통신사업법」은 2020. 6. 9.자로 부가통신사업자 등에게 아동·청소년이용성착취물 등의 불법촬영물 등의 삭제·접속차단 등의 유통방지 조치의무와 기술적·관리적 조치의무를 부과하고, 불법촬영물 등의 삭제·접속차단 등

---

1) 방송통신위원회, 인터넷상 청소년보호에 관한 법제 연구, 연구보고서, 2010.8. 참조.

의 조치를 의도적으로 취하지 아니한 자에게 과징금을 부과할 수 있도록 하는 개정을 하였다(제22조의5 제1항, 제22조의5 제2항 및 제22조의6 신설). 이는 이른바 n번방 사건[2]을 계기로 아동·청소년이용성착취물을 규제하기 위한 입법으로서, 정보통신망법의 개정과 같은 맥락에서 이루어진 것이다.

영화법은 콘텐츠등급분류제를 통하여 청소년을 보호한다. 영화, 비디오물은 영상물등급위원회의 사전등급분류를 거치지 아니하면 상영이나 관람 등의 유통이 금지되는 사전등급제를 채택하고 있는데(제29조, 제50조), 이러한 법률에 의한 강제적 등급분류제가 정당화되는 것은 아동이나 청소년에게 유해한 영화나 비디오물이 제공되는 것을 방지하기 위해서이다(헌재 2007. 10. 4. 2004헌바36). 이를 위하여 영화나 비디오물에 있어서는 전체 연령, 12세, 15세, 청소년 등 연령별 등급제를 운영하고 있다. 게임산업법에서도 게임물을 유통 또는 이용에 제공하기 위하여는 사전에 등급분류를 받아야 하는데 전체, 12세, 15세, 청소년 등의 연령별 등급기준을 적용하고 있는데(제21조), 그 입법목적도 아동 또는 청소년보호를 위함에 있다.

「개인정보 보호법」은 14세미만의 아동의 개인정보를 처리하기 위한 동의시 법정대리인의 동의를 규정함으로써 청소년의 개인정보권 보호를 위한 입법이라고 할 것이다(제22조 제6항).

제2절 청소년보호시책의 수립 및 시행

1. 청소년보호시책의 목적

정보통신망법이 규정하고 있는 방송통신위원회의 청소년보호 관련 시책은 모든 인터넷환경에서의 청소년보호가 아니라 청소년유해정보로부터의 청소년

---

2) n번방 사건이란 아동, 청소년등을 협박해 성착취 영상을 찍게 하고 이를 신상정보와 함께 여러 텔레그램 방에 뿌린 사건을 말하고, 운영자에 대하여 중형이 선고되고 피해자에 대하여 새로운 주민등록번호로 변경시켜 주는 등 사회적으로 큰 반향을 일으킨 사건을 말한다. 연합뉴스 기사목록(https://www.yna.co.kr/view/IIS20200324000001365),

보호로 제한되고 있다. 여기서 청소년유해정보는 '정보통신망을 통하여 유통되는 음란·폭력정보 등 청소년에게 해로운 정보'(제41조 제1항)로 정의되는데 이는 청소년보호법상의 청소년유해매체물(제2조 제3호)과 관련이 있다. 「청소년보호법」상 청소년유해매체물은 청소년보호위원회 또는 각 심의기관이 청소년에게 유해한 것으로 결정, 심의하거나 확인하여 여성가족부장관이 고시한 매체물을 말한다. 정보통신망을 통하여 유통되는 청소년유해정보는 심의위원회의 심의 및 시정요구의 대상이 되고(방통위법 시행령 제8조), 이것이 청소년보호법에 따라 청소년유해매체물로 결정 및 고시 절차를 거칠 경우에는 청소년유해매체물로 된다.

2. 방송통신위원회의 시책사항

방송통신위원회는 청소년유해정보로부터 청소년을 보호하기 위하여 다음 각호의 시책을 마련하여야 한다(제41조 제1항). 방송통신위원회가 위 시책을 추진할 때에는 방송통신심의위원회(이하 심의위원회라 함), 정보통신서비스 제공자단체·이용자단체, 그 밖의 관련 전문기관이 실시하는 청소년 보호를 위한 활동을 지원할 수 있다(동 제2항).

1. 내용 선별 소프트웨어의 개발 및 보급
2. 청소년 보호를 위한 기술의 개발 및 보급
3. 청소년 보호를 위한 교육 및 홍보
4. 그 밖에 청소년 보호를 위하여 대통령령으로 정하는 사항

이에 따라 대통령령으로 다음 각호의 사항을 규정하고 있다(영 제23조).

1. 청소년에게 유익한 정보의 개발 및 보급 촉진
2. 정보통신망을 통하여 유통되는 음란·폭력정보 등의 유해한 정보로부터 청소년을 보호하기 위한 청소년의 자발적 참여활동의 촉진 및 지원
3. 청소년 보호를 위한 학부모·교사 또는 민간단체 등의 자율적인 감시·상담·피해구제활동의 촉진 및 지원
4. 청소년보호활동을 위한 정보통신서비스 제공자 간의 협력체계 구축

지원

5. 그 밖에 법 제41조 제1항 각 호에 따른 시책을 추진하는 데 부수되는
   사항

3. 자료제출 요구

방송통신위원회와 과학기술정보통신부장관은 청소년보호를 위한 시책의
마련을 위하여 필요한 경우에는 정보통신서비스 제공자에게 관계 물품, 서류
등의 자료 제출을 요구할 수 있다(영 제68조 제1호). 자료 제출을 하지 아니하거
나 거짓으로 제출한 경우에는 과태료가 부과된다(제76조 제3항 제22호).

제 3 절   청소년유해매체물 규제체계

1. 개   관

청소년보호법상 청소년유해매체물에 대한 심의·결정은 원칙적으로 청소
년보호위원회의 권한으로 규정되어 있으나 다른 법령에 따라 해당 매체물의
윤리성·건전성을 심의할 수 있는 기관(이하 "심의기관"이라 한다)이 있는 경우에
는 그 심의기관이 청소년유해매체물을 심의·결정을 하고 여성가족부장관이
이를 고시하는 것으로 규정하고 있다(제7조, 제21조). 방송통신심의위원회가 정
보통신망을 통하여 유통되는 정보 중「정보통신망 이용촉진 및 정보보호 등에
관한 법률」제44조의7에 따른 불법정보 및 청소년에게 유해한 정보 등 심의가
필요하다고 인정되는 정보를 직무로 하고 있으므로(방통위법 제21조 제4호, 동시행
령 제8조 제1항), 청소년보호법 제7조 소정의 인터넷 매체의 심의기관에 해당된
다. 따라서 심위위원회가 청소년유해매체물을 심의·결정하면 이를 통보받은
여성가족부장관이 고시함으로써 효력이 발생된다.

2. 규제체계의 내용

가. 규제 근거

그런데 정보통신망법상 청소년유해매체물과 관련한 규정으로는 청소년유해매체물의 제공시 표시 규정(제42조), 청소년유해매체물의 광고금지 규정(제42조의2)만 있을 뿐, 정작 청소년유해매체물의 심의 및 결정에 대한 명시적인 법적 근거는 규정되어 있지 아니하다. 다만 정보통신망법은 제44조의7 불법정보의 규제체계 내에서 청소년보호법상 청소년유해매체물에 관한 법령의무위반정보를 불법정보로 규정하고(제1항 제5호), 그를 포함하여 불법정보 규제체계로 처리하고 있으나, 엄격히 말하면 불법정보와 청소년유해매체물정보는 동일하다고 보기 어렵고, 나아가 청소년유해정보와도 동일하다고 할 수 없다.

이처럼 불법정보와 구별되는 청소년유해매체물 심의 및 결정의 법적 근거나 절차가 정보통신망법에 규정되지 않고 있는 이유는 방통위법과 정보통신망법의 입법연혁에서 찾을 수 있다. 2008년 2월 29일 이명박 정부가 출범하면서 구 정보통신윤리위원회를 이어받은 방송통신심의위원회의 법적 근거를 정보통신망법에서 방통위법으로 이관하게 되면서 정보통신망법상 권한과 절차가 삭제되게 된 것이다. 그런 점에서 보면 청소년유해매체물 심의 및 결정 절차에 대한 분명한 법적 근거를 정보통신망법에 신설하는 것이 필요하다.

나. 청소년유해매체물의 심의 · 결정, 고시 등 절차

(1) 심의위원회의 심의와 결정

청소년유해매체물의 심의, 결정, 고시 등 절차에 대하여는 정보통신망법은 아무런 규정을 두지 않고 있으며, 심의위원회의 규정인 「정보통신에 관한 심의규정」(이하 심의규정이라고 함)이 상세한 규정을 두고 있다. 심의위원회는 인터넷정보가 청소년의 건전한 정서함양과 인격형성에 저해가 된다고 판단하는 때에는 「청소년 보호법」에 따라 청소년유해매체물로 결정할 수 있고(동 규정 제20조), 청소년유해매체물이 더 이상 청소년에게 유해하지 아니하다고 인정할 경우에는 정보제공자등의 신청 또는 직권으로 청소년유해매체물의 결정을 취소하여야 한다(심의규정 제21조).

2020년 기준으로 한 해 동안 심의위는 72건의 청소년유해매체물 결정과 2 건의 결정취소를 한 것으로 나타나고 있다(출처: 심의위원회 통신심의 제재종류별 의결 내역).

(2) 청소년유해매체물의 심의기준

심의위원회의 청소년유해매체물 심의기준은 청소년보호법이 정하는 바에 따른다. 심의위원회는 다음 각호의 어느 하나에 해당하는 경우에는 청소년유해 매체물로 결정하여야 하고, 이 기준을 구체적으로 적용할 때에는 사회의 일반 적인 통념에 따르며 그 매체물이 가지고 있는 문학적·예술적·교육적·의학 적·과학적 측면과 그 매체물의 특성을 함께 고려하여야 한다(청소년보호법 제9 조). 구체적인 심의기준은 청소년보호법 시행령이 정하고 있다([별표 2]).

1. 청소년에게 성적인 욕구를 자극하는 선정적인 것이거나 음란한 것
2. 청소년에게 포악성이나 범죄의 충동을 일으킬 수 있는 것
3. 성폭력을 포함한 각종 형태의 폭력 행위와 약물의 남용을 자극하거나 미화하는 것
4. 도박과 사행심을 조장하는 등 청소년의 건전한 생활을 현저히 해칠 우 려가 있는 것
5. 청소년의 건전한 인격과 시민의식의 형성을 저해(沮害)하는 반사회적· 비윤리적인 것
6. 그 밖에 청소년의 정신적·신체적 건강에 명백히 해를 끼칠 우려가 있 는 것

[별표2] 청소년유해매체물의 심의기준(청소년보호법시행령 제9조 관련)

1. 일반 심의 기준
   가. 매체물에 관한 심의는 해당 매체물의 전체 또는 부분에 관하여 평가하되, 부분에 대하여 평가하는 경우에는 전반적 맥락을 함께 고려할 것
   나. 매체물 중 연속물에 대한 심의는 개별 회분을 대상으로 할 것. 다만, 법 제7조 제 5항에 해당하는 매체물에 대한 심의는 그러하지 아니하다.

다. 심의위원 중 최소한 2명 이상이 해당 매체물의 전체 내용을 파악한 후 심의할 것

라. 법 제7조 제5항에 따라 실제로 제작·발행 또는 수입이 되지 아니한 매체물에 대하여 심의할 때에는 구체적·개별적 매체물을 대상으로 하지 않고 사회통념상 매체물의 종류, 제목, 내용 등을 특정할 수 있는 포괄적인 명칭 등을 사용하여 심의할 것

2. 개별 심의 기준

가. 음란한 자태를 지나치게 묘사한 것

나. 성행위와 관련하여 그 방법·감정·음성 등을 지나치게 묘사한 것

다. 동물과의 성행위를 묘사하거나 집단 성행위, 근친상간, 가학·피학성 음란증 등 변태 성행위, 성매매 그 밖에 사회 통념상 허용되지 아니한 성관계를 조장하는 것

라. 청소년을 대상으로 하는 성행위를 조장하거나 여성을 성적 대상으로만 기술하는 등 성 윤리를 왜곡시키는 것

마. 존속에 대한 상해·폭행·살인 등 전통적인 가족 윤리를 훼손할 우려가 있는 것

바. 잔인한 살인·폭행·고문 등의 장면을 자극적으로 묘사하거나 조장하는 것

사. 성폭력·자살·자학행위, 그 밖에 육체적·정신적 학대를 미화하거나 조장하는 것

아. 범죄를 미화하거나 범죄방법을 상세히 묘사하여 범죄를 조장하는 것

자. 역사적 사실을 왜곡하거나 국가와 사회 존립의 기본체제를 훼손할 우려가 있는 것

차. 저속한 언어나 대사를 지나치게 남용하는 것

카. 도박과 사행심 조장 등 건전한 생활 태도를 현저하게 해칠 우려가 있는 것

타. 청소년유해약물등의 효능 및 제조방법 등을 구체적으로 기술하여 그 복용·제조 및 사용을 조장하거나 이를 매개하는 것

파. 청소년유해업소에의 청소년 고용과 청소년 출입을 조장하거나 이를 매개하는 것

하. 청소년에게 불건전한 교제를 조장 또는 매개할 우려가 있는 것

(3) 청소년유해매체물의 고시와 포괄고시의 문제점

심의위원회가 청소년유해매체물을 결정한 때에는 청소년유해매체물의 목록과 그 사유를 청소년보호위원회에 통보하여야 하고, 여성가족부장관은 청소

년유해매체물의 목록과 그 사유 및 효력 발생 시기를 구체적으로 밝힌 목록표를 고시하여야 한다(청소년보호법 제21조). 여성가족부장관이 고시를 함으로써 청소년보호법상 유해매체물결정에 대한 효력이 발생된다.

청소년유해매체물 결정행위는 해당 유해매체물에 대한 행정법상 의무를 부과하는 처분의 성격을 가지고 있는데, 처분의 통지와 같은 일반적인 방식이 아닌 고시의 방식을 택하고 있는 특징이 있다(청소년보호법 제21조 제2항, 행정업무의 효율적 운영에 관한 규정 제4조 제3호). 행정처분을 고시형식으로 발하는 경우의 타당성에 대하여는, 청소년유해매체물 결정의 효과를 당해 행정의 상대방 이외에 일반인에게 확대하기 위한 필요가 있다는 점이 판례의 입장이다(대법원 2003. 10. 9. 선고 2003무23 결정). 그런데 실무상 청소년유해매체물에 대하여는 개별 유해매체물에 대한 고시뿐만 아니라 일반적 유형의 위반사항을 유형화하여 고시하는 이른바 '포괄고시'를 발하고 있어 문제가 된다. 포괄고시는 개별 사안에 대한 고시를 발한 경우에 유사한 내용으로 의무를 위반하는 유해매체물을 유통시킬 경우 또다시 청소년유해매체물결정을 하여야 하는 반복을 피하기 위하여 위반사항을 일반화시켜 이를 청소년유해매체물로 고시하여 금지시키는 것을 말한다. 이러한 포괄적 고시방식은 처분의 개념인 구체적 개별적 사항에 대한 법집행이라는 개별성, 구체성을 충족시키지 않고, 또한 고시라는 규범의 형식으로 행위를 한 것으로서 소위 일반처분의 성격을 가진다. 그러나 포괄고시가 현재의 청소년유해내용에 대한 처분에 그치는 것이라 아니라 장래 유사한 내용의 콘텐츠에 대하여도 청소년유해매체물 지정 의사를 천명하는 내용으로 되어 있는 점에서 볼 때 보통의 처분의 성격을 가지는 것으로 보기는 어렵다. 현재 발생되지도 않는 장래의 사실에 대비하기 위하여 의무를 부과하는 국가의 작용은 '구체적인 법집행'이 아닌 '입법작용'에 의하는 것이 보다 적절하다. 그런 점에서 보면 현행 포괄고시는 입법의 필요를 우회하여 처분의 방식을 택한 것으로서 헌법상 입법과 집행의 배분원리에 어긋나는 것이고, 행정권의 한계를 벗어난 것으로서 바람직하지 않다.[3]

---

[3] 이상은, 황창근, "청소년보호와 인터넷규제", 홍익법학 제16권 제2호(2015), 230−231쪽.

다. 불복방법

청소년유해매체물 결정에 대한 불복방법은 심의위원회의 심의 및 결정 단계에서의 이의신청이 규정되어 있는데(심의규정 제16조), 심의위원회의 결정에 대하여 행정쟁송을 제기할 수 있는지가 문제가 되었다. 청소년유해매체물결정의 최종 처분인 구 청소년보호위원회의 고시(현재 여성가족부장관의 고시)에 의하여 효력이 발생되므로 동 고시를 대상으로 다툴 수 있음이 물론이다(대법원 2007. 6. 14. 선고 2004두619 판결).

> 판례 **대법원 2007. 6. 14. 선고 2004두619 판결(청소년유해매체물 결정·고시의 효력발생 요건과 시기)**
>
> 구 청소년보호법(2001. 5. 24. 법률 제6479호로 개정되기 전의 것)에 따른 청소년유해매체물 결정 및 고시처분은 당해 유해매체물의 소유자 등 특정인만을 대상으로 한 행정처분이 아니라 일반 불특정 다수인을 상대방으로 하여 일률적으로 표시의무, 포장의무, 청소년에 대한 판매·대여 등의 금지의무 등 각종 의무를 발생시키는 행정처분으로서, 정보통신윤리위원회가 특정 인터넷 웹사이트를 청소년유해매체물로 결정하고 청소년보호위원회가 효력발생시기를 명시하여 고시함으로써 그 명시된 시점에 효력이 발생하였다고 봄이 상당하고, 정보통신윤리위원회와 청소년보호위원회가 위 처분이 있었음을 위 웹사이트 운영자에게 제대로 통지하지 아니하였다고 하여 그 효력 자체가 발생하지 아니한 것으로 볼 수는 없다.

그런데 여성가족부장관의 고시 이전의 심의기관의 청소년유해매체물 결정에 대하여 불복할 수 있는가 하는 점에 논란이 있었다. 이를 부정하는 견해는 「청소년보호법」이 명문의 규정으로 여성가족부장관의 고시로 청소년유해매체물의 법적 효과가 발생되는 만큼 심의기관의 심의·결정은 내부적인 절차에 그칠 뿐 권리관계에 변동이 초래되는 것이 아니어서 처분성을 가지는 것으로 보기는 어렵다는 것이다. 이에 대하여 대법원은 정보통신윤리위원회가 특정 인터넷사이트를 청소년유해사이트로 심의·결정한 사안에서 "행정청의 어떤 행위를 행정처분으로 볼 것이냐의 문제는 추상적, 일반적으로 결정할 수 없고, 구체적인 경우 행정처분은 행정청이 공권력의 주체로서 행하는 구체적 사실에 관한 법집행으로서 국민의 권리의무에 직접적으로 영향을 미치는 행위라는 점을 염두에 두고, 관련 법령의 내용 및 취지와 그 행위가 주체 · 내용 · 형식 · 절차 등에 있어서 어느 정도로 행정처분으로서의 성립 내지 효력요건을 충족하고 있는지 여부, 그 행위와 상대방 등 이해관계인이 입는 불이익과의 실질적 견련성, 그리고 법치행정의 원리와 당해 행위에 관련한 행정청 및 이해관계인의 태도 등을 참작하여 개별적으로 결정하여야 할 것이다."고 판시하여 처분성을 인정하였다(대법원 2007. 6. 14. 선고 2005두4397 판결).4) 위 사안에서 구 정보통신윤리위원회(현 방송통신심의위원회)가 청소년유해매체물 결정과 그 통지, 이의신청절차를 거친 점에서 처분성을 인정하는 것이 가능할 것이나, 바로 이 법리를 다른 심의기관의 결정에도 적용할 것인지는 제소기간 등 당사자의 이익을 고려하여 신중하게 판단하여야 한다.

> 판례 대법원 2007. 6. 14. 선고 2005두4397 판결(정보통신윤리위원회가 특정 인터넷사이트를 청소년유해매체물로 결정한 행위가 항고소송의 대상이 되는 행정처분에 해당한다고 한 사례)
>
> 피고는 심의기관으로서 원고가 개설 · 운영하는 '(사이트주소 생략)'이라는 인터넷 사이트(이하 '이 사건 사이트'라 한다)를 청소년유해매체물로 결정하여(이하 '이 사건 결정'이라 한다) 원고에게 이를 통보하였고, 그 통보서에 이 사건 결정에 이의가 있을 경우 피고에게 결정취소를 요청하도록 하는 취지가 기재되어 있는 사실, 이에 원고는 피고에게 이 사건 결정의 취소를 구하는 재심의 신청을 하였으나 피고가 이를 기각하기도 한 사실, 피고의 요청에 기하여 청소년보호위원회가 이 사건 사이트를 청소년유해매체물로 고시한 사실 등을 알 수 있다.
>
> 이와 같이, 이 사건 결정은 피고 명의로 외부에 표시되고 이의가 있는 때에는 피고에게 결정취소를 구하도록 통보하고 있어 객관적으로 이를 행정처분으로 인식할 정도의 외형을 갖추고 있는 점, 피고의 결정에 이은 고시 요청에 기하여 청소년보호위원회는 실질적 심사 없이 청소년유해매체물로 고시하여야 하고 이에 따라 당해 매체물에 관하여 구 청소년보호법상의 각종 의무가 발생하는 점, 피고는 이 사건 결정을 취소함으로써 구 청소년보호법상의 각종 의무를 소멸시킬 수 있는 권한도 보유하고 있는 점 등 관련 법령의 내용 및 취지와 사실관계에 비추어 볼 때, 피고의 이 사건 결정은 항고소송의 대상이 되는 행정처분에 해당한다.

---

4) 이 판례에 관해 자세한 것은 김재광, "정보통신윤리위원회의 청소년유해매체물 결정의 처분성 여부", 「정보법 판례백선(Ⅱ)」, 박영사, 2016, 460쪽 이하 참고.

3. 정보통신망법상 청소년유해매체물 규제

가. 개 관

청소년유해매체물로 고시되면 「청소년보호법」상 다양한 유통상의 제한을 받는데, 청소년유해표시의무(제13조), 포장의무(제14조), 표시·포장의 훼손 금지(제15조), 판매 금지등(제16조), 구분·격리등(제17조), 방송시간 제한(제18조), 광고선전 제한(제19조) 등이 그러한 예이다. 정보통신망법은 이 중 청소년유해매체물의 표시(제42조)와 광고금지(제42조의2), 영상정보 등의 보관의무(제43조)를 규정하고 있는데, 이는 「청소년보호법」에 대한 특별법의 관계에 있다는 것을 의미한다. 정보통신망법이 청소년보호법상 다양한 제한 중에서 위 세 가지만 규정하고 있지만 나머지 규정되지 않은 사항은 「청소년보호법」이 그대로 적용됨은 물론이다.

나. 청소년유해매체물의 표시

전기통신사업자의 전기통신역무를 이용하여 일반에게 공개를 목적으로 정보를 제공하는 자 중 「청소년보호법」 제2조 제2호 마목에 따른 매체물로서 같은 법 제2조 제3호에 따른 청소년유해매체물을 제공하려는 자는 대통령령으로 정하는 표시방법에 따라 그 정보가 청소년유해매체물임을 표시하여야 한다(제42조). 이 규정의 의미는 인터넷상 청소년유해매체물의 표시방법은 정보통신망법이 정하는 바에 따른다는 것으로써, 인터넷의 특성을 감안한 규정이라고 할 것이다. 청소년유해매체물임을 표시하지 아니하고 영리를 목적으로 제공한 자는 2년 이하의 징역 또는 2천만원 이하의 벌금에 처하도록 규정되어 있다(제73조 제2호).

이에 따라 대통령령에서는 청소년유해매체물을 제공하는 자는 그 매체물에 19세 미만의 자는 이용할 수 없다는 취지의 내용을 누구나 쉽게 확인할 수 있도록 음성·문자 또는 영상으로 표시하여야 하고, 이 중 인터넷을 이용하여 정보를 제공하는 자의 경우에는 기호·부호·문자 또는 숫자를 사용하여 청소년유해매체물임을 나타낼 수 있는 전자적 표시도 함께 하여야 하며, 표시의 구체적 방법은 방송통신위원회의 고시로 정하도록 하고 있다(제24조). 방송통신위원회 고시 「청소년 유해매체물의 표시방법」이 제정되어 시행되고 있다. 청소년 유해매체물 표시는 '유해문구'와 '기호'로 구분할 수 있다(아래 그림 참조)

표 5	유해문구 표시방법

이 정보내용은 청소년유해매체물로서 「정보통신망 이용촉진 및 정보보호 등에 관한 법률」 및 「청소년 보호법」에 따라 19세 미만의 청소년이 이용할 수 없습니다.

그림 5	유해기호 표시방법

컬러매체

흑백매체

이 규정과 제44조의7 불법정보로서 청소년유해매체물의 유통금지규정과의 관계에 대하여 살펴볼 필요가 있다. 제44조의7 제1항 제5호에서는 불법정보의 유형의 하나로 "「청소년 보호법」에 따른 청소년유해매체물로서 상대방의 연령확인, 표시의무 등 법령에 따른 의무를 이행하지 아니하고 영리를 목적으로 제공하는 내용의 정보"로 규정하고 유통을 금지하고 있다. 이 규정에 해당되면 불법정보로 심의, 제재처분의 대상이 된다. 제42조는 청소년유해매체물의 표시의무를 규정한 것이고, 제44조의7은 청소년유해매체물의 법상 의무 위반의 유통금지를 규정한 것이니, 체계상 다른 것으로 볼 여지도 있지만, 결국 청소년유해매체물의 표시의무를 제42조에서 부과하고 제44조의7에서는 제42조의 의무를 위반한 경우에는 유통이 금지된다는 내용을 규정한 것으로써 서로 밀접한 관련이 있다. 그 위반시 처벌의 경우에는 제42조 위반의 벌칙으로 구성할 것인지 아니면 제44조의7 제1항 제5호 위반의 벌칙으로 구성할 것인지 문제가 되는데, 현행법은 전자의 방식을 취하고 있다.

다. 청소년유해매체물의 광고 금지

청소년유해매체물을 광고하는 내용의 정보를 정보통신망을 이용하여 부호·문자·음성·음향·화상 또는 영상 등의 형태로 같은 법 제2조 제1호에 따른 청소년에게 전송하거나 청소년 접근을 제한하는 조치 없이 공개적으로 전시하여서는 아니 된다(제42조의2). 이 규정은 제목이 '청소년유해매체물의 광고금지'로 규정되어 있지만 실제는 광고의 제한의 의미를 가진다. 인터넷에서의 청소년유해매체물이라고 하여 일체의 광고를 금지하는 것은 허용되지 않는다. 본문의 내용처럼 청소년을 대상으로 한 광고 또는 청소년의 접근을 제한하는 조치 없이 하는 광고가 금지될 뿐이다. 그런 점에서 이 조문의 제명을 '청소년유해매체물의 광고 제한'으로 변경하는 것이 타당하다. 이를 위반한 경우에는 2년 이하의 징역 또는 2천만원 이하의 벌금에 처하게 된다(제73조 제3호).

청소년유해매체물은 청소년에게 유해하다는 것일뿐 성인에게는 유해하지 않기 때문에 성인을 대상으로 하는 광고까지 금지한다면 이는 과잉금지원칙 위배로 위헌의 소지가 있다. 「청소년보호법」도 제19조에서 청소년유해매체물의 광고선전 금지라고 하지 않고 '제한'이라는 제목을 사용하면서 일반인이 통행하는 장소 등에 설치된 옥외광고물에서의 청소년유해매체물로 제한하고 있는 것이 이러한 취지이다. 따라서 인터넷상 청소년유해매체물 광고 제한 규정은 「청소년보호법」에 규정되지 않은 것으로 정보통신망법이 규정할 실익이 있는 것이다.

라. 청소년유해매체물에 대한 정보통신서비스 제공자의 삭제 의무와 조문 이동

임시조치를 규정하고 있는 제44조의2에서 "정보통신서비스 제공자는 자신이 운영·관리하는 정보통신망에 제42조에 따른 표시방법을 지키지 아니하는 청소년유해매체물이 게재되어 있거나 제42조의2에 따른 청소년 접근을 제한하는 조치 없이 청소년유해매체물을 광고하는 내용이 전시되어 있는 경우에는 지체 없이 그 내용을 삭제하여야 한다."고 하는 정보통신서비스 제공자의 삭제의무가 규정되어 있다.

이는 청소년보호의 목적상 정보통신망법상 제44조, 제44조의2 소정의 청소년유해매체물 관련 의무사항을 위반한 청소년유해매체물정보에 대한 삭제의무를 규정한 것인데, 문제는 이 조문과 아무런 관련이 없는 권리침해정보에 대한 임시조치규정(제44조의2)에 있다는 점이다. 입법오류라고 할 것이다. 제44조의2 임시조치는 사생활 침해나 명예훼손 등 권리침해 정보에 대한 피해자의 요청에 따른 삭제 등을 규정한 것인 만큼, 청소년유해매체물이라는 정보의 성격이나 피해자의 신청이라는 절차적 특성을 비교하면 이 조문은 임시조치에는 전혀 어울리지 않는 것이다. 따라서 제42조, 제42조의2 이후에 배치하는 것이 타당하다고 할 것이다.

마. 영상 또는 음향정보 제공사업자의 보관의무

청소년유해매체물을 이용자의 컴퓨터에 저장 또는 기록되지 아니하는 방식으로 제공하는 것을 영업으로 하는 정보제공자 중 대통령령으로 정하는 자는 해당 정보를 이용에 제공한 때부터 6개월간 보관할 의무가 있다(제43조, 동영 제28조). 시행령이 정한 보관의무가 있는 자는 전기통신회선을 통하여 정보를 유통시키는 자 일체를 말하는데, 다만 "방송", "텔레비전" 또는 "라디오"의 명칭을 사용하면서 일정한 편성계획에 따라 정보를 유통시키는 자 중 「방송법」 제2조 제3호·제6호 및 제12호에 따른 방송사업자·중계유선방송사업자 및 전광판방송사업자는 제외하는 것으로 규정하고 있다(동시행령 제28조). 이를 위반하여 정보를 보관하지 아니한 경우에는 1천만원 이하의 과태료를 부과하게 된다(제76조 제3항).

제4절 청소년 보호책임자

1. 청소년 보호책임자의 지정

가. 정보통신서비스 제공자의 청소년 보호책임자 지정의무

정보통신서비스 제공자 중 일일 평균 이용자의 수, 매출액 등이 대통령령으로 정하는 기준에 해당하는 자는 매년 4월말까지 정보통신망의 청소년유해정보로부터 청소년을 보호하기 위하여 청소년 보호 책임자를 지정할 의무가 있다(제42조의3 제1항, 동시행령 제27조). 법률은 지정의무를 모든 정보통신서비스 제공자가 아닌 대통령령으로 정하는 것으로 제한하고 있다. 대통령령에 의하면 두가지 요건을 모두 갖추어야 하는데, 첫째 일일평균이용자수 또는 매출액 요건, 둘째 청소년유해매체물을 제공하거나 매개하는 자일 것이다. 일일평균이용자수 또는 매출액 요건을 보면 전년도말 기준 직전 3개월간의 일일평균이용자가 10만 명 이상인 자 또는 정보통신서비스부문 전년도(법인의 경우에는 전 사업연도) 매출액이 10억원 이상인 자가 이에 해당한다(영 제25조). 이를 위반하여 청소년 보호책임자를 지정하지 아니한 경우에는 1천만원 이하의 과태료를 부과한다(제76조 제3항).

나. 청소년 보호책임자의 자격

청소년 보호 책임자의 자격은 해당 사업자의 임원 또는 청소년 보호와 관련된 업무를 담당하는 부서의 장에 해당하는 지위에 있는 자가 해당된다(제42조의3 제2항).

2. 청소년 보호책임자의 업무

청소년 보호책임자는 정보통신망의 청소년유해정보를 차단·관리하고, 청소년유해정보로부터의 청소년 보호계획을 수립하는 등 청소년 보호업무를 하고(제42조의3 제3항), 시행령이 정한 청소년보호책임자의 업무는 다음과 같다(제26조).

1. 유해정보로부터의 청소년보호계획의 수립
2. 유해정보에 대한 청소년접근제한 및 관리조치
3. 정보통신업무 종사자에 대한 유해정보로부터의 청소년보호를 위한
   교육
4. 유해정보로 인한 피해상담 및 고충처리
5. 그 밖에 유해정보로부터 청소년을 보호하기 위하여 필요한 사항

3. 자료제출 요구

방송통신위원회와 과학기술정보통신부장관은 청소년보호책임자의 청소년
보호업무 수행 여부를 확인하기 위하여 필요한 경우에는 정보통신서비스 제공
자에게 관계 물품, 서류 등의 자료의 제출을 요구할 수 있다(영 제68조 제1호).
자료 제출을 하지 아니하거나 거짓으로 제출한 경우에는 과태료가 부과된다(제
76조 제3항 제22호).

제 5 절 대화형정보통신서비스에서의 아동 보호

1. 입법취지

만 14세 미만의 아동에게 문자·음성을 이용하여 사람과 대화하는 방식으
로 정보를 처리하는 시스템을 기반으로 하는 정보통신서비스(이하 대화형 정보통
신서비스)를 제공하는 경우에는 그 아동에게 부적절한 내용의 정보가 제공되지
아니하도록 노력하여야 한다는 규정(제44조의8)이 2018. 12. 24. 신설되었다. 여
기서 대화형 정보통신서비스라 함은 채팅을 할 수 있는 정보통신서비스를 말
한다. 당시 입법이유를 보면 "정부 주도의 규제 정책만으로는 개인정보 침해와
청소년유해정보 및 불법정보 등에 대한 신속한 대응이 어려운바, 정부가 정보
통신서비스 제공자등의 자율적인 규제 활동을 지원하여 그 책임성을 높임으로

써 이용자의 개인정보 보호를 강화하고 청소년유해정보 및 불법정보를 근절할 필요가 있다는 의견이 있음"이라고 하고 있다(법률안 개정이유).

2. 규정의 성격

이 규정은 채팅사이트를 운영하는 정보통신서비스 제공자에게 만 14세미만의 아동을 보호하기 위한 조치를 할 것을 내용으로 하는데, 법문에서 보는 바와 같이 '노력하여야 한다'라고 규정되어 있을 뿐 아동에게 부적절한 정보가 무엇인지 어떤 노력을 하여야 하는지 등에 대한 구체적인 내용이 규정되어 있지 않다. 입법이유가 밝히고 있는바와 같이 이는 채팅사이트에서의 14세 미만의 아동 보호를 위한 정보통신서비스 제공자의 자율적인 활동을 촉구하는 성격을 가지는 것으로 해석된다.

제6절 불법촬영물등 유통방지 책임자의 지정

n번방 사건 이후 아동청소년을 보호하기 위하여, 「전기통신사업법」에서는 부가통신사업자에게 불법촬영물등의 유통을 방지하기 위하여 대통령령으로 정하는 기술적·관리적 조치를 할 의무가 신설되는등(제22조의5) 일련의 입법이 마련되었다.

정보통신망법은 이와 같은 「전기통신사업법」 제22조의5 제1항 소정의 불법촬영물등의 삭제·접속차단 등 유통방지에 필요한 조치 업무를 수행할 '불법촬영물 등 유통방지 책임자'를 지정하도록 신설하였는데(제44조의9), 이 중 대상이 되는 불법촬영물에 아동·청소년성착취물이 포함되어 있다(상세한 내용은 후술하는 불법촬영물등 유통방지 책임자 참조).

제 2 장 불법정보의 유통 제한

제 1 절 개 관

정보통신망법은 정보통신망에서의 정보 유통의 제한과 관련하여 다양한 정책 수단을 가지고 있다. 유통 제한은 내용의 불법성 등을 이유로 한 내용규제와 본인확인조치, 불법촬영물등 유통방지 책임자 지정과 같은 방법규제로 나눌 수 있다. 내용규제는 정보의 성격에 따라 타인의 사생활 침해나 명예훼손 등의 권리침해의 정보(이른바 권리침해정보)와 법률에 위반되는 정보(불법정보)로 구분하여 각각 규제체계를 달리 구성하고 있다. 2020년 n번방 사건이나 지하철 몰래카메라 사건 등 불법촬영물등의 문제가 불거지자 불법정보의 일종인 불법촬영물등의 유통과 관련된 제도를 신설하고 있다. 제2장에서 기술한 청소년유해매체물은 불법정보(제44조의7 제1항 제5호)의 일부에 해당되지만 인터넷상 청소년보호라는 주제하에 따로 설명하였으므로 이 장에서는 설명하지 않는다.

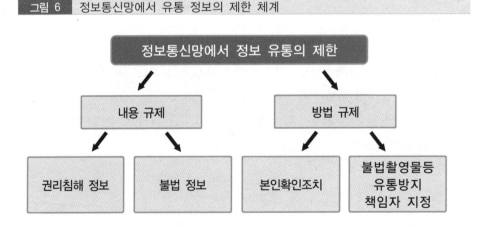

그림 6 정보통신망에서 유통 정보의 제한 체계

제 2 절   권리침해정보의 규제

1. 타인의 권리 보호

가. 입법 취지

정보통신망법은 사생활 침해 또는 명예훼손 등 타인의 권리를 침해하는 정보의 유통금지를 규정으로 두고 있다(제44조). 이는 정보통신망의 건전한 이용을 촉진하고 피해자의 보호를 위한 의미가 있다. 제1항에서는 이용자의 의무로, 제2항에서는 정보통신서비스 제공자의 의무로 각 규정하고, 제3항에서는 방송통신위원회가 이러한 권리침해 방지를 위한 시책 마련 의무와 정보통신서비스 제공자에 대한 권고 근거를 규정하고 있다. 이것만으로는 구체적인 법적 의무를 발생한다고 하기는 어렵고, 선언적인 의미를 가지는 것으로 이해가 된다.

나. 적용 범위

제44조는 권리침해정보를 '사생활 침해 또는 명예훼손 등 타인의 권리를 침해하는 정보'로 규정하고 있다. 이러한 규정방식은 제44조의2, 제44조의6과 동일하다. 여기서 권리침해정보의 범위를 어떻게 이해할 것인가 문제가 된다. '등'의 의미를 앞에 구체적으로 열거된 단어와 유사한 것을 의미한다는 취지에서 보면 인격권으로 한정하여 해석하는 것이 타당하다는 인격권설과 정보통신망법상 침해되는 정보를 인격권에 국한하여 해석할 이유는 없다는 취지에서 재산권포함설의 대립이 있다.

이에 대하여 판례는 오픈마켓 운영자를 상대로 상표권의 침해를 주장하는 자가 판매 등을 금지를 명하는 가처분 신청사건에서 인격권설의 입장을 취하고 있다. 즉 "등 타인의 권리"라는 문언에 집착하여 이를 제한 없이 '타인의 모든 권리'라고 해석할 경우에는 과연 위 조문이 의미하는 "타인의 권리를 침해하는 정보"의 범위가 어디까지인지 매우 불명확하게 되고, 그 결과 이렇듯 불명확한 정보의 유통을 방지하기 위하여 정보통신서비스제공자가 어느 정도의

노력을 기울여야 하는지 또한 모호하게 되어 "정보통신서비스제공자에게 지나
치게 과중한 부담을 지우게 된다"는 이유로 제44조 제1항의 '사생활 침해 또는
명예훼손 등 타인의 권리를 침해하는 정보'는 '사생활을 침해하는 정보'나 '명예
를 훼손하는 정보' 및 '이에 준하는 타인의 권리를 침해하는 정보'만을 의미할
뿐, 거기에서 더 나아가 '타인의 상표권을 침해하는 정보'까지 포함하지는 않는
다고 보는 것이 타당하다고 판시하고 있다(대법원 2012. 12. 4. 자 2010마817 결정).
그러나 제44조가 정보통신망법에서 타인의 권리 보호의 일반조항이라는 점에
서 재산권을 포함하지 않는 것으로 해석하는 것은 현재 재산권 보호 조문이 별
도로 없다는 점에서 과연 타당한 것인지 의문이다.

2. 권리침해정보에 대한 임시조치[5]

가. 개   관

(1) 의   의

이 제도는 사생활 침해 또는 명예훼손 정보에 대하여 피해자의 요청에 의
하여 정보통신서비스 제공자가 블라인드 처리 등의 임시적인 조치를 하는 것
을 말하고(제44조의2),[6] 국내 대형 포털 3사의 연간 처리건수가 20여만건을 넘
을 정도로 권리침해정보의 유통을 신속하게 억제한다는 측면에서 인터넷환경
에서 유용성이 인정되고 있다.

---

5) 이 부분은 황창근, "정보통신망법상 임시조치의 문제점 및 개선과제", 정보법학 제13권
   제3호(2009)을 수정, 편집한 것임.
6) 제44조의2에는 이질적인 제도가 규정되어 있다. 즉 제3항은 "정보통신서비스 제공자는
   자신이 운영·관리하는 정보통신망에 제42조에 따른 표시방법을 지키지 아니하는 청소
   년유해매체물이 게재되어 있거나 제42조의2에 따른 청소년 접근을 제한하는 조치 없이
   청소년유해매체물을 광고하는 내용이 전시되어 있는 경우에는 지체 없이 그 내용을 삭
   제하여야 한다."고 규정하고 있는데, 이는 임시조치 제도와는 전혀 성격이 다른 청소년
   유해매체물의 삭제의무레 대한 내용으로 청소년유해매체물 조문(제42조, 제42조의2, 제
   42조의3)으로 이동하는 것이 바람직하다.

| 표 6 | | 5년간 임시조치 건수(연도별, 포털사별) | | | |

구 분	네이버	카카오	SK컴즈	합 계
2012	155,161	67,342	7,664	230,167
2013	277,146	88,634	9,196	374,976
2014	337,923	116,261	642	454,826
2015	404,458	75,360	448	480,266
2016	386,114	69,235	639	455,988
2017.6월말	82,726	25,498	311	108,535

※ 출처 : 방송통신위원회

이 제도의 법률상 제목은 '정보의 삭제요청등'이라고 명기되어 있으나, 피해자의 정보삭제 요청에 따른 조치 중에서 정보의 삭제는 침해사실이 명백한 경우로만 규정하고 있고 나머지 대부분의 경우는 "임시적인 접근차단조치"로 시행되는 만큼 이를 '임시조치'라고 통칭하고 있다. 또한 '사생활침해나 명예훼손 등의 타인의 권리'라는 목적을 감안하고 정보통신망법 제44조의7 소정의 '불법정보'에 대응하여 소위 '권리침해정보'에 대한 임시조치로 불리고 있다. 그러나 엄격히 말하면 모든 권리침해정보가 대상이 되는 것이 아니라 사생활 침해, 명예훼손 등의 인격권에 국한하는 것으로 해석이 된다. 법문의 취지나 문구상 상표권 등 재산권의 침해정보에 대하여 이 법상의 임시조치를 이용할 수 없는 것으로 보이고(대법원 2012. 12. 4. 자 2010마817 결정), 저작권법도 제103조에서 불법 저작물의 복제·전송의 중단 조문을 별도로 규정하고 있다.

이 제도의 입법취지는, 첫째 인격권 등 권리침해정보의 유통의 폐해를 줄이기 위한 목적 특히 2차적 피해의 발생을 방지하기 위한 간이·신속한 인터넷상 특유의 분쟁해결수단을 마련한 것이고, 둘째 권리침해정보에 대한 규제의 실효성을 제고하기 위하여 국가에 의한 직접적인 행정통제가 아닌 인터넷사업자라는 당사자를 통한 사적자치 방식에 의한 인터넷 내용규제 제도를 마련한 것이며, 셋째 인터넷사업자의 책임 범위를 명확케 하고 이를 둘러싼 법적 논란에 대한 지침을 제공함에 있다고 할 것이다.

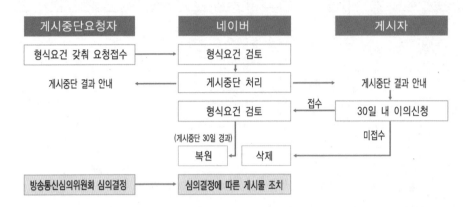

그림 7 포털사이트 '네이버'의 임시조치 절차도

※ 출처 : 네이버

그림 8 포털사이트 '다음'의 임시조치 절차도

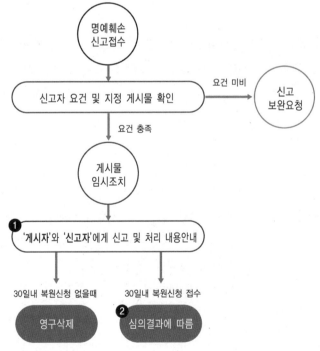

※ 출처 : 다음

(2) 입법 연혁

임시조치제도는 「저작권법」이나 정보통신망법과 상관없이 업계에서 자율적으로 시행하고 있던 제도가 정보통신망법에 도입된 제도이다. 제도적 배경으로는 1998년 미국의 「디지털 밀레니엄 저작권법」(Digital Millennium Copyright Act, DMCA)이 제정되고, 우리나라에서 2000년대 초반부터 인터넷상 명예훼손정보에 대한 삭제의무와 관련하여 여러 판례가 나타나자 실무에서 먼저 절차로 만들었다. 최초로 법제화된 것은 2001. 1. 16. 정보통신망법(법률 제6360호) 전부개정 때이다. 이 제도는 저작권법을 제외하고 명예훼손 등 인격권 침해정보에 대하여 "notice and take－down" 법리를 도입한 세계적으로 유례를 찾아보기 어려운 입법방식이다. 이 조문은 2007. 1. 26. 정보통신망법 개정시에 절차를 보완하여 현재에 이르고 있다. 현재는 인터넷 포털사업자들이 결성한 한국인터넷자율정책기구(KISO)에서 정보통신망법상의 임시조치는 물론이고 저작권법상의 임시조치에 대한 정책을 개발하고 통일된 지침을 제공하고 있다.

(3) 위헌 논란

그런데 임시조치제도는 인터넷의 특성에 따른 신속한 피해구제의 목적은 달성할 수 있을지도 모르지만, 정보의 자유로운 유통의 제한이라는 정보게재자의 이익이 침해된다는 점 그리고 그와 같은 유통 제한의 책임을 정보의 형성이나 제공에 직접적인 관련이 없는 정보통신서비스 제공자에게 부여하고 있다는 점에서 인터넷상 표현의 자유와 타 인격권의 충돌을 어떻게 관리할 것인가 하는 점에서 많은 논쟁이 있다.[7]

헌법재판소는 포털사이트 '다음'의 카페에 쓴 게시글이 임시조치된 사안에서 정보게재자가 표현의 자유를 침해한다고 주장하면서 한 헌법소원사건에서 표현의 자유를 침해하지 않는다고 결정하였다(헌재 2012. 5. 31. 2010헌마88).

판례 헌재 2012. 5. 31. 2010헌마88(정보통신망법상 임시조치제도가 표현의 자유를 침해하는지 여부)

---

7) 이에 관해 자세한 것은 정경오, "정보통신망법상 권리침해정보에 대한 임시조치의 위헌성", 「정보법 판례백선(Ⅱ)」, 박영사, 2016, 554－555쪽 참고.

이 사건 법률조항은 사생활을 침해하거나 명예를 훼손하는 등 타인의 권리를 침해하는 정보가 정보통신망을 통해 무분별하게 유통되는 것을 방지하기 위하여 권리침해 주장자의 삭제요청과 침해사실에 대한 소명에 의하여 정보통신서비스 제공자로 하여금 임시조치를 취하도록 함으로써 정보의 유통 및 확산을 일시적으로 차단하려는 것이므로, 그 입법목적이 정당하고 수단 또한 적절하다.

'사생활'이란 이를 공개하는 것 자체로 침해가 발생하고, '명예' 역시 타인의 명예를 훼손할 만한 사실이 적시되어 불특정 또는 다수인이 인식할 수 있는 상태에 놓임으로써 침해가 발생하게 되므로, 글이나 사진, 동영상 등의 다양한 방법으로 정보통신망에 게재되는 사생활이나 명예에 관한 정보에 대해서는 반론과 토론을 통한 자정작용이 사실상 무의미한 경우가 적지 않고, 빠른 전파가능성으로 말미암아 사후적인 손해배상이나 형사처벌로는 회복하기 힘들 정도의 인격 파괴가 이루어질 수도 있어, 정보의 공개 그 자체를 잠정적으로 차단하는 것 외에 반박내용의 게재, 링크 또는 퍼나르기 금지, 검색기능 차단 등의 방법으로는 이 사건 법률조항의 입법목적을 효과적으로 달성할 수 없다. 게다가, 이 사건 법률조항에 기한 임시조치를 하기 위해서는 권리침해 주장자의 '소명'이 요구되므로 정보통신서비스 제공자로 하여금 많은 이용자를 확보하려는 영리적 목적과 사인의 사생활, 명예, 기타 권리의 침해 가능성이 있는 정보를 차단하는 공익적 목적 사이에서 해당 침해주장이 설득력이 있는지를 스스로 판단하도록 하고 있다는 점, '30일 이내'라는 비교적 짧은 기간 동안의 정보 접근만을 차단할 뿐이라는 점, 임시조치 후 '30일 이내'에 정보게재자의 재게시청구가 있을 경우라든가 임시조치기간이 종료한 경우 등 향후의 분쟁해결절차에 관하여는 정보통신서비스 제공자의 자율에 맡김으로써 정보의 불법성을 보다 정확히 확인하는 동시에 권리침해 주장자와 정보게재자 간의 자율적 분쟁 해결을 도모할 시간적 여유를 제공한다는 점 등에 비추어 볼 때, 이 사건 법률조항이 규정하고 있는 임시조치의 절차적 요건과 내용 역시 정보게재자의 표현의 자유를 필요최소한으로 제한하도록 설정되어 있다고 할 수 있다.

타인의 명예나 권리를 표현의 자유가 갖는 구체적 한계로까지 규정하여 보호하고 있는 헌법 제21조 제4항의 취지 등에 비추어 볼 때, 사생활 침해, 명예훼손 등 타인의 권리를 침해할 만한 정보가 무분별하게 유통됨으로써 타인의 인격적 법익 기타 권리에 대한 침해가 돌이킬 수 없는 상황에 이르게 될 가능성을 미연에 차단하려는 공익은 매우 절실한 반면, 이 사건 법률조항으로 말미암아 침해되는 정보게재자의 사익은 그리 크지 않으므로, 법익균형성 요건도 충족한다.

(4) 저작권법 절차와 비교

임시조치는 정보통신망법과 저작권법에 규정되어 있는데 양자는 유사하지만 구체적인 절차를 보면 다소 차이가 있다. 저작권법은 미국 DMCA에 상당히 유사한 절차를 가지고 있는데, 정보통신망법과 가장 큰 차이는 정보게재자의 이의절차, 온라인서비스제공자의 책임의 필요적 면제규정을 가지고 있다는 점이다.

표 7　정보통신망법과 저작권법 비교

구 분	저작권법 제103조	정보통신망법 제44조의2
신청 내용	복제 · 전송의 중단 요구(제1항)	삭제 또는 반박내용의 게재 요청(제1항)
서비스제공자의 조치	즉시 그 저작물등의 복제 · 전송의 중단 및 권리주장자에 대한 통보. 다만, 제102조 제1항 제3호의 온라인서비스제공자는 그 저작물등의 복제 · 전송자에게도 통보(제2항)	지체 없이 삭제 · 임시조치 등의 필요한 조치 및 즉시 신청인 및 정보게재자에게 통지. 해당 게시판에 공시(제2항)
임시조치 기간	규정 없음	임시조치의 기간 30일
게시자의 재개요구	복제 · 전송의 재개 요구시, 재개요구사실 및 재개예정일을 권리주장자에게 지체 없이 통보하고 그 예정일에 복제 · 전송을 재개시킴. 다만, 권리주장자가 복제 · 전송자의 침해행위에 대하여 소를 제기한 사실을 재개예정일 전에 온라인서비스제공자에게 통보한 경우에는 그러하지 아니함(제3항)	규정 없음
수령인의 지정	복제 · 전송의 중단 및 그 재개의 요구를 받을 자의 지정(제4항)	규정 없음
서비스제공자의 책임	온라인서비스제공자의 책임 면제. 다만 다만 침해된다는 사실을 안 때부터 중단을 요구받기 전까지 발생한 책임에는 적용하지 아니함(제5항)	정보통신서비스 제공자의 배상책임을 줄이거나 면제받을 수 있음(제6항)
임시조치 요구자의 책임	정당한 권리 없이 저작물등의 복제 · 전송의 중단이나 재개를 요구하는 자의 손해배상책임(제6항)	규정 없음

조치 내용 등의 약관규정의무	규정 없음	정보통신서비스 제공자의 조치에 관한 내용·절차 등의 약관 규정의무(제5항)
임의의 임시조치	규정 없음	있음(제44조의3)

다. 임시조치의 기능

첫째, 임시조치는 인터넷상 인격권 침해 분쟁 해결의 기능을 한다. 인터넷의 신속한 전파와 확산이라는 특성에서 법원의 판결이나 가처분절차는 인터넷에서는 더 이상 유효한 분쟁해결 수단이 되지 못함에 따라 자주적이고 대체적인 분쟁해결수단(ADR)으로 고안되었다. 임시조치를 통하여 정보의 유통으로 인한 확산과 전파를 예방함으로써 제2차적 손해의 발생을 예방하는 기능도 수행하고 있다. 임시조치제도는 신청인과 정보게재자 사이에 발생한 분쟁을 해당 정보통신서비스를 제공한 사업자가 직접 해결한다는 점에서 '자주적 해결'이라는 특성도 있다.

둘째, 임시조치 제도는 비록 자율적인 규제체계의 성격을 가지지만, 법률의 규정에 의하여 제도가 구성되고 있는 점에서 보면 광의의 행정적 규제체계에 포함된다. 다만 임시조치에 있어서는 법상 의무만 부여될 뿐, 그 위반시의 제재조치 등 행정법상 실효성 확보방안을 마련하지 않고 있다. 이는 권리침해정보는 개인간의 권리분쟁에 관한 사항으로서 국가가 행정제재수단을 통하여 직접적으로 사인간의 분쟁에 관여하는 것이 적절하지 않기 때문으로 타당한 입법방식이다.

셋째, 정보통신서비스 제공자의 책임을 규정하는 기능을 한다. 현행법은 "정보통신서비스 제공자는 자신이 운영·관리하는 정보통신망에 유통되는 정보에 대하여 제2항에 따른 필요한 조치를 하면 이로 인한 배상책임을 줄이거나 면제받을 수 있다."(제44조의2 제6항)라고 규정하여 임시조치 시행과 관련한 인터넷사업자의 책임 감면을 천명하고 있다. 임시조치 제도의 조문에서 정하고 있는 삭제요청과 임시조치, 그에 따른 손해배상책임의 감면이라는 일련의 절차는 이 제도의 성패의 불가결의 요소라고 할 것이고, 그래야만 임시조치를 통한 요청 및 삭제에 이르는 일련의 절차에 대한 예측가능성, 안정성이 제고되어 권리침해정보에 대한 규제의 실효성을 확보할 수 있게 된다.

라. 임시조치의 요건과 절차

(1) 임시조치의 당사자

임시조치의 당사자는 정보게재자, 신청인(피해자), 정보통신서비스 제공자 3당사자로 구성된다. 명예훼손이나 사생활 침해 등의 권리가 침해되었다고 주장하는 자는 이를 소명하여 정보통신서비스 제공자에게 삭제 등을 요청하고, 정보통신서비스 제공자는 그에 따라 임시조치 등을 하고 이를 정보게재자에게 통지하도록 하고 있다. 다만 현행법상 정보게재자는 임시조치 과정에서 이의를 제출하는 등의 의견제출기회가 보장되고 있지 못하여, 피해자가 자신의 권리를 남용하는 경우에 이를 방지하기 위한 절차적 보장이 없다는 것이 문제로 지적되고 있다(저작권법에는 이의절차가 규정되어 있다).

신청인의 범위에 대하여 현행법은 아무런 제한이 없으나 실무상으로는 몇 가지를 제한하고 있다. 국내 포털사이트 운영사업자의 자율규제기관인 한국인터넷자율정책기구(KISO)의 임시조치업무에서는 국가기관 및 지방자치단체, 정무직 공무원 등 공인, 기타 공직자, 언론사 등을 신청인의 범위에서 제한하고 있다(정책규정 제5조). 현재 네이버, 다음, 네이트 등 국내 포털사이트가 KISO의 업무처리에 따라 시행하고 있으므로 이는 국내 실무의 경향이라고 보아도 무방하다.

규정 한국인터넷자율정책기구(KISO) 정책규정

제5조(처리의 제한)

① 국가기관 및 지방자치단체는 명예훼손 관련 임시조치 등 요청의 주체가 아닌 것으로 간주한다. 다만, 단체의 장 및 구성원 개인은 명예훼손 관련 임시조치 등을 요청할 수 있다.

② 임시조치 등을 요청하는 자가 정무직 공무원 등 공인인 경우, 자신의 공적 업무와 관련된 내용이 명백히 허위사실이 아닌 한 명예훼손 관련 임시조치의 대상이 아닌 것으로 본다.

③ 임시조치 등을 요청하는 자가 제2항의 '정무직 공무원 등 공인'에는 해당하지 아니하는 경우에도 그가 공직자, 언론사 등일 경우 임시조치 등을 요청하는 게시물의 내용

이 그 업무에 관한 것으로서 공적 관심사에 해당하는 것일 때에는 다음 각 호의 어느 하나에 해당하는 경우를 제외하고는 임시조치 등의 대상이 아닌 것으로 본다.

1. 게시물의 내용이 명백한 허위사실임이 소명된 경우

2. 게시물의 내용 자체 또는 쉽게 파악할 수 있는 주변 정황에 의해 그 게시물의 내용이 해당 공직자 등에 대한 악의적이거나 현저히 상당성을 잃은 공격인 것으로 판단되는 경우

④ 제2항 및 제3항의 공인 및 공직자 등이 공적 지위를 벗어난 때에도 해당 지위에 있을 때 발생한 공적 업무는 공적 업무에 포함되는 것으로 본다.

⑤ 제2항 및 제3항에도 불구하고 구체적인 정황이나 사실의 적시 없이 단정적이고 모욕적인 표현만을 한 경우에는 임시조치 등을 할 수 있다.

그 외에 법인 등 단체가 포함되는지 문제가 되는데, 원래 이 제도의 입법 취지에 비추어 보면 개인의 이익을 보호하기 위한 것으로 생각이 되지만 기업의 신용 등 법인이나 단체의 인격적 이익을 보호하기 위한 필요도 있는 것인만큼 현실적으로 배제하기는 어려울 것으로 보인다. 현행 실무상 기업의 경우에도 임시조치의 신청인의 적격을 가지는 것으로 처리하고 있다. 특히 기업을 신청인의 범위로 포함하게 되면 소비자 고발 등의 소비자활동을 위축시킬 우려가 있다는 점이 지적되고 있다. 향후 신청인의 범위를 어떻게 정할지 임시조치의 취지 등을 고려하여 신중한 검토가 있어야 한다.

(2) 대상 정보

현행법상 임시조치의 대상이 되는 정보는 사생활 침해나 명예훼손 등의 타인의 권리가 침해된 정보로 규정되어 있는데, 여기서 권리침해정보는 앞서 본 바와 같이 인격권 침해정보로 한정하여 해석하는 것이 입법목적에 부합된다. 다만 명예훼손정보의 경우에는 제44조의7 제1항 제2호의 불법정보에도 해당되어 심의위원회의 심의가 진행되는 경우 임시조치의 대상이 될 수 있는지 문제가 된다. 이에 대하여 심의위원회의 심의에서 결정된 것이라고 하더라도 집행되기 전이라면 법상 집행방법이 보다 간이하고 용이한 임시조치에 따라 해결하는 것이 분쟁의 종국적인 해결에 도움이 되고, 명예훼손정보는 불법정보 이전에 당사자간의 권리침해정보의 성격이 보다 강하기 때문에 임시조치로 처

리하는 것이 우선적으로 보장되는 것이 타당하다. 그런 점에서 그 정보가 심의위원회에 의하여 불법정보(명예훼손정보)로 판단을 받지 않은 정보로 제한될 필요는 없다고 생각한다.

(3) 피해자의 신청

임시조치는 피해자의 정보통신서비스 제공자에 대한 해당정보에 대한 삭제 또는 반박 내용의 게재 요청으로 시작한다. 해당 정보의 삭제는 영구히 정보를 해당 인터넷 웹사이트에서 제거하는 것을 말하고, 반박내용의 게재는 정보게재자의 게재정보와 다른 내용의 반박내용을 게재토록 하는 것으로써 언론중재법상의 '반론의 보도'와 같은 취지이다. 해당정보의 삭제 또는 반박내용의 게재 이외에 명예회복을 위한 특별한 조치(민법 제764조)와 같은 다른 내용의 요청을 할 수 있는지 문제가 되지만, 명예회복을 위한 적당한 처분같이 법률이 정하지 아니한 별도의 조치를 요구하는 것은 임시조치가 예상한 간편하고 정형적인 조치만으로도 인터넷상의 추가적인 전파를 방지하여 권리를 보호하겠다는 입법취지를 넘어서는 것으로써 타당하지 않다.

신청인은 임시조치 요청시 해당 정보를 구체적으로 특정하여야 하는 것이 원칙이다. 이는 정보의 유통 제한이라는 임시조치의 성격상 정보의 제한상황을 최소화하기 위한 것이다. 다만 실무상으로는 URL의 적시 없이 문제가 된 장면의 캡쳐 등을 통한 포괄적인 요청도 당사자에게 회복하기 어려운 침해가 예상되는 경우 등의 요건하에서 예외적으로 허용되고 있다(한국인터넷자율정책기구 정책규정 제4조).

또한, 피해자는 임시조치 요청시 침해사실을 소명하여야 한다. 여기서 피해사실의 소명이란 해당 정보의 내용에 포함된 사람이 신청인이라는 사실, 해당 내용이 피해자와 관련되어 있다는 사실 등에 관련된 자료를 제출하는 것을 의미한다. 예를 들어 권리침해정보에 대한 이미지를 저장하여 이를 제출하는 방식이다. 여기서 소명으로 규정한 것은 임시조치에 있어서 정보통신서비스 제공자의 실질적인 판단을 배제하기 위한 전제가 된다는 점에서 중요한 의미가 있으므로 피해사실에 대한 증명을 요구하는 것은 본 제도의 취지에 부합하지 않는다.

(4) 임시조치의 내용

(가) 정보통신서비스 제공자의 조치 내용

정보통신서비스 제공자는 신청자로부터 삭제 등의 요청을 받으면 삭제·임시조치 등의 필요한 조치를 하여야 하고, 특히 권리침해 여부를 판단하기 어렵거나 이해당사자 간에 다툼이 예상되는 경우에는 임시조치를 하도록 규정되어 있다(제44조의2 제2항 및 제4항). 제44조의2 제2항 제1문에서는 "삭제·임시조치 등의 필요한 조치"라고 규정하고 있는데, 여기서의 임시조치가 제4항의 임시조치와 동일한 내용인지에 대하여도 의문이 제기되고 있다. 이러한 논란은 결국 제44조의2의 규정체계에 대한 전반적 개선이 필요함을 뜻한다.

삭제의 경우에는 해석상 신청인이 ① 침해사실을 소명하고 ② 이해당사자 간에 다툼이 예상되지 않은 경우의 2가지 요건을 모두 충족한 때에 하는 조치이다. 그러나 인터넷사업자가 신청인의 피해사실의 소명만으로 침해사실을 인정하는 것도 어려운 일이고, 나아가 침해사실에 대한 소명과 해당정보의 내용만으로 향후 당사자간에 분쟁이 발생될 지 여부를 판단한다는 것도 어려울 것이므로, 위 조문의 규정에도 불구하고 이건 삭제 등의 조치를 취할 경우는 사실상 인정되기 어려울 것으로 보이므로 해당 정보에 대한 접근을 임시적으로 차단하는 임시조치만이 실무상 이용되고 있다.

(나) 임시조치의 절차 및 기간

정보통신서비스 제공자는 신청인의 삭제등의 요청이 있는 경우 지체없이 조치를 취하여야 하고, 이 경우 그 조치사실을 해당 게시판에 공시하는 등의 방법으로 이용자가 알 수 있도록 하여야 하며(제44조의2 제2항), 임시조치를 할 경우 그 기간은 30일 이내로 하도록 되어 있다(제44조의2 제4항).

(다) 임시조치 기간 경과 후의 조치

현행법에 의하면 임시조치 기간은 30일 이내로 하는 것으로 규정되어 있을 뿐(제44조의2 제4항 제2문) 30일 이후에 해당 정보를 삭제할 것인가 아니면 그대로 임시조치를 유지할 것인가 명문의 규정이 없다. 실무상으로는 30일내 정보게재자의 재개신청이 없으면 해당 정보를 삭제하는 것으로 처리하고 재개

신청이 있으면 형식요건을 심의하여 복구하는 것으로 처리하고 있다. 권리침해 정보의 확산을 방지하기 위한 임시조치 제도의 취지에 의한다면 정보게재자의 재개요청이 없는 한 해당 정보의 유통을 중지시키는 것이 타당하다고 할 것이 므로, 적어도 임시조치상태를 유지하거나 해당 정보를 삭제하는 등 정보가 유 통되지 않도록 하는 것이 보다 타당하다고 생각된다. 이 부분은 향후 입법으로 명문화하는 것이 필요하다.

(라) 임시조치 후 정보게재자의 재개 요구 등 불복

현행법상 임시조치 이후 정보게재자의 재개 요구등 불복절차에 관하여 아 무런 규정을 두고 있지 않다. 정보게재자는 임시조치의 통지를 받은 때에는 자 신이 게재한 정보가 타인의 권리를 침해하지 않는다는 점에 대하여 반박을 하 고 재개를 요구할 수 있다. 특히 임시조치가 신청인의 일방적인 주장과 소명만 으로 기계적ㆍ형식적으로 이루어지는 절차라는 점에서 반대 당사자인 정보게 재자의 권리를 사후적으로 보장할 필요가 있다. 제44조의2 제2항에서 조치결 과를 통보하도록 한 취지에서 보면, 동 통지를 받은 때에 취할 조치에 대하여 규정하였어야 하지만, 현행법상 아무런 규정을 두고 있지 않다. 실무례는 현행 법이 공백으로 남겨둔 정보게재자의 이의신청의 절차적 권리를 인정하고 있는 데, 바람직한 방향이라고 할 것이다. 저작권법은 이러한 취지의 규정을 두고 있다. 즉 저작권법은 복제, 전송의 중단 등의 통보를 받은 복제ㆍ전송자가 자 신의 복제ㆍ전송이 정당한 권리에 의한 것임을 소명하여 그 복제ㆍ전송의 재 개를 요구하는 경우 온라인서비스제공자는 권리주장자가 복제ㆍ전송자의 침해 행위에 대하여 소를 제기한 사실을 재개예정일 전에 온라인서비스제공자에게 통보한 경우를 제외하고는, 재개요구사실 및 재개예정일을 권리주장자에게 지 체 없이 통보하고 그 예정일에 복제ㆍ전송을 재개시켜야 하는 규정을 두고 있 다(제103조 제3항).

마. 임시조치 관련 당사자의 책임

(1) 정보통신서비스 제공자의 책임

명예훼손정보 유통과 관련한 정보통신서비스 제공자의 책임은 원래 두 가지 측면에서 논의된다. 첫째는 임시조치 행위 자체에 대한 책임 문제, 둘째는 정보유통에 대한 책임(피해자에 대한 책임) 문제이다. 전자는 입법으로 해결하여야 하고 만일 입법이 없다고 하더라도 법상 의무를 이행하도록 하는 취지에서 손해배상책임을 지우기는 곤란하다. 후자는 일반적인 민사법리에 따라 해결할 수 있는데 미국법에서는 온라인서비스제공자(OSP)의 책임을 인정하고 있지 아니하지만 우리나라에서는 그 정보의 유통을 알거나 알 수 있었을 때에는 책임을 인정하고 있는 것이 일반적인 법리이다. 그런데 후자의 경우에서 임시조치 제도와 관련하여 피해자의 요청이 있는 경우는 물론이고 요청이 없는 경우까지 책임을 인정하도록 한 것이 대법원 전원합의체판결의 취지이다(대법원 2009. 4. 16. 선고 2008다53812 전원합의체판결).

> **판례** 대법원 2009. 4. 16. 선고 2008다53812 전원합의체판결(포털사이트의 명예훼손 게시물에 대한 삭제 및 차단 의무의 발생 요건)
>
> 〈다수의견〉 명예훼손적 게시물이 게시된 목적, 내용, 게시 기간과 방법, 그로 인한 피해의 정도, 게시자와 피해자의 관계, 반론 또는 삭제 요구의 유무 등 게시에 관련한 쌍방의 대응태도 등에 비추어, 인터넷 종합 정보제공 사업자가 제공하는 인터넷 게시공간에 게시된 명예훼손적 게시물의 불법성이 명백하고, 위 사업자가 위와 같은 게시물로 인하여 명예를 훼손당한 피해자로부터 구체적·개별적인 게시물의 삭제 및 차단 요구를 받은 경우는 물론, 피해자로부터 직접적인 요구를 받지 않은 경우라 하더라도 그 게시물이 게시된 사정을 구체적으로 인식하고 있었거나 그 게시물의 존재를 인식할 수 있었음이 외관상 명백히 드러나며, 또한 기술적, 경제적으로 그 게시물에 대한 관리·통제가 가능한 경우에는, 위 사업자에게 그 게시물을 삭제하고 향후 같은 인터넷 게시공간에 유사한 내용의 게시물이 게시되지 않도록 차단할 주의의무가 있고, 그 게시물 삭제 등의 처리를 위하여 필요한 상당한 기간이 지나도록 그 처리를 하지 아니함으로써 타인에게 손해가 발생한 경우에는 부작위에 의한 불법행위책임이 성립한다.
>
> 〈대법관 박시환, 김지형, 전수안의 별개의견〉 인터넷 종합 정보제공 사업자의 명예훼손 게시물에 대한 삭제의무는 특별한 사정이 없는 한 위 사업자가 피해자로부터 명예훼손의 내용이 담긴 게시물을 '구체적·개별적으로 특정'하여 '삭제하여 달라는 요구'를 받았고, 나아가 그 게시물에 명예훼손의 불법성이 '현존'하는 것을 '명백'히 인식하였으며, 그러한 삭제 등의 조치를 하는 것이 '기술적·경제적으로 가능'한 경우로 제한하는 것이 합리적이고 타당하다.

　　현행법은 정보통신서비스 제공자의 임시조치 관련한 책임과 관련하여, "정보통신서비스 제공자는 자신이 운영·관리하는 정보통신망에 유통되는 정보에 대하여 제2항에 따른 필요한 조치를 하면 이로 인한 배상책임을 줄이거나 면제받을 수 있다."라고 규정하여 책임 감면규정을 두고 있다. 이 규정은 2007년 개정시에 최초로 도입되었으나, 성격상 임의적 감면규정으로 규정되어 있어서 정보통신서비스 제공자의 책임의 인정여부는 임시조치 제도의 요건과 절차의 이행여부에 따라 결정될 수밖에 없는 구조로써 큰 실효성이 있는 제도가 아니다. 이와 비교하여 저작권법에서는 온라인서비스제공자가 그 저작물등의 복제·전송을 중단시키거나 재개시킨 경우에는 다른 사람에 의한 저작권 그 밖에 이 법에 따라 보호되는 권리의 침해에 대한 온라인서비스제공자의 책임 및 복제·전송자에게 발생하는 손해에 대한 온라인서비스제공자의 책임을 면제하고, 다만, 이 항의 규정은 온라인서비스제공자가 다른 사람에 의한 저작물등의 복제·전송으로 인하여 그 저작권 그 밖에 이 법에 따라 보호되는 권리가 침해된다는 사실을 안 때부터 중단을 요구받기 전까지 발생한 책임에는 적용하지 아니하는 것으로 규정하여 온라인서비스 제공자의 책임 면제조항을 두고 있다(제103조 제5항). 인터넷상에서 무분별한 명예훼손 등 인격권 침해정보의 범람을 방지할 수 있도록 임시조치 제도를 활성화하기 위하여는 위와 같은 일반적인 민사법리에 따른 인터넷사업자의 책임을 구성할 것이 아니라, 인터넷사업자가 임시조치 절차를 잘 이행하면 임시조치가 법상의 절차를 이행하는 것인 만큼 민사상 책임을 필요적으로 면제해주는 것이 타당하다. 미국법과 우리 저작권법을 참고하여 입법 개선이 필요하다.

　　한편, 정보유통과 관련된 책임에 대하여는 민법상 불법행위책임 법리로 해결하고 있고 정보통신망법은 특별한 규정을 두고 있지 않다. 이하의 판결은 인터넷사업자의 정보유통상의 책임여부에 관한 것이지만, 결국 삭제 요청이 있는 이후의 인터넷사업자의 책임여부를 논하는 것으로써 정보통신망법상 임시조치와 상당한 관련성이 있다. 초기의 손해배상사건인 하이텔의 명예훼손사건에서는 "(중략) 피고 회사로서는 원고와 정보통신윤리위원회의 시정조치 요구에 따라 그러한 글들이 플라자에 게재된 것을 알았거나 충분히 알 수 있었다고

할 것인데, 그럼에도 불구하고 무려 5~6개월 가량이나 이를 삭제하는 등의 적
절한 조치를 취하지 아니한 채 그대로 방치하여 둠으로써 원고로 하여금 상당
한 정신적 고통을 겪게 하였을 것임은 경험칙상 명백하다"(서울지법 2001. 4. 27.
선고 99나74113 판결)고 하여 인터넷사업자의 책임의 성립요건이 제시되었다. 이
후 청도군 홈페이지 사건에서는 "그의 삭제의무가 있는지는 게시의 목적, 내
용, 게시기간과 방법, 그로 인한 피해의 정도, 게시자와 피해자의 관계, 반론
또는 삭제 요구의 유무 등 게시에 관련한 쌍방의 대응태도, 당해 사이트의 성
격 및 규모·영리 목적의 유무, 개방정도, 운영자가 게시물의 내용을 알았거나
알 수 있었던 시점, 삭제의 기술적·경제적 난이도 등을 종합하여 판단하여야
할 것"(대법원 2003. 6. 27. 선고 2002다72194 판결)이라고 판시하여 인터넷사업자의
삭제의무에 있어서 피해자의 삭제요구 등 제반 요건이 보다 구체화되었다. 이
후 정보통신망법의 개정으로 임시조치간에 인터넷사업자의 책임에 있어서, 삭
제 등의 필요한 조치를 한 경우에는 책임을 감면하는 규정을 두게 되었지만,
그럼에도 불구하고 손해배상책임의 인정에 있어 실질적인 변화가 온 것은 아
니다. 이는 손해배상책임 감면규정이 임의조항으로 규정된 것이 주된 이유이겠
지만, 법상의 임시조치의 독자적인 법적 성격에 대한 이해 부족에서 비롯된 것
으로 보인다. 대법원 2008다53812 전원합의체 판결에서는 피해자의 신청이 없
는 경우에도 삭제 등의 조치를 취하여야 한다는 점을 판시하고 있어 마치 권리
침해정보에 대한 인터넷사업자의 삭제의무가 삭제요청이 없는 경우에도 일반
적으로 인정되는 것으로 판례가 정리된 것으로 볼 오해의 여지가 있다. 그러나
동 사안에서는 삭제요청 등이 따로 필요 없을 정도로 해당 사실이 전 언론기관
에 널리 퍼진 사실이 감안되어 구체적인 타당성을 기한 판결로 이해가 되지만,
적어도 인터넷상의 권리분쟁에 있어서 자주적인 해결, 신속한 해결을 지향하는
임시조치의 법취지에서 본다면 아주 미흡한 결론이라고 하겠다.

(2) 신청인의 책임

이건 임시조치 이후에 본안에 관한 판단에서 명예훼손 등의 권리침해사실
이 인정되지 않아 결과적으로 임시조치가 잘못된 것으로 판명이 날 경우 신청
인의 손해배상책임을 인정할 것인가 하는 문제가 있다. 예를 들어 신청인이 자

신의 명예를 훼손한 인터넷정보라고 판단하여 삭제 등의 임시조치를 요청하고, 그에 따라 정보통신서비스 제공자가 임시조치를 취하였는데, 그 후 본안판단에서 명예훼손사실이 인정되지 않는다고 하는 경우 이를 신청인에게 불법행위책임이 있다고 인정할 수 있을까 하는 문제인데 현행법은 아무런 규정을 두고 있지 않다. 이에 비하여 저작권법은 "정당한 권리 없이 제1항 및 제3항의 규정에 따른 그 저작물 등의 복제·전송의 중단이나 재개를 요구하는 자는 그로 인하여 발생하는 손해를 배상하여야 한다."(제103조 제6항)라고 규정하여 손해배상책임을 규정하고 있다. 임시조치가 인터넷에서 참여, 공유, 소통이라는 정보의 자유로운 유통을 제한한다는 점에서 남용의 억제 필요성이 높다고 할 것인바, 그 대책으로서 남용시의 손해배상책임 등을 규정할 필요가 있다.

바. 임의의 임시조치 폐지론

정보통신망법 제44조의3에 의하면 정보통신서비스 제공자는 자신이 운영·관리하는 정보통신망에 유통되는 정보가 사생활 침해 또는 명예훼손 등 타인의 권리를 침해한다고 인정되면 임의로 임시조치를 할 수 있는데 이를 임의의 임시조치라고 한다. 이는 권리주장자의 요청이 없는 경우에 임시조치를 인정할 것인가의 문제이다. 이에 대하여는 정보통신망법 제44조, 제44조의3 및 약관을 근거로 하여 신청이 없는 경우에도 임시조치를 허용할 수 있다는 견해(긍정설), 정보통신서비스 제공자에게 피해자의 요청이 없는 경우에도 삭제의무를 지우는 것은 일반적인 상시검열의 책임을 지우는 것으로서 인터넷의 특성에 부합되기 어렵다는 점에서 인정하기 어렵다는 견해(부정설), 특별한 사정 즉 정보통신서비스 제공자가 명백히 권리침해정보가 유통되고 있는 사실을 알 수 있는 경우에는 삭제의무를 인정할 수 있다는 견해(절충설)가 대립한다. 대법원 2008다53812 전원합의체판결에서는 "…피해자로부터 직접적인 요구를 받지 않은 경우라 하더라도 그 게시물이 게시된 사정을 구체적으로 인식하고 있었거나 그 게시물의 존재를 인식할 수 있었음이 외관상 명백히 드러나며, 또한 기술적, 경제적으로 그 게시물에 대한 관리·통제가 가능한 경우에는, 위 사업자에게 그 게시물을 삭제하고 향후 같은 인터넷 게시공간에 유사한 내용의 게시물이 게시되지 않도록 차단할 주의의무가 있고…"라고 판시하여 피해자의 신청이 없는 경우에도 삭제 등의 조치를 취하여야 한다는 점을 인정하고 있는바 이는 위 절충설의 입장을 취하고 있는 것으로 보인다.

필자는 다음과 같은 이유로 임의적 임시조치는 폐지하는 것이 타당하다고 생각한다. 첫째, 정보통신서비스 제공자가 당사자의 요청 없이 임의로 정보의 삭제나 차단 등의 조치를 취할 수 있다는 것은 정보통신서비스 제공자가 항시 자신의 정보통신망을 통하여 유통되는 정보에 대하여 내용통제(심의)를 할 수 있음을 전제로 한다. 정보통신서비스 제공자가 항시 유통되는 정보에 대하여 불법정보 또는 권리침해정보 여부를 감시할 수 있는 사정이라면, 그때부터 정보통신서비스 제공자는 단순한 정보의 매개자의 지위에 그치는 것으로 보기는 어렵게 된다. 둘째, 이 규정은 사인(私人)에 의한 검열(private censorship)을 허용하는 것으로 헌법이론적 관점에서 문제가 있다. 전통적으로 검열은 국가기관에 의한 검열을 의미하였다. 그러나 인터넷이 발달한 오늘날에는 인터넷에서 표현의 유통에 관여할 수 있는 관련 사업자에 의한 검열이 시민의 표현의 자유 구현에 있어 국가기관의 검열보다 더 큰 문제를 야기할 수 있다. 그럼에도 임의적 임시조치를 허용하는 것은 표현의 자유를 보장하고 검열 금지를 명시하고 있는 우리 헌법 제21조의 취지에 반하는 것이다. 셋째, 사인 간의 분쟁의 대상이 되는 명예훼손 등 권리침해정보에 대하여 그 피해사실 여부를 당사자의 의견 청취 없이 제3자가 판단하는 것은 용이하지도 않고 당사자의 의사에도 반하는 것이므로 당사자의 신청 없는 임시조치는 그 자체로서 불완전하다. 다만 우리나라 사정에서 포털사이트와 같이 회원이 아니면 게시판을 이용할 수 없는 웹사이트의 경우에는 정보유통에 관여하는 정도에 따라 해당사이트의 약관에서 그 책임과 의무에 따른 이건 임의의 임시조치 내용과 유사한 내용을 규정하는 것은 사적자치의 원칙상 부당하다고 보기 어렵다.

제 3 절   불법정보의 규제

1. 개   관

정보통신망법상 불법정보에 대한 규제는 크게 불법정보임을 확인하고 유통을 제한하는 내용규제와 정보통신서비스 제공자로 하여금 불법정보에 대한 삭제, 접속차단등 유통방지의무를 수행케 하기 위하여 불법촬영물등 유통방지 책임자를 지정하는 규제로 구분할 수 있다.

내용규제 방식은 정보통신망법상 불법정보의 유통이 금지되는 것을 전제로 하여 해당 정보가 불법정보인지 여부에 대한 심의와 제한을 하는 강제적인 규제로 오랜 역사를 가지고 있다(제44조의7). 이는 불법정보 규제의 대표적인 방식이고, 인터넷심의제도라고 한다.

불법촬영물등 유통방지 책임자 지정은 2020. 6. 9. n번방 사건 이후 도입된 제도로서 정보통신서비스 제공자 중 일정 기준에 해당하는 자는 불법촬영물의 유통을 방지하기 위한 책임자를 지정하도록 하여, 불법촬영물등의 삭제·접속차단 등의 유통방지에 필요한 조치업무를 수행토록 하는 제도이다(제44조의9). 불법촬영물은 「성폭력범죄의 처벌 등에 관한 특례법」 제14조에 따른 촬영물 또는 복제물(복제물의 복제물을 포함한다), 「성폭력범죄의 처벌 등에 관한 특례법」 제14조의2에 따른 편집물·합성물·가공물 또는 복제물(복제물의 복제물을 포함한다), 「아동·청소년의 성보호에 관한 법률」 제2조 제5호에 따른 아동·청소년성착취물을 의미하므로 정보통신망법상 불법정보에 해당된다고 할 것이다.

2. 불법정보에 대한 인터넷심의제도

가. 의   의

정보통신망법은 제44조의7 제1항에서 유형화하여 규정한 불법정보의 정보통신망의 유통을 일체 금지하고, 이러한 불법정보가 유통될 경우에는 심의위원회의 심의를 거쳐 시정요구, 방통위의 제재조치 등 유통을 제한할 수 있는 조치를 하게 되는데, 이런 일련의 절차를 인터넷심의제도라고 한다(제44조의7).

나. 법적 성질

인터넷심의제도는 그 정보의 내용이 음란한지, 타인의 명예를 훼손하고 있는지, 국가보안법을 위반한 정보인지 등 내용을 국가기관이 심사하여 그 유통을 제한하는 것으로써 내용규제의 법적 성질을 가진다. 또한 법률에서 금지를 선언하고 강제적으로 유통을 제한한다는 점에서 권리침해정보에 대한 정보통신서비스 제공자에 의한 자율규제인 임시조치와 비교하여 국가규제에 해당한다. 마지막으로 인터넷심의는 불법정보가 정보통신망에 유통된 이후에 유통을 제한한다는 점에서 유통되기 전에 하는 사전규제가 아닌 사후규제의 성질을 가진다.

다. 입법 연혁

(1) 1991년 전기통신사업법상 불온통신의 심의

인터넷심의제도의 전신인 통신심의는 1991. 8. 10. 전기통신사업법(법률 제4394호) 제53조에서 규정한 "공공의 안녕질서 또는 미풍양속을 해하는 내용의 통신"을 금지하는 내용의 이른바 불온통신금지조항에서 출발하고, 당시 내용규제기관은 체신부장관이었다. 불온통신의 구체적인 내용과 대상에 관하여는 대통령령으로 정하도록 위임되었다. 당시 대통령령에 의하면 제16조에서 정의한 불온통신의 정의를 ① 범죄행위를 목적으로 하거나 범죄행위를 교사하는 내용의 전기통신, ② 반국가적 행위의 수행을 목적으로 하는 내용의 전기통신, ③ 선량한 풍속 기타 사회질서를 해하는 내용의 전기통신으로 정의하였다. 이때는 인터넷이 상용화되기 이전으로써 일반적인 통신을 대상으로 하였다.

(2) 1995년 전기통신사업법상 정보통신윤리위원회의 설치

1995. 1. 5. 「전기통신사업법」(법률 제4903호) 제53조의2에 정보통신윤리위원회의 설치근거가 신설되면서, 제53조의2 제4항 제2호에 "전기통신회선을 통하여 일반에게 공개를 목적으로 유통되는 정보 중 대통령령이 정하는 정보의 심의 및 시정요구"라는 내용으로 정보통신에 대한 심의가 개시되었다.

헌법재판소는 2002. 6. 27. 공공의 안녕질서 또는 미풍양속을 해하는 내용의 통신을 금하는 전기통신사업법 제53조 제1항이 명확성의 원칙, 과잉금지원칙에 위배되고, 같은 법 제53조 제2항은 포괄위임입법금지의 원칙에 위배되고, 공공의 안녕질서 또는 미풍양속을 해하는 통신에 대하여는 정보통신부장관은 전기통신사업자로 하여금 그 취급을 거부, 정지 또는 제한하도록 명할 수 있도록 규정한 같은 법 제53조 제3항 및 같은 법 제53조의 제2항의 위임에 따라 공공의 안녕질서 또는 미풍양속을 해하는 것으로 인정되는 통신을 규정하고 있는 같은 법 시행령 제16조도 위헌이라고 판시하였다(헌재 2002. 6. 27. 99헌마 480). 이 결정은 우리나라 인터넷심의제도에 대한 최초의 결정이다.

> 판례 헌재 2002. 6. 27. 99헌마480(불온통신 심의의 위헌성)
>
> 1. 표현의 자유를 규제하는 입법에 있어서 명확성의 원칙은 특별히 중요한 의미를 지닌다. 무엇이 금지되는 표현인지가 불명확한 경우에, 자신이 행하고자 하는 표현이 규제의 대상이 아니라는 확신이 없는 기본권주체는 대체로 규제를 받을 것을 우려해서 표현행위를 스스로 억제하게 될 가능성이 높기 때문에 표현의 자유를 규제하는 법률은 규제되는 표현의 개념을 세밀하고 명확하게 규정할 것이 헌법적으로 요구된다. 그런데, "공공의 안녕질서 또는 미풍양속을 해하는"이라는 불온통신의 개념은 너무나 불명확하고 애매하다. 여기서의 "공공의 안녕질서"는 위 헌법 제37조 제2항의 "국가의 안전보장·질서유지"와, "미풍양속"은 헌법 제21조 제4항의 "공중도덕이나 사회윤리"와 비교하여 볼 때 동어반복이라 해도 좋을 정도로 전혀 구체화되어 있지 아니하다. 이처럼, "공공의 안녕질서", "미풍양속"은 매우 추상적인 개념이어서 어떠한 표현행위가 과연 "공공의 안녕질서"나 "미풍양속"을 해하는 것인지, 아닌지에 관한 판단은 사람마다의 가치관, 윤리관에 따라 크게 달라질 수밖에 없고, 법집행자의 통상적 해석을 통하여 그 의미내용을 객관적으로 확정하기도 어렵다.
>
> 2. 전기통신사업법 제53조는 "공공의 안녕질서 또는 미풍양속을 해하는"이라는 불온통신의 개념을 전제로 하여 규제를 가하는 것으로서 불온통신 개념의 모호성, 추상성, 포괄성으로 말미암아 필연적으로 규제되지 않아야 할 표현까지 다함께 규제하게 되어 과잉금지원칙에 어긋난다. 즉, 헌법재판소가 명시적으로 보호받는 표현으로 분류한 바 있는 '저속한' 표현이나, 이른바 '청소년유해매체물' 중 음란물에 이르지 아니하여 성인에 의한 표현과 접근까지 금지할 이유가 없는 선정적인 표현물도 '미풍양속'에 반한다 하여 규제될 수 있고, 성(性), 혼인, 가족제도에 관한 표현들이 "미풍양속"을 해하는 것으로 규제되고 예민한 정치적, 사회적 이슈에 관한 표현들이 "공공의 안녕질서"를 해하는

것으로 규제될 가능성이 있어 표현의 자유의 본질적 기능이 훼손된다.

3. 전기통신사업법 제53조 제2항은 "제1항의 규정에 의한 공공의 안녕질서 또는 미풍양속을 해하는 것으로 인정되는 통신의 대상 등은 대통령령으로 정한다"고 규정하고 있는바 이는 포괄위임입법금지원칙에 위배된다. 왜냐하면, 위에서 본 바와 같이 "공공의 안녕질서"나 "미풍양속"의 개념은 대단히 추상적이고 불명확하여, 수범자인 국민으로 하여금 어떤 내용들이 대통령령에 정하여질지 그 기준과 대강을 예측할 수도 없게 되어 있고, 행정입법자에게도 적정한 지침을 제공하지 못함으로써 그로 인한 행정입법을 제대로 통제하는 기능을 수행하지 못한다. 그리하여 행정입법자는 다분히 자신이 판단하는 또는 원하는 "안녕질서", "미풍양속"의 관념에 따라 헌법적으로 보호받아야 할 표현까지 얼마든지 규제대상으로 삼을 수 있게 되어 있다. 이는 위 조항의 위임에 의하여 제정된 전기통신사업법시행령 제16조 제2호와 제3호가 위 전기통신사업법 제53조 제1항에 못지 않게 불명확하고 광범위하게 통신을 규제하고 있는 점에서 더욱 명백하게 드러난다.

4. 불온통신의 취급거부, 정지, 제한에 관한 전기통신사업법 제53조 제3항 및 불온통신의 개념을 정하고 있는 같은법시행령 제16조는 위헌인 같은 조 제1항, 제2항을 전제로 하고 있어 더 나아가 살필 필요 없이 각 위헌이다.

(3) 2002년 전기통신사업법상 불법통신의 심의

불온통신 심의제도의 위헌결정에 따라 2002. 12. 26. 심의정보의 대상을 '불법통신'으로 정하는 「전기통신사업법」 개정을 하였다. 심의정보의 대상을 "대통령령이 정하는 정보"에서 "이 법 및 대통령령이 정하는 정보"로 법률이 정하는 정보가 추가되었고 당시 법률에서 추가된 심의대상은 제53조에서 정한 불법통신이다. 원래 구 「전기통신사업법」(2002. 12. 26. 법률6822호로 개정되기 전의 것)에서는 정보통신부장관은 불법정보에 대하여는 바로 취급을 거부·정지 등을 명할 수 있도록 하였으나(제53조 제2항), 이를 개정하여 불법정보의 내용을 그전에는 대통령령에서 정하게 하던 것을 법률에서 직접 9개로 분류하여 금지대상의 불법통신으로 정하고, 이에 대하여는 정보통신윤리위원회의 심의를 거쳐 정보통신부장관이 그의 취급을 거부·정지 또는 제한하도록 명할 수 있는 것으로 개정하였다. 2007. 1. 26. 법률 제8289호로 폐지되기 전까지 존속되었다. 새롭게 개정한 불법통신은 「전기통신사업법」의 위헌 취지나 명확성의 원칙

위배라는 점에 따라 통신의 종류를 9가지로 구체적으로 나열하는 방식을 채택
하였다.

(4) 2007년 정보통신망상 불법통신 심의

2007. 1. 26. 위 전기통신사업법」상의 불법통신의 금지 및 정보통신윤리위
원회의 설치근거를 정보통신망법으로 이전하는 개정작업을 하였다. 정보통신
망법은 제44조의7에서 '불법정보의 유통금지 등', 제44조의8에서 정보통신윤리
위원회의 설치근거, 제44조의9에서 '윤리위원회의 직무', 제44조의10에서 '명예
훼손분쟁조정부'의 근거를 마련하였다. 개정 취지는 전기통신사업법이 전기통
신사업자의 규제법인 점에서 내용규제의 근거법으로 적당하지 않고, 오히려 정
보통신망법이 정보통신서비스 제공자에 대한 사업규제법의 성격도 있지만 주
된 목적은 정보통신망을 통하여 유통되는 정보를 직접적인 규율 대상으로 한
다는 점에서 내용규제의 근거로 보다 적합하다는 이유 때문이다.

(5) 2008년 방통위법상 심의위원회의 발족

2008년 2월 방송통신의 규제행정기관인 이전의 방송위원회와 정보통신부
(통신위원회)를 방송통신 융합환경에 맞추어 '방송통신위원회'로 통합하였는데
그 근거법률이 「방송통신위원회의 설치 및 운영에 관한 법률」이다. 위 방송통
신위원회가 중앙행정기관으로서 방송통신에 대한 기존의 형식규제 내지 방법
규제에 관한 규제행정기관의 성격을 가진 것이라면, 기존의 내용규제 행정기관
인 방송위원회와 정보통신윤리위원회의 통합 여부도 자연스럽게 논의가 되었
고, 이에 위 두 기관을 폐지하고 '방송통신심의위원회'를 신설하게 되었다(동법
제18조).

(6) 2016년 개인정보 거래정보의 불법정보 추가

2016년 개인정보 보호에 관한 법령을 위반하여 개인정보를 거래하는 내용
의 정보를 불법정보로 추가하였다(제44조의7 제1항 제6호의2). 그 제정 이유를 보
면 "최근 이동통신사, 은행, 카드사 등에서 대량의 개인정보가 유출되는 사건
이 증가하고 있음. 정보통신망을 통한 개인정보의 유출은 그 피해 정도가 지대
하며, 유출된 개인정보로 인한 2차 피해의 발생 가능성이 높아 이에 대한 시급

한 대책 마련이 필요하고, 개인정보의 불법유통 정보를 차단·삭제할 수 있도록 하는 것"이라고 설명하고 있다(법률 개정안).

(7) 2018년 총포화약류 제조정보의 불법정보 추가

2018년 총포·화약류(생명·신체에 위해를 끼칠 수 있는 폭발력을 가진 물건을 포함한다)를 제조할 수 있는 방법이나 설계도 등의 정보를 불법정보에 추가하였다(제44조의7 제1항 제6호의3).

라. 불법정보의 의의

(1) 불법정보의 유형

인터넷심의의 대상이 되는 불법정보는 정보통신망법 제44조의7 제1항 다음 각호에 규정된 정보를 말한다. 현행법상 불법정보로 구체적으로 나열된 정보는 총 11개이다. 이 정보는 정보통신망을 통하여 일반에게 공개되어 유통되는 정보에 한하여 적용된다(심의규정 제3조).

1. 음란한 부호·문언·음향·화상 또는 영상을 배포·판매·임대하거나 공공연하게 전시하는 내용의 정보
2. 사람을 비방할 목적으로 공공연하게 사실이나 거짓의 사실을 드러내어 타인의 명예를 훼손하는 내용의 정보
3. 공포심이나 불안감을 유발하는 부호·문언·음향·화상 또는 영상을 반복적으로 상대방에게 도달하도록 하는 내용의 정보
4. 정당한 사유 없이 정보통신시스템, 데이터 또는 프로그램 등을 훼손·멸실·변경·위조하거나 그 운용을 방해하는 내용의 정보
5. 「청소년 보호법」에 따른 청소년유해매체물로서 상대방의 연령 확인, 표시의무 등 법령에 따른 의무를 이행하지 아니하고 영리를 목적으로 제공하는 내용의 정보
6. 법령에 따라 금지되는 사행행위에 해당하는 내용의 정보
6의2. 이 법 또는 개인정보 보호에 관한 법령을 위반하여 개인정보를 거래하는 내용의 정보
6의3. 총포·화약류(생명·신체에 위해를 끼칠 수 있는 폭발력을 가진 물건을 포

함한다)를 제조할 수 있는 방법이나 설계도 등의 정보

7. 법령에 따라 분류된 비밀 등 국가기밀을 누설하는 내용의 정보

8. 「국가보안법」에서 금지하는 행위를 수행하는 내용의 정보

9. 그 밖에 범죄를 목적으로 하거나 교사(敎唆) 또는 방조하는 내용의 정보

(2) 불법정보 입법의 성격

현행 불법정보의 유형은 제한적 열거인가, 아니면 예시적 열거인가 그 성질에 대한 논의가 있다. 입법연혁에 비추어 본다면 제한적 열거로 입법한 것으로 해석되지만, 현행 법문언으로 본다면 예시적 열거로 해석된다.

불법정보의 역사는 구 「전기통신사업법」상 불온통신의 개념, 즉 공공의 안녕질서 또는 미풍양속을 해하는 내용의 통신(제53조)의 개념이 명확성의 원칙 및 포괄위임금지의 원칙에 위배된다는 이유로 위헌결정을 받음에 따라 2002. 12. 26.자로 「전기통신사업법」이 개정되면서 제목을 불온통신에서 불법통신으로 변경하여 유형화하면서 시작한다. 불법정보가 기존의 불온통신 개념보다 명확하고 구체적으로 세분화한 것은 진일보한 것으로 평가받고 있다. 다만 제44조의7 제1항의 각호에서 구체적인 범죄행위 내지 법률위반행위를 불법정보로 나열하고 있으면서도, 제9호에서 "그 밖에 범죄를 목적으로 하거나 교사 또는 방조하는 내용의 정보"라고 규정함으로써 모든 범죄행위가 불법정보로 편입되어 있어 앞의 제1호 내지 제8호를 구체적으로 규정한 의의가 몰각되었다. 굳이 제9호를 규정할 것이면 제1호 내지 제8호의 구체적인 불법정보의 범주를 정하는 규정은 무의미하기 때문이다. 그러나 불법정보에 관한 제1호 내지 제8호의 의미는 인터넷 불법정보 중에서 현실적으로 많이 발생되는 유형을 정리한 것이라고 보면, 적어도 인터넷이용자에게 이와 같은 정보가 불법정보라는 점을 인식케 하는 강조의 의미 정도는 인정된다.

결론적으로 불법정보에 해당하면 방송통신위원회의 명령에 따라 정보통신서비스 제공자에 의해 당해 표현의 처리가 거부·정지·제한될 수 있고, 불법정보를 포함한 일부 행위는 형벌을 부과받을 수 있으므로 제한적 열거로 규정하는 것이 타당함에도 불구하고 현행 규정은 예시적 열거로 해석될 여지가 있다. 입법적 개선이 필요하다.

(3) 불법정보 유형의 추가 논의

불법정보의 유형화 이후 새로운 불법정보 유형 추가 논의가 계속되자, 2016년 개인정보 거래 정보, 2018년 총포화약류 제조정보 등을 각각 불법정보로 추가하기도 하였다. 위 제9호의 해석으로 대부분 법위반정보는 불법정보에 포함될 것으로 보이지만, 심의위원회 등의 국가기관이 인터넷상 모든 정보를 불법정보로 감독할 수는 없는 노릇이라고 한다면 위와 같이 유형화하는 것은 상당한 의미를 가진다. 따라서 제9호에도 불구하고 생명, 환경, 식품, 마약, 보건, 의약 등 국민의 생명과 건강과 직결되는 새로운 불법정보 유형에 대하여는 꾸준히 추가 논의가 가능하다고 할 것이다. 이것이 불온통신의 위헌취지를 되새기는 방식이라고 할 것이다.

(4) 구별 개념

(가) 청소년유해정보

심의위원회는 청소년유해정보에 대한 심의 및 시정요구 권한을 가지고 있다(방통위법 제21조 제4호, 동시행령 제8조 제1항 제2항). 그런 점에서 청소년유해정보도 인터넷심의의 대상이 된다.

(나) 불건전정보

방통위법 제21조 제4호에 의하면 "전기통신회선을 통하여 일반에게 공개되어 유통되는 정보 중 건전한 통신윤리의 함양을 위하여 필요한 사항으로서 대통령령이 정하는 정보의 심의 및 시정요구"라고 규정하고 있으며, 위임에 따라 제정된 시행령에 의하면 "법 제21조 제4호에서 대통령령이 정하는 정보란 정보통신망을 통하여 유통되는 정보 중 「정보통신망 이용촉진 및 정보보호 등에 관한 법률」 제44조의7에 따른 불법정보 및 청소년에게 유해한 정보 등 심의가 필요하다고 인정되는 정보를 말한다"라고 규정하고 있다. 한편 「정보통신에 관한 심의규정」(방송통신심의위원회규칙)에 의하면 국제평화질서위반(제5조), 헌정질서 위반등(제6조), 범죄 기타 법령위반(제7조), 선량한 풍속 기타 사회질서(제8조), 광고선전 등의 제한(제9조)를 심의기준으로 정하고 있다. 이러한 법령과 심의규정에 의하면 불법정보, 청소년유해정보 이외에 이른바 불건전정보를 심의대상으로 하고 있는 것으로 보인다.

시멘트의 유해성을 알리는 내용의 인터넷정보를 심의하여 삭제토록 한 심의위원회의 시정요구와 관련하여 방통위법 제21조 제4호의 '건전한 통신윤리' 부분이 명확성의 원칙이나 포괄위임입법금지원칙, 법률유보원칙 등을 위배하는 것인지에 대한 위헌법률심판사건에서 헌법재판소는 불건전정보 심의 관련 규정은 명확성의 원칙, 포괄위임입법금지원칙, 법률유보원칙, 과잉금지원칙에 위배되지 않는다고 결정하였다(헌재 2012. 2. 23. 2011헌가13).

판례 헌재 2012. 2. 23. 2011헌가13(불건전정보의 위헌성 여부)

이 사건 법률조항 중 '건전한 통신윤리'라는 개념은 다소 추상적이기는 하나, 전기통신회선을 이용하여 정보를 전달함에 있어 우리 사회가 요구하는 최소한의 질서 또는 도덕률을 의미하고, '건전한 통신윤리의 함양을 위하여 필요한 사항으로서 대통령령이 정하는 정보(이하 '불건전정보'라 한다)'란 이러한 질서 또는 도덕률에 저해되는 정보로서 심의 및 시정요구가 필요한 정보를 의미한다고 할 것이며, 정보통신영역의 광범위성과 빠른 변화속도, 그리고 다양하고 가변적인 표현형태를 문자화하기에 어려운 점을 감안할 때, 위와 같은 함축적인 표현은 불가피하다고 할 것이어서, 이 사건 법률조항이 명확성의 원칙에 반한다고 할 수 없다.

이 사건 법률조항은 '건전한 통신윤리의 함양을 위하여 필요한 사항'이란 요건을 추가하여 '전기통신회선을 통하여 일반에게 공개되어 유통되는 정보' 중 대통령령에 위임되는 심의 및 시정대상 정보의 범위를 한정하고 있는바, 정보통신망법의 목적 및 불법정보 규정(제1조, 제41조 내지 제44조의3, 제44조의7) 등 관련 법조항을 유기적ᐧ체계적으로 종합하면, 심의 및 시정요구의 대상으로 대통령령에 규정될 불건전정보란 위 정보통신망법조항들에 의해 금지되거나 규제되는 정보 내지 이와 유사한 정보가 될 것임을 누구나 예측할 수 있다고 할 것이므로, 포괄위임금지원칙에 위배되지 아니하고, 이와 같이 심의 및 시정요구 대상인 불건전정보가 이 사건 법률조항 및 그로부터 적법한 위임을 받는 시행령에 의하여 규정되어 있는 이상 법률유보원칙에 반한다고 할 수도 없다.

이 사건 법률조항은 불건전정보에 대한 규제를 통하여 온라인매체의 폐해를 방지하고 전기통신사업의 건전한 발전을 도모하기 위한 것으로 입법목적의 정당성이 인정되고, 심의위원회로 하여금 불건전정보의 심의 및 시정요구를 할 수 있도록 한 것은 위와 같은 입법목적 달성에 적절한 방법이라 할 수 있다. 한편, 이 사건 법률조항에 따른 시정요구는 정보게시자의 표현의 자유에 대한 제한을 최소화하고자 시행령에서 단계적 조치를 마련하고 있고, 시정요구의 불이행 자체에 대한 제재조치를 규정하고 있지 아니하며, 달리 불건전정보의 규제수단으로 표현의 자유를 덜 침해할 방법을 발견하기 어려우므로, 피해의 최소성 원칙에 반하지 아니하고, 인터넷 정보의 복제성, 확장성, 신속성을 고려할 때 시정요구 제도를 통해 건전한 통신윤리의 함양이라는 공익을 보호할 필요성은 매우 큰 반면, 정보 게시자의 표현의 자유에 대한 제한은 해당 정보의 삭제나 해당 통신망의 이용제한에 국한되므로, 법익균형성도 충족한다 할 것이어서, 이 사건 법률조항이 과잉금지원칙에 위반하는 것이라 할 수도 없다.

그러나 인터넷심의의 대상이 되는 정보는 일반적으로 정보통신망법 제44조의7 소정의 불법정보, 청소년유해정보 및 (협의의) 불건전정보로 나뉘는데, 여기서 불건전정보의 근거는 위 방통위법이 규정하고 있는 인터넷심의 및 시정요구의 대상이 되는 '건전한 통신윤리를 위한' 심의의 대상으로서의 정보를 말한다. 결국 방통위법상 불건전정보는 광의의 개념이고, 광의의 불건전정보가 인정이 되면 불법정보와 청소년유해정보를 제외한 협의의 불건전정보의 개념을 상정할 수 있다. 이 사건은 건전한 통신윤리의 함양 목적을 위하여 시멘트 사업자의 명예를 훼손하였다는 이유 즉 명예훼손이라는 불법정보에 대한 심의가 합헌인지 여부에 대하여 논의하고 있으므로 직접적으로 이른바 정보통신망법 제44조의7 소정의 불법정보를 다루는 것이고, 협의의 불건전정보의 합헌성을 심사하는 것은 아니다. 그런데 헌법재판소는 이 사건 불법정보에 대한 심의의 합헌성을 심사하면서, 그와 관련이 없는 불건전정보의 합헌성을 인정하는 잘못을 범하였다. 헌법재판소는 "심의 및 시정요구의 대상으로 대통령령에 규정될 불건전정보란 위 정보통신망법 조항들에 의해 금지되거나 규제되는 정보 내지 이와 유사한 정보가 될 것임을 누구나 예측할 수 있다"고 하여 광의의 불건전정보의 합헌성을 인정하고 있는데, 그에 따라 불법정보, 청소년유해정보를 제외한 나머지 협의의 불건전정보에 대한 정당성을 인정하게 된 것이다. 그러나 협의의 불건전정보를 인정한 점은 타당하지 않다. 불건전정보에 불법정보, 청소년유해정보만이 포함되는 것으로 보는 한 위 방통위법상 조문이 명확성이나 과잉금지 등의 헌법상 원리를 위반하지 않는 것으로 보는 것에 동의하지만, 불법정보도 청소년유해정보도 아닌 불건전정보의 개념을 인정한 것은 인터넷심의의 범위를 지나치게 넓히고 불확정하게 하여 광범위한 제한을 합당케 한 것으로서 표현의 자유에 대한 본질적인 침해를 허용한 것이라고 할 것이다. 이는 2002년 헌법재판소의 불온통신 위헌 결정(99헌마480)의 취지에 반하는 결정이라고 할 것이다.

마. 인터넷 심의기관

(1) 심의위원회

심의위원회는 불법정보에 대한 심의(제44조의7), 시정요구(방통위법 제21조 제4호), 제재조치의 요청(방통위법 제25조)의 직무를 수행한다. 심의위원회는 2008년 2월 방통위법의 제정에 따라 구 정보통신윤리위원회를 이어받아 창설된 인터넷심의기관이다(방통위법 제18조). 구 정보통신윤리위원회는 1995년 전기통신사업법을 근거로 탄생되어 심의위원회가 발족할 때까지 존속하였다. 심의위원회는 9인의 위원으로 구성하고, 위원장 1인 및 부위원장 1인을 포함한 3인을 상임으로 한다. 위원은 대통령이 위촉하는데, 이 중 3인은 국회의장이 국회 각 교섭단체 대표의원과 협의하여 추천한 자를 위촉하고, 3인은 국회의 소관 상임위원회에서 추천한 자를 위촉한다. 위원의 임기는 3년으로 하되, 1회에 한하여 연임할 수 있다. 다만, 사고로 결원이 생긴 경우에 위촉되는 보궐 심의위원의 임기는 전임자의 잔임기간으로 한다(제18조).

심의위원회는 공무원으로 구성된 정부조직은 아니지만 내용규제에 있어서 행정기관에는 해당된다. 내용에 있어서 행정기관의 성격을 가진다는 것은 헌법 제21조의 사전검열의 요건을 충족한다는 것이 된다. 다시 말하면 위원구성에 있어 대통령, 국회의장, 국회 상임위원회가 관여하고(제18조), 행정제재의 권한(제25조), 직원에 대한 형벌적용시 공무원의제조항(제26조), 예산을 국고 및 방송발전기금, 정보통신진흥기금 등의 기금으로 지원하는 규정(제28조) 등을 종합하면 판례가 인정하는 내용규제에 있어서 행정기관성을 보유하고 있다(헌재 2012. 2. 23. 2011헌가13). 심의위원회의 전신인 정보통신윤리위원회의 법적 성격에 대하여 법원은 행정기관의 성격을 가지는 것으로 보고 있다(헌재 2002. 6. 27. 99헌마480 결정).

판례 헌재 2012. 2. 23. 2011헌가13(심의위원회가 행정기관인지 여부)
이 사건 법률조항은 심의위원회의 직무의 하나로 "전기통신회선을 통하여 일반에게 공

개되어 유통되는 정보 중 건전한 통신윤리의 함양을 위하여 필요한 사항으로서 대통령
령이 정하는 정보의 심의 및 시정요구"를 규정하고 있다.

심의위원회는 방송 내용의 공공성 및 공정성을 보장하고 정보통신에서의 건전한 문화
를 창달하며 정보통신의 올바른 이용환경 조성을 위하여 방송통신위원회법에 의하여
설립된 기관으로(제18조 제1항), 심의위원회의 위원은 대통령이 위촉하고, 구성과 운영
에 관하여 필요한 사항은 대통령령으로 정하도록 하고 있으며(제18조 제3항, 제7항),
별도의 기금 이외에 국고에서 심의위원회의 운영 등에 필요한 경비를 지급받을 수 있
도록 하고 있다(제28조). 심의위원회는 이 사건 법률조항에서 정한 정보의 심의 및 시
정요구 외에 방송법 제100조에 따른 제재조치 등에 대한 심의·의결 등을 할 수 있고,
심의규정의 제정 및 공표를 하며, 심의규정에 위반되는 경우에는 그 제재조치를 결정
할 수 있다(제21조, 제24조, 제25조).

이와 같이 심의위원회의 설립, 운영, 직무에 관한 내용을 종합하면, 심의위원회를 공권
력 행사의 주체인 국가행정기관이라 인정할 수 있다.

현행 심의위원회 구성과 관련하여 심의위원회의 독립성과 공정성을 보장
하기 위하여 독립적인 설치 근거가 필요하다는 논의가 있으나 독립성이 설립
근거에 직결된다고 보기는 어렵고, 오히려 현행 위원회 구성이 대통령과 여야
교섭단체가 정치적으로 구성토록 함에 따라 운영에 있어서 정부와 정치권으로
부터 자유롭지 못하다는 비판이 제기되는 점을 보면 현행 위원회의 '정치적 구
성'을 폐지하고 전문가 중심의 구성으로 변경하는 것이 보다 중요한 문제라고
할 것이다.

(2) 방송통신위원회

방송통신위원회는 불법정보에 대하여 심의위 심의 등 절차를 거친 후 정
보통신서비스 제공자 또는 게시판 관리·운영자에게 해당 정보의 처리를 거
부·정지 또는 제한하도록 명하는 권한을 가지고 있다(제44조의7). 이런 점에서
인터넷심의의 최고 정점에 위치한 심의기관이라 할 수 있다.

방송통신위원회는 헌법 및 정부조직법상 행정각부에 속하지는 않지만, 중
앙행정기관의 지위를 가진다(방통위법 제3조). 방통위는 이명박 정부가 출범한
2008. 2. 29. 방통위법에 따라 발족되었다. 위원회는 위원장, 부위원장 각 1인을
포함한 총 5명의 상임위원으로 구성되며, 각 위원은 모두 정무직 공무원으로

보한다(제4조). 위원 5인 중 위원장을 포함한 2인은 대통령이 지명하고 3인은 국회의 추천을 받아 임명을 하는데, 이 경우 국회는 위원을 추천할 때 대통령이 소속되거나 소속되었던 정당의 교섭단체가 1인을 추천하고 그 외 교섭단체가 2인을 추천한다(제5조). 현행 구성에 있어서 위 심의위원회의 구성의 문제와 마찬가지의 정치적 구성에 대한 재검토가 필요하다. 방송통신위원회가 방송 업무에 관한 중앙행정기관이라는 점에서 방송의 공정성을 담보할 필요가 있다는 점이 인정되지만 그로부터 바로 현재와 같은 위원회 구성이 도출되는 것은 아니다.

바. 인터넷 심의와 제재조치

(1) 개 요

불법정보에 대한 심의와 시정요구, 제재조치의 종류의 결정 등은 심의위원회의 업무소관으로(방통위법 제21조 제3호 내지 제5호, 제25조 제1항), 그에 따른 제재처분의 권한은 방송통신위원회의 소관으로 각 규정하고 있다(동법 제25조 제5항). 이처럼 우리나라 인터넷 심의절차는 심의와 제재권한을 분리하는 이원적 구조를 취하고 있음을 특징으로 하는데, 이는 기본권침해의 가능성을 최소화하기 위함이다. 인터넷 심의절차의 흐름은 다음 [표 8]과 같다.

표 8 인터넷 심의절차 흐름도

구 분	절 차	세부 설명
심의위	① 심 의	① 정보통신망법 제44조의7에 규정된 사항의 심의 및 대통령령이 정하는 사항의 심의(방통위법 제21조 제3,4호)
	↓	
	② 제재조치 결정 및 제재요청	② 정보통신망법 제44조의7 소정의 불법정보 유통에 대한 취급의 거부·정지 또는 제한 조치 결정 및 제재요청
	Ⓑ 시정요구	Ⓑ 시정요구(방통위법시행령 제8조 제2항) 1. 해당 정보의 삭제 또는 접속차단 2. 이용자에 대한 이용정지 또는 이용해지 3. 청소년유해정보의 표시의무 이행 또는 표시방법 변경 등과 그 밖에 필요하다고 인정하는 사항

방통위	③ 제재조치 명령	③ 방송통신위원회의 취급의 거부·정지 또는 제한 조치 결정(방통위법 제25조 제5항)
형 벌	④ 형 벌	제73조

　　심의위원회의 의결에는 시정요구와 제재조치의 두 가지 결정이 있는데, 제재조치는 심의위원회의 요청에 따라 불법정보에 대하여 방송통신위원회가 처분을 명하는 것으로 되어 있지만(방통위법 제25조), 시정요구는 불법정보, 청소년유해정보, 불건전정보를 대상으로 하는 것으로 보이지만(방통위법 제21조 제4호) 분명한 규정이 있지는 않다.

　　첫째, 시정요구의 법적 근거만 규정되어 있을 뿐(방통위법 제21조 제4호, 동시행령 제8조 제1항), 시정요구의 대상이 무엇인지, 언제 발령하는지에 대한 구체적인 내용이 없다. 방통위법 제21조 제4호에서 '심의' 및 '시정요구'의 대상을 "전기통신회선을 통하여 일반에게 공개되어 유통되는 정보 중 건전한 통신윤리의 함양을 위하여 필요한 사항으로서 대통령령이 정하는 정보"(법 제21조 제4호)로 공통적으로 규정하고 있는 점을 보면 정보통신망법 제44조의7 소정의 불법정보가 심의는 물론이고 시정요구의 대상도 되는 것으로 보인다. 그런데 제1호 내지 제6호의 경우에는 정보통신망법에 의하면 '심의위원회의 심의'만이 규정되어 있을 뿐 '시정요구'가 규정되어 있지 않는 반면(제44조의7 제2항), 방통위법령에 의하면 시정요구에 불응하면 제재의 대상이 됨이 규정되어 있어서 차이가 있다(동시행령 제8조 제4항). 한편, 제7호 내지 제9호의 경우에는 정보통신망법에서는 심의위원회의 시정요구가 규정되어 있으나(제44조의7 제3항), 방통위법령에서는 아무런 규정을 두고 있지 않다. 결론적으로 불법정보의 경우에도 시정요구의 대상이 무엇인지에 대하여 정보통신망법과 방통위법령이 일관된 규정을 하지 못한 혼란스러운 상태이다. 이는 인터넷심의의 작용법을 방통위법이 정보통신망법과 별도로 규정하다가 문제가 발생된 것이다. 둘째 시정요구의 심의대상을 대통령령에 위임하고 있는데 이는 제재조치와 시정요구를 2015년 개정 방통위법에서 행정처분의 법적 성격을 가지는 것으로 규정한 취지에 비추어 보면 제재조치와 같이 법률에 규정하는 것이 마땅하다고 할 것이다. 셋째 방통위법 시행령에 의하면 시정요구의 대상에 대하여 "불법정보 및 청소년에게 유해한 정보 등 심의가 필요하다고 인정되는 정보"라고 규정하고 있는바(제8조 제1항), 여기서 불법정보, 청소년유해정보 이외에 기타 심의가 필요하다고 인정되는 정보까지 시정요구 대상을 확대할 여지를 두고 있다는 점이 문제이다. 헌법재판소는 이에 대하여 제21조 제4호 소정의 불건전정보도 시정요구의 대상이 되는 정보로서 위헌이 아니라는 결정을 하고 있으나(헌재 2012. 2. 23. 2011헌가13), 시정요구를 행정처분으로 보는 이상 그 대상을 예측가능하게 설정하는 것이 필요하다고 할 것이므로 불건전정보는 시정요구의 대상에서 제외하는 것이 타당하다고 본다.

한편, 심의위원회는 불법정보에 해당된다고 판단하면 시정요구나 제재조치 결정 어느 것이나 선택할 수 있다. 심의위원회는 시정요구를 선택하고 상대방이 시정요구에 불응한 때에는 방통위법시행령에 따라 제1호 내지 제6호의3 불법정보의 경우에 한하여 다시 제재조치의 처분을 할 것을 방송통신위원회에 요청하고, 제7호 내지 제10호 불법정보의 경우에는 정보통신망법에 따라 시정요구에 불응하면 재재조치를 요청할 수 있는 것이 된다. 그런데, 심의위원회는 불법정보에 해당되면 처음부터 제재조치를 요청할 수 있는 것이고, 시정요구에 불응하면 제재조치를 요청할 수 있다고 할 것이다. 동일한 불법정보의 경우에도 시정요구와 제재조치를 따로 규정하고 있는 이유는 시정요구와 제재조치의 절차상, 효과상 차이 때문이라고 할 것이다. 시정요구는 심의위원회의 결정과 통지에 따라 바로 효과가 발생되고, 이에 반하여 제재조치의 요청은 심의위원회의 요청만으로는 바로 법적 효과가 발생되지 않고 방송통신위원회의 처분이라는 별도의 절차가 있어야만 당사자가 기속된다는 점이다. 이에 따라 별도의 절차를 요하는 제재조치라는 처분절차 보다는 바로 효과가 발생되는 시정요구가 보다 실효적인 제도라는 것이다. 그래서 실무상 시정요구가 성행되고, 시정요구에 불응하는 경우에는 제재조치를 요청할 수 있는 것으로 제1호 내지 제6호의3는 방통위법시행령 제8조 제4항에서, 제7호 내지 제10호의 경우에는 정보통신망법 제44조의7 제3항에서 규정하고 있는 것이다. 시정요구에 불응하는

경우 제재조치를 이중으로 하는 것은 중복제재 내지 일사부재리원칙에 어긋나
는 것이 아닌가하는 의문이 제기될 수 있다. 개정 전의 법에는 전자는 행정지
도의 성격을 가진 것인 만큼 중복되더라도 2중제재라는 비난에서 벗어날 수
있었지만, 법 개정 이후에는 양자 모두 침익적 성격을 가진 처분에 해당된다고
할 것이므로 이 부분에 대한 해결이 있어야 한다.

표 9   불법정보의 심의 절차 흐름도

불법정보의 종류	방송통신심의위원회		방송통신위원회
	정보통신망법	방통위법	
제1호 내지 제6호	심 의	심의 및 시정요구 시정요구 불응	제재조치
제7호 내지 제9호	심의 및 시정요구 불응	심의 및 시정요구	제재조치

(2) 인터넷심의

(가) 심의개시

심의의 개시는 신고, 심의위원회의 자체 모니터링, 첩보 등을 통한 인지,
관계중앙행정기관의 요청 등 다양한 방법이 있다. 심의의 개시 단서 중에 이용
자나 사업자의 자발적인 신고가 가장 바람직하다고 할 것이고, 심의위원회의
자체 모니터링을 통한 인지활동은 국가의 인터넷 상시검열의 우려를 자극할
수도 있는 문제가 있으므로 최대한 자제가 요청된다.

제44조의7 제1항 제7호(국가기밀누설정보), 제8호(국가보안법위반정보), 제9호
(기타 범죄정보)의 경우에는 관계중앙행정기관의 장이 요청이 있는 때는 심의위
원회는 7일 이내에 그 심의를 거쳐야 하는 제한이 있다(제44조의7 제3항). 다만
제7호 내지 제9호의 경우에 관계 중앙행정기관의 요청이 없는 때에는 심의를
개시할 수 있는지 문제가 될 것이나, 정보통신망법 제44조의7 제3항의 취지는
방송통신위원회의 제재요건 및 절차를 규정한 것이라는 의미가 있을뿐 심의의
개시 요건을 정한 것은 아니므로 일반적인 심의 개시 단서에 따라 심의를 개시
할 수 있다.

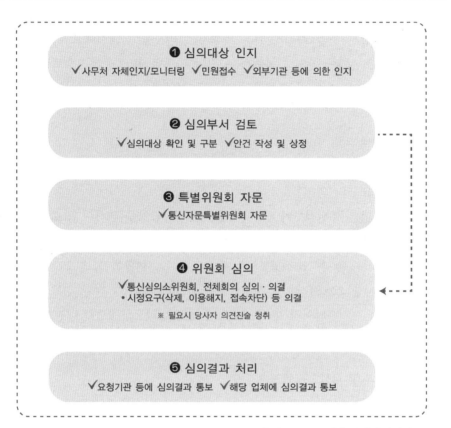

그림 9   심의위원회의 인터넷심의 절차도

❶ 심의대상 인지
✔사무처 자체인지/모니터링 ✔민원접수 ✔외부기관 등에 의한 인지

❷ 심의부서 검토
✔심의대상 확인 및 구분 ✔안건 작성 및 상정

❸ 특별위원회 자문
✔통신자문특별위원회 자문

❹ 위원회 심의
✔통신심의소위원회, 전체회의 심의·의결
• 시정요구(삭제, 이용해지, 접속차단) 등 의결
※ 필요시 당사자 의견진술 청취

❺ 심의결과 처리
✔요청기관 등에 심의결과 통보 ✔해당 업체에 심의결과 통보

※ 출처 : 2019 방송통신심의연감 102쪽

제44조의7 제1항 제2호 내지 제3호의 불법정보에 대하여 피해자의 의사에 반한 심의를 개시할 수 있는지 문제가 된다. 제44조의7 제2항에 의하면 제1호 내지 제6호의3 정보에 대하여는 심의위원회의 심의를 거쳐 제재를 하는 것으로 규정하고, 특히 제2호(명예훼손정보), 제3호(사이버 스토킹 정보)에 대하여는 피해자의 구체적인 의사에 반하여 제재를 할 수 없도록 하는 '반의사불처분조항'을 규정하고 있다. 이러한 반의사불처분조항은 법문상 처분시에만 확인토록 할 뿐 심의시까지 요구하지 않고 있다. 그러나 인터넷심의가 밀행성, 일방성, 비공개성의 공권력 행사라는 점에서 심의절차부터 피해자의 의사를 확인할 필요가 있다는 점에서 위 제3항의 반의사불처분조항은 심의시에도 적용되는 것으로

해석하는 것이 타당하다. 이런 실무상 이유 때문에 심의위원회는 2014. 1. 15. 심의규정 개정시 피해자의 요청을 심의개시요건으로 하였었는데, 2015. 12. 10. 위 규정의 개정시 이를 폐지하였다. 피해자의 의사를 심의시에도 확인하기 위하여는 2014년 심의규정으로 복귀하는 것이 타당하지만, 근본적으로는 정보통신망법 제44조의7 제2항에 피해자의 의사를 심의개시요건으로 하는 입법이 필요하다.[8]

   (나) 심의 의결

1) 시정요구

가) 시정요구의 의의

   심의위원회는 통신정보가 건전한 통신윤리의 함양을 위하여 필요한 사항으로서 대통령령이 정하는 정보에 해당할 때에는 정보통신서비스 제공자 등에 대하여 시정요구를 할 수 있다(방통위법 제21조 제4호). 현황을 보면 2020년 한 해 동안 심의건수 총 226,847건 중 시정요구는 총 211,949건에 달할 정도로 인터넷 심의에서 주요 제재수단이라 할 수 있고, 구체적으로는 삭제 34,512건, 이용해지 15,685건, 접속차단 161,569건으로 구분된다([표] 심의 및 시정요구 통계 참조).

표 10 심의 및 시정요구 통계

(2020. 1. 1.− 2020. 12. 31. 출처: 심의위원회)

위반내용	심의건수	시 정 요 구				
		계	삭 제	이용해지	접속차단	기 타
도 박	52,680	52,647	1,048	3,368	48,225	−
불법 식·의약품	37,658	37,558	8,819	349	28,390	−
성매매·음란	51,969	49,052	16,246	10,193	22,430	183
권리침해	37,277	35,881	124	6	35,751	−
기타 법령위반	47,263	36,787	8,275	1,769	26,743	−
총 계	226,847	211,949	34,512	15,685	161,569	183

---

8) 이상은 황창근, "사이버 명예훼손에 대한 국가규제체계에 대한 일고찰", 홍익법학 제20권 제1호(2019), 9−11쪽 참조.

※ 이용해지 : 이용해지, 이용정지
※ 시정요구 기타 : 표시의무 이행, 표시방법 변경, 시정요구(기타) 등
※ 기타 법령 위반 : 불법 명의거래, 문서위조, 장기매매, 불법금융 등

　나) 시정요구의 종류(방통위법 시행령 제8조 제2항).

　① 해당 정보의 삭제 또는 접속차단

　해당정보의 삭제는 해당정보를 인터넷 웹사이트에서 완전히 삭제하는 것을 말한다. 접속차단 조치는 이용자가 해당 정보에 접속할 수 없도록 차단 등의 조치를 하는 것으로써, 예를 들어 해외에 서버를 둔 음란사이트나 도박사이트, 국가보안법위반사이트의 국내 접속을 차단하는 조치인 "해외관문 차단"이 이에 해당한다. 접속차단이 시정요구의 종류로 입법되기 전에 하급심판례에 의하면 음란정보에 대한 유통을 금지하는 법제하에서 외국에서 유입을 차단하기 위한 국가 및 KT의 조치는 사회상규에 위배되지 않는 정당한 행위로서 위법하지 않다고 본 사례가 있다. 이 사례는 해외에 서버를 두고 한글로 제공되는 음란사이트에 대하여 KT가 IP주소와 URL을 차단하여 국내유입을 차단해 달라는 정보통신윤리위원회의 요청을 받고 동 웹사이트에 접속하는 것이 불가능하도록 인터넷 접속차단조치를 시행하였고, 이에 원고들은 위와 같은 접속차단조치로 인하여 헌법상 사생활의 비밀과 자유, 통신의 비밀, 언론의 자유, 행복추구권 등을 침해하였다며 국가 및 KT를 상대로 손해배상을 청구한 사안이다(서울남부지법 2004. 10. 7. 선고 2004나273 판결. 항소심 확정판결). 위 [표]에서 보듯이 시정요구 중 접속차단이 가장 많은 비중을 차지하고 있다.

　② 이용자에 대한 이용정지 또는 이용해지

　이용자에 대한 이용정지 또는 이용해지는 정보통신서비스제공자 등이 이용자로 하여금 일정기간 동안 이용을 정지토록 하거나, 아니면 장래의 이용을 해지하는 계약상의 조치를 말한다. 특정한 인터넷서비스를 이용하기 위하여는 사업자와 이용자 사이에 서비스이용계약을 체결하게 되는데, 동 약관에는 불법정보나 청소년유해정보, 타인의 권리를 침해하는 정보를 게재하는 등을 예시하고 이러한 경우에는 사업자가 일방적으로 계약을 해지하거나 이용자의 이용을 정지할 수 있는 근거를 마련하고 있다.

③ 청소년유해정보의 표시의무 이행 또는 표시방법 변경 등과 그 밖에 필요하다고 인정하는 사항

「청소년보호법」 및 정보통신망법에 의하면 청소년유해정보의 표시의무의 이행 등이 규정되어 있으므로 이를 이행하지 아니한 경우에는 동법에 따른 청소년유해정보 표시 등을 하도록 하는 것이다.

다) 시정요구의 상대방

시정요구의 상대방은 정보통신서비스 제공자 또는 게시판관리 · 운영자이고, 정보게재자가 아니다(방통위법 시행령 제8조 제2항 제3항). 그런데 시정요구에 대한 이의신청 절차에서는 그 외에도 이용자에게 이의신청을 제기할 수 있도록 하고 있어(동시행령 제8조 제5항), 인터넷상 정보게재자인 이용자는 간접적인 상대방에 해당된다.

2015년 개정 방통위법에서는 시정요구에 대한 사전의견진술의 주체 및 행정심판 등의 고지상대방으로 '당사자'라고만 규정할뿐(제25조 제2항 단서, 제6항) 당사자가 누구인지 구체적으로 정하지 않고 있다. 이는 제재조치의 사전고지 상대방을 정보통신서비스 제공자, 게시판관리 · 운영자 또는 해당 이용자로 명시하고 있는 정보통신망법의 태도와 다른 것이다(제44조의7 제4항). 통상 행정행위에 있어서 당사자라고 함은 행정행위의 상대방을 의미하는 것이고, 기술한 바와 같이 시정요구의 상대방은 정보통신서비스제공자와 게시판관리 · 운영자라고 할 것이므로 결국 이들이 당사자가 된다.

그런데 시정요구에 대한 불복절차인 이의신청절차에서는 이용자를 신청의 당사자로 정하고 있음에 비하여, 행정쟁송절차에서 고지의 상대방으로 이용자를 명시하고 있지 아니한데, 이용자가 이의신청 이외에 행정심판 등을 청구할 수 있는지 의문이 제기될 수 있다. 그러나 행정쟁송에서는 신청인적격 또는 원고적격은 처분의 상대방뿐만 아니라 법률상 이해관계가 있는 제3자에게도 널리 확대되는 것으로 보는 것이 통설과 판례[9]의 입장인 만큼, 처분의 상대방이

---

9) 행정처분의 상대방이 아닌 제3자라도 그 처분으로 인하여 법률상 이익을 침해당한 경우에는 그 처분의 취소 또는 무효확인을 구하는 행정소송을 제기하여 그 당부의 판단을 받을 법률상 자격이 있고, 그 법률상 이익이라 함은 당해 처분의 근거법률에 의하여 보호되는 직접적이고 구체적인 이익이 있는 경우를 말하고 다만 간접적이거나 사실적 ·

아닌 이용자도 해당 시정요구에 대하여 정보게재자로서의 법률상 이익이 있는한 행정쟁송을 청구할 적격이 있다고 할 것이다(행정심판법 제13조, 행정소송법 제12조 참조).

라) 시정요구의 처분성 여부

① 2015년 방통위법 제25조의 개정

시정요구의 처분성 여부에 대하여는 2015년 방통위법 개정 전후로 구분하여 살펴보아야 한다. 2015년 방통위법 개정에서 시정요구를 결정하려는 때에는 당사자에게 미리 의견제출의 기회를 부여하여야 하고(제25조 제2항), 당사자에게 그 처분에 관하여 행정심판 및 행정소송을 제기할 수 있는지 여부, 그 밖에 불복을 할 수 있는지 여부, 청구절차 및 청구기간, 그 밖에 필요한 사항을 알리도록 규정하였다(제6항). 즉 시정요구를 처분 절차와 동일하게 규정함으로써 처분성에 대한 논란을 해결하였다.

② 2015년 방통위법 개정전의 학설과 판례의 대립

2015년 방통위법 개정전에는 시정요구에 대한 처분절차가 규정되어 있지 아니하였고, 또한 정보통신서비스 제공자 등은 시정요구를 받은 경우에는 지체없이 그 조치결과를 심의위원회에 통보하도록 규정하고 있을 뿐 달리 제재방법도 규정하고 있지 아니하여(방통위법 시행령 제8조 제3항), 행정지도의 성질을 가지는 것으로 실무상 또는 판례(서울행정법원 2008. 1. 30. 2007구합5974)상 인정되었다.

그러다가 시멘트 사건에서 서울행정법원(2010. 2. 11. 선고 2009구합35924 판결[10])에서 시정요구의 처분성을 인정하고 그 항소심인 서울고등법원이 시정요구가 규정된 방통위법의 위헌제청을 함에 따라 관련 위헌법률심판사건(헌재 2012. 2. 23. 2011헌가13)에서 위 법률의 합헌을 선고함과 동시에 제청법원의 1심에서 인정한 시정요구의 처분성에 관한 판단을 그대로 인정하였다(서울고등법원 2012. 5. 3. 선고 2010누9428 판결).[11] 헌법재판소는 같은 날 다른 헌법소원심판사

경제적 이해관계를 가지는 데 불과한 경우는 여기에 포함되지 않는다(대법원 1995. 6. 30. 선고 94누14230 판결).

10) 피고가 항소한 항소심에서 항소기각판결을 선고받고 피고가 상고를 하지 아니하여 판결이 확정됨.

건(헌재 2012. 2. 23. 2008헌마500)에서도 시정요구의 처분성을 인정하였는데, 이
는 헌법소원의 적법요건인 보충성원칙 판단과 관련하여 시정요구가 처분에 해
당되는 이상 행정소송을 거치지 않은 청구는 부적법하다는 이유로 각하한 사
례이다.

> 판례 **서울행정법원 2010. 2. 11. 선고 2009구합35924 판결(시정요구의 처분성)**
> 방송통신심의위원회는 대통령이 위촉하는 9인으로 구성되고 위원들은 국가공무원법상
> 결격사유가 없어야 하고 그 신분이 보장되며, 국가로부터 운영에 필요한 경비를 지급
> 받을 수 있고 그 규칙이 제정·개정·폐지될 경우 관보에 게재·공표되는 등의 사정에
> 비추어 행정청에 해당하고, 인터넷 포털사이트 등에 대한 방송통신심의위원회의 게시
> 물의 삭제 등의 시정요구는 단순히 비권력적 사실행위인 행정지도에 불과한 것이 아니
> 라 의무의 부담을 명하거나 기타 법률상 효과를 발생하게 하는 것으로서 항고소송의
> 대상이 되는 행정처분에 해당한다.

어쨌든 시멘트 사건을 계기로 법원과 헌법재판소가 시정요구의 처분성을
인정하게 되었다. 처분성을 인정한 근거는 결국 시정요구를 불응하는 경우의
실효성이 전혀 없는 것이 아니라는 데서 출발한다. 즉 심의위원회는 제1호 내
지 제6호의 불법정보에 대한 시정요구를 이행하지 않은 경우 방송통신위원회
에 대하여 제재조치의 요청이 가능하고(방통위법 시행령 제22조 제4항), 제7호 내
지 제9호의 불법정보에 대하여는 관계중앙행정기관의 요청이 있고 심의위원회
의 시정요구를 거쳐 사업자가 이에 응하지 않은 경우에는 방송통신위원회가
그 취급의 거부·정지 또는 제한을 명할 수 있으므로(정보통신망법 제44조의7 제3
항), 처음부터 시정요구를 의결하거나 아니면 시정요구에 응하지 아니한 경우
에 추가로 제재조치 요청이 가능하다는 것이다.

2) 심의위원회의 제재조치의 결정과 요청

심의위원회는 정보통신의 내용이 시행령 제24조의 심의규정에 위반된다고
판단하는 경우에는 정보통신망법 제44조의7에 따른 불법정보 유통에 대한 취
급의 거부·정지 또는 제한의 어느 하나의 제재조치 등을 정할 수 있다(방통위

---

11) 이 판례에 관해 자세한 것은 이민영, "방송통신심의위원회의 불법정보에 대한 시정요구
의 처분성", 「정보법 판례백선(Ⅱ)」, 박영사, 2016, 476쪽 이하 참고.

법 제25조 제1항 제2호). 심의위원회는 제1항의 제재조치를 정하려는 때에는 미리 당사자 또는 그 대리인에게 의견을 진술할 기회를 주어야 한다(동 제25조 제2항). 이 제재조치의 의결은 정보통신망법 제44조의7 제1항의 불법정보 전부에 해당되는 것이고, 특히 정보통신서비스 제공자가 불법정보 중 제1호 내지 제6호에 대한 시정요구에 응하지 아니한 경우에 제재조치를 요청하는 경우와 구분된다(방통위법 시행령 제8조 제4항).

현재 심의위원회는 불법정보에 대한 심의결과 제재의결을 할 수는 있지만, 자신의 이름으로 제재처분을 할 수 없고 방송통신위원회에 동 제재처분을 요청하는데 그치고 있다. 따라서 실질적인 제제의결을 하고 있는 심의위원회에게 그 제재처분의 권한까지 인정하자는 논의가 있다. 그러나 심의와 처분 기관을 분리하는 것이 신중한 처분을 도모할 수 있다는 점에서 굳이 이를 통합할 이유가 없고, 나아가 행정기관이 아닌 공공기관에게 제재권한까지 부여할 시급성을 인정하기 어렵다고 할 것이다.

(다) 방송통신위원회의 제재조치

방송통신위원회는 심의위원회로부터 위와 같은 제재조치의 요청을 받은 때에는 정보통신망법이 정하는 바에 따라 해당 사업자 등에 대하여 그 제재조치의 처분을 명령하여야 한다(방통위법 제25조 제3항 제5항, 정보통신망법 제44조의7 제2항 제3항). 방송통신위원회가 심의위원회의 제재요청에 기속되는지 명문의 규정이 없어 해석상 논란이 있으나, 심의와 처분기능을 분리하여 별도의 기관에 분배한 취지에 비추어 처분기관의 재량을 인정하는 것이 보다 타당하고, 이처럼 처분기관의 재량을 인정하는 것이 처분의 상대방의 권리보호에도 유리하다고 할 것이다.

제재조치의 종류로는 사업자로 하여금 불법정보 유통에 대한 취급의 거부·정지 또는 제한의 명령으로 구분된다. 제재조치는 불법정보의 게재자에게 직접 발하는 것이 아니라 사업자를 대상으로 하는 것이 특징이다. 사업자가 방송통신위원회로부터 제재조치 명령을 이행하지 아니한 경우에는 2년 이하의 징역 또는 1천만원 이하의 벌금에 처하게 된다(법 제73조). 다만 방송통신위원회는 제2호(명예훼손정보)와 제3호(사이버 스토킹 정보)의 경우에는 피해자의 의사에 반하여 명령을 발할 수 없도록 하여 형사처벌에서의 반의사불벌죄와 같은 구조를 도입하고 있다(법 제44조의7 제2항 단서).

한편, 제44조의7 제3항에 근거하여 웹사이트의 웹호스팅 서비스 중단을 명할 수 있을 것인지 논란이 된다. 대법원은 개별 정보의 집합체인 웹사이트 자체도 이 조항에서 말하는 '정보'에 해당하는 것으로 판단하므로 이 조항이 정한 나머지 요건을 충족하는 경우, 방송통신위원회가 '해당 정보에 대한 취급 거부'로서 웹사이트의 웹호스팅 서비스 중단을 명할 수 있다고 판단한 바 있다 (대법원 2015. 3. 26. 선고 2012두26432 판결). 당해 판결에서 문제된 웹사이트가 이미 대법원에서 여러 차례 이적 단체로 확인된 한총련의 것이었고, 여기에 정보 게시자가 모두 한총련 또는 그 하부기구였으며 그 게시물 대부분도 국가보안법을 위반한 불법정보였으며 개별적 정보 삭제 명령을 받았음에도 이를 이행하지 않아 웹호스팅 서비스 중단 외에 다른 실효적인 방법이 없음을 고려한 적절한 판결이라고 이해할 수 있다.[12] 그러나 이러한 대법원의 해석이 제44조의7 제3항에 따라 웹호스팅 서비스 중단을 명할 수 있다는 일반이론으로 확대 해석되는 것은 경계하여야 한다. 해석이 입법을 대체하는 것은 타당하지 않기 때문이다. 이러한 의미에서 엄격한 요건에 충족하는 경우 제한적으로 이와 같은 명령을 할 수 있도록 입법적 개선을 하는 것이 타당하다.

(라) 심의제도에 대한 행정절차 보장

현행 방통위법은 시정요구와 제재조치에 대하여 행정절차법상 처분절차에 준한 절차를 규정하고 있다(제25조). 다만 심의의 개시 등 심의절차 전반에 대하여는 행정절차법이 적용되는 것으로 보이지 않는다. 「행정절차법」상 처분의 절차에 관하여 다른 법률에 특별한 규정이 있는 경우를 제외하고는 행정절차법이 우선적으로 적용되는바(제3조 제1항), 심의의 결과에 따른 시정요구나 제재조치가 처분으로 「행정절차법」상 절차를 보장하고 있다면 그 전단계인 심의에서도 충분한 절차 보장이 있어야 한다. 예컨대 제2호 또는 제3호의 불법정보의 심의개시가 피해자 본인의 의사가 없이 개시된다면 이는 당사자의 이익의 보

---

12) 같은 취지: 박병삼, "불법정보유통금지를 위한 웹호스팅 중단 명령 인정 여부", 「정보법 판례백선(Ⅱ)」, 박영사, 2016, 475쪽.

장 차원에서 바람직하지 않고, 또한 심의과정에서 처분의 사전통지나 의견청취 절차가 제대로 지켜지지 않는 것도 문제이다. 이러한 절차위배는 처분의 독립된 위법사유로써 취소 사유가 된다는 것이 판례의 일관된 입장이고 보면, 실무적인 어려움에도 불구하고 심의작용에 있어서 어떤 방식으로 행정절차를 준수할 것인가 깊은 고민을 하여야 한다.

처분의 사전통지 및 의견제출을 규정하고 있는 「행정절차법」에 의하면 행정청은 당사자에게 의무를 부과하거나 권익을 제한하는 처분을 하는 경우에는 처분의 제목, 처분하려는 원인이 되는 사실과 처분의 내용 및 법적 근거, 의견을 제출할 수 있다는 뜻과 의견을 제출하지 아니하는 경우의 처리방법 등을 당사자에게 사전에 통지하여야 하고, 다만 공공의 안전 또는 복리를 위하여 긴급히 처분을 할 필요가 있는 경우이거나 해당 처분의 성질상 의견청취가 현저히 곤란하거나 명백히 불필요하다고 인정될 만한 상당한 이유가 있는 경우에는 통지를 하지 않을 수 있는 예외를 인정하고 있다(제21조 제1항, 제4항). 인터넷심의에서 불법정보는 대부분 공공의 안전이나 복리를 위하여 긴급한 처분이 필요하거나, 아니면 해당 처분의 성질상 의견청취가 현저히 곤란하거나 명백히 불필요하다고 인정될 만한 상당한 이유가 있는 경우가 많다. 예컨대 국제적인 테러현장에서 살해동영상의 유포와 같이 긴급처분의 필요성 등의 경우가 없는 것은 아니지만, 이는 극히 예외적인 상황일뿐 일반화하여 법규화하는 것은 옳지 않다. 「행정절차법」 제21조의 적용예외 규정은 그 법적 성격상 개별법규에서 이를 일반적으로 규정하기 보다는 구체적인 사안에서 그 적용의 예외를 인정하는 방식으로 운영하여야 된다는 점도 고려되어야 한다. 따라서 심의개시 등 심의의 전반적인 절차상 「행정절차법」의 취지가 살아날 수 있도록 운영을 하는 것이 필요하다.

바. 인터넷심의에 대한 불복절차

(1) 시정요구에 대한 불복

(가) 이의신청

정보통신서비스 제공자, 게시판관리 · 운영자 또는 해당 이용자는 심의위원회의 시정요구에 대하여 그 시정요구를 받은 날부터 15일 이내에 이의신청을 할 수 있다. 이의신청은 ① 이의신청인의 명칭 또는 성명과 주소·전화번호·전자우편주소, ② 시정요구의 문서번호, ③ 이의신청의 사유, ④ 이의신청인의 기명날인 또는 서명, ⑤ 그 밖에 이의신청을 위하여 필요한 사항이 기재된 서면으로 하여야 한다(방통위법 시행령 제8조 제5항). 서면으로 이의신청을 제기토록 한 것은 불복의 범위를 명확하게 하도록 한 취지로서 행정심판을 서면으로 제기토록 한 것과 같은 취지이다(행정심판법 제23조). 심의위원회는 이의신청이 있은 날부터 15일 이내에 이를 심의하여야 하고, 심의 결과에 대하여는 다시 이의신청을 할 수 없다(방통위법 시행령 제8조 제7항). 이의신청이 행정심판의 성격을 가지는지 보면, 보통 행정심판은 처분청과 심판기관의 분리, 대심적 구조 등 사법절차가 준용된다는 점에서 처분청인 심의위가 이의신청의 가부여부를 판단한다는 점에서 특별행정심판으로 보기는 어렵고, 행정청 자체의 불복절차로 보는 것이 타당하다.

  (나) 행정심판 및 행정소송의 제기

    2015년 방통위법 개정에서 시정요구를 행정처분으로 명문화하였으므로, 시정요구에 대하여 행정심판과 행정소송을 제기할 수 있음은 물론이다.

  (2) 제재조치에 대한 불복

    방송통신위원회는 취급의 거부·정지 또는 제한 조치명령을 할 수 있는데, 이 명령은 행정법상 하명의 성격을 가진 처분에 해당된다. 따라서 사업자는 방송통신위원회의 제재조치에 대하여 행정심판 및 행정소송법상의 행정소송을 제기할 수 있다. 다만 청소년유해매체물 결정에 대하여는, 기술한 바와 같이 여성가족부장관의 고시 뿐만 아니라 심의기관의 결정에 대하여도 항고소송을 제기할 수 있다는 것이 판례의 입장이다(대법원 2007. 6. 14. 선고 2005두4397 판결).

  사. 개선사항

    첫째, 심의위 구성과 관련하여 현재와 같은 정치적 구성은 심의위원회 운영의 공정성, 객관성, 효율성에 문제가 있으므로 재검토를 요한다.

둘째, 인터넷심의의 대상이 되는 불법정보의 범위를 축소할 필요가 있다. 현재는 사회적, 국가적 법익은 물론이고 개인적 법익(명예훼손, 사이버 스토킹 등)도 대상으로 하고 있는데 이는 사적 자치의 영역으로 남겨두고 사회적, 국가적 법익 침해 정보에 집중하는 것이 필요하다.

셋째, 불법정보의 유형에 대한 전반적인 재검토가 필요하다. 불법정보 유형화 이후 각호별 통계에 따라 재정비가 필요하고, 새로운 유형의 불법정보 예컨대 생명이나 신체에 위해를 주는 정보(자살방조정보, 의약정보 등)을 새롭게 발굴할 필요가 있다.

넷째, 심의절차와 관련해서는 피해자, 사업자의 이해를 반영하기 위한 절차의 정비가 필요하다. 개인적 법익 침해정보에 대하여는 심의개시부터 당사자의 의사를 확인하는 절차가 필요하고, 「행정절차법」상 처분절차의 각종 절차가 인터넷환경이라는 이유만으로 배제되는 것은 바람직하지 않다.

3. 불법촬영물등 유통방지 책임자

가. 의 의

불법촬영물등 유통방지 책임자제도는 불법촬영물 등의 삭제, 접속차단 등의 유통방지에 필요한 조치 업무를 수행하기 위하여 정보통신서비스 제공자에게 의무를 부과한 것이다(제44조의9). 이 제도는 2020. 6. 9. n번방 사건 이후 불법촬영물 등 유통방지의 필요성이 커지자 전기통신사업법 제22조의5 등 관련 법률 입법시에 정보통신망법에 새롭게 도입된 제도이다.

나. 내 용

(1) 불법촬영물의 개념

불법촬영물이라 함은 1) 「성폭력범죄의 처벌 등에 관한 특례법」 제14조에 따른 촬영물 또는 복제물(복제물의 복제물을 포함한다), 2) 「성폭력범죄의 처벌 등에 관한 특례법」 제14조의2에 따른 편집물·합성물·가공물 또는 복제물(복제물의 복제물을 포함한다), 3) 「아동·청소년의 성보호에 관한 법률」 제2조 제5호에 따른 아동 · 청소년성착취물을 말한다(제44조의9 제1항).

(2) 불법촬영물등 유통방지 책임자의 지정

정보통신서비스 제공자 중 일일 평균 이용자의 수, 매출액, 사업의 종류 등이 대통령령으로 정하는 기준에 해당하는 자는 자신이 운영 · 관리하는 정보통신망을 통하여 일반에게 공개되어 유통되는 정보 중 불법촬영물등의 유통을 방지하기 위한 책임자(불법촬영물등 유통방지 책임자)를 지정하여야 한다. 불법촬영물등 유통방지 책임자를 지정하지 아니한 경우 2천만원 이하의 과태료가 부과된다(제76조 제2항 제4호의4)

정보통신서비스 제공자라고 하여 모두 위와 같이 불법촬영물등 유통방지 책임자 지정의무가 있는 것이 아니라 평균이용자 수, 매출액 등 대통령령이 정하는 기준에 따라 의무가 부과된다. 이는 정보통신서비스 제공자에게 과도한 부담이 되는 것이므로 불법촬영물의 유통의 정도나 정보통신서비스 제공자의 규모 등을 감안하여 대통령령에 위임한 것이다. 대통령령이 정한 사업자의 범위는 다음 각호와 같다(동시행령 제35조의2 제1항).

1. 「전기통신사업법」 제22조의3제1항에 따른 특수유형부가통신사업자 중 같은 법 제2조 제14호 가목에 해당하는 부가통신역무를 제공하는 자
2. 「전기통신사업법」 제22조 제1항에 따라 부가통신사업을 신고한 자(같은 법 제22조 제4항 각 호의 어느 하나에 해당하는 자를 포함한다)로서 다음 각 목의 어느 하나에 해당하는 자
   가. 정보통신서비스 부문 전년도(법인인 경우에는 전 사업연도를 말한다) 매출액이 10억원 이상이고 별표 1의2에 따른 정보통신서비스를 제공하는 자
   나. 전년도 말 기준 직전 3개월간의 하루 평균 이용자 수가 10만명 이상이고 별표 1의2에 따른 정보통신서비스를 제공하는 자

(3) 불법촬영물등 유통방지 책임자

불법촬영물등 유통방지 책임자는 불법촬영물등 유통방지 책임자 지정의무자 소속 임원 또는 불법촬영물등 유통방지 책임자 지정의무자 소속의 불법촬영물등 유통방지 업무를 담당하는 부서의 장의 지위에 있어야 한다(영 제35조의2 제3항).

불법촬영물등 유통방지 책임자는 「전기통신사업법」 제22조의5 제1항에 따른 불법촬영물등의 삭제·접속차단 등 유통방지에 필요한 조치 업무를 수행한다(법 제44조의9 제2항). 이에 따라 불법촬영물등 유통방지 책임자는 방송통신위원회가 관련 기관·단체와 협력하여 실시하는 다음 각호의 내용을 포함한 2시간 이상의 교육을 매년 받아야 한다(영 제35조의2 제4항).

1. 불법촬영물등의 유통방지 관련 제도 및 법령에 관한 사항
2. 법 제44조의9제2항에 따른 유통방지에 필요한 조치에 관한 사항
3. 불법촬영물등에 대한 「방송통신위원회의 설치 및 운영에 관한 법률」 제18조에 따른 방송통신심의위원회(이하 "방송통신심의위원회"라 한다)의 심의기준에 관한 사항
4. 그 밖에 불법촬영물등의 유통방지를 위하여 방송통신위원회가 필요하다고 인정하는 사항

제 4 절 공공 게시판의 본인확인제

1. 개 관

가. 입법취지 및 연혁

게시판 본인확인제는 게시판 설치·운영자에게 그 게시판 이용자의 본인확인을 위한 필요한 조치를 할 의무를 부여하는 제도를 말한다(제44조의5). 이 제도는 인터넷 게시행위의 역기능을 예방하고 제한하기 위한 제도로서 우리나라 인터넷윤리법제의 대표적인 것이고, 세계적으로도 유례를 찾아볼 수 없는 제도로 평가받고 있다. 이 제도는 모든 인터넷 웹사이트를 대상으로 하는 것이 아니라, 일정 규모 이상의 웹사이트, 일정한 서비스를 제공하는 웹사이트, 게시행위가 가능한 게시판을 설치·운영하고 있는 웹사이트를 대상으로 하기 때문에 '제한적 본인확인제'라고 불렸다. 제한적 본인확인제는 게시판의 게시행위에 대한 규제의 측면에서 '게시판 본인확인제'라고도 불린다. 2007. 1. 26. 법 개정

시 도입되었는데, 도입 당시부터 형식은 게시판에서 본인을 확인할 뿐 실명을 드러내지는 않는다고 하지만, 실질적으로 보면 인터넷실명제의 내용을 가진다는 점에서 표현의 자유에 대한 본질적인 침해라는 논란이 있었다. 특히 정보통신서비스 제공자가 설치·운영하는 게시판에 대하여 본인확인조치 의무가 부여되고, 이를 위반할 경우에는 과태료의 제재까지 두도록 하여 과잉침해라는 비판이 있었다. 그러다가 헌법재판소가 2012. 8. 23. 정보통신서비스 제공자 설치·운영의 게시판에 대한 본인확인조치가 표현의 자유등을 침해하는 위헌법률이라고 결정하여(헌재 2012. 8. 23. 2010헌마47), 민간 운영의 게시판 본인확인제는 폐지되었다. 현재는 위 제도가 공공기관 운영의 게시판에만 남아 있다.

나. 유사 제도

공직선거법에서는 인터넷언론사는 선거운동기간 중 당해 인터넷홈페이지의 게시판·대화방 등에 정당·후보자에 대한 지지·반대의 글을 게시할 수 있도록 하는 경우에는 행정안전부장관 또는 「신용정보의 이용 및 보호에 관한 법률」 제2조 제4호에 따른 신용정보업자가 제공하는 실명인증방법으로 실명을 확인받도록 하는 기술적 조치를 하는 실명확인제를 규정하고 있다(제82조의6). 헌법재판소는 이에 대하여 계속하여 합헌 결정을 하였으나(헌재 2010. 2. 25. 2008헌마324 ; 헌재 2015. 7. 30. 2012헌마734 등), 2021년에는 위헌 결정을 하였다(헌재 2021. 1. 28. 2018헌마456 등).

[판례] 헌재 2021. 1. 28. 2018헌마456 등(공직선거법상 실명확인제의 위헌 여부)
심판대상조항의 입법목적은 정당이나 후보자에 대한 인신공격과 흑색선전으로 인한 사회경제적 손실과 부작용을 방지하고 선거의 공정성을 확보하기 위한 것이고, 익명표현이 허용될 경우 발생할 수 있는 부정적 효과를 막기 위하여 그 규제의 필요성을 인정할 수는 있다. 그러나 심판대상조항과 같이 인터넷홈페이지의 게시판 등에서 이루어지는 정치적 익명표현을 규제하는 것은 인터넷이 형성한 '사상의 자유시장'에서의 다양한 의견 교환을 억제하고, 이로써 국민의 의사표현 자체가 위축될 수 있으며, 민주주의의 근간을 이루는 자유로운 여론 형성이 방해될 수 있다. 선거운동기간 중 정치적 익명표현의 부정적 효과는 익명성 외에도 해당 익명표현의 내용과 함께 정치적 표현행위를 규제하는 관련 제도, 정치적·사회적 상황의 여러 조건들이 아울러 작용하여 발생하므로, 모든 익명표현을 사전적·포괄적으로 규율하는 것은 표현의 자유보다 행정편

의와 단속편의를 우선함으로써 익명표현의 자유와 개인정보자기결정권 등을 지나치게 제한한다. 정치적 의사표현을 자유롭게 할 수 있는 핵심적 기간이라 볼 수 있는 선거운동기간 중 익명표현의 제한이 구체적 위험에 기초한 것이 아니라 심판대상조항으로 인하여 위법한 표현행위가 감소할 것이라는 추상적 가능성에 의존하고 있는 점, 심판대상조항의 적용대상인 "인터넷언론사"의 범위가 광범위하다는 점까지 고려하면 심판대상조항으로 인한 기본권 제한의 정도는 결코 작다고 볼 수 없다. 실명확인제가 표방하고 있는 선거의 공정성이라는 목적은 인터넷 이용자의 표현의 자유나 개인정보자기결정권을 제약하지 않는 다른 수단에 의해서도 충분히 달성할 수 있다. 공직선거법은 정보통신망을 이용한 선거운동 규제를 통하여 공직선거법에 위반되는 정보의 유통을 제한하고 있고, '정보통신망 이용촉진 및 정보보호 등에 관한 법률'상 사생활 침해나 명예훼손 등의 침해를 받은 사람에게 인정되는 삭제요청 등의 수단이나 임시조치 등이 활용될 수도 있으며, 인터넷 이용자의 표현의 자유나 개인정보자기결정권을 제약하지 않고도 허위 정보로 인한 여론 왜곡을 방지하여 선거의 공정성을 확보하는 새로운 수단을 도입할 수도 있다. 인터넷을 이용한 선거범죄에 대하여는 명예훼손죄나 후보자비방죄 등 여러 사후적 제재수단이 이미 마련되어 있다. 현재 기술 수준에서 공직선거법에 규정된 수단을 통하여서도 정보통신망을 이용한 행위로서 공직선거법에 위반되는 행위를 한 사람의 인적사항을 특정하고, 궁극적으로 선거의 공정성을 확보할 수 있다. 심판대상조항은 정치적 의사표현이 가장 긴요한 선거운동기간 중에 인터넷언론사 홈페이지 게시판 등 이용자로 하여금 실명확인을 하도록 강제함으로써 익명표현의 자유와 언론의 자유를 제한하고, 모든 익명표현을 규제함으로써 대다수 국민의 개인정보자기결정권도 광범위하게 제한하고 있다는 점에서 이와 같은 불이익은 선거의 공정성 유지라는 공익보다 결코 과소평가될 수 없다.

그러므로 심판대상조항은 과잉금지원칙에 반하여 인터넷언론사 홈페이지 게시판 등 이용자의 익명표현의 자유와 개인정보자기결정권, 인터넷언론사의 언론의 자유를 침해한다.

2. 민간 게시판 본인확인제에 대한 위헌 결정

헌법재판소는 제한적 본인확인제에 대하여 2012. 8. 23. 동 제도가 헌법상 과잉금지원칙에 위배하여 표현의 자유 및 언론의 자유를 침해한다는 이유로 위헌을 선고하였다.

판례 헌재 2012. 8. 23. 2010헌마47(게시판 본인확인제의 위헌)

이 사건 법령조항들이 표방하는 건전한 인터넷 문화의 조성 등 입법목적은, 인터넷 주소 등의 추적 및 확인, 당해 정보의 삭제·임시조치, 손해배상, 형사처벌 등 인터넷 이용자의 표현의 자유나 개인정보자기결정권을 제약하지 않는 다른 수단에 의해서도 충분히 달성할 수 있음에도, 인터넷의 특성을 고려하지 아니한 채 본인확인제의 적용범위를 광범위하게 정하여 법집행자에게 자의적인 집행의 여지를 부여하고, 목적달성에 필요한 범위를 넘는 과도한 기본권 제한을 하고 있으므로 침해의 최소성이 인정되지 아니한다.

또한 이 사건 법령조항들은 국내 인터넷 이용자들의 해외 사이트로의 도피, 국내 사업자와 해외 사업자 사이의 차별 내지 자의적 법집행의 시비로 인한 집행 곤란의 문제를 발생시키고 있고, 나아가 본인확인제 시행 이후에 명예훼손, 모욕, 비방의 정보의 게시가 표현의 자유의 사전 제한을 정당화할 정도로 의미 있게 감소하였다는 증거를 찾아볼 수 없는 반면에, 게시판 이용자의 표현의 자유를 사전에 제한하여 의사표현 자체를 위축시킴으로써 자유로운 여론의 형성을 방해하고, 본인확인제의 적용을 받지 않는 정보통신망상의 새로운 의사소통수단과 경쟁하여야 하는 게시판 운영자에게 업무상 불리한 제한을 가하며, 게시판 이용자의 개인정보가 외부로 유출되거나 부당하게 이용될 가능성이 증가하게 되었는바, 이러한 인터넷게시판 이용자 및 정보통신서비스 제공자의 불이익은 본인확인제가 달성하려는 공익보다 결코 더 작다고 할 수 없으므로, 법익의 균형성도 인정되지 않는다.

따라서 본인확인제를 규율하는 이 사건 법령조항들은 과잉금지원칙에 위배하여 인터넷게시판 이용자의 표현의 자유, 개인정보자기결정권 및 인터넷게시판을 운영하는 정보통신서비스 제공자의 언론의 자유를 침해한다.

헌법재판소의 위헌 결정으로 그동안 인터넷상의 익명 표현의 자유의 제한 즉 인터넷실명제를 둘러싼 논란은 일단락되었다.[13] 이 제도에 대하여는 도입 논의 단계부터 위헌론과 수정론, 합헌론 등의 다양한 견해가 제기되는 등 인터넷규제의 대표적인 법제도로서 많은 논란이 있었다. 특히 위헌론은 인터넷실명제라는 관점에서, 이것이 표현에 대한 사전검열에 해당되고 인터넷의 자유로운 소통을 제한하는 것으로써 국제적으로 유래를 찾아보기 어려운 부당한 입법이

---

13) 이 판례에 관해 자세한 것은 정필운, "사이버공간에서 표현의 자유의 제한과 그 한계
 -헌재 2012.8.23. 2010헌마47, 252(병합) 결정과 후속 논의에 대한 비판적 검토-", 법
 학연구 제23권 제4호, 연세대학교 법학연구원, 2013, 1-32쪽 참고.

고, 무엇보다도 본인확인제를 통하여 수집되는 이용자의 개인정보에 대한 보안의 어려움 및 개인정보 유출의 위험성을 제기하였다. 한편 수정론적 입장에서는 이 제도가 가지는 입법취지의 정당성은 긍정하면서도 입법기술적으로 신원확인수단이 미흡한 외국인에 대한 본인확인방법의 난점, 외국에 서버를 둔 웹사이트에 대한 적용이 어려워 그 결과 국내업자와 차별을 함으로써 사이버망명을 초래하고 있다는 점, 이용자수의 산정 등 대상 웹사이트에 대한 선정의 난점 등의 위헌적 요소가 제거되어야 한다는 의견이 제시되었다.

3. 공공 게시판 본인확인제의 내용과 폐지론

이건 위헌 결정의 대상이 되는 게시판은 정보통신망법 제44조의5 제1항 제2호의 "정보통신서비스 제공자로서 제공하는 정보통신서비스의 유형별 일일 평균 이용자 수가 10만 명이상이면서 대통령령으로 정하는 기준에 해당되는" 게시판이다. 따라서 동조 제1호의 "국가기관, 지방자치단체, 「공공기관의 운영에 관한 법률」제5조 제3항에 따른 공기업·준정부기관 및 「지방공기업법」에 따른 지방공사·지방공단"은 심판 대상이 아니므로 위헌결정의 효력이 미치지 않는다.

이에 대하여 공공게시판에도 위 위헌결정의 취지를 적용하여 향후 본인확인제를 폐지하여야 한다는 견해와 명시적으로 위헌결정의 대상이 되지 않는 이상 본인확인제의 입법취지에 따라 그대로 유지하는 것이 타당하다는 견해의 대립이 있다. 생각건대 위 헌법재판소의 결정에서 보듯이, 인터넷공간에서 익명표현이 가지는 헌법적 가치를 고려하면 그 보호는 강하게 이루어져야 하므로 이를 제한하기 위해서는 다른 방법을 찾을 수 없어야 하고, 이를 통하여 달성하려는 공익이 침해받는 사익보다 훨씬 커야 한다는 점 등을 고려하면 공공게시판에서 발생되는 문제가 위헌 심판의 대상이 된 민간 게시판과 본질적으로 다르지 않다. 원래 「청원법」이나 「민원사무처리에 관한 법률」에서 공공기관에 대한 공적인 의견이나 견해를 표시하기 위해서는 익명을 제한하는 제도를 마련하고 있는 이상, 공공게시판에서 그와 달리 익명에 의한 자유로운 의사표

시를 허용하더라도 해당 공공단체의 설립목적에 반하는 이용행위가 빈발할 것
으로 보이지 않는다. 더욱이 이건 헌법재판소의 위헌 결정이 나오기 전에 방송
통신위원회의 대통령보고에서 향후 본인확인제의 폐지 논의가 있었던 점을 보
면, 사실상 존치는 무의미하고 하루 빨리 공공기관의 게시판 본인확인제도를
폐지하는 것이 타당하다.

제 3 장   분쟁 해결

제 1 절   명예훼손분쟁조정

1. 명예훼손분쟁조정의 의의

사생활의 침해 또는 명예훼손 등 타인의 권리를 침해하는 정보와 관련된 분쟁이 발생된 경우 이러한 분쟁의 해결은 전통적인 재판과 조정, 중재 등 대체적 분쟁해결방식(ADR) 등 다양한 방식으로 진행된다. 그런데 인터넷상 명예훼손정보와 관련된 분쟁은 일반적인 분쟁과는 다른 특성이 있다. 피해 확산의 신속성과 광범위성, 분쟁 유발 행위의 비대면성과 익명성, 분쟁 유발행위의 공간적·시간적 무제약성이 그것이다. 이러한 분쟁의 특성은 기존의 전통적인 분쟁해결제도인 재판만으로는 소기의 성과를 거두기 어려운 실정이다.

그래서 정보통신망법은 인터넷상 사생활 침해 또는 명예훼손에 대하여 조정을 통한 해결제도를 도입하였다. 즉 불법정보에 대한 심의업무를 수행하는 심의위원회가 명예훼손분쟁 조정업무를 맡게 하여 명예훼손 분쟁조정부(이하 조정부라 함)를 두도록 한 것이다(제44조의10). 조정부를 통한 조정은 재판과 비교하여 당사자의 다양한 의견이 반영될 수 있고 신속한 판단을 받을 수 있다는 장점이 있다. 일반적으로 조정의 결과는 해당 정보 삭제, 손해배상 등의 내용을 가지게 된다. 정보통신망법상의 명예훼손분쟁조정은 국가에 의하여 설치된 기관이 일체의 비용을 들여 수행한다는 점에서 '행정형 조정'의 성격을 가진다. 행정형 조정은 당사자에게 비용을 부담케 하지 않고, 조정 과정을 통하여 획득한 다양한 경험을 정책에 반영할 수 있다는 장점을 가지고 있다.

2. 명예훼손분쟁조정부의 조정

정보통신망법상 명예훼손분쟁조정은 조정부가 행한다. 조정부는 심의위에 설치하고, 5명 이하의 위원으로 구성하되 그 중 1명 이상은 변호사의 자격이 있는 사람으로 한다(제44조의10 제1항). 조정부와 관련된 사무는 심의위원회 사무처에서 행한다[명예훼손분쟁조정 절차 등에 관한 규칙(이하 분쟁조정규칙이라 함) 제4조]. 인터넷상 사생활침해 또는 명예훼손 분쟁의 발생 건수에 비교하여 보면 현재의 5명의 위원은 과소한 것으로 보이고, 명예훼손 분쟁이 사실관계의 복잡성이나 법리적 다툼 등으로 법적 판단이 필요한 점에서 위원의 상당수가 변호사 자격을 요하도록 하는 것이 필요하다고 본다.

조정부의 사건 처리 현황을 보면 사건 자체도 많지 않고 조정으로 이어진 사례도 많은 것 같지 않은데, 조정의 활성화를 위하여 조정부의 구성 등에 대한 개선이 필요하다고 할 것이다([표] 명예훼손 분쟁조정부 업무처리 현황 참조).

표 11   명예훼손 분쟁조정부 운영

연 도	합 계	접수처리								요건미비 등
		소 계	조정 전 합의	조정결정	정보제공 결정	기 각	각 하	취 하	기 타	
2017	1,400	471	18	1	165	220	28	29	10	929
2018	1,928	581	9	3	82	372	66	28	21	1,347
2019	1,947	417	2	0	66	303	26	8	12	1,530
2020	2,166	575	5	0	125	285	83	26	51	1,591

※ 출처 : 심의위원회

3. 분쟁조정의 요건과 절차

가. 조정의 대상

조정의 대상이 되는 권리침해 행위는 명예훼손, 모욕, 성폭력 등 모든 개인적 법익 침해행위이다. 사회적 법익과 국가적 법익을 침해하는 행위는 본 조정제도를 통해 해결하는 것이 적합하지 않다. 피해자가 사회 구성원 전체이거

나 전체가 아니더라도 상당히 많은 다수가 되어 분쟁의 당사자를 특정하기가
힘들기 때문이다.

나. 조정의 신청

조정은 피해자의 신청으로 개시되는데, 분쟁의 당사자가 미성년자, 피한정
후견인 및 피성년후견인은 법정대리인에 의해서만 조정신청 및 조정절차를 진
행할 수 있다(분쟁조정규칙 제5조). 조정신청은 일반 수사기관의 경우와 마찬가지
로 구두, 서면 또는 온라인을 통하여 할 수 있다.

다. 조정절차

명예훼손 분쟁조정부의 분쟁조정절차 등에 관하여는 제33조의2제2항, 제
35조부터 제39조까지의 규정을 준용하는 것으로 규정하고 있다(제44조의10 제3
항). 준용되는 규정은 구법상 개인정보분쟁조정위원회 규정이었다. 그런데 이
규정이 정보통신망법(법률 제10465호, 2011. 3. 29., 타법개정)의 개정으로 개인정보
분쟁조정위원회의 근거가 「개인정보보호법」으로 이관됨에 따라 현재는 정보통
신망법에서는 조정절차의 규정이 없는 입법 공백상태가 되었다. 다만 시행령
제36조 및 분쟁조정규칙이 상세한 규정을 두고 있다.

분쟁조정규칙에 의하면 조정신청 이후 심의위원회는 당사자에게 조성전
합의를 권고할 수 있고(분쟁조정규칙 제13조), 합의가 이루어지지 않은 경우에 이
를 조정부에 회부하고(동 규칙 제14조), 위원회가 조정안을 의결한 때에는 조정
안을 작성하고 당사자에게 제시하여야 하며 이 경우 당사자는 15일 이내에 그
수락여부를 위원회에 통보하여야 한다(제18조). 당사자가 조정안을 수락한 때에
는 조정수락서에 기명날인 또는 서명하여야 하고(제19조), 당사자가 조정안을
받은 날로부터 15일 이내에 위원회에 수락 거부의 의사표시를 하거나, 그 수락
여부를 통보하지 않은 경우에는 조정이 성립되지 아니한 것으로 본다(제20조).

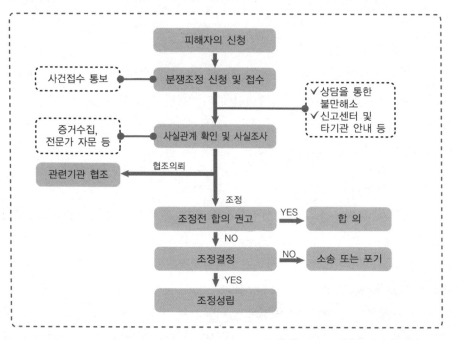

그림 10   명예훼손 분쟁조정 절차도

※ 출처 : 2019 방송통신심의 연감, 179쪽

라. 조정의 효력

당사자가 합의함으로써 성립된 조정은 민사상 화해와 같은 효력을 가진다. 이를 통하여 당사자 사이의 법률관계가 확정되는 효과가 있다.

제2절   이용자 정보의 제공 청구

1. 제도의 의의

정보제공 청구제도는 정보통신망상 정보의 게재로 사생활 침해 등 피해를 입은 피해자는 정보게재자를 상대로 민·형사소송 제기 등 권리구제를 신청하기 위해서 정보게재자의 개인정보(성명, 주소, 생년월일 등)의 제공을 청구하는 제도를 말한다(제44조의6). 이 제도는 인터넷에 유통중인 정보에 의하여 피해가 발생하더라도 정보를 유통한 사람이 누구인지 알 수 없어 손해배상청구소송이나 형사고소 등을 쉽게 할 수 없어 피해자구제에 많은 지장이 초래되는 것을 방지하고, 한편 정보게재자 측면에서는 피해자의 청구가 있는 경우에는 자신의 정보가 제공될 수도 있다는 점에서 표현행위의 신중을 기하도록 하는 효과를 목적으로 한다.

그림 11 이용자 정보의 제공청구 절차도

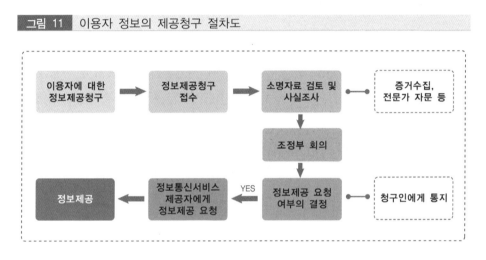

※ 출처 : 2019 방송통신심의 연감 180쪽

2. 정보제공청구의 요건과 절차

가. 사생활 침해 또는 명예훼손 등 권리의 침해

특정한 이용자에 의한 정보의 게재나 유통으로 사생활 침해 또는 명예훼손 등 권리를 침해당한 사실이 있어야 하므로, 자신이 아니라 타인의 권리침해 사실 또는 개인적 법익이 아닌 반국가적 또는 반사회적 법익 침해가 있다는 사실만으로는 청구를 할 수 없다.

나. 민·형사소송 제기의 목적

법문에서는 '민·형사상의 소를 제기'라고 규정하고 있는데 손해배상 등

민사소송, 형사고소를 의미한다. 민·형사소송 이외에 조정이나 기타 대체적
분쟁해결을 청구하기 위하여도 이 제도를 이용할 수 있는지 문제가 되는데, 타
인의 개인정보의 제공을 청구하는 것이므로 엄격하게 해석하는 것이 타당하다
고 본다. 다만 심의위원회에 명예훼손분쟁조정을 신청하는 경우라면 동시에 조
정신청을 하기 위한 정보제공청구는 가능한 것으로 해석할 수도 있다. 이용자
의 정보를 민·형사상의 소를 제기하는 것 외의 목적으로 사용한 자는 2년 이
하의 징역 또는 2천만원 이하의 벌금에 처한다(제73조 제4호).

다. 청구 대상이 되는 정보

정보제공청구의 대상은 해당 정보통신서비스제공자가 보유하고 있는 해당
이용자 정보, 즉 민·형사상 소제기를 위한 성명, 주소 등 대통령령이 정하는
최소한의 정보이다. 대통령령에 의하면 "대통령령이 정하는 최소한의 정보"란
성명, 주소, 그 밖에 민·형사상의 소제기를 위하여 법 제44조의10에 따른 명
예훼손분쟁조정부가 필요하다고 인정하는 해당 이용자의 연락처 등의 정보라
고 규정하고 있다(제31조).

라. 절 차

(1) 청 구

청구인은 방송통신심의위원회에 설치된 명예훼손분쟁조정부에, 정보제공
청구서를 소명자료와 함께 제출하여야 하는데, 청구서에 포함하여야 할 사항은
청구인의 성명·주소·연락처(전화번호·전자우편주소 등을 말한다), 제기하려는
소의 종류 및 소로써 구하는 취지, 침해된 권리의 유형 및 해당 이용자의 구체
적인 권리침해사실 등이다(영 제31조). 청구인은 침해사실에 대한 소명을 하여
야 하는데, 단지 소송청구를 위하여 정보 게재자인 상대방에 대한 정보를 청구
하는 것이기 때문에 침해사실에 대한 증명까지는 필요없고 소명만으로 족하게
한 것이다.

(2) 명예훼손분쟁조정부의 결정

명예훼손분쟁조정부는 해당 이용자와 연락할 수 없는 등의 특별한 사정이

있는 경우 외에는 그 이용자의 의견을 들어 정보제공 여부를 결정하여야 하고
(법 제44조의6 제2항), 필요한 경우에는 청구인에게도 의견을 진술하게 할 수 있
다(동영 제32조 제2항). 분쟁조정부는 이용자의 의견을 청취하되 그 의견에 기속
되는 것은 아니다. 해당 이용자의 의견을 청취토록 한 것은 그 의견에 따르라
는 것이 아니라 해당 정보가 청구인의 명예 등을 훼손하였다는 사실로 명예훼
손분쟁조정부에 정보게재자의 정보에 대한 청구가 들어온 사실을 알려주어 사
전에 변명의 기회를 부여하겠다는 취지이다.

제 4 장 투명성 보고서 제출의무

제 1 절 개 관

　　정보통신서비스 제공자의 투명성 보고서 제출의무는 2020년 n번방 사건처럼 불법촬영물의 유통으로 인한 피해자의 2차 피해를 방지하기 위한 제도로서 2020. 6. 9.자 개정에서 도입되었다. 정보통신서비스 제공자에게 불법촬영물등에 대한 유통방지 책임자 지정의무(제44조의7)와 투명성 보고서 제출의무(제64조의5)를 부과하고 이를 이행하지 않을 경우 과태료 등을 부과하도록 하는 한편(제76조 제3항 제25호), 해외사업자에게도 불법촬영물 등을 포함한 불법정보의 유통금지에 관한 의무를 보다 명확히 부과하기 위해 역외적용 규정을 도입하였다. 이른바 n번방 사건과 관련한 입법으로는 정보통신망법 개정과 더불어 「전기통신사업법」 개정도 함께 추진하였다(전기통신사업법 제22조의5, 제22조의6).

　　일반적으로 투명성 보고서(transparency report)는 오늘날 구글, 마이크로 소프트, 버라이즌, 트위터 등 정보통신 서비스를 제공하는 기업이 발행하고 있는데, 정부가 일정 기간 동안 요청한 데이터를 공개함으로써 정부는 물론 일반 이용자가 그 데이터의 적절성을 판단케 하는 역할을 하고 있다(위키피디아). 우리나라 법에서는 그동안 자료제출 등의 방식으로 다양한 행정작용이 이용되고 있었지만, 법률에서 명문으로 '투명성 보고서'의 제출 의무를 규정한 것은 사실상 처음이다.

제 2 절 내 용

1. 투명성 보고서의 제출의무자

정보통신서비스 제공자 중 일일 평균 이용자의 수, 매출액, 사업의 종류 등이 대통령령으로 정하는 기준에 해당하는 자는 매년 자신이 제공하는 정보통신서비스를 통하여 유통되는 불법촬영물등의 처리에 관하여 투명성 보고서를 작성하여 다음해 1월 31일까지 방송통신위원회에 제출하여야 한다(제64조의5 제1항). 이에 따라 시행령이 정한 제출의무자는 불법촬영물 등 유통방지 책임자 지정의무자를 말하는 것으로 규정하고 있다(영 제69조의2).

2. 투명성 보고서에 포함될 사항

투명성 보고서에는 정보통신서비스를 통하여 유통되는 불법촬영물등의 처리에 관하여 다음 각호의 사항을 포함한 보고서를 작성하여야 한다(제64조의5 제1항).

1. 정보통신서비스 제공자가 불법촬영물등의 유통 방지를 위하여 기울인 일반적인 노력에 관한 사항
2. 「전기통신사업법」 제22조의5제1항에 따른 불법촬영물등의 신고, 삭제 요청 등의 횟수, 내용, 처리기준, 검토결과 및 처리결과에 관한 사항
3. 「전기통신사업법」 제22조의5제1항에 따른 불법촬영물등의 삭제·접속 차단 등 유통방지에 필요한 절차의 마련 및 운영에 관한 사항
4. 불법촬영물등 유통방지 책임자의 배치에 관한 사항
5. 불법촬영물등 유통방지를 위한 내부 교육의 실시와 지원에 관한 사항

3. 투명성 보고서의 제출 및 공개

투명성 보고서의 제출의무가 있는 자는 다음 해 1월 31일까지 방송통신위

원회에 제출하여야 하고, 방송통신위원회는 이를 방송통신위원회가 운영·관리하는 정보통신망을 통하여 공개하여야 한다(제69조의5 제3항).

4. 방송통신위원회의 자료 제출 요구

방송통신위원회는 투명성 보고서의 사실을 확인하거나 제출된 자료의 진위를 확인하기 위하여 정보통신서비스제공자에게 자료의 제출을 요구할 수 있다(제64조의5 제3항). 다만 이를 위반하여 자료를 제출하지 아니한 자에 대하여 이를 강제하는 등의 실효성 있는 방법이 규정되어 있지 아니하다.

5. 과태료

투명성 보고서를 제출하지 아니한 경우에는 1천만원 이하의 과태료를 부과하는 것으로 규정되어 있다(제76조 제3항 제25호).

제 5 장 앱 접근권한 제한

제 1 절 개 관

2007년 스마트폰이 등장한 이후 대다수 사람이 스마트폰을 사용하면서 응용 프로그램(이하 '앱'이라 한다.)이 광범위하게 사용되고 있다. 앱은 이용자가 원하는 정보를 전달해 주고, 정보를 생산·수정할 수 있도록 지원하고, 일상 생활에서 쓰는 나침반, 만보계, 다이어리 등을 대체해주고, 사람과 사람을 연결해주는 등 스마트폰 또는 개인용 컴퓨터 운영체계(시스템 프로그램)를 응용해서 이용자가 다양한 활동을 할 수 있도록 하는 프로그램을 말한다.

그런데 이 앱을 개발한 회사나 개발자는 당해 앱이 원활하게 작동하도록 하거나 광고 등을 위해서 이용자의 기기 기능과 그 안에 있는 정보를 활용할 욕구를 가진다. 그런데 이와 같은 이용자의 기기 기능과 그 안에 있는 정보는 당해 기기 이용자의 개인정보이므로 이에 접근하여 활용하기 위해서는 개인정보보호법제에서 요구하는 정보주체의 동의가 필요하다. 따라서 대부분 앱은 설치를 할 때 기기 기능과 정보에 대한 광범위한 접근 권한에 대해 동의하도록 하고 이를 거부할 경우 앱을 이용할 수 없도록 하는 관행을 가지고 있었다. 또한 많은 이용자는 동의를 위한 개발자의 고지를 충분히 인식하지 못하고 앱 이용을 위해서 동의를 하여 예측하지 못한 피해를 당하기도 하며, 반대로 그러한 고지의 의미를 충분히 인식하여 동의를 하지 않으면 결과적으로 앱을 이용하지 못하는 문제가 발생하기도 한다.

국회는 이러한 문제를 해결하기 위하여 지난 2016년 3월 제22조의2를 신설하였다.[14] 그 핵심은 다음 세 가지이다.

---

14) 법률 제14080호, 2016. 3. 22., 일부개정, 시행 2016. 9. 23.

첫째, 앱을 개발한 회사나 개발자가 앱을 이용한 서비스를 제공하기 위해서 접근권한이 필요하면 핸드폰의 기능과 그 안에 있는 정보에 접근권한을 얻고자 하는 경우 해당 서비스를 제공하기 위하여 반드시 필요한 경우(제1유형)와 해당 서비스를 제공하기 위하여 반드시 필요하지 않은 경우(제2유형)를 구별하여 알리고 동의를 받아야 한다. 둘째, 앱을 개발한 회사나 개발자는 제2유형의 경우 접근권한 허용에 대해 부동의할 수 있다는 사실을 알려야 하며, 이용자가 부동의하는 것을 이유로 이용자에게 해당 서비스 제공을 거부할 수 없다. 셋째, 핸드폰의 운영체계를 제작하여 공급하는 자, 핸드폰 제조자, 핸드폰의 소프트웨어를 제작하여 공급하는 자는 앱을 개발한 회사나 개발자가 접근권한에 대한 이용자 동의와 철회 방법 등의 이용자 보호를 위한 조치를 하여야 한다. 넷째, 방송통신위원회는 해당 서비스의 접근권한의 설정이 제1항부터 제3항까지의 규정에 따라 이루어졌는지 여부에 대하여 실태조사를 실시할 수 있다는 것이 그것이다. 이상의 구조를 그림으로 제시하면 <그림 12>와 같다.

그림 12 앱 접근권한의 제한 개념도

아래에서는 제1유형과 제2유형으로 나누어 각 유형별로 동의 방법과 필요한 조치 등을 서술한다.

제 2 절   제1유형의 동의 방법과 필요한 조치

1. 동의 방법

제1유형은 정보통신서비스 제공자는 해당 서비스를 제공하기 위하여 이용자의 이동통신단말장치 내에 저장되어 있는 정보 및 이동통신단말장치에 설치된 기능에 대하여 접근할 수 있는 권한이 해당 서비스를 제공하기 위하여 반드시 필요한 접근권한인 경우이다. 이 경우 정보통신서비스 제공자는 접근권한이 필요한 정보 및 기능의 항목, 접근권한이 필요한 이유를 이용자가 명확하게 인지할 수 있도록 알리고 이용자의 동의를 받아야 한다(제22조의2 제1항 제1호). 이때 그 접근권한이 제1유형에 해당하는지, 제2유형에 해당하는지 불분명한 경우 그 판단기준은 이용약관,「개인정보 보호법」제30조 제1항에 따른 개인정보처리방침 또는 별도 안내 등을 통하여 공개된 정보통신서비스의 범위와 실제 제공 여부, 해당 정보통신서비스에 대한 이용자의 합리적 예상 가능성 및 해당 정보통신서비스와 접근권한의 기술적 관련성 등을 고려하여야 한다(영 제9조의2 제3항).

이러한 이용자의 동의를 받아야 하는 경우는 이동통신단말장치의 소프트웨어를 통하여 1. 연락처, 일정, 영상, 통신내용, 바이오정보(지문, 홍채, 음성, 필적 등 개인을 식별할 수 있는 신체적 또는 행동적 특징에 관한 정보를 말한다. 이하 같다) 등 이용자가 이동통신단말장치에 저장한 정보, 2. 위치정보, 통신기록, 인증정보, 신체활동기록 등 이동통신단말장치의 이용과정에서 자동으로 저장된 정보, 3.「전기통신사업법」제60조의2 제1항에 따른 고유한 국제 식별번호 등 이동통신단말장치의 식별을 위하여 부여된 고유정보, 4. 촬영, 음성인식, 바이오정보 및 건강정보 감지센서 등 입력 및 출력 기능에 대하여 접근할 수 있는 권한이 필요한 경우이다. 다만, 이동통신단말장치의 제조 · 공급 과정에서 설치된 소프트웨어가 통신, 촬영, 영상 · 음악의 재생 등 이동통신단말장치의 본질적인 기능을 수행하기 위하여 접근하는 정보와 기능은 제외한다(영 제9조의2 제1항).

정보통신서비스 제공자는 이동통신단말장치의 소프트웨어를 설치 또는 실행하는 과정에서 소프트웨어 안내정보 화면 또는 별도 화면 등에 표시하는 방법으로 이용자에게 법 제22조의2 제1항 각 호의 사항을 알리고, 이동통신단말장치의 기본 운영체제(이동통신단말장치에서 소프트웨어를 실행할 수 있는 기반 환경을 말하며, 이하 "운영체제"라 한다)가 이용자가 접근권한에 대한 동의 여부를 개별적으로 선택할 수 있는 운영체제인 경우, 이동통신단말장치의 운영체제가 이용자가 접근권한에 대한 동의 여부를 개별적으로 선택할 수 없는 운영체제인 경우 각각 다음과 같은 방법으로 이용자의 동의를 받아야 한다(영 제9조의2 제2항).

첫째, 이동통신단말장치의 기본 운영체제(이동통신단말장치에서 소프트웨어를 실행할 수 있는 기반 환경을 말하며, 이하 "운영체제"라 한다)가 이용자가 접근권한에 대한 동의 여부를 개별적으로 선택할 수 있는 운영체제인 경우에는 법 제22조의2 제1항 제1호 및 제2호에 따른 접근권한을 구분하여 알린 후 접근권한이 설정된 정보와 기능에 최초로 접근할 때 이용자가 동의 여부를 선택하도록 하는 방법으로 이용자의 동의를 받아야 한다(영 제9조의2 제2항 제1호).

둘째, 이동통신단말장치의 운영체제가 이용자가 접근권한에 대한 동의 여부를 개별적으로 선택할 수 없는 운영체제인 경우 법 제22조의2 제1항 제1호에 따른 접근권한만을 설정하여 알린 후 소프트웨어를 설치할 때 이용자가 동의 여부를 선택하도록 하는 방법으로 이용자의 동의를 받아야 한다(영 제9조의2 제2항 제2호).

만약 첫째 또는 둘째 운영체제에 해당함에도 불구하고 첫째 또는 둘째의 방법이 불가능한 경우 첫째 또는 둘째의 방법과 유사한 방법으로서 이용자에게 동의 내용을 명확하게 인지할 수 있도록 알리고 이용자가 동의 여부를 선택하도록 하는 방법으로 이용자의 동의를 받아야 한다(영 제9조의2 제2항 제3호).

2. 이동통신단말장치의 기본 운영체제 제작하여 공급하는 자 등의 필요한 조치

한편, 이동통신단말장치의 기본 운영체제(이동통신단말장치에서 소프트웨어를 실행할 수 있는 기반 환경을 말한다)를 제작하여 공급하는 자와 이동통신단말장치 제조업자 및 이동통신단말장치의 소프트웨어를 제작하여 공급하는 자는 정보통신서비스 제공자가 이동통신단말장치 내에 저장되어 있는 정보 및 이동통신단말장치에 설치된 기능에 접근하려는 경우 접근권한에 대한 이용자의 동의 및 철회방법을 마련하는 등 이용자 정보 보호에 필요한 조치를 하여야 한다(법 제22조의2 제3항).

구체적으로 살펴보면 이동통신단말장치의 운영체제를 제작하여 공급하는 자, 이동통신단말장치 제조업자 및 이동통신단말장치의 소프트웨어를 제작하여 공급하는 자는 이용자 정보 보호를 위하여 다음과 같이 필요한 조치를 하여야 한다.

첫째, 이동통신단말장치의 운영체제를 제작하여 공급하는 자는 정보통신서비스 제공자가 제2항 각 호의 구분에 따른 방법으로 동의를 받을 수 있는 기능과 이용자가 동의를 철회할 수 있는 기능이 구현되어 있는 운영체제를 제작하여 공급하고, 운영체제에서 설정하고 있는 접근권한 운영 기준을 이동통신단말장치의 소프트웨어를 제작하여 공급하는 자가 이해하기 쉽도록 마련하여 공개하여야 한다.

둘째, 이동통신단말장치 제조업자는 제1호에 따른 동의 및 철회 기능이 구현되어 있는 운영체제를 이동통신단말장치에 설치하여야 한다.

셋째, 이동통신단말장치의 소프트웨어를 제작하여 공급하는 자는 제1호 및 제2호에 따른 조치를 한 운영체제와 이동통신단말장치에 맞는 동의 및 철회방법을 소프트웨어에 구현하여야 한다(이상 영 제9조의2 제4호).

3. 방송통신위원회의 실태조사

방송통신위원회는 해당 서비스의 접근권한의 설정이 제1항부터 제3항까지의 규정에 따라 이루어졌는지 여부에 대하여 실태조사를 실시할 수 있다(제22조의2 제4항).

제3절 제2유형의 동의 방법과 필요한 조치

1. 동의 방법

제2유형은 정보통신서비스 제공자는 해당 서비스를 제공하기 위하여 이용자의 이동통신단말장치 내에 저장되어 있는 정보 및 이동통신단말장치에 설치된 기능에 대하여 접근할 수 있는 권한이 해당 서비스를 제공하기 위하여 반드시 필요한 접근권한은 아닌 경우이다. 이 경우 법률은 접근권한이 필요한 정보 및 기능의 항목, 접근권한이 필요한 이유, 접근권한 허용에 대하여 동의하지 아니할 수 있다는 사실을 이용자가 명확하게 인지할 수 있도록 알리고 이용자의 동의를 받아야 한다(제22조의2 제1항 제2호). 접근권한 허용에 대하여 동의하지 아니할 수 있다는 사실을 추가로 알려야 한다는 점에서 제1유형과 다르다.

그리고 정보통신서비스 제공자는 해당 서비스를 제공하기 위하여 반드시 필요하지 아니한 접근권한을 설정하는 데 이용자가 동의하지 아니한다는 이유로 이용자에게 해당 서비스의 제공을 거부하여서는 아니 된다. 이 점이 제1유형과 가장 큰 차이라고 할 수 있다. 다른 것은 원칙적으로 제1유형과 같다.

2. 필요한 조치와 실태조사

한편, 이동통신단말장치의 기본 운영체제를 제작하여 공급하는 자와 이동통신단말장치 제조업자 및 이동통신단말장치의 소프트웨어를 제작하여 공급하는 자의 이용자 정보 보호에 필요한 조치, 방송통신위원회의 실태조사는 제1유형과 동일하다.

제4절 소결 및 입법개선방안

이 제도는 현대 컴퓨터 환경에서 이용자가 원하는 정보를 전달해 주고, 정보를 생산·수정할 수 있도록 지원하는 앱을 이용자가 편리하게 쓰면서도 이

앱으로 인한 개인정보 침해 문제를 막기 위한 적절한 수단이다. 그런데 이미 설명한 것처럼 엄밀한 의미에서 앱은 핸드폰(이동통신단말장치)에만 사용하는 것이 아니라 개인용 컴퓨터에도 널리 사용된다. 과거 개인용 컴퓨터에 사용되는 이러한 프로그램을 프로그램이라고 불러왔을 뿐 모두 응용 프로그램으로 그 본질은 같다. 그리고 실제 최근에는 앱이라는 용어가 일상화되면서 개인용 컴퓨터에 사용하는 프로그램도 앱이라고 부르기도 한다. 그렇다면 앱 접근권한에 대한 이용자의 보호는 핸드폰 이용자뿐 아니라 개인용 컴퓨터 이용자에게도 마찬가지로 요청된다. 그런데 제22조의2는 핸드폰 앱을 개발한 회사나 개발자의 접근권한을 얻는 경우로만 그 적용범위를 제한하고 있다. 따라서 이를 개인용 컴퓨터 앱을 개발한 회사나 개발자가 접근권한을 얻는 경우에도 확대 적용하는 것이 바람직하다. 입법적 개선이 필요하다.

제 6 장 보이스피싱의 예방 및 대응

제 1 절 개 관

속이는 행위로 다른 사람의 정보를 수집하거나 다른 사람이 정보를 제공하도록 유인하는 행위는 금지되고(제49조의2), 이를 위반할 경우에는 벌칙(제72조 제1항 제2호, 제73조 제7호) 또는 과태료(제76조 제3항 제12호의2)를 과하도록 함으로써 제도의 실효성을 보장하고 있다.

이 제도는 2005. 12. 30. 피싱 등의 수법을 이용한 금융사기 피해 등을 원천적으로 방지하고자 도입되었다(법률 제7812호, 2005. 12. 30. 일부개정, 2006. 3. 31. 시행. 법률안 개정이유). 2020. 2. 4.자 데이터3법 개정시 이 조문의 제목이 개정되었다. 즉 '속이는 행위에 의한 개인정보의 수집금지'에서 현재의 '속이는 행위에 의한 정보의 수집금지등'으로 개정되었다. 법률안의 개정이유에 의하면 개인정보 보호 관련 데이터3법의 개정으로 정보통신망법상의 개인정보 보호 관련 조문이 「개인정보 보호법」으로 모두 이동함에 따라 이 조문에서 개인정보 부분과 소관 부처인 방송통신위원회를 모두 삭제한 것으로 보인다.

제 2 절 내 용

1. 속이는 행위 등의 요건

가. 주 체

법문에서는 '누구든지' 속이는 행위를 하지 못하도록 규정되어 있으므로 주체에 대한 제한은 없다. 따라서 속이는 행위를 하여 타인의 정보를 수집한 자는 3년 이하의 징역 또는 3천만원 이하의 벌금에 처하고(제72조), 타인의 정보를 제공하도록 유인한 자에 대하여는 2년 이하의 징역 또는 2천만원 이하의 벌금에 처하도록 하고 있다(제73조).

나. 정보통신망을 통하여 속이는 행위

정보통신망을 통하여 속이는 행위로 다른 사람의 정보를 수집하거나 유인하는 것이 금지된다. 속이는 행위가 금지되는 것은 정보통신망을 통하여 속이는 행위이므로 다른 매체를 통하여 속이는 행위는 이 법의 적용 대상이 되지 못한다. 속이는 행위란 상대방을 기망하여 착오에 빠트리는 일체의 행위를 의미하고, 타인을 속여 재물을 편취하는 사기죄와는 구별된다.

다. 타인의 정보

타인의 정보가 무엇을 의미하는지에 대하여는 이 법의 개정 전후로 구분하여 논의하여야 한다. 개정전에는 '속이는 행위에 의한 개인정보의 수집금지'라는 제명에 따라 타인의 정보는 모두 타인의 개인정보라는 견해(개인정보설)을 기본으로 하여, 여기에 개인정보 이외에 다른 정보도 포함된다는 견해(정보설)의 대립이 있었다. 그러나, 현행과 같이 개정이 되어서 이제는 개인정보 이외에 다른 정보가 속이는 행위의 대상이 되는 정보라는 것이 명백해졌다. 오히려 타인의 정보에 개인정보도 포함하여 해석할 수 있는지가 문제가 되고 있다. 예를 들어 과학기술정보통신부장관이 이 조문을 근거로 사이버사기(보이스피싱, 스미싱 등)에 악용된 전화번호의 차단이 가능한가 하는 점이다. 가능하다고 보면 위 타인의 정보에는 개인정보도 포함된다고 보는 견해이고(개인정보 포함 정보설), 불가능하다고 보면 개인정보를 제외한 나머지 정보가 해당된다는 견해가 될 것이다(개인정보 제외 정보설). 데이터3법 개정 취지에 따른다면 정보통신망을 통한 개인정보의 보호에 관한 규율은 전부 개인정보보호법으로 이관되었다고 보면 이 법상 타인의 정보에는 개인정보는 제외한 나머지 정보로 제한하여 보는 것이 타당하다(개인정보 제외 정보설)고 할 것이나 개인정보를 제외하면 보이스피싱을 막겠다는 당초의 취지를 살리기 어려울 것이다.

2. 정보통신서비스 제공자의 신고의무

가. 신고의무의 내용

정보통신서비스 제공자는 속이는 행위로 타인의 정보 수집 등의 사실을 발견하면 과학기술정보통신부장관 또는 한국인터넷진흥원에 신고하여야 한다 (제49조의2 제2항), 이는 과학기술정보통신부장관 등으로 하여금 제3항의 필요한 조치를 함으로써 피해의 확산 등을 방지하기 위함이다. 이처럼 정보통신서비스 제공자의 신고는 과학기술정보통신부장관 등의 조치를 위한 전제조건이 된다고 할 것이다.

나. 신고의무위반의 효과

정보통신서비스 제공자의 신고의무는 법상 의무라고 할 것이므로 이를 위반하게 되면, 과학기술정보통신부장관등은 제64조 제1항 제3항에 의한 자료제출, 제4항에 의한 시정명령 등의 조치를 할 수 있다. 이를 통하여 정보통신서비스 제공자의 신고의무의 실효성을 담보할 수 있다고 할 것이다.

3. 과학기술정보통신부장관 등의 조치

가. 조치의 내용

과학기술정보통신부장관 또는 한국인터넷진흥원이 정보통신서비스 제공자의 신고 또는 다른 방법으로 제1항의 위반사실을 알게 되면 다음 각호의 필요한 조치를 취하여야 한다(제49조의2 제2항).

1. 위반 사실에 관한 정보의 수집 · 전파
2. 유사 피해에 대한 예보 · 경보
3. 정보통신서비스 제공자에게 접속경로의 차단을 요청하거나 이용자에게 제1항의 위반행위에 노출되었다는 사실을 알리도록 요청하는 등 피해 예방 및 피해 확산을 방지하기 위한 긴급조치

나. 정보통신서비스 제공자에 대한 명령

과학기술정보통신부장관은 제3호의 경우, 정보통신서비스 제공자에게 다른 정보통신서비스 제공자간에 정보공유 등 필요한 조치를 취할 것을 명할 수 있고(제4항), 정보통신서비스 제공자가 이 명령을 이행하지 아니한 경우에는 과태료에 처한다(제76조 제3항 제12호의2).

4. 제재 규정

가. 벌 칙

보이스피싱을 방지하기 위하여 이를 위반한 자에 대한 형벌로는 두 개의 규정이 있다. 제49조의2를 위반하여 다른 사람의 정보를 수집한 경우에는 3년 이하의 징역 또는 3천만원 이하의 벌금에 처하고(제72조 제1항 제2호), 정보의 제공을 유인한 자에 대하여는 2년 이하의 징역 또는 2천만원 이하의 벌금에 처하도록 규정하고 있다(제73조 제7호).

나. 과태료

과학기술정보통신부장관은 제3호의 경우, 정보통신서비스 제공자에게 다른 정보통신서비스 제공자간에 정보공유 등 필요한 조치를 취할 것을 명할 수 있고(제4항), 정보통신서비스 제공자가 이 명령을 이행하지 아니한 경우에는 1천만원 이하의 과태료를 부과하도록 규정하고 있다(제76조 제3항 제12호의2). 한편 방송통신위원회는 근거법인 제49조의2 제4항의 명령권자에서 삭제되었는데도 불구하고 제76조 제3항 제12호의2의 과태료 근거에는 삭제되지 않고 남아있는데, 이는 입법오류라고 할 것이다.

5. 통신사기피해환급법 제15조의2와 관계

「전기통신금융사기 피해 방지 및 피해금 환급에 관한 특별법」(통신사기피해환급법)에 의하면 전기통신금융사기를 목적으로 타인으로 하여금 컴퓨터 등 정보처리장치에 정보 또는 명령을 입력하게 하는 행위 또는 취득한 타인의 정보를 이용하여 컴퓨터 등 정보처리장치에 정보 또는 명령을 입력하는 행위를 한 자는 10년 이하의 징역 또는 1억원 이하의 벌금에 처하도록 규정되어 있다(제15조의2). 여기서 전기통신금융사기란 「전기통신기본법」 제2조 제1호에 따른 전기통신을 이용하여 타인을 기망(欺罔)·공갈(恐喝)함으로써 재산상의 이익을 취하거나 제3자에게 재산상의 이익을 취하게 하는 자금을 송금·이체하도록 하는 행위 또는 개인정보를 알아내어 자금을 송금·이체하는 행위를 말하고, 다만, 재화의 공급 또는 용역의 제공 등을 가장한 행위는 제외하되, 대출의 제공·알선·중개를 가장한 행위는 포함하는 것으로 규정되어 있다(제2조). 이와 같이 전기통신금융사기와 정보통신망법상 보이스피싱 규제의 차이가 문제가 된다.

　정보통신망법상 보이스피싱 규제는 속이는 행위에 의한 정보의 수집 등은 목적과 상관없이 속이는 행위로 인한 정보의 수집 자체를 금지하고 처벌하는 것인 반면, 통신사기피해환급법 벌칙의 구성요건은 전기통신금융사기를 목적으로 한 속이는 행위를 대상으로 한 것이라는 점에서 차이가 있다. 통신사기피해환급법상 전기통신금융사기란 만일 전기통신금융사기의 목적이 없이 단순하게 속이는 행위로 정보를 수집한 경우라면 정보통신망법이 적용될 것이고, 그 목적이 있는 경우라면 통신사기피해환급법을 적용하게 될 것이다.

제 7 장   영리목적의 광고성 정보 전송 제한

제 1 절   목적 및 연혁

전자적 전송매체를 이용한 광고성 정보 전송에 대한 규제의 역사는 1990년대 초반으로 거슬러 올라간다. 수신자의 의사에 반한 광고성 정보는 개인의 사생활 침해는 물론 개인이나 기업의 업무에 많은 지장을 준다. 광고성 정보의 송·수신 증가에 따른 서버증설, 광고성 정보를 걸러내기 위한 필터링 작업, 트래픽 증가에 따른 통신망 확대 등에 따른 비용 발생도 개인, 기업 및 통신사업자에게 적지 않는 피해를 준다. 이처럼 광고성 정보 전송으로 인한 사회·경제적 비용이 편익을 크게 앞지름에 따라 대다수 국가들이 전자매체를 이용한 광고성 정보의 전송 행위를 규제하고 있다.

맨 먼저 규제가 시작된 것은 전화와 팩스였다. 미국은 1991년부터 연방통신법(Communications Act of 1934)을 일부 개정한 전화소비자보호법(Telephone Consumer Protection Act)을 통해 자동전화시스템(automatic telephone dialing)과 사전 녹음 전화 시스템(prerecorded calls)을 이용한 텔레마케팅에 대해서 수신자의 사전 동의를 받도록 하는 옵트인(opt-in) 방식을 채택하는 한편, 팩스를 이용해 요청받지 않은 광고 정보(이른바 정크 팩스)를 전송할 때에도 미리 팩스 소유자의 동의를 받도록 하였다. 1991년 법 개정 당시 미국에서는 전자우편 광고가 사회적으로 큰 문제가 되고 있었으나 의회는 이에 대해 전혀 논의가 없었고 연방통신위원회 역시 이 문제에 대해서는 답변을 회피하였다. 상업적인 전자우편에 대한 규제가 본격적으로 시작된 것은 2003년 「CAN-SPAM ACT」(이하 "스팸방지법"라 한다.)가 제정되고 부터이다. 이 법은 모든 "상업적 전자우편 메시지"(commercial electronic mail message)를 그 규율의 대상으로 하고 있으나 "거래가 있거나[15] 관계가 있는 메시지"(transactional or relationship messages)는 적용대상에서 제외하고 있다. 동법은 상업적 전자우편 메시지에 대하여 옵트아웃(Opt-out) 방식을 적용하고 있다.

유럽연합은 미국과 달리 1990년대 중반까지 자동전화 광고나 팩스 광고에 대해서 특별한 규제를 두고 있지 않았다. 전화광고 및 팩스광고에 대한 규제가 시작된 것은 1997년 5월 채택한 「유럽 원격판매 지침(EU Distance Selling Directive)」에서 부터이다. 동 지침은 상품 또는 서비스의 공급자가 광고성 정보를 전송하기 위하여 사람의 개입이 없이 이루어지는 자동전화시스템(automated calls system) 또는 팩스를 이용하고자 할 때에는 미리 소비자의 동의를 얻도록 함으로써 원격통신수단을 이용한 무분별한 마케팅 활동으로부터 소비자의 사생활 보호와 경제적 피해 예방을 도모하고자 하였다. 그러나 동 지침은 자동전화시스템 및 팩스 이외의 원격통신수단을 이용한 마케팅 활동은 소비자의 "명백한 반대(clear objection)"가 없는 한 사전 동의가 없더라도 전송할 수 있도록 하였다. 다시 말해, 자동전화와 팩스에 대해서는 opt-in 규제방식을 적용하고, 그 밖의 다른 통신수단에 의한 광고에 대해서는 opt-out 규제방식을 채택한 것이다. 동 지침상 자동전화와 팩스를 제외한 원격통신수단에는 전단지(주소가 기재된 것을 포함), 편지, 주문서가 포함된 신문광고, 카탈로그, 육성 전화, 라디오, 텔레비전(홈쇼핑), 비디오폰, 비디오텍스 외에 전자우편도 포함된다.

1997년 채택된 「전기통신분야에서의 개인정보보호지침」(Directive on protection of privacy in the telecommunications sector)도 「유럽 원격판매 지침」과 마찬가지로 다이렉트 마케팅 목적으로 이용되는 팩스와 사람의 개입이 없이 이루어지는 자동전화발신시스템(automatic calling machine)에 대해서는 가입자의 사전 동의를 요구하는 옵트인 규제방식을 적용하고, 이 두 가지 수단 이외에 대해서는 회원국의 법률로 옵트인 또는 옵트아웃을 선택할 수 있게 하고 있었다. 그러나 전자우편 스팸에 대한 소비자들의 불만이 커지고 전자우편 스팸의 송·수신 및 필터링에 소요되는 사회·경제적 비용이 확대되자, 2002년 개정

---

15) "거래관계가 있는 메시지"는 정보통신망법 제50조 제1호의 "거래관계를 통해 수집한 광고성 정보"와는 구분된다. 즉, 거래관계 중 송수신된 광고성 정보를 의미하는 것이 아니라 거래관계 중의 송수신되는 "업무목적" 정보만을 의미한다.

된 「정보통신분야에서의 개인정보보호지침」(2002년 e-privacy directive)은 팩스 및 사람의 조작 없이 이루어지는 자동발신시스템뿐만 아니라 전자우편에 대해서도 가입자의 사전 동의를 요하는 옵트인 규제방식을 적용하는 것으로 전환하였다. 다만, 자연인이든 법인이든 물품이나 서비스의 거래과정에서 고객으로부터 전자우편 주소를 직접 수집하면서 해당 정보를 다이렉트 마케팅 목적으로 이용하는 것에 대하여 거부할 수 있는 기회를 명시적이고 개별적으로(clearly and distinctly) 제공했다면, 해당 전자우편 주소를 유사한 재화나 서비스의 다이렉트 마케팅 목적으로 이용할 수 있는 옵트아웃 규제방식을 예외적으로 적용하고 있다. 하지만, 팩스와 자동발신시스템에 대해서는 이와 같은 예외가 인정되지 않으며, 전자우편, 팩스 및 자동발신시스템을 제외한 광고수단에 대해서는 회원국이 옵트인 또는 옵트아웃을 선택할 수 있게 하였다. 또한 팩스, 자동발신시스템, 전자우편에 대한 옵트인 규제방식은 가입자가 자연인인 경우에만 적용되며, 자연인 이외의 가입자에게도 옵트인을 적용할지 여부는 회원국의 선택에 맡겼다.

우리나라에서 전자적 전송매체를 이용한 광고성 정보 전송을 처음으로 규제하기 시작한 것은 1999년 7월 1일 시행된 정보통신망법에서부터이다. 당시 미국과 유럽이 자동발신전화와 팩스에 대해서는 옵트인을 적용하고 전자우편에 대해서는 옵트아웃을 적용했던 것과 달리 우리나라는 전송매체를 구분하지 않고 전자적 전송매체를 이용한 모든 형태의 광고성 정보에 대하여 옵트아웃 제도를 적용하고 있었다. 2002년 전부 개정시에도 광고성 정보 전송에 대하여는 옵트아웃 제도가 그대로 유지되었고, 2005년 법 개정시 비로소 전화와 팩스는 옵트인으로 전환되고 전자우편과 그 밖에 대통령령이 정하는 매체를 이용한 영리목적의 광고성 정보 전송에 대하여는 옵트-아웃을 적용하는 것으로 하였다. 유럽연합이 전자우편에 대해서도 옵트인을 적용하기로 한 2002년으로부터 12년이 지난 2014년에야 비로소 전자우편을 포함한 모든 "전자적 전송매체"에 대해서 옵트인으로 전환해 지금에 이르고 있다.

제 2 절   전자적 전송매체의 개념 및 유형

1. 전자적 전송매체의 개념

정보통신망법 제50조는 '누구든지 전자적 전송매체를 이용하여 영리목적
의 광고성 정보를 전송하려면 그 수신자의 명시적인 사전 동의를 받아야 한다.'
라고 규정하고 있다(제1항). 이 경우 "전자적 전송매체"란 정보통신망을 통하여
부호 · 문자 · 음성 · 화상 또는 영상 등을 수신자에게 전자문서 등의 전자적 형
태로 전송하는 매체를 말한다(제2조 제1항 제13호). 미국, 캐나다, 유럽연합 등이
광고정 정보의 전송매체를 전화, 팩스, 전자우편, 그 밖의 전자적 전송매체로
열거식으로 정의하고 있는 것과 다르다. 우리나라도 2014년 법 개정 전 구 정
보통신망법에서는 전송매체를 전화, 팩스 및 전자우편이나 그 밖에 대통령령으
로 정하는 매체로 하고 있었고(제50조 제1항 및 제2항), 영 제61조는 "대통령령으
로 정하는 매체"란 "정보통신망을 통하여 수신자의 연락처로 부호 · 문자 · 화
상 또는 영상을 전자문서 등 전자적 형태로 전송하는 매체를 말한다."라고 규
정하고 있었다. 이에 따라 구법에서는 전자적 전송매체가 "연락처"로 제한되어
있었고 연락처가 매우 중요한 의미를 차지하고 있었다.

그러다 2014년 법 개정으로 "전자적 전송매체"라는 용어가 신설되고 "연
락처"라는 용어는 정의에서 삭제되었다. 이에 따라 "전자적 전송매체"의 개념
과 범위는 이전보다 크게 확장되었다. "전송매체"는 기술 중립적이고 개방적인
개념이라서 전자적인 방식으로 전송되는 한 전화, 팩스, 전자우편 등에 한정되
지 않고 앱, SNS, 블로그, 카페 등도 메시징 기능을 이용하여 쪽지 광고 등을
전송하는데 이용되는 한 전자적 전송매체에 해당할 수 있다. 아래 2.에서 살펴
보는 바와 같이 미국, 캐나다, 유럽연합도 사용하는 용어는 전자우편(electronic
mail), 전자주소(electronic address), 통신수단(any means of telecommunication) 등
으로 각기 다르지만 전송매체의 범위를 매우 넓게 보고 있다.[16]

---

[16] 미국과 캐나다는 전화와 팩스에 대해서는 별도의 법으로 규율하고 있고, 유럽연합 지침
은 우리나라와 마찬가지로 하나의 법률로 규율하고 있으나 규율대상을 지칭하는 용어
는 다르다.

　　방통통신위원회와 한국인터넷진흥원이 공동으로 발간한 '불법스팸 방지를 위한 정보통신망법 안내서(2020.7)'(이하 "스팸 안내서"라 한다.)는 전자적 전송매체를 유선전화, 휴대전화, 팩스, PC, 태블릿 PC 등 수신자가 보유하는 통신수단으로 정보를 전자적으로 전송할 수 있는 일체의 매체를 의미한다고 하여 전송매체를 단순히 물리적인 단말기로 파악하고 있으나, 다양한 형태의 단말기가 난무하게 될 사물인터넷(IoT) 환경에서는 단말기의 종류보다는 정보 전송의 방법과 수단에 더 초점을 두어야 한다. 다른 나라와 달리 우리나라는 전자적 전송매체라는 용어를 사용하고 있어 개인이용자의 사적 통신영역으로의 전송을 목적으로 이용될 수 있는 IP주소, IMEI, IMSI 등과 같은 디지털 식별자도 전자적 전송매체에 해당한다고 볼 수 있어 지나치게 확대 해석될 가능성이 크다.

2. 전자적 전송매체의 유형

가. 전화, 팩스, 전자우편 등 전자적 연락처

　　일반적으로 정보통신망을 통하여 정보를 송수신할 수 있는 연락처 정보인 전화, 팩스, 전자우편은 대표적인 전자적 전송매체에 해당한다. "음성(calling)" 전달 서비스뿐만 아니라 전화 시스템을 이용하여 전송되는 전화 대 전화 메시지 전달 서비스(SMS, LMS, MMS 등)도 전화에 포함된다. 그러나 수신자의 휴대전화에 전송될 수 있는 메시지 서비스라도 발신자의 전화를 이용하지 않고 컴퓨터를 이용해서 전송되는 컴퓨터 대 전화 메시지 서비스(카카오톡 등)는 전화에 해당하지 않는다. 후자의 경우에는 전화보다는 "그 밖의 전자적 전송매체"에 해당하는 것으로 보아야 한다.

나. SNS 계정, 앱 푸시 등 그 밖의 전송매체

　　전화, 팩스, 전자우편 이외에도 정보를 전자적으로 "전송"할 수 있는 방법에는 여러 가지가 있다. 예컨대, 소셜 미디어의 메시징 시스템을 이용하여 개인이용자의 사적 통신영역에 일방적으로 메시지를 "전송"했다면 그 메시징 시스템은 전자적 전송매체에 해당한다. 앱을 이용하여 특정 이용자에게 광고를 푸시한 경우 앱 푸시 기능도 전송매체로 볼 수 있다. 그러나 소셜 미디어의 포스팅 서비스를 이용하여 어떤 기업이용자가 자신의 계정에 광고를 포스팅한 경우 또는 개인이용자가 자신의 SNS 계정 담벼락에 다른 회사의 광고성 정보를 공유한 경우에는 일방적 전송 과정이 없으므로 포스팅 서비스는 전자적 전송매체로 볼 수 없다. 마찬가지로 웹사이트의 배너광고와 팝업광고, 블로그의 포스트광고 등은 수신자에게 일방적으로 전송되는 것이라기보다는 이용자가 해당 사이트를 방문해서 보게 되거나 불러온 것이므로 전송매체로 보기 어렵다.

「불법 스팸 방지를 위한 정보통신망법 안내서(제5차 개정판, 2020년, 이하 "스팸 안내서"라 한다.)」는 정보통신망법 상 광고성 정보 전송 관련 규정은 정보통신망을 통해 전송되는 모든 광고성 정보를 규제대상으로 보는 것이 아니라 전송된 정보가 이용자의 사적영역을 침범하여 들어오는 경우를 규제대상으로 하고 있어 TV광고나 인터넷 홈페이지 배너광고, 팝업광고 등도 정보통신망을 통해 전송되는 광고성 정보에 해당하지만 이용자가 특정 서비스를 이용하기 위하여 스스로가 해당 광고가 노출되는 곳으로 접근하여 해당 서비스를 이용하고 있기 때문에 보게 되는 광고성 정보로 스팸 규제의 대상이 되는 광고성 정보와 구분된다고 설명하고 있다.

전화, 팩스, 전자우편 이외의 전자적 전송매체를 규제하는 방식에는 나라마다 차이가 있다. 미국 스팸방지법(2003년)의 규율 대상은 "전자우편 메시지(electronic mail message)"이다. 이 경우 "전자우편 메시지"란 특정 전자우편 주소로 전송된 메시지를 말하고, "전자우편 주소"란 고유 이용자 이름 또는 메일박스(로컬 부분)와 인터넷 도메인에 관한 참조(도메인 부분)로 구성되어 있고 일련의 문자열로 표시되어 있어 전자우편을 송신하거나 수신할 수 있는 목적지를 말한다(§3(5),(6)). 그럼에도 불구하고 몇몇 연방법원 판례는 스팸방지법이 규정하고 있는 "전자우편 메시지"의 정의를 이유로 전자우편 메시지에는 소셜 네트워크(페이스북, 링크드인 등) 이용자의 받은 편지함(inbox), 뉴스 피드(news feed), 담벼락(wall) 등에 전송된 상업적 메시지를 포함하는 것으로 판시하고 있다.[17] 또한 스팸방지법은 휴대전화와 같은 무선단말기로 전송되는 일부 메시지

---

17) FTC, Candid answers to CAN-SPAM questions, Aug 18, 2015

에도 적용된다. 2005년 미국 연방거래위원회(FTC)는 가입자의 무선 장치에 전
송하기 위해 무선 통신 사업자가 할당한 인터넷 도메인 이름을 참조하는 주소
로 원하지 않는 상업 메시지를 보내는 것을 금지하는 규칙을 채택하였다. 이에
따라 인터넷과 전화번호 사이에 단문 메시지(SMS) 기술을 이용한 원치 않은 문
자 메시지를 휴대전화로 보내는 것은 금지된다(opt-in). 그러나 보다 일반적인
문자 메시지 방식인 전화 대 전화 SMS 문자는 스팸방지법의 규율을 받지 않고
전화로 간주되어 전화소비자보호법(TCPA)의 규율을 받는다.

　　캐나다도 실시간 육성전화(live voice calls)와 자동전화(automated tele-
marketing calls)는 통신법(Telecommunications Act)과 스팸 통신규칙(Unsolicited
Telecommunications Rules)의 규율을 받고, 상업적 "전자 메시지(electronic mes-
sage)"는 「Canada's Anti-Spam Legislation」(CASL)(이하 "반스팸법"이라 한다.)의
규율을 받는다. 미국 스팸방지법이 "전자우편 메시지"를 규율대상으로 하는 것
과 달리 캐나다 반스팸법은 규율 대상을 "전자적 메시지"로 매우 넓게 규정하
고 있다. 이 경우 "전자적 메시지"란 문자, 소리, 음성, 이미지를 포함하여 모든
통신수단(any means of telecommunication)을 통해 전송되는 메시지를 의미하고
(§1(1)), "통신"이란 유선, 케이블, 라디오, 광학전자, 그 밖의 전자적 시스템 및
이와 유사한 기술 시스템에 의한 정보의 방출, 전송 또는 수신을 의미한다. 또
한 반스팸법은 "전자적 주소(electronic address)"라는 별도의 용어를 사용하고 있
는데 이 때 "전자적 주소"란 우편계정, 인스턴트메시지계정, 전화계정, 그 밖에
이와 유사한 계정으로 전자적 메시지를 전송하는데 이용되는 주소를 의미한다
(§1(1)). 캐나다 방통통신위원회는 "그 밖에 유사한 계정"에는 소셜 미디어 계정
(social media accounts), 블로그, 웹사이트, 모바일 애플리케이션, 그 밖의 모든
디지털 또는 전자적 통신수단이 포함되는 것으로 보고 있다.

　　한편, 유럽연합의 2002년 「e-privacy directive」[18]를 대체할 예정인 유럽
연합 「e-Privacy Regulation(안)」[19]은 동 규정의 규율대상을 직접 마케팅 통신

---

18) Directive 2002/58/EC of the European Parliament and of the Council of 12 July 2002
　　concerning the processing of personal data and the protection of privacy in the
　　electronic communications sector
19) Proposal for a REGULATION OF THE EUROPEAN PARLIAMENT AND OF THE

을 전송할 목적으로 이용되는 전자통신 서비스(electronic communications serv-
ices)로 규정하고 있다(§16). 이 경우 "전자통신 서비스"란 일반적으로 수익을
목적으로 전자통신 네트워크를 통해 제공되는 서비스를 말한다. 인터넷 접속
서비스, 사람 대 사람 간 통신(interpersonal communications), 주로 신호 전달로
구성되는 서비스 등은 포함되나, 전자통신 네트워크 및 서비스를 이용하여 전
송받은 콘텐츠를 제공하거나 편집·통제하는 서비스는 포함되지 않는다(§2(4)).
예컨대, 자동 전화 시스템(automated calling systems), 통신 시스템, 인스턴트 메
시징 앱, 전자우편, SMS, MMS, Bluetooth, 그 밖에 이와 유사한 모든 통신수단
이 포함된다(Recital (33)).

제3절 영리목적 광고성 정보의 개념 및 범위

1. 광고성 정보의 개념

가. 광고성 정보

법 제50조의 규제대상이 되는 정보는 전자적 전송매체를 통해 전송되는
"광고성" 정보이다. 좁은 의미에서 광고는 '판매를 목적으로 제품이나 서비스에
대한 정보를 여러 가지 매체를 통하여 소비자에게 널리 알리는 의도적인 활동'
을 의미하고, 넓은 의미로는 목적·대상·수단에 상관없이 '세상에 널리 알리
는 것'을 의미한다. 후자의 의미로는 종종 "홍보"라는 용어가 쓰이기도 하는데
정치광고, 개인PR, 그 밖의 정보 전파 활동이 모두 광고에 포함된다. 「표시·
광고의 공정화에 관한 법률(이하 "표시·광고법"이라 한다.)」은 "광고"를 사업자등
이 상품등에 관하여 자기 또는 다른 사업자등에 관한 사항, 자기 또는 다른 사
업자등의 상품등의 내용, 거래 조건, 그 밖에 그 거래에 관한 사항을 신문, 인
터넷신문, 정기간행물, 방송, 전기통신, 그 밖에 대통령령으로 정하는 방법으로

COUNCIL concerning the respect for private life and the protection of personal data
in electronic communications and repealing Directive 2002/58/EC

소비자에게 널리 알리거나 제시하는 것을 말한다고 정의하고 있다(제2조 제2항).

법 제50조에서 말하는 광고성 정보는 표시·광고법 상의 광고와 일치하는 것은 아니다. 직접 재화등의 판매를 목적으로 자신 또는 다른 사람이 취급하거나 운영하고 있는 재화, 서비스, 웹사이트 등에 관한 정보를 알리는 것으로 좁게 해석할 수 있지만, "광고성" 정보를 규율의 대상으로 하고 있으므로 간접적으로 판매를 지원 또는 후원하기 위해서 전송되는 사업자 자신에 관한 정보(회사의 이름, 연락처, 연혁 등), 뉴스레터(경제동향, 업계동향, 정책동향, 법제동향, 판례동향, 건강정보 등의 제공), 만족도 조사, 이전 안내, 인사장, 연하장 등과 같은 홍보적 성격의 정보도 포함되는 것으로 해석하는 것이 타당하다. 또한 회사의 이미지를 개선하고 알리기 위한 정보도 당연히 포함된다. 쇼핑몰에서 장바구니에 담아 놓은 관심 품목에 대한 안내 전자우편과 같이 수신자의 편의를 위한 정보의 전송도 판매 목적이 있으므로 광고성 정보에 해당한다.

광고성 정보를 보다 넓게 해석하면 의정활동 보고서, 자원봉사자 모집 메일, 기부금품 후원 문자 등과 같은 비상업적 정보도 포함되는 것으로 볼 수 있으나, 제50조는 영리 목적의 광고성 정보만을 규율 대상으로 하므로 영리를 목적으로 하지 않은 광고성 정보는 본조의 규율대상이 아니다. 영리목적에 대해서는 뒤에서 별도로 설명한다.

(1) 광고성 정보와 상업적 정보의 차이

광고성 정보와 상업적 정보는 구분해야 한다. 상업적 정보는 상업적 목적을 갖거나 상업적 성격을 띄는 모든 메시지를 의미한다. 상업적을 띄면 족하므로 반드시 광고성 정보일 필요가 없다. 상업 활동에는 무수한 정보들이 오고감으로 상업적 정보의 범위는 매우 넓다. 이에 따라 상업적 정보를 규율대상으로 하고 있는 법률들은 대부분 상업적 정보의 범위를 일정한 범위 내로 제한하려고 노력하고 있다. 예컨대, 미국의 스팸방지법은 "상업적 전자우편 메시지(commercial electronic mail message)"를 '상업적 목적으로 운영되는 웹사이트 상의 내용들을 홍보하는 전자우편 메시지를 포함하여 상업적 제품이나 상업적 서비스에 관한 상업적인 광고 또는 홍보가 주된 목적인 전자우편 메시지'로 정의하고 있다(§(2)(A)). 다만, 상업적 전자우편 메시지의 범위가 너무 확대되는 것을 경계하여 상업적 전자우편 메시지라도 아래에서 보게 될 업무(거래) 메시지(Transactional messages)와 관계 메시지(relationship messages)는 해당 정의에서 제외하고 있다(§(2)(B)). 또한 메시지의 내용 또는 정황으로 볼 때 그 "주된 목적"이 상업적 제품이나 상업적 서비스의 상업적 광고 또는 홍보가 아닌 경우라면 전자우편 메시지에 상업적 조직에 관한 언급 또는 상업적 조직의 웹사이트로 연결되는 링크를 삽입하는 것만으로 해당 메시지를 상업적 전자우편 메시지로 취급할 수 없다고 규정하고 있다(§(2)(A)). 즉 미국 스팸방지법 "주된 목적"이 상업적이면서 광고성인 메시지만 규율대상으로 하므로 메시지가 비상업적이거나 비광고성인 메시지는 규율대상에서 제외된다.

"광고성 정보"에 상응하는 개념으로 "상업적 전자 메시지(commercial electronic message)"라는 용어가 사용되기도 한다. 캐나다의 반스팸법은 상업적 전자 메시지를 규율대상으로 하는데 "상업적 전자 메시지"를 '영리 목적이 있든 없든 수신인으로 하여금 상업적 활동(commercial activity)에 참여하도록 권유'하는 전자적 메시지로 정의하고 있다. 이 때 메시지의 내용, 메시지에 포함된 하이퍼링크와 연결된 웹사이트 또는 데이터베이스의 내용, 메시지에 포함된 연락처 정보가 상업적 활동을 격려하는 것인지 여부를 고려해야 한다. 일반적으로 ① 제품, 서비스, 토지 등의 구매, 판매, 교환, 임대 등의 제안, ② 사업, 투자, 게임 등에 관한 기회 제공 제안, ③ ① 또는 ②와 관련된 광고 또는 홍보, ④ ①에서 ③까지에 해당하는 활동을 제안하는 개인 또는 기업에 관한 홍보(그 개인 또는 기업의 이미지 포함)는 상업적 메시지로 간주한다(§1(1),(2)). 또한 상업적 전자 메시지 전송에 대한 동의를 요청하는 내용이 포함된 전자 메시지도 상업적 전자 메시지로 간주된다(§1(3)). 다만, 캐나다의 반스팸법은 업무(거래) 메시지(transactional message)와 관계 메시지(relationship message)를 상업적 메시지의 범위에서 완전히 제외하지 않고 동의 등의 의무만을 면제하고 있다.

이처럼 상업적 정보는 사전적 의미로는 매우 넓은 개념이지만 용어 정의를 통해 상업적인 광고 또는 홍보가 주된 목적인 메시지 또는 상업 활동을 권유하기 위한 메시지로 제한함으로써 상업적 정보를 광고성 정보에 근접시키고 있다. '스팸 안내서'는 영업을 하는 자가 고객에게 보내는 정보는 원칙적으로

모두 광고성 정보에 해당하고, 영리법인은 존재 목적이 영리추구이기 때문에
원칙적으로 고객에게 전송하는 모든 정보는 영리목적 광고성 정보에 해당한다
고 설명하고 있으나, 이는 상업적 정보에 관한 설명이지 광고성 정보에 관한
설명이라고 할 수 없다. 광고(성)에 대한 사전적 의미를 뛰어 넘은 해석이자 미
국이나 캐나다의 스팸법에서 정의하고 있는 상업적 메시지의 개념보다 더 넓
은 해석이다. 이와 같은 해석이 가능하게 하려면 광고성 정보를 상업적 정보라
는 용어로 대체하거나 법률에 명시적으로 광고성 정보에 관한 정의 규정을 두
어야 할 것이다.

예컨대, '스팸 안내서'는 광고성 정보 전송에 대한 동의를 받기 위한 전화
나 전자우편도 광고성 정보로 보고 있는데 수신자의 동의를 받기 위한 메시지
는 "상업적 메시지"에는 해당하여도 "광고성 정보"에는 포함될 수 없다. 이는
"광고성" 정보의 사전적 개념을 뛰어넘는 해석이다. 캐나다 반스팸법도 상업적
메시지 수신 동의를 받기 위한 메시지도 "상업적 메시지"에 해당한다고 보아
규제 대상에 포함하고 있으나 그것을 "광고성 정보"로 본다는 것은 아니다. 상
업적 메시지를 광고성 정보와 동일한 개념으로 해석해 버리면 아래에서 설명
하게 될 업무목적 정보, 친구·지인 추천 정보 등과 같은 상업적 정보들도 모
두 광고성 정보로 보게 되어 부당한 결과를 초래하게 된다.

(2) 광고성 정보와 마케팅 정보의 차이

광고성 정보와 마케팅 정보는 같은 의미로 이용되기도 하지만 양자의 개
념이 일치하는 것은 아니다. 흔히 마케팅은 광고보다 넓은 개념으로 이용된다.
사전적 의미에서 마케팅이란 '소비자에게 상품이나 서비스를 효율적으로 제공
하기 위한 체계적인 경영 활동'을 의미한다. 이에는 시장조사, 상품화 계획, 선
전·광고, 판매촉진 등의 활동이 모두 포함된다. 따라서 대부분 광고성 정보는
마케팅 정보의 일부를 구성하지만 마케팅 정보 중에는 광고성 정보에 해당하
지 않은 것도 있을 수 있다. 예컨대 1 대 1 청약 행위는 일반적으로 마케팅 정
보에 해당할 수 있겠지만 그것이 항상 광고성 정보에 해당한다고 볼 수는 없
다. 해당 1 대 1 청약 행위가 대량성 또는 대중성을 띄지 않고 특정 수신자에
게만 1회적으로 제안된 것이라면 광고성 정보에 해당하지 않는다(공장부지 매각

제안 등).

유럽연합의 ePrivacy Regulation(2017)은 "광고성 정보" 또는 "상업적 메시지"라는 용어 대신에 "직접 마케팅 통신(direct marketing communications)"이라는 용어를 사용하고 있다. ePrivacy Regulation은 "직접 마케팅 통신"을 '서면이든 구두이든 상관없이 한 명 이상의 전자통신서비스 최종이용자에게 전송된 모든 형태의 광고'를 의미한다고 정의하고 있다. 이 경우 전자통신서비스에는 인스턴트 메시지, 전자우편, 단문메시지(SMS), MMS, Bluetooth, 자동화된 전화 및 통신 시스템 등이 포함된다(§4.3(f), Recital(32)). 또한 최종이용자에는 자연인뿐만 아니라 법인이나 단체도 포함된다. 상업적 목적으로 제품 및 서비스를 제공하는 것 외에도 정당을 홍보하기 위하여 정당이 전자통신 서비스를 이용해 자연인에게 보낸 메시지도 광고에 포함되며, 비영리 조직이나 단체가 자신의 목적을 추구하기 위하여 보낸 비영리성 메시지도 광고에 포함된다(Recital (32)). 독일 판례는 고객 만족도 조사도 마케팅 통신에 해당하는 것으로 보고 있다. 자연인과 법인·단체를 구분하지 않고 한 명 이상의 전자통신서비스 최종이용자에게 전송되는 모든 형태의 "광고"만을 직접 마케팅 통신으로 정의하고 있다는 점에서 정보통신망법 상의 "광고성 정보"와 가장 유사한 정의라고 할 수 있으나 영리 목적성을 요구하지 않는다는 점에서 차이가 있다.

나. 비광고성 정보

(1) 업무목적 정보

광고성 정보와 업무목적 정보는 구분해야 한다. 사업자는 계약이나 법령에 의해서 또는 사회 통념이나 관행에 의하여 수신자에게 어떤 정보를 제공해야 할 의무가 있거나 권리가 있다. 거래를 완성 또는 확인하거나, 재화등을 제공하거나, 보증·보안·안전을 제공하거나, 법적 요구사항을 고지하거나, 계속적 거래관계에서 계약의 유지·관리에 필요하거나, 회원의 가입·탈퇴 및 관리에 필요한 조치를 취하기 위해서는 수신자에게 일정한 정보를 제공해야 한다. 이와 같은 업무목적 정보는 홍보 또는 광고와는 무관하기 때문에 광고성 정보에 관한 규율을 적용받지 않아야 한다.

'스팸 안내서'는 수신자가 광고성 정보의 수신을 거부 하더라도 전송자와 수신자 간의 계약이나 거래 관계로 인하여 수신자에게 반드시 전달해야 할 필요가 있는 정보는 광고성 정보의 예외에 해당한다고 설명하면서 아래와 같은 사례를 열거하고 있다.

 i) 계약체결 이전 단계에서 수신자의 특정한 요청에 따라 발송하는 1회성 정보(견적서, 카탈로그 등 특정 고객이 재화 또는 서비스의 계약체결을 위해 구체적으로 요청한 정보에 한정)

 ii) 전송자와 수신자가 체결 또는 합의한 계약 및 거래에 따라 수신자의 이익을 위하여 수신자에게 제공해야 하는 정보로 다음 여섯 가지에 해당할 경우

① 계약 및 거래 시 수신자가 재화 및 서비스를 쉽게 이용할 수 있도록 하는 설명 및 내용(최초 전자제품 설치 후 작동 동영상 링크 주소 및 FAQ가 게시된 홈페이지 주소 등의 제공)

② 수신자와 체결한 거래를 용이하게 하거나 완성 또는 확인하는 것이 목적인 정보(숙박시설 예약 후 수신자가 이용할 객실번호 및 이용날짜 등 확인 정보 등)

③ 수신자에게 제공한 재화 및 서비스에 대한 보증 내용

④ 체결 또는 합의한 계약 및 거래 내용의 변경 내용(회원 등급 변경·포인트 소멸 안내 등 재화 또는 서비스에 대한 조건 또는 특징에 대한 변경 등)

⑤ 수신자의 안전을 위해 반드시 제공해야 하는 내용(오작동 등으로 인하여 화재위험이 있는 전자제품이 리콜 대상임을 안내해야 하는 경우 등)

⑥ 서비스의 보안 관련 내용 및 업데이트 내용 등의 정보(보이스피싱/스미싱 주의 안내, 소프트웨어의 보안 및 업데이트 등을 위한 패치 프로그램 배포 등)

 iii) 수신자가 금전적 대가를 지불하고 제공받는 정보와 같이 전송자가 계약상 의무이행을 위해 전송하는 정보(유료 뉴스레터, 주식정보, 축산물 거래정보 등)

 iv) 수신자가 신청한 경품 및 사은품 지급을 위한 정보

 v) 정보제공을 서비스로 하는 자가 수신자와 체결한 계약이나 기타 약관 등에서 정한 내용에 따라 전송하되 이를 대가로 직접적인 수익이 발생하지 않

아야 하고, 정보의 내용이 재화 또는 서비스의 구매와 직접적인 관련이 없는 정보(일기예보 앱에서 제공하는 날씨 정보, 택배추적 앱에서 제공하는 택배 위치 정보, 미디어 매체에서 제공하는 뉴스 정보)

그러나 위의 사례들은 영리목적 "광고성 정보"의 예외 사례가 아니라 "업무목적 정보"에 해당하는 사례들이다. 즉 위의 사례는 광고성 정보에 해당하지 않는다. 업무목적 정보는 영리성과 상업성은 있으나 광고성 또는 홍보성이 없는 정보이다. 업무목적 정보는 비광고성 또는 비홍보성 정보이고 대부분 일회성 또는 정기적으로 제공된다. 따라서 '스팸 안내서'와 같이 '수신자에게 반드시 전달해야 할 필요가 있는 정보'로 엄격하게 제한해서는 안 된다. 예컨대 사업자가 자신의 권리 행사를 위해 전송하는 요금 고지서, 납부 독촉문자 등도 업무목적 정보에 해당하고, 사회 관행적으로 이루어지는 명칭 또는 주소 변경 안내, 계약종료 안내, 대출만기정보, 보험납부만기정보, 영업의 양도·양수 안내, 계약에 따른 포인트 적립금액 안내 또는 마일리지 소멸 안내, 학원의 합격자 설명회 통지, 고객 등급 또는 신용 등급 변경 안내, 해피콜(주문 확인, 가입 확인, 배달 확인, A/S 확인, 설치 확인 등) 등은 업무목적 정보로 보아야 한다.

다만, 현실적으로 업무목적 정보와 광고성 정보의 어디에도 속한다고 단정짓기 어려운 회색지대의 정보가 존재한다. 회원에게 제공되는 혜택에 대한 월별 업데이트와 같이 계속적 거래 관계에 기반을 둔 관계 메시지의 경우가 대표적인 사례이다. 스마트폰 게임이나 앱 게임 중 친구 맺기 수락 알림, 새로운 게임 출시 알림 등도 어디에 속하는지 불분명하다. 친구 맺기가 그 게임의 핵심 기능이라면 업무목적(비광고성) 정보로 보아야 한다. 그러나 새로운 게임 출시는 게임 서비스 제공과 무관하므로 광고성 정보로 보는 것이 타당하다. 이처럼 재화나 서비스의 성격에서 유래한 것으로 그 계약의 목적 달성을 위하여 필요한 것은 대부분 업무목적의 정보로 보아야 한다. 다만, 이 경우에도 수신을 원치 않는 수신자의 의사를 존중하여 전송자가 자율적으로 "수신거부" 등의 조치를 취하는 것은 권장할 만하다. 업무목적 정보도 필요 이상으로 반복해서 보낼 경우 광고성 정보에 해당하게 된다.

정보통신망법은 규율대상을 광고성 정보로 제한하고 있기 때문에 업무목적 정보를 규율대상에서 제외한다는 별도의 규정을 두지 않고 해석에 맡기고 있다. 그러나 상업적 메시지를 규율대상으로 하는 나라의 법률에서는 "업무목적 정보"의 적용을 배제하거나 제한하는 명시적인 규정이 필요하다. 그렇지 않으면 모든 상업적 메시지가 규율대상이 되어 버리기 때문이다. 이에 따라 등장한 개념이 업무(거래) 메시지(transactional)와 관계 메시지(relationship message)이다. 앞에서 설명한 바와 같이 미국의 스팸방지법은 업무(거래) 메시지와 관계 메시지를 상업적 전자우편 메시지의 범위에서 제외하고 있다. 스팸방지법은 주된 목적이 아래와 같은 유형의 전자우편 메시지를 동법의 적용을 받지 않는 "업무(거래) 또는 관계 메시지(transactional or relationship message)"로 정의하고 있다(§3(17)).

ⅰ) 수신자가 전송자와 이전에 체결한 상거래 계약을 가능하게 하거나, 완성하거나, 확인하는 것이 주된 목적인 전자우편 메시지

ⅱ) 수신자가 이용하고 있거나 구입한 상업용 재화 또는 서비스에 대한 보증정보, 제품 리콜 정보, 안전·보안 관련 정보의 제공이 주된 목적인 전자우편 메시지

ⅲ) 전송자가 공급하고 있는 재화 또는 서비스에 대하여 수신인이 현재 진행 중에 있는 구매 또는 이용과 관련된 이용료, 회원자격, 계정, 대출, 그 밖에 이에 상응하는 상거래 관계와 관련하여 아래의 정보를 제공하는 것이 주된 목적인 전자우편 메시지

① 관련 계약 조건 또는 특약 사항의 변경에 관한 통지

② 수신자의 신분 또는 지위의 변경에 관한 통지

③ 정기적으로 제공되는 계정 잔액 정보 또는 기타 계정상태 정보

ⅳ) 고용관계와 직접 관련되어 있는 정보 또는 수신자가 현재 가입 중인 퇴직연금과 관련된 정보의 제공이 주된 목적인 전자우편 메시지

ⅴ) 제품의 업데이트, 업그레이드 등을 포함하여 수신자가 전송자와 이전에 체결한 상거래 계약의 조건에 따라 수신자가 수령할 권리가 있는 재화 또는 서비스의 제공이 주된 목적인 전자우편 메시지

(2) 업무목적 정보에 부수한 광고성 정보

업무목적 정보에 광고성 정보가 결합되어 있는 경우에는 그 메시지의 "주된 목적"이 무엇이냐에 따라 판단해야 한다. 예컨대, 온라인 요금 고지서 또는 신용카드 마일리지 소멸 통지서에 광고성 정보가 포함되어 있더라도 업무목적 정보와 광고성 정보가 명확히 구분되어 있고 업무목적 정보 중심으로 내용이 편집되어 있어 누가 보더라도 주된 목적이 업무목적이라고 판단할 수 있는 메시지를 일회성으로 전송한 것이라면 전체를 업무목적 정보로 보아야 한다. 즉 업무 목적성을 훼손하지 않는 범위 내에서 회사의 홍보용 로고, 홈페이지 링크, 이벤트 링크, 세일 링크, 상품 링크, 광고성 정보 수신 동의 등을 포함하고 있는 메시지는 광고성 정보로 보아서는 안 된다. 예컨대 호텔 예약 확인 문자(해피콜)를 보내면서 본문 내용 말미에 이해하기 쉽게 "부대서비스 할인혜택 찾아보기" 등으로 표시한 후 각종 부대서비스 할인 정보를 링크 방식으로 제공하는 경우이다. 하지만 비광고성 정보를 전송하면서 기망적인 방법으로 광고성 정보로 유인하는 것은 광고성 정보의 전송으로 보아야 한다.

이와 관련하여 '스팸 안내서'는 주된 정보가 광고성 정보가 아니라고 하더라도 광고성 정보가 부수적으로 포함되어 있으면(신용카드 거래내역정보를 전자우편으로 전송하면서 하단에 광고성 정보를 포함하는 경우) 해당 정보 전체가 광고성 정보에 해당한다는 입장이지만 이는 필요 이상으로 영업의 방법을 제한하는 것이어서 바람직하지 않다. 광고성 정보의 구성 및 편집 방법에 따라 다르겠으나 업무목적 메시지에 "부수적으로" 포함된 광고성 정보는 수신자의 사생활을 침해하거나 업무를 방해할 우려가 거의 없고 사회 전체적으로 전자우편의 유통량을 줄일 수 있어 긍정적인 효과도 크다. 또한 업무목적 정보도 반복해서 전송하면 광고성 정보로 평가될 수 있으므로 광고성 정보 규제를 회피할 목적으로 남용될 가능성도 없다.

'스팸 안내서'도 1) 비광고성 정보에 추가된 간단한 광고성 정보 수신동의 요청 정보와 2) 비광고성 정보의 하단에 추가된 광고성 정보로 연결된다는 것을 안내하는 정보는 전체 정보를 비광고성 정보로 본다는 입장을 취하고 있다. 다만, 2)의 경우 1개월에 한 번씩 정기적으로 전송하는 비광고성(요금고지서, 카드결제내역, 보험료 결제내역 등 월별 결제 정보)로 한정되고 수신자가 추가적으로 일정한 행위(클릭 등)를 하는 경우에만 확인할 수 있도록 조치(링크 페이지 펼치기 등)를 취해야 한다고 한다. 수시로 이용자에게 통지하는 포인트 발생·소멸 안내, 실시간 결제 내역 안내 등은 정기적으로 전송되는 것이 아니므로 안 된다는 것이다. 또한 수신자가 클릭 등의 행위를 하는 경우 광고성 정보가 노출됨을 명확하게 표시하여야 하고, 광고 안내 정보가 비광고성 정보의 가시성을 훼손하지 않아야 하며, 전송자가 취급하는 재화 또는 서비스에 한해서만 예외가 인정된다고 설명하고 있다. 영업의 자유를 지나치게 제한하는 과잉규제라 아니할 수 없다.

미국 FTC는 두 종류의 정보가 포함된 메시지의 경우 주된 목적이 무엇인지에 따라 광고성 정보 여부를 판단하며, 구체적인 판단 기준으로 1) 합리적인 수신자라면 메시지의 제목란에 광고 또는 홍보로 이해할 수 있는 메시지가 포함되어 있다고 판단할 수 있는 경우, 2) 메시지의 시작 부분이 대부분 거래 정보 또는 관계 정보로 채워져 있지 아니한 경우에는 메시지 전체를 상업적 메시지로 보고 있다. 내용 중에 거래 정보 또는 관계 정보가 서술되어 있는 위치뿐만 아니라 상업적 정보를 강조하기 위한 색상, 그래픽, 글자 크기, 스타일, 분량 등도 고려해야 한다고 한다.

(3) 친구·지인 추천 메시지

광고성 정보와 친구·지인 추천 메시지도 구분하여야 한다. 개인사업자인 친구나 지인이 자신의 회사나 상품을 홍보 또는 광고할 목적으로 보낸 메시지는 원칙적으로 광고성 정보에 해당한다. 그러나 친구나 지인이 다른 회사의 재화나 서비스를 이용해 보고 만족스러워 스스로 해당 재화 또는 서비스를 "소개"하거나 "추천"하는 메시지를 지인에게 전송한 것은 "광고성" 정보의 전송에 해당한다고 보아서는 안 된다. 광고는 '판매할 목적으로 제품이나 서비스에 대한 정보를 널리 알리는 의도적인 활동'인데 반하여 소개나 추천은 정보를 나누고자 하는 표현행위이지 판매할 의도가 없기 때문이다.

친구 또는 지인을 통한 마케팅은 주로 사업자가 전송자에게 규격화된 메시지 포맷(또는 시스템)을 제공하거나 손쉽게 전달 또는 재전송이 가능한 수단(공유하기, 추천하기, 재전송 등과 같은 링크를 포함한다)을 제공하는 경우가 많다. 이

와 같이 사업자가 특정인(A)에게 규격화된 메시지 포맷을 제공하거나 전달 또
는 재전송 수단을 제공했더라도 권유, 유인, 강요 등의 행위 없이 특정인(A)이
다른 특정인(B)에게 이를 자발적으로 이들 수단을 이용하여 홍보성 정보를 전
송했다면 이는 광고성 정보에 해당하지 않는다고 해석하는 것이 타당하다. 이
를 광고성 정보로 해석하는 것은 전송자(A)의 통신의 자유와 표현의 자유를 지
나치게 제한하는 결과를 초래하기 때문이다. 예컨대, 어떤 전자상거래 사이트
이용자가 홈페이지에 게시된 30% 할인행사를 안내하는 이벤트광고를 발견하
고 해당 제품이 필요할 것 같은 지인에게 그 팝업광고 말미에 포함된 "정보 공
유하기", "이벤트 공유하기", "친구에게 추천하기" 등의 링크를 클릭하여 해당
이벤트 광고정보를 전송한 경우, 이용자(전송자)에게 아무런 이익(영리)이 없었
다면 설사 그 전송행위로 수신인 또는 광고주가 직·간접적으로 이익을 얻은
경우라도 이를 광고성 정보로 보아서는 안될 것이다. 다만, 실제로 친한 지인
관계에 있는 사람들 사이에서 주고받은 메시지가 아니라 소셜 미디어 서비스
친구와 같이 형식적 관계의 친구에게 전송한 메시지는 친구·지인 추천이라고
볼 수 없는 경우가 있을 것이다.

　　그러나 사업자가 자신의 고객을 유인하여 지인에게 광고성 정보를 전송하
도록 한 경우나 임직원에게 광고성 정보의 전송을 권유한 경우에는 널리 알리
고자 하는 의도가 있었으므로 광고성 정보로 보아야 한다. 예컨대, 공동구매를
유도하는 마케팅 방법(2인 이상 신청시 30% 할인 등)에 따라 고객이 지인에게 보
낸 공동구매 권유 메시지는 광고성 정보에 해당한다. 마찬가지로 사업자가 홍
보를 목적으로 고객에게 쿠폰 또는 경품 제공, 가입비 면제, 할인, 초대장 등
유·무형의 경제적 이익을 제공하거나, 취업 희망자에게 고용의 기회를 제공하
거나, 전송자에게는 이익을 제공하지 않더라도 전송자가 추천한 지인에게만 차
별적으로 이익을 제공하거나 임직원에게 권유 또는 할당하여 친구, 가족, 지인
등에게 광고성 정보를 전송하도록 한 것은 소개 또는 추천의 이름을 빌렸더라
도 광고성 정보에 해당한다.

　　따라서 친구·지인 추천 메시지는 광고주가 이해관계가 있는 제3자(수탁
자, 임직원, 고객 등)에게 적극적으로 광고성 정보를 전송하게 하는 것과는 구분

하여야 한다(제76조 제1항 제7호).

다. 광고성 정보의 전송 형식 및 방법

광고성 정보는 대부분 자동화 기술을 이용해서 대량으로 전송된다. 일부 불법 스팸의 경우에는 로보콜(robo-call)을 이용하여 무작위로 전화를 걸어 광고성 정보를 전송하기도 한다. 그러나 광고성 정보의 규제를 대량으로 전송되거나 자동으로 전송된 정보로 제한할 필요는 없다. 대다수 국가의 법률도 대량의 전자우편이나 자동화된 메시지를 광고성 정보의 구성요건으로 하고 있지 않다. 미국, 캐나다, 유럽연합을 비롯하여 대다수 국가의 스팸법이 1 대 1 마케팅 또는 수동식 육성 전화도 광고성 정보의 규율대상에 포함하고 있다.

다만, 자동화된 대량 전송 시스템을 이용한 광고성 정보의 전송과 자연인에 의한 실시간 육성 전화는 규제의 방법과 수준을 달리하고 있는 경우가 대부분이다. 육성 전화는 사생활 침해, 업무방해 등의 부작용이 적고 일자리 창출 효과가 크기 때문이다. 실시간 육성 광고라도 자동전화 시스템을 이용하여 무작위로 전화를 건 후 통화가 성공하면 사람이 육성으로 전화를 하는 반자동 전화는 대부분 육성 전화로 인정되지 않는다. 우리나라도 실시간 육성 광고를 광고성 정보의 범위에 포함시키고 있다(제50조 제1항). 다만, 「방문판매 등에 관한 법률」에 따른 전화권유판매자가 육성으로 수신자에게 개인정보의 수집출처를 고지하고 전화권유를 하는 경우에는 동의 받을 의무를 면제하고 있다(제50조 제1항 제2호).

이처럼 실정법에서 광고성 정보의 대량성과 대중성을 요구하고 있지 않다고 해도 광고성 정보는 사전적 의미에서 그 자체 대량성 또는 대중성을 내포하고 있다. 따라서 특정인을 상대로 한 1회적인 공장 매각 제안, 영업양도 제안, 부동산 매각 제안 등과 같은 정보 전송행위를 광고성 정보의 전송로 보아서는 안 될 것이다. 불특정 다수에게 판매 제안을 뿌려서 널리 알릴 것을 목적으로 한 경우에만 광고성 정보의 전송에 해당한다. 미국과 캐나다는 상업적 메시지를 규율 대상으로 하므로 당연히 메시지의 대량성 또는 대중성에 대해서는 관심을 두고 있지 않다.

2. 영리 목적의 개념

가. 영리 목적의 정보

광고성 정보로서의 요건을 충족한 정보라 해도 영리 목적으로 전송된 것이 아니면 제50조의 규율대상이 아니다. 전송자가 어떤 정보를 경제적 또는 재산적 이익을 취할 목적으로 전송하였다면 영리 목적성이 인정될 수 있다. 해당 광고성 정보를 통해서 실재 이익이 발생했는지 여부는 중요하지 않다. 영리 목적이 계속적이거나 반복적이어야 할 필요도 없다. 일시적인 경우라도 상관없다. 수신자에게 비용 부담이 없어도 전송자에게 이익이 있으면 영리 목적성이 인정된다. 영리성 유무는 광고주를 기준으로 판단해야 한다. 따라서 전송자에게 이익이 되더라도 광고주에게 이익이 되지 않으면 영리 목적성을 인정할 수 없다. 즉 수탁자가 수수료를 받고 "비영리 목적 정보" 전송 업무를 위탁받아 전송했더라도 해당 정보는 "영리 목적 정보"로 변질되지 않는다.

광고성 정보를 전송하는 목적이 영리이면 된다. 따라서 정보의 내용 그 자체가 영리를 목적으로 한 것일 필요는 없다. 예컨대, 사업자들이 고객에게 정기적 또는 부정기적으로 무료로 보내는 뉴스레터, 의학정보, 건강정보, 회사 사보 등은 그 자체 영리적인 정보가 아니지만, 그 같은 정보를 보내는 궁극적인 목적은 기업 이미지 제고나 재화 또는 서비스의 판매 확대를 위한 홍보 차원에서 보내는 것이므로 영리 목적이 인정된다. 재화나 서비스의 업데이트 및 업그레이드, 서비스 또는 기능 추가 등의 안내 정보도 계약상 의무준수 또는 보안 및 안전상의 이유가 아니면 영리 목적성이 인정된다. 연예인이 순수하게 팬클럽 회원을 대상으로 장애인 봉사자 모집 문자를 보내는 것은 영리성이 인정되지 않으나 자신을 위한 후원 행사 안내 메시지를 보내는 것은 영리성이 인정된다.

재화 또는 서비스를 판매·권유하기 위한 정보, 웹사이트 상의 콘텐츠를 알리기 위한 정보, 기업의 이미지를 제고하기 위한 정보 등 이외에, 일반적으로 영리기업이 이용자에게 보내는 정보 중 비광고성 정보(업무목적 정보, 지인·친구추천 정보 등)를 제외한 정보는 대부분 영리성이 인정된다. 예컨대, 사업자가 수신인에게 일방적으로 보내는 상품권, 마일리지, 고객 사은행사 안내, VIP 특별할인 정보, 결혼 또는 생일 기념 문자, 고객 만족도 조사, 안부인사 등은 모두 영리 목적성이 인정된다. '스팸 안내서'는 설문조사의 경우 설문의 성격에 따라 달라질 수 있다고 전제하면서 단순히 선호도를 조사하거나 서비스 만족도를 파악하기 위한 설문조사라면 광고성 정보에 해당하지 않지만, 특정 재화 등의 선호도 조사, 소개 또는 홍보를 목적으로 하는 설문조사는 영리목적을 가진다고 보아 광고성 정보에 해당할 수 있다고 설명하고 있다. 이 같은 판단기준에 따를 경우 재구매 의사, 가격의 적절성, 구매 이유, 구매 장소, 구매 횟수, 회사 이미지, 개선이 필요한 사항 등을 묻는 설문의 경우 광고성 정보에 해당하는지 여부를 분간하기 어렵다. 설문조사는 해당 제품의 품질이나 서비스 개선을 위한 것이라 할지라도 궁극적으로 판매 촉진을 위한 것이므로 이른바 해피콜을 제외하고는 모두 영리 목적성을 인정해야 한다. 독일 연방 대법원도 고객 만족도 조사는 직접 마케팅 정보에 해당하므로 수신자의 사전 동의가 필요하다는 판결을 내린 바 있다(2018. 7. 10, VI ZR 225/17).

　기업의 구인광고는 재화 또는 서비스에 관한 광고도 아니고 기업 이미지와 관련한 광고도 아니며 단지 고용관계를 목적으로 하는 상업적 메시지에 불과하므로 영리 목적의 광고성 정보에 해당하지 않는다. 다만 구인광고를 가장한 판매·홍보 목적 광고(구매 조건부 채용 광고)는 영리목적의 광고성 정보에 해당한다. 또한 헤드헌터, 구직 사이트 등 인력중개 회사가 자사 또는 자사 서비스를 홍보하는 것은 당연히 광고성 정보에 해당한다. 그 밖에 사회 상규 또는 관행에 따라 전송이 용인될 수 있는 회사의 명칭 변경 및 주소 이전 안내, 영업의 양도·양수 안내, 계약종료 고지, 신용카드 마일리지 소멸 안내 등은 영리 목적성이 인정되는 상업적 메시지이지만 거래관계에 있는 고객에게 보내는 한 업무목적 정보에 해당하므로 영리 목적의 "광고성 정보"로 보아서는 안 된다. 주의할 것은 계약이나 약속에 의해서 제공되는 마일리지의 소멸시효 안내는 업무목적 정보에 해당하지 않지만, 사업자가 일방적으로 제공한 마일리지나 마일리지 소멸시효 안내는 영리 목적의 광고성 정보로 보아야 한다.

　비영리 법인이나 단체가 전송하는 광고성 정보도 전송 목적에 따라 영리목적의 광고성 정보에 해당할 수 있다. 비영리 법인이나 단체도 설립 목적에 벗어나지 않는 범위 내에서 수익 사업을 할 수 있으므로 해당 수익 사업과 관련된 광고성 정보는 영리 목적성이 인정된다. 예를 들면, 병원, 생활협동조합 등이 전송하는 광고성 정보, 자선단체, 국제기구 등이 전송하는 기념품 발매 정보는 비영리 목적을 위한 것이지만 그 개별 행위는 수익 사업에 해당하므로 영리 목적성을 인정할 수 있다.

상업적 메시지를 규율대상으로 하고 있는 미국과 캐나다의 스팸법은 해당 메시지가 상업적 메시지인지 여부만 판단하고 메시지의 영리성 여부는 고려하지 않으며, 다이렉트 마케팅 통신을 규율대상으로 하고 있는 유럽연합 ePrivacy Regulation안도 통신의 영리성 여부를 따지지 않는다.

나. 비영리성 정보

(1) 기업의 사회공헌 활동 정보

일반적으로 기업의 상업 활동과 관련된 정보는 영리 목적성이 인정되겠지만 예외적으로 사회공헌 활동은 비영리성을 인정할 수 있다. 예컨대, 기업의 결식아동 후원, 환경보호 활동, 이재민 구호, 재능기부 권장, 장학사업 등은 기업의 "이미지 제고"라는 영리 목적과 "사회공헌"이라는 비영리 목적이 결합되어 있지만, 기업의 사회공헌활동이 수신자의 사생활을 침해하거나 업무를 방해할 정도로 남용될 가능성은 낮으므로 영리목적 광고성 정보로 규제할 필요는 없을 것이다. 다만, 해당 기업이 사회공헌활동을 기업 홍보 목적으로 이용하거나 자사의 재화 또는 서비스 판매·홍보 목적으로 이용한다면 영리 목적의 광고성 정보로 보아야 한다.

(2) 정치단체의 후원 권유 정보

정치인의 후원금 캠페인 및 공직 선거운동, 정당의 후원행사 및 당원모집 활동, 정치인 또는 정당의 의정활동 보고서, 여론조사 문자 등은 헌법이 보장한 정치활동의 일부이므로 영리 목적으로 보지 않는다. 특히 「공직선거법」 제59조는 전자우편 및 전화에 의한 선거운동을 허용하고 있다.

(3) 자선단체 등의 공익활동 정보

자선단체, 환경단체, 소비자단체, 종교단체 등의 공익활동, 선교활동 등도 그 고유 활동에 관한 전자적 메시지는 영리 목적으로 보지 않는다. 공익단체가 그 단체의 회원이나 그 밖의 개인 또는 단체에 보내는 단체의 활동정보, 회원 가입 권장, 인식제고 캠페인 등의 메시지뿐만 아니라, 단체의 회원들에게 보낸 회비 납부 독촉 메시지도 광고성 정보로 보아서는 안 된다. 공익활동에 소요되는 비용을 조달할 목적으로 기부금의 후원을 요청하는 정보도 재화등의 판매 목적과 무관하므로 영리목적으로 보아서는 안 된다.

반면, 공익단체가 공익활동을 하면서 후원기업 또는 후원기업의 재화등을 홍보해주거나 후원기업의 이름을 활용하는 경우에는 영리 목적의 광고성 정보 전송에 해당할 수 있다. 예컨대 자원봉사자 모집이나 기부금품 모금을 위한 전자우편을 보내면서 통지문에 후원기업의 광고를 유치한 경우 이는 영리목적의 광고성 정보에 해당한다. 그러나 홍보 의도 없이 단지 기부활동 참여를 독려하기 위하여 후원자 명단에 유명 기업이나 연예인의 이름을 포함하거나 공개하는 것까지 광고성 정보로 볼 것은 아니다.

그러나 공익단체가 그 설립 목적 범위 내에서 수익 사업을 수행하면서 수익 사업과 관련하여 전송한 전자적 메시지는 비록 비영리 사업을 목적으로 한 것이라도 영리 목적의 광고성 정보로 보아야 한다. 예컨대, 기부금품 모금을 목적으로 이루어지는 기념품 구매 권장 메시나 축구 시합, 골프 토너먼트, 연극, 콘서트, 디너쇼 등의 이벤트 티켓 구매 권장 메시지는 광고성 정보로 보아야 한다. 캐나다 반스팸법은 후원기업의 상업적 활동에 참여를 권유하는 메시지가 포함된 경우를 제외하고, 메시지의 주된 목적이 기금 마련을 목적으로 하는 것이라면 공익단체가 주관하는 이벤트의 티켓 구매 권유 메시지에 대해서는 법의 적용을 면제하고 있다. 다만, 이런 면제의 특혜는 등록된 자선단체에 한정된다. 고려할 만한 제도라고 본다.

(4) 체육단체 등의 동호회 활동 정보

학회, 체육회, 동창회, 도민회 등이 그 구성원과 회원들에게 보내는 메시지나 예비 또는 잠재 회원에게 보내는 메시지는 일반적으로 광고성 정보로 보기 어렵고 영리 목적성을 인정하기는 더더욱 어려울 것이다. 다만, 회원모집, 회원관리 등 목적을 벗어나서 회원들에게 공동구매를 제안하거나 후원 회사를 홍보할 목적의 정보를 회원들에게 전송하는 것은 영리 목적의 광고성 정보로 보아야 한다.

(5) 여론조사기관의 여론조사 메시지

공공기관이 여론조사 목적으로 전송한 메시지는 일반적으로 영리 목적성이 인정되지 않는다. 특히 통계법 등 관련법령에 따라 행해지는 통계조사는 대부분 공공기관이 공공정책 수립을 목적으로 행하는 것이므로 영리성을 인정하기 어렵다. 공공기관 등이 공공정책 수립을 목적으로 수행하는 통계조사를 민간 여론조사기관이나 사기업이 대행 수수료를 받고 수행하더라도 영리 목적성이 있는 것으로 보아서는 안 된다. 단지 전송자에게 수익이 발생했다는 이유만으로 영리 목적이 있는 것으로 보아서는 안 되고, 광고주 입장에서 광고성 정보를 전송하는 목적 그 자체가 영리를 목적으로 한 것인지 여부를 중심으로 판단하여야 한다.

그러나 여론조사기관이 수익을 위하여 또는 자사 홍보를 위하여 실시하는 여론조사는 조사내용이 공공적 이슈(환경보호, 소비자인식, 정책이슈 등)를 다루고 있더라도 자사의 마케팅 차원에서 이루어진 것이므로 영리목적의 광고성 정보로 보아야 한다. 예컨대 A란 공공기관이 환경정책 수립을 목적으로 실시하는 여론조사를 B여론조사기관이 수탁받아 실시하는 것은 영리성이 인정되지 않지만, B여론조사기관이 자사 홍보 차원에서 환경이슈를 다루는 여론조사를 실시한 경우 이는 영리 목적성이 인정된다. 언론사의 경우 불분명한 측면이 있으나 언론사가 실시하는 여론조사의 경우 마케팅 측면이 없는 것은 아니나 언론사는 여론 형성의 주체이자 공익을 대표하는 기관이므로 공공기관에 준해서 보아야 할 것이다. 그러나 여론조사기관이나 언론사가 실시하는 여론조사에 대해서는 다른 나라에서와 같이 별도의 기준을 마련하는 것이 바람직할 것이다.

그 밖에 특정기업의 재화나 서비스를 대상으로 하는 여론조사, 특정기업을 위한 시장조사 및 소비자 인식조사 등은 그 자체가 재화등의 판매를 목적으로 하므로 광고성 정보에 해당한다.

제 4 절 광고성 정보의 수범주체와 보호대상

1. 수범주체 : 전송자

가. 누구든지의 의미

법 제50조 제1항은 '누구든지' 수신자의 명시적인 사전 동의를 받지 않고 영리목적의 광고성 정보를 전송하지 못한다고 규정하고 있다. 누구든지에는 영리목적으로 사업을 영위하는 법인이나 개인뿐만 아니라 그 밖에 비영리 법인, 단체, 개인 및 공공기관도 포함된다. 따라서 법인, 단체, 개인 여부를 불문하고 누구든지 광고정 정보를 "전송하는 자"는 본조의 수범주체가 될 수 있다.

나. 전송자의 유형

(1) 광고주

영리목적으로 광고성 정보를 전송한 자와 광고주가 동일한 경우에는 문제가 없다. 그러나 전송한 자와 광고주가 다른 경우 누가 본조의 의무 주체가 되는지가 문제된다. 전송한 자는 광고주를 대신해서 광고성 정보를 전송하거나 사자(使者)의 지위에서 전송할 수도 있다. 광고주는 자신이 직접 광고성 정보를 전송할 수도 있으나 흔히 다른 사람을 통해서 광고성 정보를 전송한다. 이처럼 광고주가 다른 사람을 통해서 광고성 정보를 전송했더라도 광고주는 정보 전송의 주체가 되므로 광고성 정보의 전송과 관련한 1차적인 수범주체는 광고주가 된다.

(2) 수탁자

광고주가 수범주체라고 해서 실재 광고성 정보를 전송하는 자는 수범주체가 아니라는 것을 의미하는 것은 아니다. 사자는 광고주의 심부름꾼에 불과하기 때문에 독립적인 수범주체가 되지 못하겠지만 수탁자는 자신의 이름으로 광고성 정보를 전송하므로 독립적인 수범주체가 된다. 온라인 환경에서는 이용자의 전자적 주소를 대량으로 보유하고 있거나 플랫폼을 독점하고 있는 온라인 광고회사들이 주도적으로 광고를 유치해서 광고성 정보를 전송한다.

하나의 광고성 정보가 다수 광고주의 상품 또는 서비스와 관련된 경우도 있을 수 있다. 예를 들어 광고성 정보 전송 업무를 위탁받은 발송대행업체 또는 온라인광고회사가 2 이상의 광고주로부터 위탁받아 광고성 정보를 하나의 전자우편으로 전송하는 경우이다. 그룹 회사 중 하나의 계열사가 전체 계열사의 광고를 하나의 전자우편에 담아서 전송할 수도 있다. 이 경우에도 광고주들은 전송자로서 각각의 의무를 준수해야 한다. 따라서 광고주별로 전송자의 명칭, 전자우편주소, 전화번호, 주소 등을 밝혀야 한다. 그러나 광고주마다 수신 거부 또는 수신동의 철회 수단을 제공해야 할 필요는 없을 것이다. 광고주별로 수신 거부를 할 경우 수신자에게 오히려 불편을 줄 수 있으므로 개별적으로 수신 거부 등의 수단을 마련한 경우라면 한 번에 수신 거부를 할 수 있는 수단도 함께 제공하는 것이 바람직하다.

수탁자가 전송자(광고주)에게 부여된 의무를 준수하지 아니한 경우 각각의 광고주들이 책임을 져야 한다. 이와 관련하여 법 제50조의3은 영리목적의 광고성 정보의 전송을 타인에게 위탁한 자는 그 업무를 위탁받은 자가 제50조를 위반하지 아니하도록 관리 · 감독하여야 하고, 위탁받은 자(수탁자)가 광고성 정보의 전송 업무와 관련하여 이 법을 위반해 발생한 손해배상책임에 대해서는 수탁자를 위탁자의 소속 직원으로 간주한다고 규정하고 있다.

(3) 해외 전송자

국내에 주소 또는 영업소가 없는 자도 영리 목적 광고성 정보 전송 규제의 대상이 된다. 정보통신망법은 국외에서 이루어진 행위라도 국내 시장 또는 이용자에게 영향을 미치는 경우에는 적용이 된다고 규정하고 있다(제5조의2). 제5조의2가 아니라도 국내 전기통신사업자의 전기통신역무를 이용하여 정보를 제공하거나 정보의 제공을 매개하는 자는 정보통신서비스 제공자로서 해석상 이 법의 수범주체가 된다. 따라서 해외 전송자가 국내 수신자에게 광고성 정보를 전송하기 위해서는 국내 전기통신사업자의 전기통신역무를 이용할 수밖에 없으므로 정보통신망법을 준수해야 한다.

과태료의 부과 및 징수에 대해서는 의견이 나뉜다. 과태료의 부과 · 징수 및 재판 등에 관한 사항은 「질서위반행위규제법」에 따르도록 되어 있는데 같

은 법 제4조는 대한민국 영역 안에서 질서위반행위를 한 자, 대한민국 영역 밖
에서 질서위반행위를 한 대한민국의 국민, 대한민국 영역 밖에 있는 대한민국
의 선박 또는 항공기 안에서 질서위반행위를 한 외국인에 대해서만 적용된다
고 규정하고 있고, 같은 법 제5조는 "과태료의 부과·징수, 재판 및 집행 등의
절차에 관한 다른 법률의 규정 중 이 법의 규정에 저촉되는 것은 이 법으로 정
하는 바에 따른다."고 규정하고 있다. 이에 따라 인터넷진흥원과 방송통신위원
회는 대한민국 영역 밖에서 영역 내로 해외기업이 전송한 광고성 정보에 대해
서는 정보통신망법 제50조부터 제50조의8까지를 위반한 경우에도 과태료를 부
과할 수 없다는 입장이다.

　　그러나 해외기업이 보낸 광고성 정보의 경우 국내 전기통신사업자의 전기
통신역무를 이용할 수밖에 없으므로 순수하게 대한민국 영역 밖에서 이루어진
질서위반행위로 볼 수 없고 대한민국 영역 안에서 광고성 정보 전송 행위(질서
위반행위)가 이루어졌다고 보는 것이 타당하며(이른바 Long-Arm 이론), 따라서
해외 전송자에 대해서도 과태료 부과가 가능하다고 보아야 한다. 또한, 「질서
위반행위규제법」 제4조와 제5조가 다른 법률에서 명백히 국외에서 이루어진
행위라도 국내 시장 또는 이용자에게 영향을 미칠 경우 국내법을 적용하도록
규정하고 있는데도 불구하고 해외기업에 대해서 과태료를 부과·징수할 수 없
다는 것인지는 의문이다. 「질서위반행위규제법」의 목적이 "법률상 의무의 효율
적인 이행을 확보하고 국민의 권리와 이익을 보호하기 위하여 질서위반행위의
성립요건과 과태료의 부과·징수 및 재판 등에 관한 사항을 규정하는 것"(제1
조)이라는 점에 비추어 볼 때 제4조와 제5조는 이러한 목적을 달성하기 위한
최소한을 정한 것이라고 이해된다. 따라서 다른 법률에서 명시적으로 역외 적
용을 규정하고 있는 경우까지 「질서위반행위규제법」의 규정에 저촉되는 것으
로 보아서는 안 될 것이다.

　　「질서위반행위규제법」에 따라 해외 전송자에게는 과태료를 부과·징수할
수 없다고 하더라도 정보통신망법 제50조 제5항(광고성 정보 수신자 보호조치 의
무) 및 제50조의8(불법행위를 위한 광고성 정보 전송금지) 위반에 대해서는 1년 이
하의 징역 또는 1천만원 이하의 벌금에 처하도록 규정하고 있으므로 여전히

정보통신망법 적용대상이 된다(제74조 제1항). 또한 국내에 주소 또는 영업소가 없는 자라도 대통령령으로 정하는 기준(전체 매출액 1조 이상인 자, 정보통신 매출액 100억 이상인 자, 정보통신망법 위반으로 방송통신위원회의 조사대상인 자)에 해당하는 자는 자신을 대리해서 방송통신위원회가 요구한 관계 물품·서류 등의 제출 업무를 대신할 국내대리인을 서면으로 지정하여야 한다(제32조의5).

캐나다 반스팸은 캐나다에 위치해 있는 컴퓨터 시스템이 전자적 메시지를 전송하거나 전자적 메시지에 접근하는데 이용되는 경우 상업적 메시지 전송에 관한 규정이 적용되는 것으로 규정하고 있다(§12(1)). 따라서 해외에서 캐나다에 살고 있는 사람에게 상업적 전자 메시지를 전송하는 자는 반스팸법을 준수해야 한다. 유럽연합 ePrivacy Regulation도 유럽연합에 살고 있는 최종이용자에게 제공되는 전자통신서비스의 제공 및 이용에 적용된다고 규정하면서 전자통신서비스 제공자가 유럽연합에서 설립되지 않은 경우에는 서면으로 유럽연합에 있는 자를 대리인으로 지정해야 한다고 규정하고 있다(§3.1, 2). 그러나 미국 스팸방지법은 해외에서 전송되는 상업적 전자 메시지에 대해서도 적용되는지에 대해서 명확한 규정을 두고 있지 않다.

(4) 공공기관, 비영리조직 등

공공기관, 비영리조직, 개인 등도 광고성 정보 전송 규제의 수범주체가 된다. 전송되는 정보의 내용에 따라 적용 여부가 판가름 날 뿐이다. 일반적으로 행정기관이나 준정부기관은 공적 활동을 수행하므로 수범주체가 될 가능성은 희박하다. 일부 나라에서는 법에서 명시적으로 행정기관(공기업 등은 제외)은 법 적용대상에서 제외하기도 한다.

2. 보호대상 : 수신자

광고성 정보 전송 규제의 보호대상은 수신자이다. 수신자이므로 자연인인 최종이용자뿐만 아니라 기업 최종이용자도 보호대상이다. 미국도 개인이용자(B2C)뿐만 아니라 기업이용자(B2B)를 스팸방지법의 보호대상에 포함하고 있고, 캐나다 반스팸법도 기업이용자를 보호대상으로 하고 있다. 유럽연합은 원칙적으로 자연인인 최종이용자를 보호대상으로 하지만 법인에 대해서도 국내법으로 합당한 보호조치를 취해야 한다고 규정하고 있다(§16).

우리나라는 기업이용자와 개인이용자를 동일한 수준으로 보호하고 있으나 입법론적으로 개인이용자와 기업이용자를 동등하게 보호할 필요는 없을 것이다. B2B 관계에서는 상업적 메시지를 수시로 주고받으므로 수신자가 기업이용자인 경우에는 해당 기업이 취급하는 업무와 관련된 범위 내에서 예외적으로 옵트아웃을 적용하는 것도 고려해 볼 필요가 있다. 미국 또는 캐나다와 같이 거래관계가 있는 기업 간에 송수신되는 상업적 메시지는 광고성 정보의 경우라도 수신동의 의무만 면제할 것이 아니라, 정보통신망법의 적용을 모두 면제하는 것도 고려할 필요가 있다. 예컨대 캐나다 반스팸법은 양 조직의 임직원 간에 주고받은 상업적 전자 메시지로써 전송자와 수신자가 어떤 관계(relationship)가 있고 메시지가 수신자의 활동과 관련된 범위 내의 것이라면 법 적용을 면제한다.

국내에서 해외로 나가는 광고성 정보의 전송에 대해서도 정보통신망법이 적용되는지 여부에 대해서는 분명하지 않다. 2000년대 초반 우리나라가 전 세계 스팸 유통에서 중국 등과 더불어 최고 순위를 차지하고 있을 때에는 미국 등 다른 나라로부터 접수된 스팸 관련 민원이 너무 많아 국내 스패머들을 정보통신망법으로 규제하기도 하였으나, 정보통신망법은 내국인을 보호하기 위하여 제정된 법률이므로 해외 수신자는 본조의 보호대상이 아니라고 보아야 한다. 미국, 캐나다, 유럽연합도 해외 수신자는 보호대상에서 제외하고 있다.

제 5 절 광고성 정보 수신 동의 및 동의 면제

1. 동의의 개념 및 방법

가. 동의의 개념

(1) 사전 동의

전자적 전송매체를 이용하여 영리목적의 광고성 정보를 전송하려면 그 수신자의 명시적인 사전 "동의"를 받아야 한다(제50조 제1항). 정보통신망법은 "동의"에 대한 정의 규정을 두고 있지 않다. "동의"의 사전적 의미는 '다른 사람의 행위를 승인하거나 시인하는 의사의 표시' 또는 '다른 사람과 의사나 의견이 같음'을 의미한다. 동의는 사전 의사표시라는 점에서 사후 의사표시인 추인과 다르다. 의사표시라는 점에서 동의는 자발적이어야 한다. 착오, 사기, 강박에 의한 동의는 민법의 일반원칙에 따라 취소할 수 있다(제109조, 제110조). 그러나 광고성 정보 수신에 대한 동의는 언제든지 동의철회가 가능하므로 민법상의 취소권은 별 의미가 없다.

이와 같이 사전 동의를 요건으로 광고성 정보의 전송을 허용하는 것을 옵트인(opt-in) 제도라고 하고, 사후 수신거부를 조건으로 광고성 정보의 전송을 중단하게 하는 것을 옵트아웃(opt-out) 제도라고 한다. 옵트인은 다시 명시적 동의와 일반적 동의로 구분된다. 캐나다는 "명시적" 동의를 요구하고 있다. 유럽연합은 일반적 "동의"를 요구하고 있으나 동의의 요건을 매우 엄격하게 정의함으로써 사실상 명시적 동의에 준하는 동의를 요구한다.

동의의 입증책임은 동의가 있었음을 주장하는 쪽에서 부담하므로 전송자는 항상 수신자의 동의를 입증할 수 있도록 준비가 되어 있어야 한다. 따라서 동의를 입증하기 위하여 필요한 최소한의 정보를 광고성 정보를 전송하고 있는 기간 동안 보관하는 것을 「개인정보 보호법」상 개인정보 파기의무 위반으로 보아서는 안 된다.

(2) 명시적 동의

명시적 동의란 동의의 의사 표시가 분명하게 외부에 드러난 동의를 말한다. 묵시적 동의에 대응되는 개념이라고 할 수 있다. 동의의 내용과 형식 모두가 명시적이어야 한다. 내용면에서 "광고성" 정보 수신에 대한 동의임이 구체적으로 드러나야 한다. "문자서비스 수신동의", "정보메일서비스 수신동의", "마케팅 수신동의", "맞춤형 광고 수신동의" 등은 그 내용이 구체적이지 아니하므로 동의를 받았더라도 광고성 정보 수신에 대한 명시적 동의로 보지 않는다. 형식적인 측면에서는 동의의 의사가 명확하고 적극적으로 드러나야 한다. 체크 박스에 미리 동의를 표시해 둔 채 동의를 받는 것은 명시적 동의로 보지 않는다. 앱 푸쉬 알림 기능을 "허용" 또는 "ON"으로 설정해 두었더라도 그것만으로 광고성 정보 수신 동의로 보지 않는다. 그것과 별개로 "광고성 정보" 수신에 대한 동의를 받아야 한다. 앱 설치 후 이용자로부터 광고성 정보 수신에 대한 별도의 동의를 받기 전에 광고성 정보를 전송하면 동의없는 전송에 해당한다.

따라서 착오, 사기, 강박에 의한 동의는 명시적인 동의로 볼 수 없다. 특히 사실상 강요에 의한 동의는 명시적 동의로 보아서는 안 된다. 서비스를 이용함으로써 또는 회원에 가입함으로써 광고성 정보 수신에 동의한 것으로 본다는 약관조항이 있더라도 유효한 동의를 인정되지 않는다. 수신자가 사전 동의 없이 전송된 광고성 정보를 오랫동안 수신 거부하지 않고 읽어 보았다고 하더라도 그것만으로 명시적 동의가 있었던 것으로 인정되지 않는다. 따라서 이와 같은 행위는 동의를 받지 않고 광고성 정보를 전송한 것에 해당하여 제50조 제1항을 위반하여 영리 목적의 광고성 정보를 전송한 것이므로 3천만원 이하의 과태료가 부과된다(제76조 제1항).

실무에서는 동의를 두 번 받는다는 의미에서 "이중 동의(double opt-in)"라는 개념도 존재한다. 이중 동의는 광고성 정보의 수신에 동의하거나 구독을 신청한 사람에게 다시 동의 여부를 확인할 수 있는 링크 등이 포함된 문자나 전자우편을 보내 동의 의사를 추가적으로 확인하는 것이다. 관심도 또는 충성도가 높은 고객을 선별하기 위한 마케팅 방법으로 활용되고 있으나 독일 판례는 광고성 정보 수신 동의에 대해서 이중 동의를 요구하고 있다. 광고성 정보를 규율하고 있는 독일 연방 공정거래법("Gesetz gegen den unlauteren Wettbewerb,

UWG) 제7조는 명시적으로 이중 동의를 요구하고 있지 않지만, 독일 법원이 "명시적인 사전 동의(prior express consent)"를 엄격하게 해석한 결과이다. 체크박스 등을 이용한 동의나 신청의 경우 신청자가 기재한 연락처가 진짜 신청자의 연락처인지 여부를 확인해야 한다는 취지에서다.

나. 동의의 방법

(1) 구두, 서면 등에 의한 동의

명시적 동의는 구두나 서면으로 이루어지는 것이 일반적이다. 때로는 어떤 행동도 명시적인 의사표시가 될 수 있다. 손으로 동그라미를 그리거나 고개를 끄덕이거나 인터넷 상에서 체크박스에 동의표시를 클릭하거나 동의의 의사표시가 담긴 문자나 메일을 보내는 것도 명시적인 의사표시에 해당한다. 다만, 체크박스에 동의를 디폴트로 설정해 두고 동의하기 또는 신청하기를 누르도록 하는 것은 일반적으로 다른 나라에서도 옵트인 동의로 보지 않는다.

구두 동의의 경우에는 동의의 입증이 문제되는 경우가 있을 수 있다. 구두 동의의 경우에도 동의가 있었음을 입증할 수 있는 자료(녹음 등)를 광고성 정보를 전송하고 있는 기간 동안은 안전하게 보관하고 있어야 한다. 일반적으로 수신자가 일정기간 이상 광고성 정보를 수신하고도 이의를 제기하지 않았다면 합리적으로 동의가 있었던 것으로 추정할 수 있겠으나 법률에 명시적으로 동의 추정규정 또는 간주규정이 없으므로 전송기간 동안 증거자료를 보관해야 한다.

(2) 명함 등의 교부 및 연락처 공개

행동을 명시적인 동의로 인정할 수 있다면 명함의 교부나 연락처 공개, 방명록 기록, 그 밖에 이에 유사한 행위를 광고성 정보 수신에 대한 명시적인 동의로 볼 수 있을지가 문제된다. 혹자는 이를 묵시적 동의로 보는 견해가 있을 수 있고 그렇게 보는 것이 타당한 측면도 있다. 묵시적 동의로 본다면 명함의 수수 등이 있었더라도 광고성 정보를 전혀 전송할 수 없게 된다. 이 같은 해석은 상거래 현실과 많은 거리가 있다. 침묵 또는 부작위에 의한 묵시적 동의와 달리 명함의 교부, 방명록 작성, 연락처 공개 등은 긍정을 의미하는 적극적인 행위가 있었다는 점에서 일정한 조건 하에서 명시적 동의로 인정해도 좋을 것이다.

명함은 그 목적이 상호 교류 및 소통에 있다. 따라서 유럽연합은 물론 명시적 동의를 요구하고 있는 캐나다에서도 명함의 교부를 명시적 동의로 인정하고 있다. 다만, 명함은 교부자의 직업, 업무, 직책, 역할, 권한 등에 따라 교부의 목적이 제한되므로 교부자의 직업, 업무 등과 관련된 범위 내에서 교부자가 예상할 수 있는 내의 광고성 정보에 대해서만 명시적 동의를 인정한다. 따라서 명함의 교부를 명시적인 동의로 인정받기 위해서는 해당 명함을 수집한 일시, 장소, 회의 또는 행사의 주제 등을 기록하여 교부의 목적 등을 입증할 수 있어야 한다. 명함 교부시 미리 광고성 정보 수신을 원치 않는다는 의사표시를 한 경우에는 명시적 동의가 있는 것으로 보아서는 안 된다.

명함의 교부와 마찬가지로 방명록 기록시 보기 쉬운 장소에 미리 명확하게 광고성 정보 수신에 동의하는 사람만 방명록에 기록하라고 공지되어 있는 경우에는 방문 목적 범위 내에서 광고성 정보 수신에 명시적으로 동의한 것으로 볼 수 있다. 또한 홈페이지 등에 공개된 연락처의 경우에도 수신자가 "자발적으로" 공개한 연락처에 대해서는 공개의 목적 범위 내에서 광고성 정보 수신에 "명시적으로" 동의한 것으로 보아도 될 것이다. 연락처 정보의 공개 목적에는 광고성 정보의 수신은 포함되어 있지 않다는 주장도 설득력이 있을 수 있지만, 해당 사업자의 사업과 관련된 범위 내의 광고성 정보 수신은 공개 목적에 포함되어 있다고 보는 것이 거래 현실에 더 맞을 것이다.

'스팸 안내서'는 B2B 관계에서 거래관계 형성을 위하여 명함 또는 서면을 통해 연락처를 제공한 것은 거래에 대한 청약의 유인에 해당하여 거래관계가 있는 것으로 볼 수 있다고 설명하고 있으나, 명함 등의 교부만으로 거래관계가 있다고 보는 것은 "거래"의 개념을 지나치게 확대 해석한 것으로써 타당하지 않다. 또한 세미나, 학회, 설명회 등 청약의 유인으로 보기 어려운 상황에서 주고받은 명함은 거래관계의 형성으로 볼 수 없게 되는 한계가 있다. 따라서 명함 등의 교부를 거래관계 존재로 보기보다는 광고성 정보 전송에 대한 명시적 동의로 보는 것이 더 합리적이다.

(3) 서비스 이용약관 등에 의한 동의

전송자가 광고성 정보 수신 동의를 서비스 이용약관에 포함해서 동의를 받고자 하는 경우도 있을 수 있다. 일반적으로 서비스 이용약관은 모든 이용자에게 일방적으로 제시되고 획일적으로 적용되므로 광고성 정보 수신 동의에 대한 수신자의 개별적인 선택권이 보장되지 않는다. 따라서 서비스 이용약관을 통해서 동의를 받을 때에는 광고성 정보 수신 동의에 관한 내용이 포함되어 있다는 사실을 약관의 제목이나 별도의 안내문을 통해서 명확히 설명한 후 수신자가 동의를 자유롭게 선택할 수 있는 조치를 마련해 놓지 않은 한 "명시적인" 동의를 받은 것이라 할 수 없다. 또한 수신자에게 광고성 정보 수신에 대한 동의임을 명확히 알리고 동의를 받았더라도 광고성 정보 수신에 대한 동의를 하지 않으면 회원가입이나 서비스 이용을 거부·제한함으로써 사실상 동의를 강요하고 있는 경우에도 명시적 동의의 요건을 구비한 것으로 볼 수 없다.

'스팸 안내서'는 광고성 정보 수신동의를 이용약관에 포함해 일괄적으로 받은 경우에도 약관 내용 중 광고성 정보 수신 동의 규정을 별도로 고지한 후(이용약관에 '본 약관에는 광고성 정보 수신 동의가 포함되어 있습니다'라는 안내문을 표시한 후) 동의를 받았다면 수신 동의의 효력이 있다고 설명하고 있으나 선택권이 보장되지 않은 강제적 성격의 동의는 명시적 동의의 요건을 충족했다고 보아서는 안 된다. 또한 '스팸 안내서'는 광고성 정보 수신 동의를 하지 않은 자에게 서비스 제공을 거부하더라도 법 위반은 아니라고 설명하고 있으나, 수신자의 자유로운 선택권이 보장되지 않은 상태에서 동의를 받아 광고성 정보를 전송한 것은 "명시적인" 동의 의무 위반에 해당하고(제50조 제1항), 수신동의 거부나 수신 동의 철회시 서비스 제공을 거부·제한하는 행위는 수신거부 또는 수신동의 철회를 회피·방해하는 조치에 해당하는 것으로 보아야 한다(제50조 제5항).

(4) 개인정보처리 동의서에 의한 동의

광고성 정보 수신 동의는 명시적으로 받아야 하므로 원칙적으로 개인정보처리 동의와 구분해서 받아야 한다. 그러나 실무적으로 개인정보 수집·이용에 대한 동의를 받으면서 개인정보 수집·이용 목적을 "광고성 정보 전송"으로 하여 동의를 받는 경우가 적지 않다. 이와 같이 개인정보 수집·이용 목적의 하나로 광고성 정보 전송에 대한 동의를 받은 것은 설사 선택권이 보장되어 있다고 하더라도 명시적인 동의를 받은 것으로 볼 수 없다. '스팸 안내서'도 개인정보를 수집·이용하면서 「개인정보 보호법」에 따라 해당 개인정보의 수집·이용 목적을 광고성 정보 전송으로 고지하고 명시적인 동의를 받았더라도 광고성 정보 전송에 대한 동의는 개인정보 수집·이용에 대한 동의와 구분해서 별도로 받아야 한다고 설명하고 있다. 그 이유로 광고성 정보 수신 동의는 전송자가 보내는 광고성 정보를 수신하겠다는 것에 대한 동의를 의미하기 때문이라고 한다.

그러나 해당 개인정보처리 동의서에 대한 동의를 받을 때 미리 동의서 제목이나 안내문을 통해 광고성 정보 수신에 대한 동의가 포함되어 있음을 명확히 알린 다음 볼드체, 칼라색 등을 통해 광고성 정보 수신 부분을 충분히 강조하여 누구든지 인식할 수 있는 상태에서 개별적·선택적으로 받은 동의라면 그것까지 명시적 동의에 해당하지 않는다고 볼 일은 아니다. 또한 광고성 정보 수신 동의를 받을 때에는 광고성 정보 수신에 대해서만 동의를 받으면 되고, 수신자의 개인정보(이름, 전송매체 등)의 수집·이용에 대해서 별도의 동의를 받을 필요는 없다. 「개인정보 보호법」상 계약 체결 및 이행을 위한 개인정보 수집·이용에 해당하는 것으로 볼 수 있기 때문이다(제15조 제1항 제4호). 이에 대해서는 후술한다.

(5) 광고주 또는 전송자에 의한 간주 동의

광고주나 전송자가 일방적으로 광고성 정보 전송에 대해서 수신자에게 알리고 수신자의 동의가 있었던 것으로 간주하는 경우도 적지 않다. 예컨대, '이 서비스를 이용함으로써 광고성 정보 수신에 동의한 것으로 간주한다.'거나 서비스 이용약관에 '이 서비스 이용약관에 동의함으로서 광고성 정보 수신에 동의한 것으로 간주한다'는 내용이다. 동의를 디폴트로 설정해 두고 '광고성 정보 수신을 원치 않으면 이곳(수신거부)을 클릭하세요.' 라든가 '멤버십(회원) 가입을 신청하거나 동의한 경우 광고성 정보 수신에 동의한 것으로 본다.'라고 하는 경우도 마찬가지이다. 광고성 정보 수신 동의를 디폴트로 설정해 두고 동의를 받은 경우 명시적 동의로 보지 아니하나, 앱을 설치하기 전에 광고성 정보 수신에 대해서 명시적으로 동의를 받은 후에 앱의 광고성 정보 ON/OFF 기능을 미리 ON으로 설정해 두는 것은 무방하다.

　이처럼 수신자가 명시적으로 동의의 의사표시를 하기는 하였으나 사실상 선택의 여지가 전혀 없는 상태에서 강요받은 동의는 명시적인 동의로 볼 수 없다. 강요된 동의도 민법상으로는 취소가 가능한 유효한 동의이지만 지50조 제1항의 "명시적인" 동의에는 해당하지 않는다. 광고주 또는 전송자에 의한 일방적인 간주 동의는 옵트아웃 제도의 전형적 형태 중 하나로 옵트인 제도 하에서는 허용되지 않는다.

(6) 뉴스레터, 카탈로그 등의 구독신청

　광고성 정보 전송에 대해서 수신자의 명시적인 동의를 받지는 못했으나 수신자가 자발적으로 광고성 정보의 구독을 신청한 경우도 명시적인 동의가 있는 것으로 보아야 한다. 예컨대 수신자가 뉴스레터, 카탈로그, 사보 등에 대한 정기구독을 신청한 경우 신청은 동의보다 더 적극적인 의사표시에 해당하므로 명시적 동의를 받은 것으로 볼 수 있다.

(7) 매체별 동의 대 일괄 동의

　광고성 정보 수신에 대한 동의를 받은 때 전화, 문자, 전자우편, 앱 푸시, 카카오톡 등 전송매체별로 각각 동의를 받아야 하는지 일괄해서 동의를 받아도 되는지에 대해서 정보통신망법은 명확한 규정을 두고 있지 않다. 유럽연합 등 다수 국가들이 매체별로 동의를 받도록 하고 있으나 국내법은 매체별 동의를 요구하고 있지 아니하므로 일괄 동의도 가능하다고 보아야 한다. 다만, 일괄 동의를 받은 경우에는 추후 수신자가 광고성 정보 수신거부를 하거나 수신동의 철회를 한 경우 전체 전송매체에 대해서 수신거부 또는 동의철회를 한 것으로 보아야 하고, 전송매체별 동의를 받았다면 매체별로 거부 또는 철회가 이루어진 것으로 보아야 할 것이다. 또한 매체별로 동의를 받았다면 동의를 받지 않은 다른 매체로 광고성 정보를 전송하는 것은 허용되지 않는다.

(8) 서비스별 동의 대 통합회원 동의

　하나의 사업자가 여러 브랜드 또는 서비스(또는 홈페이지)를 구분해서 운영하면서 통합회원제를 도입하고 있는 경우 광고성 정보 수신 동의는 원칙적으로 브랜드나 서비스 단위로 동의를 받아야 한다. 브랜드 또는 서비스가 구분되어 있을 경우 수신자는 해당 브랜드만을 생각하는 것이 일반적이고 전체 브랜드 또는 서비스를 생각하지 않기 때문이다. 브랜드나 서비스 단위로 각각 동의를 받지 않고 전체를 묶어서 하나의 통합회원으로 수신 동의를 받으려면 수신자가 충분히 그 내용을 인식하고 이해할 수 있는 수준으로 분명하게 알린 후에 동의를 받아야 한다. 서로 다른 사업자들이 그룹을 구성하여 광고성 정보 수신에 대한 동의를 받으려고 하는 경우에도 원칙적으로 각각의 사업자가 개별적으로 동의를 받아야 하고, 통합회원(그룹회원)으로 동의를 받기 위해서는 수신자가 충분히 그 사실을 인식할 수 있도록 알린 후 회원사들이 공동으로 동의를 받아야 할 것이다.

(9) 심야 광고 수신 동의

오후 9시부터 그 다음 날 오전 8시까지의 시간에 전자적 전송매체를 이용하여 영리목적의 광고성 정보를 전송하려는 자는 수신자로부터 별도의 사전 동의를 받아야 한다(제50조 제3항). 심야 시간 광고성 정보는 가정에서의 휴식이나 수면을 방해 할 우려가 있으므로 특별히 별도의 동의를 받도록 한 것이다. 심야시간 광고성 정보 수신 동의는 일반 광고성 정보 수신 동의와 별개로 받아야 하므로 광고성 정보 수신에 대한 동의를 받은 이후에 받아도 된다.

심야광고 제한은 법 제50조 제1항 제1호에 따라 기존의 거래관계가 있어서 동의가 면제된 자에게도 적용되므로 심야에 광고성 정보를 전송하고자 할 때에는 수신자의 명시적 동의를 받아야 한다. 다만, 전자우편은 심야시간에 보내더라도 수신자의 휴식이나 수면을 방해하지 않으므로 별도의 동의를 받을 필요가 없다(영 제61조 제2항).

2. 동의 의무의 면제

가. 수신자와 거래관계가 있는 경우

(1) 거래관계의 의미

재화등의 거래관계를 통하여 수신자로부터 직접 연락처를 수집한 자가 대

통령령으로 정한 기간 이내에 자신이 취급하고 수신자와 거래한 것과 같은 종
류의 재화등에 대한 영리목적의 광고성 정보를 전송하려는 경우 수신자의 동
의를 받지 않아도 된다(제50조 제1항 제1호). "거래"란 상인과 상인 또는 상인과
소비자 사이에서 재화등을 사고파는 것을 의미한다. "거래관계"란 이와 같이
재화등을 사고파는 관계를 의미한다. 물물교환도 거래에 해당하나 무상 증여는
거래에 해당하지 않는다. 따라서 경품 등을 제공하며 수신자의 연락처를 수집
했더라도 동의가 면제되지 않는다.

　　"거래관계"를 통해서 수집한 연락처이어야 하므로 거래관계 없이 수신자
로부터 직접 수집한 연락처는 동의 면제대상이 아니다. 웹사이트 회원에 가입
하였으나 구체적인 거래가 이루어지지는 않은 경우, 수신자가 인터넷 쇼핑몰
장바구니에 관심 품목을 담아두고 결제를 하지 않은 경우, 재화등의 구매와 관
련해서 상담이 이루어졌으나 수신자가 계약을 포기한 경우, 수신자가 특정 재
화등에 관하여 온라인 검색 서비스를 이용한 기록이 있는 경우 등은 실제 재화
등의 거래가 이루어진 것이 아니므로 동의 의무가 면제되지 않는다.

　　거래관계를 통해서 수집한 연락처 정보라도 현금영수증 발급이나 본인확
인을 목적으로 수집한 전화번호와 같이 "연락 목적"으로 수집한 것이 아니면
동의 면제대상이라고 볼 수 없다.

(2) 수신자로부터 직접 수집

　　거래관계를 통하여 수신자로부터 직접 수집한 연락처에 한해서 동의가 면
제됨으로 정보주체의 동의가 있었더라도 제3자로부터 거래와 무관하게 수집한
연락처나 공개된 장소에서 수집한 연락처는 동의 면제대상이 아니다. 개인정보
를 적법하게 제3자로부터 구매한 경우에도 직접 수집에 해당하지 않으므로 동
의가 면제되지 않는다. 다만, 재화등의 거래에 필요한 연락처를 정보주체의 동
의를 받아 제3자로부터 수집한 경우(소셜 로그인 동의 등)에는 정보주체로부터
직접 수집한 것으로 보아야 한다. 이 경우 제3자는 사자 즉 심부름꾼에 불과하
기 때문이다.

　　영업 양수의 경우에는 양수인이 양도인의 권리의무를 포괄적으로 승계하
므로 양수인이 수신자의 동의를 받을 필요가 없다. 이 경우 영업양수에 따른

개인정보 "이전"은 개인정보의 새로운 수집에 해당하지 않는다. '스팸 안내서'
는 영업점을 인수하면서 양도인으로부터 연락처가 포함된 고객명단을 넘겨받
은 경우에는 직접 연락처를 수집한 것이 아니라고 설명하고 있으나, 영업 양수
는 권리·의무를 포괄 승계하는 것이 원칙이므로 직접 수집한 것으로 보는 것
이 타당하다.

수탁자가 위탁자를 대신하여 수신자와 거래를 하면서 직접 수집한 연락처
는 원칙적으로 위탁자의 것이지 수탁자의 것은 아니다. 따라서 위탁자와 수탁
자 사이에 위·수탁관계가 종료된 경우 수신자에 대한 광고성 정보는 위탁자
만 동의 없이 전송할 수 있다. '스팸 안내서'는 쇼핑몰 및 배달앱 등의 운영자
가 판매자 대신 구매자의 연락처를 수집하여 준 경우 직접 수집한 것으로 볼
수 있다고 설명하고 있으나, 쇼핑몰과 배달앱은 거래 또는 배달을 거래 중개만
할 뿐이므로 거래의 당사자는 아니다. 따라서 원칙적으로 구매자와 사이에 직
접적인 거래관계가 있다고 볼 수 없다. 구매자가 쇼핑몰 또는 배달앱의 맴버십
회원에 가입했더라도 대가의 수수가 없다면 양자 사이에 "거래관계"는 인정되
지 않으며 광고성 정보 전송에 대해서 동의를 받아야 한다.

(3) 거래 종료일의 기준 시점

대통령령으로 정한 기간 이내에 영리목적의 광고성 정보를 전송하여야 한
다(제50조 제1항 제1호). "대통령령으로 정한 기간"이란 해당 재화등의 거래가 종
료된 날부터 6개월을 말한다(영 제61조 제1항). 따라서 대금결제가 완료된 날 또
는 재화등의 배달이 완료된 날(초일 불산입)부터 6개월인 지난 경우에는 동의가
면제되지 않는다. 대금 결제일과 재화등의 배달일이 다른 경우에는 늦은 날이
거래 종료일이 된다. 콘텐츠 구독, 동영상 이용, 인터넷 또는 휴대전화 가입 등
과 같은 계속적 거래의 경우에는 대금 결제가 완료된 날이 아니라 서비스 제공
이 종료된 날 즉 해당 서비스의 이용이 종료된 날이 거래 종료일이 된다.

중요한 것은 동의 받을 의무만 면제되고 광고성 정보 전송자로서 그 밖의
의무는 면제되지 않는다는 점이다. 따라서 제50조 제4항에 따라 제목 앞에
"(광고)"를 표시해야 하고, 제50조 제5항에 따라 "수신거부" 회피 등의 금지의
무를 준수해야 한다.

(4) 거래한 것과 같은 종류의 재화등

자신이 취급하고 수신자와 거래한 것과 "같은 종류의 재화등"에 대해서만 광고성 정보 동의가 면제된다. "같은 종류"란 의류, 신발, 자동차, 가전제품, 휴대전화, 보험, 주식, 부동산 중개 등과 같이 동일한 특질을 가지고 있는 재화등을 의미한다. 본조의 동의 면제는 수신자의 기대가능성에 근거를 둔 것이므로 수신자의 관점에서 보통의 수신자라면 합리적으로 생각했을 때 자신이 "구매"한 재화등과 동일한 재화등의 군에 속한다고 생각할 수 있는 것이어야 한다. 따라서 거래관행도 중요한 판단 요소로 고려하여야 한다. "같은 종류의 재화등"을 좁게 해석하면 TV이면 TV, 예금이면 예금 등으로 제한적으로 해석할 수도 있을 것이나 보통의 소비자라면 TV이면 가전제품 일반, 예금이면 예·적금 일반으로 생각할 것이다.

'스팸 안내서'는 "동종의 재화등"이란 해당 사업자가 "취급"하는 것으로 수신자가 객관적으로 예측할 수 있는 재화나 서비스 등을 의미한다고 설명하고 있으나, 이는 명시적으로 입법자의 의도에 반하는 해석이라고 해야 할 것이다. 법은 수신자와 "거래한" 것과 같은 종류의 재화등으로 한정하고 있지 사업자가 "취급한" 것과 같은 종류의 재화등으로 확대하고 있지 않다. 그렇게 해석하면 홈쇼핑이나 백화점은 사실상 자신이 취급하는 모든 재화등에 대해서 동의없이 광고성 정보를 전송할 수 있게 된다. 다른 나라에서는 "동종의 재화등"의 범위를 매우 엄격하게 해석하고 있다. 예컨대, TV이면 TV로, 컴퓨터면 컴퓨터로 제한한다.

전송자가 취급하고 있는 재화등만 동의 의무가 면제되므로 계열사 또는 임의의 제3자가 취급하고 있는 재화등에 관한 광고성 정보의 전송은 동의 의무 면제대상이 아니다. 또한 동의 의무만 면제되므로 "(광고)" 표시, 수신거부 표시, 심야광고 금지 등 그 밖의 의무는 모두 그대로 적용된다.

나. 전화권유판매자로 신고한 경우

(1) 전화권유판매자의 정의

「방문판매 등에 관한 법률(이하 "방문판매법'이라 한다)」에 따른 전화권유판매자가 육성으로 수신자에게 개인정보의 수집출처를 고지하고 전화권유를 하는 경우에는 수신자의 동의를 받지 않아도 된다(제50조 제1항 제2호). 방문판매법 상 "전화권유판매"란 전화를 이용하여 소비자에게 권유를 하거나 전화회신을 유도하는 방법으로 재화등을 판매하는 것을 말하고, "전화권유판매자"란 전화권유판매를 업으로 하기 위하여 전화권유판매조직을 개설하거나 관리·운영하는 자와 전화권유판매업자를 대신하여 전화권유판매업무를 수행하는 자를 말한다(제2조 제3호, 제4호).

전화권유판매자는 방문판매법 제5조에 따라 공정거래위원회 또는 특별자치시장·특별자치도지사·시장·군수·구청장에게 신고하여야 한다. 방문판매법에 따라 신고한 "전화권유판매자"에 의한 육성 전화 마케팅만 면제대상이므로 보험계약을 체결하기 위한 전화권유판매는 동의 의무 면제대상에 해당하지 않는다. 「보험업법」에 따른 보험회사의 전화권유판매법은 방문판매법에 따른 전화권유판매에 해당하지 않는다(제3조 제2호). 다른 나라에서는 일반적으로 모든 육성 전화 마케팅에 대해서 광고성 정보 전송 규제의 전부 또는 일부의 적용을 면제하고 있다.

전화권유판매의 경우에도 동의 의무만 면제되므로 "(광고)" 표시, 수신거부 표시, 심야광고 금지 등 그 밖의 모든 의무는 그대로 적용된다. 다만, 방문판매법에 따른 전화권유판매와 「보험업법」에 따른 보험 전화권유판매에 대하여 해당 법률에서 정보통신망법과 달리 규정하고 있는 사항에 대해서는 해당법률의 규정이 정보통신망법에 우선하여 적용된다(제5조).

(2) 사람에 의한 실시간 육성 전화

"육성"이란 사람의 실시간 목소리(live voice calls)를 의미하므로 사람의 목소리를 녹음하거나 기계적으로 생성한 기계음은 사람의 목소리를 내더라도 육성에 해당하지 않는다. 따라서 인공지능(AI), 챗봇, ARS 등에 의한 전화권유판매는 동의 의무의 면제대상에 해당하지 않는다. 또한 자동전화(automated calling calls) 시스템을 이용하여 전화를 건 후 전화가 연결되면 사람이 전화를 받는 것도 육성 전화에 해당하지 않는다. 전화의 모든 과정이 사람에 의해서 이루어져야 한다. 육성 전화 마케팅은 상대적으로 사생활 침해 가능성이 낮고 일자리

창출에 기여한다는 이유에서 동의 의무를 면제한 것이므로 반기계적 방식의 전화를 육성 전화에 포함시키는 것은 제도의 취지에 맞지 않다.

(3) 개인정보 수집출처 등의 고지

전화권유판매자는 전화권유판매를 하기 전에 수신자에게 개인정보의 수집 출처를 고지하여야 한다(제50조 제1항 제2호). "수집출처"란 개인정보가 수집된 장소를 의미한다. 또한 전화권유판매자는 방문판매법에 따라 전화권유판매방식으로 재화등을 판매하려는 경우에는 소비자에게 해당 전화가 판매를 권유하기 위한 것이라는 점과 전화권유판매자의 성명 또는 명칭, 판매하는 재화등의 종류 및 내용을 미리 밝혀야 한다(제6조 제3항). 수집출처 등의 고지는 전화권유판매를 시작하기 전에 하여야 하므로 사전에 고지 의무를 준수하지 아니한 경우에는 동의 의무 면제의 혜택을 받지 못한다.

(4) 수신거부 등록 시스템을 통한 필터링

전화권유판매자에 의한 육성 전화 마케팅이라고 해서 모든 전화 마케팅에 대해서 동의 의무가 면제되는 것은 아니다. 공정거래위원회가 방문판매법 제42조에 따라 운영하고 있는 '전화권유판매 수신거부 등록 시스템(https://www.donotcall.go.kr)'을 통해 필터링을 거친 전화번호에 한해서 동의 의무가 면제된다. 전화권유판매사업자는 전화권유 영업을 하기 전에 본 시스템에 수신거부의사를 등록한 휴대전화번호를 사업자의 영업대상목록에서 제외하여야 한다. 소비자가 수신거부 등록을 하면 모든 전화권유판매사업자에 대하여 수신거부 의사를 표시한 것으로 본다. 특정 사업자에 대해서만 수신거부 해제를 하고자 할 경우에는 해당 시스템의 수신거부 조회 및 수정 메뉴를 통해서 각각 진행해야 한다. 전화권유판매사업자는 30일 내에 1회 이상 수신거부 대조를 하여야 한다.

원치 않는 전화로부터 소비자를 보호하기 위하여 많은 나라에서 '전화권유판매 수신거부 등록 시스템(Do-Not-Call System)'을 도입하고 있다. 원조 격인 미국에서는 시스템에 등록된 전화번호를 로빈슨 리스트(Robinson list)라고 부르기도 한다. 로빈슨 리스트에 등록된 전화번호나 휴대전화번호로 광고성 전화를 걸거나 광고성 정보를 전송하는 것은 불법이 된다. 따라서 광고성 전화를 하거나 정보를 전송하고자 하는 자는 미리 로빈슨 리스트에서 전화번호를 대조하여 리스트에 등록된 전화번호는 제외를 시켜야 한다. 최근에는 전자우편주소로까지 확대되고 있는 추세이다.

(5) 수신거부 여부를 확인하지 아니한 경우

전화권유판매사업자도 수신자의 사전 동의를 받은 경우에는 전화권유판매 수신거부 등록시스템을 통해서 수신거부 등록 여부를 확인하지 않고 전화권유판매를 할 수 있다. 이 경우 전화권유판매사업자가 수신자의 동의를 얻기 위해서는 방문판매법에 의거하여 전화권유판매의 대상과 방법, 전화권유판매 수신동의 철회방법 등을 소비자에게 고지하여야 한다(제42조 제2항 단서). 소비자가 동의를 철회하고 싶은 경우 전화권유판매사업자의 개인정보처리방침에 공개된 철회방법에 따라 동의를 철회할 수 있다. 앞에서 설명한 바와 같이 우리나라는 수신거부등록시스템 필터링 의무주체가 전화권유판매사업자로 제한되어 있어 실효성이 떨어진다.

3. 개인정보처리 동의와의 관계

가. 광고성 정보 수신 동의를 받아야 하는 경우

정보통신망법 제50조 제1항에 따른 광고성 정보 수신 동의와 「개인정보 보호법」 제39조의2에 따른 개인정보 수집·이용 동의는 구분된다. 따라서 원칙적으로 광고성 정보 수신 동의를 받은 경우에도 전화번호, 전자우편주소, 팩스번호, 그 밖의 전자적 전송매체에 관한 정보의 수집·이용에 대해서 동의를 받아야 한다. 개인정보 수집·이용에 대한 동의를 받을 때에는 1) 개인정보의 수집·이용 목적, 2) 수집하려는 개인정보의 항목, 3) 개인정보의 보유 및 이용 기간, 4) 동의 거부권 존재 및 거부권 행사시 불이익 내용을 알리고 동의를 받아야 한다. 다만, 광고성 정보 전송 동의나 구독 신청도 일종의 계약에 해당하므로 「개인정보 보호법」상 '정보주체와의 계약 체결 및 이행을 위하여 불가피하게 필요한 경우'에 해당해 수신자의 이름과 연락처는 동의 없이 수집·이용할 수 있다고 보아야 한다(제15조 제1항 제4호).

하지만, 광고성 정보 전송자는 일반적으로 정보통신서비스 제공자에 해당하므로 「개인정보 보호법」상 정보통신서비스 제공자등에 관한 특례규정이 적용되어 계약 체결 및 이행을 위하여 필요한 경우에도 개인정보 수집·이용에 대한 동의가 필요하다는 주장이 있을 수 있다(제39조의3 제2항). 정보통신서비스 제공자등은 정보통신서비스 제공에 관한 계약을 이행하기 위하여 필요한 개인정보라도 경제적·기술적인 사유로 통상적인 동의를 받는 것이 뚜렷하게 곤란한 경우가 아니면 이용자의 동의를 받아야 하기 때문이다. 그러나 「개인정보 보호법」은 개인정보 보호에 관하여 다른 법률에 특별한 규정이 있는 경우에는 해당 법률을 따르도록 규정하고 있으므로(제6조), 제39조의3 제2항에도 불구하고 정보통신망법 제50조 제1항이 우선하여 적용되어 개인정보 수집·이용에 대한 동의는 불필요하다고 보는 것이 타당하다.

나. 광고성 정보 수신 동의가 면제되는 경우

실무적으로 정보통신망법 제50조 제1항 본문에 따라 광고성 정보 전송에 대한 수신 동의를 받을 때뿐만 아니라, 같은 조 제1호 및 제2호에 해당하여 광고성 정보 수신 동의 의무가 면제되는 경우에도 개인정보의 목적외 이용에 대해서는 「개인정보 보호법」에 따라 별도의 동의를 받아야 한다는 것이 현재의 다수설이다. 그러나 정보통신망법 제50조 제1항 제1호 및 제2호는 「개인정보 보호법」 제18조 제2항의 '다른 법률에 특별한 규정이 있는 경우'로 보는 것이 타당하다. 제50조 제1호 및 제2호의 목적 달성을 위하여 전자적 전송매체에 관한 정보(수신자의 이름, 연락처 등)의 수집·이용은 명백히 예정되어 있다고 할 수 있다.

만약 법 제50조 제1항을 「개인정보 보호법」 제18조 제2항의 '다른 법률에 특별한 규정이 있는 경우'에 해당하는 것으로 보지 못한다고 하더라도 정보통신망법 제50조 제1항은 다른 법률에서 규정하고 있는 개인정보처리에 관한 특례 규정이므로 「개인정보 보호법」 제6조에 따라 정보통신망법 제50조 제1항이 우선하여 적용된다고 보는 것이 합리적이다. 유럽연합 GDPR은 제50조 제1항 제1호에 따라 거래관계가 있거나 거래관계에 있었던 수신자에게 광고성 정보를 전송하는 것은 「개인정보 보호법」 제15조 제3항의 추가이용의 요건을 충족한 것으로 보고 있다.

제 6 절 광고성 정보 전송자의 의무

1. 각종 표시, 통지 및 확인 의무

가. 광고성 정보 전송시 표시사항

전자적 전송매체를 이용하여 영리목적의 광고성 정보를 전송하는 자는 광고성 정보에 1) "(광고)" 표시, 2) 전송자의 명칭 및 연락처, 3) 수신거부 또는 수신동의 철회의 의사표시를 쉽게 할 수 있는 조치 및 방법 등을 포함하여 한다(제50조 제4항). 이와 같은 표시의무는 제50조 제1항 제1호 및 제2호에 따라 동의 의무가 면제된 경우뿐만 아니라, 수신자의 명시적인 동의를 받아 광고성 정보를 전송하는 경우에도 적용된다. 전송매체에 따라 정보를 담을 수 있는 공간이 부족하여 하나의 화면에 모든 표시사항을 기재하기 어려운 경우에는 해당 정보가 알기 쉽게 정리된 웹페이지로 연결되는 하이퍼링크를 제공하는 것도 가능하다고 보아야 할 것이나, 이 경우 수신자에게 비용이 발생하지 않아야 하고 하이퍼링크를 명확하고 눈에 띄게 표시해야 할 것이다.

(1) "(광고)"의 표시

전자우편의 경우에는 제목이 시작되는 부분에 (광고)를 표시해야 하고, 팩스의 경우에는 광고성 정보가 시작되는 맨 앞부분에 (광고)를 표시해야 한다. 그 밖의 전자적 전송매체를 이용하여 음성형태로 전송되는 광고의 경우에는 광고성 정보가 시작되는 부분에 광고를 의미하는 음성을 안내해야 하고, 음성 외의 형태로 전송되는 광고의 경우에는 광고성 정보가 시작되는 부분에 (광고)를 표시해야 한다.

(광고)라고만 표시하여야 하고 광고성 정보의 기술적 차단(필터링)을 회피하기 위한 목적으로 빈칸·부호·문자 등을 삽입하거나 표시방법을 조작하는 조치를 해서는 안 된다. 예컨대, [광고], (AD), (廣告), (광/고), (대출광고) 등

으로 표시해서는 안 되고, (광고)를 글자가 아닌 그림으로 조작해서도 안 된다.

미국도 스팸방지법이 제정되던 2003년 당시에는 여러 주법이 전자우편 제목에 "ADV"와 같은 라벨을 붙이도록 요구하고 있었으나, 스팸방지법은 이와 같은 라벨을 붙일 것을 요구하고 있지 않다. 다만, 전자적 우편 메시지의 제목이 아니라도 메시지의 어딘가에 해당 메시지가 "광고"라는 사실을 분명하고 명확하게(clear and conspicuous) 표시하면 된다. 또한 기만적인 제목을 달아서는 안 되며, 음란물의 경우에는 제목에 "SEXUALLY – EXPLICIT"라는 문구를 제목에 포함해야 한다. 유럽연합 ePrivacy Regulation은 직접 마케팅 통신에 대해서는 마케팅 통신임을 나타내는 코드(code) 또는 접두어(prefix)를 표시해야 하고 집행위원회는 그 표시방법을 시행령으로 정할 수 있도록 하고 있다(§16).

(2) 전송자의 명칭 및 연락처 표시

전자우편의 경우에는 본문에 전송자의 명칭, 전자우편주소, 전화번호 및 주소를 표시해야 하고, 팩스의 경우에는 광고성 정보가 시작되는 맨 앞부분에 (광고) 표시 다음으로 전송자의 명칭, 전화번호 및 주소를 표시해야 한다. 그 밖의 전자적 전송매체를 이용하여 음성형태로 전송되는 광고의 경우에는 광고성 정보가 시작되는 맨 앞부분에 (광고) 표시 다음으로 전송자의 명칭, 전화번호 또는 주소, 수신거부 또는 수신동의의 철회를 할 수 있는 방식을 안내해야 하고, 음성 외의 형태로 전송되는 광고의 경우에는 광고성 정보가 시작되는 맨 앞부분에 (광고) 표시 다음으로 전송자의 명칭과 전화번호 또는 주소를 표시해야 한다.

"전송자의 명칭"은 수신자가 전송자를 정확하게 확인할 수 있는 공식적인 명칭을 표시하는 것이 원칙이나 널리 알려진 브랜드명 또는 서비스명을 표시해도 된다. 전송자란 광고주를 의미하며 수탁자가 광고주를 대신하여 전송할 때에도 광고주의 명칭을 표시해야 한다. 법에는 전송자의 이름을 표시하도록 되어 있고 수탁자의 이름도 표시해야 하는지에 대해서는 언급이 없다. 수탁 전송의 경우에는 수탁자도 전송자에 포함되므로 수탁자의 이름도 표시하여야 한다고 보아야 할 것이 타당하다. 다만 수탁자의 지위에 있지 않은 단순 전달자(사자)의 경우에는 표시의무가 없다. 광고주가 다수인 경우에는 광고주 전체의 명칭과 연락처를 표시하여야 한다. 그룹사의 경우 광고주의 명칭 대신 그룹의 명칭을 표시하는 것은 허용되지 않는다.

"전자우편주소, 전화번호, 주소"는 광고성 정보를 전송한 자와 직접적으로 연락이 될 수 있어야 한다. 표시된 연락처로 연락이 잘 되지 않거나 다른 연락처를 재안내하거나 허위의 연락처를 안내한 경우에는 연락처를 명시하지 않은 것으로 본다. 전자우편과 팩스는 전자우편주소, 전화번호 및 주소를 모두 표시해야 하고, 그 밖의 전자적 전송매체는 전화번호 또는 주소 중 하나를 표시하면 된다. 문자광고의 경우 연락처가 회신번호와 동일하고 회신번호 통화버튼을 눌러 바로 연결이 되는 경우에는 연락처의 표시를 생략할 수 있다.

(3) 수신거부 등의 안내 및 표시

전자적 전송매체를 이용하여 영리목적의 광고성 정보를 전송하는 자는 수신자가 수신의 거부 또는 수신동의의 철회 의사를 쉽게 표시할 수 있도록 하기 위한 안내문을 명시하고 수신의 거부 또는 수신동의의 철회 여부를 간편하게 선택할 수 있도록 기술적 조치를 취하거나 안내하여야 한다(제50조 제4항). 수신거부 방법에 대한 설명은 명확하고 눈에 띄어야 하며 일반인이 쉽게 인식하고 읽고 이해할 수 있는 방식이어야 한다.

전송자는 문자의 크기, 색상 및 위치를 창의적으로 사용하여 수신거부 표시의 선명도를 높일 수 있다. 수신자는 특정 유형의 광고성 정보만을 수신 거부할 수 있도록 메뉴를 만들 수 있지만 모든 유형의 메시지를 한 번에 거부할 수 있는 옵션이 반드시 포함되어야 한다. 전송자는 수신자의 수신거부 요청이 스팸 필터링 시스템에 의해서 차단되는지 여부를 수시로 점검·확인하여야 한다. 수신거부 및 수신동의 철회의 방식 또는 수단은 전송매체별로 사정에 맞아야 한다(영 제62조). 예컨대, 휴대전화 문자광고를 하면서 080 무료전화번호가 아닌 웹링크로 수신거부를 하도록 한 경우 인터넷 연결이 되지 않은 수신자도 있을 수 있으므로 허용되지 않는다.

수신자는 전송자가 지시한 수신거부 방법 또는 수신동의 철회 방법으로만 수신거부를 해야 하는 것은 아니다. 다른 수단이나 방법으로도 수신거부를 할 수 있다. 예컨대 수신자는 전자우편 하단에 마련된 수신거부 박스를 클릭하지 않고 전화를 걸거나 반송메일을 보내서 수신거부 등의 의사를 표시할 수 있다. 이 경우에도 전송자는 수신거부 등에 따른 조치의무를 준수하여야 한다.

(4) 매체별 명시사항 및 명시방법

① 전자우편

수신자가 수신의 거부 또는 수신동의의 철회 의사를 쉽게 표시할 수 있도록 하기 위한 안내문을 명시하고 수신의 거부 또는 수신동의의 철회 여부를 간편하게 선택할 수 있도록 기술적 조치(수신거부 또는 수신동의 철회 링크 등)를 해야 한다. 이 경우 그 안내문과 기술적 조치는 한글과 영문으로 명시해야 한다. 영문 표시는 외국인을 위한 것이다. 수신거부를 간편하게 할 수 있어야 하므로 로그인, 본인인증 등을 요구해서는 안 되고 전화로 하도록 해서도 안 된다. 다만, 간편한 방식의 반송메일을 요청하는 것은 허용된다고 보아야 한다.

② 팩스(모사전송)

수신거부 또는 수신동의 철회용 자동응답전화번호 등의 전화번호 또는 전화번호를 갈음하여 쉽게 수신거부 또는 수신동의 철회를 할 수 있는 방식을 해당 광고에 표시된 최대 글자의 3분의 1 이상의 크기로 명시하여야 하고, 그 전화번호나 방식을 이용하여 수신거부 또는 수신동의 철회를 할 때 수신자가 비용을 부담하지 않는다는 것을 함께 명시하여야 한다. 문자메시지 등도 가능하지만 자동응답전화보다 어려운 방식이 아니어야 하고 수신자에게 비용이 전가되지 않아야 하며 무료라는 사실을 명확히 밝혀야 한다. 문자메시지의 경우 수신자의 데이터를 소진하는 것도 비용 전가에 해당한다.

③ 그 밖의 전자적 전송매체

ⅰ) 전화 등 음성형태로 전송되는 광고

수신의 거부 또는 수신동의의 철회용 자동응답전화번호 등의 전화번호 또는 전화번호를 갈음하여 쉽게 수신거부 또는 수신동의 철회를 할 수 있는 방식을 명시하여야 하고, 수신거부 또는 수신동의 철회를 하는 때 수신자가 비용을 부담하지 않는다는 것을 함께 안내하여야 한다. 전화번호를 갈음하는 방식은 자동응답전화보다 어려운 방식이 아니어야 하고 수신자에게 비용이 전가되지 않아야 한다.

ii) 문자 등 음성 외의 형태로 전송되는 광고

수신거부 또는 수신동의 철회용 자동응답전화번호 등의 전화번호 또는 전화번호를 갈음하여 쉽게 수신의 거부 또는 수신동의의 철회를 할 수 있는 방식을 정보가 끝나는 부분에 명시하고, 그 전화번호나 방식을 이용하여 수신의 거부 또는 수신동의의 철회를 하는 때에 수신자가 비용을 부담하지 않는다는 것을 함께 명시해야 한다. 전화번호를 갈음하는 방식은 자동응답전화보다 어려운 방식이 아니어야 하고 수신자에게 비용이 전가되지 않아야 한다.

표 12 영리목적의 광고성 정보의 명시사항 및 명시방법

매체구분	명시사항 및 명시방법
공 통	1. (광고)를 표시하는 경우에는 수신자의 수신의 거부 또는 수신동의의 철회를 회피하기 위한 목적으로 빈칸·부호·문자 등을 삽입하거나 표시방법을 조작하는 조치를 해서는 안 된다. 2. 수신자가 수신의 거부 또는 수신동의의 철회를 하는 때에 전송에 이용된 수신자의 연락처 외의 정보를 전송자에게 제공하도록 요구하여 수신거부 또는 수신동의의 철회를 어렵게 해서는 안 된다.

전자우편	1. 제목이 시작되는 부분에 (광고)를 표시해야 한다.
	2. 본문에는 다음 사항을 표시해야 한다.
	  가. 전송자의 명칭·전자우편주소·전화번호 및 주소
	  나. 수신자가 수신의 거부 또는 수신동의의 철회 의사를 쉽게 표시할 수 있도록 하기 위한 안내문을 명시하고 수신의 거부 또는 수신동의의 철회 여부를 간편하게 선택할 수 있도록 기술적 조치를 해야 한다. 이 경우 그 안내문과 기술적 조치는 한글과 영문으로 명시해야 한다.

팩 스	1. 광고성 정보가 시작되는 부분에 (광고), 전송자의 명칭, 전화번호 및 주소를 표시해야 한다. 2. 수신의 거부 또는 수신동의의 철회용 자동응답전화번호 등의 전화번호 또는 전화를 갈음하여 쉽게 수신의 거부 또는 수신동의의 철회를 할 수 있는 방식을 해당 광고에 표시된 최대 글자의 3분의 1 이상의 크기로 명시하고, 그 전화번호나 방식을 이용하여 수신의 거부 또는 수신동의의 철회를 하는 때에 수신자가 비용을 부담하지 않는다는 것을 함께 명시해야 한다.

그 밖의 전자적 전송매체	1. 음성형태로 전송되는 광고의 경우 　가. 광고성 정보가 시작되는 부분에 광고를 의미하는 음성, 전송자의 　　　명칭, 전화번호 또는 주소, 수신의 거부 또는 수신동의의 철회를 　　　할 수 있는 방식을 안내해야 한다. 　나. 수신의 거부 또는 수신동의의 철회용 자동응답전화번호 등의 전화 　　　번호 또는 전화를 갈음하여 쉽게 수신의 거부 또는 수신동의의 철 　　　회를 할 수 있는 방식을 이용하여 수신의 거부 또는 수신동의의 철 　　　회를 하는 때에 수신자가 비용을 부담하지 않는다는 것을 함께 안 　　　내해야 한다. 2. 음성 외의 형태로 전송되는 광고의 경우 　가. 광고성 정보가 시작되는 부분에 (광고), 전송자의 명칭과 전화번호 　　　또는 주소를 표시해야 한다. 　나. 수신의 거부 또는 수신동의의 철회용 자동응답전화번호 등의 전화 　　　번호 또는 전화를 갈음하여 쉽게 수신의 거부 또는 수신동의의 철 　　　회를 할 수 있는 방식을 정보가 끝나는 부분에 명시하고, 그 전화번 　　　호나 방식을 이용하여 수신의 거부 또는 수신동의의 철회를 하는 　　　때에 수신자가 비용을 부담하지 않는다는 것을 함께 명시해야 한다.

나. 수신동의 등 처리결과의 통지

　전자적 전송매체를 이용하여 영리목적의 광고성 정보를 전송하려는 자는 수신자가 수신동의 의사, 수신거부 의사, 수신동의 철회 의사를 표시할 때에는 해당 수신자에게 수신동의, 수신거부, 수신동의 철회에 대한 처리 결과를 알려야 한다(제50조 제7항). 결과 통지는 수신동의 등의 의사표시를 받은 날부터 14일 이내에 하여야 하며(초일 불산입), 통지 내용에는 1) 전송자의 명칭, 2) 수신자의 수신동의, 수신거부 또는 수신동의 철회 사실과 해당 의사를 표시한 날짜, 3) 처리 결과가 포함되어야 한다(영 제62조의2). 수신자로부터 동의를 받지 않거나 강요된 동의를 받거나 묵시적 동의를 받고 추후 수신동의 의사 확인 결과를 통지했다고 하여 명시적 동의의 효력이 인정되지는 않는다.

　처리결과를 통지할 때에는 통지문의 제목을 "광고성 정보 수신동의 확인", "광고성 정보 수신동의 철회 확인" 등으로 하여 수신자가 통지문의 제목만 보아도 그 내용을 알 수 있게 하여야 한다. 또한 처리결과 통지는 업무목적 정보에 해당하므로 제목에 (광고) 표시를 할 필요는 없다. '스팸 안내서'는 처리 결과의 통지 방법에는 제한이 없기 때문에 휴대전화, 전자우편 등 다수의 연락처가 있는 경우 전송자가 임의적으로 선택하여 통지할 수 있다고 설명하고 있으나 특별한 사정이 없는 한 평상시 자주 이용한 전송매체로 통지하는 것이 바람직하다. 수신거부 또는 수신동의를 클릭하면 실시간으로 요구사항을 반영하고 팝업 화면 등을 통해 문자, 음성 등으로 처리결과를 알려주는 것도 가능하다.

처리결과 통지시 통지내용 외에 광고성 정보나 다른 업무목적 정보(비광고성 정보)를 함께 전송해서는 안 된다. 다만, 처리결과 통지의 목적을 훼손하지 않는 범위 내에서 최소한의 다른 업무목적 정보 또는 광고성 정보를 부가하는 것은 가능하다고 보아야 할 것이다.

다. 수신동의 여부의 정기적 확인

제50조 제1항 또는 제3항에 따라 수신동의를 받은 자는 정기적으로 광고성 정보 수신자에게 수신동의 여부를 확인하여야 한다(제8항). 수신동의 여부의 확인은 수신동의를 받은 날부터 2년마다(매 2년이 되는 해의 수신동의를 받은 날과 같은 날 전까지를 말한다) 정기적으로 하여야 하고, 확인에는 1) 전송자의 명칭, 2) 수신자의 수신동의 사실과 수신에 동의한 날짜, 3) 수신동의에 대한 유지 또는 철회의 의사를 표시하는 방법이 포함되어야 한다(영 제60조의3). 수신동의 여부를 확인만 하면 되고 수신자의 회답을 받거나 재동의를 받아야 할 의무는 없다. 수신자가 수신동의 여부 안내를 받은 후 아무런 의사표시를 하지 않는 경우 수신동의 의사가 그대로 유지되는 것으로 본다. 다만, 수신자가 수신거부 의사를 표시하지 않았다고 해서 이전에 동의를 받지 않거나 강요된 동의 또는 묵시적 동의에 기반해서 전송한 광고성 정보의 효력이 추인되지 않는다.

2년 마다 정기적으로 확인해야 하므로 확인 주기를 2년 이하(예, 1년 주기)로 하는 것은 문제되지 않으나, 확인 목적 이상으로 반복해서 보내서는 안 되고 부정기적으로 보내서도 안 된다. 수신자별로 동의받은 날짜를 구체적으로 기재해야 하므로 기간 단위(예, 2020. 7. 1.~2020. 12. 31.)로 날짜를 기재해서도 안 된다. 하이퍼링크를 통해 날짜를 확인할 수 있게 하는 것도 가능하겠지만 로그인 등의 절차를 요구해서는 안 된다. 수신동의 여부 확인 통지시 통지내용 외에 광고성 정보나 다른 업무목적 정보(비광고성 정보)를 함께 전송해서는 안

된다. 다만, 수신동의 여부 확인 목적을 훼손하지 않는 범위 내에서 최소한의 다른 업무목적 정보 또는 광고성 정보를 부가하는 것은 가능하다고 보아야 할 것이다. 개정 정보통신망법 시행일 이전에 동의를 받은 경우에는 같은 법 시행령 부칙 제6조에 따라 이 법 시행일(2014. 11. 29.)에 해당 수신동의를 받은 것으로 본다.

확인 수단에는 제한이 없으나 특별한 사정이 없는 한 평상시 주로 이용한 광고성 정보 전송매체로 통지하는 것이 바람직하다. 최초 수신동의를 받은 날부터 2년 이내에 수신동의 여부를 확인하여야 하고, 이후의 수신동의 확인도 최초 수신 동의일을 기준으로 2년마다 기산하여 확인하여야 한다. 즉 직전 확인일로부터 2년 이내가 아니고 최초 수신 동의일로부터 기산해서 2년 주기로 하여야 한다. '스팸 안내서'에 따르면 홈페이지를 통해서도 수신동의 여부 확인이 가능하다고 하고 있지만, 인터넷을 이용하지 않은 수신자가 있을 수 있고, 수신자가 홈페이지를 방문했다고 해서 그것만으로 해당 정보를 확인했다고 볼 수도 없으므로 홈페이지를 통한 확인은 적법한 확인 방법이라고 할 수 없다. '스팸 안내서'도 이 점을 고려하여 수신인이 홈페이지를 로그인하기 전까지는 해당 정보가 수신인에게 안내되었다고 볼 수 없는 점을 고려하여 적절한 시점에 수신동의 여부를 확인하여야 한다고 설명하고 있다.

또한, '스팸 안내서'는 수신자가 정보통신서비스를 1년 동안 이용하지 아니하여 「개인정보 보호법」 제39조의6에 따라 수신자의 개인정보를 파기하거나 별도 보관해야 하는 경우에는 수신 동의 여부 확인 안내 의무가 소멸한다고 설명하고 있는데 이는 이른바 개인정보 유효기간(1년)이 지나면 광고성 정보 수신 동의의 효력도 상실한다는 전제 하에서 나온 해석으로 보인다. 그러나 이는 광고성 정보 수신 동의와 개인정보처리 동의가 엄연히 구분되고 있다는 점에서 개인정보 유효기간이 지났다고 해서 광고성 정보 수신 동의의 효력도 자동적으로 상실한 것으로 보는 것은 법리상 문제가 있는 해석이다. 이에 대해서는 아래 2.가에서 자세히 살펴본다.

2. 수신자의 권리침해 행위 등 금지

가. 광고성 정보의 전송 중단

(1) 수신거부 의사표시의 효력

전자적 전송매체를 이용하여 영리목적의 광고성 정보를 전송하려는 자는 사전에 수신자로부터 동의를 받았더라도 수신자가 수신거부의 의사를 표시하거나 수신동의를 철회한 경우에는 영리목적의 광고성 정보를 전송하여서는 안 된다(제50조 제2항). 또한, 법 제50조 제1항 제1호(거래관계) 및 제2호(전화권유판매)에 해당하여 사전 동의 의무가 면제된 경우에도 수신거부 의사가 표시되면 전송을 중단해야 한다.

수신자가 수신거부 또는 수신동의 철회 의사를 표시한 후 수신자와 어떤 거래관계가 형성된 경우 해당 거래 종료일부터 6개월 이내에 수신자의 동의 없이 광고성 정보를 전송할 수 있는지에 대해서는 해석상 논란이 있다. '스팸 안내서'는 수신거부 의사표시는 그 효력이 계속 유지되기 때문에 광고성 정보를 전송할 수 없다고 설명하고 있으나 이는 법 제50조 제1항 제1호의 문리적 해석을 뛰어넘는 것이어서 동의하기 어렵다. 새로운 거래관계가 형성되면 이전의 수신거부 의사표시의 효력은 소멸하고 제1호에 따라 동의 없이 광고성 정보를 전송할 수 있다고 보아야 한다.

(2) 수신거부 의사표시의 효력 범위

수신거부 또는 수신동의 철회의 효력은 원칙적으로 수신자로부터 동의를 받거나 동의의무가 면제된 모든 서비스 영역과 모든 전송매체에 미친다. 따라서 전송자가 다양한 서비스를 취급하고 있더라도 수신거부 또는 수신동의 철회의 의사표시는 전체 서비스에 미치고, 전화 광고에 대한 수신거부를 했더라도 전자우편, 팩스, 앱 푸시 등에 대해서도 효력이 미치는 것으로 보아야 한다. 다만, 수신자가 특정 서비스나 특정 전송매체에 대해서만 수신거부 또는 동의 철회를 한 경우 또는 전송자가 동의를 받을 때 명시적으로 서비스별 또는 전송매체별로 구분해서 동의를 받은 경우에는 수신거부 또는 동의철회의 효과도 서비스별 또는 전송매체별로만 발생한다고 보아야 한다. '스팸 안내서'는 서비스별 또는 전송매체별로 수신 동의를 받았더라도 수신자가 서비스나 전송매체를 특정하지 않고 수신동의를 철회한 경우 수신거부의 효력은 전체에 미친다고 설명하고 있으나 이는 의사표시의 효력의 근간을 훼손하는 해석이어서 받아들이기 어렵다. 이 경우 서비스의 범위는 수신자가 동의한 해당 서비스의 이용약관 등을 고려하여 결정하여야 한다.

본사와 지사 또는 대리점이 수신자의 연락처를 공유하고 있는 경우에는 수신거부 또는 수신동의 철회의 의사표시도 3자가 공유하는 것으로 보아야 한다. 따라서 본사, 지사, 대리점 중 한 곳에 수신거부 또는 수신동의 철회의 의사표시를 하면 본사, 지사, 대리점 모두에 대해서 의사표시의 효력이 미친다.

(3) 수신거부 의사표시의 효력 발생시기

수신거부의 의사표시의 효력 발생시기에 대해서는 정보통신망법에서 따로 규정하고 있지 않다. 따라서 「민법」 또는 「전자문서법」상 의사표시의 효력에 관한 일반원칙에 따라 의사표시가 전송자에게 도달된 시점에 거부 의사표시의 효력은 발생한다. 따라서 수신거부 의사표시를 접수한 전송자는 지체없이 광고성 정보의 전송을 중단해야 한다. 엄격히 해석하면 수신거부 의사표시 접수 후 광고성 정보를 전송하는 것은 법 위반이라고 하여야 할 것이나 실무적으로 리스트 점검 및 삭제 절차가 필요하므로 수신거부 의사표시 후 한, 두 차례 광고성 정보가 전송되었더라도 전송자가 합리적인 기간 이내에 지체없이 전송을 중단하였다면 법위반으로 보아서는 안 될 것이다.

(4) 회원탈퇴, 계약해지 등과의 관계

수신자가 회원에서 탈퇴하거나 계약을 해지·해제한 경우 광고성 정보 수신 동의의 효력에 어떤 영향을 미치는지에 대해서도 의견이 나뉜다. '스팸 안내서'는 수신자가 회원에서 탈퇴할 경우 「개인정보 보호법」에 따라 개인정보를 파기해야 하므로 광고성 정보를 전송하여서는 안 된다고 설명하고 있다. 즉 회원탈퇴가 있으면 광고성 정보의 수신 동의도 철회한 것으로 보아야 한다는 입장이다. 그러나 회원 탈퇴시 획일적으로 광고성 정보 전송에 대해서도 수신거부 또는 동의철회를 한 것으로 간주하는 것은 논리적인 해석이 아니다. 개인정보 처리 동의와 광고성 정보 수신 동의는 전혀 별개의 것이므로 광고성 정보

수신을 원치 않으면 수신자가 수신거부 또는 수신동의 철회를 별도로 요청해
야 한다. 전송자가 개인정보처리 동의를 받거나 광고성 정보 수신 동의를 받을
때 회원탈퇴 또는 계약해지 후에도 1년간 광고성 정보 수신에 동의하였을 수
도 있다. 이 경우 회원 탈퇴에도 불구하고 1년간 계속해서 광고성 정보 전송이
가능하고 개인정보 삭제의무도 발생하지 않는다고 보아야 한다.

그렇게 해석하는 것이 기존 거래관계 종료 후에도 6개월까지 수신자의 동
의 없이 광고성 정보를 전송할 수 있게 한 제50조 제1항 제1호와도 균형이 맞
다. 다만, 광고성 정보 수신에 대해서 "명시적으로" 동의를 받지 않고 개인정보
처리 동의서에 포함해서 개인정보 수집·이용 목적의 하나로 광고성 정보 전
송을 고지하고 동의를 받은 경우에는 정보통신망법 제50조 제1항에 따른 명시
적인 동의를 받았다고 할 수 없으므로 광고성 정보의 전송을 중단해야 한다.

(5) 삭제요청, 처리정지요청 등과의 관계

개인정보 삭제요청 또는 처리정지요청의 경우에도 개인정보처리 동의와
광고성 정보 수신 동의를 각각 따로 받은 경우라면 개인정보 삭제요청 등의 효
력은 개인정보처리에만 미치고 광고성 정보 전송에는 미치지 않는다고 보아야
한다. 광고성 정보를 원치 않으면 수신자가 별도의 수신거부를 하거나 수신동
의 철회를 요청하여야 한다.

수신자가 계속해서 정보통신서비스를 1년의 기간 동안 이용하지 아니하여
정보통신서비스 제공자가 「개인정보 보호법」에 따라 수신자의 개인정보를 파
기하거나 별도 보관해야 하는 경우에도(제39조의6) 광고성 정보 전송 동의의 효
력에는 영향이 미치지 않는다고 보아야 한다. '스팸 안내서'는 개인정보 이용·
보관 기간을 회원탈퇴시까지로 하고 동의를 받았더라도 1년 동안 서비스를 이
용하지 않으면 파기 등의 조치를 취하도록 한 것이 "개인정보 유효기간제"의
취지이므로 동의 받은 기간과 무관하게 1년 동안 서비스를 이용하지 않으면
연락처 정보도 삭제 등의 조치를 해야 하고, 결국 광고성 정보를 전송할 수 없
다는 입장이다. 그러나 광고성 정보 수신에 대한 동의와 개인정보처리에 대한
동의를 명확히 구분해서 동의를 받은 이상 광고성 정보 전송 동의의 효력에는
영향을 미치지 않는다고 보아야 한다.

나. 심야 광고성 정보 전송 금지

전자적 전송매체를 이용하여 영리목적의 광고성 정보를 전송하려는 자가 수신자의 동의를 받거나 동의의무가 면제된 경우에도 오후 9시부터 그 다음 날 오전 8시까지의 시간에는 전자적 전송매체를 이용하여 영리목적의 광고성 정보를 전송하여서는 안 된다. 이 시간대에 영리목적의 광고성 정보를 전송하려면 수신자로부터 별도의 사전 동의를 받아야 한다. 다만, 전자우편의 경우에는 심야 전송이 금지 또는 제한되지 않는다(제50조 제3항).

심야 광고성 정보 전송 금지 시간은 해당 광고성 정보를 전송받게 될 수신자를 기준으로 보아야 한다. 해외에서 국내로 광고성 정보를 전송한 경우에도 정보통신망법이 적용되므로 심야 광고성 전송 금지 의무를 준수하여야 한다. 이 경우에도 광고성 정보가 수신자에게 도달되는 시간은 한국 표준시를 기준으로 한다.

다. 수신동의 철회 비용 등의 전가 금지

수신자가 수신거부나 수신동의의 철회를 할 때 발생하는 전화요금 등의 금전적 비용을 수신자가 부담하지 않도록 하여야 한다(제50조 제6항). 따라서 수신거부 또는 동의철회의 수단으로 전화를 이용할 때에는 무료전화서비스(080 수신자부담 전화 등)를 제공하여야 하고 문자 서비스나 카카오 서비스를 이용할 때에는 수신자에게 데이터 요금이 발생하지 않도록 하여야 한다.

라. 권리행사 방해, 기망행위 등의 금지

전자적 전송매체를 이용하여 영리목적의 광고성 정보를 전송하는 자는 다음 각 호의 어느 하나에 해당하는 조치를 하여서는 안 된다(제50조 제5항).

(1) 수신거부 또는 수신동의의 철회를 회피·방해하는 조치

기술적·기능적으로 수신거부 또는 수신동의 철회 조치는 제공되고 있으나, 수신자가 수신거부를 클릭하면 페이지 오류가 나타나게 하거나 수신거부 전화를 걸면 계속 통화 중으로 나오거나 수신거부 문자를 보내면 연락이 닿지 않는 경우 등이 이에 해당한다. 수신거부 또는 동의 철회시 복잡한 단계 또는 절차를 거치게 하거나, 로그인 또는 인증을 요구하거나, 다른 개인정보의 입력을 요구하는 것은 제50조 제4항에서 요구하고 있는 수신거부 또는 수신동의 철회의 의사표시를 "쉽게 할 수 있는 조치 및 방법"을 이행하지 아니한 것에 해당하고 본조의 "회피 · 방해 조치"에도 해당할 수 있다. 반드시 기술적인 방해 조치만 해당하는 것이 아니라 수신거부 또는 수신동의 철회시 서비스 제공을 중단 · 거부하는 행위도 "회피 · 방해 조치"에 해당한다.

(2) 수신자의 연락처를 자동으로 만들어 내는 조치

소프트웨어 등을 이용하여 숫자 · 부호 또는 문자를 조합하여 자동으로 수신자의 전화번호, 전자우편주소 등의 연락처를 만들어 내는 조치를 해서는 안 된다. 자동전화 프로그램을 이용하여 자동으로 전화번호를 생성하여 전화를 걸거나 엑셀 프로그램 등으로 전화번호 전체 또는 일부를 자동으로 생성해 내는 것 등의 행위가 이에 해당한다. 광고성 정보를 전송하는 자가 연락처를 자동으로 만들어낸 경우에는 광고성 정보의 전송여부와 상관없이 처벌의 대상이 된다.

(3) 수신자의 연락처를 자동으로 등록하는 조치

수신자의 연락처를 확보하기 위하여 프로그램을 이용하여 수신자의 전화번호 또는 전자우편주소를 자동으로 등록하는 조치를 하여서는 안 된다. 인터넷 등에 공개되어 있거나 타인의 정보처리장치에 저장되어 있는 전화번호 또는 전자우편주소를 프로그램을 이용하여 정보주체의 의사와 관계없이 자동으로 수집하여 등록하는 등의 행위가 이에 해당한다. 따라서 수신자로부터 수집한 전화번호, 전자우편주소 등을 자신의 정보처리장치에 자동으로 등록하는 것은 "자동 등록 조치"에 해당하지 않는다.

(4) 전송자의 신원 등을 감추기 위한 조치

전송자의 명칭, 전송자의 주소 등을 변경 또는 조작하여 전송자의 신원을 숨기거나 광고성 정보의 전송 출처를 감추는 행위를 해서는 안 된다. 음성 · 문자 · 팩스 등으로 광고성 정보를 전송하면서 발신번호를 전송자를 확인할 수 없는 번호로 변작하여 사용하거나 전자우편으로 광고성 정보를 전송하면서 전송자의 전자우편주소를 확인할 수 없게 하거나 다른 전자우편주소로 위·변조하는 행위 등이 이에 해당한다.

(5) 수신자를 속여 회신전화를 유도하는 조치

전화를 걸어 전화벨이 한, 두 번 울리면 수신자가 전화를 받기 전에 끊거나 받은 후 바로 끊는 방식으로 수신자가 전화를 하도록 유도하는 행위 등이 이에 해당한다.

이 밖에도 미국 스팸방지법은 허위 또는 오해의 소지가 있는 헤더 정보를 사용하지 못하도록 하는 한편 기만적인 제목줄을 사용하지 못하도록 하고 있다. 제목줄은 메시지의 목적과 내용을 정확하게 반영하여야 한다.

라. 전송업무 수탁자에 대한 관리·감독

영리목적의 광고성 정보의 전송을 타인에게 위탁한 자는 그 업무를 위탁받은 자가 제50조(영리목적의 광고성 정보 전송 제한)를 위반하지 않도록 관리·감독을 하여야 한다(제50조의3 제1항). 광고성 정보 전송업무의 위탁이란 광고주가 다른 사람(수탁자)에게 광고성 정보의 작성, 광고성 정보 수신자의 선정, 광고성 정보의 전송 등의 업무의 전부 또는 일부를 맡기는 것을 말한다. 광고주가 작성해 놓은 광고성 정보를 광고주의 지시에 따라 지시받은 수신자에게 단순히 전송만 하게 하는 것은 위탁에 해당하지 않는다. 이 경우 전송자는 심부름꾼 즉 사자(使者)에 불과하다. 광고성 정보를 전송할 수 있는 전송 프로그램 또는 플랫폼을 빌리거나 구매하는 것도 위탁에 해당하지 않는다. 그것은 단지 서비스 구매에 불과하다.

영리목적의 광고성 정보의 전송을 위탁받은 자(수탁자)가 그 업무와 관련하여 법을 위반해 발생한 손해배상책임에 대하여는 그 수탁자를 광고성 정보 전송 업무를 위탁한 자의 소속 직원으로 본다(제50조의3 제2항). 따라서 위탁자와 수탁자 사이에 수탁자의 잘못으로 발생한 손해에 대해서는 수탁자가 배상책임을 진다는 약정이 있더라도 그 약정은 위탁자와 수탁자 내부에서만 효력이 있고 수신자는 자신의 선택에 따라 위탁자나 수탁자 중 한 명 또는 둘 다를 상대로 손해배상을 요구할 수 있다.

따라서 분쟁예방 및 규제 리스크 감소를 위해서는 광고성 정보 전송업무 위탁계약은 가능한 문서로 하는 것이 바람직하고, 내부적으로 광고성 정보 전송업무와 관련한 규정 준수 프로그램을 개발·구현하여야 하며, 수탁자의 정책과 절차를 상시 점검·모니터링하는 것이 바람직하다.

마. 광고성 정보 전송 프로그램 등의 설치 제한

정보통신서비스 제공자는 영리목적의 광고성 정보가 보이도록 하거나 개인정보를 수집하는 프로그램을 이용자의 컴퓨터나 휴대전화와 같이 정보통신망에 연결되어 정보를 송수신 할 수 있는 정보처리장치에 설치하려면 이용자의 동의를 받아야 하고 이용자에게 해당 프로그램의 용도와 삭제 방법을 알려주어야 한다(제50조의5). "광고성 정보가 보이도록 하는 프로그램"이란 악성 스크립트, 애드웨어(Adware) 등과 같이 해당 프로그램 설치로 인해 광고성 정보가 자동으로 노출되도록 하는 프로그램을 말하고, "정보처리장치란" 컴퓨터, 휴대전화, 태블릿 PC 등과 같이 정보통신망에 연결되어 정보를 송수신 할 수 있는 장치를 의미한다.

"광고성 정보가 보이도록 하는 프로그램"의 설치에 대해서 이용자의 동의를 받고자 할 때에는 이용자에게 광고성 정보를 보이게 하는 프로그램이 설치된다는 사실을 충분히 인지시키고 해당 프로그램의 용도와 삭제 방법 등을 안내한 다음에 동의를 받아야 한다. 예컨대, 프로그램 설치 시 "프로그램을 설치하시겠습니까?"라는 질문에 대하여 이용자로부터 동의를 받았다고 하더라도 광고성 정보가 노출된다는 사실에 대해서 이용자에게 충분히 알리지 않았으므로 해당 동의는 적법한 동의로 인정받기 어렵다.

바. 영리목적의 광고성 정보 게시의 제한

누구든지 영리목적의 광고성 정보를 "인터넷 홈페이지"에 게시하려면 인터넷 홈페이지 운영자 또는 관리자의 사전 동의를 받아야 한다. 다만, 별도의 권한 없이 누구든지 쉽게 접근하여 글을 게시할 수 있는 게시판의 경우에는 사전 동의를 받지 않아도 된다(제50조의7제1항). "인터넷 홈페이지"란 통상의 홈페이지 이외에 카페, 블로그, SNS 등 광고성 정보를 게시할 수 있는 온라인 상의 모든 곳을 의미하고, "별도의 권한 없이 누구든지 쉽게 접근하여 글을 게시할 수 있는 게시판"은 로그인이 불필요하거나 별도 인증과정 없이 누구나 접근이 가능한 공개 게시판을 말한다.

홈페이지 운영자 또는 관리자가 사전 동의를 한 경우에도 "명시적으로" 게시 동의를 철회한 경우에는 영리목적의 광고성 정보를 게시해서는 안 되며, 운영자 또는 관리자가 "명시적으로" 게시 거부의사를 표시한 경우에도 영리목적의 광고성 정보를 게시해서는 안 된다(제50조의7 제2항). 게시 거부나 동의 철회의 의사표시는 겉으로 드러나도록 분명하게 하여야 한다. 흔히 게시판 공지사항에 광고성 게시 금지 표시를 해두는 경우가 많지만 표시하는 방법에는 제한이 없다.

동의를 받지 않고 게시한 광고성 정보나 게시 거부 의사를 표시한 이후에 게시된 광고성 정보는 운영자 또는 관리자가 별도의 통지 또는 공지 절차 없이 삭제 등의 조치를 취할 수 있다(제50조의7 제3항).

사. 불법행위를 위한 광고성 정보 전송금지

누구든지 정보통신망을 이용하여 이 법 또는 다른 법률에서 금지하는 재화 또는 서비스에 대한 광고성 정보를 전송하여서는 아니 된다(제50조의8). 총기류, 마약, 이적 표현물, 성매매, 담배, 의약품 등과 같이 법률로 인터넷 판매가 금지된 재화등 뿐만 아니라, 청소년유해매체, 주류, 복권, 도박, 대출 등과 같이 법령에 따라 판매·유통이 제한된 재화등도 포함된다. 표시·광고법 등 소비자보호법에 따라 금지된 허위·과장 광고나 의료법, 변호사법 등에 의하여 일반인에 대한 광고가 제한된 광고가 본조의 금지 대상에 포함되는지 여부는 분명하지 않다. 본조에서 "금지하는"이 수식하는 단어가 "재화 또는 서비스"인지 "광고성 정보"인지에 따라 달라지겠으나 이용자의 이익을 두텁게 보호한다는 취지에서 "광고성 정보"를 수식하는 것으로 보아 다른 법률에 의해서 금지되는 광고는 그 내용, 형식, 대상 등 관계없이 모두 본조에 따라 전송이 금지된다고 보아야 할 것이다.

정보통신서비스 제공자는 자신이 제공하는 정보통신서비스가 이 법 또는 다른 법률에서 금지하는 재화 또는 서비스에 대한 광고성 정보 전송에 이용되

고 있는 경우 이용계약을 통해서 해당 역무의 제공을 거부하거나 정보통신망
이나 서비스의 취약점을 개선하는 등 필요한 조치를 강구하여야 한다(제50조의4
제4항). 이를 위해 정보통신서비스 제공자는 이용계약에 서비스의 제공거부, 차
단, 삭제 등에 관한 사항을 포함해 두어야 한다. 여기서 "정보통신서비스 제공
자"란 전기통신사업법 상의 전기통신사업자와 영리를 목적으로 전기통신사업
자의 전기통신역무를 이용하여 정보를 제공하거나 정보의 제공을 매개하는 자
를 의미하므로 유선전화사업자, 이동통신사업자, 인터넷서비스제공사업자, 문
자메시지서비스제공사업자 등이 모두 포함된다.

　　본 조를 위반하여 법률에서 금지하는 재화 또는 서비스에 대한 광고성 정
보를 전송하는 경우에는 1년 이하의 징역이나 1천만원 이하의 벌금에 처해진다
(제74조 제1항 제6호). 다른 법률에서 해당 불법 광고에 대한 처벌규정이 있더라
도 본 조 위반에 대해서는 추가적으로 정보통신망법에 의한 처벌이 가능하다.

제 7 절   정보통신서비스 제공자 및 정부의 역할

1. 광고성 정보 전송 역무의 제공 제한 등

　　정보통신서비스 제공자는 1) 광고성 정보의 전송 또는 수신으로 정보통신
서비스 제공에 장애가 발생하거나 발생할 우려가 있는 경우, 2) 이용자가 광고
성 정보의 수신을 원하지 아니하는 경우에는 해당 서비스의 제공을 거부하는
조치를 할 수 있다(제50조의4 제1항). 또한 정보통신서비스 제공자는 이용계약을
통하여 해당 정보통신서비스 제공자가 이용자에게 제공하는 서비스가 제50조
(영리목적의 광고성 정보 전송 제한) 또는 제50조의8(불법행위를 위한 광고성 정보 전송
금지)을 위반하여 영리목적의 광고성 정보전송에 이용되고 있는 경우 해당 서
비스의 제공을 거부하거나 정보통신망이나 서비스의 취약점을 개선하는 등
"필요한 조치"를 강구하여야 한다(제50조의4 제4항).

　　"필요한 조치"에는 서비스 거부를 위한 조치와 취약점 개선을 위한 조치

를 포함하여 이에 상당한 조치가 포함된다. 예컨대, 서비스의 해지, 차단, 필터링 등이 포함될 수 있다. 다만, 정보통신서비스 제공자가 이와 같은 필요한 조치를 취하기 위해서는 그 내용을 해당 서비스 이용자와 체결하는 정보통신서비스 이용계약에 미리 반영하여야 하고 "거부조치 사실"을 그 서비스를 제공받는 이용자 등 이해관계인에게 알려야 한다. 미리 알리는 것이 곤란한 경우에는 거부조치를 한 후 지체 없이 알려야 한다(제50조의4).

법 제50조의4는 "거부조치 사실"에 대해서만 이해관계자에 대한 알릴 의무를 부여하고 있으나 서비스의 해지, 차단 등 거부조치에 유사한 행위에 대해서도 알릴 의무가 있다고 보아야 한다. "지체 없이" 알려야 하므로 특별한 사유가 없는 한 즉시 알려야 한다. 알리는 방법에 대해서는 특별한 규정이 없으나 개별적인 통지 또는 고지를 원칙으로 하는 것으로 보아야 하고 연락처가 없는 경우에는 이에 준하는 방식으로 알리거나 인터넷 홈페이지 등을 통해 공지하여야 할 것이다.

제50조의4 제4항을 위반하여 서비스 제공을 거부하지 않거나 취약점을 개선하지 않는 등 필요한 조치를 하지 않는 경우 해당 정보통신서비스 제공자에게는 1천만원 이하의 과태료가 부과된다(제76조 제3항 제12호의4).

2. 광고성 정보 전송차단 소프트웨어 보급 등

방송통신위원회는 수신자가 제50조(영리목적의 광고성 정보 전송 제한)를 위반하여 전송되는 영리목적의 광고성 정보를 편리하게 차단하거나 신고할 수 있는 소프트웨어나 컴퓨터프로그램을 개발하여 보급할 수 있고, 전송차단, 신고 소프트웨어 또는 컴퓨터프로그램의 개발과 보급을 촉진하기 위하여 관련 공공기관·법인·단체 등에 필요한 지원을 할 수 있다.

또한 방송통신위원회는 정보통신서비스 제공자의 전기통신역무가 제50조를 위반하여 영리목적의 광고성 정보 전송에 이용되면 수신자 보호를 위하여 기술개발·교육·홍보 등 필요한 조치를 할 것을 정보통신서비스 제공자에게 권고할 수 있다. 이에 따라 영리목적의 광고성 정보를 편리하게 차단하거나 신고할 수 있는 소프트웨어나 컴퓨터프로그램("광고차단·신고 소프트웨어등")을 개발·보급하는 공공기관·법인·단체 등에 대하여 예산의 범위에서 해당 사업비의 전부 또는 일부를 지원할 수 있고, 정보통신서비스 제공자 및 이용자에게 광고차단·신고 소프트웨어등을 사용하도록 권고할 수 있다(제50조의6).

제 8 절 위반행위에 대한 벌칙 규정

광고성 정보 전송 규정 위반에 대해서는 위반 형태에 따라 과태료 부과 또는 형사 처벌이 가능하고, 위반행위를 한 자는 물론 위반행위를 하게 한 자에 대해서도 책임을 물을 수 있도록 하고 있다. 또한 양벌규정에 따라 법을 위반한 조직의 구성원뿐만 아니라 조직 그 자체도 처벌하도록 규정하고 있다. 따라서 전송자와 광고주는 법 위반행위가 발생하지 않도록 내부적으로 규정 준수 프로그램을 개발·운영하고 모든 활동 결과를 문서화하여 보관하는 등 규제 및 분쟁 리스크에 항상 대비하여야 한다.

1. 과태료의 부과 및 징수

가. 스스로 법 위반행위를 한 자
법 제50조 제7항을 위반하여 수신동의, 수신거부 또는 수신동의 철회에 대한 처리 결과를 알리지 아니한 자 또는 제50조의4 제4항을 위반하여 서비스 제공 거부 등 필요한 조치를 하지 아니한 자에 대해서는 그 위반 행위를 한 자에 대해서만 1천만원 이하의 과태료를 부과한다(제76조 제3항). 이상의 과태료는 방송통신위원회가 부과·징수한다.

나. 위반 행위를 하도록 한 자
아래의 위반 행위는 위반 행위를 한 자 외에 위반 행위를 하도록 한 자에 대해서도 3천만원 이하의 과태료를 부과한다(제76조 제1항).

1. 제50조 제1항부터 제3항까지의 규정을 위반하여 영리 목적의 광고성 정보를 전송한 자

2. 제50조 제4항을 위반하여 광고성 정보를 전송할 때 밝혀야 하는 사항을 밝히지 아니하거나 거짓으로 밝힌 자

3. 제50조 제6항을 위반하여 수신거부 비용을 수신자에게 부담하도록 한 자

4. 제50조 제8항을 위반하여 수신동의 여부를 확인하지 아니한 자

5. 제50조의5를 위반하여 이용자의 동의를 받지 아니하고 프로그램을 설치한 자

6. 제50조의7 제1항 또는 제2항을 위반하여 인터넷 홈페이지에 영리목적의 광고성 정보를 게시한 자

따라서 상기 위반행위를 하도록 지시, 요구, 권유, 공모, 지원, 조장, 유인 등의 행위를 한 자도 과태료 부과 대상이 된다. 다만, 광고주가 전송자에 대한 관리·감독을 소홀히 한 것만으로 위반행위를 하도록 한 것으로 보아서는 안 된다. 즉, 위탁자의 수탁자에 대한 관리·감독 책임과는 구분하여야 한다. 예컨대, 전송자의 마케팅 실적에 따라 이익을 분배하는 경우, 불법 스팸이라는 사실을 알면서도 전송 활동을 적극 지원하는 경우, 불법 광고성 정보 전송 프로그램 또는 플랫폼을 제공한 경우, 동의 하지 않은 수신자의 연락처를 제공한 경우 등과 같이 묵인의 수준이 아닌 적극적인 행위가 있어야 한다.

따라서 광고주가 공유하기, 추천하기 등의 기능을 이용하여 고객으로 하여금 지인들에게 광고성 정보를 전송하도록 했더라도 아무런 이익의 수수 없이 고객이 자발적으로 공유하거나 퍼나르기를 했다면 그것만으로 위반 행위를 하도록 한 것으로 간주해서는 안 된다. 더 나아가 그와 같은 지인·친구 추천은 비록 광고주가 마케팅 방법으로 활용했다고 하더라도 그 본질은 일종의 표현 행위에 해당하는 것이어서 광고성 정보의 전송으로 보아서는 안 된다.

2. 징역, 벌금 등 형사처벌

전자적 전송매체를 이용하여 영리목적의 광고성 정보를 전송하는 자가 다

음 각 호의 어느 하나에 해당하는 조치를 한 경우에는 1년 이하의 징역 또는 1
천만원 이하의 벌금에 처한다(제74조, 제58조 제5항).

1. 광고성 정보 수신자의 수신거부 또는 수신동의의 철회를 회피·방해하
   는 조치
2. 숫자·부호 또는 문자를 조합하여 전화번호·전자우편주소 등 수신자
   의 연락처를 자동으로 만들어 내는 조치
3. 영리목적의 광고성 정보를 전송할 목적으로 전화번호 또는 전자우편주
   소를 자동으로 등록하는 조치
4. 광고성 정보 전송자의 신원이나 광고 전송 출처를 감추기 위한 각종
   조치
5. 영리목적의 광고성 정보를 전송할 목적으로 수신자를 기망하여 회신을
   유도하는 각종 조치

또한 누구든지 정보통신망을 이용하여 이 법 또는 다른 법률에서 금지하
는 재화 또는 서비스에 대한 광고성 정보를 전송하는 경우에도 1년 이하의 징
역 또는 1천만원 이하의 벌금에 처하게 된다(제74조, 제50조의8).

법인의 대표자나 법인 또는 개인의 대리인, 사용인, 그 밖의 종업원이 그
법인 또는 개인의 업무에 관하여 상기의 위반행위를 하면 그 행위자를 벌하는
외에 그 법인 또는 개인에게도 해당 조문의 벌금형을 부과한다. 다만, 법인 또
는 개인이 그 위반행위를 방지하기 위하여 해당 업무에 관하여 상당한 주의와
감독을 게을리하지 아니한 경우에는 그러하지 아니하다(제75조)

미국의 스팸방지법은 다른 사람의 컴퓨터에 접근하여 허가 없이 상업적
정보를 보내는 행위, 허위 정보를 이용하여 여러 전자우편 계정 또는 도메인
이름을 등록한 경우, 컴퓨터를 통해 여러 상업적 메시지를 릴레이하거나 재전
송하여 메시지의 출처에 대해 다른 사람을 오도하는 행위 등에 대해서는 벌금
이외에 구금을 포함한 형사처벌을 하도록 규정하고 있다.

표 13   광고성 정보 전송 위반 행위별 벌칙

조 항		위반행위	적용대상	벌 칙
제50조	제1항	■ 수신자의 사전동의 없는 광고전송 금지 • 예외1 거래관계가 있거나 있었던 경우 • 예외2 방문판매법에 따른 전화권유 판매	모든 전자적 전송매체	3천만원 이하 과태료
	제2항	■ 수신거부 및 사전동의 철회시 광고전송 금지		
	제3항	■ "21시~익일 8시" 광고전송 금지	전자우편 제외	
	제4항	■ 광고성 정보 전송시 표기의무 준수	모든 전자적 전송매체	1년 이하 징역 또는 1천만원 이하 벌금
	제5항	■ 광고성 정보 전송시 금지 조치 • 수신거부 및 동의철회 회피·방해 • 수신자 연락처 자동 생성 • 수신자 연락처 자동 등록 • 전송자 정보 은폐·위변조 • 원링 스팸		
				3천만원 이하 과태료
	제6항	■ 무료 수신거부/수신동의 철회 조치		
	제7항	■ 수신거부 등 처리결과의 통지		1천만원 이하 과태료
	제8항	■ 정기적인 수신동의 여부 확인		3천만원 이하 과태료
제50조의4 제4항		■ 불법스팸 전송에 이용되는 서비스의 제공 거부 및 서비스 취약점 개선 등 필요한 조치 강구 의무	정보통신 서비스 제공자	1천만원 이하 과태료
제50조의5		■ 동의 없는 광고 프로그램 설치 금지	애드웨어 등	3천만원 이하 과태료
제50조의7		■ 사전 동의 없는 광고 게시 금지	공개게시판 제외	
제50조의8		■ 불법행위를 위한 광고성 정보 전송금지	누구든지	1년 이하 징역 또는 1천만원 이하 벌금

※ 출처 : 불법'스팸 안내서'(2020.7) 수정·보완

제 8 장   통신과금서비스와 이용자보호

제 1 절   개   관

통신과금서비스는 정보통신망을 이용한 재화와 용역 구매에 있어 거래대금과 정보이용료 등을 통신요금에 합산하여 통합 청구하는 통신사업자의 후불형 부가서비스이다(법제처, 2007).[20] 디지털콘텐츠를 거래하고자 하는 이용자는 그 대금을 신용카드뿐 아니라 휴대폰이나 유선전화의 요금과 함께 결제할 수 있게 됨에 따라 좀 더 편리하게 디지털콘텐츠를 거래할 수 있게 되었다(표경수, 2014). 이 서비스는 기존 「전자금융거래법」이 대상으로 하는 전자금융거래와 다른 구조와 성격을 가지고 있으므로 그와 다르게 규율할 필요가 있다(법제처, 2007). 따라서 국회는 지난 2007년 12월 정보통신망법에 제7장을 신설하여 이를 별도로 규율하고 있다. 이러한 규율은 통신과금서비스의 활성화와 일정한 자격을 가진 자만이 이 서비스를 할 수 있도록 하여 이용자 보호에 그 목적이 있다(법제처, 2007).

제7장의 주요 내용은 통신과금서비스업의 등록(제53조), 약관의 신고(법 제56조), 통신과금서비스제공자의 회계구분 등 의무(제57조, 제58조), 손해배상의 특칙(법 제60조) 등이다. 그리고 그 전제로 정의 조항에서는 통신과금서비스와 통신과금서비스제공자 · 이용자를 정의하고 있다(제2조 제1항 제10호~제12호). 시행령은 제6장의2 제66조의2부터 제66조의9까지에서 이에 관해 규율하고 있다. 한편, 과학기술정보통신부장관은 「통신과금서비스 운영에 관한 고시」[21]를 제

---

20) 법제처 국가법령정보센터 개정 이유 서술을 가져와 일부 수정하였다. https://www.law.go.kr/
lsInfoP.do?lsiSeq=81883&lsId=&efYd=20080322&chrClsCd=010202&urlMode=
lsEfInfoR&viewCls=lsRvsDocInfoR&ancYnChk=# (2021.1.16. 최종 방문)

21) [시행 2017. 8. 24.] [과학기술정보통신부고시 제2017−7호, 2017. 8. 24., 타법개정]

정하여 이에 관해 규율하고 있다.

제 2 절   통신과금서비스의 의의와 법률관계[22)

1. 통신과금서비스의 의의

통신과금서비스란 온오프라인에서 디지털 콘텐츠, 재화, 서비스를 이용하는 이용자가 직접 결제하지 아니하고 자신의 휴대폰 또는 유선전화를 통하여 결제를 한 후 그 대금은 나중에 전화요금에 합산하여 사후에 지급하는 서비스를 말한다(표경수, 2014). 흔히 전화결제 또는 소액결제라고 하는 것의 법적 명칭이 통신과금서비스이다(한국산업경제정책연구원, 2011, 2)[23)].

정보통신망법에서는 "통신과금서비스"를 정보통신서비스로서 타인이 판매 · 제공하는 재화 또는 용역(이하 "재화등"이라 한다)의 대가를 자신이 제공하는 전기통신역무의 요금과 함께 청구 · 징수하는 업무(가목), 타인이 판매 · 제공하는 재화등의 대가가 가목의 업무를 제공하는 자의 전기통신역무의 요금과 함께 청구 · 징수되도록 거래정보를 전자적으로 송수신하는 것 또는 그 대가의 정산을 대행하거나 매개하는 업무(나목)을 말하는 것을 규정하고 있다(법 제2조 제1항 제10호). 이 중 가목은 통신과금서비스가 가능하게 하는 업무 중 통신사업자의 업무를, 나목은 결제대행사의 업무를 가리킨다. 이 두 업무가 있어야 통신과금서비스가 작동하므로 이 두 업무를 각각 나누어 규정한 것이다.

2. 통신과금서비스의 법률관계

통신과금서비스의 법률관계는 다음과 같다. 우선 당사자는 이용자, 콘텐츠제공업체(content provider: CP), 결제대행사(payment gateway), 통신사업자이다.

---

22) 표경수, 통신과금서비스 피해예방을 위한 법제도 개선 방안, 법제, 2014년 12월호.
23) 한국산업경제정책연구원, 통신과금서비스 제도개선 방안 연구, 2011.

정보통신망법은 이용자를 '통신과금서비스이용자'라고 표현하고 있으며(제2조 제1항 제12호), 결제대행사와 통신사업자를 합하여 '통신과금서비스제공자'라고 표현하고 있다(제2조 제1항 제11호). 구체적으로 보면 결제대행사는 제2조 제1항 제10호 나목의 업무를 행하는 통신과금서비스제공자로 KG모빌리언스, 다날과 같은 사업자를 말하며, 통신사업자는 제2조 제1항 제10호 가목의 업무를 행하는 통신과금서비스제공자로 SK텔레콤, KT, LG U+과 같은 사업자를 말한다. 한편, 콘텐츠제공업체는 정보통신망법에서 별도로 표현하고 있지 않으며 SPOTV, 카카오와 같은 사업자를 말한다.

　이들은 다음과 같은 단계를 거쳐 통신과금서비스를 이용·제공한다. 1단계, 콘텐츠제공업체에서 콘텐츠, 재화, 서비스를 이용하고자 하는 이용자는 콘텐츠제공업체에 유·무선 통신을 통하여 주민등록번호와 전화번호 등의 정보(이하 '관련 정보'라 한다)를 제공한다. 2단계, 콘텐츠제공업체가 이 정보를 결제대행사에게 제공한다, 3단계, 결제대행사는 관련 정보를 이용자가 이용하는 통신사업자에게 제공한다, 4단계, 통신사업자는 제공된 관련 정보를 자신이 가진 정보와 확인하여 이를 다시 결제대행사에게 제공한다. 5단계, 결제대행사는 이를 콘텐츠제공업체에게 제공한다. 6단계, 이를 받은 콘텐츠제공업체는 콘텐츠, 재화, 서비스를 제공한다, 7단계, 소정기간이 흐른 후 이용자가 통신사업자에게 통신료와 함께 콘텐츠 이용료를 금전으로 지급한다, 8단계, 통신사업자는 이를 결제대행사에게 지급한다, 8단계, 결제대행사는 이를 콘텐츠제공업체에게 지급한다(이상 표경수, 2014). 이를 그림으로 제시하면 <그림 13>과 같다.

그림 13   통신과금서비스의 법률관계[24]

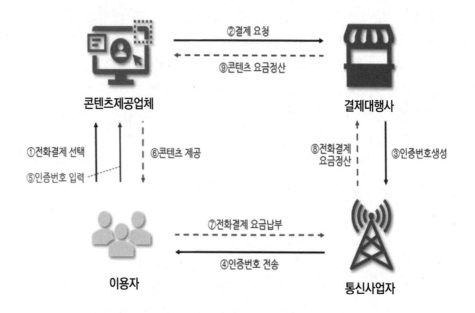

제 3 절   통신과금서비스제공자의 등록

1. 통신과금서비스제공자의 등록

통신과금서비스의 제공은 과학기술정보통신부장관에게 등록을 요건으로
한다(법 제53조 제1항). 이용자 보호를 위하여 일정한 요건을 갖춘 자만이 이 서
비스를 제공하도록 제한할 필요가 있기 때문이다.

법률은 일정한 요건도 요구하고 있다. 「상법」 제170조에 따른 회사 또는
「민법」 제32조에 따른 법인으로서 자본금·출자총액 또는 기본재산이 5억원
이상의 범위에서 대통령령으로 정하는 금액 이상이어야 한다(제2항).

통신과금서비스를 제공하려는 자는 1. 재무건전성, 2. 통신과금서비스이용

---

24) 과학기술정보통신위원회 수석전문위원, 「정보통신망 이용촉진 및 정보보호 등에 관한
    법률 일부개정 법률안 검토보고서」, 2007.4, 4쪽. 표경수, 2014에서 재인용.

자보호계획, 3. 업무를 수행할 수 있는 인력과 물적 설비, 4. 사업계획서를 갖
추어 과학기술정보통신부장관에게 등록하여야 한다. 이러한 내용을 고려하여
등록을 수령하겠다는 것이다.

과학기술정보통신부장관은 일정한 사유가 있으면 등록을 할 수 없다. 등
록을 하려는 자가 1. 제53조 제4항에 따라 사업을 폐업한 날부터 1년이 지나지
아니한 법인 및 그 사업이 폐업될 당시 그 법인의 대주주(대통령령으로 정하는 출
자자를 말한다. 이하 같다)이었던 자로서 그 폐업일부터 1년이 지나지 아니한 자,
제55조 제1항에 따라 등록이 취소된 날부터 3년이 지나지 아니한 법인 및 그
취소 당시 그 법인의 대주주이었던 자로서 그 취소가 된 날부터 3년이 지나지
아니한 자, 「채무자 회생 및 파산에 관한 법률」에 따른 회생절차 중에 있는 법
인 및 그 법인의 대주주, 금융거래 등 상거래를 할 때 약정한 기일 내에 채무
를 변제하지 아니한 자로서 과학기술정보통신부장관이 정하는 자인 경우가 이
에 해당한다. 그리고 법인을 통한 탈법행위를 막기 위하여 제1호부터 제4호까
지의 규정에 해당하는 자가 대주주인 법인도 등록을 할 수 없는 사유로 규정하
고 있다(법 제54조).

통신과금서비스제공자는 「전기통신사업법」 제22조에도 불구하고 부가통
신사업자의 신고를 하지 아니할 수 있다(제53조 제3항). 중복 규제를 막기 위한
취지이다.

2. 등록의 취소

과학기술정보통신부장관은 통신과금서비스제공자가 거짓이나 그 밖의 부
정한 방법으로 등록을 한 때에는 등록을 취소하여야 한다(법 제55조).

과학기술정보통신부장관이 통신과금서비스제공자의 등록을 취소하려면 청
문을 하여야 한다(영 제66조의5 제2항). 그리고 등록을 취소한 경우에는 그 내용
을 관보에 공고하고 인터넷 등을 통하여 일반인에게 알려야 한다(제3항). 등록
이 취소된 이후에도 영업을 하여 이용자 등이 예측하지 못한 손해를 입지 않도
록 하기 위한 조치이다.

3. 등록사항의 변경 등

통신과금서비스제공자의 등록사항의 변경, 사업의 양도·양수 또는 합병·상속, 사업의 승계, 사업의 휴업·폐업·해산 등에 관해서는 별도의 조항을 두지 않고 「전기통신사업법」의 부가통신사업자에 적용되는 제23조부터 제26조까지의 규정은 준용하도록 하고 있다. 통신과금서비스제공자가 「전기통신사업법」의 부가통신사업자에 상응한다고 판단하고 있다는 것을 전제로 경제적인 입법을 위한 기술이다. 이 경우 "별정통신사업자"는 "통신과금서비스제공자"로 보고, "별정통신사업"은 "통신과금서비스제공업"으로 본다(이상 제53조 제4항).

제 4 절 통신과금서비스에서 이용자 보호

1. 약관의 신고

정보통신망법은 통신과금서비스제공자가 통신과금서비스에 관한 약관을 정하면 과학기술정보통신부장관에게 신고하도록 규정하고 있다. 약관을 변경하는 경우에도 같다(제56조 제1항).

과학기술정보통신부장관은 통신과금서비스제공자가 신고한 약관이 통신과금서비스이용자의 이익을 침해할 우려가 있다고 판단되는 경우에는 약관의 변경을 권고할 수 있다(제2항).

2. 통신과금서비스의 안전성 확보 의무

통신과금서비스제공자는 통신과금서비스가 안전하게 제공될 수 있도록 선량한 관리자로서의 주의의무를 다하여야 한다(제57조 제1항).

통신과금서비스제공자는 통신과금서비스를 통한 거래의 안전성과 신뢰성을 확보하기 위하여 대통령령으로 정하는 바에 따라 업무처리지침의 제정 및 회계처리 구분 등의 관리적 조치와 정보보호시스템 구축 등의 기술적 조치를 하여야 한다(제2항). 이에 따라 대통령은 시행령 <별표 7>에서 관리적 조치와 기술적 조치를 정하고 있다(영 제66조의6) .

표 14 정보통신망 이용촉진 및 정보보호 등에 관한 법률 시행령 [별표 7][25)

통신과금서비스의 안전성·신뢰성 확보를 위한 필요 조치(제66조의6 관련)

1. 관리적 조치
　가. 업무처리지침의 제정·시행
　다음의 사항을 포함하는 업무처리지침을 제정·시행하여야 한다.
　　1) 시스템에 대한 접근 통제 및 감시에 관한 사항
　　2) 화재·지진·수해 또는 전산장애 등에 대비한 비상 시 시스템 관리에 관한 사항
　　3) 해킹침해 방지에 관한 사항
　　4) 바이러스 감염 방지에 관한 사항
　　5) 인터넷 프로토콜(IP) 주소의 관리에 관한 사항
　나. 회계의 구분
　통신과금서비스와 관련된 회계와 그 밖의 회계를 구분하여 처리하여야 한다.
　다. 정보처리시스템 및 전산자료의 관리
　　1) 데이터베이스관리시스템, 운영체제 등 주요 프로그램은 정기적으로 유지·보수하고, 그 내용을 기록하여 1년 동안 보관하여야 한다.
　　2) 정보처리시스템의 장애발생 시 장애내용 및 조치사항 등에 관한 기록을 1년 동안 보관하여야 한다.
　　3) 전산자료의 유출·파괴를 방지하기 위하여 전산자료에 대한 접근권한을 통제하고, 정기적으로 그 현황을 점검하도록 하며, 중요한 전산자료는 정기적으로 백업하고 그 상태를 정기적으로 검사하여야 한다.

2. 기술적 조치
　가. 정보처리시스템은 서버, 통신기기의 정상 작동 여부를 확인하기 위한 모니터링 체계를 갖추어야 한다.
　나. 해킹을 방지하고 사이버테러를 방지하기 위하여 해킹방지시스템 등을 구축·운영하여야 한다.

3. 제1호 및 제2호에 따른 관리적 조치와 기술적 조치의 세부내용은 과학기술정보통신부장관이 정하여 고시한다.

25) 최종 개정 2017. 7. 26.

그리고 과학기술정보통신부장관은 그 세부사항을 「통신과금서비스 운영에 관한 고시」[26] 제6조부터 제13조까지[27]에서 자세히 규정하고 있다.

3. 고지의무와 이용자의 권리

통신과금서비스제공자는 재화등의 판매·제공의 대가가 발생한 때 및 대가를 청구할 때에 통신과금서비스이용자에게 1. 통신과금서비스 이용일시, 2. 통신과금서비스를 통한 구매·이용의 거래 상대방(통신과금서비스를 이용하여 그 대가를 받고 재화 또는 용역을 판매·제공하는 자를 말한다. 이하 "거래 상대방"이라 한다)의 상호와 연락처, 3. 통신과금서비스를 통한 구매·이용 금액과 그 명세, 4. 이의신청 방법 및 연락처를 고지하여야 한다(제58조 제1항).

그리고 통신과금서비스제공자는 통신과금서비스이용자가 구매·이용 내역을 확인할 수 있는 방법을 제공하여야 하며, 통신과금서비스이용자가 구매·이용 내역에 관한 서면(전자문서를 포함한다. 이하 같다)을 요청하는 경우에는 그 요청을 받은 날부터 2주 이내에 이를 제공하여야 한다(제2항).

통신과금서비스이용자는 통신과금서비스가 자신의 의사에 반하여 제공되었음을 안 때에는 통신과금서비스제공자에게 이에 대한 정정을 요구할 수 있으며(통신과금서비스이용자의 고의 또는 중과실이 있는 경우는 제외한다), 통신과금서비스제공자는 이용자의 정정요구가 이유 있을 경우 판매자에 대한 이용 대금의 지급을 유보하고 그 정정 요구를 받은 날부터 2주 이내에 처리 결과를 알려주어야 한다(제3항).

통신과금서비스제공자는 통신과금서비스에 관한 기록을 5년 이내의 범위에서 대통령령으로 정하는 기간 동안 보존하여야 한다(제4항).

이에 따라 시행령에서는 통신과금서비스를 이용한 거래의 종류, 거래금액

---

26) [시행 2017. 8. 24.] [과학기술정보통신부고시 제2017-7호, 2017. 8. 24., 타법개정]
27) 제6조 모니터링 및 해킹방지 시스템 구축, 제7조 해킹방지 시스템 운영, 제8조 컴퓨터바이러스 감염 방지, 제9조 인터넷프로토콜주소 관리, 제10조 정보처리시스템 관리, 제11조 전산자료 보호, 제12조 시스템에 대한 접근 통제 및 감시, 제13조 비상시를 대비한 시스템 관리.

(거래기록의 보존기간 및 약관 변경 방법), 그 밖에 과학기술정보통신부장관이 정하여 고시하는 사항 등에 관한 기록을 해당 거래를 한 날부터 원칙적으로 1년간 보존하도록 하되, 건당 거래 금액이 1만원을 초과하는 거래인 경우에는 5년간 보존하도록 규정하고 있다(제66조의7 제1항)

통신과금서비스제공자(제2조 제1항 제10호 가목의 업무를 제공하는 자)는 통신과금서비스를 제공하거나 이용한도액을 증액할 경우에는 미리 해당 통신과금서비스이용자의 동의를 받아야 한다(제5항). 그 동의 방법은 제8항에 따른 과학기술정보통신부장관이 고시 제14조에서 정하고 있다. 아마도 각 매체별로 동의 방법을 달리하여 규정하므로 빈번하게 개정할 것으로 예상하여 고시와 같이 개정하기 좋은 법적 형식으로 하도록 입법자가 정한 것이 아닌가 추측한다. 그러나 현행 제14조 제3항과 같은 형식으로 규정하니 실제로는 자주 개정하지 않아도 충분히 운영할 수 있다. 그리고 제5항의 동의가 이용자 보호를 위한 규정이라는 것을 고려하면 이것을 고시 형식으로 규정하도록 하고 있는 제8조의 태도는 적절치 않은 것으로 판단된다. 따라서 동의의 핵심적 내용을 법률에서 직접 규정하고 구체적인 사항은 대통령령에서 규정하도록 제5항과 제8항을 개정하는 것이 의회유보 원칙과 본질성 이론에 충실하다. 개선이 필요하다.

통신과금서비스제공자(제2조 제1항 제10호 가목의 업무를 제공하는 자)는 약관을 변경하는 때에는 변경되는 약관의 시행일 1개월 전에 이용자에게 통지하여야 한다. 이 경우 변경되는 약관에 대하여 이의가 있는 이용자는 통신과금서비스에 관한 계약을 해지할 수 있다(제6항).

통신과금서비스제공자(제2조 제1항 제10호 가목의 업무를 제공하는 자로 한정한다)는 법 제58조 제6항에 따라 약관을 변경하는 때에는 전자우편·서면·팩스·전화 또는 이와 유사한 방법 중 어느 하나의 방법으로 통신과금서비스이용자에게 통지해야 한다(영 제66조의7 제3항).

통신과금서비스이용자는 변경되는 약관에 대하여 제3항에 따른 통지를 받은 날부터 변경되는 약관의 시행일 전의 영업일까지 이의를 제기할 수 있다(영 제66조의7 제4항).

과학기술정보통신부장관은 통신과금서비스가 통신과금서비스이용자의 의

사에 반하여 제공되지 아니하도록 결제방식 등에 관한 세부적인 사항을 제9항
의 위임에 따라 고시 제16조 이하에서 자세히 규정하고 있다.

마지막으로 통신과금서비스이용자는 자신의 의사에 따라 통신과금서비스
가 제공되었는지 여부를 확인하기 위하여 필요한 경우에는 거래 상대방에게
재화등을 구매·이용한 자의 이름과 생년월일에 대한 정보(이하 "구매자정보"라
한다)의 제공을 요청할 수 있다. 이 경우 구매자정보 제공 요청을 받은 거래 상
대방은 정당한 사유가 없으면 그 요청을 받은 날부터 3일 이내에 이를 제공하
여야 한다(제58조의2 제1항). 제1항에 따라 구매자정보를 제공받은 통신과금서비
스이용자는 해당 정보를 본인 여부를 확인하거나 고소·고발을 위하여 수사기
관에 제출하기 위한 목적으로만 사용하여야 한다(제2항). 그 밖에 구매자정보
제공 요청의 내용과 절차 등에 필요한 사항은 시행령 제66조의8에서 정하고
있다.

4. 분쟁 해결과 손해배상

통신과금서비스 이용 중 피해를 입은 이용자는 일반적으로 콘텐츠제공업
체, 결제대행사, 통신사업자에게 직접 민원 신청을 하여 피해를 보상받는 것이
일반적이다. 그러나 이러한 민원 해결의 주체는 각 사업자이므로 사업자간 편
차가 크고 이용자가 적절한 피해를 보상받지 못할 수 있다. 이 경우 이용자는
법원에 소송을 하거나 대안적 분쟁해결방법을 찾게 된다. 그런데 통신과금서비
스가 일반적으로 소액결제라 그것 때문에 소송을 하거나 대안적 분쟁해결방법
을 찾게 되지 않는 경향이 있다. 이러한 이유로 정보통신망법은 통신과금서비
스제공자가 통신과금서비스에 대한 이용자의 권익을 보호하기 위하여 자율적
인 분쟁 조정 및 해결 등을 시행하는 기관 또는 단체를 설치·운영할 수 있도
록 규정하고 있다(제59조 제1항).

제1항에 따른 분쟁 조정 및 해결 등을 시행하는 기관 또는 단체는 분쟁
조정 및 해결 등을 위하여 필요하다고 인정하는 경우 통신과금서비스이용자의
동의를 받아 구매자정보 제공 요청을 대행할 수 있다. 이 경우 구매자정보 제

공 요청 등에 대하여는 제58조의2를 준용한다(제2항). 통신과금서비스제공자는 대통령령으로 정하는 바에 따라 통신과금서비스와 관련한 통신과금서비스이용자의 이의신청 및 권리구제를 위한 절차를 마련하여야 하고, 통신과금서비스계약을 체결하는 경우 이를 이용약관에 명시하여야 한다(제3항).

한편, 통신과금서비스제공자는 통신과금서비스의 제공과 관련하여 통신과금서비스이용자에게 손해가 발생한 경우에 그 손해를 배상하여야 한다. 다만, 그 손해의 발생이 통신과금서비스이용자의 고의 또는 중과실로 인한 경우에는 그러하지 아니하다(제60조 제1항). 제1항에 따라 손해배상을 하는 경우에는 손해배상을 받을 자와 협의하여야 한다(제2항). 제2항에 따른 손해배상에 관한 협의가 성립되지 아니하거나 협의를 할 수 없는 경우에는 당사자는 방송통신위원회에 재정을 신청할 수 있다(제3항).

이상과 같은 현재의 자율적 분쟁조정으로는 피해를 받은 이용자의 적절한 피해 보상이라는 입법 취지를 달성할 수 없으므로 이를 의무적으로 설치하도록 개정하려는 '정보통신망법 개정안'이 그것이다.

제 5 절 통신과금서비스의 이용 제한

콘텐츠제공업체는 통신과금서비스를 이용하면 과금 걱정없이 콘텐츠 제공에 매진할 수 있으므로 편리하다. 그런데 이를 악용하여 불법·유해콘텐츠를 제공하거나 이용자에게 불이익한 행위를 하는 자가 있을 수 있다. 이런 자까지 지속적으로 통신과금서비스를 이용할 수 있도록 해서는 안된다. 정보통신망법도 이와 같은 관점에서 법 제61조에 과학기술정보통신부장관이 통신과금서비스제공자에게 이와 같은 자의 이용을 제한하도록 명할 수 있도록 규정하고 있다.

즉 과학기술정보통신부장관은 통신과금서비스제공자에게 1.「청소년 보호법」제16조를 위반하여 청소년유해매체물을 청소년에게 판매·대여·제공하는 자, 2. 제50조를 위반한 영리목적의 광고성 정보 전송, 통신과금서비스이용자

에 대한 기망 또는 부당한 유인 중 어느 하나에 해당하는 수단을 이용하여 통
신과금서비스이용자로 하여금 재화등을 구매·이용하게 함으로써 통신과금서
비스이용자의 이익을 현저하게 저해하는 자, 3. 이 법 또는 다른 법률에서 금
지하는 재화등을 판매·제공하는 자에게 대한 서비스의 제공을 거부, 정지 또
는 제한하도록 명할 수 있다(제61조).

제 6 절 소결 및 입법 개선방안

위에서 서술한 것처럼 정보통신망법의 통신과금서비스 규율은 통신과금서
비스의 활성화와 일정한 자격을 가진 자만이 이 서비스를 할 수 있도록 하여
이용자 보호에 그 목적이 있다. 이런 관점에 비추어 현재 규율은 다음 몇 가지
보완이 필요하다고 지적되고 있다.

첫째, 콘텐츠제공업체에 대한 규율을 신설할 필요가 있다(한국산업경제정책
연구원, 2011; 표경수, 2014). 콘텐츠제공업체는 통신과금서비스의 주요 수혜자 중
하나이다. 그런데 이 서비스 과정에서 이용자 피해의 다수는 이용자와 콘텐츠
제공업체간에 발생하고 있다. 그럼에도 법은 명시적으로 양자관계를 규율하고
있지 않다. 따라서 이를 통신과금서비스가맹점으로 명명하고 이들이 준수하여
야 할 사항을 신설하고 이를 위반할 때 시정명령, 벌칙 부과 등을 고려할 필요
가 있다(표경수, 2014).

둘째, 분쟁조정기구의 의무적 설치가 필요하다. 이미 설명한 것처럼 현행
법은 분쟁조정을 자율적으로 설치할 수 있도록 규정하고 있다. 이러한 이유로
현재 분쟁조정이 실효적으로 되지 못하고 있다. 따라서 피해를 받은 이용자의
적절한 피해 보상이라는 입법 취지를 달성할 수 없다. 따라서 이를 의무적으로
설치하도록 개정하는 것이 타당하다.

셋째, 통신과금서비스제공자와 공동규제(co-regulation)을 하기 위한 근거
를 신설할 필요가 있다. 통신과금서비스제공자 스스로 이용자 보호를 위한 자
율규제를 촉진할 수 있도록 업계에서 기준을 마련하여 제시하고 이를 시행하

도록 유도하는 것이 타당하다(표경수, 2014). 과학기술정보통신부는 이러한 자율
규제가 적절히 시행되면 법에서 규정하고 있는 제재를 유예하고, 그것이 적절
히 시행되지 않는 경우에는 직접 제재에 나설 수 있도록 하여 실효성을 담보하
는 것이 타당하다.

제9장 인터넷 자율규제

제1절 개 관

1. 의 의

정보통신망법은 정보통신서비스 제공자단체의 자율규제를 규정하고 있다 (제44조의4). 자율규제(self-regulation)는 국가에 의한 규제나 법에 의한 규제에 반대되는 뜻으로 사용되는데, 인터넷매체는 그 개방성과 공유성이라는 특성에서 다른 어떤 매체와 비교하더라도 자율규제방식이 선호되고 있다. 그런데 자율규제의 본원적인 모습은 국가, 즉 법이 아무런 간섭을 하지 않는 것을 의미한다고 보면, 국가공동체가 가지는 권력의 한 형태인 '법'의 모습으로 자율규제를 규정하는 것은 바람직하지 않을 수도 있다. 그러나 오늘날 인터넷 자율규제는 단순한 무간섭, 무대응, 방임의 단계를 지나서 적극적으로 자율규제의 다양한 내용을 구성하고 조직하며 조장하는 행정의 관점에서 자율규제를 천명하는 정도의 입법방식은 자율규제의 중요성을 강조한다는 취지에서 충분히 이해할 수 있다. 정보통신망법이 자율규제의 조문을 둔 것은 이러한 취지라고 할 것이다.

자율규제(self-regulation)란 민간이 주체가 되어 스스로 행위를 규율하는 것을 말한다.28) 정보통신망법이 자율규제를 규정한 목적은 '이용자보호' 및 '정보통신서비스제공의 안전성과 신뢰성 보장'에 있고, 구체적인 내용으로는 "정보통신서비스 제공자 행동강령과 가이드라인"을 해당 단체가 정할 수 있는 것으로 규정하고 있다. 그 밖에도 명예훼손 등 권리침해정보에 대한 정보통신서

---

28) Christopher T. Marsden, Internet Co-Regulation: European Law, Regulatory Governance and Legitimacy in Cyberspace, Cambridge University Press, 2011.

비스 제공자의 임시조치제도도 해당 정보통신서비스 제공자가 피해자의 요청
이 있는 경우에도 반드시 임시조치를 취하여야 할 법적 강제장치가 마련되어
있지 않고, 실무에서도 이를 자율적인 게시글 규제방식으로 이해하고 있는 이
상 광의의 자율규제의 하나라고 이해할 수 있다.

2. 인터넷 자율규제의 현황

우리나라는 자율규제의 역사가 일천하지만 인터넷 관련 자율규제는 꽤 활
발한 것으로 보인다. 대표적인 기관으로 포털 등 인터넷기업이 회원사로 참여
하고 있는 한국인터넷자율정책기구(KISO), 게임업계의 한국게임정책자율기구
(GSOK), 부동산업계의 한국프롭테크포럼 등을 들 수 있다. 특히 KISO는 2009.
3. 국내 7개 대표적인 포털사이트 운영 정보통신서비스 제공자의 협의로 발족
되어 10년이 넘는 기간 동안 활발한 활동을 하고 있다. 국내 대표적인 포털사
이트 운영 정보통신서비스 제공자의 단체답게 게시판 정책을 수립하여 사업자
들간의 정책의 혼선을 방지하고 이용자의 예측가능성을 제시하고 있다는 점에
서 상당히 긍정적인 평가를 받고 있다.

제44조의4 자율규제 조항은 2007. 1. 26. 개정 시 도입되었고 당시에는 자
율규제단체의 행동강력 제정이라는 단순한 규정을 하였다가, 2018. 12. 24. 개
정에서 자율규제 가이드라인의 근거(제2항)와 정부의 자율규제 지원 근거(제3항)
의 내용을 추가하였다.

자율규제를 법률에서 명문으로 규정한 예는 많이 있다. 「개인정보 보호법」
제13조, 「가맹사업거래의 공정화에 관한 법률」 제15조, 「옥외광고물등 관리법」
제5조의2, 「자본시장과 금융투자업에 관한 법률」 제286조, 「청소년보호법」 제
12조, 「국민건강진흥법」 제9조의4 등이 그것이다.

제 2 절 정보통신망법상 자율규제 규정

1. 자율규제의 주체

현행법상 자율규제의 주체는 정보통신서비스 제공자단체로 규정되어 있다 (제44조의4 제1항). 자율규제는 사업자 스스로 시행하는 것도 가능하지만 이는 '규제'라는 관점에서 자율적인 활동이라고 할 것이고, 사업자를 포함한 사업자 단체나 협회, 이용자단체 등이 자율규제의 주체로서 보다 적합하다고 할 것이 다. 현행 인터넷자율정책기구는 정보통신서비스 제공자단체의 대표적인 사례 에 해당한다.

2. 자율규제의 규범(행동강령과 가이드라인)

법은 자율규제의 행동강령과 자율규제 가이드라인의 제정을 규정하고 있 다(동 제1항 제2항). 제44조의4가 규정하고 있는 자율규제 가이드라인에는 청소 년유해정보, 불법정보의 유통을 제한하는 모니터링 등이 포함되도록 규정되어 있다. 이는 해당 단체에게는 자율적 활동에 대한 지속성과 안정성을 도모하고, 이용자에게는 해당 자율적 활동에 대한 예측가능성을 제고하여 자율규제의 활 성화에 이바지하게 될 것이다. 행동강령과 자율규제 가이드라인은 자율규제를 안정적이고 체계적으로 하기 위한 기초이자 규범적 성격을 지닌 것으로서 필 수적인 조건이라고 할 것이다.

3. 정부의 지원

정부는 이러한 자율규제를 위한 활동을 지원할 수 있는 근거규정을 두고 있는데(동 제3항), 이러한 지원체계는 자율규제를 활성화하기 위하여 필요할 수 도 있다. 그러나 자율규제의 지원체계 수립시에는 아래와 같은 유의사항에 따 라, 자율규제의 목적, 방법, 주체, 내용, 효과를 면밀히 구성하고, 그에 따라 각

체계에 부합하는 국가(정부)의 지원체계가 대응되어야 한다. 첫째, 자율규제의 본질이 관련 이해관계자들의 자율적인 의사결정에 따른 것인 이상 자칫 지원 및 진흥이라는 이름으로 자율규제를 강요하는 오류를 범하여서는 아니되고, 둘째, 정부는 어떤 경우에도 자율규제의 후원자의 지위에 있음을 잊지말고 최소한의 간여에 그치도록 하여야 하며, 셋째, 자율규제 관련 이해관계자들이 적극적으로 자율규제에 참여할 수 있도록 다양한 인센티브 등 장려책을 강구하여야 하고, 넷째, 가능한 한 다양한 자율규제의 내용을 제시하여 관련 이해관계자들이 이를 필수사항이 아닌 선택사항으로 받아들이도록 하여야 한다는 점이다.

4. 평 가

첫째, 자율규제에 대하여 위와 같은 명문의 규정이 있지만 그 자체적으로 어떤 실효성을 찾기는 어렵다. 자율규제를 활성화하기 위하여 다양한 정책수단을 강구하여야 하는데, 자율규제 모델을 선택하고 자율규제에 대한 효과를 어떻게 설정할 것인가가 중요하다.

둘째, 여러 자율규제 모델 중 우리 현실에 적합한 자율규제 모델을 정립할 필요가 있다. 인터넷서비스의 역사가 일천한만큼 인터넷 자율규제의 역사도 오래되지 않았다. 자율규제의 구체적 방식은 각국의 정치, 경제, 사회, 문화 배경 등을 고려하여 다양하게 전개되고 있다. 황승흠의 선행연구에 따르면 자율규제는 의무적 자율규제, 승인적 자율규제, 조건부 강제적 자율규제, 자발적 자율규제로 분류할 수 있다.[29] 우리의 경우 한국인터넷자율정책기구(KISO)가 10년의 역사를 가지고 활발한 활동을 하고 있지만 회원사의 범위가 협소하고 공적 심의기관 등 정부영역과의 공식적인 협력네트워크 또는 협력모델의 부재 등이 문제점으로 지적되고 있다.

셋째, 사업자의 관련 활동에 대한 면책이 필요하다. 이를테면 임시조치를 시행한 정보통신서비스 제공자의 면책제도가 없고(제44조의2), 청소년유해정보에 대하여 인터넷사업자가 스스로 청소년유해매체물로 인정하면 청소년유해매

---

29) 황승흠, 「인터넷 자율규제와 법」, 커뮤니케이션북스, 2014.

체물의 법적 효과가 발생되고 있을 뿐 청소년유해매체물로 지정하지 아니한 행위에 대하여는 아무런 책임감면제도가 없으며(청소년보호법 제12조), 불법저작물에 대한 'Notice and Take' 제도에 있어서는 온라인서비스제공자가 「저작권법」에 따른 조치를 한 경우에는 책임을 면제하는 것으로 규정하면서 다만 저작권의 침해사실을 안 때부터 피해자에 의한 삭제 등의 요청을 받은 때까지는 예외로 하고 있는 것(동법 제103조)이 그것이다. 이런 점에서 자율규제와 관련하여 정보통신서비스 제공자의 책임을 필요적으로 면제하는 제도의 도입에 대한 논의가 있다. 그러나 인터넷사업자의 책임을 면제케 할 것인가 즉 필요적 면제 또는 임의적 면제를 규정하는 문제는 단순히 자율규제의 효율성 제고 차원 뿐만 아니라 불법행위법의 영역에서 다른 불법행위의 유형과의 비교 등 다른 차원의 문제라고 할 것이므로 자율규제의 차원만으로 논의하는 것은 신중할 필요가 있다. 오히려 자율규제의 실효성을 확보하기 위하여는 인터넷사업자의 책임문제가 아니라 동일한 규제 내용이 정부규제와 중복되지 않도록 규제의 중복을 제거하는 것이 중요하다. 예컨대 제44조의2에 따른 임시조치절차가 진행 중인 경우에는 심의위원회에 의한 인터넷심의를 면제토록 하는 법적 효과를 부여하는 것이 관련 이해당사자의 이익에 부합된다고 본다.

제 **4** 부

정보보안

제1장 정보통신망 안정성 확보

제1절 정보보호지침

1. 개 관

가. 정보보호지침의 의의

정보보호지침이란 정보통신서비스 제공자 등의 보호조치의 내용을 과학기술정보통신부장관이 정하여 고시한 것을 말하고, 이 고시를 정보통신서비스 제공자 등이 준수할 것을 권고하도록 법률이 규정하고 있다(제45조 제2항). 정보보호지침을 마련한 취지는 정보보호조치의 구체적인 내용과 수준이 확정되지 않으면 정보통신서비스 제공자가 어느 범위에서 보호조치를 하여야 하는지 혼란이 발생될 우려가 있어서 보호조치의 내용과 수준의 대강을 정하여 이용자의 예측가능성을 제고하고 정보통신서비스 제공자등의 보호조치를 원활하게 하기 위해서이다.[1]

나. 정보통신망 안정성 보호조치의 의의

정보통신망의 안정성 및 정보의 신뢰성의 확보는 이용자의 정상적인 품질의 확보를 위한 필요불가결한 전제가 됨에 따라 정보통신서비스 제공자 등에게 그 보호조치를 하도록 규정을 두고 있다. 다만 법상 "보호조치를 하여야 한다"고 규정하여(제1항) 법상 의무의 형식을 띠고 있으나, 다른 한편 과학기술정보통신부장관이 정보보호지침을 준수하도록 권고하도록 하고 있어(제2항) 보호조치가 정보통신서비스 제공자등의 의무인지가 명확하지 아니하다. 더구나 정보통신서비스 제공자 등이 이러한 보호조치를 하지 아니한 경우에 이를 강제

---

[1] 온주 정보통신망 이용촉진 및 정보보호 등에 관한 법률 제45조(2016.10.14.)

할 수 있는 과태료나 벌칙 등의 수단이 마련되어 있지도 아니하다.

다. 정보보호지침의 법적 성격

정보보호지침은 권고적 효력을 가지는 것으로 규정되어 있어(제2항) 법규적 효력을 가지는 것으로 보기는 어렵다. 즉 정보통신서비스 제공자등이 이를 준수하지 아니하여도 바로 법적 효력이 발생되는 것이 아닐 것이지만 반대로 이를 준수한 경우에는 법 제45조 제1항의 보호조치를 한 것으로 판단받을 수 있는 것으로서 정보보호지침은 최소한의 보호조치의 기준을 정한 것이라고 할 수 있다.

2020년 개정법에서 새롭게 정보보호조치의 대상이 된 정보통신망연결기기 등과 관련하여, 중앙행정기관의 장이 소관분야의 정보통신망연결기기등과 관련된 시험·검사·인증 등의 기준을 정할 경우, 과학기술정보통신부장관이 정보보호지침의 내용을 반영할 것을 요청할 수 있는 것을 신설하고 있다. 이는 정보보호지침이 관계자들에게 권고적 효력을 가지는 성격에서 기인한 것이고, 만일 법규의 성격을 가진다면 법규의 일반성으로 인하여 시험등의 기준에도 당연히 미친다는 점에서 정보보호지침의 효력을 확장시키기 위한 특별한 규정이라고 할 것이다.

이처럼 이 조문은 권고적 성격을 가지고 있어 단순히 선언적 규정에 불과하다는 해석도 가능하지만, 기술한 바와 같이 정보보호지침의 준수 여부가 보호조치의 여부를 판단하는 구체적인 기준이 될 수 있으므로 실제적인 의미를 가진다고 할 것이다. 이를테면 안정성이나 신뢰성을 침해하는 사고가 발생한 경우 정보통신서비스 제공자가 이 법 조문을 준수하였는지 여부 즉 정보보호지침을 준수하였는지가 여부가 위법이나 정당성 여부를 판단하는 실제적인 해석기준이 될 것이다.[2] 다만 이러한 견해는 민사상 책임 여부를 판단의 경우에 한하고, 행정책임 또는 형사책임과 같이 엄격한 법적 근거를 요하는 경우에는 타당하지 않다고 할 것이다.

---

[2] 온주 정보통신망 이용촉진 및 정보보호 등에 관한 법률 제45조(2016.10.14.)

2. 정보보호지침의 내용

가. 정보보호지침의 작성 주체

정보보호지침은 정보통신서비스 제공자 등의 정보통신망 안정성 확보를 위한 구체적인 내용을 담아 당사자에게 권고하도록 하기 위한 것으로써 과학기술정보통신부장관에게 작성하여 고시하게 하고 있다.

나. 정보보호지침의 수범 주체

첫째 정보통신서비스 제공자가 보호조치의 주체가 된다(제1항제1호).

둘째 정보통신망에 연결되어 정보를 송·수신할 수 있는 기기·설비·장비 중 대통령령으로 정하는 기기·설비·장비(이하 "정보통신망연결기기등"이라 한다)를 제조하거나 수입하는 자가 주체가 된다(제1항 제2호). 제2호는 2020년 6월 9일 신설된 조문인데 정보통신망연결기기등의 구체적인 내용에 대하여는 시행령에 위임되어 있다. 법률안 개정이유에 의하면 "정보통신망에 연결되어 정보를 송·수신할 수 있는 정보통신망연결기기등과 관련된 침해사고가 국민의 생명·신체·재산에 큰 피해로 이어질 우려가 커지고 있음에도 불구하고, 현행법은 정보통신망연결기기등의 정보보호에 관한 대책이 미흡한바, 이를 보완할 필요가 있다"라고 규정하고 있다. 정보통신망연결기기등은 기존의 정보통신망서비스 제공자 만큼이나 정보통신망의 안정성 확보에 중요함에도 이에 대한 대책이 없었던 점을 보완하여 추가된 것이다. 이에 따라 중앙행정기관의 장이 소관분야의 정보통신망연결기기등과 관련된 시험·검사·인증 등의 기준을 정할 경우에는 정보보호지침의 내용을 반영할 것을 규정하고 있다(제4항).

시행령에 의하면 별표 1의3에 따른 분야 중 어느 하나의 분야에 속하는 기기·설비·장비로서 다음 각 호의 기기·설비·장비(이하 "정보통신망연결기기등"이라 한다)를 말한다(제36조의2).

1. 침해사고가 발생했거나 발생할 가능성이 큰 기기·설비·장비
2. 침해사고가 발생할 경우 정보통신망의 안정성 및 정보의 신뢰성 확보에 중대한 위험성을 가져오는 기기·설비·장비

시행령 [별표 1의3]에 해당하는 분야별 정보통신망 연결기기등은 다음과
같다(별표 1의3).

1. 가전 분야: 스마트 홈네트워크에 연결되는 멀티미디어 제품, 주방가전
   제품 또는 생활가전 제품 등의 가전제품 또는 그 제품에 사용되는 기
   기·설비·장비

2. 교통 분야: 다음 각 목의 제품 등에 사용되는 기기·설비·장비

   가.「국가통합교통체계효율화법」제2조 제16호에 따른 지능형교통체계

   나.「드론 활용의 촉진 및 기반조성에 관한 법률」제2조 제1호에 따른
      드론

   다.「자동차관리법」제2조 제1호에 따른 자동차

   라.「선박법」제1조의2 제1항에 따른 선박

3. 금융 분야:「전자금융거래법」제2조 제8호에 따른 전자적 장치

4. 스마트도시 분야:「스마트도시 조성 및 산업진흥 등에 관한 법률」제2
   조 제2호에 따른 스마트도시서비스에 사용되는 기기·설비·장비

5. 의료 분야:「의료기기법」제2조 제1항에 따른 의료기기 중 통신기능을
   보유한 기기·설비·장비

6. 제조·생산 분야: 제품의 제조·생산 또는 용역을 관리하기 위하여 제
   어·점검·측정·탐지 등의 용도로 사용되는 기기·설비·장비

7. 주택 분야:「건축법」제2조 제1항 제4호에 따른 건축설비 중 지능형 홈
   네트워크에 연결되는 기기·설비·장비

8. 통신 분야:「전파법」제2조 제16호에 따른 방송통신기자재 중 무선 또
   는 유선으로 통신이 가능한 방송통신기자재

   (3) 정보보호지침에 포함될 사항

정보보호지침에는 다음 각 호의 사항이 포함되어야 한다. 이 중 제5호는
2020년 개정법에서 새롭게 신설된 사항이다.

1. 정당한 권한이 없는 자가 정보통신망에 접근·침입하는 것을 방지하거
   나 대응하기 위한 정보보호시스템의 설치·운영 등 기술적·물리적 보
   호조치

2. 정보의 불법 유출·위조·변조·삭제 등을 방지하기 위한 기술적 보호 조치

3. 정보통신망의 지속적인 이용이 가능한 상태를 확보하기 위한 기술적·물리적 보호조치

4. 정보통신망의 안정 및 정보보호를 위한 인력·조직·경비의 확보 및 관련 계획수립 등 관리적 보호조치

5. 정보통신망연결기기등의 정보보호를 위한 기술적 보호조치

법률의 위임에 따라 규정된 「정보보호조치에 관한 지침」(과학기술정보통신부 고시)에서는 제1조 목적, 제2조 정의, 제3조 정보보호조치의 내용, 제4조 정보 보호조치 이행여부 점검, 제5조 규제의 재검토, [별표1] 보호조치의 구체적인 내용으로 구성되어 있다. ([부록] 보호조치의 구체적 내용 참조)

3. 정보보호지침 위반의 효과

정보통신망서비스 제공자가 제45조를 위반한 경우 그 효과에 대하여는 법 상 명문의 규정을 두지 않고 있다. 동조 제1항에서는 정보통신서비스제공자의 보호조치의무를 규정하고 있으면서도, 그 보호조치의 구체적인 내용에 대하여 는 제2항에서 과학기술정보통신부장관이 고시로 정보보호지침을 정하여 정보 통신서비스 제공자에게 지킬 것을 권고하도록 함으로써 결국 정보보호조치가 법적 의무라고 하기보다는 권고적 성격을 가진 것으로 해석이 된다. 따라서 정 보통신서비스 제공자가 제45조의 보호조치 또는 정보보호지침을 위반하는 경 우 법률상 별도의 제재규정이 마련되어 있지 아니한 이상 행정상 법위반으로 처리하기는 어렵다고 할 것이다.

이에 반하여 보호조치 위반은 법위반에 해당되므로 법상의 각종 제재규정 을 적용하는 것이 가능하다는 견해가 성립될 수 있다. 즉 제45조 제1항에서는 "정보통신서비스 제공자는 ... 보호조치를 하여야 한다"라고 규정되어 있는 이 상 정보통신서비스 제공자의 정보통신망 안전성 확보 등의 조치는 법상 의무 로 인정이 되고, 그러면 제64조 제3항, 제4항에 의하여 업무상황, 장부 등의 검

사를 할 수 있도록 하므로 이를 통하여 행정조사 또는 시정요구 등을 받을 수 있고, 동 시정요구 등에 위반할 경우에는 추가적인 제재를 받는 경우까지 배제 되는 것은 아니라는 견해이다.

제2절 정보보호 사전점검

1. 개 관

정보통신서비스 제공자는 새로이 정보통신망을 구축하거나 정보통신서비스를 제공하고자 하는 때에는 그 계획 또는 설계에 정보보호에 관한 사항을 고려하여야 하는데, 이를 정보보호 사전점검이라 한다(제45조의2). 사전점검은 정보보호 관련한 사항을 사후에 변경하는 것이 쉽지 않을 뿐만 아니라 실효적이지도 않기 때문에 사전에 정보보호에 관한 사항을 점검토록 하는 것이다.

정보보호의 사전점검에 대하여는 과학기술정보통신부장관이 대통령령으로 사전점검기준을 정하여 조호조치를 하도록 권고하고 있다(동 제2항 본문).

2. 정보보호 사전점검 권고 대상

모든 정보통신서비스 제공자나 전기통신사업자에게 요구하는 것이 아니라 특정한 사업자로 제한하고 있는데(제2항), 이는 사전점검이 많은 비용이 소요될 뿐만 아니라 영업의 자유 제한 소지가 있기 때문에 과학기술정보통신부장관의 진입규제 등 사업규제의 대상이 되는 사업 중에서 일정 규모 이상의 사업자나 또는 사업비를 지원하는 사업자로 제한하게 된 것이다. 제2항에서 정한 사업으로는 1) 이 법 또는 다른 법령에 따라 과학기술정보통신부장관의 인가·허가를 받거나 등록·신고를 하도록 되어 있는 사업으로서 정보시스템 구축에 필요한 투자금액이 5억원 이상(하드웨어·소프트웨어의 단순한 구입비용은 제외한 금액을 말한다)인 정보통신서비스 또는 전기통신사업, 2) 과학기술정보통신부장관이 사업비의 전부 또는 일부를 지원하는 사업으로서 과학기술정보통신부장관이 신규 정보통신서비스 또는 전기통신사업의 발굴·육성을 위하여 사업비의 전부 또는 일부를 지원하는 정보통신서비스 또는 전기통신사업을 규정하고 있다(영 제36조의4).

3. 정보보호 사전점검기준

정보보호 사전점검기준은 다음 각 호의 사항을 고려하여 과학기술정보통신부장관이 정하여 고시한다(영 제36조의3). 이에 따라 고시인 「정보보호 사전점검에 관한 고시」에서 '정보보호 사전점검기준'(별표3)이 정해져 있다(부록 정보보호 사전점검 기준 참조)

1. 정보통신망을 구축하거나 정보통신서비스를 제공하기 위한 시스템의 구조 및 운영환경
2. 제1호에 따른 시스템의 운영을 위한 하드웨어, 프로그램, 콘텐츠 등 자산 중 보호해야 할 대상의 식별 및 위험성
3. 보호대책의 도출 및 구현현황

4. 사전점검의 방법과 절차

사전점검의 방법과 절차에 대하여는 다음과 같은 방법과 절차로 직접 실시 또는 한국인터넷진흥원 또는 외부 전문기관에 의하여 실시하도록 규정되어 있다(영 제36조의5). 사전점검은 서면점검, 현장점검 또는 원격점검(외부에서 정보통신망을 통하여 제36조의2 제1호에 따른 시스템에 접속하여 보안 관련 사항을 점검하는 것을 말한다)의 방법으로 실시하고(영 제36조의5 제1항), 사전점검의 순서는 사전점검 준비, 설계 검토, 보호대책 적용, 보호대책 구현현황 점검, 사전점검 결과 정리의 절차로 진행된다(동 제2항). 기타 정보보호 사전점검의 방법 및 절차에 관하여 필요한 세부사항은 과학기술정보통신부장관이 정하여 고시(「정보보호 사전점검에 관한 고시」)하고 있다(제4항).

5. 수수료

인터넷진흥원이나 외부 전문기관에 의한 사전점검 실시의 경우에는 수수료를 납부하여야 한다(영 제36조의6).

6. 사전점검의 효과

사전점검을 하였다고 하여 특별한 법적 효과가 부여되지 않지만, 반대로 대상이 되는 사업은 과학기술정보통신부의 인·허가등 사업자나 사업비의 지원을 받는 사업자로 제한하는 규정으로 보아 사업의 인·허가나 사업지의 지원 등에 있어서 상당한 영향이 있을 것으로 예상할 수 있다.[3] 그런 점에서 보면 권고적 효력으로 규정되어 있지만 실질적인 효력이 있는 것으로 볼 수 있다.

제3절 정보보호 최고책임자 지정·신고

1. 개 관

정보보호 최고책임자(이하 최고책임자라 함)란 정보통신서비스 제공자의 정보보호에 있어서 최종적인 권한과 의무를 가지고 정보보호에 관한 인적, 물적 조직과 업무를 총괄하며 그 결과에 대하여 책임을 지는 자를 말한다. 정보통신망법은 정보통신서비스 제공자에게 임원급의 최고책임자를 지정하여 신고토록 의무를 두고 있는데(제45조의3), 이는 정식의 조직으로써 실질적인 정보보호업무를 달성케 하여 정보통신망에 대한 보안과 정보의 안전한 관리를 제고하는데 입법취지가 있다고 할 것이다.

2021. 6. 8. 개정(2021. 12. 9 . 시행예정)에서 정보보호 최고책임자에 대한 세 가지 중요한 개정이 있었다. 첫째 현행 임원급의 최고책임자라는 모호한 규

---

3) 온주 정보통신망 이용촉진 및 정보보호 등에 관한 법률 제45조의2(2016.10.14.)

정을 '대통령령으로 정하는 기준에 해당하는 임직원'으로 위임하여 구체화하였고, 둘째 신고의무가 없는 소규모 기업의 최고책임자를 대표이사로 간주하여 정보보호 공백을 방지하고자 하였으며, 셋째 최고책임자의 업무를 법률이 열거한 업무에 대한 총괄과 다른 법률상의 관련 업무와 겸할 수 있는 업무로 구분하여 개인정보 보호책임자 등 정보보호 분야 발전을 고려하여 일부 업무의 겸직이 가능하도록 규정하였다(개정법률 제안이유 참조).

2. 정보보호 최고책임자

가. 임원의 지위

정보보호 최고책임자의 직급에 대하여 법률은 임원급으로 명시함으로써 책임성과 권한을 강화하고 있는데, 이 법에서는 '임원급'이 어떤 의미인지 설명을 하지 않고 있으며 다른 법률에서도 '임원급'의 용어를 다수 사용하고 있지만 그 의미에 대하여 분명하게 정의되어 있는 것은 보이지 아니하다.

판례에 의하면 한국방송공사(KBS)의 부사장, 본부장이 뇌물죄의 적용에 있어서 공무원으로 의제되는 한국방송공사의 '임원'에 해당하는지 여부가 문제된 사안에서, 부사장등은 비록 '법인 등의 등기사항에 관한 특례법' 상 임원 등기에 관한 사항에 따라 등기되는 임원에 국한되지 않고 일반직원과 뚜렷이 구분될 정도로 중요한 의사결정권을 가지는 경우에는 임원으로 보는 것이 타당하다고 하고 있으므로(대법원 2009. 10. 29. 선고 2009도7569 판결), 구체적으로 회사 등 단체내에서의 등기임원은 물론이고 임원으로 업무를 수행하고 있는지 여부 등 구체적인 사정이 중요한 판단기준이 될 것으로 보인다.

따라서 정보통신서비스 제공자 조직 내에서 등기 여부나 명칭에도 불구하고 일반직원과 구분될 정도로 중요한 의사결정을 가지는 직책을 일컫는 것으로 이해된다.

나. 최고책임자의 자격

정보통신서비스 제공자가 지정·신고해야 하는 정보보호 최고책임자는 다음 각 호의 어느 하나에 해당하는 자격을 갖추어야 한다. 이 경우 정보보호 또는 정보기술 분야의 학위는 「고등교육법」 제2조 각 호의 학교에서 「전자금융거래법 시행령」 별표 1 비고 제1호 각 목에 따른 학과의 과정을 이수하고 졸업하거나 그 밖의 관계법령에 따라 이와 같은 수준 이상으로 인정되는 학위를, 정보보호 또는 정보기술 분야의 업무는 같은 비고 제3호 및 제4호에 따른 업무를 말한다(영 제36조의7 제2항).

1. 정보보호 또는 정보기술 분야의 국내 또는 외국의 석사학위 이상 학위를 취득한 사람

2. 정보보호 또는 정보기술 분야의 국내 또는 외국의 학사학위를 취득한 사람으로서 정보보호 또는 정보기술 분야의 업무를 3년 이상 수행한 경력이 있는 사람

3. 정보보호 또는 정보기술 분야의 국내 또는 외국의 전문학사학위를 취득한 사람으로서 정보보호 또는 정보기술 분야의 업무를 5년 이상 수행한 경력이 있는 사람

4. 정보보호 또는 정보기술 분야의 업무를 10년 이상 수행한 경력이 있는 사람

5. 법 제47조 제6항 제5호에 따른 정보보호 관리체계 인증심사원의 자격을 취득한 사람

6. 해당 정보통신서비스 제공자의 소속인 정보보호 관련 업무를 담당하는 부서의 장으로 1년 이상 근무한 경력이 있는 사람

다. 정보보호 최고책임자의 지정·신고

(1) 정보보호 최고책임자의 지정의무의 범위

(가) 원 칙

원칙적으로 모든 정보통신서비스 제공자는 최고책임자를 지정할 의무가 있고, 다만 자산총액이나 규모 등을 고려하여 예외를 대통령령으로 정하도록 하고 있다(제1항). 예외를 인정하는 취지는 최고책임자의 지정, 운영으로 인한 인적 물적 부담을 회사규모에 따라 합리적으로 조정하기 위함이라고 할 것이다.

(나) 예 외

자산총액, 매출액 등이 대통령으로 정하는 기준에 해당하는 정보통신서비스 제공자의 경우에는 정보보호 최고책임자를 지정하지 아니할 수 있다. 대통령령에 의하여 정해진 정보통신서비스 제공자로서 다음 각 호의 어느 하나에 해당하는 자를 말한다(영 제36조의7 제2항).

1. 「전기통신사업법」 제22조 제4항 제1호에 따라 부가통신사업을 신고한 것으로 보는 자
2. 「소상공인기본법」 제2조에 따른 소상공인
3. 「중소기업기본법」 제2조 제2항에 따른 소기업[「전기통신사업법」 제2조 제8호에 따른 전기통신사업자와 타인의 정보통신서비스 제공을 위하여 집적된 정보통신시설을 운영·관리하는 사업자(이하 "집적정보통신시설사업자"라 한다)는 제외한다]으로서 전년도 말 기준 직전 3개월간의 일일평균 이용자 수가 100만명 미만이고 전년도 정보통신서비스 부문 매출액이 100억원 미만인 자

(2) 신 고

정보통신서비스 제공자가 최고책임자를 지정한 경우 신고의무가 발생하게 된 날부터 90일 이내에 과학기술정보통신부령으로 정하는 정보보호 최고책임자 지정신고서를 과학기술정보통신부장관에게 제출하는 방법으로 신고하여야 한다(영 제36조의8). 이를 위반하여 최고책임자의 지정을 신고하지 아니한 경우에는 3천만원 이하의 과태료에 처해질 수 있다(제76조 제1항 제6호의2).

3. 정보보호 최고책임자의 업무와 겸직 제한

가. 업무의 범위

정보보호 최고책임자의 업무는 정보보호관리체계의 수립 및 관리·운영, 정보보호 취약점 분석·평가 및 개선, 침해사고의 예방 및 대응, 사전 정보보호대책 마련 및 보안조치 설계·구현 등, 정보보호 사전 보안성 검토, 중요 정보의 암호화 및 보안서버 적합성 검토, 그 밖에 이 법 또는 관계 법령에 따라 정보보호를 위하여 필요한 조치의 이행의 업무를 총괄한다(제4항).

나. 겸직의 제한

최고책임자가 위와 같은 업무 이외에 다른 업무를 겸직할 수 있는지에 대하여 보면, 회사의 사정상 정보보호 이외의 다른 업무를 겸직하는 것을 금지하는 것은 영업의 자유에 대한 침해에 해당되므로 신중해야 한다. 이를 금지하는 입법을 할 경우에는 정보보호라는 공익의 필요가 인정이 되어야 하고, 정보통신서비스 제공자의 인적·물적 여건까지 고려하는 것이 필요하다. 후술하는 바와 같이 타 법률에서 유사한 업무를 하는 경우가 많은데 이러한 경우에는 겸직제한을 조정할 필요가 있다.

다. 겸직이 금지된 정보통신서비스 제공자의 범위

현행법은 이러한 취지에서 최고책임자의 겸직을 금지하는 정보통신서비스 제공자의 범위를 자산총액, 매출액 등의 기준을 고려하여 대통령령으로 정하도록 하고 있고(제3항), 이에 따라 제정된 대통령령에 의하면 직전 사업연도 말 기준 자산총액이 5조원 이상인 자(1호), 법 제47조 제2항에 따라 정보보호 관리체계 인증을 받아야 하는 자 중 직전 사업연도 말 기준 자산총액 5천억원 이상인 자(2호)로 제한하고 있다(영 제36조의7 제3항).

4. 정보보호 최고책임자 협의회

정보통신서비스 제공자는 최고책임자를 구성원으로 하는 '정보보호 최고책임자 협의회를 구성, 운영하며, 협의회의 활동에 필요한 경비의 전부 또는 일부를 정부가 지원할 수 있도록 하고 있다(제45조의3 제5항, 제6항)

정보보호 최고책임자 협의회는 다음 각 호의 사업을 수행한다(영 제36조의9).

1. 정보통신서비스 제공자의 정보보호 강화를 위한 정책의 조사, 연구 및 수립 지원
2. 정보통신서비스 이용에 따른 침해사고 분석 및 대책 연구
3. 정보보호 최고책임자 교육 등 정보통신서비스 제공자의 정보보호 능력 및 전문성 향상

4. 정보통신서비스 보안 관련 국제교류 및 협력

5. 그 밖에 정보통신시스템 등에 대한 보안 및 정보의 안전한 관리를 위하여 필요한 사업협의회의 사업 범위는 법률(제5항)이 정한 침해사고에 대한 공동 예방 및 대응, 필요한 정보의 교류, 그리고 시행령(제36조의9)이 규정한 정보통신서비스 제공자의 정보보호 강화를 위한 정책의 조사, 연구 및 수립 지원, 정보통신서비스 이용에 따른 침해사고 분석 및 대책 연구, 정보보호 최고책임자 교육 등 정보통신서비스 제공자의 정보보호 능력 및 전문성 향상, 정보통신서비스 보안 관련 국제교류 및 협력, 그 밖에 정보통신시스템 등에 대한 보안 및 정보의 안전한 관리를 위하여 필요한 사업이 포함된다.

5. 다른 법률상 정보보호책임자 제도와 비교

가. 개 요

개별법상 정보보호책임자는 명칭을 불문하고 정보보호라는 업무의 성격상 유사한 업무 수행 및 업무의 중첩의 여지가 있다고 할 것이지만, 해당 법률이 부여한 업무의 범위가 다를 것이므로 각개 다른 법적 지위를 가진다고 할 것이다. 그럼에도 불구하고, 조직내에서 수행하는 업무가 유사하다는 점에서 각각의 법적 지위를 별도로 인정하는 경우 업무의 중복으로 인한 혼란이 발생되고, 불필요한 부담으로 나타날 수 있으므로 합리적으로 조정할 필요가 있다.

그런데, 현행법상 정보보호의 중요성으로 인한 타 업무와 겸직을 금지하고 있어 이 제한을 어떻게 조정할 것인가의 문제가 있다.

| 표 15 | 개별법상 정보보호책임자의 업무 등 비교 |

법률	명칭	업무	겸직 제한
정보통신망 이용촉진 및 정보보호 등에 관한 법률	정보보호 최고책임자		있음
정보통신기반 보호법	정보보호책임자	주요정보통신기반시설의 보호에 관한 업무	없음
전자금융거래법	정보보호최고책임자	전자금융업무 및 그 기반이 되는 정보기술부문 보안	있음
외국환거래법(시행령)	정보보호최고책임자	정보기술부문 보안	없음
사회보장급여의 이용·제공 및 수급권자 발굴에 관한 법률	정보보호책임자	사회보장정보시스템의　보안에 관한 업무	없음
개인정보 보호법	개인정보 보호책임자	개인정보의 처리에 관한 업무	없음

나. 정보통신기반 보호법상 정보보호책임자와 비교

주요정보통신기반시설의 보호에 관한 업무를 총괄하기 위하여 지정된 자인데, 정보통신기반시설에는 정보통신망법상의 정보통신망도 포함되어 있으므로(제2조 제2호) 양자는 업무의 성격이 유사하다고 할 것이나, 정보통신기반 보호법상 정보보호책임자는 주요정보통신기반시설을 관리하는 기관에 소속된 자이므로 정보통신망법이 규율하는 정보통신서비스 제공자와는 충돌할 여지는 없다. 다만 전기통신사업법상 사업자의 경우에는 양자가 모두 해당될 수 있어 양자의 관계를 어떻게 볼 것인가 문제가 된다.

두가지 견해가 가능하다. 첫째, 양자의 업무를 상이한 것으로 보고 겸직제한 규정을 입법적으로 해결하여야 한다는 견해이다. 이는 정보통신망법상 최고책임자와 정보통신기반 보호법상 정보보호책임자는 업무의 성격상 상이하다는 것을 전제로, 정보통신망법에 의하면 겸직이 불가능하지만 정보통신기반보호법에 의하면 겸직이 가능하다고 할 것이므로 적용상의 문제를 해결하기 위하여 겸직금지에 관한 입법적 해결이 필요하다고 할 것이다. 둘째, 양자의 관계를 동일, 유사한 업무를 수행하는 것으로 보고 겸직문제가 적용될 여지가 없다는 견해이다. 정보통신망법 제45조의3 제4항에서 규정하고 있는 정보보호 최고책임자의 업무에는 당연히 정보통신기반 보호법상 보호책임자의 업무가 포함되는 것인만큼 양자는 겸직의 문제가 발생되지 않는다는 것이다. 생각건대 정보통신기반 보호법상 정보보호책임자의 업무인 '주요정보통신기반시설의 보호에 관한 업무'는 제45조의3 제4항의 업무에 포함되어 있다고 볼 수 있으므로 겸직의 문제는 발생되지 않는다고 할 것이다.

다. 전자금융거래법상 정보보호최고책임자의 비교

동법상의 최고책임자는 '전자금융업무 및 그 기반이 되는 정보기술부문 보안'을 총괄하는 것으로 되어 있는바, 정보기술부문 보안에는 정보통신망 관련 보안도 포함된다고 할 것이므로 이 부분에 관하여는 정보통신망법 최고책임자의 업무와 겹친다고 할 것이다. 따라서 이 법상의 겸직금지조항(제21조의2 제3항) 및 정보통신망법상 겸직금지조항은 합리적으로 조정할 필요가 있다.

라. 외국환거래법시행령상 정보보호최고책임자의 비교

동법상의 최고책임자는 '정보기술부문 보안'을 총괄하는 것을 임무로 하고 있으므로 정보통신망법상 최고책임자와 업무가 겹친다고 할 것이므로, 기술한 바와 같이 정보통신망법 겸직금지조항을 합리적으로 조정하여야 한다.

마. 사회보장급여의 이용·제공 및 수급권자 발굴에 관한 법률상 정보보호책임자의 비교

동법상의 정보보호책임자는 '사회보장정보시스템의 보안에 관한 업무'를 총괄하는 것을 업무로 하고 있으므로 정보통신망법상의 최고책임자의 업무와 겹치므로 기술한 바와 같이 정보통신망법상 겸직 금지조항을 합리적으로 조정하여야 한다.

바. 개인정보 보호법상 개인정보 보호책임자와 비교

동법의 개인정보 보호책임자는 '개인정보의 처리에 관한 업무'의 총괄책임을 지고 있는데 그 중에는 정보통신망법상 최고책임자의 업무와 겹치는 부분이 존재한다. 즉 정보통신망법상 정보보호에는 개인정보의 보호도 포함된다고 보는 것이 타당하다. 따라서 개인정보 보호책임자와 정보통신망법상 정보보호 최고책임자의 관계도 위에서 본 정보통신기반 보호법상의 책임자의 관계와 같은 논리로 설명이 가능하겠으나, 과학기술정보통신부와 인터넷진흥원이 공동으로 발간한 「정보보호 최고책임자 지정·신고제도 안내서」(2019. 12)는 개인정보 보호책임자의 업무와 정보보호 최고책임자의 업무를 구분하고 정보보호 업무와 개인정보 보호 업무의 명확한 분리가 곤란하거나 혼재되어 있는 경우(ISMS-P 인증업무, 보안서버 감독 등)에만 관련 업무수행이 가능하다고 설명하고 있다.

제2장 데이터센터의 관리와 운영

제1절 집적정보통신시설의 보호

1. 제도의 의의

가. 제도의 취지

집적정보통신시설의 보호는 타인을 위하여 집적정보통신시설을 운영하는 사업자의 보호조치의무를 규정하고, 집적정보통신시설의 멸실 등으로 인한 피해발생시의 보상의무와 그를 위한 책임보험가입의무를 규정하는 것을 내용으로 하고 있다(제46조). 이는 타인을 위하여 정보통신서비스를 제공하기 위하여 정보통신시설을 집적하여 관리하기 때문에 만일 집적정보통신시설의 멸실 등이 발생되는 경우 그 피해의 규모를 고려하여 사전에 그 보호조치를 취하도록 하고, 피해 발생시 효과적인 피해자 구제를 위하여 강제보험을 마련토록 하는 등 실효적 보호와 구제를 보장하기 위한 규정이다.

나. 입법 연혁

이 제도는 처음에는 보호조치를 취하지 아니한 사업자에 대한 시정명령을 두었으나 2004. 1. 29. 법률 제7139호 개정시 이를 폐지하였고, 2020. 6. 9. 법률 제17358호 개정시에 집적정보통신시설 사업자를 '정보통신시설을 운영·관리하는 사업자'에서 '정보통신시설을 운영·관리하는 정보통신서비스 제공자'로 개정함으로써 사업자의 범위를 정보통신서비스 제공자로 명확히 하였다.

다. 지능정보화 기본법상 데이터센터의 구축제도와 비교

「지능정보화 기본법」 제40조에서는 '데이터센터의 구축 및 운영 활성화'라는 제명으로 데이터센터와 관련된 규정을 두고 있다. 동 조문에서는 데이터센터의 개념을 "지능정보서비스의 제공을 위하여 다수의 초연결지능정보통신기반을 일정한 공간에 집적시켜 통합 운영·관리하는 시설"로 정의하고(제1항), 정부가 데이터센터의 안정적인 운영과 효율적인 제공 등을 위하여 데이터센터의 구축 및 운영 활성화 시책을 수립, 시행하도록 하는 규정을 두고 있다. 여기서 말하는 데이터센터는 정보통신망법상 집적정보통신시설과 동일한 것이라고 할 것이지만 데이터센터의 구축 및 운영 활성화를 위하여 민간 또는 공공부문에 정부가 지원 등의 시책을 마련토록 한 것에서, 구체적인 보호조치를 강구하는 정보통신망법상의 집적정보통신시설 보호제도와는 차이가 있다.

2. 집적정보통신시설 및 동 사업자의 개념

가. 집적정보통신시설의 개념

집적정보통신시설의 개념에 대하여 법률은 분명한 규정이 없으나 일반적으로 데이터센터를 가리키는 것으로 이해된다. 앞서 본 「지능정보화 기본법」 제40조에서 규정하고 있는 데이터센터가 이러한 개념이다.

「집적정보 통신시설 보호지침」(이하 지침이라 함)에서는 집적정보통신시설을 "법 제2조 제2호에 따른 정보통신서비스를 제공하는 고객의 위탁을 받아 컴퓨터장치 등 전자정부법 제2조 제13호에 따른 정보시스템을 구성하는 장비를 일정한 공간에 집중하여 관리하는 시설"이라고 정의하고 있다(제2조 제1호).

집적정보통신시설의 개념을 이루는 정보통신망법상 정보통신서비스란 "「전기통신사업법」 제2조 제6호에 따른 전기통신역무와 이를 이용하여 정보를 제공하거나 정보의 제공을 매개하는 것"으로 정의되어 있고(제2조 제2항 제2호), 전자정부법상 정보시스템이란 "정보의 수집·가공·저장·검색·송신·수신 및 그 활용과 관련되는 기기와 소프트웨어의 조직화된 체계"로 정의되어 있다(제2조 제13호).

나. 집적정보통신시설사업자의 개념

집적정보통신시설사업자는 "타인의 정보통신서비스 제공을 위하여 집적된 정보통신시설을 운영·관리하는 정보통신서비스 제공자"라고 정의되어 있다(제 46조 제1항). 2020년 6월 개정 전에는 집적정보통신시설을 운영·관리하는 사업 자라고만 정의되어 있던 것을 정보통신서비스 제공자로 명확하게 하였다. 현행 규정은 집적정보통신시설사업자에 대하여 보호조치의무와 보상보험가입을 강 제하고 있는데, 위 사업자의 범위에 대하여는 어느 정도의 규모와 요건을 갖추 어야 하는지는 구체적으로 정하여지지 않아, 법상 의무대상자가 특정되지 않는 문제점이 제기되고 있다.[4]

다. 집적정보통신시설 및 집적정보통신시설 사업자의 범위

법률상 운영·관리하는 정보통신서비스 제공자로만 규정되어 있을 뿐 그 집적정보통신시설이 소유인지 임대인지는 법정 요건이 아니므로 실제 운영·관 리하고 있는지 여부로 판단하여야 한다. 문제가 되는 사례를 보면 다음과 같다.

사례 1 VIDC 및 주요시설 미보유 사업자, 클라우드사업자, 집적정보통신시설 사업자 가 마련한 시설의 일부를 임대하여 웹호스팅(서버의 일부를 고객에게 할당해 고객이 직접 홈페이지를 운영하는 것과 같은 효과를 제공하는 서비스), 서버호스팅(단독 서버 전체를 임대해 주어 임차인이 원하는 서비스-홈페이지, 메일 등으로 사용할 수 있도 록 하는 서비스)이 집적정보통신시설 사업자에 해당되는지 보면, 타인의 정보통신서비 스 제공을 위하여 집적정보통신시설을 운영, 관리한다는 점에서 집적정보통신시설 사 업자에 해당된다고 할 것이다.

사례 2 코로케이션(IDC의 인터넷 회선과 공간만을 제공하는 서비스. 서버는 입주자가 마련) 서비스 사업자의 경우에는 인터넷 회선과 공간만을 제공하지만 코로케이션 서비 스를 제공하기 위해서는 공조시설, 전기·냉난방·항온항습 등의 시설이 필요하므로 집적정보통신시설에 해당한다.

사례 3 ○○회사의 집적정보통신시설에 서버를 설치할 수 있는 일정공간(1개 층 등)을 임대하여 ○○회사의 주요시설(자가발전설비, 축전설비, 항온항습시설, 수변전설비)을 이용, 웹호스팅 사업을 영위하는 집적정보통신시설 재판매 사업자의 경우를 보면, 집

---

4) 온주 정보통신망 이용촉진 및 정보보호 등에 관한 법률 제46조(2016.10.14.)

적정보통신시설 사업자는 소유, 임대 여부를 불문하고 집적정보통신시설을 운영, 관리하는 정보통신서비스 제공자를 말하는 것이므로 집적정보통신시설 사업자에 해당된다.

사례 4 사무실, 공간, 오피스텔, 게임방 등에서 집적정보 통신시설 보호지침 상 정의된 "주요시설"이 없이 웹호스팅, 서버호스팅, 코로케이션등의 서비스 등을 하는 경우를 보면, 지침상 주요시설이 집적정보통신시설의 개념에 포함되는 것은 아니므로 주요시설이 없다고 하여 집적정보 통신시설이 아니라고 할 수는 없다.

3. 적용 범위

법률에 의하면 "타인의 정보통신서비스 제공을 위하여 집적된 정보통신시설을 운영·관리하는 정보통신서비스 제공자"라고 규정하고 있는데 "타인의 정보통신서비스 제공을 위하여"의 해석과 관련하여 논란이 있다. 이 조문은 타인인 정보통신서비스 제공자를 위하여 집적시설을 운영하는 경우를 예정한 것으로 보이지만, 나아가 집적정보통신시설사업자가 직접 타인에 대하여 정보통신서비스를 제공하는 경우도 포함되는가 하는 점이 문제가 된다. 법취지상 이 제도는 사업자에게 각종 의무를 부여하고 위반시 과태료의 제재까지 규정되어 있는 점, 직접 정보통신서비스를 제공하는 경우는 다른 법률로도 충분히 보호조치가 가능한 점 등을 종합하면 집적정보통신시설은 타인인 정보통신서비스 제공자를 위한 경우로 제한하여 해석하는 것이 타당하다고 할 것이다. 지침이 "정보통신서비스를 제공하는 고객의 위탁을 받아…시설"이라고 규정한 것도 같은 취지라고 할 것이다.

4. 보호조치의 내용

집적정보통신시설사업자의 구체적인 보호조치의 내용은 시행령 제37조 제1항에 각호로 규정되어 있고(영 제37조), 보호조치의 구체적인 기준은 사업자의 의견을 수렴하여 고시(집적정보 통신시설 보호지침)로 정하고 있으며, 그 세부적인 기준은 고시에서 [별표] 집적정보통신시설 보호조치 세부기준으로 정하고 있다

(영 제37조 제2항, 고시 제8조). ([부록] 집적정보통신시설 보호조치 세부기준 참조할 것)

가. 출입자의 접근제어 및 감시

정보통신시설에 대한 접근 권한이 없는 자의 접근 통제 및 감시를 위한 기술적 · 관리적 조치를 취하여야 하는데(영 제37조 1호). 구체적인 내용은 고시인 「집적정보 통신시설 보호지침」 제3조가 규정하고 있다. 동 지침에서는 출입자의 접근제어 및 감시를 위하여 사업자는 주요시설의 출입구에 신원확인이 가능한 출입통제장치의 설치, 집적정보통신시설을 출입하는 자의 신원 등 출입기록을 유지 · 보관, 주요시설 출입구와 전산실 및 통신장비실 내부에 CCTV의 설치, 고객의 정보시스템 장비를 잠금장치가 있는 구조물에 설치 등을 조치내용으로 규정하고 있으며, 이러한 보호조치를 효율적으로 수행하기 위하여 중앙감시실을 설치 · 운용하도록 규정하고 있다.

나. 각종 재난에 대한 보호조치

정보통신시설의 지속적 · 안정적 운영을 확보하고 화재 · 지진 · 수해 등의 각종 재해와 테러 등의 각종 위협으로부터 정보통신시설을 보호하기 위한 물리적 · 기술적 조치를 취하여야 한다(영 제37조 제2호). 지침 제4조에서는 사업자에 대하여 전원공급 중단에 대한 대비, 전원장비 보호 조치, 도난 및 테러 등으로부터 집적정보통신시설을 보호하기 위한 조치, 지진, 수해 및 화재 등 재난으로부터 집적정보통신시설을 보호하기 위한 조치, 사업자는 주요시설 설비 안전운영매뉴얼의 수립 및 직원 대상의 교육, 관련분야 전문가로부터 변경사항에 대한 안전성 검토 등의 의무를 규정하고 있다.

다. 관리인원의 선발 및 배치

정보통신시설의 안정적 관리를 위한 관리인원 선발 · 배치 등의 조치로써 (영 제3호) 구체적인 조치는 지침 제5조에서 규정하고 있다. 동 지침에 의하면 사업자는 24시간 상근 경비원을 두어야 하고, 주요시설의 유지 · 관리를 수행하기 위한 전문인력의 배치, 전문인력과 소속 인력에 대한 교육훈련, 집적정보통신시설 보호를 위한 관리책임자의 배치 등을 규정하고 있다(제5조).

라. 내부관리계획의 수립

정보통신시설의 안정적 운영을 위한 내부관리계획(비상시 계획을 포함한다)의 수립 및 시행에 관한 조치로써(영 제4호) 구체적인 내용은 지침 제6조에서 규정하고 있다. 즉 사업자는 해킹·컴퓨터바이러스 유포 등의 전자적 침해행위와 정전·화재 기타 각종 재난으로부터 집적정보통신시설을 보호하기 위하여 시설보호계획을 수립·시행하여야 하고, 해킹·컴퓨터바이러스 유포 등의 전자적 침해행위와 정전·화재 기타 각종 재난으로부터 업무기능을 중단없이 수행하기 위하여 '업무연속성계획'을 수립, 시행하여야 한다(제6조).

마. 기술적·관리적 조치

침해사고의 확산을 차단하기 위한 기술적·관리적 조치의 마련 및 시행(영 제5호)에 대하여는 지침의 <별표1> 집적정보통신시설보호조치 세부기준에서 규정하고 있다.

5. 피해에 대한 보상책임과 강제보험

가. 피해의 보상

집적정보통신시설 사업자는 집적된 정보통신시설의 멸실, 훼손, 그 밖의 운영장애로 발생한 피해를 보상할 책임이 있다(제46조 제2항).

피해보상의 성격을 보면, 법문상 "운영장애로 발생한 피해의 보상"이라고 규정하고 있어서, 불법행위로 인한 손해배상의 성격으로 이해할 것인지 아니면 법률이 특별히 규정한 보상의 성격으로 이해할 것인지의 문제가 있다. 손해배상의 성격으로 이해할 경우에는 사업자의 귀책에 따른 손해로 제한되므로 후술하는 책임보험의 범위가 명확해지는 장점이 있고, 반면에 사업자의 귀책이 없는 피해 발생에 대하여는 보상이 되지 못하여 피해구제에 미흡하게 되는 단점이 있다. 그러나 법문이 보상이라는 용어를 사용하는 것으로 보아 단순히 불법행위 손해배상책임만을 규정한 것은 아니라고 볼 여지도 없지 않다. 그러나 사업자의 귀책이 없는 경우의 보상책임까지 규정한 것으로 해석하게 되는 경우에는 보험자의 보험책임이 무한히 확장되는 문제 등으로 인한 보험요율, 보험료 등 보험운영상 문제점도 상당할 것으로 보인다.

나. 그 밖의 운영장애의 해석

법문에서는 "멸실, 훼손, 그 밖의 운영장애"라고 규정하여 기타 운영장애의 범위를 어떻게 해석할 것인지 문제가 된다. 이를테면 "랜섬웨어, 해킹 등 사이버 침해사고"가 포함되는가 하는 점인데, 기타 운영장애라고만 규정되어 있다는 점에서 사이버침해로 인한 운영장애가 발생한 경우를 배제할 이유는 없다고 할 것이다.

다. 책임보험의 가입의무

집적정보통신시설사업자는 집적된 정보통신시설의 멸실, 훼손, 그 밖의 운영장애로 발생한 피해를 보상하기 위하여 사업개시와 동시에 책임보험에 가입하여야 하고, 책임보험의 최저보험금액은 적용대상 사업자의 매출액 규모에 따라 영 제38조에서 <별표 1의3>으로 정하여져 있다(제46조 제2항, 영 제38조). 보험에 가입하지 아니하면 2천만원 이하의 과태료에 처하게 된다(제76조 제2항 제4호의2).

제 2 절   집적정보통신시설 사업자의 긴급대응

1. 제도의 취지

집적정보통신시설 사업자의 긴급대응 제도는 사업자가 긴급하게 해당 서비스의 전부 또는 일부의 제공을 중단의 필요성이 있는 경우의 근거를 마련한 것이다(제46조의2). 서비스의 중단은 사업자에게는 막대한 손해를 발생시키고 이용자에게도 불편을 초래하게 함에도 법률이 일정한 사유를 규정함으로써 공익적인 목적으로 사업 중단을 제한적으로 허용하도록 한 것이다.

2. 중단 요건

가. 중단사유

중단사유로는 세가지가 규정되어 있다(제1항).

(1) 시설이용자의 정보시스템의 이상현상 발생의 경우

집적정보통신시설을 이용하는 자의 정보시스템에서 발생한 이상현상으로 다른 시설이용자의 정보통신망 또는 집적된 정보통신시설의 정보통신망에 심 각한 장애를 발생시킬 우려가 있다고 판단되는 경우에 집적정보통신시설 사업 자는 해당 서비스의 전부 또는 일부의 제공을 중단할 수 있다(제1호). 이 사유 는 이상현상이 이용자의 정보시스템에서 발생한 경우이고, 그 이상현상이 다른 시설이용자의 정보통신망이나 집적 정보통신시설의 정보통신망에 심각한 장애 를 발생시킬 우려가 있는 경우를 말한다. 여기서 말하는 심각한 장애란 장애의 상태가 중대한 것을 의미하는 것으로 이해된다. 현재 정보통신망법에서 '심각 한 장애'라는 용어를 사용하고 있는 사례로는 제47조의4 제3항5)이 있는데, 동 조항에서는 침해사고는 '중대한'으로 표현하고 장애는 '심각한' 것으로 표현하 고 있다.

(2) 외부에서 침해사고가 발생한 경우

제2호는 외부에서 발생한 침해사고로 집적된 정보통신시설에 심각한 장애 가 발생할 우려가 있다고 판단되는 경우를 들고 있다. 여기서의 심각한 장애는 제1호의 심각한 장애와 동일한 의미이다.

(3) 과학기술정보통신부장관등의 요청이 있는 경우

제3호는 중대한 침해사고가 발생하여 과학기술정보통신부장관이나 한국인 터넷진흥원이 요청하는 경우를 들고 있다.

---

5) 제47조의4(이용자의 정보보호) ③ 주요정보통신서비스 제공자는 정보통신망에 중대한 침해사고가 발생하여 자신의 서비스를 이용하는 이용자의 정보시스템 또는 정보통신망 등에 심각한 장애가 발생할 가능성이 있으면 이용약관으로 정하는 바에 따라 그 이용자 에게 보호조치를 취하도록 요청하고, 이를 이행하지 아니하는 경우에는 해당 정보통신 망으로의 접속을 일시적으로 제한할 수 있다.

나. 이용약관의 규정

위의 중단 사유에 따른 긴급대응은 이용약관에 규정된 바에 따라야 한다 (제1항). 이는 집적정보통신시설 사업자는 서비스 중단 등의 조치가 금지됨에도 이를 중단하기 위하여는 당사자간의 계약에 해당되는 약관에 근거를 둠으로써 이용자를 보호하기 위함으로 이용약관에 정해지지 않은 경우에는 이 조문에 의한 사업의 중단은 불가하다고 할 것이다.

다. 이용자 통지

집적정보통신시설 사업자는 해당 서비스의 제공을 중단하는 경우에는 중단사유, 발생일시, 기간 및 내용 등을 구체적으로 밝혀 시설이용자에게 즉시 알려야 함(제2항). 여기서 통지 시점인 '즉시'는 중단 이후에 시간적으로 바로 시행한다는 것을 의미하고, '지체없이'와는 구분되는 개념이다.

3. 재개 절차

집적정보통신시설 사업자는 중단사유가 없어지면 즉시 해당 서비스의 제공을 재개하여야 한다(제3항).

제 3 절   클라우드 데이터센터의 관리와 운영

클라우드컴퓨팅은 새로운 유형의 집적정보통신시설로써 법 제46조에 따른 집적정보통신시설의 한 유형에 포함된다. 「클라우드컴퓨팅법」 상 "클라우드컴퓨팅"(Cloud Computing)이란 집적·공유된 정보통신기기, 정보통신설비, 소프트웨어 등 정보통신자원을 이용자의 요구나 수요 변화에 따라 정보통신망을 통하여 신축적으로 이용할 수 있도록 하는 정보처리체계를 말하며(제2조 제1항), 클라우드컴퓨팅서비스는 일반적으로 1) 서버, 저장장치, 네트워크 등을 제공하는 서비스(IaaS), 2) 응용프로그램 등 소프트웨어를 제공하는 서비스(SaaS), 3) 응용프로그램 등 소프트웨어의 개발·배포·운영·관리 등을 위한 환경을 제공하는 서비스(PaaS), 4) 그 밖에 1)에서부터 3)까지의 서비스를 복합적으로 제공하는 서비스로 나뉜다(영 제3조).

　　따라서 클라우드컴퓨팅서비스 제공자가 관리·운영하는 클라우드 데이터센터에 대해서도 정보통신망법상 집적정보통신시설에 대해서 부여되어 있는 보호조치를 하여야 하고(제46조), 클라우드컴퓨팅서비스 제공자는 이용약관으로 정하는 바에 따라 클라우드컴퓨팅서비스의 전부 또는 일부의 제공 중단 등의 긴급대응 조치를 취할 수 있다(제46조의2 제1항). 클라우드컴퓨팅서비스 제공자가 해당 서비스의 제공을 중단하는 경우에는 중단사유, 발생일시, 기간 및 내용 등을 구체적으로 밝혀 시설이용자에게 즉시 알려야 한다(제46조의2 제2항). 클라우드컴퓨팅서비스 제공자의 이와 같은 의무는 다른 사람의 데이터센터를 임차해서 클라우드컴퓨팅서비스를 제공하고 있는 경우에도 그대로 적용된다.

제3장 침해사고의 예방, 분석 및 대응

제1절 정보통신망침해 등의 금지

1. 정보통신망 침해행위 등의 금지

가. 개 관

이 법은 "누구든지 정당한 접근권한 없이 또는 허용된 접근권한을 넘어 정보통신망에 침입하"는 것을 금지하고(제48조 제1항), 이를 위반하여 "정보통신망에 침입한 자"는 "5년 이하의 징역 또는 5천만원 이하의 벌금에 처"하도록 규정하고 있다(제70조 제1항 제9호). 제71조 제2항에 따라 미수범을 처벌한다(제1유형).

또한 "누구든지 정당한 사유 없이 정보통신시스템, 데이터 또는 프로그램 등을 훼손·멸실·변경·위조하거나 그 운용을 방해할 수 있는 프로그램(이하 '악성프로그램'이라 한다)을 전달 또는 유포하"는 것을 금지하고(제48조 제2항), 이를 위반하여 "악성프로그램을 전달 또는 유포하는 자는 7년 이하의 징역 또는 7천만원 이하의 벌금에 처한다."(제70조의2). 그 미수범은 처벌하지 않는다(제2유형).

또한 "누구든지 정보통신망의 안정적 운영을 방해할 목적으로 대량의 신호 또는 데이터를 보내거나 부정한 명령을 처리하도록 하는 등의 방법으로 정보통신망에 장애가 발생하게 하는 것을 금지"하고(제48조 제3항), 이를 위반하여 "정보통신망에 장애가 발생하게 한 자"는 "5년 이하의 징역 또는 5천만원 이하의 벌금에 처하도록 규정"하고 있다(제71조 제1항 제10호). 제71조 제2항의 반대해석상 그 미수범은 처벌하지 않는다(제3유형).

제48조는 제70조의2 또는 제71조와 결합하여 형벌 규정으로 기능한다. 이 조항은 이용자의 신뢰 내지 그의 이익을 보호하기 위한 규정이 아니라 정보통신망의 안정성과 정보의 신뢰성을 확보하는 것이다(대법원 2005. 11. 25. 선고 2005도870 판결). 따라서 이 조항을 해석할 때에도 이러한 입법 취지를 충분히 고려하여 제한적으로 해석해야 한다(대법원 2010. 7. 22. 선고 2010도63 판결; 부산지법 2017. 10. 31. 선고 2017고단2372 판결).

이 조항은 제70조의2 또는 제71조와 결합하여 형벌 규정으로 기능하므로 그 해석에 있어서 죄형법정주의 등 형법의 일반원칙이 적용되어야 한다.

나. 제1유형: 정보통신망침입죄

(1) 행 위

제1유형의 구성요건적 행위는 정당한 접근권한 없이 또는 허용된 접근권한을 넘어 정보통신망에 침입하는 행위이다.

여기서 접근권한을 부여하거나 허용되는 범위를 설정하는 주체는 서비스제공자로부터 권한을 부여받은 이용자가 아닌 서비스제공자이다.

> 판례 **대법원 2005. 11. 25. 선고 2005도870 판결(접근권한을 부여하거나 허용되는 범위를 설정하는 주체)**
>
> 정보통신망 이용촉진 및 정보보호 등에 관한 법률 제48조 제1항은 이용자의 신뢰 내지 그의 이익을 보호하기 위한 규정이 아니라 정보통신망 자체의 안정성과 그 정보의 신뢰성을 보호하기 위한 것이라고 할 것이므로, 위 규정에서 접근권한을 부여하거나 허용되는 범위를 설정하는 주체는 서비스제공자라 할 것이고, 따라서 서비스제공자로부터 권한을 부여받은 이용자가 아닌 제3자가 정보통신망에 접속한 경우 그에게 접근권한이 있는지 여부는 서비스제공자가 부여한 접근권한을 기준으로 판단하여야 한다.
> 따라서 피고인이 업무상 알게 된 직속상관의 아이디와 비밀번호를 이용하여 직속상관이 모르는 사이에 군 내부전산망 등에 접속하여 직속상관의 명의로 군사령관에게 이메일을 보낸 행위는 정보통신망 이용촉진 및 정보보호 등에 관한 법률 제48조 제1항에 규정한 정당한 접근권한 없이 정보통신망에 침입하는 행위에 해당한다.

이 죄는 미수범을 처벌하므로 실무상 실행의 착수시기가 문제된다. 이에 관한 명시적인 판례는 아직 없는 것으로 보인다. 정당한 접근권한 없이 또는 허용된 접근권한을 넘어 정보통신망에 침입에 밀접한 행위를 하면 실행의 착수가 있다고 판단하는 것이 타당할 것이다. 그리고 정당한 접근권한 없이 또는 허용된 접근권한을 넘어 정보통신망에 침입이 완료되면 기수에 이르렀다고 판단하는 것이 타당할 것이다. 정당한 접근권한 없이 또는 허용된 접근권한을 넘어 정보통신망에 침입 후 실제 그러한 접근권한을 가진 후 시스템상 프로그램을 실행하거나 데이터를 송신, 수신하는 등의 행위를 필요로 하지 않는다.

(2) IP 카메라에 정당한 접근권한 없이 또는 허용된 접근권한을 넘어 침입하는 행위의 구성요건 해당성

IP 카메라에 정당한 접근권한 없이 또는 허용된 접근권한을 넘어 침입하는 행위가 이 조항의 구성요건적 행위인지 실무상 문제된다. 이에 대한 판단을 위해서는 IP카메라에 침입하는 것이 정보통신망에 침입하는 행위로 평가할 수 있는지가 핵심 문제이다.

IP 카메라(Internet Protocol Camera)는 카메라 등으로 불리우는 영상정보수집장치를 설치하여 수집한 영상정보를 그 기기를 설치·관리하는 자가 유·무선 인터넷을 통하여 수집·저장 등의 처리하는 장치를 말한다. 렌즈, 이미지 센서, 컴퓨터 프로세서, 메모리가 IP 카메라의 구성 요소이다. 여기서 프로세서는 이미지 프로세싱, 압축, 영상 분석, 네트워킹 등에 사용한다. 메모리는 IP 카메라의 펌웨어 저장, 비디오 시퀀스의 로컬 녹화에 사용한다. IP 카메라는 일반적인 컴퓨터와 인터넷주소(IP address)를 가지고 있어 인터넷에 연결된다. 직접 연결되고 네트워크 접속이 되는 곳이면 어디에서든 설치할 수 있다. IP 카메라는 USB나 IEEE 1394포트를 통해 개인용 컴퓨터(PC)에 연결된 경우에만 기능하는 이른바 웹카메라와 다르다. IP 카메라는 웹 서버, FTP, 이메일 기능 등을 제공하고, 기타 IP 네트워크와 보안 프로토콜을 포함하고 있다. 이를 통하여 지속적으로 수집한 영상정보를 인터넷을 통하여 외부로 전송할 수 있다.[6] 이를 그림으로 표현하면 다음과 같다.

---

6) 이상 IP카메라에 관한 서술은 엑시스 커뮤니케이션 홈페이지에서 가져옴. http://www.axis.co.kr/product_new/anc/overview.php (2020.8.20. 최종 방문). IP 카메라가 개인정보보호의 관점에서 가져오는 문제점에 대해서는 강은진, 정필운, "어린이집 CCTV의 현황과 과제", 국회도서관보, 국회도서관 제451호, 2017 참고.

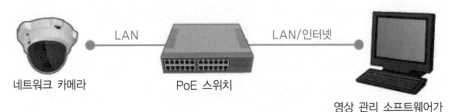

그림 14   IP카메라의 구조

LAN

LAN/인터넷

네트워크 카메라

PoE 스위치

영상 관리 소프트웨어가
설치된 컴퓨터

※ 출처 : 엑시스 커뮤니케이션 홈페이지[7]

따라서 IP 카메라에 정당한 접근권한 없이 또는 허용된 접근권한을 넘어
침입하는 행위는 "누구든지 정당한 접근권한 없이 또는 허용된 접근권한을 넘
어 정보통신망에 침입하는 행위"로 평가할 수 있다. 따라서 이 조항에 따라 처
벌할 수 있다.

3) 유사입법례와 관계

이 조항과 구 전산망 보급확장과 이용촉진 등에 관한 법률 제22조 제2항,
구 정보통신망 이용촉진 등에 관한 법률 제19조 제3항의 관계가 문제된다.

정보통신망 이용촉진 및 정보보호 등에 관한 법률 제48조 제1항은 구 전
산망 보급확장과 이용촉진 등에 관한 법률 제22조 제2항 및 구 정보통신망 이
용촉진 등에 관한 법률 제19조 제3항과 달리 정보통신망에 대한 보호조치를
침해하거나 훼손할 것을 구성요건으로 하지 않고 '정당한 접근권한 없이 또는
허용된 접근권한을 초과하여 정보통신망에 침입'하는 행위를 금지하고 있으므
로, 정보통신망 이용촉진 및 정보보호 등에 관한 법률은 그 보호조치에 대한
침해나 훼손이 수반되지 않더라도 부정한 방법으로 타인의 식별부호(아이디와
비밀번호)를 이용하거나 보호조치에 따른 제한을 면할 수 있게 하는 부정한 명

---

7) 엑시스 커뮤니케이션 홈페이지. http://www.axis.co.kr/product_new/anc/ overview.php
   (2020.8.20. 최종 방문)

령을 입력하는 등의 방법으로 침입하는 행위도 금지하고 있다고 보아야 한다
(이상 대법원 2005. 11. 25. 선고 2005도870 판결).

[판례] 정보통신망법 제48조 정보통신망침입죄 사례

직속상관 몰래 군내부전산망에 접속하여 직속상관 명의로 군사령관에게 이메일 발송
사건에서, 정보통신망 이용촉진 및 정보보호 등에 관한 법률 제48조 제1항에 규정한
정당한 접근권한 없이 정보통신망에 침입하는 행위에 해당한다(대법원 2005. 11. 25.
선고 2005도870 판결, 직속상관 몰래 군내부전산망에 접속하여 직속상관 명의로 군사
령관에게 이메일 발송 사건).

다. 제2유형: 악성프로그램 전달·유포죄

(1) 행 위

이 유형의 구성요건적 행위는 정당한 사유 없이 정보통신시스템, 데이터
또는 프로그램 등을 훼손·멸실·변경·위조하거나 그 운용을 방해할 수 있는
프로그램(이하 "악성프로그램"이라 한다)을 전달 또는 유포하는 행위이다.

(2) 문자메시지를 통한 악성코드 또는 악성프로그램 설치 행위의 구성요건 해당성

문자메시지를 통한 악성코드 또는 악성프로그램 설치를 이 조항의 구성요
건적 행위로 볼 수 있는지 실무상 문제된다. 이것은 문자메시지를 통하여 악성
코드 또는 악성프로그램을 설치하도록 하는 것이 이 조항에서 규정하고 있는
'전달' 또는 '유포'로 평가할 수 있는지가 핵심적인 쟁점이다. 앞서 설명한 부산
지법 항소부의 판단과 같이 '전달'을 행위자가 정보통신시스템 등에 악성프로
그램을 직접 투입한 경우로만 한정하여 해석할 이유는 없다. 따라서 문자메시
지를 통한 악성코드 또는 악성프로그램 설치도 이 조항의 구성요건적 행위로
판단하는 것이 타당하다.

그렇다고 이 조항의 구성요건적 행위가 정보통신망을 전혀 매개하지 않은
정보보안 침해행위까지 확장되는 것은 타당하지 않다. 왜냐하면 정보통신망법
의 목적과 규율 범위, 이 조항의 입법취지를 고려해야 하기 때문이다. 따라서

현실 공간에서 악성코드나 악성프로그램이 담긴 제품을 유상으로 판매한 후 구매자가 자신의 정보통신시스템에 이 프로그램을 설치한 경우에 현실 공간에서 악성코드나 악성프로그램이 담긴 제품을 유상으로 판매 행위까지 이 조항의 구성요건적 행위로 포섭하는 것은 타당하지 않다.

(3) 다른 조항과 관계

이 조항과 제44조의7 제1항 제4호와 관계가 문제된다.

> **제44조의7(불법정보의 유통금지 등)** ① 누구든지 정보통신망을 통하여 다음 각 호의 어느 하나에 해당하는 정보를 유통하여서는 아니 된다.
>
> (생략)
>
> 4. 정당한 사유 없이 정보통신시스템, 데이터 또는 프로그램 등을 훼손·멸실·변경·위조하거나 그 운용을 방해하는 내용의 정보
>
> (생략)
>
> ② 방송통신위원회는 제1항제1호부터 제6호까지, 제6호의2 및 제6호의3의 정보에 대하여는 심의위원회의 심의를 거쳐 정보통신서비스 제공자 또는 게시판 관리·운영자로 하여금 그 처리를 거부·정지 또는 제한하도록 명할 수 있다. 다만, 제1항제2호 및 제3호에 따른 정보의 경우에는 해당 정보로 인하여 피해를 받은 자가 구체적으로 밝힌 의사에 반하여 그 처리의 거부·정지 또는 제한을 명할 수 없다.

제44조의7 제1항은 제2항의 방송통신위원회의 명령을 하기 위한 전제로서 의미를 가진다. 따라서 "정당한 사유 없이 정보통신시스템, 데이터 또는 프로그램 등을 훼손·멸실·변경·위조하거나 그 운용을 방해"한 자의 입장에서 보았을 때, 제44조의7은 당해 행위로 생산된 정보가 방송통신위원회의 명령에 의하여 그 처리의 거부·정지 또는 제한될 수 있는 것을, 제48조 제2항과 제70조의2는 이러한 행위로 형벌을 부과받을 수 있다는 것을 의미한다.

> **판례** 정보통신망법 제48조 악성프로그램전달·유포죄 사례
>
> △ 특정 회사가 제공하는 게임사이트에서 정상적인 포커게임을 하고 있는 것처럼 가장하면서 통상적인 업무처리 과정에서 적발해 내기 어려운 사설 프로그램 ('한도우미 프로그램')을 이용하여 약관상 양도가 금지되는 포커머니를 약속된 상대방에게 이전해 주는 것은 제48조 제2항에서 정한 '악성프로그램'을 전달하거나 유포하는 행위에

해당하지 않는다(대법원 2009. 10. 15. 선고 2007도9334 판결).

△ 싸이월드 가입자 홈페이지(미니홈피)의 방문자를 추적해 주는 사이트를 운영하면서 유료회원들의 미니홈피에 설치되어 해당 미니홈피 방문자의 정보를 유출할 수 있도록 하는 프로그램을 유포하였다고 하여 정보통신망 이용촉진 및 정보보호 등에 관한 법률 위반으로 기소된 사안에서, 위 프로그램이 같은 법 제48조 제2항에서 정한 악성프로그램에 해당하지 않는다는 이유로 무죄를 선고한 원심판단을 정당하다(대법원 2012. 1. 12. 선고 2010도2212 판결).

△ 피고인들이 공모하여, 인터넷 프로그램 판매 중개 사이트에 자신들이 개발한 5종의 프로그램을 게시하고 판매하는 방법으로 온라인 플랫폼 사업자인 甲 회사의 정보통신시스템, 데이터 또는 프로그램 등의 운용을 방해할 수 있는 프로그램을 전달하였다고 하여 정보통신망 이용촉진 및 정보보호 등에 관한 법률 위반으로 기소된 사안에서, 위 각 프로그램은 甲 회사의 정보통신망과 관련된 정보통신시스템 등의 운용을 방해할 수 있는 것이고, 같은 법 제48조 제2항의 '전달'을 행위자가 정보통신시스템 등에 악성프로그램을 직접 투입한 경우로만 한정하여 해석할 근거가 없다는 이유로, 피고인들에게 유죄를 선고한다(부산지법 2017. 10. 31. 선고 2017고단2372 판결).

△ 이른바 메크로 프로그램의 판매, 사용은 이 조항을 위반한 것이 아니다. 피고인들이 광고용 자동프로그램 판매를 위한 인터넷 사이트를 통해 자신들이 개발한 여러 자동프로그램, 즉 네이버·다음 등 포털사이트의 카페, 블로그 등의 글과 이미지를 자동 등록해주거나, 네이버 카페 회원의 아이디를 추출하거나, 네이버 사용자를 검색하여 자동으로 메시지나 댓글을 작성하고 쪽지를 발송하는 등의 기능을 가진 프로그램들, 이른바 메크로 프로그램을 판매함으로써 정보통신시스템 등의 운용을 방해할 수 있는 악성프로그램을 전달 또는 유포하였다고 하여 구 정보통신망 이용촉진 및 정보보호 등에 관한 법률 제49조 제2항 위반으로 기소된 사안에서, 피고인들에게 무죄를 선고한다(의정부지법 2017. 9. 11. 선고 2017노309 판결).

라. 제3유형: 정보통신망장애죄

이 유형의 구성요건적 행위는 정보통신망의 안정적 운영을 방해할 목적으로 대량의 신호 또는 데이터를 보내거나 부정한 명령을 처리하도록 하는 등의 방법으로 정보통신망에 장애가 발생하게 한 행위이다. 여기서 정보통신망의 장애를 정보통신망 관리자나 이용자의 주관적 관점에서 판단하는 것이 타당한지, 정보통신망의 기능 장애라고 하는 객관적 관점에서 판단하는 것이 타당한지 해석상 의문이 든다. 대법원은 이에 관하여 전자의 입장을 취하였다. 즉, 허위의 정보자료를 처리하게 하였다고 하더라도 그것이 정보통신망에서 처리가 예정된 종류의 정보자료인 이상 제48조 제3항 및 제71조 제5호에서 정한 '부정한 명령'을 처리하게 한 것이라 할 수 없고, 그와 같이 허위의 자료를 처리하게 함으로써 정보통신망의 관리자나 이용자의 주관적 입장에서 보아 진실에 반하는 정보처리 결과를 만들어 내었다고 하더라도 정보통신망에서 정보를 수집·가공·저장·검색·송신 또는 수신하는 기능을 물리적으로 수행하지 못하게 하거나 그 기능 수행을 저해하지는 아니하는 이상 '정보통신망 장애'에 해당하지 않는다고 판단하였다(대법원 2013. 3. 28. 선고 2010도14607 판결). 요컨대, 정보통신망 관리자나 이용자의 주관적 관점에서 정보통신망의 장애를 판단할 것이 아니라, 정보통신망의 기능 장애가 있었는지 객관적 관점에서 정보통신망의 장애를 판단하여야 한다는 것이다.[8]

마. 다른 규정과의 관계

(1) 형법 제314조 업무방해죄와 관계

> 형법 제314조(업무방해) ① 제313조의 방법 또는 위력으로써 사람의 업무를 방해한 자는 5년 이하의 징역 또는 1천500만원 이하의 벌금에 처한다.
> ② 컴퓨터등 정보처리장치 또는 전자기록등 특수매체기록을 손괴하거나 정보처리장치에 허위의 정보 또는 부정한 명령을 입력하거나 기타 방법으로 정보처리에 장애를 발생하게 하여 사람의 업무를 방해한 자도 제1항의 형과 같다.

정보통신망법 제48조 제3항은 정보통신망의 안정적 운영을 방해할 목적으로 논리적으로 침입하는 행위를 금지하여 장애가 발생하게 하는 것에 반하여, 형법 제314조는 정보처리장치, 특수매체기록을 물리적으로 손괴하거나 논리적으로 침입하여 사람의 업무를 방해하여야 한다. 따라서 그 대상과 태양이 다르다. 제48조 제3항에서 정보통신망 장애보다 형법 제314조 정보처리의 장애를 더 넓은 개념으로 이해할 수 있다. 후자는 손괴와 허위의 정보 입력을 구성요건 행위로 규정하고 있기 때문이다. 그 대상도 전자보다 후자가 더 넓다.[9] 한

---

8) 이 판례에 관해 자세한 것은 주민철, "'정보통신망법 장애'의 의미", 「정보법 판례백선 (Ⅱ)」, 박영사, 2016, 441쪽 이하 참고.

편, 입법자는 양자를 동일하게 처벌하도록 규정하였다.

(2) 형법 제314조 재물손괴와 관계

형법 제366조(재물손괴등) 타인의 재물, 문서 또는 전자기록등 특수매체기록을 손괴 또는 은닉 기타 방법으로 기 효용을 해한 자는 3년이하의 징역 또는 700만원 이하의 벌금에 처한다.

정보통신망법 제48조의 각 조항 행위들은 정보통신망에 논리적으로 침입하는 행위를 금지하는 것에 반하여, 형법 제366조는 전자기록등 특수매체기록을 손괴 또는 은닉 기타 방법으로 기 효용을 해한 자, 즉 논리적, 물리적으로 효용을 해하는 행위를 금지한다. 따라서 그 대상과 태양이 다르다. 한편, 입법자는 전자를 후자보다 가볍게 처벌하도록 규정하였다.

(3) 정보통신기반보호법 제12조와 관계

정보통신기반보호법 제12조(주요정보통신기반시설 침해행위 등의 금지) 누구든지 다음 각 호의 어느 하나에 해당하는 행위를 하여서는 아니된다.
1. 접근권한을 가지지 아니하는 자가 주요정보통신기반시설에 접근하거나 접근권한을 가진 자가 그 권한을 초과하여 저장된 데이터를 조작·파괴·은닉 또는 유출하는 행위
2. 주요정보통신기반시설에 대하여 데이터를 파괴하거나 주요정보통신기반시설의 운영을 방해할 목적으로 컴퓨터바이러스·논리폭탄 등의 프로그램을 투입하는 행위
3. 주요정보통신기반시설의 운영을 방해할 목적으로 일시에 대량의 신호를 보내거나 부정한 명령을 처리하도록 하는 등의 방법으로 정보처리에 오류를 발생하게 하는 행위

제28조(벌칙) ① 제12조의 규정을 위반하여 주요정보통신기반시설을 교란·마비 또는 파괴한 자는 10년 이하의 징역 또는 1억원 이하의 벌금에 처한다.
② 제1항의 미수범은 처벌한다.

정보통신망법 제48조는 정보통신망에 대한 논리적 침해 행위를 금지하는 것임에 반하여, 정보통신기반보호법 제12조는 주요정보통신기반시설에 대하여 논리적 침해를 금지하는 것이다. 따라서 그 대상이 결정적으로 다르다. 다만,

---

9) 주민철, 앞의 글, 449쪽.

정보통신기반보호법 제12조 제1호, 제2호에서는 데이터를 조작 등 하는 행위
도 처벌한다는 점에서 특이한 면이 있다. 한편, 입법자는 전자를 후자보다 가
볍게 처벌하도록 규정하였다. 전자는 제1항의 행위만 미수범으로 처벌하는데
반하여, 후자는 모든 행위를 미수범으로 처벌한다.

> **판례** 정보통신망법 제48조 정보통신망침입죄 사례
>
> 甲 주식회사 대표이사인 피고인이, 컴퓨터 사용자들의 컴퓨터에 설치된 악성프로그램
> 이 자동으로 甲 회사의 서버 컴퓨터로부터 내려받은 작업 리스트에 따라 인터넷 포털
> 사이트 '네이버'의 검색창에 지시된 검색어를 입력하고 그 검색 결과에서 지시된 업체
> 의 웹사이트를 클릭하도록 하여 해당 업체와 관련된 검색어에 대하여 '연관검색어', '자
> 동완성어'를 생성하거나 해당 웹사이트 순위를 향상시킴으로써 네이버의 정보통신망에
> 장애를 발생하게 하였다고 하여 구 정보통신망 이용촉진 및 정보보호 등에 관한 법률
> 위반으로 기소된 사안에서, 피고인이 네이버의 관련 시스템 서버에 마치 컴퓨터 사용
> 자들이 실제로 네이버의 검색창에 검색어를 입력하였거나 해당 업체의 웹사이트를 클
> 릭한 것처럼 사실과 다른 정보자료를 보냈다고 하더라도 그것이 네이버의 관련 시스템
> 에서 통상적인 처리가 예정된 종류의 정보자료여서 정보통신망의 안정적 운영을 방해
> 하는 장애가 발생될 수 있는 방법이 사용되었다고 보기 어려우므로 정보통신망법 제48
> 조 제3항 및 제71조 제5호에서 정한 '부정한 명령'을 처리하게 한 것은 아니고, 나아가
> 피고인의 위 행위로 네이버의 관련 시스템에서 정보를 수집·가공·저장·검색·송신
> 또는 수신하는 기능을 물리적으로 수행하지 못하게 되거나 그 기능 수행이 저해되었다
> 고 할 수 없어 '정보통신망 장애'가 발생되었다고 할 수 없으므로 정보통신망 장애에
> 의한 정보통신망법 위반죄가 성립된다고 할 수 없는데도, 이와 달리 보아 피고인에게
> 유죄를 인정한 원심판결에 정보통신망법 제48조 제3항에서 정한 부정한 명령과 정보통
> 신망의 장애에 관한 법리오해의 위법이 있다고 한 사례(대법원 2013. 3. 28. 선고 2010
> 도14607 판결, 네이버 검색창 조작 사건).

2. 타인의 정보 훼손, 비밀 침해·도용·누설 등 금지

가. 개 관

이 법은 "정보통신망에 의하여 처리·보관 또는 전송되는 타인의 정보를
훼손하거나 타인의 비밀을 침해·도용 또는 누설하"는 것을 금지하고(제49조),
이를 위반하여 "타인의 정보를 훼손하거나 타인의 비밀을 침해·도용 또는 누

설한 자"는 "5년 이하의 징역 또는 5천만원 이하의 벌금에 처"하도록 규정하고 있다(제71조 제1항 제11호). 제71조 제2항의 반대 해석상 그 미수범은 처벌하지 않는다.

제49조는 제71조와 결합하여 형벌 규정으로 기능한다. 정보통신망의 안정성과 정보의 신뢰성을 확보하는 것이 이 조항의 입법 목적이다. 따라서 이 조항을 해석할 때에도 이러한 입법 취지를 충분히 고려하여 제한적으로 해석해야 한다(대법원 2012. 12. 13. 선고 2010도10576 판결).

이 조항은 제71조와 결합하여 형벌 규정으로 기능하므로 그 해석에 있어서 죄형법정주의 등 형법의 일반원칙이 적용되어야 한다(대법원 2018. 12. 27. 선고 2017도15226 판결).

이 조항은 「형법」의 비밀침해의 죄를 규정하고 있는 제316조, 제317조 등과 연관성이 있지만 엄밀한 의미에서는 이 조항과 독자적인 구성요건을 규정하고 있는 조항으로 해석하는 것이 타당하다.

나. 행위의 객체: '정보통신망에 의하여 처리·보관 또는 전송되는' '타인'의 '정보' 또는 '비밀'

(1) 정보 또는 비밀

이 조항은 통신망에 보관되는 정보를 단순한 정보와 비밀로 구분하여 그 보호의 정도를 달리 하고 있다(서울지법 2003. 8. 22. 선고 2003고단4527 판결). 즉 단순한 정보의 경우에는 침해·도용 또는 누설 등의 행위가 있더라도 훼손에 이르지 않으면 위 조항에 의하여 처벌할 수 없는 반면, 비밀의 경우에는 침해·도용 또는 누설하면 처벌한다. 이 조항의 '비밀'에 해당하려면 그 정보의 내용이 사회 통념상 단순한 정보의 정도를 넘어서 비밀로서 보호받아야 할 만한 내용을 포함하고 있어야 한다(서울지법 2003. 8. 22. 선고 2003고단4527 판결). 이러한 의미에서 이 조항의 '정보'는 이 조항에서 말하는 '비밀'을 제외한 정보로 제한적으로 해석하여야 한다.

여기서 말하는 '타인의 비밀'이란 일반적으로 알려져 있지 않은 사실로서 이를 다른 사람에게 알리지 않는 것이 본인에게 이익이 되는 것을 뜻한다(대법원 2006. 3. 24. 선고 2005도7309 판결; 대법원 2015. 1. 15. 선고 2013도15457 판결; 대법원 2018. 12. 27. 선고 2017도15226 판결). 따라서 인터넷 쇼핑몰 회원들의 주문정보가 포함된 구매후기 게시글은 타인의 비밀에 해당하지 않지만, 회원들의 주민등록번호, ID, 비밀번호, 휴대전화번호, 주소 등의 개인정보는 타인의 비밀에 해당한다고 볼 수 있다(대법원 2015. 1. 15. 선고 2013도15457 판결).

판례 **대법원 2012. 1. 12. 선고 2010도2212 판결(타인의 비밀의 의미)**

정보통신망법 제49조에서 규정하고 있는 타인의 비밀은 일반적으로 알려져 있지 않은 사실로서 이를 다른 사람에게 알리지 않는 것이 본인에게 이익인 것을 말한다.

원심은 제1심이 적법하게 채택한 증거들에 의하여 그 판시와 같은 사실들을 인정한 다음, 유료회원 미니홈피 방문자의 싸이월드 고유 아이디(tid), 방문 일시, 접속 IP, 이름, 그 전에 방문한 미니홈피의 운영자 이름 등 피고인 2가 유료회원들에게 제공한 방문자 접속기록은 싸이월드에서 제공하지 않는 정보로서 그 일반회원들은 알 수 없는 것이고, 단순한 방문자의 확인 차원을 넘어선 개인적인 신상정보에 해당하는 것들로서 미니홈피 방문자들의 경우 이러한 정보가 공개되지 않을 것을 전제로 자유롭게 미니홈피를 방문하기 때문에 이를 다른 사람에게 알리지 않는 것이 방문자들에게 이익이므로, 위 방문자 접속기록은 정보통신망법 제49조의 '타인의 비밀'에 해당한다고 판단하여, 피고인 2의 비밀침해로 인한 정보통신망법 위반의 점에 관한 공소사실에 대하여 유죄를 선고한 제1심판결을 그대로 유지하였다.

앞서 본 법리와 기록에 비추어 살펴보면, 원심의 위와 같은 사실인정과 판단은 정당하고, 거기에 논리와 경험의 법칙에 반하여 자유심증주의의 한계를 벗어난 잘못이 없다.

(2) '정보통신망에 의해 처리·보관 또는 전송되는'

여기서 말하는 "위반행위의 객체인 '정보통신망에 의해 처리·보관 또는 전송되는 타인의 비밀'에는 정보통신망으로 실시간 처리·전송 중인 비밀, 나아가 정보통신망으로 처리·전송이 완료되어 원격지 서버에 저장·보관된 것으로 통신기능을 이용한 처리·전송을 거쳐야만 열람·검색이 가능한 비밀이 포함됨은 당연하다. 그러나 이에 한정되는 것은 아니다. 정보통신망으로 처리·전송이 완료된 다음 사용자의 개인용 컴퓨터(PC)에 저장·보관되어 있더라도, 그 처리·전송과 저장·보관이 서로 밀접하게 연계됨으로써 정보통신망과 관련된 컴퓨터 프로그램을 활용해서만 열람·검색이 가능한 경우 등 정보통신체제 내에서 저장·보관 중인 것으로 볼 수 있는 비밀도 여기서 말하는 '타인의 비밀'에 포함된다고 보아야 한다. 이러한 결론은 정보통신망법 제49조의 문언, 정보통신망법상 정보통신망의 개념, 구성요소와 기능, 정보통신망법의 입법목적 등에 비추어 도출할 수 있다."(대법원 2018. 12. 27. 선고 2017도15226 판결)

(3) '타인의'

여기서 정보의 타인성을 판단하는 기준은 정보통신서비스 제공자에 의하여 그 접근권한이 부여되거나 허용된 자가 누구인지에 따라 정해져야 할 것이고, 이는 정보통신서비스 제공자가 정한 인터넷온라인 게임 이용약관상 계정과 비밀번호 등의 관리책임 및 그 양도나 변경의 가부, 그에 필요한 절차와 방법 및 그 준수 여부, 이용약관에 따른 의무를 이행하지 않았을 경우 행해질 수 있는 조치내용, 캐릭터 및 아이템 등 게임정보에 관한 이용약관상 소유관계 등 여러 사정을 종합적으로 고려하여야 한다(대법원 2010. 7. 22. 선고 2010도63 판결).

따라서 이 조항에서 말하는 '타인'에는 죽은 사람(사자)도 포함될 수 있다. 이러한 의미에서 이 조항에서 말하는 타인에 죽은 사람은 포함할 수 없다고 해석하는 것10)은 부당하다(대법원 2010. 7. 22. 선고 2010도63 판결).

(4) 개인정보와 관련성

이 조항에서 말하는 정보 또는 비밀과 '개인정보'의 관련성이 문제된다. 일단 개인정보가 이 조항에서 말하는 '정보'에 해당함은 물론이다(부산지방법원 2007. 2. 15. 선고 2006노3110 판결). 그러나 그 개인정보의 내용이 사회 통념상 단

---

10) 부산지방법원 2007. 2. 15. 선고 2006노3110 판결. "일반적으로 '인(人)'이라 함은 자연인 또는 법인, 경우에 따라서는 법인격 없는 단체를 지칭하는데, 여기에서 자연인이란 생존하는 사람만을 의미할 뿐 이미 사망한 사람은 이에 포함되지 않는다고 봄이 상당하다고 할 것이고, 이러한 점은 형법에서 일반적으로 타인에 대한 범죄를 규정하면서, 사망한 사람에 대한 범죄에 대해서는 별도의 구성요건을 두고 있는 것(예컨대 제308조의 사자명예훼손죄, 제159조의 사체등오욕죄 등)에 비추어 보더라도 명확하다 할 것이다. 따라서 이미 사망한 사람들의 주민등록번호를 누설한 이 부분 공소사실에 있어서, 특별한 규정 없이 정보통신법 제49조 소정의 '타인'의 범위를 확대해석하여 이미 사망한 사람까지 포함시키는 것은 죄형법정주의에 반하는 것으로서 허용될 수 없다."

순한 정보의 정도를 넘어서 비밀로서 보호받아야 할 만한 내용을 포함하고 있으면 이 조항에서 말하는 '비밀'에 해당할 여지도 있다(대법원 2012. 12. 13. 선고 2010도10576 판결).

그리고 이미 설명한 것처럼 이 조항의 정보 또는 비밀에는 죽은 사람의 개인정보도 포함될 수 있다. 이 조항의 입법 목적은 정보통신망의 안정성과 정보의 신뢰성을 확보하는 것이기 때문에 개인정보보호법제에서 개인정보의 유출 등을 방지하여 살아있는 자의 인격권을 보호하고자 하는 것과 그 입법 목적이 다르기 때문이다.

다. 행위: 정보통신망에 의하여 처리·보관 또는 전송되는 타인의 정보를 '훼손'하거나 타인의 비밀을 '침해·도용 또는 누설'

(1) 비밀을 '침해·도용 또는 누설'

여기서 말하는 "타인의 비밀 '침해'란 정보통신망에 의하여 처리·보관 또는 전송되는 타인의 비밀을 정보통신망에 침입하는 등 부정한 수단 또는 방법으로 취득하는 행위를 말한다."(대법원 2018. 12. 27. 선고 2017도15226 판결)

그리고 '정보통신망에 의하여 처리·보관 또는 전송되는 타인의 비밀 도용'이란 정보통신망에 의하여 처리·보관 또는 전송되는 타인의 비밀을 정보통신망에 침입하는 등 부정한 수단 또는 방법으로 취득한 사람이나 그 비밀이 위와 같은 방법으로 취득된 것을 알고 있는 사람이 그 비밀을 사용하는 행위를 의미한다(대법원 2012. 12. 13. 선고 2010도10576 판결; 대법원 2015. 1. 15. 선고 2013도15457 판결).

그리고 "타인의 비밀 '누설'이란 타인의 비밀에 관한 일체의 누설행위를 의미하는 것이 아니라, 정보통신망에 의하여 처리·보관 또는 전송되는 타인의 비밀을 정보통신망에 침입하는 등의 부정한 수단 또는 방법으로 취득한 사람이나 그 비밀이 위와 같은 방법으로 취득된 것임을 알고 있는 사람이 그 비밀을 아직 알지 못하는 타인에게 이를 알려주는 행위만을 의미한다."(대법원 2017. 6. 19. 선고 2017도4240 판결; 대법원 2018. 12. 27. 선고 2017도15226 판결)

정보통신망으로부터 타인의 비밀을 직접 취득하지 않고 제3자를 통해 취득한 사람도 이 조항의 주체가 될 수 있다. 따라서 자신의 뇌물수수 혐의에 대한 결백을 주장하기 위하여 제3자로부터 사건 관련자들이 주고받은 이메일 출력물을 교부받아 징계위원회에 제출한 사안에서, 이메일 출력물 그 자체는 정보통신망법에서 말하는 '정보통신망에 의하여 처리·보관 또는 전송되는' 타인의 비밀에 해당하지 않지만, 이를 징계위원회에 제출하는 행위는 '정보통신망에 의하여 처리·보관 또는 전송되는 타인의 비밀'인 이메일의 내용을 '누설하는 행위'에 해당한다(대법원 2008. 4. 24. 선고 2006도8644 판결).

(2) 부정한 수단 또는 방법으로 취득한 사람이나 그 정을 아는 자의 행위만으로 제한 해석

이 조항에서 말하는 '정보통신망에 의하여 처리·보관 또는 전송되는 타인의 비밀 누설'이란 타인의 비밀에 관한 일체의 누설행위를 의미하는 것이 아니라, 정보통신망에 의하여 처리·보관 또는 전송되는 타인의 비밀을 정보통신망에 침입하는 등 부정한 수단 또는 방법으로 취득한 사람이나, 그 비밀이 위와 같은 방법으로 취득된 것을 알고 있는 사람이 그 비밀을 아직 알지 못하는 타인에게 이를 알려주는 행위만을 의미하는 것으로 제한하여 해석함이 타당하다.

정당한 방법으로 정보통신망을 이용한 결과 취득하게 된 타인의 비밀을 누설하였다 하더라도, 이는 이 사건 조항의 입법 취지인 정보통신망의 안정성과 정보의 신뢰성 확보와 무관하므로 이러한 행위까지 이 사건 조항의 처벌대상으로 삼는 것은 그 입법 취지에 비추어 처벌범위를 지나치게 넓히는 결과가되어 부당하다.

따라서 피고인이 자신이 운영하는 인터넷 사이트 카페에 개인정보가 담겨있는 '특정 종교 교인 명단' 파일을 업로드하여 다른 회원들로 하여금 다운로드받아 볼 수 있게 함으로써 정보통신망에 의하여 처리·보관 또는 전송되는 타인의 비밀을 침해·도용 또는 누설하였다는 내용으로 기소된 사안에서, 피고인의 행위가 정보통신망법 제49조에 규정된 타인의 비밀 누설 등에 해당하지 않는다(대법원 2012. 12. 13. 선고 2010도10576 판결).

라. 다른 규정과의 관계

(1) 이 조항과 제48조와 차이

정보통신망법 제49조는 제48조와 달리 정보통신망에 의하여 처리·보관 또는 전송되는 타인의 정보나 비밀을 보호대상으로 한다(대법원 2018. 12. 27. 선고 2017도15226 판결). 이 점에 결정적인 차이가 있다.

(2) 형법상 비밀누설죄와 관련성

우리 형법은 제127조 공무상 비밀누설죄의 '공무원 또는 공무원이었던 자' 또는 제317조 업무상 비밀누설죄의 '의사, 한의사, 치과의사, 약제사, 약종상, 조산사, 변호사, 변리사, 공인회계사, 공증인, 대서업자나 그 직무상 보조자 또는 차등(此等)의 직에 있던 자'와 같이 제한된 범위의 행위 주체에게 특별히 비밀유지의무를 부과한 후 그 위반행위를 처벌하고 있을 뿐 일반적으로 타인의 비밀을 누설하는 행위를 처벌하지 않고 있다(대법원 2012. 12. 13. 선고 2010도 10576 판결).

제127조(공무상 비밀의 누설) 공무원 또는 공무원이었던 자가 법령에 의한 직무상 비밀을 누설한 때에는 2년 이하의 징역이나 금고 또는 5년 이하의 자격정지에 처한다.
제317조(업무상비밀누설) ① 의사, 한의사, 치과의사, 약제사, 약종상, 조산사, 변호사, 변리사, 공인회계사, 공증인, 대서업자나 그 직무상 보조자 또는 차등의 직에 있던 자가 그 직무처리중 지득한 타인의 비밀을 누설한 때에는 3년 이하의 징역이나 금고, 10년 이하의 자격정지 또는 700만원 이하의 벌금에 처한다.
② 종교의 직에 있는 자 또는 있던 자가 그 직무상 지득한 사람의 비밀을 누설한 때에도 전항의 형과 같다.
제318조(고소) 본장의 죄는 고소가 있어야 공소를 제기할 수 있다.

정보통신망법 제49조는 형법은 제127조, 제317조와 달리 정보통신망에 의하여 처리·보관 또는 전송되는 타인의 정보나 비밀을 보호대상으로 한다(대법원 2018. 12. 27. 선고 2017도15226 판결). 이러한 의미에서 형법은 제127조, 제317조와 달리 정보통신망의 안정성과 정보의 신뢰성도 보호이익 중 하나이다. 이점에 이 조항과 형법 위 조항에 결정적인 차이가 있다. 그리고 이 조항은 신분

범이 아니다.

이러한 의미에서 이 조항은 「형법」 제127조, 제317조 등과 연관성이 있지만 엄밀한 의미에서는 이 조항과 독자적인 구성요건이다.

(3) 형법상 비밀침해죄와 관련성

형법 제316조 비밀침해죄에서는 사람의 편지, 문서, 도화 또는 전자기록 등 특수매체기록에 대한 '봉함 기타 비밀장치'의 효과를 제거하는 경우에 형사처벌의 대상으로 삼고 있다(대법원 2012. 12. 13. 선고 2010도10576 판결).

> **형법 제316조(비밀침해)** ① 봉함 기타 비밀장치한 사람의 편지, 문서 또는 도화를 개봉한 자는 3년 이하의 징역이나 금고 또는 500만원 이하의 벌금에 처한다.
> ② 봉함 기타 비밀장치한 사람의 편지, 문서, 도화 또는 전자기록등 특수매체기록을 기술적 수단을 이용하여 그 내용을 알아낸 자도 제1항의 형과 같다.

그러나 이 조항은 정보통신망의 안정성과 정보의 신뢰성을 보호이익으로 한다. 이 조항은 「형법」의 비밀침해의 죄를 규정하고 있는 제316조와 관련되어 있지만, 그와 별도로 특별한 구성요건을 규정하고 있는 특별 가중 구성요건이라고 해석하는 것이 타당하다.

> **[판례] 정보통신망법 제49조 비밀침해죄 사례**
> △ 정당한 접근권한 없이 부동산개발 관련 정보업체의 정보통신망에 침입하여 부동산매물정보가 저장되어 있는 파일을 다운로드 받은 경우, 위 부동산매물정보가 부동산 입지조건 등 단순한 부동산매물정보에 불과하여 이 조항의 '비밀'에 해당하지 않는다(항소심 판결, 서울지법 2003. 8. 22. 선고 2003고단4527 판결). 이 조항에서 정한 '비밀'에 해당하려면 그 정보의 내용이 사회 통념상 단순한 정보의 정도를 넘어서 비밀로서 보호받아야 할 만한 내용을 포함하고 있어야 하기 때문이다(대법원 2018. 12. 27. 선고 2017도15226 판결, 부동산매물정보가 저장된 파일 다운로드 사건).
> △ 원심은 위 게임의 이용약관에 따른 계정의 변경가능 여부, 비밀번호의 관리책임 및 변경의 주체·방법, 이용자가 자신의 계정 및 캐릭터 등을 제3자에게 이용하게 하거나 양도하는 행위가 허용되어 있는지 여부, 이용자가 이용약관에 따른 의무를 이행하지 않았을 경우 행해질 수 있는 조치내용, 캐릭터 및 아이템 등 게임정보에 관한 소유관계 등을 면밀히 따져 본 다음, 그에 기초하여 위 계정에 대한 정보통신망법상 정당한 접근권한자가 누구인지를 밝혀 과연 피고인의 행위가 '정보통신망법 제49조

의 규정을 위반하여 타인의 정보를 훼손한 행위'에 해당하는지 여부를 판단하였어야 할 것이다(대법원 2010. 7. 22. 선고 2010도63 판결, 리니지 계정 양도 후 비밀번호 변경 사건-이 규정 위반에 해당하지 않는다는 취지로 판결)

△ 피고인이 싸이월드 가입자 홈페이지(미니홈피)의 방문자를 추적해 주는 사이트를 운영하면서 유료회원들에게 해당 미니홈피 방문자의 이름 등 접속기록을 제공하여 정보통신망에 의해 처리·보관·전송되는 타인의 비밀을 침해하였다고 하여 정보통신망 이용촉진 및 정보보호 등에 관한 법률 위반으로 기소된 사안에서, 위 접속기록이 같은 법 제49조에서 정한 '타인의 비밀'에 해당한다는 이유로 유죄를 인정한 원심판단을 정당하다고 하여 이 행위가 이 조항 위반이라는 취지로 판시하였다(대법원 2012. 1. 12. 선고 2010도2212 판결, 싸이월드 미니홈피의 방문자 접속 정보 제공 사건).

△ 이 사건 인터넷 쇼핑몰 회원들의 주문정보가 포함된 구매후기 게시글은 타인의 비밀에 해당하지 않지만, 회원들의 주민등록번호, ID, 비밀번호, 휴대전화번호, 주소 등의 개인정보는 타인의 비밀에 해당한다고 볼 수 있다. 그러나 피고인들은 인터넷 쇼핑몰 홈페이지 서버에 접근할 수 있는 정당한 권한이 있을 당시에 이를 취득한 것이고, 피고인들이 부정한 수단 또는 방법으로 타인의 비밀을 취득하였다고 볼 수 없으므로, 피고인 1이 운영하는 ○○사랑 홈페이지 서버 등에 이를 복사·저장하였다고 하더라도 그러한 행위만으로 타인의 비밀을 침해·도용한 것이라고 볼 수 없다(대법원 2015. 1. 15. 선고 2013도15457 판결, 인터넷 쇼핑몰 회원들의 주문정보가 포함된 구매후기 게시자 정보 복사 사건)

△ 피고인 1이 정보통신망을 이용하여 부정한 수단 또는 방법으로 과세정보자료를 취득하였다고 보기 어렵고, 위와 같이 취득한 과세정보자료를 유출하더라도 정보통신망에 의하여 처리·보관 또는 전송되는 타인의 비밀을 누설하는 경우에 해당한다고 보기 어렵다고 판단하였다. 그 이유로 ① 세무공무원인 피고인 1이나 부하직원 공소외 1이 이 사건 과세정보자료를 취득하기 위하여 정보통신망인 국세청의 홈텍스시스템이나 자료상연계분석시스템 등에 접속할 당시 접근권한이 있었고, 관리자의 승낙 없이 위와 같은 행위를 한 것이 아니며 관리자가 접근을 금지하는 조치를 취한 적이 없는 점과 ② 피고인이 취득한 과세정보자료는 이 사건 조항의 입법 목적인 정보통신망의 안정성과 정보의 신뢰성 확보와 무관한 점 등을 들고 있다. 또한 피고인 1로부터 이 사건 과세정보자료를 제공받은 피고인 2의 경우, 그 전제가 되는 피고인 1의 이 사건 과세정보자료의 취득과 누설 행위가 이 사건 조항에 위반된다고 보기 어려울 뿐만 아니라 세무공무원인 피고인 1이 과세정보자료를 누설한 행위와 피고인 2가 그로부터 그 비밀을 누설받은 행위는 대향범 관계에 있으므로 이 사건 조항 위반죄의 공동정범으로 처벌할 수 없다(대법원 2017. 6. 19. 선고 2017도4240 판결, 세무공

무원이 과세정보자료를 취득 사건)

△ 피고인이 열람·복사한 피해자들 사이의 메신저 대화내용이 정보통신망에 의해 처리·보관 또는 전송되는 타인의 비밀에 해당하고, 피고인이 피해자 공소외 1이 잠시 자리를 비운 틈을 타 위 피해자의 컴퓨터에서 이 사건 대화내용을 열람·복사한 다음 복사된 전자파일을 공소외 2에게 전송한 행위는 타인의 비밀을 침해·누설한 행위에 해당한다(대법원 2018. 12. 27. 선고 2017도15226 판결, 메신저 대화전송 사건).

제 2 절 정보통신서비스 이용자의 정보보호

1. 이용자보호제도의 의의 및 목적

정부는 이용자의 정보보호에 필요한 기준을 정하여 이용자에게 권고하고, 침해사고의 예방 및 확산 방지를 위하여 취약점 점검, 기술 지원 등 필요한 조치를 할 수 있다(제47조의4). 법 제45조, 제46조, 제47조가 주로 정보통신망, 집적정보통신시설, 정보보호관리체계 등의 보호에 관한 것이라면, 법 제47조의4는 침해사고의 예방과 이용자의 정보보호를 목적으로 한다. 여기서 보호의 대상이 되는 정보는 개인정보만을 의미하는 것이 아니라 기술정보, 산업정보 등을 포함한 넓은 의미의 정보라는 점에서 의의가 있다. 이에 따라 본조는 이용자의 정보보호를 위한 정부의 역할, 주요정보통신서비스 제공자의 책임, 소프트웨어사업자의 의무를 각각 규정하고 있다.

2. 이용자보호제도의 적용대상

가. 이용자의 범위

"이용자"란 정보통신서비스 제공자가 제공하는 정보통신서비스를 이용하는 자를 말한다(제2조 제1항 제4호). 이용자에는 개인이용자(자연인 또는 최종이용자) 이외에 정보통신서비스를 생산 목적으로 이용하는 기업이용자도 포함된다.

따라서 기업이용자는 자신이 정보통신서비스 이용자임과 동시에 제공자가 될수 있다. 이 경우 "정보통신서비스"란 「전기통신사업법」 제2조 제6호에 따른 전기통신역무와 이를 이용하여 정보를 제공하거나 정보의 제공을 매개하는 것을 말한다(제2조 제1항 제2호). 따라서 「전기통신사업법」상 기간통신역무와 부가통신역무는 물론이고 전기통신역무를 이용해서 정보를 제공하거나(인터넷 웹사이트, 게임서비스, 인터넷신문, 웹툰, 전자상거래 등) 정보를 매개하는 모든 서비스(전자우편 서비스, 메신저 서비스, 게시판 서비스, 검색 서비스, 광고 서비스 등)가 포함된다.

나. 이용자 정보

본조의 보호대상인 이용자 정보에는 개인정보 이외에 그 밖의 모든 이용자의 정보가 포함된다. 예컨대, 개인이용자의 저작권, 법인이용자의 법인정보(매출액, 제품원가, 주요 거래처 등), 기업이용자의 영업비밀 및 산업기술(원료배합비율, 품질관리 기록, 특허기술 등) 등이 이용자정보에 포함될 수 있습니다.

3. 정부의 이용자보호 조치

가. 이용자 정보보호기준의 제정·권고

정부는 이용자의 정보보호에 필요한 기준을 정하여 이용자에게 권고할 수있다. 과학기술정보통신부장관은 물론 다른 관계 중앙행정기관의 장도 본조에 의거해서 이용자의 정보보호에 필요한 기준을 정하여 이를 이용자에게 권고할 수 있다(제47조의4 제1항). 이 경우 "이용자"란 앞에서 설명한 바와 같이 개인이 용자(자연인 또는 최종이용자) 이외에 정보통신서비스를 생산 목적으로 이용하는 기업이용자(정보통신서비스 제공자)도 포함됨에 유의할 필요가 있다.

이용자의 정보보호를 위하여 과학기술정보통신부와 인터넷진흥원은 여러 분야에서 다양한 이용자를 대상으로 한 맞춤형 정보보호 가이드라인을 작성하여 배포하고 있다. 인터넷진흥원 홈페이지(https://www.kisa.or.kr)를 방문하면 아래의 예시를 포함하여 이용자의 정보보호를 위한 각종 정보보호 기준 또는 가이드라인을 참고할 수 있다.

표 16 이용자의 정보보호 기준 예시

관련 기관	정보보호 기준	비 고
한국인터넷진흥원	DNS 설정 안내서	
행정안전부/한국인터넷진흥원	소프트웨어 개발보안 가이드	
과학기술정보통신부/한국인터넷진흥원	정보보호시스템 구축을 위한 실무가이드	
과학기술정보통신부/한국인터넷진흥원	창업초기기업을 위한 정보보호 안내서	
과학기술정보통신부	정보보호공시 가이드라인(공고)	정보보호산업진흥법
한국인터넷진흥원	중소기업 정보보호 실무 가이드	
과학기술정보통신부/한국인터넷진흥원	모바일 오피스 정보보호 안내서	
과학기술정보통신부/한국인터넷진흥원	홈·가전 IoT 보안 가이드	
과학기술정보통신부/한국인터넷진흥원	스마트의료 사이버보안 가이드	
한국인터넷진흥원	스마트교통 사이버보안 가이드	
과학기술정보통신부	클라우드컴퓨팅서비스의 안전성 및 신뢰성 향상에 필요한 정보보호 기준(고시)	클라우드컴퓨팅법
방송통신위원회/한국인터넷진흥원	암호이용 안내서	
한국인터넷진흥원	보조기억매체 이용 안내서	
방송통신위원회/한국인터넷진흥원	상용 소프트웨어에서의 암호기능 이용 안내서	
과학기술정보통신부/한국인터넷진흥원	사물인터넷(IoT) 환경에서의 암호인증기술 이용 안내서	

※ 참조 페이지 : https://www.kisa.or.kr/public/laws/laws3.jsp

나. 취약점 점검, 기술 지원 등

정부는 침해사고의 예방 및 확산 방지를 위하여 취약점 점검, 기술 지원 등 필요한 조치를 할 수 있다(제47조의4 제1항). 취약점 점검, 기술지원 등의 대상이 되는 "이용자"의 범위에는 개인이용자(자연인 또는 최종이용자) 이외에 정보통신서비스를 생산 목적으로 이용하는 기업이용자(정보통신서비스 제공자)가 포함된다. 예컨대 전자상거래 사이트를 운영하고 있는 개인사업자도 사이트를 관리할 수 있는 보안 능력이 없어 고객의 개인정보가 해킹되지 않을까 불안한 경우에는 118로 전화를 통해 연중 24시간 무휴로 상담을 받을 수 있고 원격 점검도 신청할 수 있다. 취약점 점검, 악성코드 감염 확인 등은 물론 원격 치료도 가능하고 기술지원도 가능하다. 다만, 무료로 제공되는 백신 프로그램 이외에 유료 백신 프로그램이 필요한 경우에는 개별적으로 구매하여 설치하여야 한다.

여기서 취약점이란 보안상의 취약점(vulnerability)을 의미한다. 일반적으로 취약점이라고 하면 정보자산의 기밀성, 무결성, 가용성을 손상시키는 데 사용될 수 있는 정보시스템 상에 존재하는 모든 약점을 의미한다. 소프트웨어, 네트워크, 정보보호제품, IoT기기 등 정보시스템을 구성하는 모든 요소들이 취약점 점검 등의 대상이 될 수 있다.

정부는 침해사고의 예방 및 확산 방지를 위하여 취약점 점검, 기술 지원 등 필요한 조치를 할 수 있으나, 제48조의3(침해사고의 신고 등), 제48조의4(침해사고의 원인 분석 등), 제48조의5(정보통신망연결기기등 관련 침해사고의 대응 등)에 따른 경우를 제외하고는 이용자의 의사에 반해서 어떤 조치를 할 수는 없다. 따라서 정부의 이와 같은 조치는 이용자의 자발적인 참여와 협력을 전제로 한다고 보아야 한다.

정부는 취약점 점검, 기술 지원 등의 과정에서 이용자의 법 위반행위를 발견했다고 하더라도 그것을 가지고 행정처분을 할 수 없다. 이 법 제64조 제6항 및 「행정절차법」에 따라 조사목적, 조사사유, 법적 근거, 제출시한, 제출자료의 내용 등을 알리지 않았고 청문 등의 절차를 거쳐서 수집된 정보가 아니므로 행정처분의 근거로 삼을 수 없다.

취약점 점검, 기술 지원 등을 위해 과학기술정보통신부는 전국을 10개 권역으로 나누어 인터넷진흥원을 통해 '지역정보보호 지원센터'를 설치·운영 중이다. 지역정보보호 지원센터는 주로 중소기업을 위하여 정보보호 현장 컨설팅, 취약점 점검, 보호조치 지원, 정보보호 전문교육 등의 서비스를 제공하고 있다. 지원을 희망하는 사업자는 해당 권역의 정보보호 지원센터에 신청하면 된다.

| 표 17 | 지역정보보호 지원센터의 중소기업 지원사업 | |

구 분	서비스 항목	주요내용
컨설팅 및 솔루션(서비스) 도입	종합컨설팅	− 보안현황 및 취약점분석, 모의해킹, 정보보호 정책·기술 진단 등 중소기업별 맞춤형 정보보호 컨설팅 − 정보보호 솔루션 및 보안제품 구입비용 매칭형태 지원
	기본컨설팅	− PC, 홈페이지, 전자우편 등 기본적인 정보보호 수준 진단 − 클라우드 기반의 보안 서비스(SECaaS*) 이용료 매칭형태 지원 * SECaaS : SECurity as a Service
보안 서비스 지원	웹 취약점 점검·조치	홈페이지에 대한 취약점 점검 및 보호조치 지원
	정보보호 현장컨설팅	취약점 점검 결과 안내, 기술적/관리적/물리적 보호조치 지원 등 맞춤형 One−Stop 정보보호 기술지원
	민감 정보보호 조치	기업이 보유 관리하고 있는 고객정보 등 민감정보에 대한 관리 및 조치방안, 개인정보보호법규 준수여부 안내
	전문교육 및 세미나	중소기업 재직자, 학생 등을 대상으로 정보보호 전문교육(모의해킹, 포렌식 등) 및 세미나 개최

※ 참고 페이지 : https://www.kisa.or.kr/business/infor/inforlev_1.jsp]

그 밖에 정부는 전화(국번없이 118) 상담 및 원격점검 등을 통하여 일반 인터넷 이용자 PC의 악성코드 감염 예방 및 침해사고 피해 복구 지원 서비스를 제공하고 있으며, 정보보안 포털 사이트 운영, 해킹·바이러스 접수 및 상담, 각종 웹보안 지원 사업 등을 통해 취약계층 이용자의 정보보호를 위한 지원 서비스를 연중 24시간 무료로 제공하고 있다. 자세한 서비스 내용 및 서비스 신청 방법과 절차는 보호나라(www.boho.or.kr)를 통해서 확인할 수 있다.

| 표 18 | 일반 이용자의 정보보호를 위한 지원사업 |

구 분	사업내용
일반 이용자 상담 및 정보제공	국번없이 '118' 전화 상담 및 기술지원
	1년 365일 24시간 상담서비스 제공
	해킹, 웜/바이러스 등 침해사고 상담
	인터넷 침해사고 방지 및 예방, 대책 등에 관한 상담 서비스
	PC 무료 원격점검 서비스 제공

취약계층 이용자 정보보호	개인 PC 사용자 대상, PC에 원격 접속하여 보안수준 점검
	안전한 PC사용을 위한 바이러스 백신 활용을 비롯하여 운영체제의 보안 패치 등 인터넷 침해사고 예방을 위한 기술지원 서비스 제공
	웜/바이러스, 스파이웨어 등의 악성코드 감염 시 점검 및 제거 서비스

다. 취약점 신고 포상금 제도의 실시

정부는 침해사고의 예방 및 확산 방지를 위하여 취약점을 신고한 자에 대하여 예산의 범위 안에서 포상금을 지급할 수 있다(영 제54조의3제1항). 취약점은 해킹을 당하기 전에는 쉽게 발견이 어려우므로 우연히 취약점을 발견한 사람들로 하여금 취약점 신고를 장려하기 위한 제도이다.

4. 주요정보통신서비스 제공자의 보호조치

가. 주요정보통신서비스 제공자

"주요정보통신서비스 제공자"란 SKT, KT, LG 등과 같이 「전기통신사업법」 제6조 제1항에 따른 등록을 한 기간통신사업자로서 서울특별시 및 모든 광역시에서 이동통신, 전화, 초고속인터넷 등의 정보통신망서비스를 제공하는 자를 의미한다(법 제47조 제2항 제1호). 「전기통신사업법」상 기간통신사업을 경영하려는 자는 대통령령으로 정하는 바에 따라 1) 재정 및 기술적 능력, 2) 이용자 보호계획, 3) 그 밖에 사업계획서 등 대통령령으로 정하는 사항을 갖추어 과학기술정보통신부장관에게 등록(정보통신망에 의한 등록을 포함한다)하여야 한다. 다만, 자신의 상품 또는 용역을 제공하면서 대통령령으로 정하는 바에 따라 부수적으로 기간통신역무를 이용하고 그 요금을 청구하는 자(이용요금을 상품 또는 용역의 대가에 포함시키는 경우도 같다.)는 기간통신사업을 신고하여야 하며, 신고한 자가 다른 기간통신역무를 제공하고자 하는 경우에는 본문에 따라 등록하여야 한다(제6조 제1항).

나. 이용자에 대한 보호조치 요청

주요정보통신서비스 제공자는 정보통신망에 중대한 침해사고가 발생하여 자신의 서비스를 이용하는 이용자의 정보시스템 또는 정보통신망 등에 심각한 장애가 발생할 가능성이 있으면 그 이용자에게 보호조치를 취하도록 요청하고, 이를 이행하지 아니하는 경우에는 해당 정보통신망으로의 접속을 일시적으로 제한할 수 있다. "정보시스템"이란 정보의 수집·가공·저장·검색·송신·수신 및 그 활용과 관련되는 기기와 소프트웨어의 조직화된 체계를 말한다(「전자정부법」 제2조 제13호)

여기서 중대한 침해사고란 디도스(DDos) 공격, 메일 폭탄 등과 같이 이용자의 정보시스템이나 정보통신망에 상당한 장애를 일으킬 수 있는 사고를 의미한다. 이용자에 대한 보호조치 요청은 이용자에게 부담을 주고 경제적 피해로 이어질 수 있으므로 침해사고의 위험, 범위 등이 크고 광범위한 경우에 한해서 제한적으로 행사되어야 한다. 특히 접속 제한 조치는 다른 이용자의 정보시스템이나 정보통신망에 피해를 줄 것이 명확한 경우에 한해서 매우 예외적으로 행사되어야 한다.

주요정보통신서비스 제공자가 이용자에게 요청할 수 있는 보호조치에는 1) 해당 장비의 네트워크 상에서 즉각적인 분리(연결 케이블 제거, 서비스포트 차단 또는 네트워크주소(IP) 차단 등), 2) 해당 장비에 대한 보안점검, 3) 관련 원인 점검 및 사후 보안조치 실시(패치, OS 재설치, 필터링 등), 4) 침해사고 유형 또는 이상 현상의 상태에 따라 조치 내용을 인터넷홈페이지에 공시 등이 있을 수 있다.

다. 이용자 보호조치의 방법

주요정보통신서비스 제공자가 이용자에게 보호조치를 취하도록 요청하고 해당 정보통신망으로의 접속을 일시적으로 제한하기 위해서는 다음 각 호의 사항을 모두 이용약관에 명시해 두어야 한다.

1. 이용자에게 보호조치를 요청할 수 있는 사유 및 요청하는 방법
2. 이용자가 하여야 할 보호조치의 내용

3. 이용자가 보호조치를 이행하지 아니할 경우 정보통신망으로의 접속 제한 기간

4. 이용자의 보호조치 불이행에 대하여 부당한 접속 제한을 한 경우 이용자의 이의제기 및 배상 절차

아래의 [표 19]는 주요정보통신서비스 제공자인 (주)케이티가 정보통신망법에 따라 중대한 침해사고 발생시 이용자 보호조치를 취하기 위하여 인터넷 이용약관에 반영한 보호조치에 관한 사례이다.

표 19   KT 인터넷 이용약관 발췌

제22조 (이용고객의 보호조치) ① 케이티는 정보통신망에 중대한 침해사고가 발생하여 서비스를 이용하는 이용고객의 정보시스템 또는 정보통신망등에 심각한 장애가 발생할 가능성이 있는 경우에는 "정보통신망 이용촉진 및 정보보호등에 관한 법률" 제47조의3 제2항에 의거하여 당해 이용고객에게 보호조치를 취하도록 요청하고, 당해 이용고객이 이를 이행하지 아니하는 경우에는 당해 정보통신망으로의 접속을 일시적으로 제한할 수 있습니다.

② 케이티는 정보통신망 또는 집적정보보호시설에 피해를 줄 수 있는 이상징후를 감지한 경우, 이용고객에게 긴급하게 보호조치를 요청하며, 요청방법은 비상연락망을 통한 유무선통신(홈페이지공시 또는 E-mail, fax, SMS, Pop-up 등)을 이용합니다.

③ 이용고객이 취할 보호조치의 내용은 다음 각 호의 1 과 같습니다. 만약 고객이 침해사고에 대한 조치능력이 없을 경우 고객은 케이티에 도움을 요청할 수 있습니다.

1. 해당 장비의 네트워크 상에서 즉각적인 분리(연결케이블 제거, 서비스포트 차단 또는 네트워크주소(IP) 차단 등)
2. 해당 장비에 대한 보안점검
3. 관련 원인 점검 및 사후 보안조치 실시(패치, OS 재설치, 필터링등)
4. 침해사고 유형 또는 이상현상의 상태에 따라 조치 내용을 인터넷홈페이지에 공시

④ 케이티는 이용고객이 보호조치를 이행하지 아니할 경우, 타 이용고객을 보호하기 위하여 이용고객이 보호조치를 이행했다고 충분히 판단될 때까지 정보통신망으로의 접속 제한을 실시합니다.

⑤ 케이티의 이용고객의 정보보호조치 불이행에 대한 접속제한의 범위는 서비스 포트 제거 및 IP 블록전체 또는 일부의 차단이고, 케이티가 이와 관련하여 부당한 접

속 제한을 한 경우 이용고객은 인터넷기반진흥협회(KISPA)의소정양식에 의거 사유 발생 후1 개월 이내에 이의신청 및 배상요구를 할 수 있으며, 케이티는 제28조에 정한 기준에 의거 배상합니다.

⑥ 케이티는 인터넷침해사고의 원인에 대한 진단 및 조치를 위해 이용고객에게 관련 Agent 또는 Software를제공할수있습니다.

⑦ KTWiFi 이용고객은 통신데이터의 비암호화로 무선인터넷 구간의 통신내용 및 정보유출이 가능함을 인지하여 이용에 주의를 요합니다.

5. 소프트웨어사업자의 취약점 보완 통지 의무

가. 소프트웨어사업자의 정의

"소프트웨어사업자"란 소프트웨어의 개발, 제작, 생산, 유통 등과 이에 관련된 서비스 및 정보시스템의 구축·운영 등과 관련된 산업에서 경제활동을 하는 자를 의미한다(소프트웨어 진흥법 제2조 제4호). 따라서 소프트웨어를 수입 또는 판매하는 자도 소프트웨어사업자에 포함된다.

나. 인터넷진흥원에 대한 통지

소프트웨어사업자는 보안에 관한 취약점을 보완하는 프로그램을 제작하였을 때에는 인터넷진흥원에 알려야 한다. 알리는 시기와 방법에 대해서는 특별히 규정하고 있지 않다. 가능한 지체없이 알리는 것이 바람직하고 늦어도 사용자에게 통지하기 전에 또는 그것과 동시에 알려야 할 것이다. 알리는 방법은 전화, 전자우편, 우편 등으로 알릴 수 있으나 인터넷진흥원이 공식적으로 사용하는 연락처로 알려야 한다.

다. 소프트웨어 사용자에 대한 통지

소프트웨어사업자는 보안에 관한 취약점을 보완하는 프로그램을 제작하였을 때에는 그 소프트웨어 사용자에게는 제작한 날부터 1개월 이내에 2회 이상 알려야 한다. 알리는 방법은 전화, 전자우편, 우편 등을 알면 그것을 통해 알릴 수도 있겠으나 사용자가 해당 소프트웨어 이용시 소프트웨어를 통해서 알리는 것이 바람직하다. 보완 프로그램 설치시 다른 프로그램과 충돌 우려가 있거나 추가적인 컴퓨팅 능력이나 환경이 요구되는 경우에는 그 사실도 알기 쉽게 알리는 것이 바람직하다.

라. 소프트웨어 진흥법과의 관계

「소프트웨어 진흥법」은 소프트웨어 개발보안 진흥과 소프트웨어 안전산업 진흥 그리고 소프트웨어 안전확보를 위한 시책, 지침 등에 대해서 규정하고 있다. 다만, 「소프트웨어 진흥법」은 인터넷진흥원 및 사용자에 대한 통지 의무를 규정하고 있지 아니하므로 소프트웨어사업자에게는 본조가 우선하여 적용된다.

(1) 소프트웨어개발보안 진흥

「소프트웨어 진흥법」상 과학기술정보통신부장관은 소프트웨어개발보안 분야를 진흥하기 위하여 1) 소프트웨어개발보안 기술 연구, 인력 양성 등 기반 조성, 2) 「중소기업기본법」 제2조에 따른 중소기업인 소프트웨어사업자의 소프트웨어개발보안 활성화를 위한 지원, 3) 그 밖에 소프트웨어개발보안을 활성화하기 위하여 대통령령으로 정하는 사업을 추진할 수 있다(제29조).

(2) 소프트웨어안전 확보

정부는 소프트웨어안전 확보를 위한 시책을 마련하여야 한다. 이에 따라 과학기술정보통신부장관은 다음 각 호의 사항을 포함하는 소프트웨어안전 확보를 위한 지침을 정하여 고시하여야 하고, 중앙행정기관의 장은 소관 분야의 소프트웨어안전에 관한 기술기준을 수립하는 경우 다음 각 호에 따른 지침 또는 국제표준 등을 고려하여야 한다(제30조).

1. 소프트웨어안전 관련 위험 분석
2. 소프트웨어안전 확보를 위한 설계 및 구현 방법
3. 소프트웨어안전 검증 방법
4. 운영 단계의 소프트웨어안전 확보 방안
5. 그 밖에 소프트웨어안전 확보에 필요하다고 인정되는 사항

(3) 소프트웨어안전 산업 진흥 등

과학기술정보통신부장관은 소프트웨어안전 산업을 진흥하고 국가 전반의 소프트웨어안전을 확보하기 위하여 다음 각 호의 사업을 추진할 수 있다(제31조).

1. 소프트웨어안전 기술 연구

2. 소프트웨어안전 인력 양성

3. 소프트웨어안전 산업 기반 조성

4. 소프트웨어안전 관리 지원 및 안전사고 대응 지원

5. 소프트웨어안전 정보 축적 및 활용

6. 그 밖에 대통령령으로 정하는 사업

6. 이용자 정보보호조치 업무의 위탁

정부는 정보보호기준 제정 및 권고, 침해사고 예방 및 확산 방지를 위한 취약점 점검, 기술 지원 등의 업무를 인터넷진흥원 또는 대통령령으로 정하는 전문기관에 위탁할 수 있다. 전문기관은 관계 중앙행정기관의 장이 과학기술정보통신부장관과 협의하여 지정한다. 아직 관계 중앙행정기관의 장이 지정한 전문기관은 없다.

7. 벌 칙

법 제47조의4제3항을 위반하여 소프트웨어 사용자에게 취약점 보완 프로그램 제작 사실을 알리지 아니한 소프트웨어사업자에 대해서는 1천 만원 이하의 과태료를 부과하게 된다(제76조 제3항 제10호).

제 3 절 침해사고의 신고

1. 신고제도의 의의 및 목적

정보통신서비스 제공자는 침해사고가 발생하면 즉시 그 사실을 과학기술정보통신부장관이나 인터넷진흥원에 신고하여야 한다(제48조의3). 침해사고 신

고제도는 침해사고가 발생한 경우 그 사실을 즉시 신고하도록 함으로써 정부
가 침해사고에 신속히 대응할 수 있도록 하는 것이 목적이다. 침해사고 신고제
도는 침해사고 확산 방지를 위한 것이므로 정보통신서비스 제공자는 침해사고
신고에 따른 기업의 명예실추, 소송 리스크 등을 우려하여 회피해서는 안 되
고, 정부는 침해사고 대응 및 확산방지를 위하여 불가피한 경우를 제외하고는
침해사고 신고의 보안과 비밀을 지켜주어야 한다. 법 제48조의2 제2항에 따른
침해사고 관련정보의 제공 의무가 침해사고의 예방을 주된 목적으로 한다면
침해사고 신고제도는 피해의 확산 방지가 주된 목적이라고 할 수 있다.

2. 침해사고의 신고

가. 침해사고의 개념

"침해사고"란 해킹, 컴퓨터바이러스, 논리폭탄, 메일폭탄, 서비스거부 또는
고출력 전자기파 등의 방법이나 정보통신망의 정상적인 보호·인증 절차를 우
회하여 정보통신망에 접근할 수 있도록 하는 프로그램이나 기술적 장치 등을
정보통신망 또는 이와 관련된 정보시스템에 설치하는 방법으로 정보통신망 또
는 이와 관련된 정보시스템을 공격하는 행위로 인하여 발생한 사태를 말한다
(제2조 제7호).

나. 신고요건

침해사고가 발생하여야 한다. 사이버 공격의 시도가 있었다는 것만으로는
신고의무가 발생하지 않는다. 일단 침해사고가 발생하면 신고의무가 생김으로
개인정보나 그 밖의 데이터 유출이 없거나 데이터의 위·변조 또는 파괴가 없
더라도 침해사고 신고의무는 발생한다.

다. 신고의무

신고의무를 지고 있는 자는 정보통신서비스 제공자와 집적정보통신시설
사업자이다. "정보통신서비스 제공자"란 「전기통신사업법」 제2조 제8호에 따른
전기통신사업자와 영리를 목적으로 전기통신사업자의 전기통신역무를 이용하

여 정보를 제공하거나 정보의 제공을 매개하는 자를 의미한다(법 제2조 제1항 제 3호). 따라서 아래에 해당하는 자는 모두 신고의무를 부담한다.

(1) 전기통신사업자

기간통신사업자뿐만 아니라 부가통신사업자도 사업규모, 매출액, 이용자수 등과 무관하게 모두 신고의무를 부담한다.

(2) 정보 제공자

영리를 목적으로 정보를 제공하는 자는 모두 신고의무를 부담한다. 정보 의 내용이나 형식에는 특별한 제한이 없으므로 온라인 뉴스, 디지털 서적, 동 영상 등과 같은 콘텐츠 서비스 외에 광고, 게임, 온라인 판매 등의 정보를 제공 하는 것도 정보 제공에 해당한다.

(3) 정보 매개자

영리를 목적으로 정보의 제공을 매개하는 자는 모두 신고의무를 부담한다. 매개하는 정보의 내용이나 형식에는 특별한 제한이 없으므로 검색서비스 사업 자, SNS 사업자, 게시판 사업자 등은 모두 정보 매개자에 포함된다.

(4) 집적정보통신시설 사업자

집적정보통신시설 사업자도 「전기통신사업법」 상의 전기통신사업자에 해 당하므로 정보통신서비스제공자의 일부로서 당연히 신고의무를 부담한다. 본 조에서 집적정보통신시설 사업자를 신고의무자로 별도로 규정하고 있는 것은 확인적 의미가 크다고 할 수 있다.

(5) 공공기관, 비영리기관·단체 등

여기서 "영리를 목적으로" 한다는 것은 주주에 대한 이익의 배당을 의미 하는 것은 아니다. 따라서 비영리 기관이나 단체가 설립 목적 범위 내의 사업 을 수행하면서 대가를 수수하는 것도 영리 목적으로 이해된다. 예컨대 비영리 조직인 병원이 환자들에게 진료과목과 전문의에 관한 정보를 제공하고 진료 예약 서비스를 제공하기 위하여 웹사이트를 구축·운영하는 것도 영리 목적의 정보제공에 해당한다. 따라서 병원이 인터넷 웹사이트를 통해서 정보를 제공하 고 있고 병원의 정보시스템에 침해사고가 발생했다면 정보통신망법에 따른 신고의무가 있다. 동시에 병원은 의료법 제23조의3에 따라서 침해사고가 발생할 때 즉시 그 사실을 보건복지부장관에게 통지하여야 한다.

중앙행정기관·지방자치단체나 「공공기관의 운영에 관한 법률」의 적용을 받는 공공기관은 전자정부법, 국가사이버안전관리규정 등이 적용되므로 일반적으로 본조의 적용 대상이 아니다. 그러나 시장형 공기업(전력공사, 가스공사, 철도공사, 토지주택공사 등)을 비롯하여 그 사업의 전부 또는 일부가 수익을 목적으로 하고 있는 자는 주된 업무가 공익을 목적으로 하더라도 수익사업 부문에서 발생한 침해사고에 대해서는 본조에 의해서도 침해사고 신고 의무가 있다.

라. 신고시기

침해사고가 발생하면 즉시 그 사실을 과학기술정보통신부장관이나 인터넷진흥원에 신고하여야 한다. "즉시"는 "지체없이"와 달라서 다른 것에 우선해서 바로 신고해야 함을 의미한다. 법에서는 침해사고가 발생하면 즉시 신고해야 한다고 규정하고 있으나 정보통신서비스 제공자는 침해사고가 발생한 사실을 곧장 알기 어려운 경우가 많다. 이와 같이 침해사고 발생 사실을 나중에 인지하게 된 경우에는 침해사고의 발생을 알게 된 때에 즉시 신고하여야 한다고 새겨야 할 것이다.

따라서 단지 침해사고 신고가 늦었다는 이유만으로 과태료를 부과해서는 안 될 것이다. 그러나 침해사고의 발생 사실을 알지 못한 것에 대하여 접근통제, 접속기록 점검 등 기술적·관리적 조치를 소홀히 하는 등 정보통신서비스 제공자에게 과실이 인정되는 경우에는 「개인정보 보호법」 등 다른 법률에 의해서 처벌을 받을 수 있다.

마. 신고장소

신고는 과학기술정보통신부장관이나 인터넷진흥원에 해야 한다. 수사기관이나 관계기관에 고소·고발을 하거나 신고를 한 것만으로는 본조에 따른 신고의무를 이행한 것으로 보지 아니한다. 다만, 「정보통신기반 보호법」 제13조 제1항에 따른 통지가 있으면 본조에 따른 신고를 한 것으로 간주하도록 하는 명시적인 규정이 있으므로 주요정보통신기반시설을 운영·관리하는 관리기관은 수사기관이나 관계기관에 대한 통지한 것만으로 신고 의무가 면제된다. 「정보통신기반 보호법」상 관리기관의 장은 침해사고가 발생하여 소관 주요정보통신기반시설이 교란·마비 또는 파괴된 사실을 인지한 때에는 관계 행정기관, 수사기관 또는 인터넷진흥원(이하 "관계기관등"이라 한다)에 그 사실을 통지하여야 한다. 이 경우 관계기관등은 침해사고의 피해확산 방지와 신속한 대응을 위하여 필요한 조치를 취하여야 한다(제13조 제1항).

바. 제64조 제1항과의 관계

법 제64조 제1항은 '이용자 정보의 안전성과 신뢰성 확보를 현저히 해치는 사건·사고 등이 발생하였거나 발생할 가능성이 있는 경우'에는 과학기술정보통신부장관이 정보통신서비스 제공자(국내대리인을 포함한다.)에게 관계 물품·서류 등을 제출하게 할 수 있다고 규정하고 있다(제2호의2). 또한 과학기술정보통신부장관은 정보통신서비스 제공자가 자료를 제출하지 아니하거나 이 법을 위반한 사실이 있다고 인정되면 소속 공무원에게 정보통신서비스 제공자, 해당 법 위반 사실과 관련한 관계인의 사업장에 출입하여 업무상황, 장부 또는 서류 등을 검사하도록 할 수 있고, 이 법을 위반한 정보통신서비스 제공자에게 해당 위반행위의 중지나 시정을 위하여 필요한 시정조치를 명할 수 있으며, 시정조치의 명령을 받은 정보통신서비스 제공자에게 시정조치의 명령을 받은 사실을 공표하도록 할 수 있다. 이 경우 과학기술정보통신부장관은 시정조치를 명한 경우에는 시정조치를 명한 사실을 공개할 수 있다.

따라서 정보통신서비스 제공자 또는 집적정보통신시설 사업자가 제48조의3에 따라 침해사고를 신고하지 아니한 경우에도, 과학기술정보통신부장관은 '이용자 정보의 안전성과 신뢰성 확보를 현저히 해치는 사건·사고 등이 발생하였거나 발생할 가능성이 있다'고 판단한 경우에는 자료제출을 요구하거나, 현장검사를 실시할 수 있고, 시정조치를 명할 수 있으며, 시정조치를 명한 사실을 정보통신서비스 제공자에게 공표하도록 하거나 과학기술정보통신부장관 스스로 시정조치를 명한 사실을 공개할 수 있다.

3. 침해사고 관련정보의 수집·전파 등

과학기술정보통신부장관이나 인터넷진흥원은 정보통신서비스 제공자로부터 침해사고 신고를 받거나 침해사고를 알게 된 경우에는 1) 침해사고에 관한 정보의 수집·전파, 2) 침해사고의 예보·경보, 3) 침해사고에 대한 긴급조치, 4) 그 밖에 대통령령으로 정하는 침해사고 대응조치를 해야 한다.

다만, 정부는 침해사고 대응 및 확산 방지를 위하여 불가피한 경우를 제외하고 신고자의 신원이 노출될 수 있는 정보를 공개하여서는 안 된다. 또한 정부는 침해사고 신고를 통해서 정보통신서비스 제공자의 법 위반행위를 발견했다고 하더라도 그것을 가지고 행정처분을 할 수 없다. 이 법 제64조 제6항 및 「행정절차법」에 따라 조사목적, 조사사유, 법적 근거, 제출시한, 제출자료의 내용 등을 알리지 않았고 청문 등의 절차를 거쳐서 수집된 정보가 아니므로 행정처분의 근거로 삼을 수 없다.

4. 다른 법률에 따른 신고의무와 비교

침해사고 신고의무는 정보통신망법 이외에 여러 법률에서 규정하고 있으므로 정보통신서비스 제공자는 해당 법률의 적용 여부를 면밀히 검토하여야 한다. 개별법에서 신고의무가 규정되어 있다는 이유만으로 특별한 사유가 없는 한 정보통신망법에 따른 신고의무가 면제되지 아니하므로 주의가 필요하다.

표 20 침해사고 신고의무 비교

관계 법률	신고/통지 의무주체	신고/통지 시기	신고/통지 장소
정보통신망법 제48조의3	정보통신서비스 제공자, 집적정보통신시설 사업자	침해사고 발생시 즉시	과학기술정보통신부장관, 한국인터넷진흥원
클라우드컴퓨팅법 제25조	클라우드컴퓨팅서비스 제공자	침해사고 발생시 지체없이	이용자
정보통신기반보호법 제13조	관리기관의 장	침해사고 인지시	관계 행정기관, 수사기관, 인터넷진흥원

| 전자금융거래법 제21조의5 | 금융회사 및 전자금융업자 | 침해사고 발생시 지체없이 | 금융위원회 |
| 의료법 제23조의3 | 의료인 또는 의료기관 개설자 | 침해사고 발생시 즉시 | 보건복지부장관 |

침해사고와 동시에 개인정보, 진료정보, 신용정보 등의 유출사고가 발생한 경우에는 침해사고 신고와 함께 유출신고 또는 누설신고도 해야 한다.

표 21 유출사고 신고의무 비교

관계 법률	신고/통지 의무주체	신고/통지 시기	신고/통지 장소
클라우드컴퓨팅법 제25조	클라우드컴퓨팅서비스 제공자	이용자 정보 유출시 지체없이	과학기술정보통신부장관
「개인정보 보호법」 제34조	개인정보처리자, 수탁자	개인정보가 유출되었음을 알게 되었을 때 지체없이	개인정보보호위원회, 한국인터넷진흥원
신용정보법 제39조의4	신용정보회사등	개인신용정보가 누설되었음을 알게 된 때 지체없이	금융위원회, 금융감독원
의료법 제23조의3	의료인 또는 의료기관 개설자	진료정보 유출사고 발생시 즉시	보건복지부장관

5. 벌 칙

정보통신서비스 제공자가 침해사고가 발생했음에도 불구하고 즉시 그 사실을 신고하지 아니한 경우에는 1천만원 이하의 과태료를 부과한다.

제 4 절 침해사고의 대응

1. 침해사고대응의 의의 및 목적

과학기술정보통신부장관은 침해사고에 적절히 대응하기 위하여 침해사고에 관한 정보의 수집·전파, 침해사고의 예보·경보, 침해사고에 대한 긴급조치 등 대응조치를 수행하고, 필요하면 업무의 전부 또는 일부를 인터넷진흥원이 수행하도록 할 수 있다(제48조의2). 침해사고 대응제도는 침해사고의 예방 및 대응을 위한 과학기술정보통신부, 인터넷진흥원, 정보통신서비스 제공자 등의 책임과 역할을 규정하는 것을 목적으로 한다. 침해사고를 예방하고 대응하기 위해서는 정부, 사업자, 전문기관 간 상시 긴밀한 협조와 정보 공유가 필요하므로 이와 관련한 행동준칙을 수립하고자 한 것이다.

2. 침해사고의 개념

"침해사고"란 해킹, 컴퓨터바이러스, 논리폭탄, 메일폭탄, 서비스 거부 또는 고출력 전자기파 등의 방법으로 정보통신망 또는 이와 관련된 정보시스템을 공격하는 행위를 하여 발생한 사태를 의미한다(제2조 제1항 제7호). 예컨대 서비스 장애 및 지연 현상, 시스템 파괴, 정보의 유출·손망실 및 위·변조, 정보·시스템에 대한 무단접근 등의 사태가 이에 포함된다.

침해사고에 이용되는 기술은 매우 다양하고 날로 발전하고 있다. 바이러스, 트로이잔, 웜, 백도어, 악성코드, 무차별 대입법(brute force), 아이피 주소 속이기(IP Snooping), 패킷 도청(Packet Sniffing), 패스워드 크래킹(Password Cracking), 세션 하이재킹 등의 방법이 자주 이용된다.

표 22   침해사고의 주요 유형

1. 비인가자의 정보시스템 접근
2. 정보자산의 유출(하드웨어, 소프트웨어, 데이터, 데이터베이스 등)
3. 중요 정보의 위·변조 및 삭제
4. 정보시스템 자원의 오용
5. 바이러스, 백도어 프로그램 등 악성코드의 유포
6. DDos, 침해사고 등 정보시스템의 서비스 거부 공격
7. 정보시스템의 절도 및 파괴
8. 서버, 네트워크 장비 및 PC의 해킹
9. 어플리케이션에 대한 비인가 된 접근 및 접근시도
10. 중요 전자문서의 분실 및 도난
11. 통제구역에 대한 불법 침입
12. 그 밖에 정보호 관련 중대한 사고

3. 침해사고에 대한 대응

가. 침해사고 관련정보의 수집·전파

과학기술정보통신부장관은 침해사고에 대응하기 위하여 침해사고에 관한 정보를 수집·전파할 수 있다. 침해사고 관련정보는 침해사고를 직접 경험한 사업자 및 이용자로부터 수집되기도 하고 국내외 정보공유 협력기관(보안관제회사, ISP, 백신업체, SW벤더, 정부기관 등)이나 언론기사를 통해서 수집되기도 한다.

정부는 기업이나 개인이 침해사고에 신속하고 효과적으로 대응할 수 있도록 언론기관, 웹 등을 통한 침해사고정보의 공표·공개, 메일, SMS, 팩스 등을 통한 개별 고지 이외에 침해사고정보를 24시간 상시적으로 제공하는 종합포털(보호나라&KrCERT, https://www.boho.or.kr/)을 운영하고 있다.

나. 침해사고 관련정보의 범위

본조에 따라 수집·전파되는 침해사고 관련정보의 범위에는 침해사고 사례, 침해사고 일시, 공격자에 관한 정보, 공격의 방법 및 수단, 피해내역, 위험의 크기와 영향, 사고발생의 경위 및 원인, 주요 공격대상, 사고 사례별 유형·특징, 취약점 정보, 사고 유형별 통계, 인터넷 트래픽 통계 등이 포함될 수 있다.

수집·전파되는 침해사고 관련정보에는 침해사고정보뿐만 아니라 침해사고와 "관련된" 정보도 포함된다. 즉, 사이버 공격이 성공한 침해사고정보는 물론 시스템 운영·관리자, 보안관제회사 등에 의하여 공격 탐지 단계에서 발각된 사이버 공격 시도에 관한 정보(트래픽 소통량, 공격유형별 공격횟수 등 이상징후)도 포함된다.

다. 침해사고의 예보·경보

침해사고 예보 및 경보는 「국가사이버안전관리규정」 제11조에 의거하여 사이버공격의 파급효과, 피해규모 등을 고려하여 위기의 정도에 따라 '정상→관심→주의→경계→심각'의 순으로 5단계로 구분하여 발령되고 있다.

민간분야에 대해서는 과학기술정보통신부장관이 경보를 발령하고, 공공분야에 대해서는 국가정보원장이 발령하며, 국방분야에 대해서는 국방부장관이 발령한다. 민간분야의 침해사고 경보 발령 과정은 침해사고정보의 '수집·탐지 →분석·협의→발령·전파→대응·복구'의 순으로 이루어진다.

인터넷진흥원 인터넷침해대응센터는 위기 징후를 포착하거나 위기 발생이 예상되면 사이버침해대응본부장을 중심으로 1차 위기평가회의를 개최하여 위기수준을 평가하고, 과학기술정보통신부장관은 인터넷침해대응센터에서 평가한 위기 수준을 고려하여 위기경보(관심, 주의)를 발령한다. 만약 범정부 차원의 위기경보(경계, 심각)가 필요하다고 판단되는 경우 과학기술정보통신부장관은 국가안보실, 국가정보원, 국방부와 사전 협의한 후 위기경보를 상향해서 발령할 수 있다.

경보 단계별로 기업이나 이용자는 과학기술정보통신부와 한국인터넷진흥원이 안내한 침해사고 대응요령에 따라 적절한 조치를 취해야 한다.

그림 15 침해사고 경보의 단계

단 계		내 용
정상단계		• 국내 민간분야 인터넷 정상 소통 • 인터넷 소통 및 사용에 지장이 없는 – 웜/바이러스 등 악성코드 출현 탐지 – 신규 보안 취약점 또는 해킹 기법 등 발표 • 위험도가 낮은 국지성 이상 트래픽 발생 가능성 존재
경보단계		• 위험도가 높은 웜·바이러스, 취약점 및 해킹 기법 출현으로 인해 피해 발생 가능성 증가 • 해외 사이버공격 피해가 확산되어 국내 유입 우려 • 침해사고가 일부기관에서 발생 • 국내·외 정치·군사적 위기상황 조성 등 사이버안보 위해 가능성 증가
		• 일부 정보통신망 및 정보시스템 장애 • 침해사고가 다수기관으로 확산될 가능성 증가 • 국내·외 정치·군사적 위기발생 등 사이버안보 위해 가능성 고조
		• 복수 정보통신서비스제공자(ISP)망·기간통신망에 장애 또는 마비 • 침해사고가 다수기관에서 발생했거나 대규모 피해로 확대될 가능성 증가
		• 국가 차원의 주요 정보통신망 및 정보시스템 장애 또는 마비 • 침해사고가 전국적으로 발생했거나 피해범위가 대규모인 사고 발생

※ 출처 : 사이버 침해사고 신고 안내서, 한국인터넷진흥원

라. 침해사고에 대한 긴급조치

침해사고 발생시 과학기술정보통신부장관과 인터넷진흥원은 침해사고에 대한 신속한 대응과 피해의 확산 방지를 위하여 긴급조치를 취할 수 있다. 이와 같은 긴급조치에는 침해사고 관련정보의 보존명령, 침해사고의 원인 분석, 백신 소프트웨어의 개발·보급 등 이외에, 제2항 제4호에 따라 대통령령으로 정하는 다음 각 호의 조치가 포함된다.

1. 주요정보통신서비스 제공자 및 집적정보통신시설 사업자에 대한 접속경로(침해사고 확산에 이용되고 있거나 이용될 가능성이 있는 접속경로만 해당)의 차단 요청

2. 침해사고와 관련이 있는 소프트웨어를 제작 또는 배포한 자에 대한 해당 소프트웨어의 보안상 취약점을 수정·보완한 프로그램(이하 "보안취약점보완프로그램"이라 함)의 제작·배포 요청

3. 정보통신서비스 제공자에 대한 보안취약점보완프로그램의 정보통신망 게재 요청

4. 언론기관 및 정보통신서비스 제공자에 대한 침해사고 예보·경보의 전파

5. 국가 정보통신망 안전에 필요한 경우 관계기관의 장에 대한 침해사고 관련정보의 제공

4. 침해사고정보 제공 의무

가. 침해사고정보의 제공 의무자

주요정보통신서비스 제공자, 집적정보통신시설 사업자 및 그 밖에 정보통신망을 운영하는 자로서 대통령령으로 정하는 자는 침해사고의 유형별 통계, 해당 정보통신망의 소통량 통계 및 접속경로별 이용 통계 등 침해사고 관련 정보를 과학기술정보통신부장관이나 인터넷진흥원에 제공하여야 한다.

(1) 주요정보통신서비스 제공자

「전기통신사업법」 제6조 제1항에 따른 등록을 한 기간통신사업자로서 서

울특별시 및 모든 광역시에서 이동통신, 전화, 초고속인터넷 등의 정보통신망 서비스를 제공하는 자를 의미한다(SKT, KT, LG 등)(제47조 제2항 제1호).

(2) 집적정보통신시설 사업자

타인의 정보통신서비스 제공을 위하여 집적된 정보통신시설을 운영·관리하는 사업자를 의미한다. 계열사나 협력사를 위해 정보통신시설을 운영·관리하는 사업자도 침해사고 관련정보 제공 의무 사업자에 포함된다(제46조 제1항). 예를 들면, 타인을 위하여 공간임대 서비스(Co-location), 서버임대 서비스(서버호스팅), 네트워크 서비스 등을 제공하는 사업자(IDC)와 집적정보통신시설 사업자의 집적정보통신시설의 전부 또는 일부를 임차하여 공간임대 서비스(co-location), 서버임대 서비스(서버호스팅), 네트워크 서비스 등을 제공하는 사업자(VIDC)를 포함된다.

계열회사만을 위하여 집적된 정보통신시설을 운영·관리하는 사업자도 집적정보통신시설 사업자로 보므로 침해사고 관련정보를 제공할 의무를 부담한다. 또한 국내에 사업소나 주소가 없는 해외 사업자가 해외에서 국내 이용자를 위하여 집적정보통신시설을 운영·관리하는 경우에도 원칙적으로 정보통신망법이 적용되므로 침해사고 관련 정보를 제공할 의무가 있다고 보아야 하지만, 해외에서 운영되는 집적정보통신시설은 국내 정보통신망에 영향을 미치는 영향이 적으므로 침해사고 관련정보 제공 의무를 면제해도 될 것이다.

(3) 그 밖에 정보통신망을 운영하는 자

대통령령으로 정하는 정보통신망을 운영하는 자에는 다음 각 호의 사업자가 모두 포함된다. 다음 각 호에 해당하는 자는 회사의 규모나 매출액에 상관없이 모두 침해사고 관련정보를 제공할 의무를 부담한다.

1. 「정보통신기반 보호법」 제6조 및 제10조에 따라 과학기술정보통신부장관이 수립 및 제정하는 주요정보통신기반시설보호계획 및 보호지침의 적용을 받는 기관 : 주요정보통신기반시설 중 민간분야의 기반시설
2. 정보통신서비스 제공자의 정보통신망운영현황을 주기적으로 관찰하고 침해사고 관련정보를 제공하는 서비스를 제공하는 자 : 보안관제회사 등
3. 정보보호산업에 종사하는 자 중 컴퓨터바이러스 백신소프트웨어 제조자

4. 인터넷진흥원으로부터 「인터넷주소자원에 관한 법률」 제2조 제1호가
   목에 따른 인터넷 프로토콜 주소를 할당받아 독자적으로 정보통신망
   을 운영하는 민간사업자 중 과학기술정보통신부장관이 정하여 고시하
   는 자

• 인터넷 프로토콜 주소를 할당받아 독자적으로 정보통신망을 운영하는 민간사업자 중
  침해사고 관련정보 제공자의 범위(고시)
  ① 「전기통신사업법」 제5조에 따른 기간통신사업자
  ② 포털서비스(다른 인터넷 주소·정보 등의 검색과 전자우편·커뮤니티 등을 제공하
     는 서비스)를 제공하는 사업자
  ③ 호스팅서비스(인터넷 전용회선을 갖추고 웹서버·메일서버 등을 제공하거나 도메
     인등록 및 유지보수 등의 업무를 대행해 주는 서비스)를 제공하는 자
  ④ 「게임산업진흥에 관한 법률」 제2조 제1호에 따른 게임물을 정보통신망을 이용하여
     제공하는 사업자
  ⑤ 「인터넷 멀티미디어 방송사업법」 제4조에 따른 인터넷 멀티미디어 방송 제공사업자

나. 제공해야 할 침해사고 관련정보

주요정보통신서비스 제공자 등은 침해사고의 유형별 통계, 해당 정보통신
망의 소통량 통계, 접속경로별 이용 통계 등 침해사고 관련 정보를 과학기술정
보통신부장관이나 인터넷진흥원에 제공하여야 한다. 이 경우 침해사고의 유형
별 통계에는 웜·바이러스, 자료훼손 및 유출, 홈페이지 위·변조, 경유지 악
용, 서비스 거부, 단순 침입시도 등 유형별 통계가 포함되어야 하고, 해당 정보
통신망의 소통량 통계에는 정보통신망의 트래픽 소통량 통계이 포함되어야 하
며, 접속경로별 이용 통계에는 유선·무선, 일반 웹사이트, 모바일 웹사이트,
모바일 앱, 통신사별 등 인터넷 접속경로별 이용 통계가 포함되어야 한다.

다. 침해사고 관련정보의 제공방법

주요정보통신서비스 제공자등이 침해사고 관련정보를 제공할 때에는 첫
째, 과학기술정보통신부장관이 정보통신망의 특성, 침해사고 동향 등을 고려하
여 정하는 제공방식에 적합해야 하고, 둘째, 침해사고 관련정보의 훼손·멸실

및 변경 등을 방지할 수 있는 조치를 취해야 하며, 셋째, 필요할 때에는 과학기술정보통신부장관이 정하는 암호기술을 적용하여야 한다. 끝으로, 그 밖에 과학기술정보통신부장관이 정하여 고시하는 방법 및 절차에 적합해야 한다. 다만, 과학기술정보통신부장관은 아직 침해사고 관련정보의 제공방법에 관해서 별도의 규정을 두고 있지는 않다.

라. 침해사고 관련정보의 제공 명령

과학기술정보통신부장관은 침해사고 관련정보를 제공하여야 하는 사업자가 정당한 사유 없이 정보의 제공을 거부하거나 거짓 정보를 제공하면 상당한 기간을 정하여 그 사업자에게 시정을 명할 수 있다.

5. 침해사고정보의 분석 및 이용

인터넷진흥원은 제2항에 따라 주요정보통신서비스제공자등으로부터 제공받은 침해사고 관련정보를 분석하여 과학기술정보통신부장관에게 보고하여야 한다. 과학기술정보통신부장관이나 인터넷진흥원은 제2항에 따라 제공받은 정보를 침해사고의 대응을 위하여 필요한 범위에서만 정당하게 사용하여야 한다. 따라서 정부는 침해사고정보 분석 과정에서 정보통신서비스 제공자의 법 위반 행위를 발견했다고 하더라도 그것을 가지고 행정처분을 할 수 없다. 행정처분을 하려면 이 법 제64조 제6항 및 「행정절차법」에 따라 조사목적, 조사사유, 법적 근거, 제출시한, 제출자료의 내용 등을 알리고 청문 등 적법한 절차를 거쳐 다시 행정처분의 근거를 수집하여야 한다.

6. 벌 칙

정당한 사유 없이 침해사고 관련정보의 제공을 거부하거나 거짓 정보를 제공하여 과학기술정보통신부장관이 상당한 기간을 정하여 해당 사업자에게 시정을 명했음에도 시정명령을 이행하지 아니한 자에 대해서는 1천만원 이하의 과태료를 부과하게 된다(제76조 제3항 제11호).

제 5 절 침해사고의 원인 분석

1. 침해사고 원인분석의 의의 및 목적

정보통신서비스 제공자 등 정보통신망을 운영하는 자는 침해사고가 발생하면 침해사고의 원인을 분석하고 피해의 확산을 방지하여야 한다(제48조의4). 침해사고 원인분석은 침해사고의 원인을 분석하여 피해 확산 방지, 사고대응, 복구 및 재발 방지 등의 대책을 마련하는 것을 목적으로 한다. 과학기술정보통신부장관은 단독으로 침해사고 원인을 분석하고 대책을 마련할 수도 있지만, 중대한 침해사고의 경우에는 민·관합동조사단을 구성하여 조사하면 보다 체계적이고 종합적인 원인 분석 및 대책 마련이 가능하다.

2. 일반 침해사고의 원인 분석

. 정보통신서비스 제공자등 정보통신망을 운영하는 자는 침해사고가 발생하면 침해사고의 원인을 분석하고 피해의 확산을 방지하여야 한다. 본 항의 의무주체는 정보통신서비스 제공자등을 포함한 "정보통신망을 운영하는 자"라는 점에 의의가 있다.

"정보통신망"이란 「전기통신사업법」에 따른 전기통신설비를 이용하거나 전기통신설비와 컴퓨터 및 컴퓨터의 이용기술을 활용하여 정보를 수집·가공·저장·검색·송신 또는 수신하는 정보통신체제를 의미한다(제2조 제1항 제1호).

이와 같은 "정보통신망을 운영하는 자"는 전기통신사업자나 영리를 목적으로 정보를 제공하거나 정보의 제공을 매개하는 자가 아니라도 침해사고 원인 분석 및 피해확산 방지 의무를 부담한다. 예컨대, 비영리기관이라도 정보통신망을 운영하고 있다면 침해사고 원인 분석 및 피해확산 방지를 위해 노력하여야 할 의무가 있다.

과학기술정보통신부장관은 침해사고의 원인을 분석하기 위하여 필요하면 정보통신서비스 제공자와 집적정보통신시설 사업자에게 침해사고 관련 자료의 제출을 요구할 수 있다. 그러나 제2항에서 규정한 중대한 침해사고가 아닌 한 접속기록 등 관련 자료의 보전을 명하거나 관계인의 사업장에 출입하여 침해사고 원인을 조사하지는 못한다(제3항 및 제4항). 다만, 정보통신서비스 제공자가 제64조 제1항 및 제2항에 따른 자료를 제출하지 아니하거나 이 법을 위반한 사실이 있다고 인정되면 소속 공무원으로 하여금 정보통신서비스 제공자, 해당 법 위반 사실과 관련한 관계인의 사업장에 출입하여 업무상황, 장부 또는 서류 등을 검사하도록 할 수 있다(제64조 제3항).

3. 중대 침해사고의 원인 분석

가. 중대한 침해사고

본 조는 "중대한 침해사고"에 관한 판단기준을 제시하고 있지 않다. 해당 사건이 중대한지 여부는 공격의 유형, 피해의 규모 또는 내용, 확산 가능성 등 양적 또는 질적 요소들을 종합적으로 고려하여 과학기술정보통신부장관이 판단한다. 공격이 특정 정보통신서비스 제공자에 국한해서 이루어졌다고 하더라도 개인정보, 산업기술 등 민감하거나 중요한 정보가 유출되었다면 중대한 침해사고로 볼 수 있다.

나. 민·관합동조사단 구성

과학기술정보통신부장관은 정보통신서비스 제공자의 정보통신망에 중대한 침해사고가 발생하면 피해 확산 방지, 사고대응, 복구 및 재발 방지를 위하여 정보보호에 전문성을 갖춘 민·관합동조사단을 구성하여 그 침해사고의 원인 분석을 할 수 있다.

과학기술정보통신부장관은 "중대한 침해사고"가 발생한 경우 직접 정보통신서비스 제공자와 집적정보통신시설 사업자에게 정보통신망의 접속기록 등 관련 자료의 보전을 명할 수 있고 자료제출 요구도 가능하나, 현장 출입 및 침해사고 원인 조사는 민·관합동조사단을 통해서만 가능하다.

다. 자료의 보전 명령

과학기술정보통신부장관은 중대한 침해사고가 발생하여 민·관합동조사단을 구성하여 침해사고의 원인을 분석하기 위하여 필요하다고 인정하면 자료의 손망실을 피하기 위하여 정보통신서비스 제공자와 집적정보통신시설 사업자에게 정보통신망의 접속기록 등 관련 자료의 보전을 명할 수 있다.

라. 자료의 제출 요구

과학기술정보통신부장관은 침해사고의 원인을 분석하기 위하여 필요하면 정보통신서비스 제공자와 집적정보통신시설 사업자에게 침해사고 관련 자료의 제출을 요구할 수 있다.

마. 사업장 출입 및 사고원인 조사

과학기술정보통신부장관은 침해사고의 원인을 분석하기 위하여 필요하면 민·관합동조사단으로 하여금 관계인의 사업장에 출입하여 침해사고 원인을 조사하도록 할 수 있다. 사업장 출입 및 사고원인 조사는 민·관합동조사단을 통해서만 가능하고 과학기술정보통신부장관이 직접 행사할 수는 없다.

바. 통신사실확인의 수집·이용

IP주소 등 "통신사실확인자료"에 해당하는 자료는 「통신비밀보호법」에 의하여 수집·이용이 엄격히 제한되므로 「통신비밀보호법」에 따라 범죄수사 등의 목적으로만 이용이 가능하다. 따라서 중대한 침해사고가 발생한 경우에 한하여 민·관합동조사단에 소속된 검사·사법경찰관 또는 정보수사기관의 장을 통해서만 수집·이용이 가능하다.

「통신비밀보호법」상 "통신사실확인자료"라 함은 다음 각목의 어느 하나에 해당하는 전기통신사실에 관한 자료를 말한다(제2조 제11호).

표 23 통신사실확인자료

가. 가입자의 전기통신일시 나. 전기통신개시·종료시간 다. 발·착신 통신번호 등 상대방의 가입자번호 라. 사용도수 마. 컴퓨터통신 또는 인터넷의 사용자가 전기통신역무를 이용한 사실에 관한 컴퓨터통신 또는 인터넷의 로그기록자료

바. 정보통신망에 접속된 정보통신기기의 위치를 확인할 수 있는 발신기지국의 위치추적자료
사. 컴퓨터통신 또는 인터넷의 사용자가 정보통신망에 접속하기 위하여 사용하는 정보통신기기의 위치
　　를 확인할 수 있는 접속지의 추적자료

4. 제출받은 자료의 목적외 이용 금지

과학기술정보통신부장관이나 민·관합동조사단은 제출받은 자료와 조사를 통하여 알게 된 정보를 침해사고의 원인 분석 및 대책 마련 외의 목적으로 사용하지 못하며 원인 분석이 끝난 후에는 즉시 파기하여야 한다.

본조의 취지는 침해사고의 원인 분석 및 대책 마련에 있으므로 원인 분석 및 대책 마련 목적으로 수집·조사한 자료를 원인 분석, 피해 확산 방지, 사고 대응, 복구 및 재발 방지 등과 같은 목적 외로 이용하는 것은 정보통신서비스 제공자의 기대 및 신뢰에 반하는 것이 된다.

따라서 본조에 따라 수집된 정보는 침해사고의 원인 분석 및 대책 마련 목적으로만 이용될 수 있고, 행정처분, 형사처벌, 민사소송 등의 목적으로는 이용할 수 없다. 행정처분, 형사처벌, 민사소송 등의 목적으로는 이용하기 위해서는 각각 법 제64조 및 행정절차법, 형사소송법, 민사소송법에 따라 적법한 절차를 거쳐서 증거를 확보하여야 한다.

5. 제64조 제1항과의 관계

법 제64조 제1항은 '이용자 정보의 안전성과 신뢰성 확보를 현저히 해치는 사건·사고 등이 발생하였거나 발생할 가능성이 있는 경우'에는 과학기술정보통신부장관이 정보통신서비스 제공자(국내대리인을 포함한다.)에게 관계 물품·서류 등을 제출하게 할 수 있다고 규정하고 있다(제2호의2). 또한 과학기술정보통신부장관은 정보통신서비스 제공자가 자료를 제출하지 아니하거나 이 법을 위반한 사실이 있다고 인정되면 제48조의4 제4항에도 불구하고 소속 공무원에게 정보통신서비스 제공자, 해당 법 위반 사실과 관련한 관계인의 사업장에 출입하여 업무상황, 장부 또는 서류 등을 검사하도록 할 수 있고, 이 법을 위반한 정보통신

서비스 제공자에게 해당 위반행위의 중지나 시정을 위하여 필요한 시정조치를 명할 수 있으며, 시정조치의 명령을 받은 정보통신서비스 제공자에게 시정조치의 명령을 받은 사실을 공표하도록 할 수 있다. 이 경우 과학기술정보통신부장관은 시정조치를 명한 경우에는 시정조치를 명한 사실을 공개할 수 있다.

따라서 과학기술정보통신부장관은 '이용자 정보의 안전성과 신뢰성 확보를 현저히 해치는 사건·사고 등이 발생하였거나 발생할 가능성이 있다'고 판단한 경우에는 자료제출을 요구하거나, 현장검사를 실시할 수 있고, 시정조치를 명할 수 있으며, 시정조치를 명한 사실을 정보통신서비스 제공자에게 공표하도록 하거나 과학기술정보통신부장관 스스로 시정조치를 명한 사실을 공개할 수 있다.

그러나 제48조의4에 따른 자료제출 요구와 현장조사는 침해사고 원인 분석을 위한 것이고 제64조에 따른 자료제출 요구와 현장조사는 시정명령을 위한 것으로, 제48조의4에 따라 수집한 자료와 정보는 침해사고 원인 분석 및 대책 마련 목적으로만 이용할 수 있고(제48조의4 제5항), 제64조에 따라 수집한 자료와 정보 역시 시정명령 목적으로만 이용할 수 있다(제64조 제11항).

예컨대, 침해사고가 발생하였으나 정보통신서비스 제공자가 침해사고 발생 사실을 알지 못하여 침해사고 신고를 하지 아니한 경우 과학기술정보통신부장관은 제48조의4 제2항 또는 제4항에 따라 침해사고 관련 자료의 제출을 요구하거나 민·관합동조사단에게 사업장에 출입하여 침해사고 원인을 조사하도록 할 수 있고, 제64조 제1항 또는 제3항에 따라 관계 물품·서류 등을 제출하게 하거나 사업장에 출입하여 업무상황, 장부 또는 서류 등을 검사하도록 할 수 있다. 즉, 과학기술정보통신부장관은 제64조에 의거하여 '이용자 정보의 안전성과 신뢰성 확보를 현저히 해치는 사건·사고 등이 발생하였거나 발생할 가능성이 있는 경우'에는 자료제출을 요구할 수 있고, 이를 거부했거나 정보통신망법을 위반한 사실이 있다고 인정한 경우에는 현장조사를 실시할 수 있다. 그러나 법 제48조의4에 따라 침해사고의 원인 분석 및 대책 마련 목적으로 현장조사가 이루어진 것이라면 원칙적으로 수집된 정보를 행정처분 또는 형사처벌 목적으로 이용할 수 없다.

6. 벌 칙

본조 제3항에 따른 명령을 위반하여 관련 자료를 보전하지 아니한 자에 대해서는 2년 이하의 징역 또는 2천만원 이하의 벌금에 처하고(제73조 제6호), 제4항에 따른 사업장 출입 및 조사를 방해하거나 거부 또는 기피한 자에 대해서는 1천만원 이하의 과태료를 부과하게 된다(제76조 제3항 제12호).

제 6 절   정보통신망연결기기등 관련 침해사고의 대응 등

1. 침해사고 대응의 의의 및 목적

과학기술정보통신부장관은 정보통신망연결기기등과 관련된 침해사고가 발생하면 관계 중앙행정기관의 장과 협력하여 해당 침해사고의 원인을 분석할 수 있다(제48조의5). 본 조는 정보통신망연결기기등과 관련한 침해사고의 원인 분석, 대책 마련 등을 주된 목적으로 한다. 법 제48조의4에 따른 침해사고 원인 분석과 대책 마련이 주로 정보통신서비스 제공자를 대상으로 한 것임에 비하여 본 조는 정보통신망연결기기등의 제조자 및 수입자를 주된 대상으로 한다는 점에서 차이가 있다. 정보통신망연결기기등은 해당 기기 등을 이용하는 최종 이용자나 정보통신서비스 제공자가 침해사고 원인 분석 및 대책 마련을 위해 할 수 있는 일에는 한계가 있기 때문에 불가피하게 관계 중앙행정기관 및 제조자 또는 수입자의 협조가 필요하다.

2. 정보통신망연결기기등의 범위

"정보통신망연결기기등"이란 정보통신망에 연결되어 정보를 송·수신할 수 있는 기기·설비·장비 중 대통령령으로 정하는 기기·설비·장비를 의미한다(법 제45조 제1항 제2호). 휴대전화, 노트북, 자동차, 헬쓰기기 등과 같이 주로 개인이 사용하는 개인용품은 물론, TV, 냉장고, 세탁기, 청소기, 홈네트워크 등과 같은 가정용품, 로봇, 드론, 사무기기, CCTV 등과 같은 사무용품, 도로, 건물, 공장, 농장 등과 같은 시설물에 설치·이용되는 설비와 장비도 포함된다.

다만, 시행령 제36조의2는 "정보통신망연결기기등"의 분야 또는 유형을 ① 가전 분야, ② 교통 분야, ③ 금융 분야, ④ 스마트도시 분야, ⑤ 의료 분야, ⑥ 제조·생산 분야, ⑦ 주택 분야, ⑧ 통신 분야로 나누고, 이중 어느 하나에 속하는 기기·설비·장비로서 침해사고가 발생했거나 발생할 가능성이 큰 기기·설비·장비 또는 침해사고가 발생할 경우 정보통신망의 안정성 및 정보의 신뢰성 확보에 중대한 위험성을 가져오는 기기·설비·장비로 제한하고 있다(영 제36조의2).

표 24 정보통신망연결기기등의 유형과 범위

유 형	범 위
가전 분야	스마트 홈네트워크에 연결되는 멀티미디어 제품, 주방가전 제품 또는 생활가전 제품 등의 가전제품 또는 그 제품에 사용되는 기기·설비·장비
교통 분야	다음 각 목의 제품 등에 사용되는 기기·설비·장비 가.「국가통합교통체계효율화법」제2조 제16호에 따른 지능형교통체계 나.「드론 활용의 촉진 및 기반조성에 관한 법률」제2조 제1호에 따른 드론 다.「자동차관리법」제2조 제1호에 따른 자동차 라.「선박법」제1조의2 제1항에 따른 선박
금융 분야	「전자금융거래법」제2조 제8호에 따른 전자적 장치
스마트도시 분야	「스마트도시 조성 및 산업진흥 등에 관한 법률」제2조 제2호에 따른 스마트도시서비스에 사용되는 기기·설비·장비
의료 분야	「의료기기법」제2조 제1항에 따른 의료기기 중 통신기능을 보유한 기기·설비·장비
제조·생산 분야	제품의 제조·생산 또는 용역을 관리하기 위하여 제어·점검·측정·탐지 등의 용도로 사용되는 기기·설비·장비
주택 분야	「건축법」제2조 제1항 제4호에 따른 건축설비 중 지능형 홈네트워크에 연결되는 기기·설비·장비
통신 분야	「전파법」제2조 제16호에 따른 방송통신기자재 중 무선 또는 유선으로 통신이 가능한 방송통신기자재

3. 연결기기등의 침해사고 원인 분석을 위한 협력

정보통신망연결기기등의 제조자 또는 수입자가 동시에 정보통신서비스 제공자인 경우에는 과학기술정보통신부장관이 관계 중앙행정기관의 장의 협력 없이도 법 제48조의4에 의거해서 자료제출 요구, 현장조사 등을 통해 침해사고 원인 분석 등이 가능하다. 그러나 정보통신망연결기기등의 제조자 또는 수입자와 정보통신서비스 제공자가 다른 경우, 과학기술정보통신부장관은 제48조의4에 의거해서 정보통신망연결기기등의 제조자 또는 수입자에 대하여 직접 자료제출을 요구하거나 현장조사를 할 수 없다.

이에 따라 제48조의5는 정보통신망연결기기등과 관련된 침해사고가 발생한 경우 과학기술정보통신부장관은 관계 중앙행정기관의 장과 협력하여 해당 침해사고의 원인을 분석할 수 있도록 하고 있다(제1항). 과학기술정보통신부장관은 관계 중앙행정기관의 장에게 공동 조사 및 원인분석을 요청하거나, 침해사고 조사 및 원인분석 활동에 소속 인력(공무원 등)의 파견 또는 참석을 요청할 수 있고, 해당 정보통신망연결기기등의 제조자 또는 수입자가 과학기술정보통신부장관의 침해사고 원인 분석 활동에 협조하도록 요청할 수 있을 것이다.

4. 관계 중앙행정기관의 장에 대한 조치 요청

과학기술정보통신부장관은 정보통신망연결기기등과 관련된 침해사고가 발생하여 국민의 생명·신체 또는 재산에 위험을 초래할 가능성이 있는 경우 관계 중앙행정기관의 장에게 1) 취약점 점검, 기술 지원 등의 조치, 2) 피해 확산을 방지하기 위하여 필요한 조치, 3) 그 밖에 정보통신망연결기기등의 정보보호를 위한 제도의 개선을 하도록 요청할 수 있다(제48조의5 제2항).

정보통신망연결기기등의 제조자 또는 수입자가 동시에 정보통신서비스 제공자인 경우, 과학기술정보통신부장관은 자신이 직접 취약점 점검 등의 지원과 제도 개선을 위해 필요한 활동을 할 수 있으나, 정보통신망연결기기등은 그 범위가 매우 넓어 과학기술정보통신부장관의 노력만으로는 감당이 어렵다.

따라서 정보통신망연결기기등에 대한 취약점 점검, 기술 지원, 피해확산 방지 조치 등에 대해서는 관계 중앙행정기관의 장에게 협조를 요청할 수 있도록 하고 있다.

5. 연결기기등의 제조자 및 수입자에 대한 권고

과학기술정보통신부장관은 정보통신망연결기기등과 관련된 침해사고가 발생한 경우 해당 정보통신망연결기기등을 제조하거나 수입한 자에게 기기등의 취약점 개선 등 침해사고의 확대 또는 재발을 방지하기 위한 조치를 할 것을 권고할 수 있다(제48조의5 제3항). 침해사고의 확대 또는 재발을 방지하기 위해 권고할 수 있는 조치에는 취약점 개선 이외에 데이터의 백업, 침해사고의 전파, 침해사고 대응조직의 구성, 시스템에 대한 정기점검, 네트워크 트래픽 소통량 모니터링 등이 포함될 수 있다.

과학기술정보통신부장관은 정보통신서비스제공자가 아닌 제조자 또는 수입자에게 정보통신망법 제64조 제1항에 따라 직접 침해사고 관련 자료의 제출을 요구하거나 시설을 방문하여 조사할 수는 없으나, 해당 정보통신망연결기기등의 분석과 정보통신서비스 제공자를 통해서 직·간접적으로 취약점을 발견할 수 있다. 또한 정보통신망연결기기등을 제조·판매만 하는 회사는 정보통신망법에 따른 자료제출 의무나 현장조사 수인 의무를 지지 않지만, 과학기술정보통신부장관은 정보통신망연결기기등과 관련된 침해사고가 발생한 경우 해당 정보통신망연결기기등을 제조하거나 수입한 자에게 침해사고 원인 분석을 위한 협조를 요청할 수는 있다고 보아야 한다(제48조의5 제1항).

6. 정보보호지침 개발 및 인증기준 등의 개선 지원

과학기술정보통신부장관은 인터넷진흥원 또는 정보통신망연결기기등과 관련된 침해사고의 대응에 전문성이 있는 기관으로서 과학기술정보통신부장관과 관계 중앙행정기관의 장이 협의하여 지정한 전문기관이 정보통신망연결기기등과 관련된 1) 정보보호지침 마련을 위한 연구, 2) 시험·검사·인증 등의 기준 개선 연구 등의 사업을 수행하는 데 필요한 비용을 지원할 수 있다(제48조의5 제4항).

가. 정보보호지침 마련을 위한 연구

과학기술정보통신부장관은 정보통신망연결기기등을 제조하거나 수입하는 자가 준수해야 할 "정보보호지침"을 정하여 고시할 수 있고 제조자 또는 수입자가 이를 준수하도록 권고할 수 있다(제45조 제1, 2항). 이를 위해 과학기술정보통신부장관은 정보통신망연결기기등과 관련된 정보보호지침 마련을 위한 연구사업(실태조사, 제도연구, 실증업무 등)을 지원할 수 있다.

나. 시험·검사·인증 등의 기준 개선 연구

과학기술정보통신부장관은 정보통신망연결기기등에 대한 정보보호인증을 할 수 있고 이에 필요한 인증기준을 정하여 고시할 수 있다(제48조의6 제1, 2항). 이를 위해 과학기술정보통신부장관은 정보통신망연결기기등과 관련된 시험·검사·인증 등의 기준 개선을 위한 연구사업(실태조사, 제도연구, 실증업무 등)을 지원할 수 있다.

제4장 정보보호 평가·인증

제1절 정보보호관리체계 인증

1. 개 관

제47조는 과학기술정보통신부장관은 정보통신망의 안정성·신뢰성 확보를 위하여 관리적·기술적·물리적 보호조치를 포함한 종합적 관리체계를 수립·운영하고 있는 자에 대하여 일정한 기준에 적합한지에 관한 자율적 인증인 정보보호 관리체계 인증(information security management system: ISMS) 제도를 규정하고 있다.

정보통신기술(ICT) 영역에서는 어떤 제품이나 서비스, 행위가 일정한 수준을 갖추고 있음을 공적 기관이 평가하는 평가제도와 증명하는 인증제도가 있다. 전파법에서 방송통신기자재 적합성 평가 제도(제58조의2), 소프트웨어산업진흥법에서 소프트웨어프로세스 품질인증 제도(제23조), 개인정보보호법에서 개인정보 보호 인증 제도(제32조의2) 등이 그것이다.

정보보호 영역에서는 이 법 제47조에서 규정하고 있는 정보보호 관리체계 인증 제도 외에, 「정보보호산업의 진흥에 관한 법률」 제12조에 규정하고 있는 정보보호 준비도 평가(기업의 정보보호 준비 수준을 평가하여 일정 등급을 부여하는 것), 「개인정보 보호법」 제32조의2에서 규정하고 있는 개인정보보호 관리체계 인증(personal information security management system: PIMS) 제도, 「개인정보 보호법」 제13조 제3항에서 규정하고 있는 개인정보 보호 인증(PIPL) 등이 있었다. 그런데 개인정보보호 관리체계 인증(PIMS) 제도, 개인정보 보호 인증(PIPL) 제도가 유사한 면이 있어 방송통신위원회와 행정자치부는 지난 2016년 1월 1일부터 양자를 개인정보보호 관리체계 인증(PIMS)으로 통합하여 시행하였다.[11] 그리고 지난 2018년 정부는 과학기술정보통신부와 개인정보보호위원회가 ISMS 와 PIMS를 통합하여 정보보호 및 개인정보보호 관리체계 인증 제도(ISMS-P)를 운영하고 있다.[12]

이 제도는 법 제47조(정보보호 관리체계의 인증)에서 제도의 개관을, 제47조 의2(정보보호 관리체계 인증기관 및 정보보호 관리체계 심사기관의 지정취소 등)에서 제 도의 운영 과정에서 보충 사항을, 시행령 제47조(정보보호 관리체계 인증의 방법・ 절차・범위 등), 제48조(정보보호 관리체계 인증의 수수료), 제49조(정보보호 관리체계 인증 대상자의 범위), 제51조(인증의 사후관리), 제52조(인증표시 및 홍보), 제53조(정 보보호 관리체계 인증기관 및 정보보호 관리체계 심사기관의 지정기준), 제53조의2(정보 보호 관리체계 인증기관 및 정보보호 관리체계 심사기관의 지정절차 등), 제53조의3(정 보보호 관리체계 인증기관 및 정보보호 관리체계 심사기관 지정의 유효기간), 제53조의 4(정보보호 관리체계 인증기관 및 정보보호 관리체계 심사기관의 사후관리), 제54조(지정 취소 등의 기준)가, 시행규칙 제3조(정보보호 관리체계 인증심사 일부의 생략)가 각 사항에 대한 좀 더 구체적인 내용을 규정하고 있다. 그리고 정보보호 및 개인 정보보호 관리체계 인증 등에 관한 고시에 따라 운영하고 있다.

가. 이 조문과 다른 조문과의 관계

(1) 제64조의4와의 관계

제64조의4 제6호는 과학기술정보통신부장관이 제47조의2제1항에 따라 정 보보호 관리체계 인증기관의 지정을 취소하려는 경우 청문을 하여야 한다고 규정하고 있다. 헌법에 근거한 적정절차의 원칙(due process of law)을 구현한 조항이다.

(2) 제66조와의 관계

제66조는 제47조에 따른 정보보호 관리체계 인증 업무에 종사하는 사람

---

11) 개인정보보호 관리체계 인증 등에 관한 고시(방송통신위원회 고시 제2015-29호, 행정
   자치부 고시 2015-52호)
12) (과학기술정보통신부) 정보보호 및 개인정보보호 관리체계 인증 등에 관한 고시[시행
   2018. 11. 7.] [과학기술정보통신부고시 제2018-80호, 2018. 11. 7., 전부개정]

또는 종사하였던 사람이 그 직무상 알게 된 비밀을 타인에게 누설하거나 직무 외의 목적으로 사용하는 것을 금지하고, 제72조에서는 제66조를 위반하여 직무상 알게 된 비밀을 타인에게 누설하거나 직무 외의 목적으로 사용한 자에게 3년 이하의 징역 또는 3천만원 이하의 벌금에 처하도록 규정하고 있다.

(3) 제76조와의 관계

제76조는 제47조 제2항을 위반하여 정보보호 관리체계 인증을 받지 아니한 자, 즉 의무대상자인데 인증을 받지 아니한 자에게 3천만원 이하의 과태료를 부과하도록 규정하고 있다.

2. 인증대상과 절차

가. 인증대상

법은 의무적으로 인증을 받아야 하는 자(의무대상자)와 자율적으로 인증을 받을 수 있는 자(자율신청자)로 나누고 있다.

(1) 의무대상자

「전기통신사업법」 제2조 제8호에 따른 전기통신사업자와 전기통신사업자의 전기통신역무를 이용하여 정보를 제공하거나 정보의 제공을 매개하는 자로서 다음 각 호의 어느 하나에 해당하는 자는 제1항에 따른 인증을 받아야 한다(법 제47조 제2항). 이에 위반하여 정보보호 관리체계 인증을 받지 아니한 자, 즉 의무대상자인데 인증을 받지 아니한 자에게 3천만원 이하의 과태료를 부과받는다(제76조).

첫째, 주요정보통신서비스 제공자(이른바 'ISP')이다. 「전기통신사업법」 제6조 제1항에 따른 등록을 한 자로서 서울특별시 및 모든 광역시에서 정보통신망서비스를 제공하는 자를 말한다(제47조 제2항 제1호, 영 제49조 제1항 제1호).

둘째, 집적정보통신시설 사업자(이른바 'IDC')이다. 타인의 정보통신서비스 제공을 위하여 집적된 정보통신시설을 운영 · 관리하는 정보통신서비스 제공자를 말한다(제46조).

셋째, 연간 매출액 또는 세입이 1,500억원 이상인 자로서 「의료법」 제3조의4에 따른 상급종합병원이다(제47조 제2항 제3호, 영 제49조 제1항 제2호).

넷째, 연간 매출액 또는 세입이 1,500억원 이상인 자로서 직전연도 12월 31일 기준으로 재학생 수가 1만명 이상인 「고등교육법」 제2조에 따른 학교이다(제47조 제2항 제3호, 영 제49조 제1항 제2호).

다섯째, 정보통신서비스 부문 전년도(법인인 경우에는 전 사업연도를 말한다) 매출액이 100억원 이상인 자이다. 다만, 「전자금융거래법」 제2조 제3호에 따른 금융회사는 제외한다(제47조 제2항 제3호, 영 제49조 제1항 제2호).

이와 관련하여 행정공공기관(정부부처 및 지자체, 공기업, 공공기관 등)의 경우도 정보통신망을 이용한 서비스를 통해 매출액이 100억 이상 발생하면 ISMS 의무대상자인지, 행정공공기관이 정보통신망사업자 등록을 하고 사업자등록번호를 부여받아 정보통신서비스를 제공하는 경우에만 ISMS 대상인지 여부가 실무상 문제로 제기된다. 예를 들어, 한국철도공사의 코레일 서비스(승차권 예매)의 경우 전자의 요건에는 해당하나 후자의 요건에는 해당하지 않는다. 이 경우 전자로 해석하는 것이 타당하다. 의무적 ISMS의 취지가 일정 규모 이상의 서비스를 제공하는 정보통신망의 안정성·신뢰성 확보이기 때문이다. 실제 한국철도공사의 코레일 서비스(승차권 예매)의 경우에도 지난 2020년 2월 ISMS 인증을 받아 2023년 2월까지 유지하고 있다(ISMS-KISA-2020-021).

여섯째, 전년도 말 기준 직전 3개월간의 일일평균 이용자 수가 100만명 이상인 자이다. 다만, 「전자금융거래법」 제2조 제3호에 따른 금융회사는 제외한다(제47조 제2항 제3호, 영 제49조 제1항 제2호).

의무대상자는 ISMS, ISMS-P 인증 중 선택을 할 수 있다. 그리고 의무대상자가 되어 인증을 최초로 신청하는 경우 다음 해 8월 31일까지 인증을 취득하여야 한다(이상 한국인터넷진흥원 홈페이지).

다만, 과학기술정보통신부장관은 제2항에 따라 인증을 받아야 하는 자가 과학기술정보통신부령으로 정하는 바에 따라 국제표준 정보보호 인증을 받거나 정보보호 조치를 취한 경우에는 제1항에 따른 인증 심사의 일부를 생략할 수 있다. 이 경우 인증 심사의 세부 생략 범위에 대해서는 과학기술정보통신부장관이 정하여 고시한다(제47조 제3항).

(나) 임의신청자

의무대상자 기준에 해당하지 않으나 자발적으로 정보보호 및 개인정보보호 관리체계를 구축 · 운영하는 기업 · 기관은 임의신청자로 분류되며, 임의신청자가 인증 취득을 희망할 경우 자율적으로 신청하여 인증심사를 받을 수 있다.[13] ISMS의 취지가 정보통신망의 안정성 · 신뢰성 확보이기 때문에 자율적으로 인증을 받고자 하는 자를 막는 것은 적절치 않으며(제도본질적 이유), 법 제47조도 이러한 제도적 취지를 반영하여 제1항에서는 임의신청을 전제로 한 인증제도를 포괄하는 표현을 사용하고 있고, 제2항은 그 중에서 의무적 인증제도를 규정하고 있다고 해석된다(문언해석적 이유).

한편, 「스마트도시 조성 및 산업진흥 등에 관한 법률」 제22조 제2항은 민간사업자(1. 국가 또는 지방자치단체, 2. 「한국토지주택공사법」에 따른 한국토지주택공사, 그 밖에 「공공기관의 운영에 관한 법률」에 따른 공공기관 중 대통령령으로 정하는 기관, 3. 「지방공기업법」에 따라 설립된 지방공사에 해당하지 아니하는 민간사업자)는 스마트도시기반시설에 대하여 정보통신 관리체계 인증을 받을 수 있다고 규정하고 있다.

그리고 「특정 금융거래정보의 보고 및 이용 등에 관한 법률」 제5조의2 제1항은 금융회사등이 금융거래등을 이용한 자금세탁행위 및 공중협박자금조달행위를 방지하기 위하여 합당한 주의(注意)로서 다음 각 호의 구분에 따른 조치를 하여야 한다고 규정하며, 고객이 가상자산사업자인 경우 1) 예치금(가상자산사업자의 고객인 자로부터 가상자산거래와 관련하여 예치받은 금전을 말한다)을 고유재산(가상자산사업자의 자기재산을 말한다)과 구분하여 관리하거나 2) 「정보통신망 이용촉진 및 정보보호 등에 관한 법률」 제47조 또는 「개인정보 보호법」 제32조의2에 따른 정보보호 관리체계 인증(이하 "정보보호 관리체계 인증"이라 한다)을 획득하고 있는지 확인하라고 규정하고 있다. 이에 따라 이 법에서 규정하고 있는 금융회사등과 거래를 원하는 가상자산사업자의 경우 정보보호 관리체계 인증을 간접적으로 강제당하는 결과를 가져오게 되어 있다. 이 규정은 지난 2020

---

13) 한국인터넷진흥원 홈페이지 설명에서 전재 https://isms.kisa.or.kr/main/ispims/target/ (2020.8.19. 최종 방문)

년 3월 24일에 개정된 내용으로 2021년 3월 25일부터 시행하고 있다.

(다) 국외사업자의 의무대상자 여부

법 제47조 제2항 요건을 갖춘 국외사업자도 ISMS 인증 의무가 있는 의무대상자인지 문제된다. 우리 법에서는 이에 관한 명문 규정이 없지만, 법 제2조 제3호에서 정보통신서비스 제공자를 규정하거나,[14) 법 제46조에서 집적정보통신시설 사업자 등을 규정하면서 국내법인으로 이를 제한하고 있지 않고,[15) 법 32조의5에서는 "국내에 주소 또는 영업소가 없는 정보통신서비스 제공자"에게 특별한 의무를 부과하고 있으므로 이 법의 적용대상인 정보통신서비스 제공자는 국내외법인을 모두 포괄한다고 해석하는 것이 타당하다. 따라서 법 제47조 제2항 요건을 갖춘 국외사업자도 ISMS 인증 의무가 있는 의무대상자이다. 그러므로 ISMS 인증을 받지 않으면 법률상 부과되는 제재를 부과할 수 있다.

(라) 인증 현황

2021년 2월 12일 현재 발급된 인증서는 총 482건이며, 유지되고 있는 인증서는 480건이다. 자세한 것은 한국인터넷진흥원 홈페이지에 게시되어 있다.[16)

나. 인증절차

(1) 인증심사절차

ISMS−P를 포함한 ISMS의 인증심사절차는 다음과 같다.(한국인터넷진흥원 홈페이지)

---

14) 법 제2조 3. "정보통신서비스 제공자"란 「전기통신사업법」 제2조 제8호에 따른 전기통신사업자와 영리를 목적으로 전기통신사업자의 전기통신역무를 이용하여 정보를 제공하거나 정보의 제공을 매개하는 자를 말한다.
15) 법 제46조(집적된 정보통신시설의 보호) ① 타인의 정보통신서비스 제공을 위하여 집적된 정보통신시설을 운영·관리하는 정보통신서비스 제공자(이하 "집적정보통신시설 사업자"라 한다)는 정보통신시설을 안정적으로 운영하기 위하여 대통령령으로 정하는 바에 따른 보호조치를 하여야 한다.
② 집적정보통신시설 사업자는 집적된 정보통신시설의 멸실, 훼손, 그 밖의 운영장애로 발생한 피해를 보상하기 위하여 대통령령으로 정하는 바에 따라 보험에 가입하여야 한다.
16) https://isms.kisa.or.kr/main/ispims/issue/?certificationMode=list (2021.2.12. 최종 방문)

| 그림 16 | ISMS의 인증심사절차 |

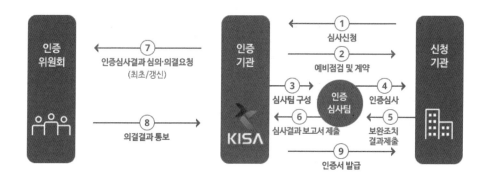

- **신청 단계** : 신청공문+인증신청서, 관리체계운영명세서, 법인/개인 사업자 등록증
- **계약 단계** : 수수료 산정 > 계약 > 수수료 납부
- **심사 단계** : 인증심사 > 결함보고서 > 보완조치내역서
- **인증 단계** : 최초/갱신심사 심의 의결(인증위원회), 유지(인증기관)

(2) 인증신청방법

인증심사 신청 시 다음의 서류들을 준비하여 인증 또는 심사기관에 제출한다.(한국인터넷진흥원 홈페이지)
- 인증 신청 공문 1부
- 인증 신청서 1부
- 인증 명세서 1부
- 법인/개인 사업자 등록증 1부

(3) 수수료

인증을 신청하는 자는 인터넷진흥원, 정보보호 관리체계 인증기관 또는 정보보호 관리체계 심사기관에 수수료를 납부하여야 한다. 과학기술정보통신부장관은 인증심사에 투입되는 인증심사원의 수, 인증심사에 필요한 일수 등을 고려하여 정보보호 관리체계 인증 수수료 산정을 위한 구체적인 기준을 정하

여 고시한다(영 제48조).

다. 인증심사종류(한국인터넷진흥원 홈페이지)

그림 17 인증심사종류와 절차

| 최초심사 | 1년 | 사후심사 | 1년 | 사후심사 | 1년 | 갱신심사 |

구 분	설 명
최초심사	인증으로 처음으로 취득할 때 진행하는 심사이며, 인증의 범위에 중요한 변경이 있어 다시 인증을 신청할 때에도 실시한다. 최초심사를 통해 인증을 취득하면 3년의 유효기간이 부여
사후심사	사후심사는 인증을 취득한 이후 정보보호 관리체계가 지속적으로 유지되고 있는지 확인하는 것을 목적으로 인증 유효기간 중 매년 1회 이상 시행하는 심사이다.
갱신심사	갱신심사는 정보보호 관리체계 인증 유효기간 연장을 목적으로 심사하는 것을 말한다.

3. 인증내용

이미 설명한 것처럼 ISMS는 정보보안의 관점에서 관리체계가 적절히 갖추어져 있음을 인증하는 것이고, ISMS−P는 정보보안의 관점 뿐 아니라 개인정보보호의 관점에서 관리체계가 적절히 갖추어져 있음을 인증하는 것이다. ISMS−P와 ISMS의 인증기준의 구성은 다음과 같다.[17]

---

17) 이에 대한 좀 더 자세한 것은 안내서를 참고. 과학기술정보통신부, 행정안전부, 방송통신위원회, 한국인터넷진흥원, 정보보호 및 개인정보보호 관리체계 인증제도 안내서−인증기준편−, 2019.1.

| 표 25 | ISMS와 ISMS-P의 인증기준 구성 |

영 역	분 야	적용 여부	
		ISMS	ISMS-P
1. 관리체계 수립과 운영 (16개)	1.1. 관리체계 기반 마련	O	O
	1.2. 위험 관리	O	O
	1.3. 관리체계 운영	O	O
	1.4. 관리체계 점검과 개선	O	O
2. 보호대책 요구사항 (64개)	2.1. 정책, 조직, 자산 관리	O	O
	2.2. 인적 보안	O	O
	2.3. 외부자 보안	O	O
	2.4. 물리 보안	O	O
	2.5. 인증과 권한 관리	O	O
	2.6. 접근 통제	O	O
	2.7. 암호화 적용	O	O
	2.8. 정보시스템 도입과 개발 보안	O	O
	2.9. 시스템과 서비스 운영 관리	O	O
	2.10. 시스템과 서비스 보안 관리	O	O
	2.11. 사고 예방과 대응	O	O
	2.12. 재해 복구	O	O
3. 개인정보 처리 단계별 요구사항(22개)	3.1. 개인정보 수집 시 보호조치	–	O
	3.2. 개인정보 보유와 이용 시 보호조치	–	O
	3.3. 개인정보 제공 시 보호조치	–	O
	3.4. 개인정보 파기 시 보호조치	–	O
	3.5. 정보주체 권리 보호	–	O

※ 출처: 한국인터넷진흥원 홈페이지

4. 그 밖의 사항: 홍보와 취소 등

가. 인증홍보

법 제47조 제1항 및 제2항에 따라 정보보호 관리체계 인증을 받은 자는 같은 조 제9항에 따라 인증받은 내용을 문서·송장·광고 등에 표시·홍보하는 경우 과학기술정보통신부장관이 정하여 고시하는 정보보호 관리체계 인증

표시를 사용할 수 있다. 이 경우 인증의 범위와 유효기간을 함께 표시하여야
한다(영 제52조).

인증 받은 내용을 거짓으로 표시하거나 홍보한 자는 정보통신망법에 따라
1천만원, 개인정보보호법에 따라 5천만원 이하의 과태료를 부과한다.

그림 18   인증표시

나. 정보보호 관리체계 인증기관 및 정보보호 관리체계 심사기관의 지정취소

(1) 개 관

법 제47조의2은 정보보호 관리체계 인증기관 및 정보보호 관리체계 심사
기관의 지정취소, 업무정지를 규정하고 있다. 과학기술정보통신부장관은 제47
조에 따라 정보보호 관리체계 인증기관 또는 정보보호 관리체계 심사기관으로
지정받은 법인 또는 단체가 1. 거짓이나 그 밖의 부정한 방법으로 정보보호 관
리체계 인증기관 또는 정보보호 관리체계 심사기관의 지정을 받은 경우, 2. 업
무정지기간 중에 인증 또는 인증심사를 한 경우, 3. 정당한 사유 없이 인증 또
는 인증심사를 하지 아니한 경우, 4. 제47조 제11항을 위반하여 인증 또는 인
증심사를 한 경우, 5. 제47조 제12항에 따른 지정기준에 적합하지 아니하게 된
경우 중 어느 하나에 해당하면 그 지정을 취소하거나 1년 이내의 기간을 정하
여 해당 업무의 전부 또는 일부의 정지를 명할 수 있다. 다만, 제1호나 제2호
에 해당하는 경우에는 그 지정을 취소하여야 한다(이상 제1항). 그리고 이에 필

요한 사항은 대통령령으로 정하도록 규정하고 있다(제2항).

그리고 시행령 제54조와 별표 4는 지정취소 및 업무정지에 관한 행정처분의 기준을 규정하고 있다.

여기서 지정취소는 제1호와 같이 위법한 행정행위에 대한 위법의 시정을 의미하는 강학상 취소와, 제2호, 제3호와 같이 적법한 행정행위를 하였으나 새로 변화된 사정에 적응을 의미하는 강학상 철회를 모두 포괄하는 용어이다.

(2) ISMS 인증심사원이 심사 과정에서 취득한 정보를 개인적인 이익을 위하여 외부로 유출하는 경우 지정취소 가능 여부

실무상 ISMS 인증심사원이 심사 과정에서 취득한 정보를 개인적인 이익에 활용하여 외부로 유출하는 경우 지정취소가 가능한지 문제된다. 이 경우 문제되는 지정취소는 위에서 말한 강학상 철회에 해당한다. 따라서 철회에 법적 근거를 필요로 하느냐에 따라 결론이 달라질 수 있다.[18]

(i) 판례(대법원 1992. 1. 17. 선고 91누3130 판결)와 소수설이 취하고 있는 근거불요설(철회자유설)에 따르면 법적 근거가 필요하지 않다. 따라서 제47조의2 제1항 각 호에 나열되어 있지 않은 사유라도 철회가 가능하다. 다만 이 설에 따르더라도 철회가 무제한 허용되는 것은 아니다. 이 설에서는 수익적 행정행위의 철회는 상대방의 신뢰보호와 법적 안정을 위하여 철회권 행사가 제한된다. 즉, 철회보다 침해가 적은 수단이 있으면 그 방법에 의해야 한다. 일부 철회가 가능하다면 일부 철회를 하여야 한다. 따라서 이 설의 주장을 여기에 적용하면 이 경우 철회보다 침해가 적은 수단이 업무정지로 행정목적을 달성할 수 있다면 철회는 허용되지 않는다. 만약 업무정지로 행정목적을 달성할 수 없다면 철회가 허용될 수 있을 것이다.

(ii) 한편, 다수설이 취하고 있는 근거필요설에 따르면 법적 근거가 필요하다. 따라서 제47조의2 제1항 각 호에 나열되어 있지 않은 사유인 심사 과정에서 취득한 정보를 개인적인 이익에 활용하여 외부로 유출한 행위는 원칙적으로 철회가 가능하지 않다. 그러나 만약 지정 과정이나 지정 처분시에 철회권이 유보되어 있었다면 철회가 가능할 것이다.

---

18) 이에 관해서는 김남철, 행정법강론, 박영사, 2020, 264 – 269쪽.

요컨대, ISMS 인증심사원이 심사 과정에서 취득한 정보를 개인적인 이익에 활용하여 외부로 유출하는 경우 판례에 따르면 원칙적으로 가능하나, 다수설에 따르면 원칙적으로 가능하지 않다고 할 것이다. 다만, 다수설을 따르더라도 지정 과정이나 지정 처분시에 철회권이 유보되어 있었다면 철회가 가능하다.

다. 경과규정과 관련된 쟁점

이미 설명한 것처럼 지난 2018년 과학기술정보통신부와 개인정보보호위원회는 ISMS와 PIMS를 통합하여 정보보호 및 개인정보보호 관리체계 인증 제도(ISMS-P)를 운영하고 있다.[19] 이로써 과거 고시에 따라 인터넷진흥원으로부터 인증심사원 자격을 받은 자가 종전 고시와 새로운 고시에 의한 인증기준의 심사에 참여할 수 있는지 실무상 의문이 제기된다.

이에 새로운 고시 부칙에서는 다음과 같은 경과조치를 두고 있다. 우선 인증심사원에 관한 경과조치로 "종전 고시 시행 이전에 「정보보호 관리체계 인증 등에 관한 고시」 제11조 또는 「개인정보보호 관리체계 인증 등에 관한 고시」 제9조에 따라 인터넷진흥원으로부터 인증심사원 자격을 받은 자는 심사원 자격 유효기간까지 종전 고시 시행이전 인증기준의 심사에 참여할 수 있다.", "제1항의 인증심사원이 종전 고시 및 이 고시에 의한 인증기준의 심사에 참여하기 위해서는 심사원 자격 유효기간 이내에 인터넷진흥원이 실시하는 심사원 자격전환 과정을 신청하고 자격전환 과정을 수료하여야 하며, 이 경우 종전 고시 및 이 고시에 의한 인증심사원으로 본다. 이때 자격전환 과정을 수료한 심사원은 종전 고시 시행 이전 인증기준의 심사에 참여할 수 있다."(이상 부칙 제3조). 신청인에 관한 경과조치로 "종전 고시 시행 이전의 인증기준으로 인증심사를 받은 자는 인증서의 유효기간까지 기존 인증기준으로 사후심사를 받을 수 있다."(부칙 제4조). 마지막으로 인증기관 및 심사기관에 관한 경과조치로 "종전 고시에 따라 지정받은 인증기관 또는 심사기관은 지정서의 유효기간까지 부칙 제4조의 신청인에 대하여 종전 고시 시행 이전의 인증기준으로 인증 또는 심사를 수행할 수 있다."(부칙 제5조). 따라서 과거 고시에 따라 인터넷진흥원으로

---

19) (과학기술정보통신부) 정보보호 및 개인정보보호 관리체계 인증 등에 관한 고시[시행 2018. 11. 7.] [과학기술정보통신부고시 제2018-80호, 2018. 11. 7., 전부개정]

부터 인증심사원 자격을 받은 자는 부칙의 요건을 충족하면 종전 고시와 새로운 고시에 의한 인증기준의 심사에 참여할 수 있다.

나아가 (구) ISMS 인증심사원이 ISMS-P 인증심사원으로 전환되었을 경우 (구) PIMS 인증심사 참여가 가능한지 여부가 실무상 문제된다. 이 경우는 정보보호 및 개인정보보호 관리체계 인증 등에 관한 고시(개인정보보호위원회) 부칙 제3조에 따라 "심사원 자격 유효기간까지 종전 고시 시행 이전 인증기준의 심사에 참여할 수 있다."고 해석하는 것이 타당하다.

라. ISMS와 ISMS-P의 비교

이미 설명한 것처럼 지난 2018년 정부는 과학기술정보통신부와 개인정보보호위원회가 ISMS와 PIMS를 통합하여 정보보호 및 개인정보보호 관리체계 인증 제도(ISMS-P)를 운영하고 있다. ISMS와 ISMS-P의 차이를 서술하면 다음과 같다.

표 26 ISMS와 ISMS-P의 차이

구 분	ISMS	ISMS-P
의 의	정보통신망의 안정성·신뢰성 확보를 위하여 관리적·기술적·물리적 보호조치를 포함한 종합적 관리체계를 수립·운영하고 있는 자에 대하여 일정한 기준에 적합한지에 관한 자율적 인증인 정보보호 관리체계 인증	정보통신망의 안정성·신뢰성 확보와 개인정보보호를 위하여 관리적·기술적·물리적 보호조치를 포함한 종합적 관리체계를 수립·운영하고 있는 자에 대하여 일정한 기준에 적합한지에 관한 자율적 인증인 정보보호 관리체계 인증
공통점	정보보안의 관점에서 필요한 기준인 정보서비스의 운영 및 보호에 필요한 조직, 물리적 위치, 정보자산 등에 대한 인증	정보보안의 관점에서 필요한 기준인 정보서비스의 운영 및 보호에 필요한 조직, 물리적 위치, 정보자산 등에 대한 인증
차이점	개인정보 처리를 위한 단계별 요구사항에 대한 인증(22개 요구사항) 미포함	개인정보 처리를 위한 단계별 요구사항에 대한 인증(22개 요구사항) 포함

제 2 절   정보보호 관리등급 인증

1. 개 관

법 제47조의5는 정보보호 관리등급 제도를 규정하고 있다. 정보보호 관리등급 제도란 정보보호 관리체계(ISMS) 인증을 받은 자가 기업의 통합적 정보보호 관리수준을 제고하고 이용자로부터 정보보호 서비스에 대한 신뢰를 확보하기 위하여 과학기술정보통신부장관에게 정보보호 관리등급을 신청하면 정보보호 수준을 측정하여 '우수', '최우수' 등급을 부여하는 제도이다(제1항 참고, 고시 제2조 제1호 참고). 이에 따라 등급을 받은 자는 대통령령으로 정하는 바에 따라 해당 등급의 내용을 표시하거나 홍보에 활용할 수 있다(제3항). 이용자는 이 등급을 보고 기업을 선택하고, 기업은 이 등급을 취득하고 유지하기 위하여 정보보호 활동을 더욱 열심히 하게 하는 효과를 거둘 수 있다. 이를 통하여 궁극적으로 정보통신서비스 제공자의 정보통신망에 대한 안정성과 신뢰성을 향상할 수 있다.

과학기술정보통신부장관은 인터넷진흥원으로 하여금 제1항에 따른 등급부여에 관한 업무를 수행하게 할 수 있도록 규정되어 있으며, 실제 인터넷진흥원이 이 업무를 위탁받아 수행하고 있다(제2항).

과학기술정보통신부장관은 1. 거짓이나 그 밖의 부정한 방법으로 정보보호 관리등급을 받은 경우, 2. 제5항에 따른 등급기준에 미달하게 된 경우 중 어느 하나에 해당하는 사유를 발견한 경우에는 부여한 등급을 취소할 수 있다. 다만, 제1호에 해당하는 경우에는 부여한 등급을 취소하여야 한다(제4항).

제64조의4 제6호는 과학기술정보통신부장관이 제47조의5제4항에 따라 정보보호 관리등급을 취소하려는 경우 청문을 하여야 한다고 규정하고 있다. 헌법에 근거한 적정절차의 원칙(due process of law)을 구현한 조항이다.

그 밖에 제1항에 따른 등급 부여의 심사기준 및 등급 부여의 방법·절차·수수료, 등급의 유효기간, 제4항에 따른 등급취소의 방법·절차, 그 밖에 필요한 사항은 대통령령으로 정한다(제5항). 이러한 위임에 따라 시행령 제55조의2부터 제55조의5까지에서는 등급부여 제도에 관한 좀 더 자세한 내용을 규정하고 있다. 그리고 이를 좀 더 구체화하기 위하여 정보보호 관리등급 부여에 관한 고시(과학기술정보통신부 제2016-40호)가 마련되어 있다.

다. 다른 조문과의 관계

제64조의4 제6호는 과학기술정보통신부장관이 제47조의5 제4항에 따라 정보보호 관리등급을 취소하려는 경우 청문을 하여야 한다고 규정하고 있다. 헌법에 근거한 적정절차의 원칙(due process of law)을 구현한 조항이다.

2. 등급 부여체계와 절차

가. 등급 부여체계(한국인터넷진흥원 홈페이지)

그림 19 등급 부여체계

※ 출처 : 한국인터넷진흥원 홈페이지

등급 부여제도의 객관성 및 신뢰성 확보를 위해 정책기관과 등급 부여심의 기관, 등급 부여기관을 분리하여 체계를 구성하고 있다. 과학기술정보통신부는 등급 부여제도를 관리·감독하는 정책기관으로서 기능한다. 산업계, 학계 등 관련 전문가 10명 이내로 인증위원회를 구성하여 등급 부여결과를 심의하는 기능을 수행한다. 한국인터넷진흥원은 등급 부여기관으로서 등급 부여제도를 운영한다. 인증심사팀은 ISMS 인증심사원 양성교육을 수료하고 자격요건을 갖춘 자로만 구성되어 있다(영 제55조의3 제3항)(이상 한국인터넷진흥원 홈페이지).

나. 부여 등급

부여 등급은 2단계로 나누어진다. 먼저 "우수 등급"이란 정보보호 관리등급 우수 심사기준(공통＋우수)을 만족하는 경우 부여하는 등급을 말한다. "최우수 등급"이란 정보보호 관리등급 최우수 심사기준(공통＋우수＋최우수)을 만족하는 경우 부여하는 등급을 말한다(이상 고시 제2조, 제8조). 제55조의3에 따른 정보보호 관리등급의 유효기간은 1년으로 한다(영 제55조의5).

다. 등급 부여 심사 기준

정보보호 관리등급 부여의 심사기준은 다음 각 호와 같다.

1. 정보보호 관리체계의 구축 범위 및 운영기간

2. 정보보호를 위한 전담조직 및 예산

3. 정보보호 관리 활동 및 보호조치 수준

제1항에 따른 심사기준별 세부 평가기준 및 평가방법 등에 관하여 필요한 사항은 과학기술정보통신부장관이 정하여 고시한다(이상 영 제55조의2). 이에 따라 고시 제7조와 [별표 2]는 세부 평가기준을 규정하고 있다.

정보보호 등급제 인증 심사 기준을 그림으로 제시하면 다음과 같다.

그림 20   정보보호 등급제 인증 심사 기준

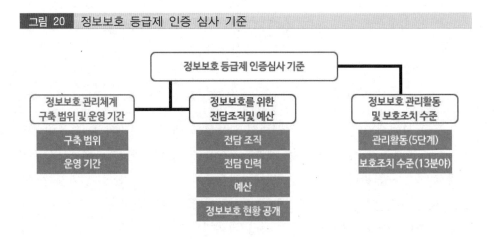

※ 출처 : 한국인터넷진흥원 홈페이지

라. 등급 부여 심사절차(한국인터넷진흥원 홈페이지)

인증심사 절차는 인증신청과 계약, 심사팀 구성, 인증심사, 보완조치 및 확인, 인증위원회 심의, 인증부여 등 총6단계로 구성되어 있다.

그림 21 정보보호 관리등급 부여 심사절차

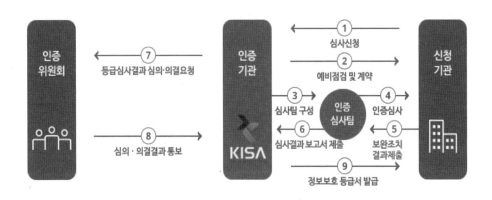

※ 출처 : 한국인터넷진흥원 홈페이지

정보보호 관리등급을 부여받으려는 자는 정보보호 관리등급 신청서(전자문서로 된 신청서를 포함한다)에 정보보호 관리체계 인증서 사본을 첨부하여 인터넷진흥원에 제출하여야 한다.

정보보호 관리등급 부여를 위한 심사는 서면심사 또는 현장심사의 방법으로 실시한다. 인터넷진흥원은 심사 결과가 제55조의2에 따른 심사기준에 적합한 때에는 그 관리등급 부여를 신청한 자에게 정보보호 관리등급 증명서를 발급하여야 한다(영 제55조의3 제1항부터 제4항 참고).

이러한 사항 외에 정보보호 관리등급 부여의 신청 · 심사 및 정보보호 관리등급 증명서의 발급 등에 필요한 세부사항은 과학기술정보통신부장관이 정하여 고시한다(영 제55조의3 제5항).

3. 기타 사항

가. 정보보호 관리등급 부여의 수수료와 홍보

정보보호 관리등급 부여의 수수료, 등급표시 및 홍보에 관하여는 제48조 및 제52조를 준용한다(영 제55조의4).

이에 따라 관리등급 부여를 신청하는 자는 인터넷진흥원에 수수료를 납부 하여야 한다. 과학기술정보통신부장관은 인증심사에 투입되는 인증심사원의 수, 인증심사에 필요한 일수 등을 고려하여 정보보호 관리체계 인증 수수료 산 정을 위한 구체적인 기준을 정하여 고시한다.

그리고 정보보호 관리등급을 부여받은 자는 그 내용을 문서·송장·광고 등에 표시·홍보하는 경우 과학기술정보통신부장관이 정하여 고시하는 정보보 호 관리체계 인증표시를 사용할 수 있다. 이 경우 인증의 범위와 유효기간을 함께 표시하여야 한다.

그림 22   정보보호 관리등급 표시

우 수   최우수

※ 출처 : 한국인터넷진흥원 홈페이지

나. ISMS 제도와 관계

정보보호 관리등급 제도는 정보보호 관리체계(ISMS) 인증을 받은 자가 기 업의 통합적 정보보호 관리수준을 제고하고 이용자로부터 정보보호 서비스에 대한 신뢰를 확보하기 위하여 과학기술정보통신부장관에게 신청하여 받는 제 도이다. 이런 면에서 ISMS 제도를 전제하고 있다.

제 3 절   정보통신망연결기기등 인증

1. 정보통신망연결기기등 인증의 의의 및 목적

과학기술정보통신부장관은 정보통신망연결기기등의 제조자 또는 수입자가 정보통신망연결기기등에 대하여 정보보호 인증기준에 적합한지 여부에 대한 인증을 요청한 경우 정보보호인증을 할 수 있다(제48조의6). 본조는 정보통신망 연결기기등에 대한 자발적인 정보보호인증을 촉진하여 사물인터넷 환경에서 사물인터넷 단말기의 정보보호 수준을 높이고 국제경쟁력을 강화하며 이용자 또는 소비자의 선택권을 보장하기 위한 것이다. 정보보호 분야에는 정보보호제품인증(CC인증), 암호모듈검증, 정보보호관리체계인증, 클라우드보안인증 등이 있지만, 이들은 특정 분야 또는 특정 제품에 한정되어 있고 일부 강제적 요소가 포함되어 있다. 그러나 정보보호인증은 대다수 정보통신망연결기기등을 대상으로 하고 강제적 요소가 없는 자발적 제도라는데 특징이 있다.

2. 정보보호인증의 대상 및 범위

정보통신망법은 정보통신망연결기기등이 인증기준에 적합한 경우 정보보호인증을 할 수 있다고만 규정하고 있을 뿐(제48조의6 제1항) 정보보호인증의 대상 또는 범위를 명시적으로 규정하고 있지 않다. 따라서 과학기술정보통신부장관은 정보보호인증의 대상 또는 범위를 재량적으로 정할 수 있다고 보지만 현실적으로 법 제45조 제1항 제2호에 따라 대통령령으로 정한 "정보통신망연결기기등"의 범위를 넘어서기는 어려울 것이다. 시행령 제36조의2는 "정보통신망연결기기등"의 범위를 아래 [표 27]과 같이 규정하고 있다.

과학기술정보통신부장관은 시행령 제36조의2에서 정한 "정보통신망연결기기등"을 정보보호인증의 대상으로 하되 그 범위 내에서 필요에 따라 정보보호인증의 대상을 제한할 수 있을 것이다. 2021. 4. 15.에 과학기술정보통신부가 입법예고한 「정보통신연결기기등 정보보호인증에 관한 고시」 제정안(이하 본절

에서 "고시안"이라 한다)은 인증대상을 영 제36조의2에 따른 정보통신망연결기기
등을 대상으로 하되, 신청제품이 인증대상에 해당되는지 여부는 망연결성, 기
능적 구성, 기술의 발전 등을 고려하여 인증위원회의 심의를 거쳐 결정한다고
규정하고 있다(고시안 제5조). 예컨대, 다른 법령에 따라 정보보호인증과 같거나
유사한 인증을 받은 "정보통신망연결기기등"이나 개인용 컴퓨터(PC), 스마트폰,
스마트 TV 등과 같이 이용자가 다양한 소프트웨어를 직접 설치하여 운용할 수
있도록 제조된 범용 정보통신망연결기기등은 인증대상에서 제외하여도 무방할
것이다.

한편, 정보보호인증의 인증범위도 문제가 된다. 연결기기등 그 자체만을
대상으로 할지 해당 연결기기등을 구성하고 있는 정보시스템뿐만 아니라 연결
기기등과 연동하는 모바일 앱, 연결기기등의 네트워크 통신을 위해 필요한 게
이트웨이, 연결기기등을 구성하기 위하여 필요한 운영환경 등까지 포함하는 것
으로 할지 논란이 예상되나 고시안에서는 이에 대한 언급이 없다. 제품의 구성
이나 유형에 따라 또는 신청자의 신청 환경에 따라 요구 범위가 다를 것으로
보인다. 제도 시행 단계에서는 기본 범위를 정해 두고 신청자와 인증기관(또는
인증시험대행기관) 간의 계약으로 인증범위를 확대할 수 있도록 하는 것이 바람
직해 보인다.

표 27   정보보호인증의 대상

유 형	범 위
가전 분야	스마트 홈네트워크에 연결되는 멀티미디어 제품, 주방가전 제품 또는 생활가전 제품 등의 가전제품 또는 그 제품에 사용되는 기기·설비·장비
교통 분야	다음 각 목의 제품 등에 사용되는 기기·설비·장비 가. 「국가통합교통체계효율화법」 제2조 제16호에 따른 지능형교통체계 나. 「드론 활용의 촉진 및 기반조성에 관한 법률」 제2조 제1호에 따른 드론 다. 「자동차관리법」 제2조 제1호에 따른 자동차 라. 「선박법」 제1조의2 제1항에 따른 선박
금융 분야	「전자금융거래법」 제2조 제8호에 따른 전자적 장치

스마트도시 분야	「스마트도시 조성 및 산업진흥 등에 관한 법률」 제2조 제2호에 따른 스마트도시서비스에 사용되는 기기 · 설비 · 장비
의료 분야	「의료기기법」 제2조 제1항에 따른 의료기기 중 통신기능을 보유한 기기 · 설비 · 장비
제조 · 생산 분야	제품의 제조 · 생산 또는 용역을 관리하기 위하여 제어 · 점검 · 측정 · 탐지 등의 용도로 사용되는 기기 · 설비 · 장비
주택 분야	「건축법」 제2조 제1항 제4호에 따른 건축설비 중 지능형 홈네트워크에 연결되는 기기 · 설비 · 장비
통신 분야	「전파법」 제2조 제16호에 따른 방송통신기자재 중 무선 또는 유선으로 통신이 가능한 방송통신기자재

3. 정보보호인증 기준 및 유형

가. 정보보호인증 기준

정보통신망연결기기등의 정보보호인증에 필요한 인증기준은 과학기술정보통신부장관이 고시할 수 있다(제48조의6 제2항). 인증시험대행기관은 과학기술정보통신부장관이 고시한 인증기준에 따라 인증시험을 수행하여야 한다. 고시안 제6조는 정보보호인증 기준을 ① 식별 및 인증, ② 데이터 보호, ③ 암호, ④ 소프트웨어 보안, ⑤ 업데이트 및 기술지원, ⑥ 운영체제 및 네트워크 보안, ⑦ 하드웨어 보안 등 7개 인증영역을 대상으로 하여 50개의 인증기준을 제시하고 있다(고시안 [별표 1]).

나. 정보보호인증 유형

정보통신망법은 정보보호인증의 유형에 대해서 규정하고 있지 않으나 고시안은 정보보호인증의 유형을 3개의 유형(Lite, Basic, Standard)으로 구분하고 있다(고시안 제7조). Lite는 제품 보안성 유지를 위한 최소한의 조치항목으로 구성되어 있고(센서 등 소형기기), Basic은 해킹 사고 등 사례를 통해 알려진 보안취약점의 악용을 방지할 수 있는 수준의 일반적인 보안항목으로 구성되어 있으며(펌웨어를 탑재한 중소형 기기), Standard는 향후 국외 인증과의 상호인정 가능성을 고려하여 국제적으로 요구되는 수준의 보안항목으로 구성되어 있다(중

대형 스마트가전기기). 정보보호인증의 유형은 신청 제품의 군(class) 또는 유형에 따른 것으로 인증의 유형을 의미하는 것이지 제품의 정보보호 수준(기밀성, 무결성, 가용성 등)을 의미하는 것은 아니다.

4. 정보보호인증의 인증체계

"정보보호인증"은 과학기술정보통신부장관이 인증제도에 관한 정책기관이자 정보보호인증을 부여하는 인증기관이 되고, 과학기술정보통신부장관이 지정한 인증시험대행기관이 시험·평가기관이 된다. 그러나 과학기술정보통신부장관은 ① 영 제60조의3 제1항, 제2항 및 제4항부터 제6항까지의 규정에 따른 정보보호인증 신청서의 접수, 정보보호인증시험의 실시 의뢰, 정보보호인증시험 결과보고서의 접수, 정보보호인증서 발급, 정보보호인증 및 정보보호인증 취소의 공고, ② 영 제60조의4 제2항 및 제4항에 따른 정보보호인증 유효기간 연장 신청의 접수, 정보보호인증서 발급 및 정보보호인증의 공고, ③ 영 제60조의6에 따른 정보보호인증의 취약점 보완 검토 및 취약점 보완요청서 발송 지원 등의 업무를 인터넷진흥원에 위탁하고 있다(제48조의6 제6항).

이와 같이 인증기관으로서의 기능과 역할을 포괄적으로 인터넷진흥원에 위탁함에 따라 인증기관으로서의 실질적인 역할은 인터넷진흥원이 수행하게 되고, 과학기술정보통신부장관은 정책기관으로서 정보보호인증과 관련한 정책수립, 제도개선, 관리·감독 등의 역할을 수행하게 된다. 입법론적으로는 인증기관의 역할을 인터넷진흥원에 위탁하기 보다는 인턴넷진흥원을 인증기관으로 지정하고 과학기술정보통신부장관은 정책기관으로서의 역할을 명확히 하는 것이 바람직할 것이다. 인증위원회의 설치·운영을 위한 법적 근거는 마련되어 있지 아니하나 정보보호인증제도 운영의 공정성, 투명성, 정확성, 객관성 등을 확보하기 위하여 인증기관은 자문기관 성격의 인증위원회를 설치·운영할 수 있도록 하고 있다(고시안 제28조). 인증시험대행기관은 법 제48조의6 제4항에 따라 과학기술정보통신부장관으로부터 인증시험대행기관으로 지정을 받아야 한다.

표 28   정보보호인증 주체별 역할

구 분	주관기관	주요역할
정책기관	과학기술정보통신부	－ 정보보호인증 관련 정책 수립 및 제도 개선
인증기관	한국인터넷진흥원	－ 정보보호인증제도 운영 － 정보보호인증위원회 운영 － 정보보호 인증기준 및 인증방법론 개발 － 정보보호 인증서 교부 및 인증현황 관리 － 인증시험대행기관 지정 · 관리 · 감독 및 심사 결과 승인 · 통보
인증위원회	한국인터넷진흥원	－ 정보보호인증제도 운영 자문 － 시험 · 평가 결과에 대한 검증
시험·평가기관	인증시험대행기관	－ 정보통신망연결기기등에 대한 보안성 시험 · 평가 수행

그림 23   정보보호인증의 인증체계

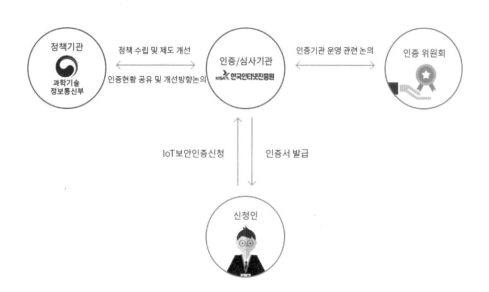

※ 출처 : https://www.ksecurity.or.kr

5. 정보보호인증의 절차 및 방법

가. 정보보호인증의 절차

(1) 정보보호인증의 신청

정보보호인증을 받으려는 자는 과학기술정보통신부령으로 정하는 정보보호인증 신청서에 다음 각 호의 서류를 첨부하여 인증기관(인터넷진흥원)에 제출하고 정보보호인증 대상 정보통신망연결기기등을 제시해야 한다(영 제60조의3 제1항).

1. 법 제48조의6 제2항에 따른 정보보호인증기준을 갖추었음을 증명하는 서류
2. 정보보호인증 대상 정보통신망연결기기등의 사용자 설명서
3. 정보통신망연결기기등의 하드웨어 설계도
4. 사업자 등록증 또는 고유번호증

정보보호인증의 신청을 받은 인증기관(인터넷진흥원)은 법 제48조의6제4항에 따라 지정된 인증시험대행기관에 정보보호인증기준에 적합한지를 확인하는 시험(정보보호인증시험)을 의뢰하여야 한다(영 제60조의3 제2항). 인증시험대행기관은 인증신청인이 제출한 서류를 검토한 후 시험일정 등을 협의하여야 한다.

(2) 인증수수료의 산정 및 납부

정보보호인증을 신청하려는 자는 인증신청 접수시 과학기술정보통신부장관이 정하여 고시하는 산정기준에 따라 인증기관이 산정한 인증수수료를 인증기관에 납부하여야 한다(영 제60조의5). 인증기관은 인증시험 수수료를 산정할 때에는 과학기술정보통신부장관이 정하여 고시한 산정기준에 따라 산정하되, 「엔지니어링산업진흥법」 제31조 제2항의 「엔지니어링 사업대가의 기준」을 적용하여 ① 직접인건비, ② 직접경비, ③ 제경비, ④ 기술료로 구분하여야 한다. 인증기관은 인증 신청인이 「중소기업기본법」 제2조에 따른 중소기업에 해당하거나 고도의 시험방법·인증신청인의 귀책사유 등으로 시험기간 연장이 필요한 경우 등에는 인증신청인과 협의하여 수수료를 조정할 수 있다(고시안 제15조).

나. 정보보호인증 시험 방법

정보보호인증 신청을 받은 인증시험대행기관은 정보보호인증기준에 따라 인증시험을 실시하여야 한다. 인증시험대행기관은 정보보호인증시험을 실시하기 위하여 필요한 경우 해당 정보통신망연결기기등이 설치된 현장에서 시험을 실시할 수 있다(영 제60조의3 제3항). 인증시험대행기관은 인증시험을 수행하는 과정에서 제출물이 미비하여 인증시험이 불가능한 경우에는 일정기한을 정하여 인증신청인에게 제출물 보완을 요청할 수 있다. 또한, 인증시험대행기관은 인증시험 중 보안취약점 등이 발견된 경우에는 인증신청인에게 개선조치를 요청할 수 있고, 인증신청인은 개선조치 후 개선조치 결과를 인증시험대행기관에 제출하여야 하며, 인증시험대행기관은 개선조치결과를 확인하여야 한다.

인증시험대행기관은 인증시험이 끝났으면 시험결과를 기록하고, 시험결과보고서를 인증기관(인터넷진흥원)에 제출하여야 하며, 인증기관(인터넷진흥원)은 제출받은 정보보호인증시험의 결과보고서를 검토하여 정보보호인증기준에 적합한 경우에는 정보보호인증을 신청한 자에게 과학기술정보통신부령으로 정하는 정보보호인증서를 발급하고 그 사실을 인터넷 홈페이지에 공고해야 한다(영 제60조의3 제4, 5항).

인증시험대행기관은 인증신청인의 제출물과 인증시험 산출물을 안전하게 관리하여야 하고, 제출물과 산물물을 인증시험 업무 이외의 목적으로 외부에 유출하거나 공개하지 않아야 한다. 또한, 인증시험대행기관은 인증완료 또는 인증시험 계약이 해지된 경우에는 인증신청인이 제출한 시험용 정보통신연결기기등을 인증신청인에게 반환해야 한다.

6. 인증서 및 인증마크의 교부 및 이용

인증기관이 영 제60조의3에 따라 인증신청인에게 정보보호인증서를 발급할 때 인증신청인이 정보보호 인증마크 사용신청서를 제출한 경우에는 인증마크를 교부할 수 있다. 인증신청인은 인증이 완료되기 전에 인증서를 발급받았다고 허위사실을 공표해서는 안 되며, 정보보호인증을 받은 인증기기에 인증을 받은 내용 이외의 사실을 표시·광고하거나 인증을 받지 않은 기기에 인증을 받은 것으로 표시·광고해서는 안 된다. 또한 인증마크를 인증기관의 승낙 없이 무단으로 사용하여서도 안 된다. 이 경우 표시·광고법에 따라 허위·과장 표시·광고로 처벌을 받을 수 있다.

7. 인증의 사후 관리 및 인증 취소

가. 정보보호인증의 사후관리

인증기관(인터넷진흥원)은 정보보호인증을 받은 정보통신망연결기기등에서 취약점이 발견되어 정보보호인증기준에 미달하게 된 경우 해당 정보보호인증을 받은 자에게 기간을 정하여 그 취약점을 보완할 것을 요청할 수 있다. 취약점의 보완 요청에 관한 세부 사항은 과학기술정보통신부장관이 정하여 고시한다(영 제60조의6). 인증기관(인터넷진흥원)이 취약점의 보완을 요청했음에도 불구하고 정해진 기간 내에 특별한 사유없이 취약점을 보완하지 아니한 경우 해당 취약점으로 인해 정보보호인증기준에 미달하게 되어 정보보호인증 취소 사유에 해당하는 경우(법 제48조의6 제3항 제2호)에는 인증을 취소하거나 취소 대신 인증의 효력을 정지할 수 있도록 하고 있다(고시안 제26조).

나. 정보보호인증의 취소

인증기관(인터넷진흥원)은 정보보호인증을 받은 자가 1) 거짓이나 그 밖의 부정한 방법으로 정보보호인증을 받은 경우 또는 2) 정보보호인증기준에 미달하게 된 경우에는 그 정보보호인증을 취소할 수 있다. 특히, 1)에 해당하는 경우에는 그 정보보호인증을 취소하여야 한다(법 제48조의6 제3항). 인증기관(인터넷진흥원)은 법 제48조의6 제3항에 따라 정보보호인증을 취소한 경우에는 그 사실을 당사자에게 통보하고 인터넷 홈페이지에 공고하여야 한다(영 제60조의3 제6항). 인증기관(인터넷진흥원)이 법 제48조의6 제3항에 따라 정보보호인증을 취소하려는 경우에는 청문을 하여야 한다(법 제64조의4).

8. 인증의 유효기간 및 유효기간 연장

가. 인증의 유효기간

정보보호인증의 유효기간은 3년으로 하되, 2년의 범위에서 한 차례만 그 기간을 연장할 수 있다(영 제60조의4 제1항). 유효기간을 연장하려는 자가 유효기간 연장 신청을 하지 않고 인증의 유효기간이 경과한 때에는 인증의 효력은 종료된다.

나. 유효기간의 연장

정보보호인증의 유효기간을 연장하려는 자는 시행규칙 제5조 제1항에 따른 별지 제5호서식의 '정보통신망연결기기등 정보보호인증 유효기간 연장신청서'에 영 제60조의3제1항 각 호의 서류, 시행규칙 제4조 제2항 각 호의 서류 및 해당 정보보호인증의 인증서를 첨부하여 정보보호인증의 유효기간이 만료되기 6개월 전까지 인증기관(인터넷진흥원)에 정보보호인증의 유효기간 연장 신청을 하여야 한다(영 제60조의4 제2항).

유효기간 연장 신청을 받은 인증기관(인터넷진흥원)은 정보보호인증을 받은 정보통신망연결기기등의 성질 · 형상의 동일성이 인정되는 경우에 한정하여 그 기간을 연장할 수 있다. 유효기간을 연장한 인증기관(인터넷진흥원)은 유효기간의 연장을 신청한 자에게 연장된 유효기간을 반영하여 과학기술정보통신부령으로 정하는 정보보호인증서를 발급하고, 그 사실을 인터넷 홈페이지에 공고해야 한다(영 제60조의4 제3, 4항).

9. 인증시험대행기관의 지정 및 지정취소

가. 인증시험대행기관의 신청 및 지정

과학기술정보통신부장관은 정보통신망연결기기등이 정보보호인증기준에 적합한지 여부를 확인하는 시험을 효율적으로 수행하기 위하여 필요한 경우에는 대통령령으로 정하는 지정기준을 충족하는 기관을 인증시험대행기관으로 지정할 수 있다(제48조의6 제4항). 인증시험대행기관의 지정을 받으려는 자는 지정기준을 충족하였음을 증명하는 서류를 첨부하여 과학기술정보통신부장관에게 인증시험대행기관의 지정을 신청해야 한다(영 제60조의7 제2항). 신청을 받은 과학기술정보통신부장관은 지정기준을 충족하였는지를 심사하여 인증시험대행기관으로 지정할 수 있고, 인증시험대행기관을 지정한 경우에는 과학기술정보통신부령으로 정하는 지정서를 신청인에게 발급하고 관보 및 인터넷 홈페이지에 공고해야 한다(영 제60조의7 제3, 4항).

인증시험대행기관으로 지정을 받거나 재지정을 받으려는 자는 인증시험대행기관의 지정 요건을 충족하였음을 입증하기 위하여 지정 신청서와 함께 고시로 정하는 바에 따라 공정성, 인력 및 조직, 시험환경, 운영능력 등을 평가할 수 있는 증빙서류 등을 제출하여야 한다.

나. 인증시험대행기관의 지정기준

정보보호인증의 인증시험대행기관으로 자정받고자 하는 자는 다음 각 호의 기준을 모두 충족하여야 한다(영 제60조의7 제1항). 그 밖에 인증시험대행기관 지정기준에 관한 세부 사항은 과학기술정보통신부장관이 정하여 고시한다.

1. 정보보호인증시험에 관한 사항을 업무로 하는 법인일 것
2. 정보보호인증시험 업무를 담당하는 기술 능력이 있는 인력(상시근무 인력 2명을 포함한다)과 전담 조직을 갖출 것
3. 정보보호인증시험 업무를 수행할 설비와 시험공간 등 시험환경을 갖출 것
4. 정보보호인증시험 업무를 수행할 수 있는 운영 능력을 갖출 것

다. 인증시험대행기관 지정의 유효기간

인증시험대행기관 지정의 유효기간은 3년 이내의 범위에서 과학기술정보통신부장관이 정하며, 유효기간이 만료된 후 계속 인증시험대행기관의 업무를 수행하려면 유효기간이 끝나기 6개월 전부터 유효기간 만료일 전까지 재지정을 신청해야 한다. 이 경우 재지정 신청에 대한 심사결과를 통지받을 때까지 그 지정은 유효한 것으로 본다(영 제60조의7 제5, 6항).

라. 인증시험대행기관의 재지정

영 제60조의7 제5항에 따라 인증시험대행기관으로 재지정을 받으려는 자
는 재지정 신청서와 함께 인증시험대행기관의 지정 요건을 충족하였음을 입증
하기 위한 서류를 첨부해 과학기술정보통신부장관에게 제출하여야 한다. 인증
시험대행기관의 지정 요건을 충족하였음을 입증하기 위하여 재지정 신청서에
첨부하여야 할 서류, 재지정의 신청절차, 재지정의 심사기준 등 세부 사항은
고시로 정한다.

마. 인증시험대행기관의 사후관리

인증시험대행기관은 전년도 인증시험실적을 시행규칙 제7조에서 정한 보
고서에 기재하여 매년 1월 31일까지 과학기술정보통신부장관에게 제출해야 한
다(영 제60조의8 제1항).

바. 인증시험대행기관의 지정취소

인증시험대행기관이 1) 거짓이나 그 밖의 부정한 방법으로 지정을 받은
경우나 2) 인증시험대행기간 지정기준에 미달하게 된 경우에는 그 지정을 취소
할 수 있다(제48조의6). 과학기술정보통신부장관이 제48조의6 제5항에 따라 인
증시험대행기관 지정을 취소하려는 경우에는 청문을 하여야 한다(제64조의4).
과학기술정보통신부장관은 법 제48조의6 제4항에 따른 지정기준을 충족하는지
또는 같은 조 제5항 각 호의 지정취소 사유에 해당하는지를 확인하기 위하여
인증시험대행기관에 자료 제출을 요청하거나 현장을 방문할 수 있고, 법 제48
조의6 제5항에 따라 인증시험대행기관의 지정을 취소한 경우에는 그 사실을
해당 기관에 통보하고 관보 및 인터넷 홈페이지에 공고해야 한다(영 제60조의8
제2, 3항).

10. 정보보호인증에 관한 업무 등의 위탁

과학기술정보통신부장관은 법 제48조의6 제6항에 따라 다음 각 호의 업무
를 인터넷진흥원에 위탁한다(제60조의9).

1. 제60조의3 제1항, 제2항 및 제4항부터 제6항까지의 규정에 따른 정보보
   호인증 신청서의 접수, 정보보호인증시험의 실시 의뢰, 정보보호인증시

험 결과보고서의 접수, 정보보호인증서 발급, 정보보호인증 및 정보보호
인증 취소의 공고

2. 제60조의4 제2항 및 제4항에 따른 정보보호인증 유효기간 연장 신청의
   접수, 정보보호인증서 발급 및 정보보호인증의 공고

3. 제60조의6에 따른 정보보호인증의 취약점 보완 검토 및 취약점 보완요
   청서 발송 지원

이에 따라 과학기술정보통신부장관은 인증기관으로서의 그의 권한과 업무
를 포괄적으로 인터넷진흥원에 위탁하였다고 할 수 있다. 다만, 정보보호인증
에 필요한 업무와 권한을 넘어서 인증기관으로서의 권한(인증서의 발급 주체)까
지 위탁할 수 있는 것인지는 여부에 대해서는 다툼이 있을 수 있다. 인증서의
발급 행위 그 자체는 위탁할 수 있겠으나 인증서의 발급 명의까지 이전할 수
있는 것인지에 대해서는 논란의 여지가 있다.

제 4 절 클라우드서비스 보안인증

1. 클라우드 보안인증의 의의 및 목적

클라우드 서비스 제공자가 제공하는 서비스에 대하여 인증기관이 「클라우
드컴퓨팅 발전 및 이용자 보호에 관한 법률(이하 "클라우드컴퓨팅법"이라 한다.)」
제23조 제2항에 따라 정보보호 기준의 준수 여부 확인을 평가·인증하여 이용
자들이 안심하고 클라우드 서비스를 이용할 수 있도록 지원하는 제도이다.

2. 보안인증의 목적 및 필요성

클라우드서비스 보안인증은 객관적이고 공정한 클라우드 서비스 보안인증
을 실시하여 공공기관에 안전성 및 신뢰성이 검증된 민간 클라우드 서비스를
공급함으로써 공공서비스 제공자 및 이용자의 보인 우려를 해소하고 클라우드

서비스 경쟁력 확보를 목표로 한다.

3. 보안인증의 신청 주체 및 자격

클라우드서비스를 제공하는 자는 누구든지 신청이 가능하다. 외국 사업자도 신청이 가능하나 「클라우드컴퓨팅서비스 정보보호에 관한 기준 고시」에서 요구하고 있는 공공기관용 추가 보호조치를 갖추어야 한다. 클라우드서비스 보안인증은 자율적인 제도이나 공공부문에 클라우드서비스를 제공하기 위해서는 보안인증을 받아야 한다. 「전자정부법」은 국회, 법원, 헌법재판소, 중앙선거관리위원회 및 행정부는 전자정부의 구현에 필요한 정보통신망과 행정정보 등의 안전성 및 신뢰성 확보를 위한 보안대책을 수립 · 시행하도록 요구하는 한편, 행정기관의 장은 정보통신망을 이용하여 전자문서를 보관 · 유통할 때 위조 · 변조 · 훼손 또는 유출을 방지하기 위하여 국가정보원장이 안전성을 확인한 보안조치를 하여야 하고 국가정보원장은 그 이행 여부를 확인할 수 있다고 규정하고 있다(제56조). 클라우드서비스 보안인증을 받을 경우 「전자정부법」상 보안대책 이행점검이 일부 면제됨으로써 이행점검을 보완하는 기능을 수행한다.

4. 보안인증제 추진의 법적 근거

클라우드컴퓨팅법 제23조는 클라우드컴퓨팅서비스 제공자는 클라우드컴퓨팅서비스의 품질 · 성능 및 정보보호 수준을 향상시키기 위하여 노력하여야 하고, 과학기술정보통신부장관은 클라우드컴퓨팅서비스의 품질 · 성능에 관한 기준 및 정보보호에 관한 기준을 정하여 고시하고 클라우드컴퓨팅서비스 제공자에게 그 기준을 지킬 것을 권고할 수 있다고 규정하고 있다(제23조 제2항).

이에 따라 과학기술정보통신부장관은 클라우드컴퓨팅법 제5조에 따라 수립한 '제1차 클라우드 컴퓨팅 기본계획(2015)'에 클라우드 "보안인증제"의 시행을 포함하였고, 「클라우드 컴퓨팅 서비스 정보보호에 관한 기준 고시」 제7조에 클라우드컴퓨팅법 제5조에 따른 "기본계획"(2015) 상의 "보안인증제" 시행을 위해 클라우드컴퓨팅서비스 제공자가 그 서비스가 이 기준을 준수하는지 확인을 요청한 경우에는 정보통신망법 제52조에 따른 "인터넷진흥원"의 장이 그 서비스를 조사 또는 시험ㆍ평가하여 인증 할 수 있다고 규정하고 있다.

5. 보안 평가 및 인증 체계

클라우드서비스 보안 평가ㆍ인증체계는 역할과 책임에 따라 정책기관, 평가ㆍ인증기관, 인증위원회, 기술자문기관, 신청기관, 이용자로 구분된다. 정책기관은 과학기술정보통신부가 되고, 평가ㆍ인증기관은 한국인터넷진흥원이 되며, 기술자문기관은 국가보안기술연구소에서 된다. 클라우드서비스 보안인증의 평가ㆍ인증 체계와 절차는 아래 그림과 같다.

그림 24 클라우드 보안 평가ㆍ인증 절차

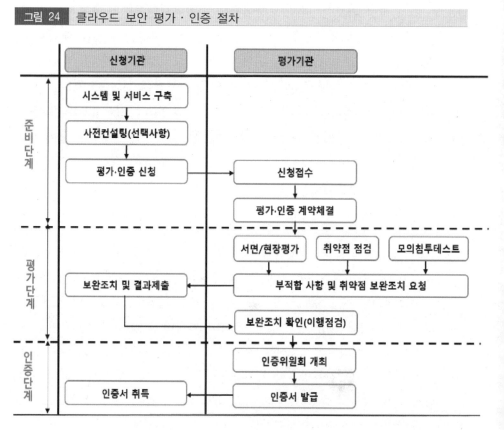

※ 출처 : https://isms.kisa.or.kr/main/

| 그림 25 | 클라우드 보안 평가 · 인증 체계도 |

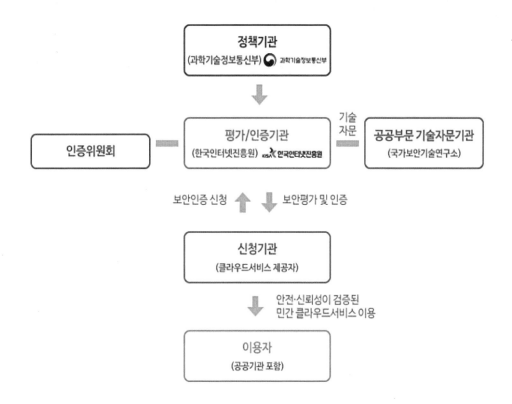

※ 출처 : https://isms.kisa.or.kr/main/

6. 평가 · 인증의 종류와 유효기간

가. 인증의 종류

클라우드서비스 보안인증은 IaaS 분야 인증, DaaS 분야 인증, SaaS 분야 인증으로 나뉜다. SaaS 분야 인증은 다시 표준등급 인증과 간편등급 인증으로 구분된다. IaaS 분야와 DaaS 분야의 인증 유효기간은 5년이고, SaaS 분야 인증은 표준등급에 대해서는 유효기간을 5년으로 하고 간편등급에 대해서는 3년으로 하고 있다.

나. 평가의 종류

평가는 최초평가, 사후평가, 갱신평가로 나뉜다. 최초평가는 보안인증을 처음으로 취득할 때 진행하는 평가이며 인증 취득기간 중 중요한 변경이 있을 경우 변경 사항에 대해 상시평가가 이루어 질 수 있다. 사후평가는 보안인증을 취득한 이후 지속적으로 클라우드서비스 보안 평가·인증 기준을 준수하고 있는지 확인하기 위한 평가이며 인증 유효기간(3~5년) 중 매년 수행된다. 갱신평가는 보안인증 유효기간(3~5년)이 만료되기 직전에 클라우드서비스에 대한 인증의 연장을 원하는 경우에 실시하는 평가이다.

그림 26 클라우드 보안 평가·인증의 종류

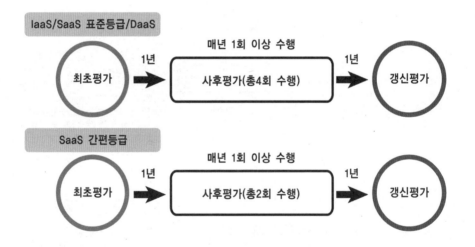

7. 평가·인증의 범위

공공기관의 업무를 위하여 제공하는 클라우드서비스의 모든 서비스가 평가·인증의 범위에 포함된다. 해당 클라우드서비스에 포함되거나 관련 있는 자산(시스템, 설비, 시설 등), 조직, 지원서비스 등이 모두 포함되며, 서비스 운영·관리를 위한 온·오프라인 자산 및 지원서비스, 안전성 및 신뢰성 확보를 위한 정보보호시스템 및 로그관리시스템 등이 모두 포함된다.

8. 평가 · 인증의 기준

「클라우드컴퓨팅서비스 정보보호에 관한 기준 고시」는 인증기준을 관리적 보호조치, 물리적 보호조치, 기술적 보호조치, 공공기관용 추가 보호조치로 나누어 정하고 있다. ① IaaS 인증은 관리적 · 물리적 · 기술적 보호조치 및 공공기관용 추가 보호조치로 총 14개 분야 117개 통제항목으로 구성되고, ② SaaS 표준등급 인증은 관리적 · 기술적 및 공공기관용 추가 보호조치로 총 13개 분야 78개 통제항목으로 구성되며, ③ SaaS 간편등급 인증은 관리적 · 기술적 및 공공기관용 추가 보호조치로 총 11개 분야 30개 통제항목으로 구성된다. ④ DaaS 인증은 관리적 · 물리적 · 기술적 및 공공기관용 추가 보호조치로 총 14개 분야 110개 통제항목으로 구성된다. 구체적인 인증기준에 대해서는 [부록5]을 참조하기 바란다.

표 29   인증 종류별 통제항목 및 통제항목 수

통제분야	통제항목	통제항목 수			
		IaaS	SaaS (표준)	SaaS (간편)	DaaS
1. 정보보호 정책 및 조직	1.1. 정보보호 정책	3	3	—	3
	1.2. 정보보호 조직	2	2	2	2
2. 인적보안	2.1. 내부인력 보안	6	4	1	4
	2.2. 외부인력 보안	3	—	—	3
	2.3. 정보보호 교육	3	1	1	1
3. 자산관리	3.1. 자산 식별 및 분류	3	1	—	3
	3.2. 자산 변경관리	3	1	—	3
	3.3. 위험관리	4	1	—	4
4. 서비스 공급망 관리	4.1. 공급망 관리정책	2	2	—	2
	4.2. 공급망 변경관리	2	1	—	2
5. 침해사고 관리	5.1. 침해사고 절차 및 체계	3	3	1	3
	5.2. 침해사고 대응	2	2	1	2
	5.3. 사후관리	2	2	—	2

6. 서비스 연속성 관리	6.1. 장애대응	4	4	1	4
	6.2. 서비스 가용성	3	2	1	3
7. 준거성	7.1. 법 및 정책 준수	2	1	1	2
	7.2. 보안 감사	2	2	–	2
8. 물리적 보안	8.1. 물리적 보호구역	6	–	–	6
	8.2. 정보처리 시설 및 장비보호	6	–	–	6
9. 가상화 보안	9.1. 가상화 인프라	6	2	1	5
	9.2. 가상 환경	4	4	–	2
10. 접근통제	10.1. 접근통제 정책	2	2	1	2
	10.2. 접근권한 관리	3	3	–	3
	10.3. 사용자 식별 및 인증	5	5	4	5
11. 네트워크 보안		6	5	2	6
12. 데이터 보호 및 암호화	12.1. 데이터 보호	6	6	2	6
	12.2. 매체 보안	2	–	–	2
	12.3. 암호화	2	2	2	2
13. 시스템 개발 및 도입 보안	13.1. 시스템 분석 및 설계	5	5	1	5
	13.2. 구현 및 시험	4	4	1	4
	13.3. 외주 개발 보안	1	1	–	1
	13..4. 시스템 도입 보안	2	–	–	2
14. 공공부문 추가 보안요구 사항		8	7	7	8
총 계		117	78	30	110

제 5 절   정보보호제품 평가·인증(CC인증)

1. 정보보호제품인증 제도의 의의

정보보호제품 평가·인증(CC평가·인증)이란 보안기능이 탑재된 IT제품의 보안성을 평가기관에서 평가하고 이에 대한 결과를 인증기관에서 인증하는 제도이다. 정보보호제품 평가·인증에 관한 국제표준(ISO/IEC 국제표준)이자 국제 상호인정협정(CCRA, Common Criteria Recognition Arrangement) 회원국이 공통으로 사용하는 공통평가기준과 평가방법론을 평가기준(CC, Common Criteria) 및 평가방법론(CEM, Common Evaluation Methodology)으로 적용하고 있다. 우리나라는 2006년 5월에 CCRA 인증서 발행국의 지위에 가입하였다. 이에 따라 국내에서 국제용 CC평가 · 인증을 받은 정보보호제품은 회원국에서도 동등하게 인증제품으로 인정을 받게 된다.

2. 정보보호제품인증의 목적 및 필요성

정보보호제품에 구현된 보안기능이 평가를 신청한 평가보증등급 수준에 부합하는지 검증함으로써 사용자가 자신의 보안 요구를 충족하는 IT제품을 선택하는데 도움을 주는 것이 제도 운영의 목적이다. 또한, CC평가 · 인증은 국가정보통신망의 정보보호수준을 제고하고, 정보보호제품의 경쟁력을 강화하며, 정보보호제품에 대한 국제적인 신뢰성을 확보하는 것을 기본 목표로 한다. 특히 우리나라는 국가 및 공공 기관이 정보보호제품을 도입하고자 할 때에는 「국가정보원법」 제5조와 「전자정부법」 제56조에 의하여 국가정보원의 보안 적합성 검증절차를 거쳐야 하는데 이 때 국가정보원이 필요성을 인정하는 정보보호제품에 대해서는 CC평가 · 인증을 받은 제품을 구입하거나 임차하여야 한다. 따라서 국가 및 공공 기관에 정보보호제품을 납품하기 위해서는 CC평가 · 인증을 획득해야 한다. 민간기업의 경우 CC인증 제품 조달 여부는 자율적으로 결정할 수 있으나 많은 기업들이 CC인증 제품을 구입하고 있다. 일부 민간분야에서는 개별법에 의해서 CC인증 제품을 조달하도록 하는 경우도 있다.

CC평가 · 인증 필수대상 정보보호제품은 국가정보원이 지정한다. 국가정보원은 스마트카드, 디지털복합기, 침입차단시스템, 침입방지시스템, 통합보안관리제품, 웹 방화벽, 운영체제(서버) 접근통제제품, DB접근통제제품, 네트워크접근통제제품, 인터넷전화 보안제품, 무선침입방지시스템, 무선랜 인증제품, 가상화제품(Hypervisor), 스마트폰 보안관리제품, 스팸메일차단시스템, 패치관리시스템, 망간자료전송제품, DDoS 대응장비, 안티바이러스제품, 소스코드 보안약점 분석도구, 가상사설망제품, S/W기반 보안USB제품, 호스트 자료유출방지제품, 네트워크 자료유출방지제품, 가상화관리제품, 네트워크 장비 등 21개 제품을 필수 인증대상 정보보호제품으로 지정하고 있다.

3. 정보보호제품인증의 법적 근거

CC평가 · 인증은 지능정보화기본법 제58조(정보보호시스템에 관한 기준고시 등) 및 같은 법 시행령 제51조(정보보호시스템에 관한 기준 고시 등)에 의거하여 운영되고 있다. 평가 기준 및 지침으로는 과학기술정보통신부장관 고시인 「정보 정보보호시스템 공통평가기준」과 「정보보호시스템 평가 · 인증지침」이 있고, 수행 지침으로는 「정보보호제품 평가 · 인증 수행규정」이 있다.

4. CC평가 · 인증의 주체 및 자격

정보보호제품을 개발하거나 제조한 회사가 평가 신청을 하는 것이 원칙이나 판매회사도 개발회사와 협력하여 평가 신청을 할 수 있다. 따라서 외국회사도 직접 또는 판매회사를 통해서 CC평가 · 인증을 신청할 수 있다.

5. CC평가 · 인증의 평가보증등급

CC평가 · 인증의 평가보증등급(EAL, Evaluation Assurance Level)이란 보증 수준을 판단하는 척도를 정의한 등급으로 EAL1부터 EAL7까지 있다. EAL 등급에 따라 평가제출물, 평가범위 및 상세수준이 달라진다. 다만, 등급이 높다고 하여 보다 많은 보안기능을 제공하는 것은 아니다.

6. CC평가 · 인증의 종류 및 유효기간

CC평가 · 인증은 국제용 인증과 국내용 인증으로 나뉜다. 국제용 CC인증은 CCRA에서 정한 기준 및 절차에 따라 인증서를 발급한 것으로 CCRA의 모든 회원국에서 상호인정 범위 내에 포함되는 등급까지 상호 효력을 인정받게 된다. 반면 국내용 CC인증은 국가 및 공공 기관에 도입되는 정보보호제품의 인증을 위한 목적으로 운영되는 것으로 국외에서는 상호 효력을 인정받지 못한다. 국가 및 공공 기관이 국제용 CC 인증제품을 사용하고자 하는 경우에는 국가용 보안요구사항 또는 국가용 보호프로그램 파일을 준수하여 인증된 제품인지 여부를 확인하여야 한다.

국내용 인증제품 인증서의 효력은 발급일로부터 3년간 유효하며 인증서에 표기된 만료일 이전에 인증서의 효력을 연장하지 않으면 인증서의 효력이 상실된다. 국제용 인증제품 인증서의 효력은 발급일부터 최대 5년간 유효하며 발급일로부터 5년이 경과한 인증서는 효력을 연장하지 않는 한 효력을 상실한다.

7. CC평가 · 인증의 평가 및 추진 체계

평가 · 인증 절차는 '평가신청→평가계약→평가수행→인증수행→인증제품관리'의 5단계로 이루어진다. 평가 · 인증 절차는 「정보보호제품 평가 · 인증 수행규정」에 상세히 규정되어 있다. CC평가 · 인증에 참여하는 자들은 자신이 수행하는 역할 및 임무에 따라 정책기관, 인증기관, 인정기관, 평가기관, 신청기관 등으로 나뉜다. 과학기술정보통신부장관은 정책기관으로서 평가 · 인증제도 관련 법령의 제 · 개정을 주관하고 정책을 수립하며, 국가보안기술연구소는 인증기관으로 IT보안인증사무국을 운영하며 평가 · 인증제도를 시행하고 평가기관과 평가결과를 관리 · 감독한다. CC평기기관은 「정보보호제품 평가 · 인증 수행규정」에 따라 평가를 수행한다. CC평가기관으로 평가업무를 수행하고자 하는 자는 인증기관으로부터 승인을 받아야 한다. 평가 · 인증 절차에서 신청기관, 평가기관, 인증기관 등의 단계별 역할은 아래 그림과 같다.

표 30	CC평가 · 인증에서 기관별 역할 및 업무

역　할	기관명	주요업무
정책기관	과학기술정보통신부	- CC평가 · 인증 관련 법령 제 · 개정 - CC평가 · 인증 관련 제도 수립 - CC평가 · 인증 관련 제도 예산 확보
인증기관	국가보안기술연구소 IT보안인증사무국	- 평가결과의 승인 및 인증서 발급 - 평가기관 관리 및 CC인증 정책수립 지원 - 국제상호인정협정(CCRA) 관련 국제활동
평가기관	한국인터넷진흥원 한국시스템보증 한국아이티평가원 한국정보통신기술협회 한국정보보안기술원 한국기계전기전자시험연구원	KOLAS에서 승인한 공인시험기관 품질매뉴 얼에 따른 평가기관 운영 제출물 조사 및 시험, 취약성 분석 등 제품 평가 - 평가자 교육 훈련 신청기관 개발환경 보안점검

그림 27	CC평가 · 인증의 평가 및 추진 체계

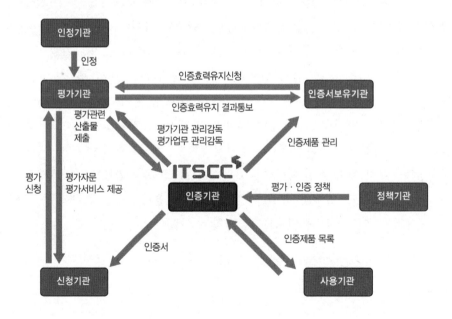

※ 출처 : https://www.itscc.kr/main/main.do

제 6 절 　암호모듈 검증제도

1. 암호모듈 검증제도의 의의

암호모듈 검증은 전자정부법 제56조 및 같은 법 시행령 제69조와 국정원의 「암호모듈 시험 및 검증지침」에 의거하여 국가 · 공공기관 정보통신망에서 소통되는 자료 중에서 비밀로 분류되지 않은 중요 정보의 보호를 위해 사용되는 암호모듈의 안전성과 구현 적합성을 검증하는 제도이다. 검증대상이 되는 암호모듈은 소프트웨어, 하드웨어, 펌웨어 또는 이들을 조합한 형태로 구현될 수 있으며 암호모듈 검증기준(KS X ISO/IEC 19790)을 준수하여야 한다.

2. 검증필 암호모듈 탑재 제품

암호가 주기능인 정보보호제품을 국가 및 공공 기관에 납품하기 위해서는 반드시 검증필 암호모듈을 탑재하여야 한다. 아래의 제품군은 검증필 암호모듈을 탑재하여야 한다.

표 31 　검증필 암호모듈 탑재 제품

제품군	CC인증	검증필 암호모듈 탑재
DB 암호화 통합인증(SSO) 문서 암호화(DRM 등)	필수(2017.8.18.부터)	필 수
메일 암호화 구간 암호화 디스크 · 파일 암호화 하드웨어 보안 토근 기타 암호화	해당사항 없음	

3. 검증대상 암호 알고리즘

검증대상 암호알고리즘은 안정성 · 신뢰성 · 상호운용성 등이 적합한 국내 · 외 표준 암호알고리즘을 선정하며, 암호모듈에 탑재된 암호알고리즘은 '암호알고리즘검증기준 V3.0'에 따라 정상구현 여부를 검증한다.

표 32　검증대상 암호 알고리즘 목록

구 분		암호알고리즘
블록암호	ARIA	운영모드 · 기밀성(ECB, CBC, CFB, OFB, CTR) · 기밀성/인증(CCM, GCM)
	SEED	운영모드 · 기밀성(ECB, CBC, CFB, OFB, CTR) · 기밀성/인증(CCM, GCM)
	LEA	운영모드 · 기밀성(ECB, CBC, CFB, OFB, CTR) · 기밀성/인증(CCM, GCM)
	HIGHT	운영모드 · 기밀성(ECB, CBC, CFB, OFB, CTR)
해시함수	SHA-2	SHA$-224/256/384/512$
	LSH	LSH$-224/256/384/512/512-224/512-256$
	SHA-3	SHA3$-224/256/384/512$
메시지 인증	해시함수 기반	HMAC
	블록암호 기반	CMAC, GMAC
난수발생기	해시함수 기반	Hash_DRBG, HMAC_DRBG
	블록암호 기반	CTR_DRBG
공개키 암호	RSAES	공개키 길이 : 2048, 3072 해시함수 : SHA-224, SHA-256
전자서명	RSA$-$PSS	공개키 길이 : 2048, 3072 해시함수 : SHA-224, SHA-256
	KCDSA	(공개키 길이, 개인키 길이) : (2048, 224), (2048, 256) 해시함수 : SHA-224, SHA-256
	EC$-$KCDSA	P-224, P-256, B-233, B-283, K-233, K-283 해시함수 : SHA-224, SHA-256
	ECDSA	P-224, P-256, B-233, B-283, K-233, K-283 해시함수 : SHA-224, SHA-256
키 설정	DH	(공개키 길이, 개인키 길이) : (2048, 224), (2048, 256)
	ECDH	P-224, P-256, B-233, B-283, K-233, K-283
키 유도	KBKDF	HMAC, CMAC
	PBKDF	HMAC

4. 암호모듈의 검증체계

암호모듈 개발업체는 검증대상 암호모듈에 적절한 등급을 결정 후 시험기관에 시험을 신청한다. 시험기관은 신청서 및 제출물을 검토 후 시험계약을 체결하고 암호모듈 시험요구사항(KS X ISO/IEC 24759)과 암호모듈 보안요구사항(KS X ISO/IEC 19790)에 따라 시험을 수행한다. 시험기관은 시험이 완료된 후 검증기관에 시험결과를 보고해야 한다. 검증기관은 시험기관이 제출한 시험결과 보고서를 검토하여 시험이 검증기준에 적합한지 여부를 확인 후 암호검증위원회에 심의를 요청한다. 암호검증위원회는 시험 · 검증결과의 타당성 · 공정성에 대한 심의 · 의결을 수행한다. 암호검증위원회는 관 · 학 · 연 전문가로 구성된다. 검증기관은 검증결과를 시험기관과 개발업체에 통보한다. 검증기관은 승인된 암호모듈을 검증필 암호모듈 목록에 등재한다.

그림 28   암호모듈의 검증체계

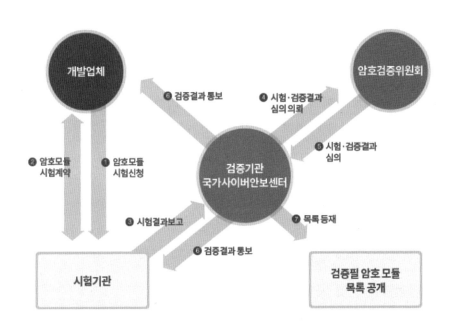

※ 출처 : https://seed.kisa.or.kr/kisa/kcmvp/EgovSummary.do

5. 암호모듈의 검증절차

암호모듈 검증절차는 암호모듈 시험신청 및 사전검토, 암호모듈 시험 및 검증, 그리고 검증유지 및 사후관리로 이루어져 있다.

가. 암호모듈 시험신청 및 사전검토

신청인(신청업체)은 검증신청서 및 제출물을 작성하여 시험기관에 암호모듈 시험을 신청한다. 시험기관은 제출물에 대한 사전검토를 수행하며, 제출물의 완성도가 미비할 경우 신청인에게 제출물 보완을 요청할 수 있다. 신청인은 시험기관의 보완요청에 맞게 제출물을 보완하여 시험기관에 제출하며 시험기관은 재검토를 수행한다. 재검토 결과 제출한 검증신청서 및 제출물이 시험수행에 부적합한 경우 시험기관은 암호모듈 시험계약을 거부할 수 있다. 사전검토 결과 신청인 제출물이 암호모듈 시험 수행이 가능한 경우 시험기관과 신청인은 암호모듈 시험계약을 체결한다.

나. 암호모듈 시험 및 검증

시험기관은 필요시 시험의 원활한 수행과 제출물에 대한 이해를 위하여 시험환경 지원과 제출물 설명회 개최를 신청인에게 요청할 수 있다. 검증대상 암호모듈은 관련기준에 따라 시험이 수행되며 시험기관은 제출물 또는 암호모듈의 취약성 등 보완사항 발견시 1회에 한하여 신청인에게 보완을 요청 할 수 있다. 또한 시험기관은 보완결과가 암호모듈 시험 및 검증 기준을 충족하지 못하였을 경우 실험을 중단 할 수 있다. 시험기관은 시험 완료 후 시험결과보고서를 작성하여 검증기관에 제출하며 검증기관은 시험결과보고서를 검토한 후 관·학·연 전문가로 구성된 암호검증위원회에 시험결과에 대한 심의를 요청, 심의결과에 따라 검증여부를 판정한다.

다. 검증유지 및 사후관리

검증이 완료된 암호모듈의 형상이 변경된 경우 신청인은 시험기관에 재검증을 신청하여야 한다. 시험기관은 암호모듈의 변경 및 개선사항에 대한 타당성과 적절성을 검토하여 재검증 수행여부를 결정한다. 형상변경의 범위가 넓어 재검증 대상에 해당되는 경우 재검증계약을 체결하여 진행한다. 형상변경에 의한 검증유지 또는 사후관리는 검증필 모듈이 타사의 정보보호제품에 탑재되는 경우에 발생하게 되며 이 경우 암호모듈 제작업체는 시험기관에 사후관리 절차를 문의할 수 있다.

보칙 및 벌칙

제1장 보 칙

제1절 자료제출 등의 요구

1. 개 관

행정기관이 정책을 결정하거나 직무를 수행하는 데 필요한 정보나 자료를 수집하기 위하여 현장조사·문서열람·시료채취 등을 하거나 조사대상자에게 보고요구·자료제출요구 및 출석·진술요구를 행하는 활동을 행정조사라고 한다(「행정조사기본법」 제2조 제1호). 행정조사는 개별법에서 구체적으로 규정하고 있는 경우에만 실시할 수 있고, 행정조사의 일반법인 「행정조사기본법」만으로 행정조사를 할 수 없다(행정조사기본법 제5조). 정보통신망법이 규정하고 있는 자료의 제출(제64조)과 자료의 보호 및 폐기(제64조의2)는 이런 행정조사를 개별법에서 규정한 것이고, 이를 통하여 방송통신위원회와 과학기술부장관이 정보통신망법과 관련된 자료의 제출이나 검사 등을 행할 수 있다.

자료제출 제도는 1999. 7. 1. 「전산망보급확장과이용촉진에관한법률」이 정보통신망법으로 명칭이 변경되면서 전부개정될 때 들어와 이후 몇 번의 개정을 거쳐 오늘에 이르고 있다. 중요한 개정 사항을 보면 2005년 개정에서는 영리 목적 광고성 정보와 관련된 자료제출이 신설되었고, 2007년 개정에서는 시정사실의 공개, 자료의 보호 및 폐기제도(제64의2)가 신설되었다.

2. 자료 제출의 요구 및 검사

가. 자료 제출의 요구

(1) 자료제출 요구권자

일반적으로는 과학기술정보통신부장관 또는 방송통신위원회가 자료제출의 요구 권한을 가진 자이다. 다만 영리 목적의 광고성 정보 관련한 자료 제출의 요구권자는 방송통신위원회이다.

(2) 자료 제출의 사유와 목적

(가) 일반적인 경우

자료를 제출하지 아니하는 경우에는 과태료가 부과될 수 있으므로 위 사유는 법률유보원칙에 따라 법률에서 명확하게 규정되어야 하고, 다만 법률에서 구체적인 범위를 정하여 하위 법령에 위임한 경우는 가능하다고 할 것이다. 법령에 규정된 사유는 자료제출 목적과 불가분의 관계에 있다. 예컨대 법에 위반되는 사항을 발견하거나 혐의가 있음을 알게 된 경우 자료 제출을 요청한다면 이는 법위반으로 인한 제재목적 때문이라고 할 것이다. 이에 제11항에서 "제1항부터 제3항까지의 규정에 따른 자료 등의 제출 요구, 열람 및 검사 등은 이 법의 시행을 위하여 필요한 최소한의 범위에서 하여야 하며 다른 목적을 위하여 남용하여서는 아니 된다"고 강조하고 있다. 이는 「행정조사기본법」이 제4조 제1항에서 "행정조사는 조사목적을 달성하는데 필요한 최소한의 범위 안에서 실시하여야 하며, 다른 목적 등을 위하여 조사권을 남용하여서는 아니 된다"로 규정한 것과 같은 취지이다. 다음 각 호의 어느 하나에 해당하는 경우에는 관계 물품·서류 등을 제출하게 할 수 있다(제64조 제1항).

1. 이 법에 위반되는 사항을 발견하거나 혐의가 있음을 알게 된 경우
2. 이 법의 위반에 대한 신고를 받거나 민원이 접수된 경우
2의2. 이용자 정보의 안전성과 신뢰성 확보를 현저히 해치는 사건·사고 등이 발생하였거나 발생할 가능성이 있는 경우
3. 그 밖에 이용자 보호를 위하여 필요한 경우로서 대통령령으로 정하는 경우. 대통령령에서는 법 제41조 제1항 각 호의 청소년보호를 위한 시책의 마련을 위하여 필요한 경우와 법 제42조의3 제3항의 청소년보호책임자의 청소년보호업무 수행 여부를 확인하기 위하여 필요한 경우를 규정

하고 있다(영 제68조).

(나) 영리목적 광고성 정보의 경우

영리목적 광고성 정보를 전송한 자에 대한 자료 제출은 제4조에 따른 시정조치, 제76조에 따른 과태료 부과, 그 밖에 이에 준하는 조치를 하기 위한 때에만 인정된다(제64조 제2항).

(3) 제출 요구의 자료

제출 요구의 자료는 '관계 물품·서류'(동 제1항) 또는 '해당 광고성 정보 전송자의 성명·주소·주민등록번호·이용기간 등에 대한 자료'(제2항)가 대상이 된다.

나. 검 사

과학기술정보통신부장관 또는 방송통신위원회는 정보통신서비스 제공자가 자료를 제출하지 아니하거나 이 법을 위반한 사실이 있다고 인정되면 소속 공무원에게 정보통신서비스 제공자, 해당 법 위반 사실과 관련한 관계인의 사업장에 출입하여 업무상황, 장부 또는 서류 등을 검사하도록 할 수 있다(제3항).

다. 제출 요구 및 검사의 절차

과학기술정보통신부장관 또는 방송통신위원회가 제1항 및 제2항에 따라 자료 등의 제출 또는 열람을 요구할 때에는 요구사유, 법적 근거, 제출시한 또는 열람일시, 제출·열람할 자료의 내용 등을 구체적으로 밝혀 서면(전자문서를 포함한다)으로 알려야 한다(동 제6항).

검사를 하는 경우에는 검사 시작 7일 전까지 검사일시, 검사이유 및 검사 내용 등에 대한 검사계획을 해당 정보통신서비스 제공자에게 알려야 하고, 다만 긴급한 경우나 사전통지를 하면 증거인멸 등으로 검사목적을 달성할 수 없다고 인정하는 경우에는 그 검사계획을 알리지 아니하며, 검사를 하는 공무원은 그 권한을 표시하는 증표를 지니고 이를 관계인에게 내보여야 하며, 출입할 때 성명·출입시간·출입목적 등이 표시된 문서를 관계인에게 내주어야 한다(동 제7항, 제8항).

과학기술정보통신부장관 또는 방송통신위원회는 제1항부터 제3항까지의 규정에 따라 자료 등을 제출받거나 열람 또는 검사한 경우에는 그 결과(조사 결과 시정조치명령 등의 처분을 하려는 경우에는 그 처분의 내용을 포함한다)를 해당 정보통신서비스 제공자에게 서면으로 알려야 한다(동 제9항).

또한, 과학기술정보통신부장관 또는 방송통신위원회는 법 제64조 제1항부터 제3항까지의 규정에 따른 자료 등의 제출 요구, 열람, 검사 등에 관한 사무를 수행하기 위하여 불가피한 경우 「개인정보 보호법 시행령」 제19조 제1호 또는 제4호에 따른 주민등록번호 또는 외국인등록번호가 포함된 자료를 처리할 수 있다(영 제70조의2).

3. 시정조치 등

가. 시정조치 명령과 공표

과학기술정보통신부장관 또는 방송통신위원회는 이 법을 위반한 정보통신서비스 제공자에게 해당 위반행위의 중지나 시정을 위하여 필요한 시정조치를 명할 수 있고, 시정조치의 명령을 받은 정보통신서비스 제공자에게 시정조치의 명령을 받은 사실을 공표하도록 할 수 있다(동 제4항). 과학기술정보통신부장관 등은 정보통신서비스 제공자에게 시정조치의 명령을 받은 사실의 공표를 명하는 때에는 위반행위의 내용 및 정도, 위반행위의 기간 및 횟수를 고려하여 공표의 내용·횟수·매체 및 지면의 크기 등을 정하여 이를 명하여야 하고, 사전에 해당 정보통신서비스 제공자와 공표 문안 등에 관하여 협의할 수 있다(영 제68조의2).

나. 시정명령의 공개

과학기술정보통신부장관 또는 방송통신위원회는 시정조치를 명한 경우에는 시정조치를 명한 사실을 공개할 수 있는데, 이 경우 공개의 방법·기준 및 절차 등에 필요한 사항은 대통령령으로 정하고 있다(제5항). 시정명령의 공개의 사유는 (ⅰ) 법 제71조부터 제74조까지의 규정에 해당하는 행위(벌칙)로 시정명령을 받은 경우, (ⅱ) 연 2회 이상 시정명령을 받은 경우 중 하나에 해당되면 시정명령 공개를 할 수 있는데, 이 때에도 사전에 해당 정보통신서비스 제공자에게 통지하여 하고, 시정명령의 공개는 인터넷 홈페이지 또는 「신문 등의 진흥에 관한 법률」에 따라 전국을 보급지역으로 하는 일반일간신문 등에 게재하는 방법으로 한다(영 제69조).

4. 제출자료의 보호와 폐기

가. 제출자료의 보호

제출된 자료는 정보통신서비스 제공자의 영업비밀과 관련이 있으므로 제출 목적 이외의 사용은 물론이고 전반적인 보호의 필요성이 높다. 「행정조사기본법」에 의하면 행정조사의 내용을 공표하거나 직무상 알게 된 비밀 누설이 금지되고 원래의 조사목적 이외의 용도로 이용하거나 타인에게 제공을 금지하는 규정을 행정조사의 기본원칙으로 천명하고 있다(동 제5항 제6항). 정보통신망법의 제출 자료의 보호 규정은 이러한 취지이다.

과학기술정보통신부장관 또는 방송통신위원회는 정보통신서비스 제공자로부터 제64조에 따라 제출되거나 수집된 서류·자료 등에 대한 보호 요구를 받으면 이를 제3자에게 제공하거나 일반에게 공개하여서는 아니 되고(제64조의2 제1항), 정보통신망을 통하여 자료의 제출 등을 받은 경우나 수집한 자료 등을 전자화한 경우에는 개인정보·영업비밀 등이 유출되지 아니하도록 제도적·기술적 보안조치를 하도록 하고 있다(동 제2항).

나. 제출자료의 폐기

제출자료는 제출 목적이 달성되는 등의 사유가 있으면 즉시 폐기되는 것이 원칙이다. 이에 과학기술정보통신부장관 또는 방송통신위원회는 다른 법률에 특별한 규정이 있는 경우 외에 다음 각 호의 어느 하나에 해당하는 사유가 발생하면 제64조에 따라 제출되거나 수집된 서류·자료 등을 즉시 폐기하여야 한다(제64조의2 제3항).

1. 제64조에 따른 자료제출 요구, 출입검사, 시정명령 등의 목적이 달성된
   경우
2. 제64조 제4항에 따른 시정조치명령에 불복하여 행정심판이 청구되거나
   행정소송이 제기된 경우에는 해당 행정쟁송절차가 끝난 경우
3. 제76조 제4항에 따른 과태료 처분이 있고 이에 대한 이의제기가 없는
   경우에는 같은 조 제5항에 따른 이의제기기간이 끝난 경우
4. 제76조 제4항에 따른 과태료 처분에 대하여 이의제기가 있는 경우에는
   해당 관할 법원에 의한 비송사건절차가 끝난 경우

5. 과태료 등

자료제출요구, 시정명령 등을 위반한 경우에는 과태료 부과 규정을 두고
있다. 과학기술정보통신부장관 또는 방송통신위원회로부터 받은 시정조치 명
령을 이행하지 아니한 자에 대하여는 3천만원 이하의 과태료(제76조 제1항 제12
호), 관계 물품·서류 등을 제출하지 아니하거나 거짓으로 제출한 자, 자료의
열람·제출요청에 따르지 아니한 자, 출입·검사를 거부·방해 또는 기피한
자에 대하여는 각 1천만원 이하의 과태료를 부과하도록 규정하고 있다(동 제3항
제22호 내지 제25호). 다만 제출자료의 보호와 폐기(제64조의2)를 위반한 행위에
대한 제제규정이 없는데 행정상 제재는 성격상 어려울 것으로 보이고 다만 일
반 법절차에 따라 비밀침해 등의 책임은 질 수 있을 것으로 보인다.

제2절 청 문

1. 의 의

「행정절차법」상 의견청취절차로는 청문(제22조 제1항), 공청회(제22조 제2항),
의견제출(제22조 제3항) 세가지가 규정되어 있고, "청문"이라 함은 행정청이 어

떠한 처분을 하기에 앞서 당사자등의 의견을 직접 듣고 증거를 조사하는 절차를 말한다. 행정절차법에 의하면 (ⅰ) 다른 법령등에서 청문을 하도록 규정하고 있는 경우(1호), (ⅱ) 행정청이 필요하다고 인정하는 경우(2호), (ⅲ) 인허가 등의 취소, 신분·자격의 박탈, 법인이나 조합 등의 설립허가의 취소 처분시 처분의 사전통지의 의견제출기한 내에 당사자 등의 신청이 있는 경우(3호)에 청문을 하도록 하고 있다(제22조 제1항). 정보통신망법의 청문 규정(제64조의4)은 「행정절차법」이 규정한 다른 법령 등의 규정에 해당한다.

2. 청문을 실시하는 경우

과학기술정보통신부장관 또는 방송통신위원회는 다음 각 호의 어느 하나에 해당하는 경우에는 청문을 하여야 한다(제64조의4). 사실 이러한 사유는 정보통신망법에 규정이 없다고 하더라도 「행정절차법」 제22조 제1항 제3호에 따라 당연히 청문 대상이 된다고 할 것이다.

1. 제9조 제2항에 따라 인증기관의 지정을 취소하려는 경우
2. 제23조의4 제1항에 따라 본인확인기관의 지정을 취소하려는 경우
3. 제47조 제10항에 따라 정보보호 관리체계 인증을 취소하려는 경우
4. 제47조의2 제1항에 따라 정보보호 관리체계 인증기관의 지정을 취소하려는 경우
5. 제47조의5 제4항에 따라 정보보호 관리등급을 취소하려는 경우
5의2. 제48조의6 제3항에 따라 정보보호인증을 취소하려는 경우
5의3. 제48조의6 제5항에 따라 인증시험대행기관의 지정을 취소하려는 경우
6. 제55조 제1항에 따라 등록을 취소하려는 경우

제 3 절   권한의 위임·위탁

1. 의 의

행정권한의 위임·위탁이란 행정청이 그의 권한을 다른 행정기관에 이전하여 수임기관의 권한으로 행사하게 하는 것을 말한다. 권한의 위임·위탁에 따라 수임기관의 권한이 되고 수임기관은 자신이 명의와 책임하에 그 권한을 행사하게 된다. 행정권한의 위임, 위탁은 법률상의 권한을 대외적으로 변경하는 것이므로 법률의 명시적인 근거를 요한다. 「정부조직법」 제6조 제1항에 의하면 "행정기관은 법령으로 정하는 바에 따라 그 소관사무의 일부를 보조기관 또는 하급행정기관에 위임하거나 다른 행정기관·지방자치단체 또는 그 기관에 위탁 또는 위임할 수 있다. 이 경우 위임 또는 위탁을 받은 기관은 특히 필요한 경우에는 법령으로 정하는 바에 따라 위임 또는 위탁을 받은 사무의 일부를 보조기관 또는 하급행정기관에 재위임할 수 있다."라는 규정을 두고 있는데, 개별법률의 근거 없이 이 규정만으로 위임·위탁을 할 수 있는지에 대하여 학설의 대립이 있다. 판례는 이를 긍정하는 입장이지만(대법원 1990. 6. 26. 선고 88누12158 판결), 개별 법률에 근거 없이 「정부조직법」만으로 위임·위탁을 가능하게 한다면 굳이 행정권한의 위임·위탁의 근거를 개별법률에서 정할 필요가 없을 것이므로 「정부조직법」 제6조 제1항은 일반적 원칙을 천명한 것에 불과하여 이를 근거로 할 수는 없다고 생각된다. 정보통신망법 제65조는 이러한 견해에 따라 개별법에서 구체적으로 정한 것이고, 제65조에서 정하지 아니한 위임·위탁은 허용되지 않는다고 할 것이다.

2. 정보통신망법상 권한의 위임, 위탁

정보통신망법은 제65조에서 위임·위탁할 수 있는 대강을 정하고 구체적인 사항에 대하여는 대통령령(제70조)에 위임하고 있다. 구체적인 위임·위탁사무는 다음 [표 33]과 같다.

표 33 정보통신망법상 권한의 위임·위탁

위임기관	수임기관	위임 사무
과학기술정보통 신부장관	중앙전파관 리소장	다음 각호에 따른 과태료 부과·징수 권한 1. 「전기통신사업법 시행령」 제22조 제2항 제2호에 따른 회선설비 미보유사업자 2. 법 제45조의3 제1항에 따라 정보보호 최고책임자를 지정하고 신고하여야 하는 자 3. 법 제53조 제1항에 따라 통신과금서비스제공자로 등록을 한 자
과학기술정보통 신부장관	중앙전파관 리소장	1. 법 제45조의3에 따른 정보보호 최고책임자 지정의 신고 2. 법 제53조 제1항에 따른 통신과금서비스제공자 등록 3. 법 제53조 제4항에 따른 통신과금서비스제공자의 변경등록, 사업의 양도·양수 또는 합병·상속, 사업의 승계 및 사업의 휴지·폐지·해산의 신고 4. 법 제55조 제1항에 따른 통신과금서비스제공자에 대한 등록취소 5. 법 제56조 제1항에 따른 통신과금서비스에 관한 약관의 신고(변경신고를 포함한다) 6. 법 제56조 제2항에 따른 통신과금서비스제공자에 대한 약관변경의 권고 7. 법 제61조에 따른 통신과금서비스 제공 거부, 정지 또는 제한의 명령 8. 법 제53조부터 제61조까지의 규정을 위반한 사실을 확인하기 위한 법 제64조 제1항 및 제3항에 따른 자료제출 요구와 검사 9. 법 제53조 제1항에 따라 통신과금서비스제공자로 등록을 한 자에 대한 법 제64조 제4항에 따른 시정조치의 명령
방송통신위원회	방송통신사 무소 소장	1. 법 제50조, 제50조의3 제1항, 제50조의4, 제50조의5, 제50조의7 및 제50조의8의 규정을 위반한 자에 대한 법 제64조 제4항에 따른 시정조치의 명령 및 공표명령 2. 법 제50조, 제50조의4 제4항, 제50조의5 및 제50조의7 제1항·제2항의 규정을 위반한 자에 대한 법 제76조에 따른 과태료 부과·징수
방송통신위원회	한국인터넷 진흥원장	1. 법 제22조의2, 제23조의2 및 제23조의3의 규정을 위반하거나 법 제23조의4제1항 각 호의 어느 하나에 해당한 사실을 확인하기 위한 법 제64조 제1항 및 제3항에 따른 자료제출 요구 및 검사에 관한 업무(이용자 보호

	와 관련하여 인터넷진흥원에 접수된 고충처리 및 상담 사항으로 한정한다) 2. 법 제50조, 제50조의3부터 제50조의5까지, 제50조의7 및 제50조의8을 위반한 사실을 확인하기 위한 법 제 64조 제1항부터 제3항까지의 규정에 따른 자료제출 요구 및 검사에 관한 업무(광고성 정보 전송행위와 관련하여 인터넷진흥원에 접수된 고충처리 및 상담사 항만 해당한다)

3. 형벌 적용시 공무원 의제

과학기술정보통신부장관 또는 방송통신위원회가 제65조 제2항 및 제3항에 따라 위탁한 업무에 종사하는 한국지능정보사회진흥원과 인터넷진흥원의 임직원은 「형법」 제129조부터 제132조까지의 규정에 따른 벌칙을 적용할 때에는 공무원으로 본다(제69조). 이 규정의 취지는 행정권한을 위탁받은 한국지능정보사회진흥원과 인터넷진흥원의 임직원이 당해 업무와 관련하여 일정한 범죄행위를 한 경우 공무원과 같이 취급하여 평등원칙을 관철하기 위한 것이다.

제4절 비밀유지의무 등

1. 의 의

이 규정은 정보통신망법상의 중요한 직무와 관련하여 비밀 유지의무를 부과하고(제66조), 이를 위반하여 직무상 알게 된 비밀을 타인에게 누설하거나 직무 외의 목적으로 사용한 자에 대하여는 3년 이하의 징역 또는 3천만원 이하의 벌금에 처하도록 벌칙이 규정되어 있다(제72조 제1항 제5호). 여기에 규정되어 있지 아니하다고 하여 비밀유지의무가 없는 것은 아니므로 경우에 따라 공무상 비밀이 될 수도 있고 영업비밀 침해가 될 수도 있음은 물론이다.

2. 내 용

비밀유지의무는 아래 어느 하나에 해당하는 업무에 종사하는 사람 또는 종사하였던 사람이 그 직무상 알게 된 비밀을 타인에게 누설하거나 직무 외의 목적으로 사용하여서는 아니 되고, 다만 다른 법률에 특별한 규정이 있는 경우에는 그러하지 아니하다(제66조).

1. 제47조에 따른 정보보호 관리체계 인증 업무(제2호)
2. 제52조 제3항 제4호에 따른 정보보호시스템의 평가 업무(제3호)
3. 제44조의10에 따른 명예훼손 분쟁조정부의 분쟁조정 업무(제5호)

제 2 장 벌 칙

제 1 절 개 관

　　정보통신망법상 제재규정은 형벌(제70조 내지 제75조의2)과 과태료(제76조), 통신과금서비스제공자의 손해배상(제60조)만 규정되어 있으나, 구 정보통신망법 (2020. 2. 4. 법률 제16955호로 일부 개정되기 전의 것)에는 현행 제재 이외에 개인정보와 관련한 과징금(제64조의3)과 손해배상(제32조)이 있었다. 2020년 데이터3법 개정시 개인정보 관련 규정이 전부 「개인정보 보호법」으로 이관됨에 따라 과징금(제64조의3)과 손해배상(제32조)가 정보통신망법에서는 삭제되고 「개인정보 보호법」 제39조의15(과징금의 부과 등에 대한 특례)로 신설 이전되었다. 따라서 현재는 형벌과 과태료가 주된 제재규정이라고 할 것이며, 아래에서는 정보통신망법의 규정례(제10장 벌칙)에 따라 형벌과 과태료를 포함하여 벌칙으로 함께 설명하고자 한다.

　　따라서 후술하는 바와 같이 현행 정보통신망법의 형벌 위주 제재체계를 과징금, 과태료 부과체계로 일부 개선할 필요가 있다. 즉 정보통신망법 위반으로 불법수익을 취득한 경우 이를 환수하는 것이 보다 적절하다고 할 것이므로 현행 형벌 중에서 일부는 과징금이나 과태료로 전환을 모색하는 것이 타당하다.[1]

---

1) 2021년 정부가 입법예고한 개인정보 보호법 개정안에서는 형벌을 과징금 또는 과태료 등 경제벌로 전환하는 내용을 포함하고 있는데, 향후 정보통신망법에서도 이러한 입법 취지를 참고할만하다.

제 2 절 형벌 및 양벌규정

1. 총 설

가. 의 의

정보통신망법상 형벌은 6개 조문의 범죄(제70조 내지 제74조), 양벌규정(제75조), 몰수·추징(제75조의2)으로 구성되어 있다. 범죄를 규정한 형벌 조문을 보면 다른 개별 행정법의 벌칙과는 상당히 다름을 알 수 있다. 개별 행정법에 벌칙을 두는 이유는 해당법의 목적을 달성하기 위한 것으로써 이를 강학상 행정벌이라고 하는데, 여기에는 형벌과 과태료를 포함한다. 따라서 형벌에 대하여는 해당 행정법이 창설한 금지행위를 위반한 경우의 제재라는 의미로 '행정형벌' 또는 '행정형법'이라고 한다. 그런데 일부의 경우에는 일반형법전의 범죄의 구성요건을 추가 또는 변경한 의미에서 '특별형법'의 성질을 가진 것도 있다. 행정형벌과 특별형법의 차이는 전자는 행정법규의 위반에 대한 제재의 성격이 강하고, 후자는 원래 반도덕적, 반사회적인 행위인데 기존의 형법상의 구성요건으로 해결할 수 없는 사항을 행정법에 추가하여 규정된 것을 의미한다.

정보통신망법에는 정보통신망의 보호와 이용촉진의 목적을 달성하기 위하여 새롭게 규정된 행정형벌이 대부분을 차지하지만, 기존의 형법에 대한 특별형법의 성격을 가진 것도 있다. 특별형법의 성격을 가진 것이 제70조 명예훼손 처벌규정과 제74조 제1항 제2호 음란정보배포등 처벌규정이다. 먼저 제70조를 보면 이는 형법상 명예훼손죄(제370조 이하)와 관련하여 정보통신망과 비방 목적을 추가한 특별형법의 성격을 가지고,[2] 제74조 제1항 제2호의 음란정보 배포등 처벌규정도 형법상 음화반포등죄(제243조)의 구성요건에서 음란한 물건을 음란정보로 대체한 점에서 특별형법의 성격을 가진다. 이러한 특별형법의 성격을 가진 벌칙은 장차 형법전에 흡수하는 것이 바람직하다.

---

2) 황창근, "사이버 명예훼손에 대한 국가규제체계에 대한 일고찰", 홍익법학 제20권 제1호 (2019), 16쪽.

나. 형벌의 구성

정보통신망법상 형벌은 많은 범죄를 포함하고 있는데, 기술한 바와 같이 전통적인 범죄에 정보통신망 매체를 반영한 것도 있고, 정보통신망법의 입법목적을 달성하기 위하여 이 법에서 새롭게 창설한 범죄도 있다. 특히 후자의 경우에는 행정 목적 달성을 위한 행정벌의 성격을 가지는데, 벌칙 중 상당한 부분은 과태료로 전환하더라도 입법 목적을 달성하는데 사실 큰 지장이 없을 정도로 과잉입법 상태라고 할 것이다. 현행 형벌은 6개의 조문으로 구성되고, 법정형이 높은 것에서 낮은 순서로 배열하고 있다. 제72조 제1항 제2호 및 제73조 제7호의 범죄의 경우에는 추징, 몰수도 규정되어 있다(제75조의2). 벌칙의 상세한 구성은 다음 [표 34]와 같다.

표 34 정보통신망법상 형벌의 구성

조 문	법정형	구성요건
제70조	① 3년 이하의 징역 또는 3천만원 이하의 벌금	사람을 비방할 목적으로 정보통신망을 통하여 공공연하게 사실을 드러내어 다른 사람의 명예를 훼손한 자
	② 7년 이하의 징역, 10년 이하의 자격정지 또는 5천만원 이하의 벌금	사람을 비방할 목적으로 정보통신망을 통하여 공공연하게 거짓의 사실을 드러내어 다른 사람의 명예를 훼손한 자
제70조의2	7년 이하의 징역 또는 7천만원 이하의 벌금	제48조 제2항을 위반하여 악성프로그램을 전달 또는 유포하는 자
제71조 제1항	5년 이하의 징역 또는 5천만원 이하의 벌금	1. 내지 8. 삭제 9. 제48조 제1항을 위반하여 정보통신망에 침입한 자 10. 제48조 제3항을 위반하여 정보통신망에 장애가 발생하게 한 자 11. 제49조를 위반하여 타인의 정보를 훼손하거나 타인의 비밀을 침해·도용 또는 누설한 자
제72조 제1항	3년 이하의 징역 또는 3천만원 이하의 벌금	1. 삭제 2. 제49조의2 제1항을 위반하여 다른 사람의 정보를 수집한 자 2의2. 「재난 및 안전관리 기본법」 제14조 제1항에 따른 대규모 재난 상황을 이용하여 제

		50조의8을 위반하여 광고성 정보를 전송한 자 3. 제53조 제1항에 따른 등록을 하지 아니하고 그 업무를 수행한 자 4. 다음 각 목의 어느 하나에 해당하는 행위를 통하여 자금을 융통하여 준 자 또는 이를 알선·중개·권유·광고한 자 　가. 재화등의 판매·제공을 가장하거나 실제 매출금액을 초과하여 통신과금서비스에 의한 거래를 하거나 이를 대행하게 하는 행위 　나. 통신과금서비스이용자로 하여금 통신과금서비스에 의하여 재화등을 구매·이용하도록 한 후 통신과금서비스이용자가 구매·이용한 재화등을 할인하여 매입하는 행위 5. 제66조를 위반하여 직무상 알게 된 비밀을 타인에게 누설하거나 직무 외의 목적으로 사용한 자
제73조	2년 이하의 징역 또는 2천만원 이하의 벌금	1. 삭제 1의2. 삭제 2. 제42조를 위반하여 청소년유해매체물임을 표시하지 아니하고 영리를 목적으로 제공한 자 3. 제42조의2를 위반하여 청소년유해매체물을 광고하는 내용의 정보를 청소년에게 전송하거나 청소년 접근을 제한하는 조치 없이 공개적으로 전시한 자 4. 제44조의6 제3항을 위반하여 이용자의 정보를 민·형사상의 소를 제기하는 것 외의 목적으로 사용한 자 5. 제44조의7 제2항 및 제3항에 따른 방송통신위원회의 명령을 이행하지 아니한 자 6. 제48조의4 제3항에 따른 명령을 위반하여 관련 자료를 보전하지 아니한 자 7. 제49조의2 제1항을 위반하여 정보의 제공을 유인한 자 7의2. 제58조의2(제59조 제2항에 따라 준용되는 경우를 포함한다)를 위반하여 제공받은 정보를 본인 여부를 확인하거나 고소·

		고발을 위하여 수사기관에 제출하기 위한 목적 외의 용도로 사용한 자 8. 제61조에 따른 명령을 이행하지 아니한 자
제74조	1년 이하의 징역 또는 1천만원 이하의 벌금	1. 제8조 제4항을 위반하여 비슷한 표시를 한 제품을 표시·판매 또는 판매할 목적으로 진열한 자 2. 제44조의7 제1항 제1호를 위반하여 음란한 부호·문언·음향·화상 또는 영상을 배포·판매·임대하거나 공공연하게 전시한 자 3. 제44조의7 제1항 제3호를 위반하여 공포심이나 불안감을 유발하는 부호·문언·음향·화상 또는 영상을 반복적으로 상대방에게 도달하게 한 자 4. 제50조 제5항을 위반하여 조치를 한 자 5. 삭제 6. 제50조의8을 위반하여 광고성 정보를 전송한 자 7. 제53조 제4항을 위반하여 등록사항의 변경등록 또는 사업의 양도·양수 또는 합병·상속의 신고를 하지 아니한 자

다. 양벌 규정

(1) 의 의

양벌규정의 취지는 법인 등 업무주의 처벌을 통하여 벌칙조항의 실효성을 확보하는 데 있다(대법원 2012. 5. 9. 선고 2011도11264 판결). 그러나 헌법재판소는 종업원의 위반행위에 대하여 양벌조항으로서 개인인 영업주에게도 동일하게 무기 또는 2년 이상의 징역형의 법정형으로 처벌하도록 규정하고 있는 「보건범죄단속에 관한 특별조치법」 제6조 중 제5조에 의한 처벌 부분에 대한 위헌법률심판사건에서, 영업주는 위반행위가 발생한 그 업무와 관련하여 영업주가 상당한 주의 또는 관리·감독 의무를 게을리한 과실로 인하여 처벌되는 것으로 제한하여야 한다고 보고 있다(헌재 2007. 11. 29. 2005헌가10). 이후 오늘날과 같은 주의의무 해태 관련 문언이 추가되었다.

판례 헌재 2007. 11. 29. 2005헌가10(양벌조항이 형사상 책임원칙에 반하는지
여부)

가. 재판관 이강국, 재판관 김종대, 재판관 민형기, 재판관 목영준의 의견

이 사건 법률조항이 종업원의 업무 관련 무면허의료행위가 있으면 이에 대해 영업주가
비난받을 만한 행위가 있었는지 여부와는 관계없이 자동적으로 영업주도 처벌하도록
규정하고 있고, 그 문언상 명백한 의미와 달리 "종업원의 범죄행위에 대해 영업주의 선
임감독상의 과실(기타 영업주의 귀책사유)이 인정되는 경우"라는 요건을 추가하여 해
석하는 것은 문리해석의 범위를 넘어서는 것으로서 허용될 수 없으므로, 결국 위 법률
조항은 다른 사람의 범죄에 대해 그 책임 유무를 묻지 않고 형벌을 부과함으로써, 법
정형에 나아가 판단할 것 없이, 형사법의 기본원리인 '책임없는 자에게 형벌을 부과할
수 없다'는 책임주의에 반한다.

나. 재판관 이공현, 재판관 조대현, 재판관 김희옥, 재판관 송두환의 의견

일정한 범죄에 대해 형벌을 부과하는 법률조항이 정당화되기 위해서는 범죄에 대한
귀책사유를 의미하는 책임이 인정되어야 하고, 그 법정형 또한 책임의 정도에 비례하
도록 규정되어야 하는데, 이 사건 법률조항은 문언상 종업원의 범죄에 아무런 귀책사
유가 없는 영업주에 대해서도 그 처벌가능성을 열어두고 있을 뿐만 아니라, 가사 위
법률조항을 종업원에 대한 선임감독상의 과실 있는 영업주만을 처벌하는 규정으로 보
더라도, 과실밖에 없는 영업주를 고의의 본범(종업원)과 동일하게 '무기 또는 2년 이상
의 징역형'이라는 법정형으로 처벌하는 것은 그 책임의 정도에 비해 지나치게 무거운
법정형을 규정하는 것이므로, 두 가지 점을 모두 고려하면 형벌에 관한 책임원칙에 반
한다.

정보통신망법은 이러한 취지에서 양벌규정을 마련하고 있다(제75조). 양벌
규정은 특히 법인의 형사책임 인정 여부와 관련이 있다. 법인은 그 자체로 어
떤 행위도 할 수 없으므로 범죄를 행할 수 없고 단지 그 기관의 행위의 결과가
법인에게 귀속될 뿐이다. 따라서 법인 소속의 기관의 범죄의 결과에 대하여 형
사책임을 지도록 하는 것이 양벌 규정의 취지이다. 우리나라에서 양벌규정은
1949년 제정된 「관세법」에서 최초로 도입되고 1961년 이후 본격적으로 도입되
었다고 한다.[3]

(2) 양벌규정의 내용

---

3) 국회 법제실, "최신 헌재결정과 법제", 2020.2.28.(제4호).

법인의 대표자나 법인 또는 개인의 대리인, 사용인, 그 밖의 종업원이 그 법인 또는 개인의 업무에 관하여 제71조부터 제73조까지 또는 제74조 제1항의 어느 하나에 해당하는 위반행위를 하면 그 행위자를 벌하는 외에 그 법인 또는 개인에게도 해당 조문의 벌금형을 과(科)한다. 다만, 법인 또는 개인이 그 위반행위를 방지하기 위하여 해당 업무에 관하여 상당한 주의와 감독을 게을리하지 아니한 경우에는 그러하지 아니하다(제75조). 여기서 법인이 상당한 주의 또는 감독을 게을리하였는지 여부는 당해 위반행위와 관련된 모든 사정 즉, 당해 법률의 입법 취지, 처벌조항 위반으로 예상되는 법익 침해의 정도, 위반행위에 관하여 양벌규정을 마련한 취지 등은 물론 위반행위의 구체적인 모습과 그로 인하여 실제 야기된 피해 또는 결과의 정도, 법인의 영업 규모 및 행위자에 대한 감독가능성이나 구체적인 지휘·감독 관계, 법인이 위반행위 방지를 위하여 실제 행한 조치 등을 전체적으로 종합하여 판단하여야 한다(대법원 2012. 5. 9. 선고 2011도11264 판결).

> **[판례]** 대법원 2012. 5. 9. 선고 2011도11264 판결('법인'이 상당한 주의 또는 감독을 게을리하였는지 판단하는 기준)
> 법인은 위반행위가 발생한 그 업무와 관련하여 법인이 상당한 주의 또는 관리·감독 의무를 게을리한 과실로 인하여 처벌되는 것이라 할 것인데, 구체적인 사안에서 법인이 상당한 주의 또는 감독을 게을리하였는지 여부는 당해 위반행위와 관련된 모든 사정 즉, 당해 법률의 입법 취지, 처벌조항 위반으로 예상되는 법익 침해의 정도, 위반행위에 관하여 양벌규정을 마련한 취지 등은 물론 위반행위의 구체적인 모습과 그로 인하여 실제 야기된 피해 또는 결과의 정도, 법인의 영업 규모 및 행위자에 대한 감독가능성이나 구체적인 지휘·감독 관계, 법인이 위반행위 방지를 위하여 실제 행한 조치 등을 전체적으로 종합하여 판단하여야 한다.

2. 명예훼손 처벌규정

가. 개 관

(1) 의의와 입법 연혁

정보통신망법 명예훼손 처벌규정은 타인을 비방할 목적으로 정보통신망을 통하여 공공연하게 사실을 드러내어 명예를 훼손한 경우에 성립하고(제70조), 사실과 허위사실을 구분하여 따로 법정형을 구성하고 있다. 정보통신망을 통한 명예훼손 범죄라는 점에서 '사이버 명예훼손'이라고 한다. 이 범죄는 2001. 1. 16. 정보통신망법(법률 제6360호, 2001. 1. 16. 전부개정, 시행 2001. 7. 1.) 개정시에 도입되었다(제61조). 당시 도입 배경은 인터넷의 특성상 정보의 확산속도, 반복・재생산 등으로 인한 피해의 증대로 인한 가중처벌의 필요성에 따라 형법상 명예훼손죄에 대하여 새롭게 규정된 것이다. 이 처벌규정은 반의사불벌죄이다(동 제3항).

(2) 법적 성격

정보통신망법상 명예훼손 처벌규정은 형법상 명예훼손죄의 기본적인 구성요건과 동일하고 일부의 구성요건의 차이가 있는 것으로써 행정법상의 목적을 달성하기 위한 처벌규정인 행정형벌이라기 보다는 형법상의 구성요건을 변경한 특별형법에 해당된다. 만일 행정형벌이라고 한다면 "제44조의7 제1항 제2호를 위반하여… 명예를 훼손한 자는 … 벌에 처한다."는 입법형식을 취하였어야 하지만 이 처벌규정은 독립된 처벌 규정형식을 취하고 있다.4)

(3) 형법상 명예훼손죄와 비교

형법상 명예훼손죄에 대한 특별형법의 성격을 가진다. 형법에서는 명예훼손죄(제307조), 사자의 명예훼손(제308조), 출판물 등에 의한 명예훼손(제309조), 위법성의 조각(제310조), 제307조와 제309조에 대한 반의사불벌죄(제312조 제2항)로 구성되어 있다. 형법과 비교하면 인격권의 보호에 치중한 나머지 반대로 표현의 자유에 대한 제한은 보다 가중되었다고 평가된다. 즉 1) 형법 제307조와 비교할 때 비방목적이라는 주관적 구성요건요소의 추가, 법정형의 상향, 제1항의 사실적시 범죄에서 금고형 배제 등을 들 수 있고, 2) 형법 제309조와 비교하면 대체로 유사하나 벌금형이 상향되었으며, 3) 가장 중요한 것이 형법 제310조의 위법성조각사유가 규정되어 있지 않다는 점이다. 인터넷을 통한 명예훼손행위는 제307조상의 명예훼손죄로 처벌하는 것이 불가능한 것이 아니고, 다만 제

---

4) 황창근, "사이버 명예훼손에 대한 국가규제체계에 대한 일고찰", 홍익법학 제20권 제1호 (2019), 16면.

309조 출판물에 의한 명예훼손죄에 의한 처벌에서 인터넷이 '신문, 잡지 또는 라디오 기타 출판물'상의 기타 출판물에 포함될 수 있는지 해석에 따라 적용 여부가 달라지는데, 죄형법정주의원칙상 유추해석이 금지되는 것이므로 적용이 쉽지 않다. 사이버 명예훼손죄의 본질상 형법 제309조를 적용하여야 하지만 죄형법정주의원칙의 적용상 난점이 있으므로 정보통신망법에 규정을 두게 된 것으로 보인다.

나. 구성요건

(1) 사실 적시 명예훼손죄의 존폐 논의

사람을 비방할 목적으로 정보통신망을 통하여 공공연하게 사실을 드러내어 다른 사람의 명예를 훼손한 자는 3년 이하의 징역 또는 3천만원 이하의 벌금에 처하고(제70조 제1항), 사람을 비방할 목적으로 정보통신망을 통하여 공공연하게 거짓의 사실을 드러내어 다른 사람의 명예를 훼손한 자는 7년 이하의 징역, 10년 이하의 자격정지 또는 5천만원 이하의 벌금에 처한다(동 제2항). 제1항은 사실 적시 명예훼손, 제2항은 허위사실 적시 명예훼손이라고 한다.

사실 적시 명예훼손죄의 폐지론은 형법(제307조 제1항) 또는 정보통신망법상 명예훼손죄(제70조 제1항)의 구조상 허위사실이 아닌 '사실'을 적시한 경우에도 형벌을 부과하는 것이 표현의 자유에 대한 과도한 제한이라는 비판에서 제기되어 왔다. 폐지론의 실질적인 논의대상은 '진실한 사실'에 대한 명예훼손죄에 대한 것으로써, 제1항 전부가 아니라 제1항 중의 일부인 '진실한 사실'만 해당된다. 이에 대하여 허명(虛名)이나 허위의 명예를 보호할 필요가 없다거나 공적 인물이나 국가기관에 대한 비판을 제한하는 수단으로 남용될 가능성이 있다는 이유로 폐지하여야 한다는 입장과 사실 적시 명예훼손을 비범죄화하게 되면 개인의 프라이버시에 대한 보호의 공백이 생긴다는 점에서 폐지에 반대하는 견해가 대립되고 있다. 생각건대 사실 적시 명예훼손죄의 폐지가 표현의 자유를 보호하는 데 이바지할 것으로는 보이지만 개인의 사생활 보호 및 사실 적시 명예훼손죄에 반드시 진실만이 지칭된다고 할 수 없으므로 폐지 여부는 신중하게 접근하여야 한다.

이에 대하여 헌법재판소는 정보통신망법상 명예훼손죄에 대한 위헌소원 사건에서 표현의 자유를 침해하지 않는다는 결정을 내렸다(헌재 2016. 2. 25. 2013헌바105).5) 즉 "비록 적시된 사실이 허위의 사실이 아닌 경우라고 하더라도 그 사실에 기초하여 왜곡된 의혹제기 · 편파적 의견 또는 부당한 평가를 추가로 적시하는 방법으로 실제로는 허위의 사실을 적시하여 다른 사람의 명예를 훼손하는 경우와 다를 바 없거나 적어도 다른 사람의 사회적 평가를 심대하게 훼손하는 경우도 적지 않게 발생하고 있다. 더욱이 명예와 체면을 중시하는 우리 사회의 전통적 가치관의 영향으로, 인터넷 등 정보통신망에서의 명예훼손, 비방 글들로 인하여 피해를 입고 개인이 자살과 같은 극단적 선택을 하는 등 사회적 피해가 이미 심각한 상황에 이르고 있다. 따라서 표현의 자유를 보장하는 경우에도 우리 사회의 특수성을 고려하여, 이러한 명예훼손적인 표현을 규제함으로써 인격권을 보호해야 할 필요성은 매우 크다."고 판시하고 있다. 헌법재판소는 같은 취지로 형법 제307조 제1항의 사실 적시 명예훼손죄가 헌법에 위반되지 않는다는 결정을 하였다(헌재 2021. 2. 25. 2017헌마1113 등).

> 판례 **헌재 2016. 2. 25. 2013헌바105 등(정보통신망법 제70조 제1항이 표현의 자유를 침해하는지 여부)**
>
> 우리나라는 현재 인터넷 이용이 상당히 보편화됨에 따라 정보통신망을 이용한 명예훼손범죄가 급증하는 추세에 있고, 인터넷 등 정보통신망을 이용하여 사실에 기초하더라도 왜곡된 의혹을 제기하거나 편파적인 의견이나 평가를 추가로 적시함으로써 실제로는 허위의 사실을 적시하여 다른 사람의 명예를 훼손하는 경우와 다를 바 없거나 적어도 다른 사람의 사회적 평가를 심대하게 훼손하는 경우가 적지 않게 발생하고 있고, 이로 인한 사회적 피해는 심각한 상황이다. 따라서 이러한 명예훼손적인 표현을 규제함으로써 인격권을 보호해야 할 필요성은 매우 크다.
>
> 심판대상조항은 이러한 명예훼손적 표현을 규제하면서도 '비방할 목적'이라는 초과주관적 구성요건을 추가로 요구하여 그 규제 범위를 최소한도로 하고 있고, 헌법재판소와 대법원은 정부 또는 국가기관의 정책결정이나 업무수행과 관련된 사항에 관하여는 표현의 자유를 최대한 보장함으로써 정보통신망에서의 명예보호가 표현의 자유에 대한 지나친 위축효과로 이어지지 않도록 하고 있다. 또한, 민사상 손해배상 등 명예훼손 구

---

5) 같은 취지로 형법 제307조 제1항의 사실 적시 명예훼손이 헌법에 위반되지 않는다는 결정은 헌재 2021. 2. 25. 2017헌마1113 등 참조할 것.

제에 관한 다른 제도들이 형사처벌을 대체하여 인터넷 등 정보통신망에서의 악의적이
고 공격적인 명예훼손행위를 방지하기에 충분한 덜 제약적인 수단이라고 보기 어렵다.
그러므로 심판대상조항은 과잉금지원칙을 위반하여 표현의 자유를 침해하지 않는다.

(2) 비방할 목적

판례는 비방할 목적과 공공의 이익은 양립하기 어려운 것으로 보고 있다.
즉 '사람을 비방할 목적'이란 가해의 의사 내지 목적을 요하는 것으로서, 사람을
비방할 목적이 있는지 여부는 당해 적시 사실의 내용과 성질, 당해 사실의 공표
가 이루어진 상대방의 범위, 그 표현의 방법 등 그 표현 자체에 관한 제반 사정
을 감안함과 동시에 그 표현에 의하여 훼손되거나 훼손될 수 있는 명예의 침해
정도 등을 비교, 고려하여 결정하여야 하는데, 공공의 이익을 위한 것과는 행위
자의 주관적 의도의 방향에 있어 서로 상반되는 관계에 있으므로, 적시한 사실
이 공공의 이익에 관한 것인 경우에는 특별한 사정이 없는 한 비방할 목적은 부
인된다고 봄이 상당하고, 공공의 이익에 관한 것에는 널리 국가·사회 기타 일
반 다수인의 이익에 관한 것뿐만 아니라 특정한 사회집단이나 그 구성원 전체의
관심과 이익에 관한 것도 포함하는 것이고, 행위자의 주요한 동기 내지 목적이
공공의 이익을 위한 것이라면 부수적으로 다른 사익적 목적이나 동기가 내포되
어 있더라도 비방할 목적이 있다고 보기는 어렵다(대법원 2009. 5. 28. 선고 2008도
8812 판결). 판례는 이러한 취지에서, 소비자가 인터넷에 자신이 겪은 객관적 사
실을 바탕으로 사업자에게 불리한 내용의 글을 게시하는 행위에 비방의 목적이
있는지는 해당 적시 사실의 내용과 성질, 해당 사실의 공표가 이루어진 상대방
의 범위, 표현의 방법 등 표현 자체에 관한 제반 사정을 두루 심사하여 더욱 신
중하게 판단하여야 한다고 보고 있다(대법원 2012. 11. 29. 선고 2012도10392 판결).
또한 비방할 목적이 있는지 여부는 피고인이 드러낸 사실이 거짓인지 여
부와 별개의 구성요건으로서, 드러낸 사실이 거짓이라고 해서 비방할 목적이
당연히 인정되는 것은 아니다(대법원 2020. 12. 10. 선고 2020도11471 판결).

(3) 사실의 적시

법조문에서는 '사실을 드러내어'라는 문구를 사용하고 있는데, 여기서 제1

항의 '사실'의 범위에 대하여 진실한 사실만을 의미한다는 견해도 있지만, 조문 체계상 제2항의 '허위사실'에 해당되지 않는 경우, 즉 '진실한 사실' 뿐만 아니라 '허위도 진실도 아닌 사실'도 모두 포함된다고 보아야 한다. 나아가 허위사실에 해당되지만 허위사실에 대한 인식이 없는 경우에는 제2항으로 처벌할 수 없는 것이므로 이도 포함된다는 것이 판례의 입장이다(대법원 2017. 4. 26. 선고 2016도18024 판결).

'사실을 드러내어'란 시간적으로나 공간적으로 구체적인 과거 또는 현재의 사실관계에 관한 보고 또는 진술을 의미한다. 따라서 어느 사람을 비방할 목적으로 인터넷 사이트에 게시글을 올리는 행위에 대하여 위 조항을 적용하기 위해서는, 해당 게시글이 그 사람에 대한 구체적인 사실관계를 보고하거나 진술하는 내용이어야 한다. 단순히 그 사람을 사칭하여 마치 그 사람이 직접 작성한 글인 것처럼 가장하여 게시글을 올리는 행위는 그 사람에 대한 사실을 드러내는 행위에 해당하지 아니하므로, 그 사람에 대한 관계에서는 위 조항을 적용할 수 없다(대법원 2016. 3. 24. 선고 2015도10112 판결). 따라서 피고인이 피해자를 사칭하여 마치 피해자가 직접 작성한 글인 것처럼 가장하여 각 게시글을 올렸더라도, 그 행위는 피해자에 대한 사실을 드러내는 행위가 아니므로, 정보통신망법 제70조 제2항의 명예훼손행위에 해당하지 않는다(대법원 2018. 5. 30. 선고 2017도607 판결).

> **판례** 정보통신망법 제70조 명예훼손 사례
>
> △ 인터넷 포털사이트의 지식검색 질문·답변 게시판에 성형시술 결과가 만족스럽지 못하다는 주관적인 평가를 주된 내용으로 하는 한 줄의 댓글을 게시한 사안에서, '사실을 적시'한 것은 맞지만 '비방할 목적'이 있었다고 보기 어렵다고 한 사례(대법원 2009. 5. 28. 선고 2008도8812 판결).
>
> △ 피고인이 '2011년 경찰특공대요원 경감 승진시험'에 응시하여 피해자 외 1명과 함께 1차 필기시험에 합격하여 2차 실기시험을 마치고 최종합격자 발표 전인 2011. 11. 25. 14:00경 인터넷 사이트인 '사이버경찰청(http://www.police.go.kr)'에 접속한 다음, '경찰가족사랑방'란의 '국관과의 대화방' 게시판에 "특공대 승진시험 응시자에 문제가 있습니다"라는 제목으로 이 사건 글을 올린 사실을 알 수 있다. 그러나 기록에 의하여 알 수 있는 다음과 같은 사정들에 비추어 보면, 피고인이 이 사건 글을 게시한

것이 경찰관 승진시험의 공정성과 투명성을 제고하고자 하는 의도에서 이루어졌음을 부정하기 어렵고, 경찰관 승진시험의 공정성과 투명성은 경찰청이나 그 구성원의 관심과 이익에 관한 것일 뿐만 아니라 나아가 국가·사회에서 경찰이 차지하는 위상과 중요성에 비추어 국가·사회 기타 일반 다수인의 이익에 관한 것이라고도 볼 수 있다. 아울러 피고인이 이 사건 글을 통하여 피해자가 승진시험 응시를 위한 요건인 경찰특공대 의무복무기간을 채우지 못해서 응시자격에 문제가 있다는 점을 지적한 것은, 경찰관 승진제도의 공정하고 투명한 운영을 위한 것으로서 그 주요한 동기 내지 목적이 공공의 이익을 위한 것이라고 할 수 있다. 따라서 이와 같이 피고인의 주요한 동기 내지 목적이 공공의 이익을 위한 것이라면 부수적으로 피고인이 이 사건 글을 게시한 것에 원심이 인정한 바와 같이 다른 목적이나 동기가 내포되어 있더라도 이러한 사정만으로 피고인에게 비방할 목적이 있었다고 단정하기는 어렵다고 할 것이다(대법원 2014. 5. 29. 선고 2013도3517 판결).

△ 甲 운영의 산후조리원을 이용한 피고인이 인터넷 카페나 자신의 블로그 등에 자신이 직접 겪은 불편사항 등을 후기 형태로 게시하여 甲의 명예를 훼손하였다고 하여 정보통신망 이용촉진 및 정보보호 등에 관한 법률 위반으로 기소된 사안에서, 제반 사정에 비추어 볼 때 피고인에게 甲을 비방할 목적이 있었다고 보기 어려운데도, 이와 달리 보아 유죄를 인정한 원심판결에 '사람을 비방할 목적'에 관한 법리오해의 위법이 있다고 한 사례(대법원 2012. 11. 29. 선고 2012도10392 판결).

3. 음란정보 처벌규정

가. 개 관

제44조의7 제1항 제1호를 위반하여 음란한 부호·문언·음향·화상 또는 영상을 배포·판매·임대하거나 공공연하게 전시한 자는 1년 이하의 징역 또는 1천만원 이하의 벌금에 처한다(제74조 제1항 제1호). 제44조의7 제1항 제1호는 정보통신망상 유통이 금지되는 불법정보의 한 유형을 말한다. 이 범죄의 성격은 불법정보의 유통금지를 위반한 행정형벌의 형식을 취하고 있지만, 실질은 형법상 음화반포등죄(제243조)의 특별형법에 해당된다. 즉 정보통신망법이 음란정보의 배포 등을 금지하고 이를 위반하였기 때문에 처벌하는 것이 아니라 형법과 같이 원래부터 범죄였는데 특별 구성요건을 규정하였다는 의미이다. 따라서 이러한 행정형벌의 형식을 취할 것이 아니라 정보통신망 명예훼손죄와 마

찬가지로 특별형법의 형식으로 규정하는 것이 타당하다.

표 35   형법과 정보통신망법의 비교

형 법	정보통신망법
제243조(음화반포등) 음란한 문서, 도화, 필름 기타 물건을 반포, 판매 또는 임대하거나 공연히 전시 또는 상영한 자는 1년 이하의 징역 또는 500만원 이하의 벌금에 처한다.	제74조(벌칙) ① 다음 각 호의 어느 하나에 해당하는 자는 1년 이하의 징역 또는 1천만원 이하의 벌금에 처한다. 2. 제44조의7제1항제1호를 위반하여 음란한 부호·문언·음향·화상 또는 영상을 배포·판매·임대하거나 공공연하게 전시한 자

이 처벌규정은 형법상 음화반포등죄가 음란한 물건을 대상으로 하고 있음에 비하여 음란한 정보를 대상으로 하고 있다는 점에서, 정보가 물건에 포함될 수 있는지 논란이 있자 새로운 요건으로 신설한 것이고(대법원 1999. 2. 24. 선고 98도3140 판결 참조), 이 사건 법률 규정은 초고속 정보통신망의 광범위한 구축과 그 이용촉진 등에 따른 음란물의 폐해를 막기 위하여 마련된 것이다(대법원 2008. 2. 1. 선고 2007도8286 판결).

> 판례 대법원 1999. 2. 24. 선고 98도3140 판결(컴퓨터 프로그램이 음화판매죄 소정의 물건에 해당하는지)
> 형법 제243조는 음란한 문서, 도화, 필름 기타 물건을 반포, 판매 또는 임대하거나 공연히 전시 또는 상영한 자에 대한 처벌 규정으로서 컴퓨터 프로그램파일은 위 규정에서 규정하고 있는 문서, 도화, 필름 기타 물건에 해당한다고 할 수 없으므로, 음란한 영상화면을 수록한 컴퓨터 프로그램파일을 컴퓨터 통신망을 통하여 전송하는 방법으로 판매한 행위에 대하여 전기통신기본법 제48조의2의 규정을 적용할 수 있음은 별론으로 하고, 형법 제243조의 규정을 적용할 수 없다.

나. 구성요건

(1) 음란한 부호·문언·음향·화상 또는 영상

먼저 음란의 개념에 대하여는 형법상 음란의 개념과 다를 바 없지만 정보통신망을 통한 정보의 전파와 확산이 용이한 점을 고려하여 정보통신망법상 음란 처벌규정에 이르러 음란 개념이 상대적으로 완화되는 방향으로 변화되었다. 대법원은 피고인들이 일본에서 수입한 성인용 영상물을 영상물등급위원회로부터 18세이상 관람가로 등급분류 받고 이를 편집·변경함이 없이 그대로 옮겨 제작한 다음, 이를 공소외 인터넷포털사이트의 각 VOD관에 VOD서비스를 위한 컨텐츠로 정보통신망을 통하여 제공하여 기소된 사안에서, 유죄선고를 받은 1심과 2심과 달리 무죄취지로 원심판결을 파기하였다(대법원 2008. 3. 13. 선고 2006도3558 판결). 대법원은 음란의 개념 및 판단기준을 기존의 판례에 비하여 상당히 구체화하고 엄격하게 한정적으로 해석함으로써, 그 범위를 좁히고 성표현의 다양성을 넓히는 입장으로 변경하였다. 즉 대법원은 기존의 음란물의 판단기준은 그대로 유지하면서 다만 표현의 수위와 정도에 대하여 기존의 판결이 단순히 '노골적이고 상세한 표현'이라고 기재함에 비하여 '인간의 존엄성을 심각하게 훼손할 정도의 노골적인 표현'이라고 규정함으로써 훨씬 구체적이고 상세한 판단기준을 제시하였고, 또한 음란성과 예술의 관계에 대하여 기존의 대법원 입장은 가사 예술성이 있다고 하더라도 음란물을 부인한 것이 아니라 단지 음란성을 완화시켜 줄 뿐이라는 입장에서 예술성이 있으면 음란물을 인정하기 어렵다는 방향으로 판례를 변경하였다. 이 판결은 비록 전원합의체판결의 형식을 가진 것은 아니지만 기존의 음란성 판결에 대한 대법원 입장을 획기적으로 변경시킨 것이고 이후 음란물건 또는 음란정보에 대한 판결은 위 판결에서 언급한 음란성의 개념과 판단기준에 따르고 있다는 점에서 의의가 크다고 할 것이다. 이러한 대법원의 입장은 미국 밀러판결[Miller v. California, 413 U.S. 15 (1973)]과 헌법재판소의 결정례(헌재 1998. 4. 30. 95헌가16)의 취지를 반영한 것으로 보인다.6)

판례 대법원 2008. 3. 13. 선고 2006도3558 판결(정보통신망법상 음란의 의미 및 판단기준

형사법이 도덕이나 윤리 문제에 함부로 관여하는 것은 바람직하지 않고, 특히 개인의 사생활 영역에 속하는 내밀한 성적 문제에 개입하는 것은 필요 최소한의 범위 내로 제한함으로써 개인의 성적 자기결정권 또는 행복추구권이 부당하게 제한되지 않도록 해야 한다는 점, 개인의 다양한 개성과 독창적인 가치 실현을 존중하는 오늘날 우리 사

---

6) 이상 자세한 논의는 황창근, "정보사회의 음란물 규제체계 개편에 대한 일고", 법학논문집 제35집 제2호(2011), 중앙대학교 법학연구원, 258–264면 참조

회에서의 음란물에 대한 규제 필요성은 사회의 성윤리나 성도덕의 보호라는 측면을 넘어서 미성년자 보호 또는 성인의 원하지 않는 음란물에 접하지 않을 자유의 측면을 더욱 중점적으로 고려하여야 한다는 점 등에 비추어 볼 때, 구 정보통신망 이용촉진 및 정보보호 등에 관한 법률(2007. 12. 21. 법률 제8778호로 개정되기 전의 것) 제65조 제1항 제2호에서 규정하고 있는 '음란'이라 함은 사회통념상 일반 보통인의 성욕을 자극하여 성적 흥분을 유발하고 정상적인 성적 수치심을 해하여 성적 도의관념에 반하는 것으로서, 표현물을 전체적으로 관찰·평가해 볼 때 단순히 저속하다거나 문란한 느낌을 준다는 정도를 넘어서서 존중·보호되어야 할 인격을 갖춘 존재인 사람의 존엄성과 가치를 심각하게 훼손·왜곡하였다고 평가할 수 있을 정도로, 노골적인 방법에 의하여 성적 부위나 행위를 적나라하게 표현 또는 묘사한 것으로서, 사회통념에 비추어 전적으로 또는 지배적으로 성적 흥미에만 호소하고 하등의 문학적·예술적·사상적·과학적·의학적·교육적 가치를 지니지 아니하는 것을 뜻한다고 볼 것이고, 표현물의 음란 여부를 판단함에 있어서는 표현물 제작자의 주관적 의도가 아니라 그 사회의 평균인의 입장에서 그 시대의 건전한 사회통념에 따라 객관적이고 규범적으로 평가하여야 한다.

그리고 정보통신망을 통하여 유통되는 부호·문언·음향·화상 또는 영상이란 정보통신망에서의 '정보'를 의미한다. "정보"란 광(光) 또는 전자적 방식으로 처리되는 부호, 문자, 음성, 음향 및 영상 등으로 표현된 모든 종류의 자료 또는 지식을 말한다(지능정보화 기본법 제2조 제1호). 이 부분이 형법상 음란물반포죄의 음란물건과 구별되는 지점이다.

(2) 배포·판매·임대하거나 공공연하게 전시

배포, 판매, 임대의 개념은 형법상의 개념과 동일하다. 다만 전시의 개념은 정보통신망의 특성을 반영하여 해석한다. 판례에 의하면 '공연히 전시'한다고 함은 불특정·다수인이 실제로 음란한 부호·문언·음향 또는 영상을 인식할 수 있는 상태에 두는 것을 의미한다고 보고 있다(대법원 2003. 7. 8. 선고 2001도1335 판결; 대법원 2008. 2. 1. 선고 2007도8286 판결).

판례 **정보통신망법상 음란정보의 공연한 전시 사례**
△ 피고인은 속칭 PC방을 운영하는 피고인이 자신의 PC방 컴퓨터 바탕화면 중앙에 음란한 영상을 전문적으로 제공하는 **웹사이트로 연결되는 바로가기 아이콘들을 집중적으로** 설치하는 한편, 미리 위 웹사이트의 접속에 필요한 성인인증을 받아 두어 PC방 이

용자가 위 아이콘을 클릭하기만 하면 별도의 성인인증절차 없이 위 웹사이트에 바로 들어가 그곳에 전시된 음란한 영상을 볼 수 있도록 하였다면, 그와 같이 바로가기 아이콘을 설치하는 등의 방법으로 위 웹사이트를 사실상 지배·이용한 셈이어서 이는 그 실질에 있어 위 웹사이트의 음란한 영상을 피고인이 직접 전시한 것과 다를 바 없고, 이에 따라 PC방을 이용하는 불특정·다수인이 이러한 바로가기 아이콘을 클릭함으로써 정보통신망을 통하여 아무런 제한 없이 위 웹사이트의 음란한 영상을 바로 접할 수 있는 상태가 실제 조성되었으므로, 피고인의 위와 같은 행위는 전체로 보아 음란한 영상을 공연히 전시한다는 이 사건 법률 규정의 구성요건을 충족한다고 봄이 상당하다. 그리고 이러한 해석은 앞서 본 이 사건 법률 규정의 입법 취지에 부합하는 것으로서 죄형법정주의에 반하지 않는다(대법원 2008. 2. 1. 선고 2007도8286 판결).

△ 음란물 영상의 **토렌트 파일**은 그 음란물 영상을 P2P 방식의 파일 공유 프로토콜인 토렌트를 통해 공유하기 위해 토렌트 클라이언트 프로그램(이하 '토렌트 프로그램'이라 한다)을 사용하여 생성된 파일이다.

음란물 영상의 토렌트 파일은 음란물 영상의 이름·크기·고유의 해쉬값 등의 메타데이터를 담고 있는 파일이고, 그 메타데이터는 수많은 토렌트 이용자들로부터 토렌트를 통해 전송받을 해당 음란물 영상을 찾아내는 색인(index)과 같은 역할을 한다. 그 토렌트 파일을 취득하여 토렌트 프로그램에서 실행하면 자동으로 다른 토렌트 이용자들로부터 그 토렌트 파일이 가리키는 해당 음란물 영상을 전송받을 수 있다. 이처럼 음란물 영상의 토렌트 파일은 음란물 영상을 공유하기 위해 생성된 정보이자 토렌트를 통해 공유 대상인 해당 음란물 영상을 전송받는 데에 필요한 정보이다.

위와 같이 P2P 방식의 파일 공유 프로토콜인 토렌트에서 토렌트 파일이 수행하는 역할과 기능, 음란물 영상을 공유하기 위해 그 토렌트 파일을 웹사이트 등에 게시하는 행위자의 의도 등을 종합하면, 음란물 영상을 공유하기 위해 생성된 정보이자 토렌트를 통해 그 음란물 영상을 전송받는 데에 필요한 정보인 해당 음란물 영상의 토렌트 파일은, 정보통신망 이용촉진 및 정보보호 등에 관한 법률(이하 '정보통신망법'이라 한다) 제44조의7 제1항 제1호에서 정보통신망을 통한 유통을 금지한 '음란한 영상을 배포하거나 공공연하게 전시하는 내용의 정보'에 해당한다.

따라서 음란물 영상의 토렌트 파일을 웹사이트 등에 게시하여 불특정 또는 다수인에게 무상으로 다운로드 받게 하는 행위 또는 그 토렌트 파일을 이용하여 별다른 제한 없이 해당 음란물 영상에 바로 접할 수 있는 상태를 실제로 조성한 행위는 정보통신망법 제74조 제1항 제2호에서 처벌 대상으로 삼고 있는 '같은 법 제44조의7 제1항 제1호를 위반하여 음란한 영상을 배포하거나 공공연하게 전시'한 것과 실질적으로 동일한 결과를 가져온다. 그러므로 위와 같은 행위는 전체적으로 보아 음란한 영상을 배포하거나 공공연하게 전시한다는 구성요건을 충족한다(대법원 2019. 7. 25. 선고 2019도5283 판결).

4. 사이버 스토킹 처벌규정

가. 개 관

제44조의7 제1항 제3호를 위반하여 공포심이나 불안감을 유발하는 부호·문언·음향·화상 또는 영상을 반복적으로 상대방에게 도달하게 한 자는 1년 이하의 징역 또는 1천만원 이하의 벌금에 처한다(제74조 제1항 제3호). 이는 이른바 '사이버 스토킹'을 처벌하는 규정이고 반의사불벌죄로 규정되어 있다(제74조 제2항). 사이버 스토킹을 정보통신망에 유통이 금지되는 불법정보 유형으로 규정하고, 그 실효성을 담보하기 위하여 처벌규정을 둔 것이다. 이 처벌규정에 해당하는지는 피고인이 상대방에게 보낸 문언의 내용, 표현방법과 그 의미, 피고인과 상대방의 관계, 문언을 보낸 경위와 횟수, 그 전후의 사정, 상대방이 처한 상황 등을 종합적으로 고려해서 판단하여야 하고, '도달하게 한다'는 것은 '상대방이 공포심이나 불안감을 유발하는 문언 등을 직접 접하는 경우뿐만 아니라 상대방이 객관적으로 이를 인식할 수 있는 상태에 두는 것'을 의미한다(대법원 2018. 11. 15. 선고 2018도14610 판결).

이 처벌규정은 불법정보의 금지규정을 위반한 경우의 처벌규정의 형식 즉 행정형벌의 성격을 가지고 있다. 그러나 연혁상 보면 제44조의7 불법정보 금지 유형이 규정되기 전에 이미 처벌규정을 두고 있었다. 구 정보통신망법(2007. 1. 26. 법률 제8289호로 개정되기 전의 것)은 별다른 금지규정을 두지 않고, 제65조 제1항 제3호에서 "정보통신망을 통하여 공포심이나 불안감을 유발하는 말, 음향, 글, 화상 또는 영상을 반복적으로 상대방에게 도달하게 한 자"를 1년 이하의 징역 또는 1,000만 원 이하의 벌금으로 처벌한다는 내용으로 규정하고 있었는데, 2007. 1. 26. 제44조의7에서 위 사이버 스토킹의 정보를 불법정보로 금지하는 규정을 신설하였다.

나. 구성요건

(1) 부호·문언·음향·화상 또는 영상

여기서 문언에 말이 포함되는지 문제가 된다. 구 정보통신망법(2007. 1. 26.

법률 제8289호로 개정되기 전의 것)에서는 처벌규정에서는 정보통신망을 통하여
공포심이나 불안감을 유발하는 "말, 음향, 글, 화상 또는 영상"이라고 규정하여
(제65조 제1항 제3호), 현재의 "부호·문언·음향·화상 또는 영상"과는 다른 요
건을 규정하고 있었다. 즉 구법상의 "말과 글"이 현행법의 "문언"과 대비된다.
이에 대하여 죄형법정주의원칙상 문언에는 말이 포함되지 않는다는 견해도 있
지만, 문언은 글과 말의 한자적 표현이라고 볼 것이므로 '말'은 문언에 포함된
다고 보더라도 형벌법규의 명확성의 원칙에 반하는 것이 아니다(대구지법 2009.
6. 30. 선고 2009노1230 판결 : 확정).

(2) 공포심이나 불안감

공포심이나 불안감의 개념이 명확성의 원칙에 위배되는지 보면, 대법원은
일반적으로 법규는 그 규정의 문언에 표현력의 한계가 있을 뿐만 아니라 그 성
질상 어느 정도의 추상성을 가지는 것은 불가피하고, "불안감"은 평가적·정서
적 판단을 요하는 규범적 구성요건요소이고, "불안감"이란 개념이 사전적으로
"마음이 편하지 아니하고 조마조마한 느낌"이라고 풀이되고 있어 이를 불명확
하다고 볼 수는 없으므로, 위 규정 자체가 죄형법정주의 및 여기에서 파생된
명확성의 원칙에 반한다고 볼 수 없다고 판시하고 있다(대법원 2008. 12. 24. 선고
2008도9581 판결).

(3) 반복적인 도달 행위

이 구성요건은 정보통신망을 이용하여 상대방의 불안감 등을 조성하는 일
정 행위의 반복을 필수적인 요건으로 삼고 있을 뿐만 아니라, 그 입법 취지에
비추어 정보통신망을 이용한 일련의 불안감 조성행위가 이에 해당한다고 하기
위하여는 각 행위 상호간에 일시·장소의 근접, 방법의 유사성, 기회의 동일,
범의의 계속 등 밀접한 관계가 있어 그 전체를 일련의 반복적인 행위로 평가할
수 있어야 한다. 그와 같이 평가될 수 없는 일회성 내지 비연속적인 단발성 행
위가 수차 이루어진 것에 불과한 경우에는 그 문언의 구체적 내용 및 정도에
따라 협박죄나 경범죄처벌법상 불안감 조성행위 등 별개의 범죄로 처벌함은
별론으로 하더라도 위 법 위반죄로 처벌할 수는 없다. 따라서 채무자가 채무관
계로 인한 분쟁 중 채권자의 휴대전화기에 7개월 동안 3회의 협박성 문자메시

지를 발송한 사안에서, 그 시간적 간격 및 내용에 비추어 일련의 반복적 행위로 평가할 수 없고(대법원 2008. 8. 21. 선고 2008도4351 판결), 하루 간격으로 2번 문자 메시지를 발송한 행위는 일련의 반복적 행위라고 단정할 수 없다(대법원 2009. 4. 23. 선고 2008도11595 판결).

상대방에게 도달하는 행위에 대하여 보면 피고인이 상대방의 휴대전화로 공포심이나 불안감을 유발하는 문자메시지를 전송함으로써 상대방이 별다른 제한 없이 문자메시지를 바로 접할 수 있는 상태에 이르렀다면, 그러한 행위는 공포심이나 불안감을 유발하는 문언을 상대방에게 도달하게 한다는 구성요건을 충족한다고 보아야 하고, 상대방이 실제로 문자메시지를 확인하였는지 여부와는 상관없다(대법원 2018. 11. 15. 선고 2018도14610 판결).

판례 **사이버스토킹 사례**

△ 피고인이 피해자의 휴대전화로 전송한 문자메시지들은 그 내용, 경위, 기간과 횟수 등을 고려할 때 공포심이나 불안감을 유발하게 하는 문언에 해당하고 반복성도 인정된다. 비록 피해자의 수신차단으로 위 문자메시지들이 피해자 휴대전화의 스팸 보관함에 저장되어 있었다고 하더라도, 피해자가 위 문자메시지들을 바로 확인하여 인식할 수 있는 상태에 있었으므로, 피해자에게 '도달'하게 한 경우에 해당한다는 사례(대법원 2018. 11. 15. 선고 2018도14610 판결).

△ 투자금 반환과 관련하여 乙로부터 지속적인 변제독촉을 받아오던 甲이 乙의 핸드폰으로 하루 간격으로 2번 문자메시지를 발송한 행위는 일련의 반복적인 행위라고 단정할 수 없다는 등의 이유로 '정보통신망 이용촉진 및 정보보호 등에 관한 법률' 제74조 제1항 제3호에 정한 '공포심이나 불안감을 유발하는 문언을 반복적으로 도달하게 한 행위'에 해당하지 않는다고 한 사례(대법원 2009. 4. 23. 선고 2008도11595 판결)

---

5. 정보통신망 침해행위 등 처벌규정

가. 개 관

제70조의2(벌칙) 제48조 제2항을 위반하여 악성프로그램을 전달 또는 유포하는 자는 7년 이하의 징역 또는 7천만원 이하의 벌금에 처한다(제70조의2). 그리고 제48조 제1항을 위반하여 정보통신망에 침입하거나 제48조 제3항을 위반

하여 정보통신망에 장애가 발생하게 한 자는 5년 이하의 징역 또는 5천만원 이하의 벌금에 처한다(제71조 제1항 제9호, 제10호).

나. 구성요건

제48조 제1항의 구성요건적 행위는 정당한 접근권한 없이 또는 허용된 접근권한을 넘어 정보통신망에 침입하는 행위이다. 제71조 제2항에 따라 그 미수범을 처벌한다. 그리고 제48조 제2항의 구성요건적 행위는 정당한 사유 없이 정보통신시스템, 데이터 또는 프로그램 등을 훼손·멸실·변경·위조하거나 그 운용을 방해할 수 있는 프로그램(이하 "악성프로그램"이라 한다)을 전달 또는 유포하는 행위이다. 그 미수범은 처벌하지 않는다. 마지막으로 제48조 제3항의 구성요건적 행위는 정보통신망의 안정적 운영을 방해할 목적으로 대량의 신호 또는 데이터를 보내거나 부정한 명령을 처리하도록 하는 등의 방법으로 정보통신망에 장애가 발생하게 한 행위이다. 제71조 제2항의 반대 해석상 그 미수범은 처벌하지 않는다. 이에 관해 자세한 것은 제4부 제3장에서 자세히 서술하였으니 이 부분을 참고하기 바란다.

6. 비밀 등의 침해 처벌규정

가. 타인 정보 훼손 등 처벌규정

제49조를 위반하여 타인의 정보를 훼손하거나 타인의 비밀을 침해·도용 또는 누설한 자는 5년 이하의 징역 또는 5천만원 이하의 벌금에 처한다(제71조 제1항 제11호). 제71조 제2항의 반대 해석상 그 미수범은 처벌하지 않는다. 이에 관해 자세한 것은 제4부 제3장에서 자세히 서술하였으니 이 부분을 참고하기 바란다.

나. 비밀유지의무자의 처벌규정

제66조를 위반하여 직무상 알게 된 비밀을 타인에게 누설하거나 직무 외의 목적으로 사용한 자는 3년 이하의 징역 또는 3천만원 이하의 벌금에 처한다(제72조 제1항 제5호). 제66조는 제47조에 따른 정보보호 관리체계 인증 업무,

제52조 제3항 제4호에 따른 정보보호시스템의 평가 업무, 제44조의10에 따른 명예훼손 분쟁조정부의 분쟁조정 업무에 종사하고 있거나 종사하였던 사람에게 비밀유지의무 즉 누설금지 및 직무외 사용금지 의무를 부과하고 있다. 이를 위반한 경우의 처벌규정이다.

7. 속이는 행위(피싱)에 의한 정보수집 금지 처벌규정

가. 개 관

보이스피싱을 방지하기 위하여 금지규정을 두고 있는데(제49조의2), 이를 위반한 경우의 처벌규정이다. 제49조의2를 위반하여 다른 사람의 정보를 수집한 경우에는 3년 이하의 징역 또는 3천만원 이하의 벌금에 처하고(제72조 제1항 제2호), 정보의 제공을 유인한 자에 대하여는 2년 이하의 징역 또는 2천만원 이하의 벌금에 처하도록 규정하고 있다(제73조 제7호). 전자가 법정형이 높은 이유는 직접 다른 사람의 정보를 수집한 경우를 정보의 제공을 유인한 경우보다 비난가능성이 높다고 보기 때문이다.

나. 구성요건

제49조의2 제1항을 위반하여 다른 사람의 정보를 제공한 행위(제72조 제1항 제2호)와 정보의 제공을 유인한 행위(제73조 제7호)를 벌한다. 제49조의2 제1항은 정보통신망을 통하여 속이는 행위로 다른 사람의 정보를 수집하거나 다른 사람이 정보를 제공하도록 유인하여서는 안 된다는 금지규정이다.

8. 침해사고 원인 분석자료 보전명령 위반 처벌규정

가. 개 관

과학기술정보통신부장관은 정보통신망에 중대한 침해사고가 발생한 경우 침해사고의 원인을 분석하기 위하여 필요하다고 인정하면 정보통신서비스 제공자와 집적정보통신시설 사업자에게 정보통신망의 접속기록 등 관련 자료의 보전을 명할 수 있다(제48조의4 제3항). 이 같은 명령을 위반하여 관련 자료를 보전하지 아니한 자에 대하여는 2년 이하의 징역 또는 2천만원 이하의 벌금에 처하게 된다(제73조 제6호).

접속기록 등 관련 자료가 파기되어 버리거나 위·변조되면 원인 분석이 어려우므로 증거 보전 차원이라고 할 수 있다.

나. 구성요건

정보통신망에 대한 중대한 침해사고가 발생했어야 하고, 정보통신부장관의 자료 보전 명령이 있어야 한다(제48조의4 제2,3항). 자료 보전 명령을 내리기 전에 민·관합동조사단이 구성되어 있어야 하는지에 대하여는 분명하지 않다. 과학기술정보통신부장관은 침해사고의 원인을 분석하기 위하여 필요하다고 인정하면 관련 자료의 보전을 명할 수 있고 제48조의4가 신속한 원인분석을 통한 피해 확산 방지에 있다는 점을 고려하면, 과학기술정보통신부장관은 민·관합동조사단 구성 전이라도 보전 명령을 내릴 수 있고 추후 민·관합동조사단이 구성되지 않거나 구성되지 못한 경우에도 처벌이 가능하다고 보아야 한다(제48조의4 제3항).

9. 허위 인증 표시 관련 처벌규정

가. 개 관

과학기술정보통신부장관은 정보통신망의 이용을 촉진하기 위하여 정보통신망에 관한 표준을 정하여 고시하고, 고시된 표준에 적합한 정보통신과 관련된 제품을 제조하거나 공급하는 자는 인증기관의 인증을 받아 그 제품이 표준에 적합한 것임을 나타내는 표시를 할 수 있다. 이 경우 인증을 받은 자가 아니면 그 제품이 표준에 적합한 것임을 나타내는 표시를 하거나 이와 비슷한 표시를 한 제품을 표시·판매 또는 판매할 목적으로 진열한 자에 대하여는 1년 이하의 징역 또는 1천만원 이하의 벌금에 처하게 된다(제74조 제1항 제1호).

나. 구성요건

인증을 받지 않았음에도 불구하고 그 제품이 표준에 적합한 것임을 나타
내는 표시를 하거나 이와 비슷한 표시를 한 제품을 표시·판매 또는 판매할 목
적으로 진열하였어야 한다(제74조 제1항 제1호). 판매 또는 진열한 경우뿐만 아
니라 표시를 한 것만으로도 이 법 위반이 성립된다. 인증을 받았으나 인증이
취소되었거나 인증의 유효기간이 지난 경우에도 인증을 받지 아니한 것이므로
허위 표시가 될 수 있다. 해당 표시가 진짜 표시와 같은 경우뿐만 아니라 진짜
표시와 비슷한 경우에도 처벌 대상이 된다.

10. 광고성 정보 전송 등 처벌규정

가. 개 관

전자적 전송매체를 이용하여 영리목적의 광고성 정보를 전송하는 자가 수
신자의 수신거부 또는 수신동의의 철회를 회피·방해하는 등 금지행위를 한
경우에는 1년 이하의 징역 또는 1천만원 이하의 벌금에 처한다(제74조 제1항 제4
호). 또한 누구든지 정보통신망을 이용하여 정보통신망법 또는 다른 법률에서
금지하는 재화 또는 서비스에 대한 광고성 정보를 전송한 경우에는 1년 이하
의 징역 또는 1천만원 이하의 벌금에 처하며(제74조 제1항 제6호), 특히 「재난 및
안전관리 기본법」 제14조 제1항에 따른 대규모 재난 상황을 이용하여 광고성
정보를 전송한 자는 3년 이하의 징역 또는 3천만원 이하의 벌금에 처하게 된
다(제72조 제1항 제2호의2).

나. 구성요건

(1) 광고성 정보 전송자의 금지행위

영리목적의 광고성 정보를 전송하는 자가 다음 각 호의 어느 하나에 해당
하는 조치를 하여야 한다(제50조 제5항). 다음 각 호의 어느 하나에 해당하는 조
치를 한 경우 각각의 행위별로 1년 이하의 징역 또는 1천만원 이하의 벌금에
처한다.

1. 광고성 정보 수신자의 수신거부 또는 수신동의의 철회를 회피·방해하

는 조치

2. 숫자·부호 또는 문자를 조합하여 전화번호·전자우편주소 등 수신자의 연락처를 자동으로 만들어 내는 조치

3. 영리목적의 광고성 정보를 전송할 목적으로 전화번호 또는 전자우편주소를 자동으로 등록하는 조치

4. 광고성 정보 전송자의 신원이나 광고 전송 출처를 감추기 위한 각종 조치

5. 영리목적의 광고성 정보를 전송할 목적으로 수신자를 기망하여 회신을 유도하는 각종 조치

양벌규정에 따라 법인의 대표자나 법인 또는 개인의 대리인, 사용인, 그 밖의 종업원이 그 법인 또는 개인의 업무에 관하여 상기 어느 하나에 해당하는 위반행위를 하면 그 행위자를 벌하는 외에 그 법인 또는 개인에게도 해당 조문의 벌금형을 과(科)한다. 다만, 법인 또는 개인이 그 위반행위를 방지하기 위하여 해당 업무에 관하여 상당한 주의와 감독을 게을리하지 아니한 경우에는 그러하지 아니하다.(제75조). 따라서 광고주가 위반행위를 방지하기 위하여 상당한 주의와 감독을 게을리하지 아니하였음을 입증하지 못하면 전송자(수탁자)의 법 위반행위에 대하여 광고주도 처벌을 받을 수 있다.

(2) 불법행위를 위한 광고성 정보 전송

정보통신망법 또는 다른 법률에서 금지하는 재화 또는 서비스에 대한 광고성 정보를 전송했어야 한다(제50조의8). 제50조의8은 정보통신망법 또는 다른 법률에서 금지하는 재화 또는 서비스에 대한 광고성 정보라고만 규정하고 있을 뿐 무엇을 금지하는 것인지에 대해서는 규정하고 있지 않다. 금지 내용은 해당 법률에 따라 판단할 수밖에 없다. 금지행위에 대해서는 대부분 해당 법률에서 벌칙규정을 두고 있겠지만, 해당 법률에 따른 벌칙규정과 본조의 벌칙규정은 경합적 관계에 있다고 보아야 할 것이다.

(3) 재난 상황을 이용한 광고성 정보 전송

「재난 및 안전관리 기본법」 제14조 제1항에 따른 대규모 재난 상황을 이용하여 광고성 정보를 전송했어야 한다. 이 경우 대규모 재난 상황이란 ① 재난 중인명 또는 재산의 피해 정도가 매우 크거나 재난의 영향이 사회적·경제적으로

광범위하여 주무부처의 장 또는 재난안전보법 제16조 제2항에 따른 지역재난안
전대책본부의 본부장의 건의를 받아 법 제14조 제2항에 따른 중앙재난안전대책
본부의 본부장이 인정하는 재난과 ② 제1호에 따른 재난에 준하는 것으로서 중
앙대책본부장이 재난관리를 위하여 법 제14조 제1항에 따른 중앙재난안전대책본
부의 설치가 필요하다고 판단하는 재난을 말한다(재난안전법 시행령 제14조).

11. 통신과금서비스 처벌규정

정보통신망법은 통신과금서비스 규율과 관련하여 다음 몇 가지 처벌 규정
을 두고 있다. (i) 제53조 제1항에 따른 등록을 하지 아니하고 그 업무를 수행
한 자 또는 재화등의 판매·제공을 가장하거나 실제 매출금액을 초과하여 통
신과금서비스에 의한 거래를 하거나 이를 대행하게 하는 행위 또는 (ii) 통신
과금서비스이용자로 하여금 통신과금서비스에 의하여 재화등을 구매·이용하
도록 한 후 통신과금서비스이용자가 구매·이용한 재화등을 할인하여 매입하
는 행위를 통하여 자금을 융통하여 준 자 또는 이를 알선·중개·권유·광고
한 자는 3년 이하의 징역 또는 3천만원 이하의 벌금에 처한다(제72조 제1항 제3
호, 제4호).

한편, (iii) 제58조의2(제59조 제2항에 따라 준용되는 경우를 포함한다)를 위반하
여 제공받은 정보를 본인 여부를 확인하거나 고소·고발을 위하여 수사기관에
제출하기 위한 목적 외의 용도로 사용한 자 또는 (iv) 제61조에 따른 명령을
이행하지 아니한 자는 2년 이하의 징역 또는 2천만원 이하의 벌금에 처한다(제
73조 제7호의2, 제8호). 그리고 (v) 제53조 제4항을 위반하여 등록사항의 변경등
록 또는 사업의 양도·양수 또는 합병·상속의 신고를 하지 아니한 자는 1년
이하의 징역 또는 1천만원 이하의 벌금에 처한다(제74조 제1항 제7호).

12. 청소년유해매체물 처리의무 위반 처벌규정

정보통신망법에서 청소년 보호 관련 규정을 위반한 처벌규정으로는 1) 제

42조를 위반하여 청소년유해매체물임을 표시하지 아니하고 영리를 목적으로 제공한 자, 2) 제42조의2를 위반하여 청소년유해매체물을 광고하는 내용의 정보를 청소년에게 전송하거나 청소년 접근을 제한하는 조치 없이 공개적으로 전시한 자를 각각 2년 이하의 징역 또는 2천만원 이하의 벌금에 처하는 규정을 두고 있다(제73조 제2호 및 제3호). 청소년보호 위반의 처벌규정은 이미 「청소년보호법」이 규정하고 있지만 정보통신망법이 청소년유해매체물 표시와 광고 등에 대한 특별규정을 둔 취지에 비추어 이를 위반한 경우의 처벌규정을 둔 것이다. 「청소년보호법」은 청소년유해매체물 미표시에 대한 처벌(제59조 제1호), 청소년유해매체물의 광고에 대한 처벌(동 제4호)을 두고 있다. 다만 이 처벌규정은 제44조의7 제1항 제5호 소정의 청소년유해매체물이 법상 의무를 위반한 경우의 유통을 금지하고 있는데, 이 규정을 위반한 결과와 같다고 할 것이다. 입법론적으로 제44조의7 제1항 제5호를 위반한 처벌규정으로 하는 것도 가능하다고 할 것이다.

13. 이용자정보의 목적외 사용 처벌규정

제44조의6 제3항을 위반하여 이용자의 정보를 민·형사상의 소를 제기하는 것 외의 목적으로 사용한 자는 2년 이하의 징역 또는 2천만원 이하의 벌금에 처한다(제73조 제4호). 이용자의 정보제공 청구제도는 민·형사 소송을 제기하기 위한 것인데, 명예훼손분쟁조정부의 결정에 따라 정보통신서비스 제공자로부터 제공받은 이용자의 정보를 위와 같은 민·형사소송이 아닌 다른 목적에 사용하는 것을 말한다. 일종의 위계로 업무를 방해한 성격이라고 할 것이다. 구성요건상 이용자의 정보를 민·형사소송을 제기하기 위하여 청구한 다음 후에 이를 사용하지 않은 경우는 해당이 없다고 할 것이다.

14. 불법정보 제재명령 불이행 처벌규정

제44조의7 제2항 및 제3항에 따른 방송통신위원회의 명령을 이행하지 아

니한 자는 2년 이하의 징역 또는 2천만원 이하의 벌금에 처한다(제73조 제5호). 방송통신위원회가 불법정보에 해당되는 경우 정보통신서비스 제공자 또는 게시판 관리·운영자로 하여금 그 처리를 거부·정지 또는 제한하도록 명할 수 있는데, 이 명령을 이행하지 않는 경우에 처벌하는 규정이다. 이는 제재처분의 실효성을 확보하기 위함이다.

제 3 절   과태료

1. 의   의

과태료는 신고, 등록 등의 경미한 의무를 태만히 하는 경우 간접적으로 행정목적의 달성에 지장을 줄 위험성이 있는 행위에 대하여 과해지는 금전벌로써 행정형벌과 비교하여 행정질서벌로 불린다. 행정형벌과 행정질서벌은 동일한 행정법 위반에 대한 제재라는 점에서 실질적으로 유사한 행정벌이고 양자가 상대화하고 있다는 점에서 병과하는 것은 이중처벌금지원칙을 위배하는 것으로 보이지만,[7] 판례는 양자를 병과하는 것은 이중처벌이 아니라는 입장을 취하고 있다(대법원 1996. 4. 12. 선고 96도158 판결). 과태료를 부과하는 행위를 질서위반행위라고 하고, 현재는 과태료 부과는 「질서위반행위 규제법」에 의하여 처리되고 있다(제5조).

2. 과태료 부과 사유

과태료 부과 금액에 따라 3천만원, 2천만원, 1천만원 이하로 구분하여 각 사유를 나열하고 있고, 과태료의 부과기준에 대하여는 시행령 [별표 9]로 규정하고 있다.

---

7) 정하중, 『행정법개론』 제14판(2020), 법문사, 473쪽.

| 표 36 | 과태료 부과사유 |

조 문 (제76조)	과태료 금액	요 건
제1항	각 호의 어느 하나에 해당하는 자와 제7호부터 제11호까지의 경우에 해당하는 행위를 하도록 한 자에게는 3천만원 이하의 과태료	1. 제22조의2 제2항을 위반하여 서비스의 제공을 거부한 자 1의2. 제22조의2 제3항을 위반하여 접근권한에 대한 이용자의 동의 및 철회방법을 마련하는 등 이용자 정보보호를 위하여 필요한 조치를 하지 아니한 자 2. 제23조의2 제1항을 위반하여 주민등록번호를 수집·이용하거나 같은 조 제2항에 따른 필요한 조치를 하지 아니한 자 2의2. 내지 6. 삭제 6의2. 제45조의3 제1항을 위반하여 정보보호 최고책임자의 지정을 신고하지 아니한 자 6의3. 제47조 제2항을 위반하여 정보보호 관리체계 인증을 받지 아니한 자 7. 제50조 제1항부터 제3항까지의 규정을 위반하여 영리 목적의 광고성 정보를 전송한 자 8. 제50조 제4항을 위반하여 광고성 정보를 전송할 때 밝혀야 하는 사항을 밝히지 아니하거나 거짓으로 밝힌 자 9. 제50조 제6항을 위반하여 비용을 수신자에게 부담하도록 한 자 9의2. 제50조 제8항을 위반하여 수신동의 여부를 확인하지 아니한 자 10. 제50조의5를 위반하여 이용자의 동의를 받지 아니하고 프로그램을 설치한 자 11. 제50조의7 제1항 또는 제2항을 위반하여 인터넷 홈페이지에 영리목적의 광고성 정보를 게시한 자 11의2. 삭제 12. 이 법을 위반하여 제64조 제4항에 따라 과학기술정보통신부장관 또는 방송통신위원회로부터 받은 시정조치 명령을 이행하지 아니한 자
제2항	2천만원 이하의 과태료	1. 내지 4. 삭제 4의2. 제46조 제2항을 위반하여 보험에 가입하지 아니한 자 4의3. 제32조의5 제1항을 위반하여 국내대리인을 지정하지 아니한 자 4의4. 제44조의9 제1항을 위반하여 불법촬영물등 유통

		방지 책임자를 지정하지 아니한 자 5. 삭제
제3항	1천만원 이하의 과태료	1. 내지 2. 삭제 2의2. 제23조의3 제1항을 위반하여 본인확인기관의 지정을 받지 아니하고 본인확인업무를 한 자 2의3. 제23조의3 제2항에 따른 본인확인업무의 휴지 또는 같은 조 제3항에 따른 본인확인업무의 폐지 사실을 이용자에게 통보하지 아니하거나 방송통신위원회에 신고하지 아니한 자 2의4. 제23조의4 제1항에 따른 본인확인업무의 정지 및 지정취소 처분에도 불구하고 본인확인업무를 계속한 자 2의5. 삭제 3. 제42조의3 제1항을 위반하여 청소년 보호 책임자를 지정하지 아니한 자 4. 제43조를 위반하여 정보를 보관하지 아니한 자 5. 내지 6. 삭제 7. 제47조 제9항을 위반하여 인증받은 내용을 거짓으로 홍보한 자 8. 내지 9. 삭제 10. 제47조의4 제4항을 위반하여 소프트웨어 사용자에게 알리지 아니한 자 11. 제48조의2 제4항에 따른 시정명령을 이행하지 아니한 자 11의2. 제48조의3 제1항을 위반하여 침해사고의 신고를 하지 아니한 자 12. 제48조의4 제4항에 따른 사업장 출입 및 조사를 방해하거나 거부 또는 기피한 자 12의2. 제49조의2 제4항을 위반하여 과학기술정보통신부장관 또는 방송통신위원회의 명령을 이행하지 아니한 자 12의3. 제50조 제7항을 위반하여 수신동의, 수신거부 또는 수신동의 철회에 대한 처리 결과를 알리지 아니한 자 12의4. 제50조의4 제4항을 위반하여 필요한 조치를 하지 아니한 자 13. 제52조 제6항을 위반하여 한국인터넷진흥원의 명칭을 사용한 자 14. 제53조 제4항을 위반하여 사업의 휴업·폐업·해산의 신고를 아니한 자

15. 제56조 제1항을 위반하여 약관을 신고하지 아니한 자

16. 제57조 제2항을 위반하여 관리적 조치 또는 기술적 조치를 하지 아니한 자

17. 제58조 제1항을 위반하여 통신과금서비스 이용일시 등을 통신과금서비스이용자에게 고지하지 아니한 자

18. 제58조 제2항을 위반하여 통신과금서비스이용자가 구매·이용 내역을 확인할 수 있는 방법을 제공하지 아니하거나 통신과금서비스이용자의 제공 요청에 따르지 아니한 자

19. 제58조 제3항을 위반하여 통신과금서비스이용자로부터 받은 통신과금에 대한 정정요구가 이유 있음에도 결제대금의 지급을 유보하지 아니하거나 통신과금서비스이용자의 요청에 대한 처리 결과를 통신과금서비스이용자에게 알려 주지 아니한 자

20. 제58조 제4항을 위반하여 통신과금서비스에 관한 기록을 보존하지 아니한 자

20의2. 제58조 제5항을 위반하여 통신과금서비스이용자의 동의를 받지 아니하고 통신과금서비스를 제공하거나 이용한도액을 증액한 자

20의3. 제58조 제6항을 위반하여 통신과금서비스 약관의 변경에 관한 통지를 하지 아니한 자

20의4. 제58조의2(제59조 제2항에 따라 준용되는 경우를 포함한다)를 위반하여 통신과금서비스이용자의 정보 제공 요청에 따르지 아니한 자

21. 제59조 제3항을 위반하여 통신과금서비스이용자의 이의신청 및 권리구제를 위한 절차를 마련하지 아니하거나 통신과금서비스 계약 시 이를 명시하지 아니한 자

22. 제64조 제1항에 따른 관계 물품·서류 등을 제출하지 아니하거나 거짓으로 제출한 자

23. 제64조 제2항에 따른 자료의 열람·제출요청에 따르지 아니한 자

24. 제64조 제3항에 따른 출입·검사를 거부·방해 또는 기피한 자

25. 제64조의5 제1항을 위반하여 투명성 보고서를 제출하지 아니한 자

3. 과태료의 부과

과태료는 대통령령으로 정하는 바에 따라 과학기술정보통신부장관 또는 방송통신위원회가 부과·징수한다(동 제4항). 대통령령에서는 과태료의 부과기준을 정하고 있다(별표9). 과태료의 부과기준은 일반적으로 적용되는 '일반기준'과 위반행위별 적용되는 '개별기준'으로 구분되어 규정되어 있다. 일반기준에서는 위반행위의 횟수에 따른 과태료의 가중된 부과기준, 감경과 가중기준을 정하고 있으며, 개별기준에서는 위반횟수별 금액을 차수별로 가중하는 과태료 금액을 구체적으로 규정하고 있다([부록 6] 과태료의 부과기준 참조).

4. 과태료 부과처분에 대한 불복

정보통신망법상 과태료처분은 과학기술정보통신부장관 등 행정청의 권한이긴 하지만, 일반적인 행정쟁송 절차로 진행되지 않는다. 「질서위반행위 규제법」에 따라 행정청의 과태료 부과에 불복하는 당사자는 과태료 부과 통지를 받은 날부터 60일 이내에 해당 행정청에 서면으로 이의제기를 할 수 있고, 이의제기를 받은 행정청은 이의제기를 받은 날부터 14일 이내에 이에 대한 의견 및 증빙서류를 첨부하여 관할 법원에 통보하여야 하며, 법원은 「비송사건절차법」에 따라 결정으로 과태료 재판을 한다(제20조, 제21조, 제36조 등).

[부록 1] 정보보호조치의 구체적인 내용(법 제45조 관련)

구 분			세 부 조 치 사 항
1. 관 리 적 보 호 조 치	1.1. 정보보호 조직의 구성· 운영	1.1.1. 정보보호조직의 구성	▶ 정보보호 최고책임자, 정보보호관리자, 정보보호 담당자로 구성된 정보보호조직을 운영
		1.1.2. 정보보호 최고 책임자의 지정	▶ 기업의 정보보호를 책임지는 이사 이상의 상근 임원으로 지정
		1.1.3. 정보보호조직 구성원의 역할	▶ 정보보호 최고책임자는 정보보호 업무와 조직을 총괄 지휘 ▶ 정보보호관리자는 정보보호 업무의 실무를 총괄 하고 관리 ▶ 정보보호담당자는 정보보호 업무의 분야별 실무 를 담당
	1.2. 정보보호 계획 등의 수 립 및 관리	1.2.1. 정보보호 방침의 수립·이행	▶ 정보보호 목표, 범위, 책임 등을 포함한 정보보 호 방침(policy) 수립 ▶ 정보통신서비스와 관련된 모든 법, 규제, 계약, 정책, 기술상의 요구사항을 문서화하고 시행
		1.2.2. 정보보호 실행계획의 수립·이행	▶ 정보보호 방침을 토대로 예산, 일정 등을 포함한 당해 연도의 정보보호 실행계획을 수립 ▶ 최고경영층이 실행계획을 승인하고 정보보호 최 고책임자가 추진 상황을 매 반기마다 점검
		1.2.3. 정보보호 실무지침의 마련·준수	▶ 정보통신설비 및 시설에 대한 관리적·기술적· 물리적 보호조치의 구체적인 시행 방법·절차 등을 규정한 정보보호 실무지침을 마련 ▶ 정보보호 최고책임자가 실무지침을 승인하고 관 련 법·제도, 설비의 교체 등 변경사유가 발생 할 경우 보완하여 관리
		1.2.4. 정보보호 사전점검	▶ 새로운 정보통신망을 구축하거나 정보통신서비 스를 제공하고자 하는 때에는 그 계획, 설계, 구 현, 테스트 등에서 정보보호에 관한 사항을 고려
	1.3. 인적 보안	1.3.1. 내부인력 보안	▶ 임직원의 전보 또는 퇴직시 즉시 관련 계정 등에 대한 접근 권한을 제거 ▶ 임직원에게 정보보호 인식을 제고할 수 있는 홍 보(정보보호 실천수칙 보급 등)를 실시 ▶ 정보보호조직의 구성원 및 정보보호와 관련된 업무에 종사하는 자에게 정기적으로 정보보호

구 분			세 부 조 치 사 항
			교육 실시
		1.3.2. 외부인력 보안	▶ 자사 직원이 아닌 자를 업무에 활용할 경우 보안 서약을 징구
		1.3.3. 위탁운영 보안	▶ 전산업무를 외부에 위탁할 경우 보안계약서 또 는 서비스수준협약 등에 '정보보호에 관한 위탁 업체의 책임범위', '위탁업무 중단에 따른 비상대 책' 등을 반영
	1.4. 이용자 보호	1.4.1. 정보보호 정보 제공	▶ 이용자에게 침해사고 예·경보, 보안취약점, 계 정·비밀번호 관리방안 등의 정보를 지속적으로 제공
		1.4.2. 정보보호 현황 공개	▶ 정보보호 투자 및 인력 현황, 정보보호 관련 인증 등 정보보호 현황을 자사 홈페이지 등에 공개
	1.5. 침해사고 대응	1.5.1. 침해사고 대응 계획의 수립·이행	▶ 침해사고 정의 및 범위, 대응체계(보고 및 조치 체계), 대응 방법 및 절차, 복구 방법 및 절차, 증거자료 수집 및 보관 등을 포함한 침해사고 대응계획을 마련·시행
	1.6. 정보보호 조치 점검	1.6.1. 정보보호조치의 자체 점검	▶ 정보보호관리자는 매년 정보보호조치 및 정보보 호 실무지침의 기준에 따라 자체적으로 정보보 호 현황을 점검
	1.7. 정보자산 관리	1.7.1. 정보통신설비 및 시설의 현황 관 리	▶ 정보통신망 구성도를 마련하고 변경사항이 있을 경우 보완·관리 ▶ 정보통신설비, 시설의 목록(용도 및 위치 등 포 함) 작성 및 네트워크와 분리된 환경에서 안전하 게 관리
	1.8. 정보보호 투자	1.8.1. 정보보호 투자계 획 수립·이행	▶ 기업의 정보보호를 위해 위험관리에 기반한 적 정 수준(정보기술부문 예산의 5%이상)의 정보보 호 예산 편성 및 집행
	2.1. 네트워크 보안	2.1.1. 트래픽 모니터링	▶ 네트워크 모니터링 도구를 이용하여 백본망, 주 요노드 및 외부망과 연계되는 주요회선의 트래 픽 소통량을 24시간 모니터링
		2.1.2. 무선서비스 보안	▶ 무선랜서비스, 무선인터넷서비스를 제공할 경우 에는 사용자인증, 데이터암호화 등 보안조치를 마련
		2.1.3. 정보보호시스템	▶ 외부망과 연계되는 구간에 침입차단시스템, 침입 탐지시스템 등 네트워크의 안전성을 제고할 수

구 분			세 부 조 치 사 항
2. 기술적 보호조치		설치 · 운영	있는 정보보호시스템을 설치 · 운영
		2.1.4. 정보보호를 위한 모니터링	▶ 주요시스템 · 네크워크 사용 및 접근이 명확하게 허용된 범위 안에 있는지를 확인하기 위한 모니터링 시스템 구축 또는 위탁운영을 통하여 침해사고 탐지 · 대응 체계 운영
	2.2. 정보통신 설비 보안	2.2.1. 웹서버 보안	▶ 외부에 서비스를 제공하는 웹서버는 단독서버로 운영하고 DMZ에 설치
		2.2.2. DNS서버 보안	▶ 과부하에 대비한 부하분산 대책을 마련 ▶ 설정파일 백업 실시
		2.2.3. DHCP서버 보안	▶ 과부하에 대비한 부하분산 대책을 마련 ▶ 설정파일 백업 실시 ▶ IP 할당 상황 등에 대한 로그기록 유지 · 관리
		2.2.4. DB서버 보안	▶ 내부망에 설치 ▶ 외부망에서 직접 접속할 수 없도록 네트워크를 구성
		2.2.5. 라우터/스위치 보안	▶ ACL(Access Control List) 등의 접근제어 기능을 적용할 수 있는 설비를 사용
		2.2.6. 정보보호시스템 보안	▶ 이상징후 탐지를 알리는 경고 기능을 설정하여 운영 ▶ 정보보호시스템 보안기능(비정상 트래픽 차단 등)의 정상 작동 여부를 주기적으로 점검(월 1회 이상)
		2.2.7. 취약점 점검	▶ 연 1회 이상 취약점 점검을 실시하고 발견된 취약점을 보완
		2.2.8. 접근통제 및 보안설정 관리	▶ 인가된 자만 시스템에 접속할 수 있도록 설정하고, 인터넷 등을 통해 외부에서 접속할 경우 일회용 패스워드 사용 등 인가 절차를 강화 ▶ 불필요한 프로토콜 및 서비스 제거 등 보안설정
		2.2.9. 관리자 계정의 비밀번호 관리	▶ 관리자 계정의 비밀번호는 8자리 이상으로 설정. 단, 설정 가능한 자리수가 8자리 미만일 때는 설정 가능한 최대의 자리수로 설정 ▶ 최소 3개월에 1회 이상 비밀번호 변경
		2.2.10. 로그 관리	▶ 최소 1개월 이상 로그기록 유지 · 관리(정보보호시스템은 3개월)

구　분			세 부 조 치 사 항
		2.2.11. 보안패치 관리	▶ 보안패치 정보를 주기적으로 입수하고 적용 ▶ 주요 보안패치에 대해서는 적용일 등 패치정보를 기록·관리
		2.2.12. 백업 및 복구	▶ 주요정보를 주기적으로 백업 ▶ 백업 담당자, 백업 및 복구 방법·절차·주기 등을 기록·관리
		2.2.13. 중요정보의 암호화	▶ 비밀번호는 복호화 되지 않도록 일방향 암호화하여 저장 ▶ 주민등록번호, 신용카드번호 및 계좌번호, 정보자산현황 등은 안전한 암호알고리듬으로 암호화하여 저장
		2.2.14. 관리용 단말 보안	▶ 일반적인 업무 및 개인적인 용도의 사용을 금지하고 DB서버, 웹서버 등 주요 정보통신설비의 접속에만 사용 ▶ 전용 또는 인터넷과 격리된 환경(필요시 접근통제 정책을 수립하고 제한적 접속 허용)에서 인가된 이용자만 이용할 수 있도록 통제 ▶ 관리용 단말로의 외부접속 차단, 주기적 보안패치 및 악성 소프트웨어 예방·탐지 활동 실시
3. 물리적 보호조치	3.1. 출입 및 접근 보안	3.1.1. 정보통신시설의 출입·접근 통제	▶ 비인가자가 출입할 수 없도록 잠금장치를 설치 ▶ 출입자의 기록을 1개월 이상 유지·보관
	3.2. 부대설비 및 시설 운영·관리	3.2.1. 백업설비 및 시설 설치·운영	▶ 주요정보를 백업하여 보관할 수 있는 백업설비 및 시설을 설치·운영

<비 고>

1. 2.2.7~2.2.14의 사항은 2.2.1~2.2.6에 해당하는 설비에 적용된다.

2. 2.1.1.의 규정에 따른 주요회선에 대한 트래픽 소통량 모니터링은 관리자 등이 모니터링 현장에 상주하지 않는 방법으로 실시할 수 있다.

3. 2.2.11.의 규정에 따른 보안패치 정보의 입수·적용 주기는 정보보호관리자의 판단에 따라 정한다.

4. 2.2.12.의 규정에 따른 주요정보의 백업 주기는 정보보호관리자의 판단에 따라 정한다.

[부록 2] 정보보호 사전점검기준(법 제45조의2 관련)

1. 설계 검토 단계를 포함한 사전점검 절차는 아래와 같다.

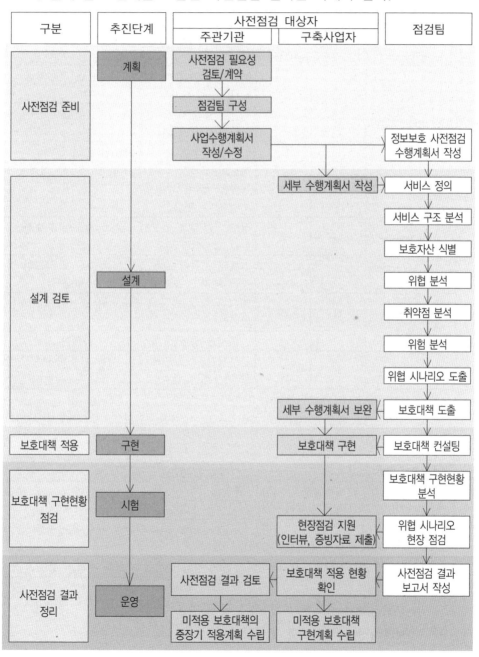

구분	추진단계	사전점검 대상자		점검팀
		주관기관	구축사업자	
사전점검 준비	계획	사전점검 필요성 검토/계약		
		점검팀 구성		
		사업수행계획서 작성/수정		정보보호 사전점검 수행계획서 작성
설계 검토	설계	세부 수행계획서 작성		서비스 정의
				서비스 구조 분석
				보호자산 식별
				위협 분석
				취약점 분석
				위험 분석
				위협 시나리오 도출
		세부 수행계획서 보완		보호대책 도출
보호대책 적용	구현		보호대책 구현	보호대책 컨설팅
보호대책 구현현황 점검	시험			보호대책 구현현황 분석
			현장점검 지원 (인터뷰, 증빙자료 제출)	위협 시나리오 현장 점검
사전점검 결과 정리	운영	사전점검 결과 검토	보호대책 적용 현황 확인	사전점검 결과 보고서 작성
		미적용 보호대책의 중장기 적용계획 수립	미적용 보호대책 구현계획 수립	

2. 보호자산 식별 단계에서 보호자산의 중요도 평가 기준

가. 대상 서비스를 구성하는 정보자산의 평가요소 도출 및 평가등급 설정
은 아래 표와 같다.

평가요소	평가등급	평가점수	설 명
기밀성 (Confidentiality)	H	3	매우 민감한 정보이므로 업무관련 책임자만 접근가능
	M	2	민감한 정보이므로 내부담당자, 책임자 등 일부 허가된 직원만 접근가능
	L	1	민감한 정보는 아니나 내부인만 접근가능
무결성 (Integrity)	H	3	정보의 무결성 손상시 서비스 제공에 치명적인 영향을 주며, 주요업무 및 회사기능에 마비를 초래할 수 있음
	M	2	정보의 무결성 손상시 서비스 제공에 중대한 영향을 줌
	L	1	정보의 무결성 손상시 서비스 제공에 경미한 영향을 주지만, 충분히 해결할 수 있음
가용성 (Availability)	H	3	24시간 항상 가동이 필요하며 중단이 되어서는 안 됨
	M	2	근무시간 중에는 항상 접근 가능해야 함
	L	1	근무시간 중에 50%이상 사용 가능해야하고 접근 가능해야 함

나. 서비스의 특성에 따라 추가하는 평가요소의 등급 산정은 아래 사항을
고려한다.

평가등급	평가점수	설 명
H	3	피해발생시 서비스 품질의 현저한 저하 및 직원이나 시스템 운영자가 업무에 심각한 지장을 초래하는 등급
M	2	피해발생시 서비스 품질의 저하 및 운영자의 작업 효율성을 감소시킬 수 있는 등급
L	1	피해발생시 서비스 품질에 거의 영향을 끼치지 못하는 등급

다. 보호자산의 중요도 평가 결과 및 방법은 아래와 같으며 평균값에 따라
보호자산별 중요도를 부여한다.

평가요소별 평가등급의 평균값	보호자산 중요도
2.0이상 ~	H
1.0이상 ~ 2.0미만	M
0.0이상 ~ 1.0미만	L

※ 평가요소별 평가등급에 따른 점수의 평균값 계산 방법

평균값 = {(C의 점수)+(I의 점수)+(A의 점수)+(추가 점수)} ÷ (평가요소 개수)}

3. 위협 분석 단계에서 위협 평가 기준

가. 대상 서비스를 구성하는 보호자산의 내·외부적 위협요소를 식별하고, 해당 위협의 위협 등급을 평가하는 기준은 아래와 같다.

평가등급	위협에 의한 영향	발생주기 또는 발생가능성
H	보호자산 손실로 인해 업무중단 등 심각한 영향을 초래	서비스 제공시 손실이 자주 발생함 (6개월 이내)
M	보호자산의 손실이 있으나, 업무에 심각하게 영향을 끼치지 않음	서비스를 운영하는 동안 여러 번 손실이 발생할 수 있는 상태(1년 이내)
L	보호자산의 손실이 매우 경미함	서비스를 운영하는 동안 손실이 거의 발생하지 않음

나. 서비스 특성에 따라 추가하는 평가요소의 위협등급은 아래사항을 고려하여 산정한다.

위협영향	발생주기	위협등급
H	H	H
H	M	H
H	L	M
M	H	M
M	M	M
M	L	L
L	H	M
L	M	L
L	L	L

4. 취약점 분석 단계에서 취약점 평가 기준

가. 위협분석 단계에서 도출된 위협 분류와 내용을 활용하여 취약점 관련 정보를 수집하고 관리적 · 물리적 · 기술적 사항에 대한 취약점을 식별하고 아래 취약점 평가 기준표를 참고하여 평가한다.

매우 취약 (VH)	보호자산의 복구가 불가능하거나 피해규모가 아주 큰 경우
비교적 취약(H)	최고 경영자나 상급관리자의 정밀한 검색 및 승인을 필요로 하는 위험을 발생 시킬 수 있는 경우. 보호자산의 복구는 가능하나 그 피해규모가 비교적 큰 경우
보통(M)	취약점이 상급관리자의 검토 및 승인을 필요로 하는 정도의 위험을 발생시킬 수 있는 경우
거의 취약하지 않음(L)	취약점이 보호자산에 별다른 영향을 끼치지 않거나 취약점이 자산에 약간의 영향은 끼치지만 그 영향이 미미해서 해당 보호자산이 하위관리자의 조치만으로 문제해결이 가능한 경우

나. 점검팀이 자체 평가기준을 보유하고 있을 경우 해당 기준을 활용할 수 있다.

5. 위험 분석 단계에서 위험 평가 기준

가. 보호자산에 발생 가능한 위험을 평가하는 등급 부여 기준은 아래와 같다.

평가등급	내용설명
H	- 위험이 발생될 가능성이 매우 높고, 발생 시 서비스 품질의 현저한 저하 및 직원이나 시스템 운용자가 업무에 심각한 지장을 초래
M	- 위험의 발생가능성이 높고, 발생 시 서비스 품질에 미미한 영향을 미침 - 위험의 발생가능성이 보통이거나 낮고, 발생 시 서비스 품질의 저하 및 운영자의 작업 효율성을 감소시킴
L	- 위험발생 가능성이 낮고, 피해발생시 서비스 품질에 거의 영향을 끼치지 못함

나. 보호자산의 중요도, 위협 등급, 취약점 등급 등을 고려한 위험 등급은 아래와 같다.

보호자산 중요도	위협등급	취약점등급	위험등급
H	H	VH	H
H	H	H	H
H	H	M	H
H	H	L	M
H	M	VH	H
H	M	H	H
H	M	M	H
H	M	L	M
H	L	VH	H
H	L	H	M
H	L	M	M
H	L	L	L
M	H	VH	H
M	H	H	H
M	H	M	H
M	H	L	M
M	M	VH	H
M	M	H	H
M	M	M	M
M	M	L	L
M	L	VH	M
M	L	H	M
M	L	M	L
M	L	L	L
L	H	VH	M
L	H	H	M
L	H	M	L
L	H	L	L
L	M	VH	M
L	M	H	M
L	M	M	L
L	M	L	L
L	L	VH	L
L	L	H	L
L	L	M	L
L	L	L	L

[부록 3] 집적정보통신시설 보호조치 세부기준(법 제46조 관련)

구분	목표	항 목	내 용
물리적·기술적 보호조치	접근제어 및 감시	출입통제장치	· 주요시설중 중앙감시실, 전산실, 전력감시실, 통신장비실, 방재센터의 출입구에는 출입자의 신원확인을 통해 개폐되는 잠금장치를 설치한다.
		출입기록	· 주요시설에 대한 출입기록(모든 출입자의 신원과 방문목적 및 방문일시에 대한 기록, CCTV녹화, 출입통제장치의 로그기록)을 출입일로부터 2개월 이상 유지되도록 보관한다. · 주요시설이외의 시설에 대한 출입기록(외부 방문자의 신원과 방문목적 및 방문일시에 대한 기록)을 출입일로부터 1개월 이상 유지되도록 보관한다.
		고객 정보시스템 장비 보호	· 전산실내에 보관하여 관리하는 고객의 컴퓨터장비 등 정보시스템 장비는 잠금장치가 있는 구조물(Rack)에 설치한다.
		중앙감시실	· 주요시설중 전산실 및 통신장비실에 대하여 각 시설의 기능별 작동상황 및 사고발생여부를 확인한다. · CCTV가 촬영한 영상을 24시간 감시할 수 있는 모니터를 설치한다.
		CCTV	· 주요시설의 출입구와 주요시설중 전산실 및 통신장비실 내부에 CCTV를 설치한다.
		경보장치	· 방재센터는 화재감시센서의 작동상황이 실시간으로 파악되도록 하고, 화재발생시에 경보신호를 통해 상황을 알 수 있도록 화재감지센서와 연동된 경보장치를 설치한다. · 방재센터는 중앙감시실과 통합하여 운영할 수 있다.
	가용성	전력 및 관련 설비 보호	· 전력(비상전력을 포함), 축전지설비, 자가발전설비, 수변전설비, UPS에 대한 상황파악 및 제어가 가능하도록 전력감시실을 두되, 중앙감시실과 통합하여 운영할 수 있다.
		무정전전원 장치 (UPS)	· 전산실내 고객 정보시스템 장비의 3개월간 평균 순간사용전력의 130%에 해당하는 전력을 최소 20분 이상 공급할 수 있는 UPS를 설치한다.
		축전지설비	· 별도의 축전지실 또는 잠금장치가 있는 폐쇄형 판넬(Cubicle)로 설비한다. · 축전지는 UPS 장비와 통합하여 관리되어도 무방하다.
		자가발전설비	· 자가발전설비의 발전용량은 전산실내 고객의 정보시스템 장비 및 항온항습기와 집적정보통신시설내에 설치된 유도등의 3개월간 평균 순간사용전력의 130%에 해당하는 전

구분	목표	항 목	내 용
			력을 공급할 수 있어야 하고 추가적인 연료의 보충 없이도 2시간이상 발전할 수 있는 연료 공급 저장시설이 있어야 한다.
		수변전설비	· 배전반에 단락 · 지락 및 과전류를 방지할 수 있도록 계전기(Relay)를 설치하고 누전이 발생하였을 때 이를 차단할 수 있도록 누전차단기 또는 누전경보기를 설치한다. · 수변전설비는 중앙감시실 또는 전력감시실과 연동되어야 한다.
		접지시설	· 주요시설의 정보시스템 장비 등 각종 전원장비에 대한 접지시설을 한다.
		항온항습기	· 전산실에 24시간 항온 · 항습을 유지하기 위하여 온습도 측정이 가능하도록 항온항습기를 설치한다.
		비상조명 및 유도등 설비	· 주요시설에는 기존 조명설비의 작동이 멈추는 경우에 바닥 또는 작업면의 조도가 최소 10룩스(lux)이상이 유지되도록 비상조명을 설치한다. · 집적정보통신시설 전지역에 유도등 및 유도표지를 설치한다.

구분	목표	항 목	내 용
물리적 · 기술적 보호조치	방호성	벽면의 구성	· 전산실은 천장을 통하여 외부와의 왕래가 불가능하도록 전산실의 벽면과 접한 천장을 차단하는 조치를 한다.
		유리창문 설비	· 주요시설관련 건물내부의 창문은 강화유리를 사용하고 개폐가 되지 않도록 설치한다.
	방재성	하중안전성	· UPS, 변압기, 배전반, 자가발전설비가 설치된 장소의 바닥은 최소 500kg/㎡ 이상의 하중에 견디도록 필요한 조치를 하되, 적재하중치(장비의 단위면적당 중량과 건축물의 구조를 고려하여 계산한 하중치에 2.5<안전율>를 곱한 값)가 500kg/㎡을 초과할 경우에는 그 값에 해당하는 하중에 견디도록 필한 조치를 하여야 한다.
		소방시설	· 집적정보통신시설 전 지역에 열감지 또는 연기감지 센서를 설치한다. · 주요시설은 소화시 장비에 피해를 주지 않도록 가스 소화장비를 설치하고 주요시설외의 지역에는 가스 소화장비 또는 살수 소화장비(스프링클러)를 설치한다. · 화재가 발생한 경우 주요시설로 화재가 번지는 것을 방지하기 위하여 방화문을 설치한다.

구분	목표	항 목	내 용
관리적 보호조치		건축자재	· 집적정보통신시설의 건물은 화재 및 물리적 충격에 견디기 위해 철골조, 철근 콘크리트를 사용한 건축물이어야 한다. · 바닥재, 내벽, 천장 등의 건물 내부에 사용하는 자재는 화재발생시에도 잘 연소되지 않는 불연재료·준불연재료 또는 난연재료를 사용한다. · 건축물의 외벽에는 불연재료 또는 준불연재료를 마감재료로 사용한다.
		수해방지	· 주요시설의 천장 및 바닥(주요시설이 지하에 위치한 경우에는 벽을 포함한다)은 수해를 방지하기 위하여 물이 들어갈 수 없도록 시공(방수시공 등) 하여야 한다.
	보호관리체계화	상근경비원	· 24시간 경비업무를 수행하는 상근 경비원을 둔다.
		전문기술자	· 주요시설의 유지·관리를 위하여 시스템관리, 네트워크관리, 전기를 각각 담당하는 전문인력(관련분야 2년이상 경력자)을 두되, 해당 인력을 확보하기 어려운 경우에는 외부 전문업체에 해당 업무를 위탁할 수 있다.
		관리책임자	· 집적정보통신시설내의 모든 보호조치를 계획, 감독, 통제하며 비상시 재난관리활동을 수행한다.
		시설보호계획 및 업무연속성계획	· 시설보호계획 및 업무연속성계획을 수립하는 때에는 제6조 제1항 및 제2항의 규정에 의한 내용이 포함되도록 한다. · 시설보호계획 및 업무연속성계획을 주된 사업장에 비치하고 교육하는 등 소속 직원이 내용을 숙지할 수 있도록 필요한 조치를 한다. · 업무환경의 변화 등으로 인하여 시설보호계획 및 업무연속성계획의 수정·보완이 필요한 경우에는 지체없이 검토·보완하여야 한다.

[부록 4] 정보통신망연결기기등에 대한 정보보호인증기준(안)(법 제48조의6 관련)

인증 영역		인증기준
식별 및 인증	1.1	안전한 인증정보 사용
	1.2	사용자 인증 및 권한 관리
	1.3	비인가 상호인증 제한
	1.4	반복된 인증시도 제한
	1.5	정보노출 방지
	1.6	안전한 세션 관리
데이터 보호	2.1	전송 데이터 보호
	2.2	저장 데이터 보호
	2.3	중요정보 저장 영역 보호강화
	2.4	개인정보 법적 준거성
	2.5	중요정보 완전삭제
암 호	3.1	안전한 암호 알고리즘 사용
	3.2	안전한 암호키 생성
	3.3	안전한 암호키 관리
	3.4	안전한 난수 생성
소프트웨어 보안	4.1	시큐어 코딩
	4.2	소스코드 난독화
	4.3	소프트웨어 보안기능 시험
	4.4	알려진 취약점 조치
	4.5	불필요한 기능 및 코드 제거
	4.6	안전한 소프트웨어 적용
	4.7	감사기록
업데이트 및 기술지원	5.1	모델명 및 제품정보 확인
	5.2	안전한 업데이트 수행
	5.3	업데이트 파일의 안전성 보장
	5.4	업데이트 실패 시 복구
	5.5	업데이트 기술 지원
	5.6	업데이트 정보 제공
	5.7	자동업데이트 기능 제공
운영체제 및 네트워크 보안	6.1	안전한 운영체제 적용
	6.2	불필요한 계정 통제
	6.3	불필요한 서비스 및 포트 통제

	6.4	불필요한 네트워크 인터페이스 비활성화
	6.5	실행코드 및 설정파일 무결성 검증
	6.6	장애 시 시스템 복원
	6.7	서비스 거부 공격 대응
	6.8	운영체제 기능 보호
	6.9	접근권한 최소화
	6.10	비인가 소프트웨어 설치•실행차단
	6.11	원격접속 통제
	6.12	네트워크 트래픽 통제
하드웨어 보안	7.1	안전한 부팅 및 자체시험
	7.2	자체시험 실패 시 대응
	7.3	하드웨어 장애 대응
	7.4	무단 훼손 방어
	7.5	부채널 공격 대응
	7.6	메모리 공격 대응
	7.7	비휘발성 메모리 보호
	7.8	외부 인터페이스 보호
	7.9	내부 인터페이스 보호

[부록 5] 클라우드서비스 보안인증기준

〈 관리적 보호조치 기준 〉

구 분			세 부 조 치 사 항
1. 정보보호 정책 및 조직	1.1. 정보보호 정책	1.1.1. 정보보호 정책 수립	정보보호 정책을 문서화하고, 정보보호 최고책임자의 승인 후 정책에 영향을 받는 모든 임직원 및 외부 업무 관련자에게 제공하여야 한다.
		1.1.2. 정보보호 정책 검토 및 변경	정보보호 정책의 타당성 및 효과를 연 1회 이상 검토하고, 관련 법규 변경 및 내·외부 보안사고 발생 등의 중대한 사유가 발생할 경우에는 추가로 검토하고 변경하여야 한다.
		1.1.3. 정보보호 정책문서 관리	정보보호 정책 및 정책 시행문서의 이력관리 절차를 수립하고 시행하며, 최신본으로 유지하여야 한다.
	1.2. 정보보호 조직	1.2.1. 조직 구성	정보보호 활동을 계획, 실행, 검토하는 정보보호 전담 조직을 구성하고 정보보호 최고책임자를 임명하여야 한다.
		1.2.2. 역할 및 책임 부여	정보자산과 보안에 관련된 모든 임직원 및 외부 업무 관련자의 정보보호 역할과 책임을 명확하게 정의하여야 한다. 또한 서비스 이용자의 정보보호 역할과 책임도 서비스 수준 협약 등을 통해 명확하게 정의하여야 한다.
2. 인적 보안	2.1. 내부인력 보안	2.1.1. 고용계약	고용 계약서에 정보보호 정책 및 관련 법률을 준수하도록 하는 조항 또는 조건을 포함시키고, 새로 채용하거나 합류한 근무 인력이 클라우드컴퓨팅서비스의 설비, 자원, 자산에 접근이 허용되기 이전에 서명을 받아야 한다.
		2.1.2. 주요 직무자 지정 및 감독	클라우드컴퓨팅서비스의 시스템 운영 및 개발, 정보보호 등에 관련된 임직원의 경우 주요 직무자로 지정하여 관리하고, 직무 지정 범위는 최소화하여야 한다.
		2.1.3. 직무 분리	권한 오남용 등 내부 임직원의 고의적인 행위로 발생할 수 있는 잠재적인 위협을 줄이기 위하여 직무 분리 기준을 수립하고 적용하여야 한다.
		2.1.4. 비밀유지서약서	정보보호와 개인정보보호 등을 위해 필요한 사항을 비밀유지서약서에 정의하고 주기적으로 갱신하여야 한다.

구 분			세부조치사항
		2.1.5. 상벌규정	정보보호 정책을 위반한 임직원에 대한 징계 규정을 수립하고, 위반 사항이 발생 시 규정에 명시된 대로 징계 조치를 취하여야 한다. 또한 정보보호 정책을 충실히 이행한 임직원에 대한 보상 방안도 마련하여야 한다.
		2.1.6. 퇴직 및 직무변경	임직원의 퇴직 또는 직무 변경에 관한 책임을 명시적으로 정의하고 수행하여야 한다. 또한 이에 대한 접근권한도 제거하여야 한다.
	2.2. 외부인력 보안	2.2.1. 외부인력 계약	외부인력(외부유지보수직원, 외부용역자 포함)에 의한 정보자산 접근 등과 관련된 보안요구사항을 계약에 반영하여야 한다.
		2.2.2. 외부인력 보안 이행 관리	계약서에 명시한 보안요구사항 준수 여부를 주기적으로 점검하고 위반사항이나 침해사고 발생 시 적절한 조치를 수행하여야 한다.
		2.2.3. 계약 만료 시 보안	외부인력과의 계약 만료 시 자산 반납, 접근권한의 회수, 중요정보 파기, 업무 수행 시 알게 된 정보의 대한 비밀 유지서약 등을 확인하여야 한다.
	2.3. 정보보호 교육	2.3.1 교육 프로그램 수립	모든 임직원 및 외부 업무 관련자를 포함하여 연간 정보보호 교육 프로그램을 수립하여야 한다.
		2.3.2. 교육 시행	모든 임직원 및 외부 업무 관련자를 대상으로 연 1회 이상 정보보호 교육을 시행하고 정보보호 정책 및 절차의 중대한 변경, 내·외부 보안사고 발생, 관련 법규 변경 등의 사유가 발생하면 추가 교육을 실시하여야 한다.
		2.3.3. 평가 및 개선	정보보호 교육 시행에 대한 기록을 남기고 결과를 평가하여 개선하여야 한다.
3. 자산 관리	3.1. 자산 식별 및 분류	3.1.1. 자산 식별	클라우드컴퓨팅서비스에 사용된 정보자산(정보시스템, 정보보호시스템, 정보 등)에 대한 자산분류기준 수립하고 식별된 자산의 목록을 작성하여 관리하여야 한다.
		3.1.2. 자산별 책임할당	식별된 자산마다 책임자 및 관리자를 지정하여 책임소재를 명확히 하여야 한다.
		3.1.3. 보안등급 및	기밀성, 무결성, 가용성, 법적요구사항 등을 고려하여 자산의 보안 등급을 부여하고, 보안 등급별 취급 절차

구 분			세 부 조 치 사 항
		취급	에 따라 관리하여야 한다.
	3.2. 자산 변경관리	3.2.1. 변경관리	클라우드컴퓨팅서비스에 사용된 자산(시설, 장비, 소프트웨어 등)의 변경이 필요한 경우 보안 영향 평가를 통해 변경 사항을 관리하여야 한다. 또한 이용자에게 큰 영향을 주는 변경에 대해서는 사전에 공지를 하여야 한다.
		3.2.2. 변경 탐지 및 모니터링	클라우드컴퓨팅서비스에 사용된 자산(시설, 장비, 소프트웨어 등)의 변경을 지속적으로 모니터링하여 허가받지 않은 변경을 탐지하고 최신의 변경 이력을 유지하여야 한다.
		3.2.3. 변경 후 작업검증	클라우드컴퓨팅서비스에 사용된 자산(시설, 장비, 소프트웨어 등)의 변경 후에는 보안성 및 호환성 등에 대한 작업 검증을 수행하여야 한다.
	3.3. 위험관리	3.3.1. 위험관리계획 수립	관리적, 기술적, 물리적, 법적 분야 등 정보보호 전 영역에 대한 위험식별 및 평가가 가능하도록 위험관리 방법과 계획을 사전에 수립하여야 한다.
		3.3.2. 취약점 점검	취약점 점검 정책에 따라 주기적으로 기술적 취약점(예 : 유·무선 네트워크, 운영체제 및 인프라, 응용 프로그램 취약점 등)을 점검하고 보완하여야 한다.
		3.3.3. 위험분석 및 평가	위험관리 방법 및 계획에 따라 정보보호 전 영역에 대한 위험 식별 및 평가를 연 1회 이상 수행하고 그 결과에 따라 수용 가능한 위험수준을 설정하여 관리하여야 한다.
		3.3.4. 위험처리	법규 및 계약관련 요구사항과 위험수용 수준을 고려하여 위험평가 결과에 따라 통제할 수 있는 방법을 선택하여 처리하여야 한다.
4. 서비스 공급망 관리	4.1. 공급망관리 정책	4.1.1. 공급망 관리 정책 수립	클라우드컴퓨팅서비스에 대한 접근과 서비스 연속성을 저해하는 위험을 식별하고 최소화하기 위해 공급망과 관련한 보안 요구사항을 정의하는 관리 정책을 수립하여야 한다.
		4.1.2. 공급망 계약	클라우드컴퓨팅서비스 범위 및 보안 요구사항을 포함하는 공급망 계약을 체결하고 다자간 협약시 책임을 개별 계약서에 각각 명시해야하며, 해당 서비스에 관련된 모든 이해관계자에게 적용하여야 한다.
	4.2. 공급망	4.2.1. 공급망	정보보호 정책, 절차 및 통제에 대한 수정 및 개선이 필요하다고 판단될 경우 서비스 공급망 상에 발생할

구 분			세 부 조 치 사 항
변경관리	변경관리		수 있는 위험에 대한 검토를 통해 안전성을 확보 후 계약서 내용 변경 방안을 제시하여야 한다.
		4.2.2. 공급망 모니터링 및 검토	클라우드컴퓨팅서비스 공급망 상에서 발생하는 기록 및 보고서는 정기적으로 모니터링 및 검토하여야 한다.
5. 침해사고관리	5.1. 침해사고 대응 절차 및 체계	5.1.1. 침해사고 대응 절차 수립	침해사고에 대한 효율적이고 효과적인 대응을 위해 신고절차, 유출 금지 대상, 사고 처리 절차 등을 담은 침해사고 대응절차를 마련하여야 한다. 침해사고 대응절차는 이용자와 제공자의 책임과 절차가 포함되어야 한다.
		5.1.2. 침해사고 대응 체계 구축	침해사고 정보를 수집·분석·대응할 수 있는 보안관제 시스템 및 조직을 구성·운영하고, 침해사고 유형 및 중요도에 따라 보고 및 협력체계를 구축하여야 한다.
		5.1.3. 침해사고 대응 훈련 및 점검	침해사고 대응과 관련된 역할 및 책임이 있는 담당자를 훈련시켜야 하고, 주기적으로 침해사고 대응 능력을 점검하여야 한다.
	5.2. 침해사고 대응	5.2.1. 침해사고 보고	침해사고 발생 시 침해사고 대응절차에 따라 법적 통지 및 신고 의무를 준수하여야 한다. 또한 클라우드컴퓨팅서비스 이용자에게 발생 내용, 원인, 조치 현황 등을 신속하게 알려야 한다.
		5.2.2. 침해사고 처리 및 복구	침해사고 발생 시 침해사고 대응절차에 따라 처리와 복구를 신속하게 수행하여야 한다
	5.3. 사후관리	5.3.1. 침해사고 분석 및 공유	침해사고가 처리 및 종결된 후 발생 원인을 분석하고 그 결과를 이용자에게 알려야 한다. 또한 유사한 침해사고에 대한 신속한 처리를 위해 침해사고 관련 정보 및 발견된 취약점을 관련 조직 및 임직원과 공유하여야 한다.
		5.3.2. 재발방지	침해사고 관련 정보를 활용하여 유사한 침해사고가 반복되지 않도록 침해사고 재발방지 대책을 수립하고, 필요한 경우 침해사고 대응 체계도 변경하여야 한다.
	6.1. 장애대응	6.1.1. 장애 대응절차 수립	관련 법률에서 규정한 클라우드컴퓨팅서비스의 중단으로부터 업무 연속성을 보장하기 위해 백업, 복구 등을 포함하는 장애 대응 절차를 마련하여야 한다.

구　분			세부조치사항
6. 서비스연속성관리		6.1.2. 장애 보고	클라우드컴퓨팅서비스 중단이나 피해가 발생 시 장애 대응절차에 따라 법적 통지 및 신고 의무를 준수하여야 한다. 또한 클라우드컴퓨팅서비스 이용자에게도 발생 내용, 원인, 조치 현황 등을 신속하게 알려야 한다.
		6.1.3. 장애 처리 및 복구	클라우드컴퓨팅서비스 중단이나 피해가 발생할 경우, 서비스 수준 협약(SLA)에 명시된 시간 내에 장애 대응 절차에 따라 해당 서비스의 장애를 처리하고 복구시켜야 한다.
		6.1.4. 재발방지	장애 관련 정보를 활용하여 유사한 서비스 중단이 반복되지 않도록 장애 재발방지 대책을 수립하고, 필요한 경우 장애 대응 절차도 변경하여야 한다.
	6.2. 서비스 가용성	6.2.1. 성능 및 용량 관리	클라우드컴퓨팅서비스의 가용성을 보장하기 위해 성능 및 용량에 대한 요구사항을 정의하고, 지속적으로 관리할 수 있는 모니터링 방법 또는 절차를 수립하여야 한다.
		6.2.2. 이중화 및 백업	정보처리설비(예 : 클라우드컴퓨팅서비스를 제공하는 물리적인 서버, 스토리지, 네트워크 장비, 통신 케이블, 접속 회선 등)의 장애로 서비스가 중단되지 않도록 정보 처리설비를 이중화하고, 장애 발생 시 신속하게 복구를 수행하도록 백업 체계도 마련하여야 한다.
		6.2.3. 서비스 가용성 점검	서비스 가용성에 대한 영향 평가를 주기적으로 점검하여야 한다.
7. 준거성	7.1. 법 및 정책 준수	7.1.1. 법적요구사항 준수	정보보호 관련 법적 요구사항을 식별하고 준수하여야 한다.
		7.1.2. 정보보호 정책 준수	정보보호 정책 및 서비스 수준 협약에 포함된 보안 요구사항을 식별하고 준수하며 이용자가 요구하는 경우 관련 증거를 제공하여야 한다.
	7.2. 보안 감사	7.2.1. 독립적 보안감사	법적 요구사항 및 정보보호 정책 준수 여부를 보증하기 위해 독립적 보안감사 계획을 수립하여 시행하고 개선 조치를 취하여야 한다.
		7.2.2. 감사기록 및 모니터링	보안감사 증적(로그)은 식별할 수 있는 형태로 기록 및 모니터링 되어야 되고 비인가된 접근 및 변조로부터 보호되어야 한다.

〈 물리적 보호조치 기준 〉

구 분			세부조치사항
8. 물리적 보안	8.1. 물리적 보호구역	8.1.1. 물리적 보호구역 지정	중요 정보 및 정보처리시설을 보호하기 위한 물리적 보안 구역(예 : 주요 정보처리 설비 및 시스템 구역, 사무실, 외부인 접견실 등)을 지정하고, 각 보안 구역에 대한 보안 대책을 마련하여야 한다.
		8.1.2. 물리적 출입통제	물리적 보안 구역에 인가된 자만이 접근할 수 있도록 출입을 통제하는 시설(예 : 경비원, 출입 통제 시스템 등)을 갖추어야 하고, 출입 및 접근 이력을 주기적으로 검토하여야 한다.
		8.1.3. 물리적 보호구역 내 작업	유지보수 등 주요 정보처리 설비 및 시스템이 위치한 보호구역 내에서의 작업 절차를 수립하고 작업에 대한 기록을 주기적으로 검토하여야 한다.
		8.1.4. 사무실 및 설비 공간 보호	사무실 및 설비 공간에 대한 물리적인 보호방안을 수립하고 적용하여야 한다.
		8.1.5. 공공장소 및 운송·하역구역 보호	공공장소 및 운송·하역을 위한 구역은 내부 정보처리시설로부터 분리 및 통제하여야 한다.
		8.1.6. 모바일 기기 반출·입	노트북 등 모바일 기기 미승인 반출입을 통한 중요정보 유출, 내부망 악성코드 감염 등의 보안사고 예방을 위하여 보호구역 내 임직원 및 외부인력 모바일 기기 반출입 통제절차를 수립하고 기록·관리하여야 한다
	8.2. 정보처리 시설 및 장비보호	8.2.1. 정보처리시설의 배치	물리적 및 환경적 위험으로부터 잠재적 손상을 최소화하고 비인가 된 접근 가능성을 최소화하기 위하여, 정보처리시설 내 장비의 위치를 파악하고 배치하여야 한다.
		8.2.2. 보호설비	각 보안 구역의 중요도 및 특성에 따라 화재, 누수, 전력 이상 등 자연재해나 인재에 대비하여 화재 감지기, 소화 설비, 누수 감지기, 항온 항습기, 무정전 전원 장치(UPS), 이중 전원선 등의 설비를 갖추어야 한다.
		8.2.3.	데이터를 송수신하는 통신케이블이나 전력을 공급하

구　분		세 부 조 치 사 항
	케이블 보호	는 전력 케이블은 손상이나 도청으로부터 보호하여야 한다.
	8.2.4. 시설 및 장비 유지보수	정보처리시설은 가용성과 무결성을 지속적으로 보장할 수 있도록 유지보수 하여야 한다.
	8.2.5. 장비 반출·입	장비의 미승인 반출·입을 통한 중요 정보 유출, 악성코드 감염 등의 침해사고 예방을 위하여, 보안 구역 내 직원 및 외부 업무 관련자에 의한 장비 반출·입 절차를 수립하고, 기록 및 관리하여야 한다.
	8.2.6. 장비 폐기 및 재사용	정보처리시설 내의 저장 매체를 포함하여 모든 장비를 파악하고, 민감한 데이터가 저장된 장비를 폐기하는 경우 복구 불가능하도록 하여야 한다. 또한 재사용하는 경우에도 복구 불가능 상태에서 재사용하여야 한다.

〈 기술적 보호조치 기준 〉

구 분			세 부 조 치 사 항
9. 가 상 화 보 안	9.1. 가상화 인프라	9.1.1. 가상자원 관리	가상자원(가상 머신, 가상 스토리지, 가상 소프트웨어 등)의 생성, 변경, 회수 등에 대한 관리 방안을 수립하여야 한다.
		9.1.2. 가상자원 회수	이용자와의 계약 종료 시 가상자원 회수 절차에 따라 백업을 포함한 모든 클라우드 시스템에서 삭제하여야 한다.
		9.1.3. 가상자원 모니터링	가상자원에 대한 무결성 보장하기 위한 보호조치 및 가상자원의 변경(수정, 이동, 삭제, 복사)에 대해 모니터링 하여야 한다. 또한, 가상자원에 손상이 발생한 경우 이를 이용자에게 알려주어야 한다.
		9.1.4. 하이퍼바이저 보안	가상자원을 관리하는 하이퍼바이저의 기능 및 인터페이스에 대한 접근 통제 방안을 마련하여야 한다. 또한 하이퍼바이저에 대한 소프트웨어 업데이트 및 보안패치를 최신으로 유지하여야 한다.
		9.1.5. 공개서버 보안	가상자원을 제공하기 위한 웹사이트와 가상소프트웨어(앱, 응용프로그램)를 배포하기 위한 공개서버에 대한 물리적, 기술적 보호대책을 수립하여야 한다.
		9.1.6. 상호 운용성 및 이식성	클라우드컴퓨팅서비스 제공자는 표준화된 가상화 포맷, 이식성이 높은 가상화 플랫폼, 공개 API 등을 이용하여 클라우드컴퓨팅서비스 간의 상호 운용성 및 이식성을 높여야 한다.
	9.2. 가상 환경	9.2.1. 악성코드 통제	바이러스, 웜, 트로이목마 등의 악성코드로부터 이용자의 가상 환경(가상PC, 가상 서버, 가상 소프트웨어 등)을 보호하기 위한 악성코드 탐지, 차단 등의 보안기술을 지원하여야 한다. 또한 이상 징후 발견 시 이용자 통지하고 사용 중지 및 격리 조치를 수행하여야 한다.
		9.2.2. 인터페이스 및 API 보안	가상 환경(가상PC, 가상 서버, 가상 소프트웨어 등) 접근을 위한 인터페이스 및 API에 대한 보안 취약점을 주기적으로 분석하고, 이에 대한 보호방안을 마련하여야 한다.
		9.2.3. 데이터 이전	이용자가 기존 정보시스템 환경에서 클라우드컴퓨팅서비스의 가상 환경으로 전환 시 안전하게 데이터를 이전하도록 암호화 등의 기술적인 조치방안을 제공하여야 한다.

구 분			세 부 조 치 사 항
10. 접 근 통 제		9.2.4. 가상 소프트웨어 보안	클라우드컴퓨팅서비스 제공자는 출처, 유통경로 및 제작자가 명확한 소프트웨어로 구성된 가상환경을 제공하여야 한다.
	10.1. 접근통제 정책	10.1.1. 접근통제 정책 수립	비인가자의 접근을 통제할 수 있도록 접근통제 영역 및 범위, 접근통제 규칙, 방법 등을 포함하여 접근통제 정책을 수립하여야 한다.
		10.1.2. 접근기록 관리	접근기록 대상을 정의하고 서비스 통제, 관리, 사고 발생 책임 추적성 등을 보장할 수 있는 형태로 기록되고 유지하여야 한다.
	10.2. 접근 권한 관리	10.2.2. 사용자 등록 및 권한부여	클라우드 시스템 및 중요정보에 대한 접근을 통제하기 위하여 공식적인 사용자 등록 및 해지 절차를 수립하고 업무 필요성에 따라 사용자 접근권한을 최소한으로 부여하여야 한다.
		10.2.3. 관리자 및 특수 권한관리	클라우드 시스템 및 중요정보 관리 및 특수 목적을 위해 부여한 계정 및 권한을 식별하고 별도 통제하여야 한다.
		10.2.4. 접근권한 검토	클라우드 시스템 및 중요정보에 대한 접근을 관리하기 위하여 접근권한 부여, 이용(장기간 미사용), 변경(퇴직 및 휴직, 직무변경, 부서변경)의 적정성 여부를 정기적으로 점검하여야 한다.
	10.3. 사용자 식별 및 인증	10.3.1. 사용자 식별	클라우드 시스템에서 사용자를 유일하게 구분할 수 있는 식별자를 할당하고 추측 가능한 식별자 사용을 제한하여야 한다. 동일한 식별자를 공유하여 사용하는 경우 그 사유와 타당성을 검토하고 책임자의 승인을 받아야 한다.
		10.3.2. 사용자 인증	클라우드 시스템에 대한 접근은 사용자 인증, 로그인 횟수 제한, 불법 로그인 시도 경고 등 안전한 사용자 인증 절차에 의해 통제하여야 한다.
		10.3.3. 강화된 인증 수단 제공	이용자가 클라우드컴퓨팅서비스에 대해 다중 요소 인증 등 강화된 인증 수단을 요청하는 경우 이를 제공하기 위한 방안을 마련하여야 한다.
		10.3.4. 사용자 패스워드 관리	법적 요구사항, 외부 위협요인 등을 고려하여 패스워드 복잡도 기준, 초기 패스워드 변경, 변경주기 등 사용자 패스워드 관리절차를 수립·이행하고 패스워드 관리 책임이 사용자에게 있음을 주지시켜야 한다. 특

구 분			세부조치사항
			히 관리자 패스워드는 별도 보호대책을 수립하여 관리하여야 한다.
		10.3.5. 이용자 패스워드 관리	고객, 회원 등 외부 이용자가 접근하는 클라우드 시스템 또는 웹서비스의 안전한 이용을 위하여 계정 및 패스워드 등의 관리절차를 마련하고 관련 내용을 공지하여야 한다.
11. 네트워크 보안	11.1. 네트워크 보안	11.1.1. 네트워크 보안 정책 수립	클라우드컴퓨팅서비스와 관련된 내·외부 네트워크에 대해 보안 정책과 절차를 수립하여야 한다.
		11.1.2. 네트워크 모니터링 및 통제	DDoS, 비인가 접속 등으로 인한 서비스 중단 및 중요 정보 유출 등을 막기 위해 네트워크를 모니터링하고 통제하여야 한다.
		11.1.3. 네트워크 정보보호시스템 운영	클라우드컴퓨팅서비스와 관련된 내·외부 네트워크를 보호하기 위하여 정보보호시스템(방화벽, IPS, IDS, VPN 등)을 운영하여야 한다.
		11.1.4. 네트워크 암호화	클라우드 시스템에서 중요 정보가 이동하는 구간에 대해서는 암호화된 통신채널을 사용하여야 한다.
		11.1.5. 네트워크 분리	클라우드컴퓨팅서비스 제공자의 관리 영역과 이용자의 서비스 영역, 이용자 간 서비스 영역의 네트워크 접근은 물리적 또는 논리적으로 분리하여야 한다.
		11.1.6. 무선 접근통제	클라우드 시스템은 무선망과 분리하고, 무선접속에 대한 접근을 통제하여야 한다. 무선접속을 사용하는 경우 그 사유와 타당성을 검토하고 책임자의 승인을 받아야 한다
	12.1. 데이터 보호	12.1.1. 데이터 분류	데이터 유형, 법적 요구사항, 민감도 및 중요도에 따라 데이터를 분류하고 관리하여야 한다.
		12.1.2. 데이터 소유권	이용자와 서비스 수준 협약 단계에서 데이터의 소유권을 명확하게 확립하여야 한다.
		12.1.3. 데이터 무결성	입·출력, 전송 또는 데이터 교환 및 저장소의 데이터에 대해 항상 데이터 무결성을 확인하여야 한다.
		12.1.4. 데이터 보호	데이터에 대한 접근제어, 위·변조 방지 등 데이터 처리에 대한 보호 기능을 이용자에게 제공하여야 한다.

구 분			세 부 조 치 사 항
12. 데 이 터 보 호 및 암 호 화		12.1.5. 데이터 추적성	이용자에게 데이터를 추적하기 위한 방안을 제공하고, 이용자가 요구하는 경우 구체적인 제공정보(이용자의 정보가 저장되는 국가의 명칭 등)를 공개하여야 한다.
		12.1.6. 데이터 폐기	클라우드컴퓨팅서비스 종료, 이전 등에 따른 데이터 폐기 조치 시 이용자와 관련된 모든 데이터를 폐기하여야 하며, 폐기된 데이터를 복구할 수 없도록 삭제 방안을 마련하여야 한다.
	12.2 매체 보안	12.2.1. 저장매체 관리	중요정보를 담고 있는 하드디스크, 스토리지 등의 저장매체 폐기 및 재사용 절차를 수립하고 매체에 기록된 중요정보는 복구 불가능하도록 완전히 삭제하여야 한다.
		12.2.2. 이동매체 관리	중요정보 유출을 예방하기 위해 외장하드, USB, CD 등 이동매체 취급, 보관, 폐기, 재사용에 대한 절차를 수립하여야 한다. 또한 매체를 통한 악성코드 감염 방지 대책을 마련하여야 한다.
	12.3. 암호화	12.3.1. 암호 정책 수립	클라우드컴퓨팅서비스에 저장 또는 전송 중인 데이터를 보호하기 위해 암호화 대상, 암호 강도(복잡도), 키관리, 암호 사용에 대한 정책을 마련하여야 한다. 또한 정책에는 개인정보 저장 및 전송 시 암호화 적용 등 암호화 관련 법적 요구사항을 반드시 반영하여야 한다.
		12.3.2. 암호키 관리	암호키 생성, 이용, 보관, 배포, 파기에 관한 안전한 절차를 수립하고, 암호키는 별도의 안전한 장소에 보관하여야 한다.
13. 시 스 템 개 발 및 도 입 보 안	13.1. 시스템 분석 및 설계	13.1.1. 보안요구사항 정의	신규 시스템 개발 및 기존 시스템 변경 시 정보보호 관련 법적 요구사항, 최신 보안취약점, 정보보호 기본 요소(기밀성, 무결성, 가용성) 등을 고려하여 보안요구사항을 명확히 정의하고 이를 적용하여야 한다.
		13.1.2. 인증 및 암호화 기능	클라우드 시스템 설계 시 사용자 인증에 관한 보안요구사항을 반드시 고려하여야 하며 중요정보의 입·출력 및 송수신 과정에서 무결성, 기밀성이 요구될 경우 법적 요구사항을 고려하여야 한다.
		13.1.3. 보안로그 기능	클라우드 시스템 설계 시 사용자의 인증, 권한 변경, 중요정보 이용 및 유출 등에 대한 감사증적을 확보할 수 있도록 하여야 한다.

구 분		세 부 조 치 사 항
	13.1.4. 접근권한 기능	클라우드 시스템 설계 시 업무의 목적 및 중요도에 따라 접근권한을 부여할 수 있도록 하여야 한다.
	13.1.5. 시각 동기화	로그기록의 정확성을 보장하고 법적인 자료로서 효력을 지니기 위해 클라우드 시스템 시각을 공식 표준시각으로 정확하게 동기화 하여야 한다. 또한 서비스 이용자에게 시각 정보 동기화 기능을 제공하여 한다.
13.2. 구현 및 시험	13.2.1. 구현 및 시험	안전한 코딩방법에 따라 클라우드 시스템을 구현 하고, 분석 및 설계 과정에서 도출한 보안요구사항이 정보시스템에 적용되었는지 확인하기 위하여 시험을 수행하여야 한다
	13.2.2. 개발과 운영환경 분리	개발 및 시험 시스템은 운영시스템에 대한 비인가 접근 및 변경의 위험을 감소하기 위해 원칙적으로 분리하여야 한다. 단 분리하여 운영하기 어려운 경우 그 사유와 타당성을 검토하고 안전성 확보 방안을 마련하여야 한다.
	13.2.3. 시험 데이터 보안	시스템 시험 과정에서 운영데이터 유출을 예방하기 위해 시험데이터 생성, 이용 및 관리, 파기, 기술적 보호조치에 관한 절차를 수립하여 이행하여야 한다.
	13.2.4. 소스프로그램 보안	소스 프로그램에 대한 변경관리를 수행하고 인가된 사용자만이 소스 프로그램에 접근할 수 있도록 통제절차를 수립하여 이행하여야 한다. 또한 소스 프로그램은 운영환경에 보관하지 않는 것을 원칙으로 한다.
13.3. 외주 개발 보안	13.3.1. 외주 개발 보안	클라우드 시스템 개발을 외주 위탁하는 경우 분석 및 설계단계에서 구현 및 이관까지의 준수해야 할 보안요구사항을 계약서에 명시하고 이행여부를 관리·감독하여야 한다.
13.4. 시스템 도입 보안	13.4.1. 시스템 도입 계획	클라우드 시스템의 처리 속도와 용량에 대하여 주기적인 모니터링을 수행하고 안정성의 확보에 필요한 시스템 도입 계획을 수립하여야 한다.
	13.4.2. 시스템 인수	새로 도입되는 시스템에 대한 인수 기준이 수립되어야 하며, 인수 전에 테스트가 수행되어야 한다.

〈 공공기관용 추가 보호조치 〉

구 분			세 부 조 치 사 항
14. 공 공 기 관 보 안 요 구 사 항	14.1. 관리적 보호조치	14.1.1. 보안서비스 수준 협약	공공기관의 보안 요구사항이 반영된 보안서비스 수준 협약을 체결하고, 클라우드컴퓨팅서비스 관련 정보보호 정보를 공공기관에 제공하여야 한다.
		14.1.2. 도입 전산장비 안전성	클라우드컴퓨팅서비스 구축을 위해 도입되는 서버·PC 가상화 솔루션 및 정보보호 제품 중에 CC인증이 필수적인 제품군은 국내·외 CC인증을 받은 제품을 사용하여야 한다.
		14.1.3. 보안관리 수준	클라우드컴퓨팅서비스 운영 장소 및 망은 공공기관 내부 정보 시스템 운영 보안 수준에 준하여 보안 관리하여야 한다.
		1.4.1.4. 사고 및 장애 대응	클라우드컴퓨팅서비스를 제공하는 민간 사업자는 사고 또는 장애 발생 시 공공기관의 사고·장애 대응 절차에 따라 해당 공공기관, 대내·외 관련 기관 및 전문가와 협조체계를 구성하여 대응하여야 하며, 공공기관의 사고·장애 대응에 적극 협조하여야 한다.
	14.2. 물리적 보호조치	14.2.1. 물리적 위치 및 분리	클라우드 시스템 및 데이터의 물리적 위치는 국내로 한정하고, 공공기관용 클라우드컴퓨팅서비스의 물리자원(서버, 네트워크, 보안장비 등), 출입통제, 운영인력 등은 일반 이용자용 클라우드컴퓨팅서비스 영역과 분리하여 운영하여야 한다.
		14.2.2. 중요장비 이중화 및 백업체계 구축	클라우드컴퓨팅서비스를 제공하는 사업자는 네트워크 스위치, 스토리지 등 중요장비를 이중화하고 서비스의 가용성을 보장하기 위해 백업체계를 구축하여야 한다.
	14.3. 기술적 보호조치	14.3.1. 검증필 암호화 기술 제공	클라우드컴퓨팅서비스를 통해 생성된 중요자료를 암호화하는 수단을 제공하는 경우에는 검증필 국가표준 암호화 기술을 제공하여야 한다.
		14.3.2. 보안관제 제반환경 지원	공공기관에 클라우드컴퓨팅서비스 보안관제 수행에 필요한 제반환경을 지원하여야 한다.

[부록 6] 과태료 부과기준(법 제74조 관련)

1. 일반기준

가. 위반행위의 횟수에 따른 과태료의 가중된 부과기준은 최근 3년간 같은 위
반행위로 과태료 부과처분을 받은 경우에 적용한다. 이 경우 기간의 계산
은 위반행위에 대하여 과태료 부과처분을 받은 날과 그 처분 후 다시 같은
위반행위를 하여 적발된 날을 기준으로 한다.

나. 가목에 따라 가중된 부과처분을 하는 경우 가중처분의 적용 차수는 그 위
반행위 전 부과처분 차수(가목에 따른 기간 내에 과태료 부과처분이 둘 이
상 있었던 경우에는 높은 차수를 말한다)의 다음 차수로 한다.

다. 부과권자는 다음의 어느 하나에 해당하는 경우에는 제2호의 개별기준에 따
른 과태료 금액의 2분의 1 범위에서 그 금액을 줄일 수 있다. 다만, 과태료
를 체납하고 있는 위반행위자의 경우에는 그렇지 않다.

　1) 위반행위가 과실로 인한 것으로 인정되는 경우

　2) 이용자에게 피해가 발생하지 않은 등 위반행위의 결과가 경미한 경우

　3) 전자적 전송매체를 이용하여 영리목적의 광고성 정보를 전송한 경우로
서 법 제50조 제4항 또는 제6항을 위반했으나, 같은 조 제1항부터 제3
항까지의 규정은 위반하지 않은 경우

　4) 그 밖에 위반행위의 정도, 위반행위의 동기와 그 결과 등을 고려하여
줄일 필요가 있다고 인정되는 경우

라. 부과권자는 다음의 어느 하나에 해당하는 경우에는 제2호의 개별기준에 따
른 과태료 금액의 2분의 1 범위에서 늘릴 수 있다. 다만, 법 제76조 제1항
부터 제3항까지의 규정에 따른 과태료 금액의 상한을 넘을 수 없다.

　1) 위반행위가 고의나 중대한 과실로 인한 것으로 인정되는 경우

　2) 위반의 내용 및 정도가 중대하여 이용자에게 미치는 피해가 크다고 인
정되는 경우

　3) 법 위반상태의 기간이 3개월 이상인 경우

　4) 그 밖에 위반행위의 정도, 위반행위의 동기와 그 결과 등을 고려하여
과태료를 늘릴 필요가 있다고 인정되는 경우

2. 개별기준

(단위: 만원)

위반행위	근거 법조문	위반횟수별 과태료 금액		
		1회	2회	3회 이상
가. 법 제22조의2제2항을 위반하여 서비스의 제공을 거부한 경우	법 제76조제1항제1호	1,000	2,000	3,000
나. 법 제22조의2제3항을 위반하여 접근권한에 대한 이용자의 동의 및 철회방법을 마련하는 등 이용자 정보 보호를 위해 필요한 조치를 하지 않은 경우	법 제76조제1항제1호의2	1,000	2,000	3,000
다. 법 제23조의2제1항을 위반하여 주민등록번호를 수집·이용하거나 같은 조 제2항에 따른 필요한 조치를 하지 않은 경우	법 제76조제1항제2호	1,000	2,000	3,000
라. 법 제23조의3제1항을 위반하여 본인확인기관의 지정을 받지 않고 본인확인업무를 한 경우	법 제76조제3항제2호의2	1,000	1,000	1,000
마. 법 제23조의3제2항에 따른 본인확인업무의 휴지 또는 같은 조 제3항에 따른 본인확인업무의 폐지 사실을 이용자에게 통보하지 않거나 방송통신위원회에 신고하지 않은 경우	법 제76조제3항제2호의3	300	600	1,000
바. 법 제23조의4제1항에 따른 본인확인업무의 정지 및 지정취소 처분에도 불구하고 본인확인업무를 계속한 경우	법 제76조제3항제2호의4	1,000	1,000	1,000
사. 법 제32조의5제1항을 위반하여 국내대리인을 지정하지 않은 경우	법 제76조제2항제4호의3	2,000	2,000	2,000
아. 법 제42조의3제1항을 위반하여 청소년 보호 책임자를 지정하지 않은 경우	법 제76조제3항제3호	300	600	1,000

자. 법 제43조를 위반하여 정보를 보관하지 않은 경우	법 제76조제3항제4호	300	600	1,000
차. 법 제44조의9제1항을 위반하여 불법촬영물등 유통방지 책임자를 지정하지 않은 경우	법 제76조제2항제4호의4	600	1,200	2,000
카. 법 제45조의3제1항을 위반하여 정보보호 최고책임자의 지정을 신고하지 않은 경우	법 제76조제1항제6호의2	1,000	2,000	3,000
타. 법 제46조제2항을 위반하여 보험에 가입하지 않은 경우	법 제76조제2항제4호의2	2,000	2,000	2,000
파. 법 제47조제2항을 위반하여 정보보호 관리체계 인증을 받지 않은 경우	법 제76조제1항제6호의3	3,000	3,000	3,000
하. 법 제47조제9항을 위반하여 인증받은 내용을 거짓으로 홍보한 경우	법 제76조제3항제7호	300	600	1,000
거. 법 제47조의4제4항을 위반하여 소프트웨어 사용자에게 알리지 않은 경우	법 제76조제3항제10호	300	600	1,000
너. 법 제48조의2제4항에 따른 시정명령을 이행하지 않은 경우	법 제76조제3항제11호	300	600	1,000
더. 법 제48조의3제1항을 위반하여 침해사고의 신고를 하지 않은 경우	법 제76조제3항제11호의2	300	600	1,000
러. 법 제48조의4제4항에 따른 사업장 출입 및 조사를 방해하거나 거부 또는 기피한 경우	법 제76조제3항제12호	300	600	1,000
머. 법 제49조의2제4항을 위반하여 과학기술정보통신부장관의 명령을 이행하지 않은 경우	법 제76조제3항제12호의2	300	600	1,000
버. 법 제50조제1항부터 제3항까지의 규정을 위반하여 영리 목적의 광고성 정보를 전송한 경우	법 제76조제1항제7호	750	1,500	3,000

서. 법 제50조제4항을 위반하여 광고성 정보를 전송할 때 밝혀야 하는 사항을 밝히지 않거나 거짓으로 밝힌 경우	법 제76조제1항제8호	750	1,500	3,000
어. 법 제50조제6항을 위반하여 비용을 수신자에게 부담하도록 한 경우	법 제76조제1항제9호	750	1,500	3,000
저. 법 제50조제7항을 위반하여 수신동의, 수신거부 또는 수신동의 철회에 대한 처리 결과를 알리지 않은 경우	법 제76조제3항제12호의3	300	600	1,000
처. 법 제50조제8항을 위반하여 수신동의 여부를 확인하지 않은 경우	법 제76조제1항제9호의2	750	1,500	3,000
커. 법 제50조의4제4항을 위반하여 필요한 조치를 하지 않은 경우	법 제76조제3항제12호의4	300	600	1,000
터. 법 제50조의5를 위반하여 이용자의 동의를 받지 않고 프로그램을 설치한 경우	법 제76조제1항제10호	750	1,500	3,000
퍼. 법 제50조의7제1항 또는 제2항을 위반하여 인터넷 홈페이지에 영리목적의 광고성 정보를 게시한 경우	법 제76조제1항제11호	750	1,500	3,000
허. 법 제52조제6항을 위반하여 한국인터넷진흥원의 명칭을 사용한 경우	법 제76조제3항제13호	300	600	1,000
고. 법 제53조제4항을 위반하여 사업의 휴지·폐지·해산의 신고를 하지 않은 경우	법 제76조제3항제14호	300	600	1,000
노. 법 제56조제1항을 위반하여 약관을 신고하지 않은 경우	법 제76조제3항제15호	300	600	1,000
도. 법 제57조제2항을 위반하여 관리적 조치 또는 기술적 조치를 하지 않은 경우	법 제76조제3항제16호	300	600	1,000

로. 법 제58조제1항을 위반하여 통신 과금서비스 이용일시 등을 통신과 금서비스이용자에게 고지하지 않 은 경우	법 제76조제3항제17호	300	600	1,000
모. 법 제58조제2항을 위반하여 통신 과금서비스이용자가 구매·이용 내역을 확인할 수 있는 방법을 제 공하지 않거나 통신과금서비스이 용자의 제공 요청에 따르지 않은 경우	법 제76조제3항제18호	300	600	1,000
보. 법 제58조제3항을 위반하여 통신 과금서비스이용자로부터 받은 통 신과금에 대한 정정요구가 이유 있음에도 결제대금의 지급을 유보 하지 않거나 통신과금서비스이용 자의 요청에 대한 처리 결과를 통 신과금서비스이용자에게 알려 주 지 않은 경우	법 제76조제3항제19호	300	600	1,000
소. 법 제58조제4항을 위반하여 통신 과금서비스에 관한 기록을 보존하 지 않은 경우	법 제76조제3항제20호	300	600	1,000
오. 법 제58조제5항을 위반하여 통신 과금서비스이용자의 동의를 받지 않고 통신과금서비스를 제공하거 나 이용한도액을 증액한 경우	법 제76조제3항제20호의2	300	600	1,000
조. 법 제58조제6항을 위반하여 통신 과금서비스 약관의 변경에 관한 통지를 하지 않은 경우	법 제76조제3항제20호의3	300	600	1,000
초. 법 제58조의2(법 제59조제2항에 따라 준용되는 경우를 포함한다) 를 위반하여 통신과금서비스이용 자의 정보 제공 요청에 따르지 않 은 경우	법 제76조제3항제20호의4	300	600	1,000

코. 법 제59조제3항을 위반하여 통신 과금서비스이용자의 이의신청 및 권리구제를 위한 절차를 마련하지 않거나 통신과금서비스 계약 시 이를 명시하지 않은 경우	법 제76조제3항제21호	300	600	1,000
토. 법 제64조제1항에 따른 관계 물 품·서류 등을 제출하지 않거나 거짓으로 제출한 경우	법 제76조제3항제22호	300	600	1,000
포. 법 제64조제2항에 따른 자료의 열 람·제출요청에 따르지 않은 경우	법 제76조제3항제23호	300	600	1,000
호. 법 제64조제3항에 따른 출입·검 사를 거부·방해 또는 기피한 경우	법 제76조제3항제24호	300	600	1,000
구. 이 법을 위반하여 법 제64조제4항 에 따라 과학기술정보통신부장관 또는 방송통신위원회로부터 받은 시정조치 명령을 이행하지 않은 경우	법 제76조제1항제12호			
1) 법 제71조 각 호의 어느 하나에 해 당하는 위반행위에 대한 시정조치 명령을 이행하지 않은 경우		3,000	3,000	3,000
2) 법 제72조 각 호의 어느 하나에 해 당하는 위반행위에 대한 시정조치 명령을 이행하지 않은 경우		2,000	2,000	2,000
3) 법 제73조 각 호 및 제74조 각 호 의 어느 하나에 해당하는 위반행 위에 대한 시정조치 명령을 이행 하지 않은 경우		1,000	1,000	1,000
4) 법 제76조제1항제1호, 제2호 및 제 6호의2의 위반행위에 대한 시정조 치 명령을 이행하지 않은 경우		1,000	1,000	1,000
5) 법 제76조제1항제7호부터 제9호까 지, 제9호의2, 제10호 및 제11호 의 위반행위에 대한 시정조치 명 령을 이행하지 않은 경우		750	750	750

6) 법 제76조제2항 각 호의 어느 하나에 해당하는 위반행위에 대한 시정조치 명령을 이행하지 않은 경우		600	600	600
7) 법 제76조제3항 각 호의 어느 하나에 해당하는 위반행위에 대한 시정조치 명령을 이행하지 않은 경우		500	500	500
8) 그 밖의 시정조치 명령을 이행하지 않은 경우		300	300	300
누. 법 제64조의5제1항을 위반하여 투명성 보고서를 제출하지 않은 경우	법 제76조제3항제25호	300	600	1,000

비고: 버목부터 퍼목까지의 규정(저목과 커목은 제외한다)에 따른 위반행위의 경우에는 해당 위반행위를 하도록 한 경우도 포함한다.

[부록 7]

정보통신망 이용촉진 및 정보보호 등에 관한 법률

(약칭: 정보통신망법)

[시행 2020. 12. 10]

[법률 제17358호, 2020. 6. 9, 일부개정]

제1장 총 칙

제1조(목적) 이 법은 정보통신망의 이용을 촉진하고 정보통신서비스를 이용하는 자를 보호함과 아울러 정보통신망을 건전하고 안전하게 이용할 수 있는 환경을 조성하여 국민생활의 향상과 공공복리의 증진에 이바지함을 목적으로 한다. <개정 2020. 2. 4.>

[전문개정 2008. 6. 13.]

제2조(정의) ① 이 법에서 사용하는 용어의 뜻은 다음과 같다. <개정 2004. 1. 29., 2007. 1. 26., 2007. 12. 21., 2008. 6. 13., 2010. 3. 22., 2014. 5. 28., 2020. 6. 9.>

1. "정보통신망"이란 「전기통신사업법」 제2조제2호에 따른 전기통신설비를 이용하거나 전기통신설비와 컴퓨터 및 컴퓨터의 이용기술을 활용하여 정보를 수집·가공·저장·검색·송신 또는 수신하는 정보통신체제를 말한다.

2. "정보통신서비스"란 「전기통신사업법」 제2조제6호에 따른 전기통신역무와 이를 이용하여 정보를 제공하거나 정보의 제공을 매개하는 것을 말한다.

3. "정보통신서비스 제공자"란 「전기통신사업법」 제2조제8호에 따른 전기통신사업자와 영리를 목적으로 전기통신사업자의 전기통신역무를 이용하여 정보를 제공하거나 정보의 제공을 매개하는 자를 말한다.

4. "이용자"란 정보통신서비스 제공자가 제공하는 정보통신서비스를 이용하는 자를 말한다.

5. "전자문서"란 컴퓨터 등 정보처리능력을 가진 장치에 의하여 전자적인 형태로 작성되어 송수신되거나 저장된 문서형식의 자료로서 표준화된 것을 말한다.

6. 삭제 <2020. 2. 4.>

7. "침해사고"란 다음 각 목의 방법으로 정보통신망 또는 이와 관련된 정보시스템을 공격하는 행위로 인하여 발생한 사태를 말한다.

   가. 해킹, 컴퓨터바이러스, 논리폭탄, 메일폭탄, 서비스거부 또는 고출력 전자기파 등의 방법

   나. 정보통신망의 정상적인 보호·인증 절차를 우회하여 정보통신망에 접근할 수 있도록 하는 프로그램이나 기술적 장치 등을 정보통신망 또는 이와 관련된 정보시스템에 설치하는 방법

8. 삭제 <2015. 6. 22.>

9. "게시판"이란 그 명칭과 관계없이 정보통신망을 이용하여 일반에게 공개할 목적으로 부호·문자·음성·음향·화상·동영상 등의 정보를 이용자가 게재할 수 있는 컴퓨터 프로그램이나 기술적 장치를 말한다.

10. "통신과금서비스"란 정보통신서비스로서 다음 각 목의 업무를 말한다.

    가. 타인이 판매·제공하는 재화 또는 용역(이하 "재화등"이라 한다)의 대가를 자신이 제공하는 전기통신역무의 요금과 함께 청구·징수하는 업무

    나. 타인이 판매·제공하는 재화등의 대가가 가목의 업무를 제공하는 자의 전기통신역무의 요금과 함께 청구·징수되도록 거래정보를 전자적으로 송수신하는 것 또는 그 대가의 정산

을 대행하거나 매개하는 업무

11. "통신과금서비스제공자"란 제53조에 따라 등록을 하고 통신과금서비스를 제공하는 자를 말한다.

12. "통신과금서비스이용자"란 통신과금서비스제공자로부터 통신과금서비스를 이용하여 재화등을 구입·이용하는 자를 말한다.

13. "전자적 전송매체"란 정보통신망을 통하여 부호·문자·음성·화상 또는 영상 등을 수신자에게 전자문서 등의 전자적 형태로 전송하는 매체를 말한다.

② 이 법에서 사용하는 용어의 뜻은 제1항에서 정하는 것 외에는 「지능정보화 기본법」에서 정하는 바에 따른다. <개정 2008. 6. 13., 2013. 3. 23., 2020. 6. 9.>

제3조(정보통신서비스 제공자 및 이용자의 책무) ① 정보통신서비스 제공자는 이용자를 보호하고 건강하고 안전한 정보통신서비스를 제공하여 이용자의 권익보호와 정보이용능력의 향상에 이바지하여야 한다. <개정 2020. 2. 4.>

② 이용자는 건전한 정보사회가 정착되도록 노력하여야 한다.

③ 정부는 정보통신서비스 제공자단체 또는 이용자단체의 정보보호 및 정보통신망에서의 청소년 보호 등을 위한 활동을 지원할 수 있다. <개정 2020. 2. 4.>

[전문개정 2008. 6. 13.]

제4조(정보통신망 이용촉진 및 정보보호등에 관한 시책의 마련) ① 과학기술정보통신부장관 또는 방송통신위원회는 정보통신망의 이용촉진 및 안정적 관리·운영과 이용자 보호 등(이하 "정보통신망 이용촉진 및 정보보호등"이라 한다)을 통하여 정보사회의 기반을 조성하기 위한 시책을 마련하여야 한다. <개정 2011. 3. 29., 2013. 3. 23., 2017. 7. 26., 2020. 2. 4.>

② 제1항에 따른 시책에는 다음 각 호의 사항이 포함되어야 한다. <개정 2018. 12. 24., 2020. 6. 9.>

1. 정보통신망에 관련된 기술의 개발·보급
2. 정보통신망의 표준화
3. 정보내용물 및 제11조에 따른 정보통신망 응용서비스의 개발 등 정보통신망의 이용 활성화
4. 정보통신망을 이용한 정보의 공동활용 촉진
5. 인터넷 이용의 활성화
6. 삭제 <2020. 2. 4.>
6의2. 삭제 <2020. 2. 4.>
7. 정보통신망에서의 청소년 보호
7의2. 정보통신망을 통하여 유통되는 정보 중 인공지능 기술을 이용하여 만든 거짓의 음향·화상 또는 영상 등의 정보를 식별하는 기술의 개발·보급
8. 정보통신망의 안전성 및 신뢰성 제고
9. 그 밖에 정보통신망 이용촉진 및 정보보호등을 위하여 필요한 사항

③ 과학기술정보통신부장관 또는 방송통신위원회는 제1항에 따른 시책을 마련할 때에는 「지능정보화 기본법」 제6조에 따른 지능정보사회 종합계획과 연계되도록 하여야 한다. <개정 2011. 3. 29., 2013. 3. 23., 2017. 7. 26., 2020. 6. 9.>

[전문개정 2008. 6. 13.]

제5조(다른 법률과의 관계) 정보통신망 이용촉진 및 정보보호등에 관하여는 다른 법률에서 특별히 규정된 경우 외에는 이 법으로 정하는 바에 따른다. 다만, 제7장의 통신과금서비스에 관하여 이 법과 「전자금융거래법」의 적용이 경합하는 때에는 이 법을 우선 적용한다. <개정 2018. 6. 12., 2020. 2. 4.>

[전문개정 2008. 6. 13.]

제5조의2(국외행위에 대한 적용) 이 법은 국외에서 이루어진 행위라도 국내 시장 또는 이용자에게 영향을 미치는 경우에는 적용한다.

[본조신설 2020. 6. 9.]

제2장 정보통신망의 이용촉진

제6조(기술개발의 추진 등) ① 과학기술정보

통신부장관은 정보통신망과 관련된 기술 및 기기의 개발을 효율적으로 추진하기 위하여 대통령령으로 정하는 바에 따라 관련 연구기관으로 하여금 연구개발·기술협력·기술이전 또는 기술지도 등의 사업을 하게 할 수 있다. <개정 2013. 3. 23., 2017. 7. 26.>
② 정부는 제1항에 따라 연구개발 등의 사업을 하는 연구기관에는 그 사업에 드는 비용의 전부 또는 일부를 지원할 수 있다.
③ 제2항에 따른 비용의 지급 및 관리 등에 필요한 사항은 대통령령으로 정한다.
[전문개정 2008. 6. 13.]

제7조(기술관련 정보의 관리 및 보급) ① 과학기술정보통신부장관은 정보통신망과 관련된 기술 및 기기에 관한 정보(이하 이 조에서 "기술관련 정보"라 한다)를 체계적이고 종합적으로 관리하여야 한다. <개정 2013. 3. 23., 2017. 7. 26.>
② 과학기술정보통신부장관은 기술관련 정보를 체계적이고 종합적으로 관리하기 위하여 필요하면 관계 행정기관 및 국공립 연구기관 등에 대하여 기술관련 정보와 관련된 자료를 요구할 수 있다. 이 경우 요구를 받은 기관의 장은 특별한 사유가 없으면 그 요구에 따라야 한다. <개정 2013. 3. 23., 2017. 7. 26.>
③ 과학기술정보통신부장관은 기술관련 정보를 신속하고 편리하게 이용할 수 있도록 그 보급을 위한 사업을 하여야 한다. <개정 2013. 3. 23., 2017. 7. 26.>
④ 제3항에 따라 보급하려는 정보통신망과 관련된 기술 및 기기의 범위에 관하여 필요한 사항은 대통령령으로 정한다.
[전문개정 2008. 6. 13.]

제8조(정보통신망의 표준화 및 인증) ① 과학기술정보통신부장관은 정보통신망의 이용을 촉진하기 위하여 정보통신망에 관한 표준을 정하여 고시하고, 정보통신서비스 제공자 또는 정보통신망과 관련된 제품을 제조하거나 공급하는 자에게 그 표준을 사용하도록 권고할 수 있다. 다만, 「산업표준화

법」 제12조에 따른 한국산업표준이 제정되어 있는 사항에 대하여는 그 표준에 따른다. <개정 2013. 3. 23., 2017. 7. 26.>
② 제1항에 따라 고시된 표준에 적합한 정보통신과 관련된 제품을 제조하거나 공급하는 자는 제9조제1항에 따른 인증기관의 인증을 받아 그 제품이 표준에 적합한 것임을 나타내는 표시를 할 수 있다.
③ 제1항 단서에 해당하는 경우로서 「산업표준화법」 제15조에 따라 인증을 받은 경우에는 제2항에 따른 인증을 받은 것으로 본다.
④ 제2항에 따른 인증을 받은 자가 아니면 그 제품이 표준에 적합한 것임을 나타내는 표시를 하거나 이와 비슷한 표시를 하여서는 아니 되며, 이와 비슷한 표시를 한 제품을 판매하거나 판매할 목적으로 진열하여서는 아니 된다.
⑤ 과학기술정보통신부장관은 제4항을 위반하여 제품을 판매하거나 판매할 목적으로 진열한 자에게 그 제품을 수거·반품하도록 하거나 인증을 받아 그 표시를 하도록 하는 등 필요한 시정조치를 명할 수 있다. <개정 2013. 3. 23., 2017. 7. 26.>
⑥ 제1항부터 제3항까지의 규정에 따른 표준화의 대상·방법·절차 및 인증표시, 제5항에 따른 수거·반품·시정 등에 필요한 사항은 과학기술정보통신부령으로 정한다. <개정 2013. 3. 23., 2017. 7. 26.>
[전문개정 2008. 6. 13.]

제9조(인증기관의 지정 등) ① 과학기술정보통신부장관은 정보통신망과 관련된 제품을 제조하거나 공급하는 자의 제품이 제8조제1항 본문에 따라 고시된 표준에 적합한 제품임을 인증하는 기관(이하 "인증기관"이라 한다)을 지정할 수 있다. <개정 2013. 3. 23., 2017. 7. 26.>
② 과학기술정보통신부장관은 인증기관이 다음 각 호의 어느 하나에 해당하면 그 지정을 취소하거나 6개월 이내의 기간을 정하여 업무의 정지를 명할 수 있다. 다만, 제1호에 해당하는 경우에는 그 지정을 취

소하여야 한다. <개정 2013. 3. 23., 2017. 7. 26.>

1. 속임수나 그 밖의 부정한 방법으로 지정을 받은 경우

2. 정당한 사유 없이 1년 이상 계속하여 인증업무를 하지 아니한 경우

3. 제3항에 따른 지정기준에 미달한 경우

③ 제1항 및 제2항에 따른 인증기관의 지정기준·지정절차, 지정취소·업무정지의 기준 등에 필요한 사항은 과학기술정보통신부령으로 정한다. <개정 2013. 3. 23., 2017. 7. 26.>

[전문개정 2008. 6. 13.]

제10조(정보내용물의 개발 지원) 정부는 국가경쟁력을 확보하거나 공익을 증진하기 위하여 정보통신망을 통하여 유통되는 정보내용물을 개발하는 자에게 재정 및 기술 등 필요한 지원을 할 수 있다.

[전문개정 2008. 6. 13.]

제11조(정보통신망 응용서비스의 개발 촉진 등) ① 정부는 국가기관·지방자치단체 및 공공기관이 정보통신망을 활용하여 업무를 효율화·자동화·고도화하는 응용서비스(이하 "정보통신망 응용서비스"라 한다)를 개발·운영하는 경우 그 기관에 재정 및 기술 등 필요한 지원을 할 수 있다.

② 정부는 민간부문에 의한 정보통신망 응용서비스의 개발을 촉진하기 위하여 재정 및 기술 등 필요한 지원을 할 수 있으며, 정보통신망 응용서비스의 개발에 필요한 기술인력을 양성하기 위하여 다음 각 호의 시책을 마련하여야 한다.

1. 각급 학교나 그 밖의 교육기관에서 시행하는 인터넷 교육에 대한 지원

2. 국민에 대한 인터넷 교육의 확대

3. 정보통신망 기술인력 양성사업에 대한 지원

4. 정보통신망 전문기술인력 양성기관의 설립·지원

5. 정보통신망 이용 교육프로그램의 개발 및 보급 지원

6. 정보통신망 관련 기술자격제도의 정착 및 전문기술인력 수급 지원

7. 그 밖에 정보통신망 관련 기술인력의 양성에 필요한 사항

[전문개정 2008. 6. 13.]

제12조(정보의 공동활용체제 구축) ① 정부는 정보통신망을 효율적으로 활용하기 위하여 정보통신망 상호 간의 연계 운영 및 표준화 등 정보의 공동활용체제 구축을 권장할 수 있다.

② 정부는 제1항에 따른 정보의 공동활용체제를 구축하는 자에게 재정 및 기술 등 필요한 지원을 할 수 있다.

③ 제1항과 제2항에 따른 권장 및 지원에 필요한 사항은 대통령령으로 정한다.

[전문개정 2008. 6. 13.]

제13조(정보통신망의 이용촉진 등에 관한 사업) ① 과학기술정보통신부장관은 공공, 지역, 산업, 생활 및 사회적 복지 등 각 분야의 정보통신망의 이용촉진과 정보격차의 해소를 위하여 관련 기술·기기 및 응용서비스의 효율적인 활용·보급을 촉진하기 위한 사업을 대통령령으로 정하는 바에 따라 실시할 수 있다. <개정 2013. 3. 23., 2017. 7. 26.>

② 정부는 제1항에 따른 사업에 참여하는 자에게 재정 및 기술 등 필요한 지원을 할 수 있다.

[전문개정 2008. 6. 13.]

제14조(인터넷 이용의 확산) 정부는 인터넷 이용이 확산될 수 있도록 공공 및 민간의 인터넷 이용시설의 효율적 활용을 유도하고 인터넷 관련 교육 및 홍보 등의 인터넷 이용기반을 확충하며, 지역별·성별·연령별 인터넷 이용격차를 해소하기 위한 시책을 마련하고 추진하여야 한다.

[전문개정 2008. 6. 13.]

제15조(인터넷 서비스의 품질 개선) ① 과학기술정보통신부장관은 인터넷 서비스 이용자의 권익을 보호하고 인터넷 서비스의 품질 향상 및 안정적 제공을 보장하기 위한 시책을 마련하여야 한다. <개정 2013. 3. 23.,

2017. 7. 26.>
② 과학기술정보통신부장관은 제1항에 따른 시책을 추진하기 위하여 필요하면 정보통신서비스 제공자단체 및 이용자단체 등의 의견을 들어 인터넷 서비스 품질의 측정·평가에 관한 기준을 정하여 고시할 수 있다. <개정 2013. 3. 23., 2017. 7. 26.>
③ 정보통신서비스 제공자는 제2항에 따른 기준에 따라 자율적으로 인터넷 서비스의 품질 현황을 평가하여 그 결과를 이용자에게 알려줄 수 있다.
[전문개정 2008. 6. 13.]

제16조 삭제 <2004. 1. 29.>

제17조 삭제 <2004. 1. 29.>

제3장 삭제 <2015. 6. 22.>

제18조 삭제 <2015. 6. 22.>

제19조 삭제 <2015. 6. 22.>

제20조 삭제 <2015. 6. 22.>

제21조 삭제 <2015. 6. 22.>

제4장 정보통신서비스의 안전한 이용환경 조성 <개정 2020. 2. 4.>

제1절 삭제 <2020. 2. 4.>

제22조 삭제 <2020. 2. 4.>

제22조의2(접근권한에 대한 동의) ① 정보통신서비스 제공자는 해당 서비스를 제공하기 위하여 이용자의 이동통신단말장치 내에 저장되어 있는 정보 및 이동통신단말장치에 설치된 기능에 대하여 접근할 수 있는 권한(이하 "접근권한"이라 한다)이 필요한 경우 다음 각 호의 사항을 이용자가 명확하게 인지할 수 있도록 알리고 이용자의 동의를 받아야 한다.
1. 해당 서비스를 제공하기 위하여 반드시 필요한 접근권한인 경우
　가. 접근권한이 필요한 정보 및 기능의 항목

　나. 접근권한이 필요한 이유
2. 해당 서비스를 제공하기 위하여 반드시 필요한 접근권한이 아닌 경우
　가. 접근권한이 필요한 정보 및 기능의 항목
　나. 접근권한이 필요한 이유
　다. 접근권한 허용에 대하여 동의하지 아니할 수 있다는 사실
② 정보통신서비스 제공자는 해당 서비스를 제공하기 위하여 반드시 필요하지 아니한 접근권한을 설정하는 데 이용자가 동의하지 아니한다는 이유로 이용자에게 해당 서비스의 제공을 거부하여서는 아니 된다.
③ 이동통신단말장치의 기본 운영체제(이동통신단말장치에서 소프트웨어를 실행할 수 있는 기반 환경을 말한다)를 제작하여 공급하는 자와 이동통신단말장치 제조업자 및 이동통신단말장치의 소프트웨어를 제작하여 공급하는 자는 정보통신서비스 제공자가 이동통신단말장치 내에 저장되어 있는 정보 및 이동통신단말장치에 설치된 기능에 접근하려는 경우 접근권한에 대한 이용자의 동의 및 철회방법을 마련하는 등 이용자 정보 보호에 필요한 조치를 하여야 한다.
④ 방송통신위원회는 해당 서비스의 접근권한의 설정이 제1항부터 제3항까지의 규정에 따라 이루어졌는지 여부에 대하여 실태조사를 실시할 수 있다. <신설 2018. 6. 12.>
⑤ 제1항에 따른 접근권한의 범위 및 동의의 방법, 제3항에 따른 이용자 정보 보호를 위하여 필요한 조치 및 그 밖에 필요한 사항은 대통령령으로 정한다. <개정 2018. 6. 12.>
[본조신설 2016. 3. 22.]

제23조 삭제 <2020. 2. 4.>

제23조의2(주민등록번호의 사용 제한) ① 정보통신서비스 제공자는 다음 각 호의 어느 하나에 해당하는 경우를 제외하고는 이용자의 주민등록번호를 수집·이용할 수 없다. <개정 2020. 2. 4.>
1. 제23조의3에 따라 본인확인기관으로 지

정받은 경우

2. 삭제 <2020. 2. 4.>

3. 「전기통신사업법」제38조제1항에 따라 기간통신사업자로부터 이동통신서비스 등을 제공받아 재판매하는 전기통신사업자가 제23조의3에 따라 본인확인기관으로 지정받은 이동통신사업자의 본인확인업무 수행과 관련하여 이용자의 주민등록번호를 수집·이용하는 경우

② 제1항제3호에 따라 주민등록번호를 수집·이용할 수 있는 경우에도 이용자의 주민등록번호를 사용하지 아니하고 본인을 확인하는 방법(이하 "대체수단"이라 한다)을 제공하여야 한다. <개정 2020. 2. 4.>

[전문개정 2012. 2. 17.]

제23조의3(본인확인기관의 지정 등) ① 방송통신위원회는 다음 각 호의 사항을 심사하여 대체수단의 개발·제공·관리 업무(이하 "본인확인업무"라 한다)를 안전하고 신뢰성 있게 수행할 능력이 있다고 인정되는 자를 본인확인기관으로 지정할 수 있다.

1. 본인확인업무의 안전성 확보를 위한 물리적·기술적·관리적 조치계획
2. 본인확인업무의 수행을 위한 기술적·재정적 능력
3. 본인확인업무 관련 설비규모의 적정성

② 본인확인기관이 본인확인업무의 전부 또는 일부를 휴지하고자 하는 때에는 휴지기간을 정하여 휴지하고자 하는 날의 30일 전까지 이를 이용자에게 통보하고 방송통신위원회에 신고하여야 한다. 이 경우 휴지기간은 6개월을 초과할 수 없다.

③ 본인확인기관이 본인확인업무를 폐지하고자 하는 때에는 폐지하고자 하는 날의 60일 전까지 이를 이용자에게 통보하고 방송통신위원회에 신고하여야 한다.

④ 제1항부터 제3항까지의 규정에 따른 심사사항별 세부 심사기준·지정절차 및 휴지·폐지 등에 관하여 필요한 사항은 대통령령으로 정한다.

[본조신설 2011. 4. 5.]

제23조의4(본인확인업무의 정지 및 지정취소) ① 방송통신위원회는 본인확인기관이 다음 각 호의 어느 하나에 해당하는 때에는 6개월 이내의 기간을 정하여 본인확인업무의 전부 또는 일부의 정지를 명하거나 지정을 취소할 수 있다. 다만, 제1호 또는 제2호에 해당하는 때에는 그 지정을 취소하여야 한다.

1. 거짓이나 그 밖의 부정한 방법으로 본인확인기관의 지정을 받은 경우
2. 본인확인업무의 정지명령을 받은 자가 그 명령을 위반하여 업무를 정지하지 아니한 경우
3. 지정받은 날부터 6개월 이내에 본인확인업무를 개시하지 아니하거나 6개월 이상 계속하여 본인확인업무를 휴지한 경우
4. 제23조의3제4항에 따른 지정기준에 적합하지 아니하게 된 경우

② 제1항에 따른 처분의 기준, 절차 및 그 밖에 필요한 사항은 대통령령으로 정한다.

[본조신설 2011. 4. 5.]

제24조 삭제 <2020. 2. 4.>

제24조의2 삭제 <2020. 2. 4.>

제25조 삭제 <2020. 2. 4.>

제26조 삭제 <2020. 2. 4.>

제26조의2 삭제 <2020. 2. 4.>

제2절 삭제 <2020. 2. 4.>

제27조 삭제 <2020. 2. 4.>

제27조의2 삭제 <2020. 2. 4.>

제27조의3 삭제 <2020. 2. 4.>

제28조 삭제 <2020. 2. 4.>

제28조의2 삭제 <2020. 2. 4.>

제29조 삭제 <2020. 2. 4.>

제29조의2 삭제 <2020. 2. 4.>

제3절 삭제 <2020. 2. 4.>

제30조 삭제 <2020. 2. 4.>

제30조의2 삭제 <2020. 2. 4.>

제31조 삭제 <2020. 2. 4.>

제32조 삭제 <2020. 2. 4.>

제32조의2 삭제 <2020. 2. 4.>

제32조의3 삭제 <2020. 2. 4.>

제32조의4 삭제 <2020. 2. 4.>

제32조의5(국내대리인의 지정) ① 국내에 주소 또는 영업소가 없는 정보통신서비스 제공자등으로서 이용자 수, 매출액 등을 고려하여 대통령령으로 정하는 기준에 해당하는 자는 다음 각 호의 사항을 대리하는 자(이하 "국내대리인"이라 한다)를 서면으로 지정하여야 한다.
1. 삭제 <2020. 2. 4.>
2. 삭제 <2020. 2. 4.>
3. 제64조제1항에 따른 관계 물품·서류 등의 제출
② 국내대리인은 국내에 주소 또는 영업소가 있는 자로 한다.
③ 제1항에 따라 국내대리인을 지정한 때에는 다음 각 호의 사항 모두를 인터넷 사이트 등에 공개하여야 한다. <개정 2020. 2. 4.>
1. 국내대리인의 성명(법인의 경우에는 그 명칭 및 대표자의 성명을 말한다)
2. 국내대리인의 주소(법인의 경우에는 영업소 소재지를 말한다), 전화번호 및 전자우편 주소
④ 국내대리인이 제1항 각 호와 관련하여 이 법을 위반한 경우에는 정보통신서비스 제공자등이 그 행위를 한 것으로 본다.
[본조신설 2018. 9. 18.]

제4절 삭제 <2011. 3. 29.>

제33조 삭제 <2011. 3. 29.>

제33조의2 삭제 <2011. 3. 29.>

제34조 삭제 <2011. 3. 29.>

제35조 삭제 <2011. 3. 29.>

제36조 삭제 <2011. 3. 29.>

제37조 삭제 <2011. 3. 29.>

제38조 삭제 <2011. 3. 29.>

제39조 삭제 <2011. 3. 29.>

제40조 삭제 <2011. 3. 29.>

제5장 정보통신망에서의 이용자 보호 등
<개정 2007. 1. 26.>

제41조(청소년 보호를 위한 시책의 마련 등) ① 방송통신위원회는 정보통신망을 통하여 유통되는 음란·폭력정보 등 청소년에게 해로운 정보(이하 "청소년유해정보"라 한다)로부터 청소년을 보호하기 위하여 다음 각 호의 시책을 마련하여야 한다.
1. 내용 선별 소프트웨어의 개발 및 보급
2. 청소년 보호를 위한 기술의 개발 및 보급
3. 청소년 보호를 위한 교육 및 홍보
4. 그 밖에 청소년 보호를 위하여 대통령령으로 정하는 사항
② 방송통신위원회는 제1항에 따른 시책을 추진할 때에는 「방송통신위원회의 설치 및 운영에 관한 법률」 제18조에 따른 방송통신심의위원회(이하 "심의위원회"라 한다), 정보통신서비스 제공자단체·이용자단체, 그 밖의 관련 전문기관이 실시하는 청소년 보호를 위한 활동을 지원할 수 있다.
[전문개정 2008. 6. 13.]

제42조(청소년유해매체물의 표시) 전기통신사업자의 전기통신역무를 이용하여 일반에게 공개를 목적으로 정보를 제공하는 자(이하 "정보제공자"라 한다) 중 「청소년 보호법」 제2조제2호마목에 따른 매체물로서 같은 법 제2조제3호에 따른 청소년유해매체물을 제공하려는 자는 대통령령으로 정

하는 표시방법에 따라 그 정보가 청소년유
해매체물임을 표시하여야 한다. <개정 2011.
9. 15.>
[전문개정 2008. 6. 13.]

제42조의2(청소년유해매체물의 광고금지) 누
구든지「청소년 보호법」제2조제2호마목에
따른 매체물로서 같은 법 제2조제3호에 따
른 청소년유해매체물을 광고하는 내용의
정보를 정보통신망을 이용하여 부호·문자
·음성·음향·화상 또는 영상 등의 형태
로 같은 법 제2조제1호에 따른 청소년에게
전송하거나 청소년 접근을 제한하는 조치
없이 공개적으로 전시하여서는 아니 된다.
<개정 2011. 9. 15.>
[전문개정 2008. 6. 13.]

제42조의3(청소년 보호 책임자의 지정 등) ①
정보통신서비스 제공자 중 일일 평균 이용
자의 수, 매출액 등이 대통령령으로 정하
는 기준에 해당하는 자는 정보통신망의 청
소년유해정보로부터 청소년을 보호하기 위
하여 청소년 보호 책임자를 지정하여야 한
다.
② 청소년 보호 책임자는 해당 사업자의
임원 또는 청소년 보호와 관련된 업무를
담당하는 부서의 장에 해당하는 지위에 있
는 자 중에서 지정한다.
③ 청소년 보호 책임자는 정보통신망의 청
소년유해정보를 차단·관리하고, 청소년유
해정보로부터의 청소년 보호계획을 수립하
는 등 청소년 보호업무를 하여야 한다.
④ 제1항에 따른 청소년 보호 책임자의 지
정에 필요한 사항은 대통령령으로 정한다.
[전문개정 2008. 6. 13.]

**제43조(영상 또는 음향정보 제공사업자의 보
관의무)** ①「청소년 보호법」제2조제2호마
목에 따른 매체물로서 같은 법 제2조제3호
에 따른 청소년유해매체물을 이용자의 컴
퓨터에 저장 또는 기록되지 아니하는 방식
으로 제공하는 것을 영업으로 하는 정보제
공자 중 대통령령으로 정하는 자는 해당
정보를 보관하여야 한다. <개정 2011. 9. 15.>

② 제1항에 따른 정보제공자가 해당 정보
를 보관하여야 할 기간은 대통령령으로 정
한다.
[전문개정 2008. 6. 13.]

제44조(정보통신망에서의 권리보호) ① 이용
자는 사생활 침해 또는 명예훼손 등 타인
의 권리를 침해하는 정보를 정보통신망에
유통시켜서는 아니 된다.
② 정보통신서비스 제공자는 자신이 운영
·관리하는 정보통신망에 제1항에 따른 정
보가 유통되지 아니하도록 노력하여야 한
다.
③ 방송통신위원회는 정보통신망에 유통되
는 정보로 인한 사생활 침해 또는 명예훼
손 등 타인에 대한 권리침해를 방지하기
위하여 기술개발·교육·홍보 등에 대한
시책을 마련하고 이를 정보통신서비스 제
공자에게 권고할 수 있다. <개정 2013. 3. 23.,
2014. 5. 28.>
[전문개정 2008. 6. 13.]

제44조의2(정보의 삭제요청 등) ① 정보통신
망을 통하여 일반에게 공개를 목적으로 제
공된 정보로 사생활 침해나 명예훼손 등
타인의 권리가 침해된 경우 그 침해를 받
은 자는 해당 정보를 처리한 정보통신서비
스 제공자에게 침해사실을 소명하여 그 정
보의 삭제 또는 반박내용의 게재(이하 "삭
제등"이라 한다)를 요청할 수 있다. <개정
2016. 3. 22.>
② 정보통신서비스 제공자는 제1항에 따른
해당 정보의 삭제등을 요청받으면 지체 없
이 삭제·임시조치 등의 필요한 조치를 하
고 즉시 신청인 및 정보게재자에게 알려야
한다. 이 경우 정보통신서비스 제공자는
필요한 조치를 한 사실을 해당 게시판에
공시하는 등의 방법으로 이용자가 알 수
있도록 하여야 한다.
③ 정보통신서비스 제공자는 자신이 운영
·관리하는 정보통신망에 제42조에 따른
표시방법을 지키지 아니하는 청소년유해매
체물이 게재되어 있거나 제42조의2에 따른

청소년 접근을 제한하는 조치 없이 청소년 유해매체물을 광고하는 내용이 전시되어 있는 경우에는 지체 없이 그 내용을 삭제하여야 한다.

④ 정보통신서비스 제공자는 제1항에 따른 정보의 삭제요청에도 불구하고 권리의 침해 여부를 판단하기 어렵거나 이해당사자 간에 다툼이 예상되는 경우에는 해당 정보에 대한 접근을 임시적으로 차단하는 조치(이하 "임시조치"라 한다)를 할 수 있다. 이 경우 임시조치의 기간은 30일 이내로 한다.

⑤ 정보통신서비스 제공자는 필요한 조치에 관한 내용·절차 등을 미리 약관에 구체적으로 밝혀야 한다.

⑥ 정보통신서비스 제공자는 자신이 운영·관리하는 정보통신망에 유통되는 정보에 대하여 제2항에 따른 필요한 조치를 하면 이로 인한 배상책임을 줄이거나 면제받을 수 있다.

[전문개정 2008. 6. 13.]

제44조의3(임의의 임시조치) ① 정보통신서비스 제공자는 자신이 운영·관리하는 정보통신망에 유통되는 정보가 사생활 침해 또는 명예훼손 등 타인의 권리를 침해한다고 인정되면 임의로 임시조치를 할 수 있다.

② 제1항에 따른 임시조치에 관하여는 제44조의2제2항 후단, 제4항 후단 및 제5항을 준용한다.

[전문개정 2008. 6. 13.]

제44조의4(자율규제) ① 정보통신서비스 제공자단체는 이용자를 보호하고 안전하며 신뢰할 수 있는 정보통신서비스를 제공하기 위하여 정보통신서비스 제공자 행동강령을 정하여 시행할 수 있다. <개정 2018. 12. 24.>

② 정보통신서비스 제공자단체는 다음 각 호의 어느 하나에 해당하는 정보가 정보통신망에 유통되지 아니하도록 모니터링 등 자율규제 가이드라인을 정하여 시행할 수

있다. <신설 2018. 12. 24.>

1. 청소년유해정보

2. 제44조의7에 따른 불법정보

③ 정부는 제1항 및 제2항에 따른 정보통신서비스 제공자단체의 자율규제를 위한 활동을 지원할 수 있다. <신설 2018. 12. 24.>

[전문개정 2008. 6. 13.]

제44조의5(게시판 이용자의 본인 확인) ① 다음 각 호의 어느 하나에 해당하는 자가 게시판을 설치·운영하려면 그 게시판 이용자의 본인 확인을 위한 방법 및 절차의 마련 등 대통령령으로 정하는 필요한 조치(이하 "본인확인조치"라 한다)를 하여야 한다.

1. 국가기관, 지방자치단체, 「공공기관의 운영에 관한 법률」 제5조제3항에 따른 공기업·준정부기관 및 「지방공기업법」에 따른 지방공사·지방공단(이하 "공공기관등"이라 한다)

2. 삭제 <2014. 5. 28.>

② 삭제 <2014. 5. 28.>

③ 정부는 제1항에 따른 본인 확인을 위하여 안전하고 신뢰할 수 있는 시스템을 개발하기 위한 시책을 마련하여야 한다.

④ 공공기관등이 선량한 관리자의 주의로써 제1항에 따른 본인확인조치를 한 경우에는 이용자의 명의가 제3자에 의하여 부정사용됨에 따라 발생한 손해에 대한 배상책임을 줄이거나 면제받을 수 있다. <개정 2014. 5. 28.>

[전문개정 2008. 6. 13.]

[2014. 5. 28. 법률 제12681호에 의하여 2012. 8. 23. 헌법재판소에서 위헌 결정된 이 조 제1항제2호를 삭제함.]

제44조의6(이용자 정보의 제공청구) ① 특정한 이용자에 의한 정보의 게재나 유통으로 사생활 침해 또는 명예훼손 등 권리를 침해당하였다고 주장하는 자는 민·형사상의 소를 제기하기 위하여 침해사실을 소명하여 제44조의10에 따른 명예훼손 분쟁조정부에 해당 정보통신서비스 제공자가 보유하고 있는 해당 이용자의 정보(민·형사상

의 소를 제기하기 위한 성명·주소 등 대통령령으로 정하는 최소한의 정보를 말한다)를 제공하도록 청구할 수 있다.

② 명예훼손 분쟁조정부는 제1항에 따른 청구를 받으면 해당 이용자와 연락할 수 없는 등의 특별한 사정이 있는 경우 외에는 그 이용자의 의견을 들어 정보제공 여부를 결정하여야 한다.

③ 제1항에 따라 해당 이용자의 정보를 제공받은 자는 해당 이용자의 정보를 민·형사상의 소를 제기하기 위한 목적 외의 목적으로 사용하여서는 아니 된다.

④ 그 밖의 이용자 정보 제공청구의 내용과 절차에 필요한 사항은 대통령령으로 정한다.

[전문개정 2008. 6. 13.]

제44조의7(불법정보의 유통금지 등) ① 누구든지 정보통신망을 통하여 다음 각 호의 어느 하나에 해당하는 정보를 유통하여서는 아니 된다. <개정 2011. 9. 15., 2016. 3. 22., 2018. 6. 12.>

1. 음란한 부호·문언·음향·화상 또는 영상을 배포·판매·임대하거나 공공연하게 전시하는 내용의 정보
2. 사람을 비방할 목적으로 공공연하게 사실이나 거짓의 사실을 드러내어 타인의 명예를 훼손하는 내용의 정보
3. 공포심이나 불안감을 유발하는 부호·문언·음향·화상 또는 영상을 반복적으로 상대방에게 도달하도록 하는 내용의 정보
4. 정당한 사유 없이 정보통신시스템, 데이터 또는 프로그램 등을 훼손·멸실·변경·위조하거나 그 운용을 방해하는 내용의 정보
5. 「청소년 보호법」에 따른 청소년유해매체물로서 상대방의 연령 확인, 표시의무 등 법령에 따른 의무를 이행하지 아니하고 영리를 목적으로 제공하는 내용의 정보
6. 법령에 따라 금지되는 사행행위에 해당하는 내용의 정보
6의2. 이 법 또는 개인정보 보호에 관한 법령을 위반하여 개인정보를 거래하는 내용의 정보
6의3. 총포·화약류(생명·신체에 위해를 끼칠 수 있는 폭발력을 가진 물건을 포함한다)를 제조할 수 있는 방법이나 설계도 등의 정보
7. 법령에 따라 분류된 비밀 등 국가기밀을 누설하는 내용의 정보
8. 「국가보안법」에서 금지하는 행위를 수행하는 내용의 정보
9. 그 밖에 범죄를 목적으로 하거나 교사(敎唆) 또는 방조하는 내용의 정보

② 방송통신위원회는 제1항제1호부터 제6호까지, 제6호의2 및 제6호의3의 정보에 대하여는 심의위원회의 심의를 거쳐 정보통신서비스 제공자 또는 게시판 관리·운영자로 하여금 그 처리를 거부·정지 또는 제한하도록 명할 수 있다. 다만, 제1항제2호 및 제3호에 따른 정보의 경우에는 해당 정보로 인하여 피해를 받은 자가 구체적으로 밝힌 의사에 반하여 그 처리의 거부·정지 또는 제한을 명할 수 없다. <개정 2016. 3. 22., 2018. 6. 12.>

③ 방송통신위원회는 제1항제7호부터 제9호까지의 정보가 다음 각 호의 모두에 해당하는 경우에는 정보통신서비스 제공자 또는 게시판 관리·운영자에게 해당 정보의 처리를 거부·정지 또는 제한하도록 명하여야 한다. <개정 2016. 3. 22., 2018. 12. 24.>

1. 관계 중앙행정기관의 장의 요청[제1항제9호의 정보 중 「성폭력범죄의 처벌 등에 관한 특례법」 제14조에 따른 촬영물 또는 복제물(복제물의 복제물을 포함한다)에 대하여는 수사기관의 장의 요청을 포함한다]이 있었을 것
2. 제1호의 요청을 받은 날부터 7일 이내에 심의위원회의 심의를 거친 후 「방송통신위원회의 설치 및 운영에 관한 법률」 제21조제4호에 따른 시정 요구를 하였을 것
3. 정보통신서비스 제공자나 게시판 관리·운영자가 시정 요구에 따르지 아니하

였을 것

④ 방송통신위원회는 제2항 및 제3항에 따른 명령의 대상이 되는 정보통신서비스 제공자, 게시판 관리·운영자 또는 해당 이용자에게 미리 의견제출의 기회를 주어야 한다. 다만, 다음 각 호의 어느 하나에 해당하는 경우에는 의견제출의 기회를 주지 아니할 수 있다.

1. 공공의 안전 또는 복리를 위하여 긴급히 처분을 할 필요가 있는 경우
2. 의견청취가 뚜렷이 곤란하거나 명백히 불필요한 경우로서 대통령령으로 정하는 경우
3. 의견제출의 기회를 포기한다는 뜻을 명백히 표시한 경우

[전문개정 2008. 6. 13.]

제44조의8(대화형정보통신서비스에서의 아동보호) 정보통신서비스 제공자는 만 14세 미만의 아동에게 문자·음성을 이용하여 사람과 대화하는 방식으로 정보를 처리하는 시스템을 기반으로 하는 정보통신서비스를 제공하는 경우에는 그 아동에게 부적절한 내용의 정보가 제공되지 아니하도록 노력하여야 한다.

[본조신설 2018. 12. 24.]

제44조의9(불법촬영물등 유통방지 책임자)

① 정보통신서비스 제공자 중 일일 평균 이용자의 수, 매출액, 사업의 종류 등이 대통령령으로 정하는 기준에 해당하는 자는 자신이 운영·관리하는 정보통신망을 통하여 일반에게 공개되어 유통되는 정보 중 다음 각 호의 정보(이하 "불법촬영물등"이라 한다)의 유통을 방지하기 위한 책임자(이하 "불법촬영물등 유통방지 책임자"라 한다)를 지정하여야 한다.

1. 「성폭력범죄의 처벌 등에 관한 특례법」 제14조에 따른 촬영물 또는 복제물(복제물의 복제물을 포함한다)
2. 「성폭력범죄의 처벌 등에 관한 특례법」 제14조의2에 따른 편집물·합성물·가공물 또는 복제물(복제물의 복제물을 포함

한다)
3. 「아동·청소년의 성보호에 관한 법률」 제2조제5호에 따른 아동·청소년성착취물

② 불법촬영물등 유통방지 책임자는 「전기통신사업법」 제22조의5제1항에 따른 불법촬영물등의 삭제·접속차단 등 유통방지에 필요한 조치 업무를 수행한다.

③ 불법촬영물등 유통방지 책임자의 수 및 자격요건, 불법촬영물등 유통방지 책임자에 대한 교육 등에 관하여 필요한 사항은 대통령령으로 정한다.

[본조신설 2020. 6. 9.]

제44조의10(명예훼손 분쟁조정부) ① 심의위원회는 정보통신망을 통하여 유통되는 정보 중 사생활의 침해 또는 명예훼손 등 타인의 권리를 침해하는 정보와 관련된 분쟁의 조정업무를 효율적으로 수행하기 위하여 5명 이하의 위원으로 구성된 명예훼손 분쟁조정부를 두되, 그중 1명 이상은 변호사의 자격이 있는 사람으로 한다. <개정 2020. 6. 9.>

② 명예훼손 분쟁조정부의 위원은 심의위원회의 위원장이 심의위원회의 동의를 받아 위촉한다.

③ 명예훼손 분쟁조정부의 분쟁조정절차 등에 관하여는 제33조의2제2항, 제35조부터 제39조까지의 규정을 준용한다. 이 경우 "분쟁조정위원회"는 "심의위원회"로, "개인정보와 관련한 분쟁"은 "정보통신망을 통하여 유통되는 정보 중 사생활의 침해 또는 명예훼손 등 타인의 권리를 침해하는 정보와 관련된 분쟁"으로 본다.

④ 명예훼손 분쟁조정부의 설치·운영 및 분쟁조정 등에 관하여 그 밖의 필요한 사항은 대통령령으로 정한다.

[전문개정 2008. 6. 13.]

제6장 정보통신망의 안정성 확보 등

제45조(정보통신망의 안정성 확보 등) ① 다음 각 호의 어느 하나에 해당하는 자는 정

보통신서비스의 제공에 사용되는 정보통신망의 안정성 및 정보의 신뢰성을 확보하기 위한 보호조치를 하여야 한다. <개정 2020. 6. 9.>

1. 정보통신서비스 제공자
2. 정보통신망에 연결되어 정보를 송·수신할 수 있는 기기·설비·장비 중 대통령령으로 정하는 기기·설비·장비(이하 "정보통신망연결기기등"이라 한다)를 제조하거나 수입하는 자

② 과학기술정보통신부장관은 제1항에 따른 보호조치의 구체적 내용을 정한 정보보호조치에 관한 지침(이하 "정보보호지침"이라 한다)을 정하여 고시하고 제1항 각 호의 어느 하나에 해당하는 자에게 이를 지키도록 권고할 수 있다. <개정 2012. 2. 17., 2013. 3. 23., 2017. 7. 26., 2020. 6. 9.>

③ 정보보호지침에는 다음 각 호의 사항이 포함되어야 한다. <개정 2016. 3. 22., 2020. 6. 9.>

1. 정당한 권한이 없는 자가 정보통신망에 접근·침입하는 것을 방지하거나 대응하기 위한 정보보호시스템의 설치·운영 등 기술적·물리적 보호조치
2. 정보의 불법 유출·위조·변조·삭제 등을 방지하기 위한 기술적 보호조치
3. 정보통신망의 지속적인 이용이 가능한 상태를 확보하기 위한 기술적·물리적 보호조치
4. 정보통신망의 안정 및 정보보호를 위한 인력·조직·경비의 확보 및 관련 계획 수립 등 관리적 보호조치
5. 정보통신망연결기기등의 정보보호를 위한 기술적 보호조치

④ 과학기술정보통신부장관은 관계 중앙행정기관의 장에게 소관 분야의 정보통신망연결기기등과 관련된 시험·검사·인증 등의 기준에 정보보호지침의 내용을 반영할 것을 요청할 수 있다. <신설 2020. 6. 9.>
[전문개정 2008. 6. 13.]

제45조의2(정보보호 사전점검) ① 정보통신서비스 제공자는 새로이 정보통신망을 구축하거나 정보통신서비스를 제공하고자 하는 때에는 그 계획 또는 설계에 정보보호에 관한 사항을 고려하여야 한다.

② 과학기술정보통신부장관은 다음 각 호의 어느 하나에 해당하는 정보통신서비스 또는 전기통신사업을 시행하고자 하는 자에게 대통령령으로 정하는 정보보호 사전점검기준에 따라 보호조치를 하도록 권고할 수 있다. <개정 2013. 3. 23., 2017. 7. 26.>

1. 이 법 또는 다른 법령에 따라 과학기술정보통신부장관의 인가·허가를 받거나 등록·신고를 하도록 되어 있는 사업으로서 대통령령으로 정하는 정보통신서비스 또는 전기통신사업
2. 과학기술정보통신부장관이 사업비의 전부 또는 일부를 지원하는 사업으로서 대통령령으로 정하는 정보통신서비스 또는 전기통신사업

③ 제2항에 따른 정보보호 사전점검의 기준·방법·절차·수수료 등 필요한 사항은 대통령령으로 정한다.
[본조신설 2012. 2. 17.]

제45조의3(정보보호 최고책임자의 지정 등) ① 정보통신서비스 제공자는 정보통신시스템 등에 대한 보안 및 정보의 안전한 관리를 위하여 임원급의 정보보호 최고책임자를 지정하고 과학기술정보통신부장관에게 신고하여야 한다. 다만, 자산총액, 매출액 등이 대통령령으로 정하는 기준에 해당하는 정보통신서비스 제공자의 경우에는 정보보호 최고책임자를 지정하지 아니할 수 있다. <개정 2014. 5. 28., 2017. 7. 26., 2018. 6. 12.>

② 제1항에 따른 신고의 방법 및 절차 등에 대해서는 대통령령으로 정한다. <신설 2014. 5. 28.>

③ 제1항 본문에 따라 지정 및 신고된 정보보호 최고책임자(자산총액, 매출액 등 대통령령으로 정하는 기준에 해당하는 정보통신서비스 제공자의 경우로 한정한다)는 제4항의 업무 외의 다른 업무를 겸직할 수 없다. <신설 2018. 6. 12.>

④ 정보보호 최고책임자는 다음 각 호의

업무를 총괄한다. <개정 2014. 5. 28., 2018. 6. 12.>

1. 정보보호관리체계의 수립 및 관리·운영

2. 정보보호 취약점 분석·평가 및 개선

3. 침해사고의 예방 및 대응

4. 사전 정보보호대책 마련 및 보안조치 설계·구현 등

5. 정보보호 사전 보안성 검토

6. 중요 정보의 암호화 및 보안서버 적합성 검토

7. 그 밖에 이 법 또는 관계 법령에 따라 정보보호를 위하여 필요한 조치의 이행

⑤ 정보통신서비스 제공자는 침해사고에 대한 공동 예방 및 대응, 필요한 정보의 교류, 그 밖에 대통령령으로 정하는 공동의 사업을 수행하기 위하여 제1항에 따른 정보보호 최고책임자를 구성원으로 하는 정보보호 최고책임자 협의회를 구성·운영할 수 있다. <개정 2014. 5. 28., 2018. 6. 12.>

⑥ 정부는 제5항에 따른 정보보호 최고책임자 협의회의 활동에 필요한 경비의 전부 또는 일부를 지원할 수 있다. <개정 2014. 5. 28., 2015. 6. 22., 2018. 6. 12.>

⑦ 정보보호 최고책임자의 자격요건 등에 필요한 사항은 대통령령으로 정한다. <신설 2018. 6. 12.>

[본조신설 2012. 2. 17.]

제46조(집적된 정보통신시설의 보호) ① 타인의 정보통신서비스 제공을 위하여 집적된 정보통신시설을 운영·관리하는 정보통신서비스 제공자(이하 "집적정보통신시설 사업자"라 한다)는 정보통신시설을 안정적으로 운영하기 위하여 대통령령으로 정하는 바에 따른 보호조치를 하여야 한다. <개정 2020. 6. 9.>

② 집적정보통신시설 사업자는 집적된 정보통신시설의 멸실, 훼손, 그 밖의 운영장애로 발생한 피해를 보상하기 위하여 대통령령으로 정하는 바에 따라 보험에 가입하여야 한다.

[전문개정 2008. 6. 13.]

제46조의2(집적정보통신시설 사업자의 긴급 대응) ① 집적정보통신시설 사업자는 다음 각 호의 어느 하나에 해당하는 경우에는 이용약관으로 정하는 바에 따라 해당 서비스의 전부 또는 일부의 제공을 중단할 수 있다. <개정 2009. 4. 22., 2013. 3. 23., 2017. 7. 26.>

1. 집적정보통신시설을 이용하는 자(이하 "시설이용자"라 한다)의 정보시스템에서 발생한 이상현상으로 다른 시설이용자의 정보통신망 또는 집적된 정보통신시설의 정보통신망에 심각한 장애를 발생시킬 우려가 있다고 판단되는 경우

2. 외부에서 발생한 침해사고로 집적된 정보통신시설에 심각한 장애가 발생할 우려가 있다고 판단되는 경우

3. 중대한 침해사고가 발생하여 과학기술정보통신부장관이나 한국인터넷진흥원이 요청하는 경우

② 집적정보통신시설 사업자는 제1항에 따라 해당 서비스의 제공을 중단하는 경우에는 중단사유, 발생일시, 기간 및 내용 등을 구체적으로 밝혀 시설이용자에게 즉시 알려야 한다.

③ 집적정보통신시설 사업자는 중단사유가 없어지면 즉시 해당 서비스의 제공을 재개하여야 한다.

[전문개정 2008. 6. 13.]

제46조의3 삭제 <2012. 2. 17.>

제47조(정보보호 관리체계의 인증) ① 과학기술정보통신부장관은 정보통신망의 안정성·신뢰성 확보를 위하여 관리적·기술적·물리적 보호조치를 포함한 종합적 관리체계(이하 "정보보호 관리체계"라 한다)를 수립·운영하고 있는 자에 대하여 제4항에 따른 기준에 적합한지에 관하여 인증을 할 수 있다. <개정 2012. 2. 17., 2013. 3. 23., 2015. 12. 1., 2017. 7. 26.>

② 「전기통신사업법」 제2조제8호에 따른 전기통신사업자와 전기통신사업자의 전기통신역무를 이용하여 정보를 제공하거나 정보의 제공을 매개하는 자로서 다음 각

호의 어느 하나에 해당하는 자는 제1항에 따른 인증을 받아야 한다. <신설 2012. 2. 17., 2015. 12. 1., 2018. 12. 24., 2020. 6. 9.>

1. 「전기통신사업법」 제6조제1항에 따른 등록을 한 자로서 대통령령으로 정하는 바에 따라 정보통신망서비스를 제공하는 자(이하 "주요정보통신서비스 제공자"라 한다)

2. 집적정보통신시설 사업자

3. 연간 매출액 또는 세입 등이 1,500억원 이상이거나 정보통신서비스 부문 전년도 매출액이 100억원 이상 또는 3개월간의 일일평균 이용자수 100만명 이상으로서, 대통령령으로 정하는 기준에 해당하는 자

③ 과학기술정보통신부장관은 제2항에 따라 인증을 받아야 하는 자가 과학기술정보통신부령으로 정하는 바에 따라 국제표준 정보보호 인증을 받거나 정보보호 조치를 취한 경우에는 제1항에 따른 인증 심사의 일부를 생략할 수 있다. 이 경우 인증 심사의 세부 생략 범위에 대해서는 과학기술정보통신부장관이 정하여 고시한다. <신설 2015. 12. 1., 2017. 7. 26.>

④ 과학기술정보통신부장관은 제1항에 따른 정보보호 관리체계 인증을 위하여 관리적·기술적·물리적 보호대책을 포함한 인증기준 등 그 밖에 필요한 사항을 정하여 고시할 수 있다. <개정 2012. 2. 17., 2013. 3. 23., 2015. 12. 1., 2017. 7. 26.>

⑤ 제1항에 따른 정보보호 관리체계 인증의 유효기간은 3년으로 한다. 다만, 제47조의5제1항에 따라 정보보호 관리등급을 받은 경우 그 유효기간 동안 제1항의 인증을 받은 것으로 본다. <신설 2012. 2. 17., 2015. 12. 1.>

⑥ 과학기술정보통신부장관은 한국인터넷진흥원 또는 과학기술정보통신부장관이 지정한 기관(이하 "정보보호 관리체계 인증기관"이라 한다)으로 하여금 제1항 및 제2항에 따른 인증에 관한 업무로서 다음 각 호의 업무를 수행하게 할 수 있다. <신설 2012. 2. 17., 2013. 3. 23., 2015. 12. 1., 2017. 7. 26.>

1. 인증 신청인이 수립한 정보보호 관리체계가 제4항에 따른 인증기준에 적합한지 여부를 확인하기 위한 심사(이하 "인증심사"라 한다)

2. 인증심사 결과의 심의

3. 인증서 발급·관리

4. 인증의 사후관리

5. 정보보호 관리체계 인증심사원의 양성 및 자격관리

6. 그 밖에 정보보호 관리체계 인증에 관한 업무

⑦ 과학기술정보통신부장관은 인증에 관한 업무를 효율적으로 수행하기 위하여 필요한 경우 인증심사 업무를 수행하는 기관(이하 "정보보호 관리체계 심사기관"이라 한다)을 지정할 수 있다. <신설 2015. 12. 1., 2017. 7. 26.>

⑧ 한국인터넷진흥원, 정보보호 관리체계 인증기관 및 정보보호 관리체계 심사기관은 정보보호 관리체계의 실효성 제고를 위하여 연 1회 이상 사후관리를 실시하고 그 결과를 과학기술정보통신부장관에게 통보하여야 한다. <신설 2012. 2. 17., 2013. 3. 23., 2015. 12. 1., 2017. 7. 26.>

⑨ 제1항 및 제2항에 따라 정보보호 관리체계의 인증을 받은 자는 대통령령으로 정하는 바에 따라 인증의 내용을 표시하거나 홍보할 수 있다. <개정 2012. 2. 17., 2015. 12. 1.>

⑩ 과학기술정보통신부장관은 다음 각 호의 어느 하나에 해당하는 사유를 발견한 경우에는 인증을 취소할 수 있다. 다만, 제1호에 해당하는 경우에는 인증을 취소하여야 한다. <신설 2012. 2. 17., 2013. 3. 23., 2015. 12. 1., 2017. 7. 26.>

1. 거짓이나 그 밖의 부정한 방법으로 정보보호 관리체계 인증을 받은 경우

2. 제4항에 따른 인증기준에 미달하게 된 경우

3. 제8항에 따른 사후관리를 거부 또는 방해한 경우

⑪ 제1항 및 제2항에 따른 인증의 방법·절차·범위·수수료, 제8항에 따른 사후관리의 방법·절차, 제10항에 따른 인증취소의 방법·절차, 그 밖에 필요한 사항은 대통령령으로 정한다. <개정 2012. 2. 17., 2015. 12. 1.>

⑫ 정보보호 관리체계 인증기관 및 정보보호 관리체계 심사기관 지정의 기준·절차·유효기간 등에 필요한 사항은 대통령령으로 정한다. <개정 2012. 2. 17., 2015. 12. 1.>

[전문개정 2008. 6. 13.]

제47조의2(정보보호 관리체계 인증기관 및 정보보호 관리체계 심사기관의 지정취소 등) ① 과학기술정보통신부장관은 제47조에 따라 정보보호 관리체계 인증기관 또는 정보보호 관리체계 심사기관으로 지정받은 법인 또는 단체가 다음 각 호의 어느 하나에 해당하면 그 지정을 취소하거나 1년 이내의 기간을 정하여 해당 업무의 전부 또는 일부의 정지를 명할 수 있다. 다만, 제1호나 제2호에 해당하는 경우에는 그 지정을 취소하여야 한다. <개정 2012. 2. 17., 2013. 3. 23., 2015. 12. 1., 2017. 7. 26.>

1. 거짓이나 그 밖의 부정한 방법으로 정보보호 관리체계 인증기관 또는 정보보호 관리체계 심사기관의 지정을 받은 경우
2. 업무정지기간 중에 인증 또는 인증심사를 한 경우
3. 정당한 사유 없이 인증 또는 인증심사를 하지 아니한 경우
4. 제47조제11항을 위반하여 인증 또는 인증심사를 한 경우
5. 제47조제12항에 따른 지정기준에 적합하지 아니하게 된 경우

② 제1항에 따른 지정취소 및 업무정지 등에 필요한 사항은 대통령령으로 정한다.

[전문개정 2008. 6. 13.]
[제목개정 2015. 12. 1.]

제47조의3 삭제 <2020. 2. 4.>

제47조의4(이용자의 정보보호) ① 정부는 이용자의 정보보호에 필요한 기준을 정하여 이용자에게 권고하고, 침해사고의 예방 및 확산 방지를 위하여 취약점 점검, 기술 지원 등 필요한 조치를 할 수 있다.

② 정부는 제1항에 따른 조치에 관한 업무를 한국인터넷진흥원 또는 대통령령으로 정하는 전문기관에 위탁할 수 있다. <신설 2020. 6. 9.>

③ 주요정보통신서비스 제공자는 정보통신망에 중대한 침해사고가 발생하여 자신의 서비스를 이용하는 이용자의 정보시스템 또는 정보통신망 등에 심각한 장애가 발생할 가능성이 있으면 이용약관으로 정하는 바에 따라 그 이용자에게 보호조치를 취하도록 요청하고, 이를 이행하지 아니하는 경우에는 해당 정보통신망으로의 접속을 일시적으로 제한할 수 있다. <개정 2020. 6. 9.>

④ 「소프트웨어 진흥법」 제2조에 따른 소프트웨어사업자는 보안에 관한 취약점을 보완하는 프로그램을 제작하였을 때에는 한국인터넷진흥원에 알려야 하고, 그 소프트웨어 사용자에게는 제작한 날부터 1개월 이내에 2회 이상 알려야 한다. <개정 2009. 4. 22., 2020. 6. 9.>

⑤ 제3항에 따른 보호조치의 요청 등에 관하여 이용약관으로 정하여야 하는 구체적인 사항은 대통령령으로 정한다. <개정 2020. 6. 9.>

[전문개정 2008. 6. 13.]
[제47조의3에서 이동 <2012. 2. 17.>]

제47조의5(정보보호 관리등급 부여) ① 제47조에 따라 정보보호 관리체계 인증을 받은 자는 기업의 통합적 정보보호 관리수준을 제고하고 이용자로부터 정보보호 서비스에 대한 신뢰를 확보하기 위하여 과학기술정보통신부장관으로부터 정보보호 관리등급을 받을 수 있다. <개정 2013. 3. 23., 2017. 7. 26.>

② 과학기술정보통신부장관은 한국인터넷진흥원으로 하여금 제1항에 따른 등급 부여에 관한 업무를 수행하게 할 수 있다. <개정 2013. 3. 23., 2017. 7. 26.>

③ 제1항에 따라 정보보호 관리등급을 받은 자는 대통령령으로 정하는 바에 따라 해당 등급의 내용을 표시하거나 홍보에 활용할 수 있다.

④ 과학기술정보통신부장관은 다음 각 호의 어느 하나에 해당하는 사유를 발견한 경우에는 부여한 등급을 취소할 수 있다. 다만, 제1호에 해당하는 경우에는 부여한 등급을 취소하여야 한다. <개정 2013. 3. 23., 2015. 12. 1., 2017. 7. 26.>

1. 거짓이나 그 밖의 부정한 방법으로 정보보호 관리등급을 받은 경우

2. 제5항에 따른 등급기준에 미달하게 된 경우

⑤ 제1항에 따른 등급 부여의 심사기준 및 등급 부여의 방법·절차·수수료, 등급의 유효기간, 제4항에 따른 등급취소의 방법·절차, 그 밖에 필요한 사항은 대통령령으로 정한다.

[본조신설 2012. 2. 17.]

제48조(정보통신망 침해행위 등의 금지) ① 누구든지 정당한 접근권한 없이 또는 허용된 접근권한을 넘어 정보통신망에 침입하여서는 아니 된다.

② 누구든지 정당한 사유 없이 정보통신시스템, 데이터 또는 프로그램 등을 훼손·멸실·변경·위조하거나 그 운용을 방해할 수 있는 프로그램(이하 "악성프로그램"이라 한다)을 전달 또는 유포하여서는 아니 된다.

③ 누구든지 정보통신망의 안정적 운영을 방해할 목적으로 대량의 신호 또는 데이터를 보내거나 부정한 명령을 처리하도록 하는 등의 방법으로 정보통신망에 장애가 발생하게 하여서는 아니 된다.

[전문개정 2008. 6. 13.]

제48조의2(침해사고의 대응 등) ① 과학기술정보통신부장관은 침해사고에 적절히 대응하기 위하여 다음 각 호의 업무를 수행하고, 필요하면 업무의 전부 또는 일부를 한국인터넷진흥원이 수행하도록 할 수 있다.

<개정 2009. 4. 22., 2013. 3. 23., 2017. 7. 26.>

1. 침해사고에 관한 정보의 수집·전파

2. 침해사고의 예보·경보

3. 침해사고에 대한 긴급조치

4. 그 밖에 대통령령으로 정하는 침해사고 대응조치

② 다음 각 호의 어느 하나에 해당하는 자는 대통령령으로 정하는 바에 따라 침해사고의 유형별 통계, 해당 정보통신망의 소통량 통계 및 접속경로별 이용 통계 등 침해사고 관련 정보를 과학기술정보통신부장관이나 한국인터넷진흥원에 제공하여야 한다. <개정 2009. 4. 22., 2013. 3. 23., 2017. 7. 26.>

1. 주요정보통신서비스 제공자

2. 집적정보통신시설 사업자

3. 그 밖에 정보통신망을 운영하는 자로서 대통령령으로 정하는 자

③ 한국인터넷진흥원은 제2항에 따른 정보를 분석하여 과학기술정보통신부장관에게 보고하여야 한다. <개정 2009. 4. 22., 2013. 3. 23., 2017. 7. 26.>

④ 과학기술정보통신부장관은 제2항에 따라 정보를 제공하여야 하는 사업자가 정당한 사유 없이 정보의 제공을 거부하거나 거짓 정보를 제공하면 상당한 기간을 정하여 그 사업자에게 시정을 명할 수 있다. <개정 2013. 3. 23., 2017. 7. 26.>

⑤ 과학기술정보통신부장관이나 한국인터넷진흥원은 제2항에 따라 제공받은 정보를 침해사고의 대응을 위하여 필요한 범위에서만 정당하게 사용하여야 한다. <개정 2009. 4. 22., 2013. 3. 23., 2017. 7. 26.>

⑥ 과학기술정보통신부장관이나 한국인터넷진흥원은 침해사고의 대응을 위하여 필요하면 제2항 각 호의 어느 하나에 해당하는 자에게 인력지원을 요청할 수 있다. <개정 2009. 4. 22., 2013. 3. 23., 2017. 7. 26.>

[전문개정 2008. 6. 13.]

제48조의3(침해사고의 신고 등) ① 다음 각 호의 어느 하나에 해당하는 자는 침해사고가 발생하면 즉시 그 사실을 과학기술정보통신부장관이나 한국인터넷진흥원에 신고

하여야 한다. 이 경우 「정보통신기반 보호법」 제13조제1항에 따른 통지가 있으면 전단에 따른 신고를 한 것으로 본다. <개정 2009. 4. 22., 2013. 3. 23., 2017. 7. 26.>

1. 정보통신서비스 제공자

2. 집적정보통신시설 사업자

② 과학기술정보통신부장관이나 한국인터넷진흥원은 제1항에 따라 침해사고의 신고를 받거나 침해사고를 알게 되면 제48조의2제1항 각 호에 따른 필요한 조치를 하여야 한다. <개정 2009. 4. 22., 2013. 3. 23., 2017. 7. 26.>

[전문개정 2008. 6. 13.]

제48조의4(침해사고의 원인 분석 등) ① 정보통신서비스 제공자 등 정보통신망을 운영하는 자는 침해사고가 발생하면 침해사고의 원인을 분석하고 피해의 확산을 방지하여야 한다.

② 과학기술정보통신부장관은 정보통신서비스 제공자의 정보통신망에 중대한 침해사고가 발생하면 피해 확산 방지, 사고대응, 복구 및 재발 방지를 위하여 정보보호에 전문성을 갖춘 민·관합동조사단을 구성하여 그 침해사고의 원인 분석을 할 수 있다. <개정 2013. 3. 23., 2017. 7. 26.>

③ 과학기술정보통신부장관은 제2항에 따른 침해사고의 원인을 분석하기 위하여 필요하다고 인정하면 정보통신서비스 제공자와 집적정보통신시설 사업자에게 정보통신망의 접속기록 등 관련 자료의 보전을 명할 수 있다. <개정 2013. 3. 23., 2017. 7. 26.>

④ 과학기술정보통신부장관은 침해사고의 원인을 분석하기 위하여 필요하면 정보통신서비스 제공자와 집적정보통신시설 사업자에게 침해사고 관련 자료의 제출을 요구할 수 있으며, 제2항에 따른 민·관합동조사단에게 관계인의 사업장에 출입하여 침해사고 원인을 조사하도록 할 수 있다. 다만, 「통신비밀보호법」 제2조제11호에 따른 통신사실확인자료에 해당하는 자료의 제출은 같은 법으로 정하는 바에 따른다. <개정 2013. 3. 23., 2017. 7. 26.>

⑤ 과학기술정보통신부장관이나 민·관합동조사단은 제4항에 따라 제출받은 자료와 조사를 통하여 알게 된 정보를 침해사고의 원인 분석 및 대책 마련 외의 목적으로는 사용하지 못하며, 원인 분석이 끝난 후에는 즉시 파기하여야 한다. <개정 2013. 3. 23., 2017. 7. 26.>

⑥ 제2항에 따른 민·관합동조사단의 구성과 제4항에 따라 제출된 침해사고 관련 자료의 보호 등에 필요한 사항은 대통령령으로 정한다.

[전문개정 2008. 6. 13.]

제48조의5(정보통신망연결기기등 관련 침해사고의 대응 등) ① 과학기술정보통신부장관은 정보통신망연결기기등과 관련된 침해사고가 발생하면 관계 중앙행정기관의 장과 협력하여 해당 침해사고의 원인을 분석할 수 있다.

② 과학기술정보통신부장관은 정보통신망연결기기등과 관련된 침해사고가 발생하여 국민의 생명·신체 또는 재산에 위험을 초래할 가능성이 있는 경우 관계 중앙행정기관의 장에게 다음 각 호의 조치를 하도록 요청할 수 있다.

1. 제47조의4제1항에 따른 취약점 점검, 기술 지원 등의 조치

2. 피해 확산을 방지하기 위하여 필요한 조치

3. 그 밖에 정보통신망연결기기등의 정보보호를 위한 제도의 개선

③ 과학기술정보통신부장관은 정보통신망연결기기등과 관련된 침해사고가 발생한 경우 해당 정보통신망연결기기등을 제조하거나 수입한 자에게 제품 취약점 개선 등 침해사고의 확대 또는 재발을 방지하기 위한 조치를 할 것을 권고할 수 있다.

④ 과학기술정보통신부장관은 대통령령으로 정하는 전문기관이 다음 각 호의 사업을 수행하는 데 필요한 비용을 지원할 수 있다.

1. 정보통신망연결기기등과 관련된 정보보호지침 마련을 위한 연구

2. 정보통신망연결기기등과 관련된 시험·검사·인증 등의 기준 개선 연구

[본조신설 2020. 6. 9.]

제48조의6(정보통신망연결기기등에 관한 인증) ① 과학기술정보통신부장관은 제4항에 따른 인증시험대행기관의 시험 결과 정보통신망연결기기등이 제2항에 따른 인증기준에 적합한 경우 정보보호인증을 할 수 있다.

② 과학기술정보통신부장관은 제1항에 따른 정보보호인증(이하 "정보보호인증"이라 한다)을 위하여 정보통신망의 안정성 및 정보의 신뢰성 확보 등에 관한 인증기준을 정하여 고시할 수 있다.

③ 과학기술정보통신부장관은 정보보호인증을 받은 자가 다음 각 호의 어느 하나에 해당하는 경우에는 그 정보보호인증을 취소할 수 있다. 다만, 제1호에 해당하는 경우에는 그 정보보호인증을 취소하여야 한다.

1. 거짓이나 그 밖의 부정한 방법으로 정보보호인증을 받은 경우
2. 제2항에 따른 인증기준에 미달하게 된 경우

④ 과학기술정보통신부장관은 정보통신망연결기기등이 제2항에 따른 인증기준에 적합한지 여부를 확인하는 시험을 효율적으로 수행하기 위하여 필요한 경우에는 대통령령으로 정하는 지정기준을 충족하는 기관을 인증시험대행기관으로 지정할 수 있다.

⑤ 과학기술정보통신부장관은 제4항에 따라 지정된 인증시험대행기관(이하 "인증시험대행기관"이라 한다)이 다음 각 호의 어느 하나에 해당하면 인증시험대행기관의 지정을 취소할 수 있다. 다만, 제1호에 해당하는 경우에는 그 지정을 취소하여야 한다.

1. 거짓이나 그 밖의 부정한 방법으로 지정을 받은 경우
2. 제4항에 따른 지정기준에 미달하게 된 경우

⑥ 과학기술정보통신부장관은 정보보호인증 및 정보보호인증 취소에 관한 업무를 한국인터넷진흥원에 위탁할 수 있다.

⑦ 정보보호인증·정보보호인증 취소의 절차 및 인증시험대행기관의 지정·지정취소의 절차 등에 관하여 필요한 사항은 대통령령으로 정한다.

[본조신설 2020. 6. 9.]

제49조(비밀 등의 보호) 누구든지 정보통신망에 의하여 처리·보관 또는 전송되는 타인의 정보를 훼손하거나 타인의 비밀을 침해·도용 또는 누설하여서는 아니 된다.

[전문개정 2008. 6. 13.]

제49조의2(속이는 행위에 의한 정보의 수집 금지 등) ① 누구든지 정보통신망을 통하여 속이는 행위로 다른 사람의 정보를 수집하거나 다른 사람이 정보를 제공하도록 유인하여서는 아니 된다.

② 정보통신서비스 제공자는 제1항을 위반한 사실을 발견하면 즉시 과학기술정보통신부장관 또는 한국인터넷진흥원에 신고하여야 한다. <개정 2009. 4. 22., 2016. 3. 22., 2017. 7. 26., 2020. 2. 4.>

③ 과학기술정보통신부장관 또는 한국인터넷진흥원은 제2항에 따른 신고를 받거나 제1항을 위반한 사실을 알게 되면 다음 각 호의 필요한 조치를 하여야 한다. <개정 2009. 4. 22., 2016. 3. 22., 2017. 7. 26., 2020. 2. 4.>

1. 위반 사실에 관한 정보의 수집·전파
2. 유사 피해에 대한 예보·경보
3. 정보통신서비스 제공자에게 접속경로의 차단을 요청하거나 이용자에게 제1항의 위반행위에 노출되었다는 사실을 알리도록 요청하는 등 피해 예방 및 피해 확산을 방지하기 위한 긴급조치

④ 과학기술정보통신부장관은 제3항제3호의 조치를 취하기 위하여 정보통신서비스 제공자에게 정보통신서비스 제공자 간 정보통신망을 통하여 속이는 행위에 대한 정보 공유 등 필요한 조치를 취하도록 명할 수 있다. <신설 2016. 3. 22., 2017. 7. 26., 2020. 2.

4.>

[전문개정 2008. 6. 13.]

[제목개정 2020. 2. 4.]

제50조(영리목적의 광고성 정보 전송 제한)

① 누구든지 전자적 전송매체를 이용하여 영리목적의 광고성 정보를 전송하려면 그 수신자의 명시적인 사전 동의를 받아야 한다. 다만, 다음 각 호의 어느 하나에 해당하는 경우에는 사전 동의를 받지 아니한다. <개정 2016. 3. 22., 2020. 6. 9.>

1. 재화등의 거래관계를 통하여 수신자로부터 직접 연락처를 수집한 자가 대통령령으로 정한 기간 이내에 자신이 처리하고 수신자와 거래한 것과 같은 종류의 재화등에 대한 영리목적의 광고성 정보를 전송하려는 경우

2. 「방문판매 등에 관한 법률」에 따른 전화권유판매자가 육성으로 수신자에게 개인정보의 수집출처를 고지하고 전화권유를 하는 경우

② 전자적 전송매체를 이용하여 영리목적의 광고성 정보를 전송하려는 자는 제1항에도 불구하고 수신자가 수신거부의사를 표시하거나 사전 동의를 철회한 경우에는 영리목적의 광고성 정보를 전송하여서는 아니 된다.

③ 오후 9시부터 그 다음 날 오전 8시까지의 시간에 전자적 전송매체를 이용하여 영리목적의 광고성 정보를 전송하려는 자는 제1항에도 불구하고 그 수신자로부터 별도의 사전 동의를 받아야 한다. 다만, 대통령령으로 정하는 매체의 경우에는 그러하지 아니하다.

④ 전자적 전송매체를 이용하여 영리목적의 광고성 정보를 전송하는 자는 대통령령으로 정하는 바에 따라 다음 각 호의 사항 등을 광고성 정보에 구체적으로 밝혀야 한다.

1. 전송자의 명칭 및 연락처

2. 수신의 거부 또는 수신동의의 철회 의사표시를 쉽게 할 수 있는 조치 및 방법에 관한 사항

⑤ 전자적 전송매체를 이용하여 영리목적의 광고성 정보를 전송하는 자는 다음 각 호의 어느 하나에 해당하는 조치를 하여서는 아니 된다.

1. 광고성 정보 수신자의 수신거부 또는 수신동의의 철회를 회피·방해하는 조치

2. 숫자·부호 또는 문자를 조합하여 전화번호·전자우편주소 등 수신자의 연락처를 자동으로 만들어 내는 조치

3. 영리목적의 광고성 정보를 전송할 목적으로 전화번호 또는 전자우편주소를 자동으로 등록하는 조치

4. 광고성 정보 전송자의 신원이나 광고 전송 출처를 감추기 위한 각종 조치

5. 영리목적의 광고성 정보를 전송할 목적으로 수신자를 기망하여 회신을 유도하는 각종 조치

⑥ 전자적 전송매체를 이용하여 영리목적의 광고성 정보를 전송하는 자는 수신자가 수신거부나 수신동의의 철회를 할 때 발생하는 전화요금 등의 금전적 비용을 수신자가 부담하지 아니하도록 대통령령으로 정하는 바에 따라 필요한 조치를 하여야 한다.

⑦ 전자적 전송매체를 이용하여 영리목적의 광고성 정보를 전송하려는 자는 수신자가 제1항에 따른 사전 동의, 제2항에 따른 수신거부의사 또는 수신동의 철회 의사를 표시할 때에는 해당 수신자에게 대통령령으로 정하는 바에 따라 수신동의, 수신거부 또는 수신동의 철회에 대한 처리 결과를 알려야 한다.

⑧ 제1항 또는 제3항에 따라 수신동의를 받은 자는 대통령령으로 정하는 바에 따라 정기적으로 광고성 정보 수신자의 수신동의 여부를 확인하여야 한다.

[전문개정 2014. 5. 28.]

제50조의2 삭제 <2014. 5. 28.>

제50조의3(영리목적의 광고성 정보 전송의 위탁 등)

① 영리목적의 광고성 정보의 전송을 타인에게 위탁한 자는 그 업무를 위

탁받은 자가 제50조를 위반하지 아니하도록 관리·감독하여야 한다. <개정 2014. 5. 28.>

② 제1항에 따라 영리목적의 광고성 정보의 전송을 위탁받은 자는 그 업무와 관련한 법을 위반하여 발생한 손해의 배상책임에서 정보 전송을 위탁한 자의 소속 직원으로 본다. <개정 2020. 6. 9.>

[전문개정 2008. 6. 13.]

제50조의4(정보 전송 역무 제공 등의 제한) ① 정보통신서비스 제공자는 다음 각 호의 어느 하나에 해당하는 경우에 해당 역무의 제공을 거부하는 조치를 할 수 있다.

1. 광고성 정보의 전송 또는 수신으로 역무의 제공에 장애가 일어나거나 일어날 우려가 있는 경우

2. 이용자가 광고성 정보의 수신을 원하지 아니하는 경우

3. 삭제 <2014. 5. 28.>

② 정보통신서비스 제공자는 제1항 또는 제4항에 따른 거부조치를 하려면 해당 역무 제공의 거부에 관한 사항을 그 역무의 이용자와 체결하는 정보통신서비스 이용계약의 내용에 포함하여야 한다. <개정 2014. 5. 28.>

③ 정보통신서비스 제공자는 제1항 또는 제4항에 따른 거부조치 사실을 그 역무를 제공받는 이용자 등 이해관계인에게 알려야 한다. 다만, 미리 알리는 것이 곤란한 경우에는 거부조치를 한 후 지체 없이 알려야 한다. <개정 2014. 5. 28.>

④ 정보통신서비스 제공자는 이용계약을 통하여 해당 정보통신서비스 제공자가 이용자에게 제공하는 서비스가 제50조 또는 제50조의8을 위반하여 영리목적의 광고성 정보전송에 이용되고 있는 경우 해당 역무의 제공을 거부하거나 정보통신망이나 서비스의 취약점을 개선하는 등 필요한 조치를 강구하여야 한다. <신설 2014. 5. 28.>

[전문개정 2008. 6. 13.]

제50조의5(영리목적의 광고성 프로그램 등의
설치) 정보통신서비스 제공자는 영리목적의 광고성 정보가 보이도록 하거나 개인정보를 수집하는 프로그램을 이용자의 컴퓨터나 그 밖에 대통령령으로 정하는 정보처리장치에 설치하려면 이용자의 동의를 받아야 한다. 이 경우 해당 프로그램의 용도와 삭제방법을 고지하여야 한다.

[전문개정 2008. 6. 13.]

제50조의6(영리목적의 광고성 정보 전송차단 소프트웨어의 보급 등) ① 방송통신위원회는 수신자가 제50조를 위반하여 전송되는 영리목적의 광고성 정보를 편리하게 차단하거나 신고할 수 있는 소프트웨어나 컴퓨터프로그램을 개발하여 보급할 수 있다.

② 방송통신위원회는 제1항에 따른 전송차단, 신고 소프트웨어 또는 컴퓨터프로그램의 개발과 보급을 촉진하기 위하여 관련 공공기관·법인·단체 등에 필요한 지원을 할 수 있다.

③ 방송통신위원회는 정보통신서비스 제공자의 전기통신역무가 제50조를 위반하여 발송되는 영리목적의 광고성 정보 전송에 이용되면 수신자 보호를 위하여 기술개발·교육·홍보 등 필요한 조치를 할 것을 정보통신서비스 제공자에게 권고할 수 있다.

④ 제1항에 따른 개발·보급의 방법과 제2항에 따른 지원에 필요한 사항은 대통령령으로 정한다.

[전문개정 2008. 6. 13.]

제50조의7(영리목적의 광고성 정보 게시의 제한) ① 누구든지 영리목적의 광고성 정보를 인터넷 홈페이지에 게시하려면 인터넷 홈페이지 운영자 또는 관리자의 사전 동의를 받아야 한다. 다만, 별도의 권한 없이 누구든지 쉽게 접근하여 글을 게시할 수 있는 게시판의 경우에는 사전 동의를 받지 아니한다.

② 영리목적의 광고성 정보를 게시하려는 자는 제1항에도 불구하고 인터넷 홈페이지 운영자 또는 관리자가 명시적으로 게시 거

부의사를 표시하거나 사전 동의를 철회한 경우에는 영리목적의 광고성 정보를 게시하여서는 아니 된다.

③ 인터넷 홈페이지 운영자 또는 관리자는 제1항 또는 제2항을 위반하여 게시된 영리목적의 광고성 정보를 삭제하는 등의 조치를 할 수 있다.

[전문개정 2014. 5. 28.]

제50조의8(불법행위를 위한 광고성 정보 전송금지) 누구든지 정보통신망을 이용하여 이 법 또는 다른 법률에서 금지하는 재화 또는 서비스에 대한 광고성 정보를 전송하여서는 아니 된다.

[전문개정 2008. 6. 13.]

제51조(중요 정보의 국외유출 제한 등) ① 정부는 국내의 산업·경제 및 과학기술 등에 관한 중요 정보가 정보통신망을 통하여 국외로 유출되는 것을 방지하기 위하여 정보통신서비스 제공자 또는 이용자에게 필요한 조치를 하도록 할 수 있다.

② 제1항에 따른 중요 정보의 범위는 다음 각 호와 같다.

1. 국가안전보장과 관련된 보안정보 및 주요 정책에 관한 정보

2. 국내에서 개발된 첨단과학 기술 또는 기기의 내용에 관한 정보

③ 정부는 제2항 각 호에 따른 정보를 처리하는 정보통신서비스 제공자에게 다음 각 호의 조치를 하도록 할 수 있다. <개정 2016. 3. 22.>

1. 정보통신망의 부당한 이용을 방지할 수 있는 제도적·기술적 장치의 설정

2. 정보의 불법파괴 또는 불법조작을 방지할 수 있는 제도적·기술적 조치

3. 정보통신서비스 제공자가 처리 중 알게 된 중요 정보의 유출을 방지할 수 있는 조치

[전문개정 2008. 6. 13.]

제52조(한국인터넷진흥원) ① 정부는 정보통신망의 고도화(정보통신망의 구축·개선 및 관리에 관한 사항은 제외한다)와 안전한 이용 촉진 및 방송통신과 관련한 국제협력·국외진출 지원을 효율적으로 추진하기 위하여 한국인터넷진흥원(이하 "인터넷진흥원"이라 한다)을 설립한다. <개정 2009. 4. 22., 2020. 6. 9.>

② 인터넷진흥원은 법인으로 한다. <개정 2009. 4. 22.>

③ 인터넷진흥원은 다음 각 호의 사업을 한다. <개정 2009. 4. 22., 2012. 2. 17., 2013. 3. 23., 2014. 11. 19., 2015. 6. 22., 2017. 7. 26., 2020. 2. 4., 2020. 6. 9.>

1. 정보통신망의 이용 및 보호, 방송통신과 관련한 국제협력·국외진출 등을 위한 법·정책 및 제도의 조사·연구

2. 정보통신망의 이용 및 보호와 관련한 통계의 조사·분석

3. 정보통신망의 이용에 따른 역기능 분석 및 대책 연구

4. 정보통신망의 이용 및 보호를 위한 홍보 및 교육·훈련

5. 정보통신망의 정보보호 및 인터넷주소자원 관련 기술 개발 및 표준화

6. 정보보호산업 정책 지원 및 관련 기술 개발과 인력양성

7. 정보보호 관리체계의 인증, 정보보호시스템 평가·인증 등 정보보호 인증·평가 등의 실시 및 지원

8. 「개인정보 보호법」에 따른 개인정보 보호를 위한 대책의 연구 및 보호기술의 개발·보급 지원

9. 「개인정보 보호법」에 따른 개인정보침해 신고센터의 운영

10. 광고성 정보 전송 및 인터넷광고와 관련한 고충의 상담·처리

11. 정보통신망 침해사고의 처리·원인분석 및 대응체계 운영

12. 「전자서명법」 제21조에 따른 전자서명 인증 정책의 지원

13. 인터넷의 효율적 운영과 이용활성화를 위한 지원

14. 인터넷 이용자의 저장 정보 보호 지원

15. 인터넷 관련 서비스정책 지원

16. 인터넷상에서의 이용자 보호 및 건전
정보 유통 확산 지원
17. 「인터넷주소자원에 관한 법률」에 따른
인터넷주소자원의 관리에 관한 업무
18. 「인터넷주소자원에 관한 법률」제16조
에 따른 인터넷주소분쟁조정위원회의 운
영 지원
19. 「정보보호산업의 진흥에 관한 법률」
제25조제7항에 따른 조정위원회의 운영
지원
20. 방송통신과 관련한 국제협력·국외진
출 및 국외홍보 지원
21. 제1호부터 제20호까지의 사업에 부수
되는 사업
22. 그 밖에 이 법 또는 다른 법령에 따라
인터넷진흥원의 업무로 정하거나 위탁한
사업이나 과학기술정보통신부장관·행정
안전부장관·방송통신위원회 또는 다른
행정기관의 장으로부터 위탁받은 사업
④ 인터넷진흥원이 사업을 수행하는 데 필
요한 경비는 다음 각 호의 재원으로 충당
한다. <개정 2016. 3. 22.>
1. 정부의 출연금
2. 제3항 각 호의 사업수행에 따른 수입금
3. 그 밖에 인터넷진흥원의 운영에 따른 수
입금
⑤ 인터넷진흥원에 관하여 이 법에서 정하
지 아니한 사항에 대하여는 「민법」의 재단
법인에 관한 규정을 준용한다. <개정 2009. 4.
22.>
⑥ 인터넷진흥원이 아닌 자는 한국인터넷
진흥원의 명칭을 사용하지 못한다. <개정
2009. 4. 22.>
⑦ 인터넷진흥원의 운영 및 업무수행에 필
요한 사항은 대통령령으로 정한다. <개정
2009. 4. 22.>
[전문개정 2008. 6. 13.]
[제목개정 2009. 4. 22.]

제7장 통신과금서비스 <신설 2007. 12. 21.>

제53조(통신과금서비스제공자의 등록 등) ①
통신과금서비스를 제공하려는 자는 대통령

령으로 정하는 바에 따라 다음 각 호의 사
항을 갖추어 과학기술정보통신부장관에게
등록하여야 한다. <개정 2008. 2. 29., 2013. 3.
23., 2017. 7. 26.>
1. 재무건전성
2. 통신과금서비스이용자보호계획
3. 업무를 수행할 수 있는 인력과 물적 설
비
4. 사업계획서
② 제1항에 따라 등록할 수 있는 자는 「상
법」제170조에 따른 회사 또는 「민법」제32
조에 따른 법인으로서 자본금·출자총액
또는 기본재산이 5억원 이상의 범위에서
대통령령으로 정하는 금액 이상이어야 한
다.
③ 통신과금서비스제공자는 「전기통신사
업법」제22조에도 불구하고 부가통신사업
자의 신고를 하지 아니할 수 있다. <개정
2010. 3. 22.>
④ 「전기통신사업법」제23조부터 제26조까
지의 규정은 통신과금서비스제공자의 등록
사항의 변경, 사업의 양도·양수 또는 합
병·상속, 사업의 승계, 사업의 휴업·폐업
·해산 등에 준용한다. 이 경우 "별정통신
사업자"는 "통신과금서비스제공자"로 보
고, "별정통신사업"은 "통신과금서비스제
공업"으로 본다. <개정 2010. 3. 22., 2020. 6. 9.>
⑤ 제1항에 따른 등록의 세부요건, 절차,
그 밖에 필요한 사항은 대통령령으로 정한
다.
[본조신설 2007. 12. 21.]
[종전 제53조는 제62조로 이동 <2007. 12. 21.>]

제54조(등록의 결격사유) 다음 각 호의 어느
하나에 해당하는 자는 제53조에 따른 등록
을 할 수 없다. <개정 2008. 2. 29., 2013. 3. 23.,
2017. 7. 26., 2020. 6. 9.>
1. 제53조제4항에 따라 사업을 폐업한 날
부터 1년이 지나지 아니한 법인 및 그 사
업이 폐업될 당시 그 법인의 대주주(대통
령령으로 정하는 출자자를 말한다. 이하
같다)이었던 자로서 그 폐업일부터 1년
이 지나지 아니한 자

2. 제55조제1항에 따라 등록이 취소된 날부터 3년이 지나지 아니한 법인 및 그 취소 당시 그 법인의 대주주이었던 자로서 그 취소가 된 날부터 3년이 지나지 아니한 자

3. 「채무자 회생 및 파산에 관한 법률」에 따른 회생절차 중에 있는 법인 및 그 법인의 대주주

4. 금융거래 등 상거래를 할 때 약정한 기일 내에 채무를 변제하지 아니한 자로서 과학기술정보통신부장관이 정하는 자

5. 제1호부터 제4호까지의 규정에 해당하는 자가 대주주인 법인

[본조신설 2007. 12. 21.]
[종전 제54조는 제63조로 이동 <2007. 12. 21.>]

제55조(등록의 취소명령) ① 과학기술정보통신부장관은 통신과금서비스제공자가 거짓이나 그 밖의 부정한 방법으로 등록을 한 때에는 등록을 취소하여야 한다. <개정 2015. 6. 22., 2017. 7. 26.>
② 제1항에 따른 처분의 절차, 그 밖에 필요한 사항은 대통령령으로 정한다. <개정 2015. 6. 22.>
[본조신설 2007. 12. 21.]
[제목개정 2015. 6. 22.]
[종전 제55조는 제64조로 이동 <2007. 12. 21.>]

제56조(약관의 신고 등) ① 통신과금서비스제공자는 통신과금서비스에 관한 약관을 정하여 과학기술정보통신부장관에게 신고(변경신고를 포함한다)하여야 한다. <개정 2008. 2. 29., 2013. 3. 23., 2017. 7. 26.>
② 과학기술정보통신부장관은 제1항에 따른 약관이 통신과금서비스이용자의 이익을 침해할 우려가 있다고 판단되는 경우에는 통신과금서비스제공자에게 약관의 변경을 권고할 수 있다. <개정 2008. 2. 29., 2013. 3. 23., 2017. 7. 26.>
[본조신설 2007. 12. 21.]
[종전 제56조는 제65조로 이동 <2007. 12. 21.>]

제57조(통신과금서비스의 안전성 확보 등) ① 통신과금서비스제공자는 통신과금서비스가 안전하게 제공될 수 있도록 선량한 관리자로서의 주의의무를 다하여야 한다. <개정 2014. 5. 28.>
② 통신과금서비스제공자는 통신과금서비스를 통한 거래의 안전성과 신뢰성을 확보하기 위하여 대통령령으로 정하는 바에 따라 업무처리지침의 제정 및 회계처리 구분 등의 관리적 조치와 정보보호시스템 구축 등의 기술적 조치를 하여야 한다.
[본조신설 2007. 12. 21.]
[종전 제57조는 제66조로 이동 <2007. 12. 21.>]

제58조(통신과금서비스이용자의 권리 등) ① 통신과금서비스제공자는 재화등의 판매·제공의 대가가 발생한 때 및 대가를 청구할 때에 통신과금서비스이용자에게 다음 각 호의 사항을 고지하여야 한다. <개정 2011. 4. 5., 2014. 5. 28.>
1. 통신과금서비스 이용일시
2. 통신과금서비스를 통한 구매·이용의 거래 상대방(통신과금서비스를 이용하여 그 대가를 받고 재화 또는 용역을 판매·제공하는 자를 말한다. 이하 "거래 상대방"이라 한다)의 상호와 연락처
3. 통신과금서비스를 통한 구매·이용 금액과 그 명세
4. 이의신청 방법 및 연락처
② 통신과금서비스제공자는 통신과금서비스이용자가 구매·이용 내역을 확인할 수 있는 방법을 제공하여야 하며, 통신과금서비스이용자가 구매·이용 내역에 관한 서면(전자문서를 포함한다. 이하 같다)을 요청하는 경우에는 그 요청을 받은 날부터 2주 이내에 이를 제공하여야 한다.
③ 통신과금서비스이용자는 통신과금서비스가 자신의 의사에 반하여 제공되었음을 안 때에는 통신과금서비스제공자에게 이에 대한 정정을 요구할 수 있으며(통신과금서비스이용자의 고의 또는 중과실이 있는 경우는 제외한다), 통신과금서비스제공자는 이용자의 정정요구가 이유 있을 경우 판매자에 대한 이용 대금의 지급을 유보하고 그 정정 요구를 받은 날부터 2주 이내에

처리 결과를 알려 주어야 한다. <개정 2014.
5. 28.>

④ 통신과금서비스제공자는 통신과금서비스에 관한 기록을 5년 이내의 범위에서 대통령령으로 정하는 기간 동안 보존하여야 한다.

⑤ 통신과금서비스제공자(제2조제1항제10호가목의 업무를 제공하는 자)는 통신과금서비스를 제공하거나 이용한도액을 증액할 경우에는 미리 해당 통신과금서비스이용자의 동의를 받아야 한다. <신설 2014. 5. 28.>

⑥ 통신과금서비스제공자(제2조제1항제10호가목의 업무를 제공하는 자)는 약관을 변경하는 때에는 변경되는 약관의 시행일 1개월 전에 이용자에게 통지하여야 한다. 이 경우 변경되는 약관에 대하여 이의가 있는 이용자는 통신과금서비스에 관한 계약을 해지할 수 있다. <신설 2014. 5. 28.>

⑦ 제2항에 따라 통신과금서비스제공자가 제공하여야 하는 구매·이용내역의 대상기간, 종류 및 범위, 제4항에 따라 통신과금서비스제공자가 보존하여야 하는 기록의 종류 및 보존방법, 제6항에 따른 약관변경에 관한 통지의 방법 및 이의기간·절차 등 계약해지에 필요한 사항은 대통령령으로 정한다. <개정 2014. 5. 28.>

⑧ 제5항에 따른 동의의 방법 등에 필요한 사항은 과학기술정보통신부장관이 정하여 고시한다. <신설 2014. 5. 28., 2017. 7. 26.>

⑨ 과학기술정보통신부장관은 통신과금서비스가 통신과금서비스이용자의 의사에 반하여 제공되지 아니하도록 결제방식 등에 관한 세부적인 사항을 정하여 고시할 수 있다. <신설 2014. 5. 28., 2017. 7. 26.>

[본조신설 2007. 12. 21.]

[종전 제58조는 제67조로 이동 <2007. 12. 21.>]

제58조의2(구매자정보 제공 요청 등) ① 통신과금서비스이용자는 자신의 의사에 따라 통신과금서비스가 제공되었는지 여부를 확인하기 위하여 필요한 경우에는 거래 상대방에게 재화등을 구매·이용한 자의 이름과 생년월일에 대한 정보(이하 "구매자정보"라 한다)의 제공을 요청할 수 있다. 이 경우 구매자정보 제공 요청을 받은 거래 상대방은 정당한 사유가 없으면 그 요청을 받은 날부터 3일 이내에 이를 제공하여야 한다.

② 제1항에 따라 구매자정보를 제공받은 통신과금서비스이용자는 해당 정보를 본인 여부를 확인하거나 고소·고발을 위하여 수사기관에 제출하기 위한 목적으로만 사용하여야 한다.

③ 그 밖에 구매자정보 제공 요청의 내용과 절차 등에 필요한 사항은 대통령령으로 정한다.

[본조신설 2018. 6. 12.]

제59조(분쟁 조정 및 해결 등) ① 통신과금서비스제공자는 통신과금서비스에 대한 이용자의 권익을 보호하기 위하여 자율적인 분쟁 조정 및 해결 등을 시행하는 기관 또는 단체를 설치·운영할 수 있다. <개정 2018. 6. 12., 2020. 6. 9.>

② 제1항에 따른 분쟁 조정 및 해결 등을 시행하는 기관 또는 단체는 분쟁 조정 및 해결 등을 위하여 필요하다고 인정하는 경우 통신과금서비스이용자의 동의를 받아 구매자정보 제공 요청을 대행할 수 있다. 이 경우 구매자정보 제공 요청 등에 대하여는 제58조의2를 준용한다. <신설 2018. 6. 12.>

③ 통신과금서비스제공자는 대통령령으로 정하는 바에 따라 통신과금서비스와 관련한 통신과금서비스이용자의 이의신청 및 권리구제를 위한 절차를 마련하여야 하고, 통신과금서비스 계약을 체결하는 경우 이를 이용약관에 명시하여야 한다. <개정 2014. 5. 28., 2018. 6. 12.>

[본조신설 2007. 12. 21.]

[제목개정 2018. 6. 12.]

[종전 제59조는 제68조로 이동 <2007. 12. 21.>]

제60조(손해배상 등) ① 통신과금서비스제공자는 통신과금서비스의 제공과 관련하여 통신과금서비스이용자에게 손해가 발생한

경우에 그 손해를 배상하여야 한다. 다만, 그 손해의 발생이 통신과금서비스이용자의 고의 또는 중과실로 인한 경우에는 그러하지 아니하다. <개정 2020. 6. 9.>

② 제1항에 따라 손해배상을 하는 경우에는 손해배상을 받을 자와 협의하여야 한다. <개정 2020. 6. 9.>

③ 제2항에 따른 손해배상에 관한 협의가 성립되지 아니하거나 협의를 할 수 없는 경우에는 당사자는 방송통신위원회에 재정을 신청할 수 있다. <개정 2008. 2. 29.>

[본조신설 2007. 12. 21.]

[종전 제60조는 제69조로 이동 <2007. 12. 21.>]

제61조(통신과금서비스의 이용제한) 과학기술정보통신부장관은 통신과금서비스제공자에게 다음 각 호의 어느 하나에 해당하는 자에 대한 서비스의 제공을 거부, 정지 또는 제한하도록 명할 수 있다. <개정 2008. 2. 29., 2011. 9. 15., 2013. 3. 23., 2017. 7. 26.>

1. 「청소년 보호법」 제16조를 위반하여 청소년유해매체물을 청소년에게 판매·대여·제공하는 자

2. 다음 각 목의 어느 하나에 해당하는 수단을 이용하여 통신과금서비스이용자로 하여금 재화등을 구매·이용하게 함으로써 통신과금서비스이용자의 이익을 현저하게 저해하는 자

　가. 제50조를 위반한 영리목적의 광고성 정보 전송

　나. 통신과금서비스이용자에 대한 기망 또는 부당한 유인

3. 이 법 또는 다른 법률에서 금지하는 재화등을 판매·제공하는 자

[본조신설 2007. 12. 21.]

[종전 제61조는 제70조로 이동 <2007. 12. 21.>]

제8장 국제협력 <신설 2007. 12. 21.>

제62조(국제협력) 정부는 다음 각 호의 사항을 추진할 때 다른 국가 또는 국제기구와 상호 협력하여야 한다.

1. 삭제 <2020. 2. 4.>

2. 정보통신망에서의 청소년 보호를 위한 업무

3. 정보통신망의 안전성을 침해하는 행위를 방지하기 위한 업무

4. 그 밖에 정보통신서비스의 건전하고 안전한 이용에 관한 업무

[전문개정 2008. 6. 13.]

제63조 삭제 <2020. 2. 4.>

제63조의2 삭제 <2020. 2. 4.>

제9장 보 칙 <신설 2007. 12. 21.>

제64조(자료의 제출 등) ① 과학기술정보통신부장관 또는 방송통신위원회는 다음 각 호의 어느 하나에 해당하는 경우에는 정보통신서비스 제공자(국내대리인을 포함한다. 이하 이 조에서 같다)에게 관계 물품·서류 등을 제출하게 할 수 있다. <개정 2011. 3. 29., 2012. 2. 17., 2013. 3. 23., 2017. 7. 26., 2018. 9. 18., 2020. 2. 4.>

1. 이 법에 위반되는 사항을 발견하거나 혐의가 있음을 알게 된 경우

2. 이 법의 위반에 대한 신고를 받거나 민원이 접수된 경우

2의2. 이용자 정보의 안전성과 신뢰성 확보를 현저히 해치는 사건·사고 등이 발생하였거나 발생할 가능성이 있는 경우

3. 그 밖에 이용자 보호를 위하여 필요한 경우로서 대통령령으로 정하는 경우

② 방송통신위원회는 이 법을 위반하여 영리목적 광고성 정보를 전송한 자에게 다음 각 호의 조치를 하기 위하여 정보통신서비스 제공자에게 해당 광고성 정보 전송자의 성명·주소·주민등록번호·이용기간 등에 대한 자료의 열람이나 제출을 요청할 수 있다. <개정 2020. 2. 4.>

1. 제4항에 따른 시정조치

2. 제76조에 따른 과태료 부과

3. 그 밖에 이에 준하는 조치

③ 과학기술정보통신부장관 또는 방송통신위원회는 정보통신서비스 제공자가 제1항 및 제2항에 따른 자료를 제출하지 아니하

거나 이 법을 위반한 사실이 있다고 인정되면 소속 공무원에게 정보통신서비스 제공자, 해당 법 위반 사실과 관련한 관계인의 사업장에 출입하여 업무상황, 장부 또는 서류 등을 검사하도록 할 수 있다. <개정 2011. 3. 29., 2013. 3. 23., 2016. 3. 22., 2017. 7. 26., 2020. 2. 4.>

④ 과학기술정보통신부장관 또는 방송통신위원회는 이 법을 위반한 정보통신서비스 제공자에게 해당 위반행위의 중지나 시정을 위하여 필요한 시정조치를 명할 수 있고, 시정조치의 명령을 받은 정보통신서비스 제공자에게 시정조치의 명령을 받은 사실을 공표하도록 할 수 있다. 이 경우 공표의 방법·기준 및 절차 등에 필요한 사항은 대통령령으로 정한다. <개정 2011. 3. 29., 2013. 3. 23., 2017. 7. 26., 2020. 2. 4.>

⑤ 과학기술정보통신부장관 또는 방송통신위원회는 제4항에 따라 필요한 시정조치를 명한 경우에는 시정조치를 명한 사실을 공개할 수 있다. 이 경우 공개의 방법·기준 및 절차 등에 필요한 사항은 대통령령으로 정한다. <개정 2011. 3. 29., 2013. 3. 23., 2017. 7. 26.>

⑥ 과학기술정보통신부장관 또는 방송통신위원회가 제1항 및 제2항에 따라 자료 등의 제출 또는 열람을 요구할 때에는 요구 사유, 법적 근거, 제출시한 또는 열람일시, 제출·열람할 자료의 내용 등을 구체적으로 밝혀 서면(전자문서를 포함한다)으로 알려야 한다. <개정 2011. 3. 29., 2013. 3. 23., 2017. 7. 26.>

⑦ 제3항에 따른 검사를 하는 경우에는 검사 시작 7일 전까지 검사일시, 검사이유 및 검사내용 등에 대한 검사계획을 해당 정보통신서비스 제공자에게 알려야 한다. 다만, 긴급한 경우나 사전통지를 하면 증거인멸 등으로 검사목적을 달성할 수 없다고 인정하는 경우에는 그 검사계획을 알리지 아니한다. <개정 2020. 2. 4.>

⑧ 제3항에 따라 검사를 하는 공무원은 그 권한을 표시하는 증표를 지니고 이를 관계인에게 내보여야 하며, 출입할 때 성명·출입시간·출입목적 등이 표시된 문서를 관계인에게 내주어야 한다.

⑨ 과학기술정보통신부장관 또는 방송통신위원회는 제1항부터 제3항까지의 규정에 따라 자료 등을 제출받거나 열람 또는 검사한 경우에는 그 결과(조사 결과 시정조치명령 등의 처분을 하려는 경우에는 그 처분의 내용을 포함한다)를 해당 정보통신서비스 제공자에게 서면으로 알려야 한다. <개정 2011. 3. 29., 2013. 3. 23., 2017. 7. 26., 2020. 2. 4.>

⑩ 과학기술정보통신부장관 또는 방송통신위원회는 제1항부터 제4항까지의 규정에 따른 자료의 제출 요구 및 검사 등을 위하여 인터넷진흥원의 장에게 기술적 자문을 하거나 그 밖에 필요한 지원을 요청할 수 있다. <개정 2009. 4. 22., 2011. 3. 29., 2013. 3. 23., 2017. 7. 26.>

⑪ 제1항부터 제3항까지의 규정에 따른 자료 등의 제출 요구, 열람 및 검사 등은 이 법의 시행을 위하여 필요한 최소한의 범위에서 하여야 하며 다른 목적을 위하여 남용하여서는 아니 된다.

[전문개정 2008. 6. 13.]

제64조의2(자료 등의 보호 및 폐기) ① 과학기술정보통신부장관 또는 방송통신위원회는 정보통신서비스 제공자로부터 제64조에 따라 제출되거나 수집된 서류·자료 등에 대한 보호 요구를 받으면 이를 제3자에게 제공하거나 일반에게 공개하여서는 아니 된다. <개정 2011. 3. 29., 2013. 3. 23., 2017. 7. 26., 2020. 2. 4.>

② 과학기술정보통신부장관 또는 방송통신위원회는 정보통신망을 통하여 자료의 제출 등을 받은 경우나 수집한 자료 등을 전자화한 경우에는 개인정보·영업비밀 등이 유출되지 아니하도록 제도적·기술적 보안조치를 하여야 한다. <개정 2011. 3. 29., 2013. 3. 23., 2017. 7. 26.>

③ 과학기술정보통신부장관 또는 방송통신위원회는 다른 법률에 특별한 규정이 있는

경우 외에 다음 각 호의 어느 하나에 해당하는 사유가 발생하면 제64조에 따라 제출되거나 수집된 서류·자료 등을 즉시 폐기하여야 한다. 제65조에 따라 과학기술정보통신부장관 또는 방송통신위원회의 권한의 전부 또는 일부를 위임 또는 위탁받은 자도 또한 같다. <개정 2011. 3. 29., 2013. 3. 23., 2017. 7. 26.>

1. 제64조에 따른 자료제출 요구, 출입검사, 시정명령 등의 목적이 달성된 경우
2. 제64조제4항에 따른 시정조치명령에 불복하여 행정심판이 청구되거나 행정소송이 제기된 경우에는 해당 행정쟁송절차가 끝난 경우
3. 제76조제4항에 따른 과태료 처분이 있고 이에 대한 이의제기가 없는 경우에는 같은 조 제5항에 따른 이의제기기간이 끝난 경우
4. 제76조제4항에 따른 과태료 처분에 대하여 이의제기가 있는 경우에는 해당 관할 법원에 의한 비송사건절차가 끝난 경우

[전문개정 2008. 6. 13.]

제64조의3 삭제 <2020. 2. 4.>

제64조의4(청문) 과학기술정보통신부장관 또는 방송통신위원회는 다음 각 호의 어느 하나에 해당하는 경우에는 청문을 하여야 한다. <개정 2017. 7. 26., 2020. 2. 4., 2020. 6. 9.>

1. 제9조제2항에 따라 인증기관의 지정을 취소하려는 경우
2. 제23조의4제1항에 따라 본인확인기관의 지정을 취소하려는 경우
3. 제47조제10항에 따라 정보보호 관리체계 인증을 취소하려는 경우
4. 제47조의2제1항에 따라 정보보호 관리체계 인증기관의 지정을 취소하려는 경우
5. 제47조의5제4항에 따라 정보보호 관리등급을 취소하려는 경우
5의2. 제48조의6제3항에 따라 정보보호인증을 취소하려는 경우

5의3. 제48조의6제5항에 따라 인증시험대행기관의 지정을 취소하려는 경우
6. 제55조제1항에 따라 등록을 취소하려는 경우

[본조신설 2015. 12. 1.]

제64조의5(투명성 보고서 제출의무 등) ① 정보통신서비스 제공자 중 일일 평균 이용자의 수, 매출액, 사업의 종류 등이 대통령령으로 정하는 기준에 해당하는 자는 매년 자신이 제공하는 정보통신서비스를 통하여 유통되는 불법촬영물등의 처리에 관하여 다음 각 호의 사항을 포함한 보고서(이하 "투명성 보고서"라 한다)를 작성하여 다음 해 1월 31일까지 방송통신위원회에 제출하여야 한다.

1. 정보통신서비스 제공자가 불법촬영물등의 유통 방지를 위하여 기울인 일반적인 노력에 관한 사항
2. 「전기통신사업법」 제22조의5제1항에 따른 불법촬영물등의 신고, 삭제요청 등의 횟수, 내용, 처리기준, 검토결과 및 처리결과에 관한 사항
3. 「전기통신사업법」 제22조의5제1항에 따른 불법촬영물등의 삭제·접속차단 등 유통방지에 필요한 절차의 마련 및 운영에 관한 사항
4. 불법촬영물등 유통방지 책임자의 배치에 관한 사항
5. 불법촬영물등 유통방지를 위한 내부 교육의 실시와 지원에 관한 사항

② 방송통신위원회는 투명성 보고서를 자신이 운영·관리하는 정보통신망을 통하여 공개하여야 한다.

③ 방송통신위원회는 투명성 보고서의 사실을 확인하거나 제출된 자료의 진위를 확인하기 위하여 정보통신서비스제공자에게 자료의 제출을 요구할 수 있다.

[본조신설 2020. 6. 9.]

제65조(권한의 위임·위탁) ① 이 법에 따른 과학기술정보통신부장관 또는 방송통신위원회의 권한은 대통령령으로 정하는 바에

따라 그 일부를 소속 기관의 장 또는 지방 우정청장에게 위임·위탁할 수 있다. <개정 2011. 3. 29., 2013. 3. 23., 2017. 7. 26., 2020. 2. 4.>

② 과학기술정보통신부장관은 제13조에 따른 정보통신망의 이용촉진 등에 관한 사업을 대통령령으로 정하는 바에 따라 「지능정보화 기본법」 제12조에 따른 한국지능정보사회진흥원에 위탁할 수 있다. <개정 2013. 3. 23., 2017. 7. 26., 2020. 6. 9.>

③ 과학기술정보통신부장관 또는 방송통신위원회는 제64조제1항 및 제2항에 따른 자료의 제출 요구 및 검사에 관한 업무를 대통령령으로 정하는 바에 따라 인터넷진흥원에 위탁할 수 있다. <개정 2009. 4. 22., 2011. 3. 29., 2013. 3. 23., 2017. 7. 26.>

④ 제3항에 따른 인터넷진흥원의 직원에게는 제64조제8항을 준용한다. <개정 2009. 4. 22.>

[전문개정 2008. 6. 13.]

제65조의2 삭제 <2005. 12. 30.>

제66조(비밀유지 등) 다음 각 호의 어느 하나에 해당하는 업무에 종사하는 사람 또는 종사하였던 사람은 그 직무상 알게 된 비밀을 타인에게 누설하거나 직무 외의 목적으로 사용하여서는 아니 된다. 다만, 다른 법률에 특별한 규정이 있는 경우에는 그러하지 아니하다. <개정 2012. 2. 17., 2020. 6. 9.>

1. 삭제 <2011. 3. 29.>

2. 제47조에 따른 정보보호 관리체계 인증 업무

2의2. 삭제 <2020. 2. 4.>

3. 제52조제3항제4호에 따른 정보보호시스템의 평가 업무

4. 삭제 <2012. 2. 17.>

5. 제44조의10에 따른 명예훼손 분쟁조정부의 분쟁조정 업무

[전문개정 2008. 6. 13.]

제67조 삭제 <2020. 2. 4.>

제68조 삭제 <2010. 3. 22.>

제68조의2 삭제 <2015. 6. 22.>

제69조(벌칙 적용 시의 공무원 의제) 과학기술정보통신부장관 또는 방송통신위원회가 제65조제2항 및 제3항에 따라 위탁한 업무에 종사하는 한국정보화진흥원과 인터넷진흥원의 임직원은 「형법」 제129조부터 제132조까지의 규정에 따른 벌칙을 적용할 때에는 공무원으로 본다. <개정 2009. 4. 22., 2011. 3. 29., 2013. 3. 23., 2017. 7. 26.>

[전문개정 2008. 6. 13.]

제69조의2 삭제 <2020. 2. 4.>

제10장 벌칙 <신설 2007. 12. 21.>

제70조(벌칙) ① 사람을 비방할 목적으로 정보통신망을 통하여 공공연하게 사실을 드러내어 다른 사람의 명예를 훼손한 자는 3년 이하의 징역 또는 3천만원 이하의 벌금에 처한다. <개정 2014. 5. 28.>

② 사람을 비방할 목적으로 정보통신망을 통하여 공공연하게 거짓의 사실을 드러내어 다른 사람의 명예를 훼손한 자는 7년 이하의 징역, 10년 이하의 자격정지 또는 5천만원 이하의 벌금에 처한다.

③ 제1항과 제2항의 죄는 피해자가 구체적으로 밝힌 의사에 반하여 공소를 제기할 수 없다.

[전문개정 2008. 6. 13.]

제70조의2(벌칙) 제48조제2항을 위반하여 악성프로그램을 전달 또는 유포하는 자는 7년 이하의 징역 또는 7천만원 이하의 벌금에 처한다.

[본조신설 2016. 3. 22.]

제71조(벌칙) ①다음 각 호의 어느 하나에 해당하는 자는 5년 이하의 징역 또는 5천만원 이하의 벌금에 처한다. <개정 2016. 3. 22., 2018. 12. 24.>

1. 삭제 <2020. 2. 4.>

2. 삭제 <2020. 2. 4.>

3. 삭제 <2020. 2. 4.>

4. 삭제 <2020. 2. 4.>

5. 삭제 <2020. 2. 4.>

6. 삭제 <2020. 2. 4.>

7. 삭제 <2020. 2. 4.>

8. 삭제 <2020. 2. 4.>

9. 제48조제1항을 위반하여 정보통신망에 침입한 자

10. 제48조제3항을 위반하여 정보통신망에 장애가 발생하게 한 자

11. 제49조를 위반하여 타인의 정보를 훼손하거나 타인의 비밀을 침해·도용 또는 누설한 자

② 제1항제9호의 미수범은 처벌한다. <신설 2016. 3. 22.>

[전문개정 2008. 6. 13.]

제72조(벌칙) ① 다음 각 호의 어느 하나에 해당하는 자는 3년 이하의 징역 또는 3천만원 이하의 벌금에 처한다. <개정 2015. 1. 20., 2015. 3. 27., 2020. 2. 4.>

1. 삭제 <2016. 3. 22.>

2. 제49조의2제1항을 위반하여 다른 사람의 정보를 수집한 자

2의2. 「재난 및 안전관리 기본법」 제14조제1항에 따른 대규모 재난 상황을 이용하여 제50조의8을 위반하여 광고성 정보를 전송한 자

3. 제53조제1항에 따른 등록을 하지 아니하고 그 업무를 수행한 자

4. 다음 각 목의 어느 하나에 해당하는 행위를 통하여 자금을 융통하여 준 자 또는 이를 알선·중개·권유·광고한 자

　가. 재화등의 판매·제공을 가장하거나 실제 매출금액을 초과하여 통신과금서비스에 의한 거래를 하거나 이를 대행하게 하는 행위

　나. 통신과금서비스이용자로 하여금 통신과금서비스에 의하여 재화등을 구매·이용하도록 한 후 통신과금서비스이용자가 구매·이용한 재화등을 할인하여 매입하는 행위

5. 제66조를 위반하여 직무상 알게 된 비밀을 타인에게 누설하거나 직무 외의 목적으로 사용한 자

② 삭제 <2016. 3. 22.>

[전문개정 2008. 6. 13.]

제73조(벌칙) 다음 각 호의 어느 하나에 해당하는 자는 2년 이하의 징역 또는 2천만원 이하의 벌금에 처한다. <개정 2014. 5. 28., 2016. 3. 22., 2018. 6. 12., 2020. 2. 4.>

1. 삭제 <2020. 2. 4.>

1의2. 삭제 <2020. 2. 4.>

2. 제42조를 위반하여 청소년유해매체물임을 표시하지 아니하고 영리를 목적으로 제공한 자

3. 제42조의2를 위반하여 청소년유해매체물을 광고하는 내용의 정보를 청소년에게 전송하거나 청소년 접근을 제한하는 조치 없이 공개적으로 전시한 자

4. 제44조의6제3항을 위반하여 이용자의 정보를 민·형사상의 소를 제기하는 것 외의 목적으로 사용한 자

5. 제44조의7제2항 및 제3항에 따른 방송통신위원회의 명령을 이행하지 아니한 자

6. 제48조의4제3항에 따른 명령을 위반하여 관련 자료를 보전하지 아니한 자

7. 제49조의2제1항을 위반하여 정보의 제공을 유인한 자

7의2. 제58조의2(제59조제2항에 따라 준용되는 경우를 포함한다)를 위반하여 제공받은 정보를 본인 여부를 확인하거나 고소·고발을 위하여 수사기관에 제출하기 위한 목적 외의 용도로 사용한 자

8. 제61조에 따른 명령을 이행하지 아니한 자

[전문개정 2008. 6. 13.]

제74조(벌칙) ① 다음 각 호의 어느 하나에 해당하는 자는 1년 이하의 징역 또는 1천만원 이하의 벌금에 처한다. <개정 2012. 2. 17., 2014. 5. 28.>

1. 제8조제4항을 위반하여 비슷한 표시를 한 제품을 표시·판매 또는 판매할 목적으로 진열한 자

2. 제44조의7제1항제1호를 위반하여 음란한 부호·문언·음향·화상 또는 영상을

배포·판매·임대하거나 공공연하게 전
시한 자

3. 제44조의7제1항제3호를 위반하여 공포
심이나 불안감을 유발하는 부호·문언·
음향·화상 또는 영상을 반복적으로 상
대방에게 도달하게 한 자
4. 제50조제5항을 위반하여 조치를 한 자
5. 삭제 <2014. 5. 28.>
6. 제50조의8을 위반하여 광고성 정보를
전송한 자
7. 제53조제4항을 위반하여 등록사항의 변
경등록 또는 사업의 양도·양수 또는 합
병·상속의 신고를 하지 아니한 자
② 제1항제3호의 죄는 피해자가 구체적으
로 밝힌 의사에 반하여 공소를 제기할 수
없다.
[전문개정 2008. 6. 13.]

제75조(양벌규정) 법인의 대표자나 법인 또
는 개인의 대리인, 사용인, 그 밖의 종업원
이 그 법인 또는 개인의 업무에 관하여 제
71조부터 제73조까지 또는 제74조제1항의
어느 하나에 해당하는 위반행위를 하면 그
행위자를 벌하는 외에 그 법인 또는 개인
에게도 해당 조문의 벌금형을 과(科)한다.
다만, 법인 또는 개인이 그 위반행위를 방
지하기 위하여 해당 업무에 관하여 상당한
주의와 감독을 게을리하지 아니한 경우에
는 그러하지 아니하다.
[전문개정 2010. 3. 17.]

제75조의2(몰수·추징) 제72조제1항제2호 및
제73조제7호의 어느 하나에 해당하는 죄를
지은 자가 해당 위반행위와 관련하여 취득
한 금품이나 그 밖의 이익은 몰수할 수 있
으며, 이를 몰수할 수 없을 때에는 그 가액
을 추징할 수 있다. 이 경우 몰수 또는 추
징은 다른 벌칙에 부가하여 과할 수 있다.
<개정 2020. 2. 4.>
[본조신설 2016. 3. 22.]

제76조(과태료) ① 다음 각 호의 어느 하나에
해당하는 자와 제7호부터 제11호까지의 경
우에 해당하는 행위를 하도록 한 자에게는

3천만원 이하의 과태료를 부과한다. <개정
2011. 3. 29., 2012. 2. 17., 2013. 3. 23., 2014. 5. 28.,
2015. 6. 22., 2015. 12. 1., 2016. 3. 22., 2017. 7. 26.,
2018. 9. 18., 2020. 2. 4.>

1. 제22조의2제2항을 위반하여 서비스의
제공을 거부한 자
1의2. 제22조의2제3항을 위반하여 접근권
한에 대한 이용자의 동의 및 철회방법을
마련하는 등 이용자 정보 보호를 위하여
필요한 조치를 하지 아니한 자
2. 제23조의2제1항을 위반하여 주민등록번
호를 수집·이용하거나 같은 조 제2항에
따른 필요한 조치를 하지 아니한 자
2의2. 삭제 <2020. 2. 4.>
2의3. 삭제 <2020. 2. 4.>
2의4. 삭제 <2020. 2. 4.>
3. 삭제 <2020. 2. 4.>
4. 삭제 <2020. 2. 4.>
5. 삭제 <2020. 2. 4.>
5의2. 삭제 <2020. 2. 4.>
6. 삭제 <2014. 5. 28.>
6의2. 제45조의3제1항을 위반하여 정보보
호 최고책임자의 지정을 신고하지 아니
한 자
6의3. 제47조제2항을 위반하여 정보보호
관리체계 인증을 받지 아니한 자
7. 제50조제1항부터 제3항까지의 규정을
위반하여 영리 목적의 광고성 정보를 전
송한 자
8. 제50조제4항을 위반하여 광고성 정보를
전송할 때 밝혀야 하는 사항을 밝히지 아
니하거나 거짓으로 밝힌 자
9. 제50조제6항을 위반하여 비용을 수신자
에게 부담하도록 한 자
9의2. 제50조제8항을 위반하여 수신동의
여부를 확인하지 아니한 자
10. 제50조의5를 위반하여 이용자의 동의
를 받지 아니하고 프로그램을 설치한 자
11. 제50조의7제1항 또는 제2항을 위반하
여 인터넷 홈페이지에 영리목적의 광고
성 정보를 게시한 자
11의2. 삭제 <2020. 2. 4.>

12. 이 법을 위반하여 제64조제4항에 따라 과학기술정보통신부장관 또는 방송통신위원회로부터 받은 시정조치 명령을 이행하지 아니한 자

② 다음 각 호의 어느 하나에 해당하는 자에게는 2천만원 이하의 과태료를 부과한다. <개정 2016. 3. 22., 2018. 6. 12., 2018. 9. 18., 2020. 2. 4., 2020. 6. 9.>

1. 삭제 <2020. 2. 4.>

1의2. 삭제 <2020. 2. 4.>

2. 삭제 <2020. 2. 4.>

3. 삭제 <2020. 2. 4.>

4. 삭제 <2020. 2. 4.>

4의2. 제46조제2항을 위반하여 보험에 가입하지 아니한 자

4의3. 제32조의5제1항을 위반하여 국내대리인을 지정하지 아니한 자

4의4. 제44조의9제1항을 위반하여 불법촬영물등 유통방지 책임자를 지정하지 아니한 자

5. 삭제 <2020. 2. 4.>

③ 다음 각 호의 어느 하나에 해당하는 자에게는 1천만원 이하의 과태료를 부과한다. <개정 2009. 4. 22., 2011. 4. 5., 2012. 2. 17., 2014. 5. 28., 2015. 6. 22., 2015. 12. 1., 2016. 3. 22., 2017. 7. 26., 2018. 6. 12., 2020. 2. 4., 2020. 6. 9.>

1. 삭제 <2015. 6. 22.>

2. 삭제 <2015. 6. 22.>

2의2. 제23조의3제1항을 위반하여 본인확인기관의 지정을 받지 아니하고 본인확인업무를 한 자

2의3. 제23조의3제2항에 따른 본인확인업무의 휴지 또는 같은 조 제3항에 따른 본인확인업무의 폐지 사실을 이용자에게 통보하지 아니하거나 방송통신위원회에 신고하지 아니한 자

2의4. 제23조의4제1항에 따른 본인확인업무의 정지 및 지정취소 처분에도 불구하고 본인확인업무를 계속한 자

2의5. 삭제 <2020. 2. 4.>

3. 제42조의3제1항을 위반하여 청소년 보호 책임자를 지정하지 아니한 자

4. 제43조를 위반하여 정보를 보관하지 아니한 자

5. 삭제 <2018. 6. 12.>

6. 삭제 <2015. 12. 1.>

7. 제47조제9항을 위반하여 인증받은 내용을 거짓으로 홍보한 자

8. 삭제 <2012. 2. 17.>

9. 삭제 <2012. 2. 17.>

10. 제47조의4제4항을 위반하여 소프트웨어 사용자에게 알리지 아니한 자

11. 제48조의2제4항에 따른 시정명령을 이행하지 아니한 자

11의2. 제48조의3제1항을 위반하여 침해사고의 신고를 하지 아니한 자

12. 제48조의4제4항에 따른 사업장 출입 및 조사를 방해하거나 거부 또는 기피한 자

12의2. 제49조의2제4항을 위반하여 과학기술정보통신부장관 또는 방송통신위원회의 명령을 이행하지 아니한 자

12의3. 제50조제7항을 위반하여 수신동의, 수신거부 또는 수신동의 철회에 대한 처리 결과를 알리지 아니한 자

12의4. 제50조의4제4항을 위반하여 필요한 조치를 하지 아니한 자

13. 제52조제6항을 위반하여 한국인터넷진흥원의 명칭을 사용한 자

14. 제53조제4항을 위반하여 사업의 휴업·폐업·해산의 신고를 아니한 자

15. 제56조제1항을 위반하여 약관을 신고하지 아니한 자

16. 제57조제2항을 위반하여 관리적 조치 또는 기술적 조치를 하지 아니한 자

17. 제58조제1항을 위반하여 통신과금서비스 이용일시 등을 통신과금서비스이용자에게 고지하지 아니한 자

18. 제58조제2항을 위반하여 통신과금서비스이용자가 구매·이용 내역을 확인할 수 있는 방법을 제공하지 아니하거나 통신과금서비스이용자의 제공 요청에 따르지 아니한 자

19. 제58조제3항을 위반하여 통신과금서비

스이용자로부터 받은 통신과금에 대한
정정요구가 이유 있음에도 결제대금의
지급을 유보하지 아니하거나 통신과금서
비스이용자의 요청에 대한 처리 결과를
통신과금서비스이용자에게 알려 주지 아
니한 자
20. 제58조제4항을 위반하여 통신과금서비
스에 관한 기록을 보존하지 아니한 자
20의2. 제58조제5항을 위반하여 통신과금
서비스이용자의 동의를 받지 아니하고
통신과금서비스를 제공하거나 이용한도
액을 증액한 자
20의3. 제58조제6항을 위반하여 통신과금
서비스 약관의 변경에 관한 통지를 하지
아니한 자
20의4. 제58조의2(제59조제2항에 따라 준
용되는 경우를 포함한다)를 위반하여 통
신과금서비스이용자의 정보 제공 요청에
따르지 아니한 자
21. 제59조제3항을 위반하여 통신과금서비
스이용자의 이의신청 및 권리구제를 위
한 절차를 마련하지 아니하거나 통신과
금서비스 계약 시 이를 명시하지 아니한
자
22. 제64조제1항에 따른 관계 물품·서류
등을 제출하지 아니하거나 거짓으로 제
출한 자
23. 제64조제2항에 따른 자료의 열람·제
출요청에 따르지 아니한 자
24. 제64조제3항에 따른 출입·검사를 거
부·방해 또는 기피한 자
25. 제64조의5제1항을 위반하여 투명성 보
고서를 제출하지 아니한 자
④ 제1항부터 제3항까지의 과태료는 대통
령령으로 정하는 바에 따라 과학기술정보
통신부장관 또는 방송통신위원회가 부과·
징수한다. <개정 2011. 3. 29., 2013. 3. 23., 2017. 7.
26.>
⑤ 삭제 <2017. 3. 14.>
⑥ 삭제 <2017. 3. 14.>
⑦ 삭제 <2017. 3. 14.>
[전문개정 2008. 6. 13.]

부 칙 <제6360호, 2001. 1. 16.>

제1조 (시행일) 이 법은 2001년 7월 1일부터
시행한다.
제2조 (한국정보보호센터의 설립근거와 명
칭의 변경에 따른 경과조치) ①이 법 시행
당시 정보화촉진기본법 제14조의2의 규
정에 의하여 설립된 한국정보보호센터는
이 법 제52조의 규정에 의한 한국정보보호
진흥원으로 본다.
②이 법 시행당시 한국정보보호센터가 행
한 행위 그 밖의 법률관계에 있어서 한국
정보보호센터는 이를 보호진흥원으로 본
다.
③이 법 시행당시 등기부 그 밖의 공부상
한국정보보호센터의 명의는 이를 한국정보
보호진흥원으로 본다.
제3조 (한국정보통신진흥협회의 명칭변경에
따른 경과조치) ①이 법 시행당시 한국정
보통신진흥협회는 이를 한국정보통신산
업협회로 본다.
②이 법 시행당시 한국정보통신진흥협회가
행한 행위 그 밖의 법률관계에 있어서 한
국정보통신진흥협회는 이를 협회로 본다.
③이 법 시행당시 등기부 그 밖의 공부상
한국정보통신진흥협회의 명의는 이를 한국
정보통신산업협회로 본다.
제4조 (벌칙의 적용에 관한 경과조치) 이 법
시행전의 행위에 관한 벌칙의 적용에 있어
서는 종전의 규정에 의한다.
제5조 (다른 법률의 개정) ①전기통신기본법
중 다음과 같이 개정한다.
제48조의2를 삭제한다.
②정보화촉진기본법중 다음과 같이 개정한
다.
제14조의2를 삭제한다.
③전기통신사업법중 다음과 같이 개정한
다.
제15조제1항제6호, 제28조제1항제7호·제2항
제5호, 제65조제1항제1호 및 제68조제2항

중 "정보통신망이용촉진등에관한법률"을 각각 "정보통신망이용촉진 및정보보호등에관한법률"로 한다.

④전자서명법중 다음과 같이 개정한다.

제8조제1항중 "정보화촉진기본법 제14조의2의 규정에 의한 한국정보보호센터(이하 "보호센터"라 한다)로부터"를 "정보통신망이용촉진 및정보보호등에관한법률 제52조의 규정에 의한 한국정보보호진흥원(이하 "보호진흥원"이라 한다)으로부터"로 한다.

제10조제4항 및 제21조제3항중 "보호센터"를 각각 "보호진흥원"으로 한다.

제16조제1항제5호중 "보호센터가"를 "보호진흥원이"로 한다.

제16조제3항중 "보호센터로"를 "보호진흥원으로"로 한다.

제21조제4항 및 제21조제5항중 "보호센터는"을 각각 "보호진흥원은"으로 한다.

제25조제1항중 "보호센터는"을 "보호진흥원은"으로 하고, 동조제2항중 "보호센터로"를 "보호진흥원으로"로 한다.

⑤사회간접자본시설에대한민간투자법중 다음과 같이 개정한다.

제2조제1호 너목을 다음과 같이 한다.

너. 정보통신망이용촉진 및정보보호등에관한법률 제2조제1항제1호의 규정에 의한 정보통신망

제2조제13호 서목을 다음과 같이 한다.

서. 정보통신망이용촉진 및정보보호등에관한법률

제6조 (다른 법령과의 관계) 이 법 시행당시 다른 법령에서 종전의 정보통신망이용촉진등에관한법률 또는 그 규정을 인용하고 있는 경우 이 법에 그에 해당하는 규정이 있는 때에는 이 법 또는 이 법의 해당규정을 인용한 것으로 본다.

부 칙 <제6585호, 2001. 12. 31.> (전자서명법)

제1조 (시행일) 이 법은 2002년 4월 1일부터 시행한다.

제2조 및 제3조 생략

제4조 (다른 법률의 개정) ①정보통신망이용촉진 및정보보호등에관한법률중 다음과 같이 개정한다.

제18조제2항의 "전자서명(작성자를 알아볼 수 있고 문서의 변경여부를 확인할 수 있는 것을 말한다)"을 "전자서명법 제2조제3호의 규정에 의한 공인전자서명"으로 한다. ②생략

부 칙 <제6797호, 2002. 12. 18.>
<생략>

부 칙 <제7139호, 2004. 1. 29.>
<생략>

부 칙 <제7142호, 2004. 1. 29.>
(인터넷주소자원에관한법률)
<생략>

부 칙 <제7262호, 2004. 12. 30.>
<생략>

부 칙 <제7796호, 2005. 12. 29.> (국가공무원법)
<생략>

부 칙 <제7812호, 2005. 12. 30.>
<생략>

부 칙 <제7917호, 2006. 3. 24.>
<생략>

부 칙 <제8030호, 2006. 10. 4.>
이 법은 공포 후 3개월이 경과한 날부터 시행한다.

부 칙 <제8031호, 2006. 10. 4.> (정보화촉진기본법)
<생략>

부 칙 <제8289호, 2007. 1. 26.>
<생략>

부 칙 <제8486호, 2007. 5. 25.> (산업표준화법)
<생략>

부 칙 <제8778호, 2007. 12. 21.>
<생략>

부 칙 <제8852호, 2008. 2. 29.> (정부조직법)
<생략>

부 칙 <제8867호, 2008. 2. 29.> (방송통신위원회의
설치 및 운영에 관한 법률)

제1조(시행일 등) 이 법은 공포한 날부터 시
행한다. <단서 생략>
제2조부터 제6조까지 생략

제7조(다른 법률의 개정) ①부터 ⑭까지 생
략
⑮ 정보통신망 이용촉진 및 정보보호 등에
관한 법률 일부를 다음과 같이 개정한다.
제4조제1항 및 제3항 중 "정보통신부장관
은"을 각각 "행정안전부장관, 지식경제부
장관 또는 방송통신위원회는"으로 한다.
제41조제2항 및 제44조의7제2항 본문 중 "제
44조의8의 규정에 따른 정보통신윤리위원
회"를 각각 "「방송통신위원회의 설치 및
운영에 관한 법률」 제18조에 따른 방송통
신심의위원회"로 한다.
제44조의7제3항 중 "정보통신윤리위원회의
심의를 거친 후 제44조의9제1항제3호의 규
정에 따른"을 "「방송통신위원회의 설치 및
운영에 관한 법률」 제18조에 따른 방송통
신심의위원회의 심의를 거친 후 같은 법
제21조제4호에 따른"으로 한다.
제44조의10제1항 중 "윤리위원회는 제44조의
9제1항제4호의 분쟁조정업무를 효율적으
로 수행하기 위하여"를 "「방송통신위원회
의 설치 및 운영에 관한 법률」 제18조에 따
른 방송통신심의위원회(이하 "심의위원회"
라 한다)는 정보통신망을 통하여 유통되는
정보 중 사생활의 침해 또는 명예훼손 등
타인의 권리를 침해하는 정보와 관련된 분

쟁의 조정업무를 효율적으로 수행하기 위
하여"로 하고, 같은 조 제2항중 "윤리위원
회의 위원장이 윤리위원회의 동의를 얻어"
를 "심의위원회의 위원장이 심의위원회의
동의를 얻어"로 하고, 같은 조 제3항 중
"이 경우 "분쟁조정위원회"는 "윤리위원회"
로, "개인정보와 관련한 분쟁"은 "제44조의
9제1항제4호의 규정에 따른 분쟁"으로 본
다."를 "이 경우 "분쟁조정위원회"는 "심의
위원회"로, "개인정보와 관련한 분쟁"은
"정보통신망을 통하여 유통되는 정보 중
사생활의 침해 또는 명예훼손 등 타인의
권리를 침해하는 정보와 관련된 분쟁"으로
본다."로 한다.
제47조제1항 중 "정보통신부장관이"를 "방송
통신위원회가"로 한다.
제48조의2제3항 중 "정보통신부장관에게"를
"방송통신위원회에"로 한다.
제56조제1항 중 "정보통신부장관"을 "행정안
전부장관, 지식경제부장관 또는 방송통신
위원회"로 하고, "대통령령이 정하는 바에
의하여 그 소속기관의 장 또는 「전기통신
기본법」 제37조의 규정에 따른 통신위원회
에 위임할 수 있다"를 "대통령령이 정하는
바에 의하여 그 소속기관의 장 또는 체신
청장에게 위임·위탁할 수 있다"로 하며,
제55조의2제3항 후단 "정보통신부장관의"
를 "행정안전부장관, 지식경제부장관 또는
방송통신위원회"로 한다.
제57조제5호를 삭제한다.
제60조 중 "정보통신부장관이"를 "행정안전
부장관, 지식경제부장관 또는 방송통신위
원회가"로 한다.
제41조제1항 각 호 외의 부분·제2항, 제44
조제3항, 제44조의5제2항, 제44조의7제2항
본문·제3항·제4항 각 호 외의 부분 본문,
제45조제2항, 제46조의2제1항제3호, 제46
조의3제1항 각 호 외의 부분·제2항·제5
항·제6항·제8항, 제48조의2제2항 각 호
외의 부분·제5항·제6항, 제48조의3제1항
각 호 외의 부분 전단·제2항, 제48조의4
제5항, 제49조의2제2항·제3항 본문, 제50

조의6제1항부터 제3항까지, 제59조제1항, 제64조제4호 및 제67조제1항제1호 중 "정보통신부장관"을 각각 "방송통신위원회"로 한다.

제44조의8·제44조의9를 각각 삭제한다.

제27조제1항단서·제3항, 제27조의2제1항·제3항, 제28조제1항, 제46조제1항·제2항, 제46조의3제1항제3호·제2항·제7항, 제47조제3항·제4항, 제47조의2제2항, 제47조의3제4항, 제48조의2제2항 각 호 외의 부분, 제48조의4제6항·제50조의6제4항, 제54조제4항, 및 제55조제5항 후단 중 "정보통신부령"을 각각 "대통령령"으로 한다.

제47조제2항, 제47조의2제1항, 제48조의2제1항 각 호 외의 부분·제4항, 제48조의4제2항·제3항·제4항 본문 및 제55조제2항 각 호 외의 부분 중 "정보통신부장관은"을 각각 "방송통신위원회는"으로 한다.

제47조의3제1항 및 제51조제1항·제3항 각 호 외의 부분 중 "정보통신부장관은"을 각각 "정부는"으로 한다.

제55조제1항 각 호 외의 부분·제3항·제4항·제5항전단·제9항·제10항 및 제55조의2제1항·제2항·제3항 각 호 외의 부분 전단, 제56조제3항 및 제67조제5항 중 "정보통신부장관은"을 각각 "행정안전부장관 또는 방송통신위원회는"으로 한다.

제55조제6항 및 제67조제3항 중 "정보통신부장관이"를 각각 "행정안전부장관 또는 방송통신위원회가"로 한다.

제67조제4항 중 "정보통신부장관에게"를 "행정안전부장관 또는 방송통신위원회에"로 한다.

제52조제3항제12호 중 "정보통신부장관으로부터"를 "행정안전부장관 또는 방송통신위원회로부터"로 한다.

제58조제1항을 다음과 같이 한다.

① 제22조 내지 제32조의 규정은 정보통신서비스제공자외의 자로서 재화 또는 용역을 제공하는 자중 대통령령이 정하는 자가 자신이 제공하는 재화 또는 용역을 제공받는 자의 개인정보를 수집·이용 또는 제공

하는 경우에 이를 준용한다. 이 경우 "정보통신서비스제공자" 또는 "정보통신서비스제공자등"은 "재화 또는 용역을 제공하는 자"로, "이용자"는 "재화 또는 용역을 제공받는 자"로 본다. 또한 제22조 내지 제32조의 규정을 준용하는 자에 대해서는 제27조제1항 및 제3항, 제27조의2 제1항 및 제3항, 제28조제1항의 규정에 따른 기준, 방법 등 세부사항을 행정안전부령으로 정한다.

⑯ 법률 제8778호 정보통신망 이용촉진 및 정보보호 등에 관한 법률 일부개정법률 일부를 다음과 같이 개정한다.

제54조제4호 중 "정보통신부장관이"를 각각 "방송통신위원회가"로 한다.

제60조제3항 중 「전기통신기본법」 제37조에 따른 통신위원회"를 "방송통신위원회"로 한다.

제66조제5호를 삭제한다.

제68조제1항 중 "정보통신부장관"을 "방송통신위원회"로 한다.

제53조제1항 각 호 외의 부분 및 제56조제1항 중 "정보통신부장관에게"를 각각 "방송통신위원회에"로 한다.

제55조제1항 각 호 외의 부분 본문, 제56조제2항 및 제61조 각 호 외의 부분 중 "정보통신부장관은"을 각각 "방송통신위원회는"으로 한다.

⑰부터 ⑳까지 생략

제8조부터 제12조까지 생략

부 칙 <제9119호, 2008. 6. 13.>

①(시행일) 이 법은 공포 후 6개월이 경과한 날부터 시행한다.

②(벌칙 및 과태료의 적용에 관한 경과조치) 이 법 시행 전의 행위에 관한 벌칙 및 과태료의 적용은 종전의 규정에 따른다.

부 칙 <제9637호, 2009. 4. 22.>

제1조(시행일) 이 법은 공포 후 3개월이 경과한 날부터 시행한다.

제2조(한국인터넷진흥원의 설립준비) ① 방

송통신위원회는 이 법 시행 전에 5명 이내의 설립위원을 위촉하여 한국인터넷진흥원의 설립을 위한 준비행위를 할 수 있다.
② 설립위원은 한국인터넷진흥원의 정관을 작성하여 방송통신위원회의 인가를 받아야 한다.
③ 설립위원은 제2항에 따른 인가를 받은 때에는 연명으로 한국인터넷진흥원의 설립등기를 한 후 한국인터넷진흥원원장에게 사무를 인계하여야 한다.
④ 설립위원은 제3항에 따른 사무인계가 끝난 때에는 해촉된 것으로 본다.

제3조(한국정보보호진흥원·한국인터넷진흥원·정보통신국제협력진흥원의 승계에 관한 경과조치) ① 이 법 시행 당시 종전의 「정보통신망 이용촉진 및 정보보호 등에 관한 법률」 제52조에 따른 한국정보보호진흥원(이하 "한국정보보호진흥원"이라 한다), 「인터넷주소자원에 관한 법률」 제9조에 따른 한국인터넷진흥원(이하 "한국인터넷진흥원"이라 한다), 「정보화촉진기본법」 제24조의2에 따른 정보통신국제협력진흥원(이하 "정보통신국제협력진흥원"이라 한다)의 소관 사무는 이 법에 따른 한국인터넷진흥원이 포괄 승계한다.
② 이 법 시행 당시 종전의 한국정보보호진흥원, 한국인터넷진흥원, 정보통신국제협력진흥원의 권리·의무와 재산은 이 법에 따른 한국인터넷진흥원이 포괄 승계한다.
③ 이 법 시행 당시 종전의 한국정보보호진흥원, 한국인터넷진흥원, 정보통신국제협력진흥원의 직원의 고용관계는 이 법에 따른 한국인터넷진흥원이 포괄 승계한다.
④ 이 법 시행 당시 종전의 한국정보보호진흥원, 한국인터넷진흥원, 정보통신국제협력진흥원이 행한 행위 또는 종전의 한국정보보호진흥원, 한국인터넷진흥원, 정보통신국제협력진흥원에 대하여 행하여진 행위는 이 법에 따른 한국인터넷진흥원이 행하였거나 이 법에 따른 한국인터넷진흥원에 대하여 행하여진 행위로 본다.

⑤ 이 법 시행 당시 등기부나 그 밖의 공부에 표시된 종전의 한국정보보호진흥원, 한국인터넷진흥원, 정보통신국제협력진흥원의 명의는 이 법에 따른 한국인터넷진흥원의 명의로 본다.

제4조(다른 법률의 개정) ① 정보화촉진기본법 일부를 다음과 같이 개정한다.
제24조의2를 삭제한다.
② 인터넷주소자원에 관한 법률 일부를 다음과 같이 개정한다.
제2조제3호 중 "제9조제1항의 규정에 의한 한국인터넷진흥원"을 「정보통신망 이용촉진 및 정보보호 등에 관한 법률」 제52조에 따른 한국인터넷진흥원(이하 "인터넷진흥원"이라 한다)"으로, "동조제4항의 규정에 의하여 한국인터넷진흥원"을 "인터넷진흥원"으로 한다.
제6조제2항제2호 중 "제9조제4항"을 "제9조"로 한다.
제9조를 다음과 같이 한다.

제9조(인터넷주소관리기관의 업무 위탁) 인터넷진흥원은 인터넷주소관리기관의 업무를 인터넷주소별로 구분하여 방송통신위원회의 승인을 받아 대통령령으로 정하는 법인 및 단체에 위탁할 수 있다. 이 경우 위탁받은 법인 및 단체는 인터넷주소관리기관으로 본다.
제13조제1항제5호 중 "제9조제4항"을 "제9조"로 한다.
제16조제6항 중 "진흥원"을 "인터넷진흥원"으로 한다.

제5조(다른 법령과의 관계) 이 법 시행 당시 다른 법령에서 종전의 「정보통신망 이용촉진 및 정보보호 등에 관한 법률」 또는 그 규정을 인용한 경우 이 법 가운데 그에 해당하는 규정이 있는 때에는 종전의 규정을 갈음하여 이 법 또는 이 법의 해당 규정을 인용한 것으로 본다.

부 칙 <제10138호, 2010. 3. 17.>
이 법은 공포한 날부터 시행한다.

부 칙 <제10165호, 2010. 3. 22.> (방송통신발전
기본법)

제1조(시행일) 이 법은 공포 후 6개월이 경과
한 날부터 시행한다. <단서 생략>

제2조부터 제5조까지 생략

제6조(다른 법률의 개정) ①부터 ⑧까지 생
략
⑨ 정보통신망 이용촉진 및 정보보호 등에
관한 법률 일부를 다음과 같이 개정한다.
제68조를 삭제한다.
⑩ 생략

제7조 생략

부 칙 <제10166호, 2010. 3. 22.> (전기통신사업법)

제1조(시행일) 이 법은 공포 후 6개월이 경과
한 날부터 시행한다.

제2조부터 제6조까지 생략

제7조(다른 법률의 개정) ①부터 ⑥까지 생
략
⑦ 정보통신망 이용촉진 및 정보보호 등에
관한 법률 일부를 다음과 같이 개정한다.
제2조제1항제1호 중 "「전기통신기본법」"을
"「전기통신사업법」"으로 하고, 같은 항 제2
호 중 "「전기통신기본법」 제2조제7호"를 "「
전기통신사업법」 제2조제6호"로 하며, 같
은 항 제3호 중 "「전기통신사업법」 제2조제
1항제1호"를 "「전기통신사업법」 제2조제8
호"로 한다.
제46조의3제1항제1호 중 "「전기통신사업법」
제2조제1항제1호"를 "「전기통신사업법」 제
2조제8호"로 한다.
제53조제3항 중 "제21조"를 "제22조"로 하고,
같은 조 제4항 전단 중 "제22조 및 제25조
부터 제27조까지"를 "제23조부터 제26조까
지"로 하며, 같은 항 후단 중 "이 경우 "제
19조의 규정에 의하여 별정통신사업의 등
록을 한 자" 및"을 "이 경우"로 한다.
⑧ 및 ⑨ 생략

제8조 및 제9조 생략

부 칙 <제10465호, 2011. 3. 29.> (개인정보 보호법)

제1조(시행일) 이 법은 공포 후 6개월이 경과
한 날부터 시행한다. <단서 생략>

제2조부터 제5조까지 생략

제6조(다른 법률의 개정) ①부터 ⑩까지 생
략
⑪ 정보통신망 이용촉진 및 정보보호 등에
관한 법률 일부를 다음과 같이 개정한다.
제4장제4절(제33조, 제33조의2, 제34조부
터 제40조까지), 제66조제1호 및 제67조를
각각 삭제한다.
제4조제1항·제3항, 제64조의2제3항 후단,
제65조제1항 및 제69조 중 "행정안전부장
관, 지식경제부장관 또는 방송통신위원회"
를 각각 "지식경제부장관 또는 방송통신위
원회"로 한다.
제64조제1항 각 호 외의 부분·제3항·제4항
전단·제5항 전단·제6항·제9항·제10항,
제64조의2제1항·제2항·제3항 각 호 외의
부분 전단, 제65조제3항, 제76조제1항제12
호 및 제4항부터 제6항까지 중 "행정안전
부장관 또는 방송통신위원회"를 각각 "방
송통신위원회"로 한다.
⑫부터 ⑭까지 생략

제7조 생략

부 칙 <제10560호, 2011. 4. 5.>

제1조(시행일) 이 법은 공포 후 3개월이 경과
한 날부터 시행한다.

제2조(일반적 경과조치) 이 법 시행 당시 종
전의 본인확인업무를 개발·제공한 본인확
인기관의 행위는 그 본인확인기관이 이 법
에 따른 지정을 받은 경우에 한하여 적법
하게 본인확인업무를 개발·제공한 것으로
본다.

제3조(본인확인기관 지정에 관한 경과조치)
이 법 시행 당시 본인확인업무를 하는 자

는 이 법 시행일부터 3개월 이내에 제23조의3제1항의 개정규정에 따라 방송통신위원회로부터 본인확인기관으로 지정받아야 한다.

부 칙 <제11048호, 2011. 9. 15.> (청소년 보호법)

제1조(시행일) 이 법은 공포 후 1년이 경과한 날부터 시행한다. <단서 생략>

제2조 및 제3조 생략

제4조(다른 법률의 개정) ①부터 ⑫까지 생략
⑬ 정보통신망 이용촉진 및 정보보호 등에 관한 법률 일부를 다음과 같이 개정한다.
제42조, 제42조의2 및 제43조제1항 중 「청소년보호법」 제7조제4호"를 각각 "「청소년 보호법」 제2조제2호마목"으로 한다.
제44조의7제1항제5호 중 "「청소년보호법」"을 "「청소년 보호법」"으로 한다.
제61조제1호 중 "「청소년보호법」 제17조"를 "「청소년 보호법」 제16조"로 한다.
⑭부터 ⑰까지 생략

제5조 생략

부 칙 <제11322호, 2012. 2. 17.>

제1조(시행일) 이 법은 공포 후 6개월이 경과한 날부터 시행한다. 다만, 제45조, 제45조의2, 제45조의3, 제46조의3, 제47조, 제47조의2, 제47조의3, 제47조의5, 제52조제3항제7호, 제66조 및 제76조제3항제6호부터 제9호까지의 개정규정은 공포 후 1년이 경과한 날부터 시행한다.

제2조(주민등록번호 수집·이용 제한에 관한 경과조치) ① 이 법 시행 당시 주민등록번호를 사용한 회원가입 방법을 제공하고 있는 정보통신서비스 제공자는 이 법 시행일부터 2년 이내에 보유하고 있는 주민등록번호를 파기하여야 한다. 다만, 제23조의2제1항 각 호의 어느 하나에 해당하는 경우는 제외한다.

② 제1항에 따른 기간 이내에 보유하고 있는 주민등록번호를 파기하지 아니한 경우에는 제23조의2제1항의 개정규정을 위반한 것으로 본다.

제3조(정보보호 안전진단의 폐지에 따른 경과조치) 이 법 시행 당시 종전의 규정에 따라 정보보호 안전진단을 받은 사업자는 정보보호 안전진단을 받은 해당 연도에는 제47조제2항의 개정규정에 따른 정보보호 관리체계 인증을 받은 사업자로 본다.

제4조(개인정보보호 관리체계 인증에 관한 경과조치) 이 법 시행 당시 한국인터넷진흥원으로부터 개인정보보호 관리체계 인증을 받은 자는 제47조의3의 개정규정에 따라 개인정보보호 관리체계 인증을 받은 것으로 본다.

제5조(과태료에 관한 경과조치) 이 법 시행 전의 위반행위에 대하여 과태료를 적용할 때에는 종전의 규정에 따른다.

부 칙 <제11690호, 2013. 3. 23.> (정부조직법)

제1조(시행일) ① 이 법은 공포한 날부터 시행한다.
② 생략

제2조부터 제5조까지 생략

제6조(다른 법률의 개정) ①부터 <686>까지 생략
<687> 정보통신망 이용촉진 및 정보보호 등에 관한 법률 일부를 다음과 같이 개정한다.
제2조제2항 중 "「정보화촉진기본법」으로"를 "「국가정보화 기본법」에서"로 한다.
제4조제1항·제3항 중 "지식경제부장관 또는 방송통신위원회는"을 각각 "미래창조과학부장관 또는 방송통신위원회는"으로 한다.
제4조제3항 중 "「정보화촉진기본법」 제5조에 따른 정보화촉진기본계획"을 "「국가정보화 기본법」 제6조에 따른 국가정보화 기본계획"으로 한다.
제6조제1항, 제7조제1항, 같은 조 제2항 전단,

같은 조 제3항, 제8조제1항 본문, 같은 조 제5항, 제9조제1항, 같은 조 제2항 각 호 외의 부분 본문, 제13조제1항, 제15조제1항·제2항 및 제68조의2제1항 중 "지식경제부장관"을 각각 "미래창조과학부장관"으로 한다.

제8조제6항 및 제9조제3항 중 "지식경제부령"을 각각 "미래창조과학부령"으로 한다.

제45조의2제2항제1호 중 "방송통신위원회"를 "미래창조과학부장관"으로 하고, 제45조의2제2항제2호, 제47조제5항 및 제54조제4호 중 "방송통신위원회가"를 각각 "미래창조과학부장관이"로 한다.

제44조제3항, 제45조제2항, 제45조의2제2항 각 호 외의 부분, 제47조제1항·제3항·제5항, 같은 조 제8항 각 호 외의 부분, 제47조의2제1항 각 호 외의 부분 본문, 제47조의5제2항, 같은 조 제4항 각 호 외의 부분, 제48조의2제1항 각 호 외의 부분, 같은 조 제4항, 제48조의4제2항·제3항, 같은 조 제4항 본문, 제55조제1항 각 호 외의 부분 본문, 제56조제2항 및 제61조 각 호 외의 부분 중 "방송통신위원회는"을 각각 "미래창조과학부장관은"으로 한다.

제47조제6항, 제48조의2제3항, 제53조제1항 각 호 외의 부분 및 제56조제1항 중 "방송통신위원회에"를 각각 "미래창조과학부장관에게"로 한다.

제46조의2제1항제3호, 제48조의2제2항 각 호 외의 부분, 같은 조 제5항·제6항, 제48조의3제1항 각 호 외의 부분 전단, 같은 조 제2항 및 제48조의4제5항 중 "방송통신위원회나"를 각각 "미래창조과학부장관이나"로 한다.

제47조의5제1항 중 "방송통신위원회로부터"를 "미래창조과학부장관으로부터"로 한다.

제52조제3항제21호 중 "행정안전부장관·지식경제부장관·방송통신위원회"를 "미래창조과학부장관·안전행정부장관·방송통신위원회"로 한다.

제64조제1항 각 호 외의 부분, 같은 조 제3항, 같은 조 제4항 전단, 같은 조 제5항 전단, 같은 조 제9항·제10항, 제64조의2제1항·제2항, 같은 조 제3항 각 호 외의 부분 전단, 제65조제3항 및 제76조제6항 중 "방송통신위원회는"을 각각 "미래창조과학부장관 또는 방송통신위원회는"으로 한다.

제64조제6항 및 제76조제4항 중 "방송통신위원회가"를 각각 "미래창조과학부장관 또는 방송통신위원회가"로 한다.

제64조의2제3항 각 호 외의 부분 후단 및 제65조제1항 중 "지식경제부장관 또는 방송통신위원회"를 각각 "미래창조과학부장관 또는 방송통신위원회"로 한다.

제65조제1항 중 "그 소속 기관의 장"을 "미래창조과학부 소속 기관의 장"으로, "체신청장"을 "지방우정청장"으로 하며, 같은 조 제2항을 다음과 같이 한다.

② 미래창조과학부장관은 제13조에 따른 정보통신망의 이용촉진 등에 관한 사업을 대통령령으로 정하는 바에 따라 「국가정보화 기본법」 제14조에 따른 한국정보화진흥원에 위탁할 수 있다.

제69조 중 "지식경제부장관 또는 방송통신위원회가"를 "미래창조과학부장관 또는 방송통신위원회가"로, "한국정보사회진흥원"을 "한국정보화진흥원"으로 한다.

제76조제1항제12호 중 "방송통신위원회"를 "미래창조과학부장관 또는 방송통신위원회"로 하고, 같은 조 제5항 중 "방송통신위원회에"를 "미래창조과학부장관 또는 방송통신위원회에"로 한다.

<688>부터 <710>까지 생략

제7조 생략

부 칙 <제12681호, 2014. 5. 28.>

제1조(시행일) 이 법은 공포 후 6개월이 경과한 날부터 시행한다. 다만, 제44조제3항, 제44조의5, 제76조제1항제6호의 개정규정은 공포한 날부터 시행한다.

제2조(과징금 및 벌칙에 관한 경과조치) 이 법 시행 전의 위반행위에 대하여 과징금

및 벌칙을 적용할 때에는 종전의 규정에 따른다.

부칙 <제12844호, 2014. 11. 19.> (정부조직법)

제1조(시행일) 이 법은 공포한 날부터 시행한다. 다만, 부칙 제6조에 따라 개정되는 법률 중 이 법 시행 전에 공포되었으나 시행일이 도래하지 아니한 법률을 개정한 부분은 각각 해당 법률의 시행일부터 시행한다.

제2조부터 제5조까지 생략

제6조(다른 법률의 개정) ①부터 ㉒까지 생략
㉓ 정보통신망 이용촉진 및 정보보호 등에 관한 법률 일부를 다음과 같이 개정한다.
제52조제3항제21호 중 "안전행정부장관"을 "행정자치부장관"으로 한다.
㉔부터 <258>까지 생략

제7조 생략

부칙 <제13014호, 2015. 1. 20.>
이 법은 공포 후 3개월이 경과한 날부터 시행한다.

부칙 <제13280호, 2015. 3. 27.>
이 법은 공포한 날부터 시행한다.

부칙 <제13343호, 2015. 6. 22.> (정보보호산업의 진흥에 관한 법률)

제1조(시행일) 이 법은 공포 후 6개월이 경과한 날부터 시행한다.

제2조 생략

제3조(다른 법률의 개정) ① 생략
② 정보통신망 이용촉진 및 정보보호 등에 관한 법률 일부를 다음과 같이 개정한다.
제2조제1항제8호를 삭제한다.
제52조제3항제6호 중 "지식정보보안 산업정책"을 "정보보호산업 정책"으로 하고, 같은 항 제19호부터 제21호까지를 각각 제20호

부터 제22호까지로 하며, 같은 항에 제19호를 다음과 같이 신설하고, 같은 항 제21호(종전의 제20호) 중 "제19호"를 "제20호"로 한다.
19. 「정보보호산업의 진흥에 관한 법률」 제25조제7항에 따른 조정위원회의 운영지원
제68조의2를 삭제한다.
③ 생략

부칙 <제13344호, 2015. 6. 22.>

제1조(시행일) 이 법은 공포 후 6개월이 경과한 날부터 시행한다.

제2조(행정처분에 관한 적용례) 제55조제1항의 개정규정은 이 법 시행 전의 위반행위에 대한 행정처분의 경우에도 적용한다.

부칙 <제13520호, 2015. 12. 1.>

제1조(시행일) 이 법은 공포 후 6개월이 경과한 날부터 시행한다. 다만, 제29조제2항 및 제3항의 개정규정은 공포한 날부터 시행한다.

제2조(개인정보의 파기 등에 관한 적용례) 제29조제2항 및 제3항의 개정규정은 같은 개정규정 시행 전에 수집하거나 제공받은 개인정보에 대해서도 적용한다.

제3조(정보보호 관리체계 인증 심사 생략에 관한 적용례) 제47조제3항의 개정규정은 이 법 시행 전에 정보보호 관리체계에 대한 인증을 신청하여 그 절차가 진행 중인 자에 대해서도 적용한다.

제4조(정보보호 관리체계의 인증에 관한 경과조치) 정보보호 관리체계의 인증을 받지 아니한 자는 이 법 시행 후 6개월 이내에 제47조제2항의 개정규정에 따라 인증을 받아야 한다.

제5조(과태료에 관한 경과조치) 이 법 시행 전의 위반행위에 대하여 과태료를 적용할 때에는 종전의 규정에 따른다.

부 칙 <제14080호, 2016. 3. 22.>

제1조(시행일) 이 법은 공포 후 6개월이 경과한 날부터 시행한다. 다만, 제22조의2, 제76조제1항제1호 및 제1호의2의 개정규정은 공포 후 1년이 경과한 날부터, 제32조제2항·제3항 및 제32조의2제3항의 개정규정은 2016년 7월 25일부터, 제52조제4항의 개정규정은 공포한 날부터 시행한다.

제2조(손해배상에 관한 적용례) 제32조제2항·제3항 및 제32조의2제3항의 개정규정은 같은 개정규정 시행 후에 분실·도난·유출·위조·변조 또는 훼손된 개인정보에 관한 손해배상 청구분부터 적용한다.

제3조(위반행위에 노출된 사실 안내에 관한 경과조치) 정보통신서비스 제공자는 이 법 공포 후 6개월 이내에 제49조의2제3항의 개정규정에 따라 이용자에게 안내메시지를 보낼 수 있는 설비를 구축하여야 한다.

제4조(벌칙에 관한 경과조치) 이 법 시행 전의 행위에 대하여 벌칙을 적용할 때에는 종전의 규정에 따른다.

제5조(다른 법률의 개정) 인터넷주소자원에 관한 법률 일부를 다음과 같이 개정한다.
제15조제2항 전단 중 "제71조제1호"를 "제71조제1항제1호"로, "제76조제1항제1호부터 제5호까지"를 "제76조제1항제1호부터 제5호까지(같은 항 제1호의2는 제외한다)"로 한다.

부 칙 <제14580호, 2017. 3. 14.>
이 법은 공포한 날부터 시행한다.

부 칙 <제14839호, 2017. 7. 26.> (정부조직법)

제1조(시행일) ① 이 법은 공포한 날부터 시행한다. 다만, 부칙 제5조에 따라 개정되는 법률 중 이 법 시행 전에 공포되었으나 시행일이 도래하지 아니한 법률을 개정한 부분은 각각 해당 법률의 시행일부터 시행한다.

제2조부터 제4조까지 생략

제5조(다른 법률의 개정) ①부터 ㉖까지 생략
㉗ 정보통신망 이용촉진 및 정보보호 등에 관한 법률 일부를 다음과 같이 개정한다.
제4조제1항·제3항, 제6조제1항, 제7조제1항, 같은 조 제2항 전단, 같은 조 제3항, 제8조제1항 본문, 같은 조 제5항, 제9조제1항, 같은 조 제2항 각 호 외의 부분 본문, 제13조제1항, 제15조제1항·제2항, 제45조제2항, 제45조의2제2항 각 호 외의 부분, 같은 항 제1호·제2호, 제45조의3제1항 단서, 제46조의2제1항제3호, 제47조제1항, 같은 조 제3항 전단 및 후단, 같은 조 제4항, 같은 조 제6항 각 호 외의 부분, 같은 조 제7항·제8항, 같은 조 제10항 각 호 외의 부분 본문, 제47조의2제1항 각 호 외의 부분 본문, 제47조의5제1항·제2항, 같은 조 제4항 각 호 외의 부분 본문, 제48조의2제1항 각 호 외의 부분, 같은 조 제2항 각 호 외의 부분, 같은 조 제3항부터 제6항까지, 제48조의3제1항 각 호 외의 부분 전단, 같은 조 제2항, 제48조의4제2항·제3항, 같은 조 제4항 본문, 같은 조 제5항, 제49조의2제2항, 같은 조 제3항 각 호 외의 부분, 같은 조 제4항, 제53조제1항 각 호 외의 부분, 제54조제4호, 제55조제1항, 제56조제1항·제2항, 제58조제8항·제9항, 제61조 각 호 외의 부분, 제64조제1항 각 호 외의 부분, 같은 조 제3항, 같은 조 제4항 전단, 같은 조 제5항 전단, 같은 조 제6항·제9항·제10항, 제64조의2제1항·제2항, 같은 조 제3항 각 호 외의 부분 전단 및 후단, 제64조의4 각 호 외의 부분, 제65조제1항부터 제3항까지, 제69조, 제76조제1항제12호, 같은 조 제3항제12호의2 및 같은 조 제4항 중 "미래창조과학부장관"을 각각 "과학기술정보통신부장관"으로 한다.
제8조제6항, 제9조제3항 및 제47조제3항 전단 중 "미래창조과학부령"을 각각 "과학기술정보통신부령"으로 한다.
제52조제3항제22호 중 "미래창조과학부장관

·행정자치부장관"을 "과학기술정보통신부장관·행정안전부장관"으로 한다.
제65조제1항 중 "미래창조과학부"를 "과학기술정보통신부"로 한다.
㉘부터 <382>까지 생략

제6조 생략

부 칙 <제15628호, 2018. 6. 12.>
이 법은 공포 후 6개월이 경과한 날부터 시행한다. 다만, 제32조의3, 제45조의3 및 제76조제2항제4호의2(제32조의3의 개정규정과 관련된 부분에 한정한다)의 개정규정은 공포 후 1년이 경과한 날부터 시행한다.

부 칙 <제15751호, 2018. 9. 18.>
이 법은 공포 후 6개월이 경과한 날부터 시행한다.

부칙 <제16019호, 2018. 12. 24.> (전기통신사업법)

제1조(시행일) 이 법은 공포 후 6개월이 경과한 날부터 시행한다. <단서 생략>

제2조 생략

제3조(다른 법률의 개정) ①부터 ⑤까지 생략
⑥ 정보통신망 이용촉진 및 정보보호 등에 관한 법률 일부를 다음과 같이 개정한다.
제47조제2항제1호 중 "허가를 받은 자"를 "등록을 한 자"로 한다.
⑦ 생략

부 칙 <제16021호, 2018. 12. 24.>
이 법은 공포 후 6개월이 경과한 날부터 시행한다. 다만, 제44조의4 및 제44조의7제3항제1호의 개정규정은 공포 후 3개월이 경과한 날부터 시행한다.

부 칙 <제16825호, 2019. 12. 10.>
제1조(시행일) 이 법은 공포 후 6개월이 경과한 날부터 시행한다.

제2조(환급가산금에 관한 적용례) 제64조의3 제7항 및 제8항의 개정규정은 이 법 시행 후 법원의 판결 등의 사유로 과징금을 환급하는 경우부터 적용한다.

부 칙 <제16955호, 2020. 2. 4.>
이 법은 공포 후 6개월이 경과한 날부터 시행한다.

부 칙 <제17344호, 2020. 6. 9.> (지능정보화 기본법)

제1조(시행일) 이 법은 공포 후 6개월이 경과한 날부터 시행한다. <단서 생략>
제2조부터 제6조까지 생략

제7조(다른 법률의 개정) ①부터 ⑭까지 생략
⑮ 정보통신망 이용촉진 및 정보보호 등에 관한 법률 일부를 다음과 같이 개정한다.
제2조제2항 중 「국가정보화 기본법」을 「지능정보화 기본법」으로 한다.
제4조제3항 중 「국가정보화 기본법」 제6조에 따른 국가정보화 기본계획"을 「지능정보화 기본법」 제6조에 따른 지능정보사회 종합계획"으로 한다.
제65조제2항 중 「국가정보화 기본법」 제14조에 따른 한국정보화진흥원"을 「지능정보화 기본법」 제12조에 따른 한국지능정보사회진흥원"으로 한다.
⑯부터 ⑳까지 생략

제8조 생략

부 칙 <제17347호, 2020. 6. 9.> (법률용어 정비를 위한 과학기술정보방송통신위원회 소관 32개 법률 일부개정을 위한 법률)
이 법은 공포한 날부터 시행한다.

부 칙 <제17348호, 2020. 6. 9.> (소프트웨어 진흥법)

제1조(시행일) 이 법은 공포 후 6개월이 경과한 날부터 시행한다.
제2조부터 제13조까지 생략

제14조(다른 법률의 개정) ①부터 ④까지 생략

⑤ 정보통신망 이용촉진 및 정보보호 등에 관한 법률 일부를 다음과 같이 개정한다. 제47조의4제3항 중 "「소프트웨어산업 진흥법」"을 "「소프트웨어 진흥법」"으로 한다.

법률 제17358호 정보통신망 이용촉진 및 정보보호 등에 관한 법률 일부개정법률 제47조의4제4항 중 "「소프트웨어산업 진흥법」"을 "「소프트웨어 진흥법」"으로 한다.

⑥부터 ⑩까지 생략

제15조 생략

부 칙 <제17354호, 2020. 6. 9.> (전자서명법)

제1조(시행일) 이 법은 공포 후 6개월이 경과한 날부터 시행한다. <단서 생략>

제2조부터 제6조까지 생략

제7조(다른 법률의 개정) ①부터 ⑰까지 생략

⑱ 정보통신망 이용촉진 및 정보보호 등에 관한 법률 일부를 다음과 같이 개정한다. 제52조제3항제12호를 다음과 같이 한다.

12. 「전자서명법」 제21조에 따른 전자서명 인증 정책의 지원

⑲부터 ㉒까지 생략

제8조 생략

부 칙 <제17358호, 2020. 6. 9.>

이 법은 공포 후 6개월이 경과한 날부터 시행한다. 다만, 제4조제2항제7호의2의 개정규정은 공포 후 3개월이 경과한 날부터 시행한다.

[부록 8]

정보통신망 이용촉진 및 정보보호 등에 관한 법률 시행령

[시행 2021.2.5.]
[대통령령 제31429호, 2021.2.2., 타법개정]

제1장 총 칙

제1조(목적) 이 영은「정보통신망 이용촉진 및 정보보호 등에 관한 법률」에서 위임된 사항과 그 시행에 필요한 사항을 규정함을 목적으로 한다.

제2조(윤리강령) ①「정보통신망 이용촉진 및 정보보호 등에 관한 법률」(이하 "법"이라 한다) 제2조제1항제3호에 따른 정보통신서비스 제공자 및 그 단체는 이용자를 보호하고 건전하고 안전한 정보통신서비스 제공을 위하여 정보통신서비스 제공자 윤리강령을 정하여 시행할 수 있다. <개정 2009.1.28., 2020.8.4.>
② 법 제2조제1항제4호에 따른 이용자의 단체는 건전한 정보사회가 정착되도록 이용자 윤리강령을 정하여 시행할 수 있다.
③ 정부는 제1항 및 제2항에 따른 윤리강령의 제정 및 시행을 위한 활동을 지원할 수 있다.

제3조 삭제<2020.8.4.>

제2장 정보통신망의 이용촉진

제4조 삭제<2009.8.18.>

제5조 삭제<2009.8.18.>

제6조(정보의 공동 활용체제 구축 시책 등) ① 중앙행정기관의 장은 법 제12조에 따라 소관 분야의 정보의 공동 활용을 위한 계획을 수립하여 고시할 수 있다. <개정 2010.5.4.>
② 중앙행정기관의 장은 제1항에 따른 정보의 공동 활용을 위한 계획을 효율적으로 추진하기 위하여 필요한 경우에는 다음 각 호의 사업 등을 하는 자에 대하여 지원할 수 있다.
1. 보유·관리하는 정보 중 공동 활용 대상 정보의 선정
2. 정보통신망 상호간 연계 시스템의 구축 및 운영
3. 정보통신망의 연계에 따른 각 기관 간 비용부담의 조정
4. 그 밖에 정보의 공동 활용체제 구축을 위하여 필요한 사항

제7조(정보통신망의 이용촉진 등에 관한 사업의 실시) 과학기술정보통신부장관이 법 제13조제1항에 따라 실시할 수 있는 사업은 다음 각 호와 같다. <개정 2013.3.23., 2017.7.26.>
1. 정보통신망의 구성·운영을 위한 시험적 사업
2. 새로운 매체의 실용화를 위한 시험적 사업
3. 정보화산업 육성을 위한 선도 응용사업 및 관련 연구 지원 사업
4. 전자거래에 관한 기술개발 등 전자거래의 활성화를 위한 기반 조성 사업
5. 정보통신망 이용촉진을 위한 법·제도 개선 등 지원 사업
6. 그 밖에 정보사회의 기반조성을 위한 관련 기술·기기 및 응용서비스의 효율적인 활용과 보급을 위한 시범사업

제3장 삭제<2015.12.22.>

제8조 삭제<2015.12.22.>

제9조 삭제<2015.12.22.>

제4장 정보통신서비스의 안전한 이용환경 조성 <개정 2020.8.4.>

제9조의2(접근권한의 범위 등) ① 정보통신 서비스 제공자가 법 제22조의2제1항에 따라 이용자의 동의를 받아야 하는 경우는 이동통신단말장치의 소프트웨어를 통하여 다음 각 호의 정보와 기능에 대하여 접근할 수 있는 권한(이하 이 조에서 "접근권한"이라 한다)이 필요한 경우로 한다. 다만, 이동통신단말장치의 제조·공급 과정에서 설치된 소프트웨어가 통신, 촬영, 영상·음악의 재생 등 이동통신단말장치의 본질적인 기능을 수행하기 위하여 접근하는 정보와 기능은 제외한다.

1. 연락처, 일정, 영상, 통신내용, 바이오정보(지문, 홍채, 음성, 필적 등 개인을 식별할 수 있는 신체적 또는 행동적 특징에 관한 정보를 말한다. 이하 같다) 등 이용자가 이동통신단말장치에 저장한 정보

2. 위치정보, 통신기록, 인증정보, 신체활동기록 등 이동통신단말장치의 이용과정에서 자동으로 저장된 정보

3. 「전기통신사업법」 제60조의2제1항에 따른 고유한 국제 식별번호 등 이동통신단말장치의 식별을 위하여 부여된 고유정보

4. 촬영, 음성인식, 바이오정보 및 건강정보 감지센서 등 입력 및 출력 기능

② 정보통신서비스 제공자는 이동통신단말장치의 소프트웨어를 설치 또는 실행하는 과정에서 소프트웨어 안내정보 화면 또는 별도 화면 등에 표시하는 방법으로 이용자에게 법 제22조의2제1항 각 호의 사항을 알리고, 다음 각 호의 구분에 따라 이용자의 동의를 받아야 한다.

1. 이동통신단말장치의 기본 운영체제(이동통신단말장치에서 소프트웨어를 실행할 수 있는 기반 환경을 말하며, 이하 "운영체제"라 한다)가 이용자가 접근권한에 대한 동의 여부를 개별적으로 선택할 수 있는 운영체제인 경우: 법 제22조의2제1항제1호 및 제2호에 따른 접근권한을 구분하여 알린 후 접근권한이 설정된 정보와 기능에 최초로 접근할 때 이용자가 동의 여부를 선택하도록 하는 방법

2. 이동통신단말장치의 운영체제가 이용자가 접근권한에 대한 동의 여부를 개별적으로 선택할 수 없는 운영체제인 경우: 법 제22조의2제1항제1호에 따른 접근권한만을 설정하여 알린 후 소프트웨어를 설치할 때 이용자가 동의 여부를 선택하도록 하는 방법

3. 제1호 또는 제2호의 운영체제에 해당함에도 불구하고 제1호 또는 제2호의 방법이 불가능한 경우: 제1호 또는 제2호의 방법과 유사한 방법으로서 이용자에게 동의 내용을 명확하게 인지할 수 있도록 알리고 이용자가 동의 여부를 선택하도록 하는 방법

③ 법 제22조의2제1항에 따라 이용자의 동의를 받아야 하는 사항이 같은 항 제1호 또는 제2호에 따른 접근권한 중 어느 것에 해당하는지 여부를 판단할 때에는 이용약관, 「개인정보 보호법」 제30조제1항에 따른 개인정보처리방침 또는 별도 안내 등을 통하여 공개된 정보통신서비스의 범위와 실제 제공 여부, 해당 정보통신서비스에 대한 이용자의 합리적 예상 가능성 및 해당 정보통신서비스와 접근권한의 기술적 관련성 등을 고려하여야 한다. <개정 2020.8.4.>

④ 이동통신단말장치의 운영체제를 제작하여 공급하는 자, 이동통신단말장치 제조업자 및 이동통신단말장치의 소프트웨어를 제작하여 공급하는 자는 법 제22조의2제3항에 따른 이용자 정보 보호를 위하여 다음 각 호의 구분에 따라 필요한 조치를 하여야 한다.

1. 이동통신단말장치의 운영체제를 제작하여 공급하는 자: 정보통신서비스 제공자가 제2항 각 호의 구분에 따른 방법으로 동의를 받을 수 있는 기능과 이용자가 동의를 철회할 수 있는 기능이 구현되어 있

는 운영체제를 제작하여 공급하고, 운영체제에서 설정하고 있는 접근권한 운영기준을 이동통신단말장치의 소프트웨어를 제작하여 공급하는 자가 이해하기 쉽도록 마련하여 공개할 것

2. 이동통신단말장치 제조업자: 제1호에 따른 동의 및 철회 기능이 구현되어 있는 운영체제를 이동통신단말장치에 설치할 것

3. 이동통신단말장치의 소프트웨어를 제작하여 공급하는 자: 제1호 및 제2호에 따른 조치를 한 운영체제와 이동통신단말장치에 맞는 동의 및 철회방법을 소프트웨어에 구현할 것

[본조신설 2017.3.22.]

제9조의3(심사사항별 세부 심사기준) ① 법 제23조의3제1항에 따른 심사사항별 세부 심사기준은 다음 각 호와 같다. <개정 2012.8.17., 2020. 8.4.>

1. 물리적·기술적·관리적 조치계획: 다음 각 목의 사항에 대한 조치계획을 마련할 것
   가. 법 제23조의3제1항에 따른 본인확인업무(이하 "본인확인업무"라 한다) 관련 설비의 관리 및 운영에 관한 사항
   나. 정보통신망 침해행위의 방지에 관한 사항
   다. 시스템 및 네트워크의 운영·보안 및 관리에 관한 사항
   라. 이용자 보호 및 불만처리에 관한 사항
   마. 긴급상황 및 비상상태의 대응에 관한 사항
   바. 본인확인업무를 위한 내부 규정의 수립 및 시행에 관한 사항
   사. 법 제23조의2제2항에 따른 대체수단(이하 "대체수단"이라 한다)의 안전성 확보에 관한 사항
   아. 접속정보의 위조·변조 방지에 관한 사항
   자. 그 밖에 본인확인업무를 위하여 방

송통신위원회가 정하여 고시하는 사항

2. 기술적 능력: 다음 각 목의 어느 하나에 해당하는 요건을 갖춘 자를 8명 이상 보유할 것
   가. 정보통신기사·정보처리기사 및 전자계산기조직응용기사 이상의 국가기술자격 또는 이와 동등 이상의 자격이 있다고 방송통신위원회가 인정하는 자격을 갖출 것
   나. 방송통신위원회가 정하여 고시하는 정보보호 또는 정보통신운영·관리 분야에서 2년 이상 근무한 경력이 있을 것

3. 재정적 능력: 자본금이 80억원 이상일 것(국가기관 및 지방자치단체는 제외한다)

4. 설비규모의 적정성: 다음 각 목의 설비를 본인확인업무의 적절한 수행에 필요한 규모 이상 보유할 것
   가. 이용자의 개인정보(「개인정보 보호법」제2조제1호에 따른 개인정보를 말한다. 이하 제9조의6에서 같다)를 검증·관리 및 보호하기 위한 설비
   나. 대체수단을 생성·발급 및 관리하기 위한 설비
   다. 출입통제 및 접근제한을 위한 보안설비
   라. 시스템 및 네트워크의 보호설비
   마. 화재·수해 및 정전 등 재난 방지를 위한 설비

② 제1항에 따른 심사사항별 세부 심사기준의 평가기준 및 평가방법 등에 관하여 필요한 사항은 방송통신위원회가 정하여 고시한다.

[본조신설 2011.8.29.]

제9조의4(본인확인기관의 지정절차) ① 법 제23조의3제1항에 따라 본인확인기관으로 지정을 받으려는 자는 본인확인기관지정신청서(전자문서로 된 신청서를 포함한다)에 다음 각 호의 서류(전자문서를 포함한다)

를 첨부하여 방송통신위원회에 제출하여 야 한다.
1. 조직·인력 및 설비 등의 현황을 기재한 사업계획서
2. 제9조의3에 따른 심사사항별 세부 심사 기준이 충족됨을 증명할 수 있는 서류
3. 법인의 정관 또는 단체의 규약(법인 또 는 단체인 경우에만 해당한다)
4. 그 밖에 본인확인업무 수행의 전문성과 재무구조의 건전성 등을 확인하기 위하 여 필요한 서류로서 방송통신위원회가 정하여 고시하는 서류
② 제1항에 따라 본인확인기관지정신청서 를 제출받은 방송통신위원회는「전자정부 법」제36조제1항에 따른 행정정보의 공동이 용을 통하여 법인 등기사항증명서(법인인 경우에만 해당한다)를 확인하여야 한다.
③ 방송통신위원회는 제1항에 따른 신청을 심사하는 데 필요하다고 인정하는 경우에 는 그 신청인에게 자료의 제출을 요청하거 나 그 의견을 들을 수 있다.
④ 방송통신위원회는 제1항에 따른 신청을 받은 경우에는 신청을 받은 날부터 90일 이내에 제9조의3에 따른 심사사항별 세부 심사기준의 충족 여부를 심사하여 그 심사 결과를 신청인에게 통지하여야 한다. 다만, 부득이한 사유가 있는 경우에는 그 사유를 알리고 30일의 범위에서 그 기간을 연장할 수 있다.
⑤ 방송통신위원회는 제4항의 심사결과에 따라 본인확인기관을 지정한 경우에는 그 신청인에게 본인확인기관지정서를 발급하 고, 본인확인기관의 명칭·소재지 및 지정 일 등 지정내용을 관보에 고시하여야 한다.
⑥ 제1항부터 제5항까지의 규정에 따른 지 정신청, 지정심사 등의 절차 및 방법 등에 관하여 필요한 사항은 방송통신위원회가 정하여 고시한다.
[본조신설 2011.8.29.]

제9조의5(본인확인기관의 주민등록전산정보 자료 확인 요청) 법 제23조의3제1항에 따라 본인확인기관으로 지정받은 자(이하 "본인

확인기관"이라 한다)는 14세 미만의 아동 및 그 법정대리인의 신원 확인을 위하여 필요한 경우 행정안전부장관에게「주민등록 법」제30조제1항에 따른 주민등록전산정보 자료의 확인을 요청할 수 있다.
[본조신설 2018.7.17.]
[종전 제9조의5는 제9조의6으로 이동 2018.7.17.]

제9조의6(본인확인업무의 휴지·폐지) ① 본 인확인기관이 법 제23조의3제2항 또는 제3 항에 따라 업무를 휴지 또는 폐지하려면 다음 각 호의 사항을 이용자에게 통보하여 야 한다.
1. 휴지 또는 폐지의 사유
2. 휴지 또는 폐지의 일시(휴지의 경우에는 사업의 개시일시를 포함한다)
3. 대체수단 및 개인정보의 이용 제한에 관 한 사항(휴지의 경우에만 해당한다)
4. 대체수단 및 개인정보의 파기에 관한 사 항(폐지의 경우에만 해당한다)
② 본인확인기관은 법 제23조의3제2항 또 는 제3항에 따라 본인확인업무의 휴지 또 는 폐지를 신고할 때에는 본인확인업무 휴 지·폐지 신고서에 다음 각 호의 서류를 첨부하여 방송통신위원회에 제출하여야 한 다.
1. 제1항 각 호의 사항을 기재한 통보 서류
2. 대체수단 및 개인정보의 이용 제한 또는 파기 계획에 관한 서류
3. 이용자의 보호조치 계획에 관한 서류
4. 본인확인기관지정서(폐지의 경우에만 해당한다)
③ 제1항 또는 제2항에 따른 휴지 또는 폐 지의 통보 및 신고의 절차, 기준 및 방법 등에 관하여 필요한 세부사항은 방송통신 위원회가 정하여 고시한다.
[본조신설 2011.8.29.]
[제9조의5에서 이동, 종전 제9조의6은 제9조의7로 이동 2018.7.17.]

제9조의7(본인확인업무의 정지 및 지정취소)
① 법 제23조의4제1항에 따른 본인확인업 무의 정지 또는 지정취소의 기준은 별표 1

과 같다.

② 방송통신위원회는 제1항에 따라 본인확인업무를 정지하거나 지정을 취소한 경우에는 그 사실을 관보에 고시하여야 한다.

[본조신설 2011.8.29.]

[제9조의6에서 이동 2018.7.17.]

제10조~제18조의2 삭제<2020.8.4.>

제19조(국내대리인 지정 대상자의 범위) ① 법 제32조의5제1항에서 "대통령령으로 정하는 기준에 해당하는 자"란 다음 각 호의 어느 하나에 해당하는 자를 말한다. <개정 2020.8.4.>

1. 전년도[법인인 경우에는 전(전) 사업연도를 말한다] 매출액이 1조원 이상인 자
2. 정보통신서비스 부문 전년도(법인인 경우에는 전 사업연도를 말한다) 매출액이 100억원 이상인 자
3. 삭제<2020.8.4.>
4. 이 법을 위반하여 정보통신서비스 이용의 안전성을 현저히 해치는 사건·사고가 발생하였거나 발생할 가능성이 있는 경우로서 법 제64조제1항에 따라 방송통신위원회로부터 관계 물품·서류 등을 제출하도록 요구받은 자

② 제1항제1호 및 제2호에 따른 매출액은 전년도(법인인 경우에는 전 사업연도를 말한다) 평균환율을 적용하여 원화로 환산한 금액을 기준으로 한다.

[본조신설 2019.3.19.]

제20조~제22조 삭제<2011.9.29.>

제5장 정보통신망에서의 이용자 보호 등

제23조(청소년보호시책) 법 제41조제1항제4호에서 "대통령령으로 정하는 사항"이란 다음 각 호와 같다. <개정 2009.1.28., 2011.8.29.>

1. 청소년에게 유익한 정보의 개발 및 보급 촉진
2. 정보통신망을 통하여 유통되는 음란·폭력정보 등의 유해한 정보로부터 청소

년을 보호하기 위한 청소년의 자발적 참여활동의 촉진 및 지원
3. 청소년 보호를 위한 학부모·교사 또는 민간단체 등의 자율적인 감시·상담·피해구제활동의 촉진 및 지원
4. 청소년보호활동을 위한 정보통신서비스 제공자 간의 협력체계 구축 지원
5. 그 밖에 법 제41조제1항 각 호에 따른 시책을 추진하는 데 부수되는 사항

제24조(청소년유해매체물의 표시방법) ① 법 제42조에 따른 청소년유해매체물을 제공하는 자는 그 매체물에 19세 미만의 자는 이용할 수 없다는 취지의 내용을 누구나 쉽게 확인할 수 있도록 음성·문자 또는 영상으로 표시하여야 한다.

② 제1항에 따른 표시를 하여야 하는 자 중 인터넷을 이용하여 정보를 제공하는 자의 경우에는 기호·부호·문자 또는 숫자를 사용하여 청소년유해매체물임을 나타낼 수 있는 전자적 표시도 함께 하여야 한다.

③ 방송통신위원회는 정보의 유형 등을 고려하여 제1항 및 제2항에 따른 표시의 구체적 방법을 정하여 관보에 고시하여야 한다.

제25조(청소년보호책임자 지정의무자의 범위) 법 제42조의3제1항에서 "일일평균이용자의 수, 매출액 등이 대통령령으로 정하는 기준에 해당하는 자"란 다음 각 호의 요건에 모두 해당하는 자를 말한다. <개정 2011.8.29., 2012.9.14.>

1. 다음 각 목의 어느 하나에 해당하는 자
가. 전년도말 기준 직전 3개월간의 일일 평균이용자가 10만 명 이상인 자
나. 정보통신서비스부문 전년도(법인의 경우에는 전 사업연도) 매출액이 10억원 이상인 자
2. 「청소년 보호법」제2조제3호에 따른 청소년유해매체물을 제공하거나 매개하는 자

제26조(청소년보호책임자의 업무) 법 제42조의3제1항에 따른 청소년보호책임자는 정보통신망상의 청소년유해정보(이하 "유해정보"라 한다)로부터 청소년을 보호하기 위

하여 다음의 업무를 수행한다.

1. 유해정보로부터의 청소년보호계획의 수립
2. 유해정보에 대한 청소년접근제한 및 관리조치
3. 정보통신업무 종사자에 대한 유해정보로부터의 청소년보호를 위한 교육
4. 유해정보로 인한 피해상담 및 고충처리
5. 그 밖에 유해정보로부터 청소년을 보호하기 위하여 필요한 사항

제27조(청소년보호책임자의 지정기한) 법 제42조의3제1항에 따른 청소년보호책임자의 지정은 매년 4월말까지 하여야 한다.

제28조(영상 또는 음향정보의 보관 등) ① 법 제43조제1항에서 "대통령령으로 정하는 자"란 전기통신회선을 통하여 정보를 유통시키는 자를 말한다. 다만, "방송", "텔레비전" 또는 "라디오"의 명칭을 사용하면서 일정한 편성계획에 따라 정보를 유통시키는 자 중「방송법」제2조제3호·제6호 및 제12호에 따른 방송사업자·중계유선방송사업자 및 전광판방송사업자는 제외한다. <개정 2011.8.29.>
② 법 제43조에 따른 정보제공자는 해당 정보를 이용에 제공한 때부터 6개월간 이를 보관하여야 한다.

제29조 삭제<2014.11.28.>

제30조 삭제<2014.11.28.>

제31조(청구할 수 있는 이용자 정보의 범위) 법 제44조의6제1항에서 "대통령령으로 정하는 최소한의 정보"란 다음 각 호의 정보를 말한다. <개정 2011.8.29.>

1. 성명
2. 주소
3. 그 밖에 민·형사상의 소제기를 위하여 법 제44조의10에 따른 명예훼손분쟁조정부(이하 "명예훼손분쟁조정부"라 한다)가 필요하다고 인정하는 해당 이용자의 연락처 등의 정보

제32조(정보제공청구의 절차) ① 법 제44조의6 제1항에 따라 해당 이용자의 정보제공을 청구하려는 자(이하 "청구인"이라 한다)는 다음 각 호의 사항을 기재한 정보제공청구서를 소명자료와 함께 명예훼손분쟁조정부에 제출하여야 한다.

1. 청구인의 성명·주소·연락처(전화번호·전자우편주소 등을 말한다)
2. 제기하려는 소의 종류 및 소로써 구하는 취지
3. 침해된 권리의 유형 및 해당 이용자의 구체적인 권리침해사실

② 명예훼손분쟁조정부는 법 제44조의6제2항에 따라 정보제공 여부를 결정할 때 필요하다고 인정하는 경우 청구인에게 의견을 진술하게 할 수 있다.

제33조(정보제공의 절차) ① 명예훼손분쟁조정부는 청구인으로부터 정보제공 요청을 받은 경우 해당 이용자의 정보제공 여부를 결정하여 그 결과를 청구인에게 통지하여야 한다.
② 명예훼손분쟁조정부는 정보제공을 결정한 경우 해당 정보통신서비스 제공자에게 제31조에 따른 정보를 제공해 주도록 요청하여야 한다. 이 경우 해당 정보통신서비스 제공자는 정당한 사유가 없으면 이에 따라야 한다. <개정 2009.1.28.>
③ 정보통신서비스 제공자는 제2항에 따른 정보를 제공한 사실을 해당 이용자에게 알려야 한다. <개정 2009.1.28.>
④ 명예훼손분쟁조정부는 이용자정보제공사실 등 관련 자료를 5년간 보관하여야 한다.

제34조(불법정보의 처리제한명령 등의 요청 <개정 2016. 9.22.>) ① 관계 중앙행정기관의 장[법 제44조의7제1항제9호의 정보 중「성폭력범죄의 처벌 등에 관한 특례법」제14조에 따른 촬영물 또는 복제물(복제물의 복제물을 포함한다)에 대해서는 수사기관의 장을 포함한다. 이하 이 조에서 같다]이 법 제44조의7제3항에 따라 방송통신위원회에 정보통신서비스 제공자 또는 게시판 관리·운영자에게 같은 조 제1항제7호부터

제9호까지의 정보의 처리를 거부·정지 또는 제한하도록 하는 명령을 하여 줄 것을 요청하려는 때에는 다음 각 호의 사항을 적은 요청서를 증빙자료와 함께 방송통신위원회에 제출하여야 한다. <개정 2009.1.28., 2016.9.22., 2019.6.11.>

1. 요청의 취지와 그 이유
2. 관련 법령 및 위반내용
3. 해당 정보의 목록 및 제공처
4. 정보통신서비스 제공자 또는 게시판 관리·운영자 및 해당 이용자의 명칭 또는 성명과 주소·전화번호·전자우편주소 등의 연락처

② 방송통신위원회는 제1항에 따라 제출된 서류 등에 흠이 있음을 발견한 때에는 즉시 관계 중앙행정기관의 장에게 보완을 요구할 수 있다. 이 경우 5일 이상의 보완기간을 부여하여야 한다.

③ 방송통신위원회는 제2항에 따른 보완요구에도 불구하고 보완기간이 끝나는 날까지 보완이 이루어지지 아니한 때에는 제1항에 따라 제출받은 요청서와 증빙자료를 관계 중앙행정기관의 장에게 반려할 수 있다.

제35조(의견제출의 예외사유) 법 제44조의7 제4항제2호에서 "대통령령으로 정하는 경우"란 다음 각 호의 경우를 말한다. <개정 2011.8.29.>

1. 해당 이용자를 알 수 없는 경우(이용자의 의견제출의 경우에만 해당한다)
2. 법원의 확정판결 등에 따라 명령의 전제가 되는 사실이 객관적으로 증명되어 명령에 따른 의견청취가 불필요하다고 판단되는 경우

제35조의2(불법촬영물등 유통방지 책임자) ① 법 제44조의9제1항에 따라 불법촬영물등의 유통을 방지하기 위한 책임자를 지정해야 하는 정보통신서비스 제공자는 다음 각 호의 자로 한다.

1. 「전기통신사업법」제22조의3제1항에 따른 특수유형부가통신사업자 중 같은 법 제2

조제14호가목에 해당하는 부가통신역무를 제공하는 자

2. 「전기통신사업법」제22조제1항에 따라 부가통신사업을 신고한 자(같은 법 제22조제4항 각 호의 어느 하나에 해당하는 자를 포함한다)로서 다음 각 목의 어느 하나에 해당하는 자

   가. 정보통신서비스 부문 전년도(법인인 경우에는 전 사업연도를 말한다) 매출액이 10억원 이상이고 별표 1의2에 따른 정보통신서비스를 제공하는 자

   나. 전년도 말 기준 직전 3개월간의 하루 평균 이용자 수가 10만명 이상이고 별표 1의2에 따른 정보통신서비스를 제공하는 자

② 제1항 각 호의 정보통신서비스 제공자(이하 "불법촬영물등 유통방지 책임자 지정의무자"라 한다)는 법 제44조의9제1항에 따른 불법촬영물등(이하 "불법촬영물등"이라 한다)의 유통을 방지하기 위한 책임자(이하 "불법촬영물등 유통방지 책임자"라 한다)를 1명 이상 지정해야 한다.

③ 불법촬영물등 유통방지 책임자는 다음 각 호의 어느 하나에 해당하는 지위에 있는 사람이어야 한다.

1. 불법촬영물등 유통방지 책임자 지정의무자 소속 임원
2. 불법촬영물등 유통방지 책임자 지정의무자 소속의 불법촬영물등 유통방지 업무를 담당하는 부서의 장

④ 불법촬영물등 유통방지 책임자는 방송통신위원회가 관련 기관·단체와 협력하여 실시하는 다음 각 호의 내용을 포함한 2시간 이상의 교육(정보통신망을 이용한 원격교육을 포함한다)을 매년 받아야 한다.

1. 불법촬영물등의 유통방지 관련 제도 및 법령에 관한 사항
2. 법 제44조의9제2항에 따른 유통방지에 필요한 조치에 관한 사항
3. 불법촬영물등에 대한 「방송통신위원회의 설치 및 운영에 관한 법률」제18조에 따른 방송통신심의위원회(이하 "방송통신

심의위원회"라 한다)의 심의 기준에 관한 사항

4. 그 밖에 불법촬영물등의 유통방지를 위하여 방송통신위원회가 필요하다고 인정하는 사항

[본조신설 2020.12.8.]

제36조(명예훼손분쟁조정부의 설치·운영 및 분쟁조정 등)
① 명예훼손분쟁조정부의 회의는 명예훼손분쟁조정부의 장이 소집한다.

② 명예훼손분쟁조정부의 장이 명예훼손분쟁조정부의 회의를 개최하려는 때에는 회의일시·장소 및 안건을 정하여 부득이한 사유가 있는 경우를 제외하고는 회의개시 7일 전까지 위원에게 통지하여야 한다.

③ 명예훼손분쟁조정부의 회의는 재적위원 과반수의 출석으로 개의하며 출석위원 과반수의 찬성으로 의결한다.

④ 명예훼손분쟁조정부의 장은 위원 중에서 방송통신심의위원회 위원장이 지명한다. <개정 2020.12.8.>

⑤ 명예훼손분쟁조정부의 회의는 공개하지 아니한다. 다만, 필요하다고 인정될 때에는 명예훼손분쟁조정부의 의결로 당사자 또는 이해관계인에게 방청을 하게 할 수 있다.

⑥ 삭제<2011.9.29.>

⑦ 이 영에서 규정한 것 외에 명예훼손분쟁조정부의 설치·구성 및 운영 그 밖에 분쟁조정에 필요한 사항은 방송통신심의위원회의 의결을 거쳐 정한다.

제6장 정보통신망의 안정성 확보 등

제36조의2(정보통신망연결기기 등의 범위)
법 제45조제1항제2호에서 "대통령령으로 정하는 기기·설비·장비"란 별표 1의3에 따른 분야 중 어느 하나의 분야에 속하는 기기·설비·장비로서 다음 각 호의 기기·설비·장비(이하 "정보통신망연결기기 등"이라 한다)를 말한다.

1. 침해사고가 발생했거나 발생할 가능성이 큰 기기·설비·장비

2. 침해사고가 발생할 경우 정보통신망의 안정성 및 정보의 신뢰성 확보에 중대한 위험성을 가져오는 기기·설비·장비

[본조신설 2020.12.8.]

[종전 제36조의2는 제36조의3으로 이동 2020.12.8.]

제36조의3(정보보호 사전점검기준)
법 제45조의2제2항에 따른 정보보호 사전점검기준은 다음 각 호의 사항을 고려하여 과학기술정보통신부장관이 정하여 고시한다. <개정 2013.3.23., 2017.7.26.>

1. 정보통신망을 구축하거나 정보통신서비스를 제공하기 위한 시스템의 구조 및 운영환경

2. 제1호에 따른 시스템의 운영을 위한 하드웨어, 프로그램, 콘텐츠 등 자산 중 보호해야 할 대상의 식별 및 위험성

3. 보호대책의 도출 및 구현현황

[본조신설 2012.8.17.]

[제36조의2에서 이동, 종전 제36조의3은 제36조의4로 이동 2020.12.8.]

제36조의4(정보보호 사전점검 권고 대상)
① 법 제45조의2제2항제1호에서 "대통령령으로 정하는 정보통신서비스 또는 전기통신사업"이란 정보시스템 구축에 필요한 투자금액이 5억원 이상(하드웨어·소프트웨어의 단순한 구입비용은 제외한 금액을 말한다)인 정보통신서비스 또는 전기통신사업을 말한다.

② 법 제45조의2제2항제2호에서 "대통령령으로 정하는 정보통신서비스 또는 전기통신사업"이란 과학기술정보통신부장관이 신규 정보통신서비스 또는 전기통신사업의 발굴·육성을 위하여 사업비의 전부 또는 일부를 지원하는 정보통신서비스 또는 전기통신사업을 말한다. <개정 2013.3.23., 2017.7.26.>

[본조신설 2012.8.17.]

[제36조의3에서 이동, 종전 제36조의4는 제36조의5로 이동 2020.12.8.]

제36조의5(정보보호 사전점검의 방법 및 절

차 등) ① 법 제45조의2제2항에 따른 정보
보호 사전점검은 서면점검, 현장점검 또는
원격점검(외부에서 정보통신망을 통하여
제36조의3제1호에 따른 시스템에 접속하여
보안 관련 사항을 점검하는 것을 말한다)
의 방법으로 실시한다. <개정 2020.12.8.>
② 법 제45조의2제2항에 따른 정보보호 사
전점검은 다음 각 호의 순서로 진행한다.
1. 사전점검 준비
2. 설계 검토
3. 보호대책 적용
4. 보호대책 구현현황 점검
5. 사전점검 결과 정리
③ 법 제45조의2제2항에 따른 과학기술정
보통신부장관의 권고를 받은 자는 정보보
호 사전점검을 직접 실시하거나 법 제52조
에 따른 한국인터넷진흥원(이하 "인터넷진
흥원"이라 한다) 또는 외부 전문기관으로
하여금 실시하게 할 수 있다. 이 경우 정보
보호 사전점검은 별표 2에 따른 정보보호
기술인력의 자격기준을 갖춘 사람만 수행
할 수 있다. <개정 2013.3.23., 2017.7.26.>
④ 제1항부터 제3항까지에서 규정한 사항
외에 정보보호 사전점검의 방법 및 절차에
관하여 필요한 세부사항은 과학기술정보통
신부장관이 정하여 고시한다. <개정
2013.3.23., 2017.7.26.>
[본조신설 2012.8.17.]
[제36조의4에서 이동, 종전 제36조의5는 제36조의6으로
이동 2020.12.8.]

제36조의6(정보보호 사전점검 수수료) ① 법
제45조의2제2항에 따른 과학기술정보통신
부장관의 권고를 받은 자가 정보보호 사전
점검을 인터넷진흥원이나 외부 전문기관으
로 하여금 실시하게 한 경우에는 인터넷진
흥원이나 외부 전문기관에 수수료를 납부
하여야 한다. <개정 2013.3.23., 2017.7.26.>
② 과학기술정보통신부장관은 다음 각 호
의 사항을 고려하여 정보보호 사전점검 수
수료의 산정기준을 정하여 고시한다. <개정
2013.3.23., 2017.7.26.>
1. 정보보호 사전점검을 받는 정보통신서

비스 또는 전기통신사업의 규모
2. 정보보호 사전점검에 참가하는 자의 전
문성
3. 정보보호 사전점검에 필요한 기간
[본조신설 2012.8.17.]
[제36조의5에서 이동, 종전 제36조의6은 제36조의7로 이
동 2020.12.8.]

**제36조의7(정보보호 최고책임자의 지정 및
겸직금지 등)** ① 법 제45조의3제1항 단서에
서 "자산총액, 매출액 등이 대통령령으로
정하는 기준에 해당하는 정보통신서비스
제공자"란 정보통신서비스 제공자로서 다
음 각 호의 어느 하나에 해당하는 자를 말
한다. <개정 2021.2.2.>
1. 「전기통신사업법」 제22조제4항제1호에 따
라 부가통신사업을 신고한 것으로 보는
자
2. 「소상공인기본법」 제2조에 따른 소상공인
3. 「중소기업기본법」 제2조제2항에 따른 소
기업[「전기통신사업법」 제2조제8호에 따
른 전기통신사업자와 타인의 정보통신서
비스 제공을 위하여 집적된 정보통신시
설을 운영·관리하는 사업자(이하 "집적
정보통신시설사업자"라 한다)는 제외한
다]으로서 전년도 말 기준 직전 3개월간
의 일일평균 이용자 수가 100만 명 미만
이고 전년도 정보통신서비스 부문 매출
액이 100억원 미만인 자
② 법 제45조의3제1항 및 제7항에 따라 정
보통신서비스 제공자가 지정·신고해야 하
는 정보보호 최고책임자는 다음 각 호의
어느 하나에 해당하는 자격을 갖추어야 한
다. 이 경우 정보보호 또는 정보기술 분야
의 학위는 「고등교육법」 제2조 각 호의 학교
에서 「전자금융거래법 시행령」 별표 1 비고
제1호 각 목에 따른 학과의 과정을 이수하
고 졸업하거나 그 밖의 관계법령에 따라
이와 같은 수준 이상으로 인정되는 학위를,
정보보호 또는 정보기술 분야의 업무는 같
은 비고 제3호 및 제4호에 따른 업무를 말
한다.
1. 정보보호 또는 정보기술 분야의 국내 또

는 외국의 석사학위 이상 학위를 취득한 사람

2. 정보보호 또는 정보기술 분야의 국내 또는 외국의 학사학위를 취득한 사람으로서 정보보호 또는 정보기술 분야의 업무를 3년 이상 수행한 경력이 있는 사람

3. 정보보호 또는 정보기술 분야의 국내 또는 외국의 전문학사학위를 취득한 사람으로서 정보보호 또는 정보기술 분야의 업무를 5년 이상 수행한 경력이 있는 사람

4. 정보보호 또는 정보기술 분야의 업무를 10년 이상 수행한 경력이 있는 사람

5. 법 제47조제6항제5호에 따른 정보보호 관리체계 인증심사원의 자격을 취득한 사람

6. 해당 정보통신서비스 제공자의 소속인 정보보호 관련 업무를 담당하는 부서의 장으로 1년 이상 근무한 경력이 있는 사람

③ 법 제45조의3제3항에서 "자산총액, 매출액 등 대통령령으로 정하는 기준에 해당하는 정보통신서비스 제공자"란 정보통신서비스 제공자로서 다음 각 호의 어느 하나에 해당하는 자를 말한다.

1. 직전 사업연도 말 기준 자산총액이 5조원 이상인 자

2. 법 제47조제2항에 따라 정보보호 관리체계 인증을 받아야 하는 자 중 직전 사업연도 말 기준 자산총액 5천억원 이상인 자

④ 제3항에 따른 정보통신서비스 제공자가 지정·신고해야 하는 정보보호 최고책임자는 제2항에 따른 자격 요건을 충족하고, 상근하는 자로서 다음 각 호의 어느 하나에 해당하는 자격을 갖추어야 한다. 이 경우 정보보호 또는 정보기술 분야의 업무는「전자금융거래법 시행령」별표 1 비고 제3호 및 제4호에 따른 업무를 말한다.

1. 정보보호 분야의 업무를 4년 이상 수행한 경력이 있는 사람

2. 정보보호 분야의 업무를 수행한 경력과 정보기술 분야의 업무를 수행한 경력을 합산한 기간이 5년(그 중 2년 이상은 정보보호 분야의 업무를 수행한 경력이어야 한다) 이상인 사람

[전문개정 2019.6.11.]

[제36조의6에서 이동, 종전 제36조의7은 제36조의8로 이동 2020.12.8.]

제36조의8(정보보호 최고책임자의 신고 방법 및 절차) 법 제45조의3제1항에 따라 정보보호 최고책임자를 지정하고 신고해야 하는 정보통신서비스 제공자는 신고의무가 발생하게 된 날부터 90일 이내에 과학기술정보통신부령으로 정하는 정보보호 최고책임자 지정신고서를 과학기술정보통신부장관에게 제출해야 한다. <개정 2017.7.26., 2019.6.11.>

[본조신설 2014.11.28.]

[제36조의7에서 이동, 종전 제36조의7은 제36조의8로 이동 2020.12.8.]

제36조의9(정보보호 최고책임자 협의회의 사업 범위) 법 제45조의3제5항에서 "대통령령으로 정하는 공동의 사업"이란 다음 각 호의 사업을 말한다. <개정 2014.11.28., 2019.6.11.>

1. 정보통신서비스 제공자의 정보보호 강화를 위한 정책의 조사, 연구 및 수립 지원

2. 정보통신서비스 이용에 따른 침해사고 분석 및 대책 연구

3. 정보보호 최고책임자 교육 등 정보통신서비스 제공자의 정보보호 능력 및 전문성 향상

4. 정보통신서비스 보안 관련 국제교류 및 협력

5. 그 밖에 정보통신시스템 등에 대한 보안 및 정보의 안전한 관리를 위하여 필요한 사업

[본조신설 2012.8.17.]

[제36조의8에서 이동 2020.12.8.]

제37조(집적정보통신시설사업자의 보호조치)
① 집적정보통신시설사업자가 법 제46조제

1항에 따라 정보통신시설의 안정적 운영을 위한 보호조치는 다음 각 호와 같다. <개정 2009.1.28., 2019.6. 11.>

1. 정보통신시설에 대한 접근 권한이 없는 자의 접근 통제 및 감시를 위한 기술적·관리적 조치

2. 정보통신시설의 지속적·안정적 운영을 확보하고 화재·지진·수해 등의 각종 재해와 테러 등의 각종 위협으로부터 정보통신시설을 보호하기 위한 물리적·기술적 조치

3. 정보통신시설의 안정적 관리를 위한 관리인원 선발·배치 등의 조치

4. 정보통신시설의 안정적 운영을 위한 내부관리계획(비상시 계획을 포함한다)의 수립 및 시행

5. 침해사고의 확산을 차단하기 위한 기술적·관리적 조치의 마련 및 시행

② 과학기술정보통신부장관은 관련 사업자의 의견을 수렴하여 제1항에 따른 보호조치의 구체적인 기준을 정하여 고시한다. <개정 2013.3.23., 2017.7.26.>

③ 과학기술정보통신부장관은 제1항에 따른 보호조치의 이행확인을 하는 과정에서 다른 기관이 수행하는 업무와 관계되는 때에는 해당 기관과 미리 협의하여야 한다. <개정 2013.3.23., 2017.7. 26.>

제38조(보험가입) ① 집적정보통신시설사업자는 법 제46조제2항에 따라 사업 개시와 동시에 책임보험에 가입하여야 한다.

② 제1항에 따라 사업자가 가입해야 하는 책임보험의 최저보험금액은 별표 3과 같다. <개정 2011.8.29., 2019.6. 11., 2020.12.8.>

제39조~제46조 삭제<2012.8.17.>

제47조(정보보호 관리체계 인증의 방법·절차·범위 등) ① 법 제47조제1항 또는 제2항에 따라 정보보호 관리체계의 인증을 받으려는 자는 정보보호 관리체계 인증신청서(전자문서로 된 신청서를 포함한다)에 다음 각 호의 사항에 대한 설명이 포함된 정보보호 관리체계 명세서(전자문서를 포함한다)를 첨부하여 인터넷진흥원, 법 제47조제6항에 따라 지정된 기관(이하 "정보보호 관리체계 인증기관"이라 한다) 또는 법 제47조제7항에 따라 지정된 기관(이하 "정보보호 관리체계 심사기관"이라 한다)에 제출하여야 한다. <개정 2013.3.23., 2016.5.31.>

1. 정보보호 관리체계의 범위

2. 정보보호 관리체계의 범위에 포함되어 있는 주요 정보통신설비의 목록과 시스템 구성도

3. 정보보호 관리체계를 수립·운영하는 방법과 절차

4. 정보보호 관리체계와 관련된 주요 문서의 목록

5. 정보보호 관리체계와 관련된 국내외 품질경영체제의 인증을 취득한 경우에는 그 명세

② 제1항에 따른 신청을 받은 인터넷진흥원, 정보보호 관리체계 인증기관 또는 정보보호 관리체계 심사기관은 법 제47조제6항제1호에 따른 인증심사(이하 "인증심사"라 한다)를 하는 경우 같은 조 제4항에 따라 과학기술정보통신부장관이 정하여 고시하는 정보보호 관리체계 인증을 위한 관리적·기술적·물리적 보호대책을 포함한 인증기준 등(이하 "관리체계인증고시"라 한다)에 따라 신청인과 인증의 범위 및 일정 등에 관한 협의를 하여야 한다. <개정 2013.3.23., 2016.5.31., 2017.7.26.>

③ 인터넷진흥원, 정보보호 관리체계 인증기관 또는 정보보호 관리체계 심사기관은 인증심사를 하는 경우 인증 신청인이 수립한 정보보호 관리체계가 관리체계인증고시에 적합한지 여부를 심사하여야 한다. 이 경우 인증심사는 서면심사 또는 현장심사의 방법으로 실시한다. <개정 2016.5.31.>

④ 인증심사는 제53조제1항제1호에 따른 인증심사원만 수행할 수 있다. <개정 2016.5. 31.>

⑤ 정보보호 관리체계 심사기관은 인증심사의 결과를 인터넷진흥원 또는 정보보호 관리체계 인증기관에 제출하여야 한다.

<신설 2016.5. 31.>

⑥ 인터넷진흥원 또는 정보보호 관리체계 인증기관은 인증심사의 결과를 심의하기 위하여 정보보호에 관한 학식과 경험이 풍부한 자를 위원으로 하는 인증위원회를 설치·운영하여야 한다. <개정 2016.5.31.>

⑦ 인터넷진흥원 또는 정보보호 관리체계 인증기관은 제6항에 따른 인증위원회의 심의 결과 관리체계인증고시에 적합한 때에는 그 인증신청을 한 자에게 정보보호 관리체계 인증서를 발급하여야 한다. <개정 2016.5. 31.>

⑧ 제1항부터 제7항까지에서 규정한 사항 외에 인증신청, 인증심사, 인증위원회의 설치·운영 및 인증서의 발급 등에 필요한 세부사항은 과학기술정보통신부장관이 정하여 고시한다. <개정 2013.3.23., 2016.5.31., 2017.7.26.>

[전문개정 2012.8.17.]

[제50조에서 이동, 종전 제47조는 제53조로 이동 2012.8.17.]

제48조(정보보호 관리체계 인증의 수수료) ①
제47조제1항에 따라 인증을 신청하는 자는 인터넷진흥원, 정보보호 관리체계 인증기관 또는 정보보호 관리체계 심사기관에 수수료를 납부하여야 한다. <개정 2016.5.31.>

② 과학기술정보통신부장관은 인증심사에 투입되는 인증심사원의 수, 인증심사에 필요한 일수 등을 고려하여 정보보호 관리체계 인증 수수료 산정을 위한 구체적인 기준을 정하여 고시한다. <개정 2013.3.23., 2017.7.26.>

[본조신설 2012.8.17.]

[종전 제48조는 제53조의2로 이동 2012.8.17.]

제49조(정보보호 관리체계 인증 대상자의 범위) ①
법 제47조제2항제1호에서 "대통령령으로 정하는 바에 따라 정보통신망서비스를 제공하는 자"란 서울특별시 및 모든 광역시에서 정보통신망서비스를 제공하는 자를 말한다.

② 법 제47조제2항제3호에서 "대통령령으

로 정하는 기준에 해당하는 자"란 다음 각 호의 어느 하나에 해당하는 자를 말한다. <개정 2016.5.31.>

1. 연간 매출액 또는 세입이 1,500억원 이상인 자로서 다음 각 목의 어느 하나에 해당하는 자

　가. 「의료법」 제3조의4에 따른 상급종합병원

　나. 직전연도 12월 31일 기준으로 재학생 수가 1만명 이상인 「고등교육법」 제2조에 따른 학교

2. 정보통신서비스 부문 전년도(법인인 경우에는 전 사업연도를 말한다) 매출액이 100억원 이상인 자. 다만, 「전자금융거래법」 제2조제3호에 따른 금융회사는 제외한다.

3. 전년도 말 기준 직전 3개월간의 일일평균 이용자 수가 100만명 이상인 자. 다만, 「전자금융거래법」 제2조제3호에 따른 금융회사는 제외한다.

[본조신설 2012.8.17.]

[종전 제49조는 제53조의3으로 이동 2012.8.17.]

제51조(인증의 사후관리) ①
법 제47조제8항에 따른 사후관리는 서면심사 또는 현장심사의 방법으로 실시한다. <개정 2016.5.31.>

② 정보보호 관리체계 심사기관은 법 제47조제8항에 따라 사후관리를 실시한 결과 같은 조 제10항 각 호의 사유가 있는 경우에는 인터넷진흥원 또는 정보보호 관리체계 인증기관에 그 사후관리 실시결과를 즉시 제출하여야 한다. <신설 2016.5. 31.>

③ 인터넷진흥원 또는 정보보호 관리체계 인증기관은 다음 각 호의 어느 하나에 해당하는 경우에는 제47조제6항에 따른 인증위원회의 심의를 거쳐 그 결과를 과학기술정보통신부장관에게 통보하여야 한다. <개정 2016. 5.31., 2017.7.26.>

1. 법 제47조제8항에 따른 사후관리를 실시한 결과 같은 조 제10항 각 호의 사유가 있는 경우

2. 제2항에 따라 정보보호 관리체계 심사기관으로부터 그 사후관리 실시결과를

제출받은 경우

[전문개정 2012.8.17.]

[제52조에서 이동, 종전 제51조는 삭제 2012.8.17.]

제52조(인증표시 및 홍보) 법 제47조제1항 및 제2항에 따라 정보보호 관리체계 인증을 받은 자는 같은 조 제9항에 따라 인증받은 내용을 문서·송장·광고 등에 표시·홍보하는 경우 과학기술정보통신부장관이 정하여 고시하는 정보보호 관리체계 인증표시를 사용할 수 있다. 이 경우 인증의 범위와 유효기간을 함께 표시하여야 한다. <개정 2013.3.23., 2016.5.31., 2017.7.26.>

[전문개정 2012.8.17.]

[제53조에서 이동, 종전 제52조는 제51조로 이동 2012.8.17.]

제53조(정보보호 관리체계 인증기관 및 정보보호 관리체계 심사기관의 지정기준<개정 2016.5.31.>) ① 정보보호 관리체계 인증기관 및 정보보호 관리체계 심사기관의 지정기준은 다음 각 호와 같다. <개정 2013.3.23., 2016.5.31., 2017.7.26.>

1. 과학기술정보통신부장관이 정하여 고시하는 자격 요건을 갖춘 자(이하 "인증심사원"이라 한다)를 5명 이상 보유할 것
2. 과학기술정보통신부장관이 실시하는 업무수행 요건·능력 심사에서 적합하다고 인정받을 것

② 과학기술정보통신부장관은 인증심사원의 교육·자격관리에 관한 사항 및 제1항제2호에 따른 업무수행 요건·능력 심사에 관한 세부기준을 정하여 고시한다. <개정 2013.3.23., 2017.7.26.>

[전문개정 2012.8.17.]

[제47조에서 이동, 종전 제53조는 제52조로 이동 2012.8.17.]

제53조의2(정보보호 관리체계 인증기관 및 정보보호 관리체계 심사기관의 지정절차 등 <개정 2016.5.31.>) ① 법 제47조제6항 또는 제7항에 따라 정보보호 관리체계 인증기관 또는 정보보호 관리체계 심사기관으로 지정을 받으려는 자는 정보보호 관리체계 인증기관 지정신청서 또는 정보보호 관리체계 심사기관 지정신청서(전자문서로 된 신청서를 포함한다)에 다음 각 호의 서류(전자문서를 포함한다)를 첨부하여 과학기술정보통신부장관에게 제출하여야 한다. <개정 2012.8.17., 2013.3.23., 2016.5.31., 2017.7.26.>

1. 법인의 정관 또는 단체의 규약
2. 인증심사원의 보유현황과 이를 증명할 수 있는 서류
3. 정보보호 업무를 수행한 경력이나 전문화 정도 등 업무수행 요건·능력 심사를 위하여 필요한 서류로서 과학기술정보통신부장관이 정하여 고시하는 서류

② 제1항에 따른 지정신청을 받은 과학기술정보통신부장관은 신청인이 법인인 경우에는 「전자정부법」 제36조제1항에 따른 행정정보의 공동이용을 통하여 법인 등기사항증명서를 확인하여야 한다. <개정 2010.5.4., 2010.11.2., 2013.3.23., 2017.7.26.>

③ 과학기술정보통신부장관은 제1항에 따른 지정신청을 받은 경우에는 제53조제1항에 따른 지정기준 충족 여부를 심사하여 신청을 받은 날부터 3개월 이내에 그 결과를 신청인에게 통지하고, 정보보호 관리체계 인증기관 또는 정보보호 관리체계 심사기관으로 지정되는 신청인에게 정보보호 관리체계 인증기관 지정서 또는 정보보호 관리체계 심사기관 지정서를 발급하여야 한다. <개정 2012.8.17., 2013.3.23., 2016.5.31., 2017.7.26.>

④ 과학기술정보통신부장관은 제3항에 따라 지정기준의 충족여부를 심사하는 때에는 필요한 범위에서 신청인에게 자료의 제출을 요구하거나 현장실사를 할 수 있다. 이 경우 현장실사를 수행하는 자는 자신의 자격을 증명하는 증표를 신청인에게 내보여야 한다. <개정 2012.8.17., 2013.3.23., 2017.7.26.>

⑤ 삭제<2012.6.25.>

[제48조에서 이동 2012.8.17.]

제53조의3(정보보호 관리체계 인증기관 및 정보보호 관리체계 심사기관 지정의 유효기

간) ① 제53조의2에 따른 정보보호 관리체계 인증기관 및 정보보호 관리체계 심사기관 지정의 유효기간은 3년으로 한다. <개정 2012.8.17., 2016.5.31.>

② 제1항에 따른 유효기간이 끝나기 전 6개월부터 끝나는 날까지 재지정의 신청을 할 수 있다. 이 경우 재지정의 신청에 대한 처리결과를 통지받을 때까지는 그 지정이 계속 유효한 것으로 본다.

③ 제2항에 따른 재지정에 관하여는 제53조, 제53조의2 및 제1항을 준용한다. <개정 2012.8.17.>

[제목개정 2016.5.31.] [제49조에서 이동 2012.8.17.] [제목개정 2016.5.31.] [제49조에서 이동 2016.5.31.]

제53조의4(정보보호 관리체계 인증기관 및 정보보호 관리체계 심사기관의 사후관리

<개정 2016.5.31.>) ① 정보보호 관리체계 인증기관 및 정보보호 관리체계 심사기관은 다음 각 호의 구분에 따른 보고서를 매년 1월 31일까지 과학기술정보통신부장관에게 제출하여야 한다. <개정 2016.5.31., 2017.7.26.>

1. 정보보호 관리체계 인증기관: 전년도 인증실적 보고서

2. 정보보호 관리체계 심사기관: 전년도 인증심사실적 보고서

② 과학기술정보통신부장관은 법 제47조의2제1항 각 호에 해당하는지를 확인하기 위하여 필요한 경우 정보보호 관리체계 인증기관 및 정보보호 관리체계 심사기관에 대하여 자료의 제출을 요구하거나 현장실사를 할 수 있다. <개정 2013.3.23., 2016.5.31., 2017.7.26.>

[본조신설 2012.8.17.]

제54조(지정취소 등의 기준) 법 제47조의2에 따른 지정취소 및 업무정지에 관한 행정처분의 기준은 별표 4와 같다.

제54조의2(침해사고의 예방 및 확산 방지를 위한 조치) ① 정부는 법 제47조의4제1항에 따른 침해사고의 예방 및 확산 방지를 위하여 보안에 관한 취약점을 신고한 자에게 예산의 범위에서 포상금을 지급할 수 있다.

② 제1항에 따른 포상금의 지급 기준 및 절차 등은 별표 4의2와 같다.

[본조신설 2020.12.8.]

제54조의3(침해사고의 예방 및 확산 방지를 위한 조치 업무의 위탁) ① 중앙행정기관의 장은 법 제47조의4제1항에 따른 조치에 관한 업무를 한국인터넷진흥원 또는 이용자의 정보보호와 관련된 전문기관으로서 해당 중앙행정기관의 장이 과학기술정보통신부장관과 협의하여 정하는 기관에 위탁할 수 있다.

② 중앙행정기관의 장은 제1항에 따라 위탁기관을 지정하는 경우에는 위탁받는 기관 및 위탁할 업무의 내용을 고시해야 한다.

[본조신설 2020.12.8.]

제55조(이용자 보호조치의 요청에 관한 약관 사항) 법 제47조의4제3항에 따라 이용자에 대한 보호조치의 요청에 관하여 이용약관으로 정해야 하는 사항은 다음 각 호와 같다. <개정 2012.8.17., 2020.12.8.>

1. 이용자에게 보호조치를 요청할 수 있는 사유 및 요청하는 방법

2. 이용자가 하여야 할 보호조치의 내용

3. 이용자가 보호조치를 이행하지 아니할 경우 정보통신망으로의 접속 제한 기간

4. 이용자의 보호조치 불이행에 대하여 부당한 접속 제한을 한 경우 이용자의 이의제기 및 배상 절차

제55조의2(정보보호 관리등급 부여의 심사기준) ① 법 제47조의5제1항에 따른 정보보호 관리등급 부여의 심사기준은 다음 각 호와 같다.

1. 정보보호 관리체계의 구축 범위 및 운영 기간

2. 정보보호를 위한 전담조직 및 예산

3. 정보보호 관리 활동 및 보호조치 수준

② 제1항에 따른 심사기준별 세부 평가기준 및 평가방법 등에 관하여 필요한 사항은 과학기술정보통신부장관이 정하여 고시한다. <개정 2013.3.23., 2017.7.26.>

[본조신설 2012.8.17.]

제55조의3(정보보호 관리등급 부여의 방법 및 절차)

① 법 제47조의5제1항에 따라 정보보호 관리등급을 부여받으려는 자는 정보보호 관리등급 신청서(전자문서로 된 신청서를 포함한다)에 정보보호 관리체계 인증서 사본을 첨부하여 인터넷진흥원에 제출하여야 한다.

② 정보보호 관리등급 부여를 위한 심사는 서면심사 또는 현장심사의 방법으로 실시한다.

③ 제2항에 따른 심사는 인증심사원만 수행할 수 있다.

④ 인터넷진흥원은 제2항에 따른 심사 결과가 제55조의2에 따른 심사기준에 적합한 때에는 그 관리등급 부여를 신청한 자에게 정보보호 관리등급 증명서를 발급하여야 한다.

⑤ 제1항부터 제4항까지에서 규정한 사항 외에 정보보호 관리등급 부여의 신청·심사 및 정보보호 관리등급 증명서의 발급 등에 필요한 세부사항은 과학기술정보통신부장관이 정하여 고시한다. <개정 2013.3.23., 2017.7.26.>

[본조신설 2012.8.17.]

제55조의4(정보보호 관리등급 부여의 수수료 등)

정보보호 관리등급 부여의 수수료, 등급표시 및 홍보에 관하여는 제48조 및 제52조를 준용한다.

[본조신설 2012.8.17.]

제55조의5(정보보호 관리등급의 유효기간)

제55조의3에 따른 정보보호 관리등급의 유효기간은 1년으로 한다.

[본조신설 2012.8.17.]

제56조(침해사고 대응조치)

법 제48조의2제1항제4호에서 "그 밖에 대통령령으로 정한 침해사고 대응조치"란 다음 각 호의 조치를 말한다. <개정 2009.1.28., 2020.12.8.>

1. 주요정보통신서비스 제공자 및 법 제46조제1항에 따른 타인의 정보통신서비스 제공을 위하여 집적된 정보통신시설을 운영·관리하는 사업자에 대한 접속경로(침해사고 확산에 이용되고 있거나 이용될 가능성이 있는 접속경로만 해당한다)의 차단 요청

2. 「소프트웨어 진흥법」 제2조제4호에 따른 소프트웨어사업자 중 침해사고와 관련이 있는 소프트웨어를 제작 또는 배포한 자에 대한 해당 소프트웨어의 보안상 취약점을 수정·보완한 프로그램(이하 "보안취약점보완프로그램"이라 한다)의 제작·배포 요청 및 정보통신서비스 제공자에 대한 보안취약점보완프로그램의 정보통신망 게재 요청

3. 언론기관 및 정보통신서비스 제공자에 대한 법 제48조의2제1항제2호에 따른 침해사고 예보·경보의 전파

4. 국가 정보통신망 안전에 필요한 경우 관계 기관의 장에 대한 침해사고 관련정보의 제공

제57조(침해사고 관련정보 제공자)

법 제48조의2제2항제3호에서 "정보통신망을 운영하는 자로서 대통령령으로 정하는 자"란 정보통신망을 운영하는 자 중 다음 각 호의 어느 하나에 해당하는 자를 말한다. <개정 2008.3.28., 2009.1.28., 2010.10.1., 2011.8.29., 2013.3.23., 2017.7.26.>

1. 「정보통신기반 보호법」 제6조 및 제10조에 따라 과학기술정보통신부장관이 수립 및 제정하는 주요정보통신기반시설보호계획 및 보호지침의 적용을 받는 기관

2. 정보통신서비스 제공자의 정보통신망운영현황을 주기적으로 관찰하고 침해사고 관련정보를 제공하는 서비스를 제공하는 자

3. 인터넷진흥원으로부터 「인터넷주소자원에 관한 법률」 제2조제1호가목에 따른 인터넷 프로토콜 주소를 할당받아 독자적으로 정보통신망을 운영하는 민간사업자 중 과학기술정보통신부장관이 정하여 고시하는 자

4. 정보보호산업에 종사하는 자 중 컴퓨터

바이러스 백신소프트웨어 제조자

제58조(침해사고 관련정보의 제공방법) 법 제
48조의2제2항에 따라 침해사고 관련정보를 제공하는 자는 다음 각 호의 방법에 따라 침해사고 관련정보를 제공하여야 한다. <개정 2013.3.23., 2017.7.26.>
1. 과학기술정보통신부장관이 정보통신망의 특성, 침해사고 동향 등을 고려하여 정하는 제공방식에 적합할 것
2. 침해사고 관련정보의 훼손·멸실 및 변경 등을 방지할 수 있는 조치를 취할 것
3. 필요할 때에는 과학기술정보통신부장관이 정하는 암호기술을 적용할 것
4. 그 밖에 과학기술정보통신부장관이 정하여 고시하는 방법 및 절차에 적합할 것

제59조(민·관 합동조사단의 구성 등) ① 과
학기술정보통신부장관이 법 제48조의4제2항에 따라 민·관 합동조사단(이하 "조사단"이라 한다)을 구성할 때에는 다음 각 호의 자로 조사단을 구성하여야 한다. <개정 2010. 10.1., 2013.3.23., 2017.7.26.>
1. 침해사고를 담당하는 공무원
2. 침해사고에 관한 전문지식과 경험이 있는 자
3. 인터넷진흥원의 직원
4. 그 밖에 침해사고의 원인 분석에 필요하다고 인정되는 자
② 제1항에 따른 조사단의 구성은 침해사고의 규모 및 유형에 따라 조정할 수 있다.

제60조(조사단의 사업장 출입) ① 조사단이
법 제48조의4제4항에 따라 관계인의 사업장에 출입하는 때에는 그 권한을 나타내는 증표를 관계인에게 내보여야 한다.
② 제1항에 따른 증표는 별표 5와 같다.

제60조의2(정보통신망연결기기 등 관련 침해
사고 대응 관련 전문기관) 법 제48조의5제4항 각 호 외의 부분에서 "대통령령으로 정하는 전문기관"이란 다음 각 호의 기관을 말한다.
1. 인터넷진흥원

2. 정보통신망연결기기등과 관련된 침해사고의 대응에 전문성이 있는 기관으로서 과학기술정보통신부장관과 관계 중앙행정기관의 장이 협의하여 정하는 기관

[본조신설 2020.12.8.]

제60조의3(정보보호인증의 절차 등) ① 법 제
48조의6제1항에 따른 정보보호인증(이하 "정보보호인증"이라 한다)을 받으려는 자는 과학기술정보통신부령으로 정하는 정보보호인증 신청서에 다음 각 호의 서류를 첨부하여 과학기술정보통신부장관에게 제출하고 정보보호인증 대상 정보통신망연결기기등을 제시해야 한다.
1. 법 제48조의6제2항에 따른 인증기준(이하 "정보보호인증기준"이라 한다)을 갖추었음을 증명하는 서류
2. 정보보호인증 대상 정보통신망연결기기등의 사용자 설명서
3. 그 밖에 정보보호인증에 필요한 서류로서 과학기술정보통신부령으로 정하는 서류
② 제1항에 따라 정보보호인증의 신청을 받은 과학기술정보통신부장관은 법 제48조의6제4항에 따라 지정된 인증시험대행기관(이하 "인증시험대행기관"이라 한다)에 같은 조 제2항에 따른 인증기준에 적합한지를 확인하는 시험(이하 "정보보호인증시험"이라 한다)을 의뢰해야 한다.
③ 인증시험대행기관은 정보보호인증시험을 실시하기 위하여 필요한 경우 해당 정보통신망연결기기등이 설치된 현장에서 시험을 실시할 수 있다.
④ 인증시험대행기관은 정보보호인증시험의 결과보고서를 과학기술정보통신부장관에게 제출해야 한다.
⑤ 과학기술정보통신부장관은 제4항에 따라 제출받은 정보보호인증시험의 결과보고서를 검토하여 정보보호인증을 신청한 정보통신망연결기기등이 정보보호인증기준에 적합한 경우에는 제1항에 따라 정보보호인증을 신청한 자에게 과학기술정보통신

부령으로 정하는 정보보호인증서를 발급하고, 그 사실을 인터넷 홈페이지에 공고해야 한다.

⑥ 법 제48조의6제3항에 따라 정보보호인증을 취소한 과학기술정보통신부장관은 그 사실을 당사자에게 통보하고, 인터넷 홈페이지에 공고해야 한다.

[본조신설 2020.12.8.]

제60조의4(정보보호인증의 유효기간 등) ① 정보보호인증의 유효기간은 3년으로 하되, 2년의 범위에서 한 차례만 그 기간을 연장할 수 있다.

② 제1항에 따라 정보보호인증의 유효기간을 연장하려는 자는 과학기술정보통신부령으로 정하는 바에 따라 정보보호인증의 유효기간이 만료되기 6개월 전까지 과학기술정보통신부장관에게 정보보호인증의 유효기간 연장 신청을 해야 한다.

③ 제2항에 따른 유효기간 연장 신청을 받은 과학기술정보통신부장관은 정보보호인증을 받은 정보통신망연결기기등의 성질·형상의 동일성이 인정되는 경우에 한정하여 그 기간을 연장할 수 있다.

④ 제3항에 따라 유효기간을 연장한 과학기술정보통신부장관은 유효기간의 연장을 신청한 자에게 연장된 유효기간을 반영하여 과학기술정보통신부령으로 정하는 정보보호인증서를 발급하고, 그 사실을 인터넷 홈페이지에 공고해야 한다.

[본조신설 2020.12.8.]

제60조의5(정보보호인증의 수수료) ① 정보보호인증을 신청하려는 자는 수수료를 납부해야 한다.

② 제1항에 따른 수수료의 산정기준은 과학기술정보통신부장관이 정하여 고시한다.

[본조신설 2020.12.8.]

제60조의6(정보보호인증의 사후관리) ① 과학기술정보통신부장관은 정보보호인증을 받은 정보통신망연결기기등에서 취약점이 발견되어 정보보호인증기준에 미달하게 된 경우 해당 정보보호인증을 받은 자에게 기간을 정하여 그 취약점을 보완할 것을 요청할 수 있다.

② 제1항에 따른 취약점의 보완 요청에 관한 세부 사항은 과학기술정보통신부장관이 정하여 고시한다.

[본조신설 2020.12.8.]

제60조의7(인증시험대행기관의 지정기준 등) ① 법 제48조의6제4항에서 "대통령령으로 정하는 지정기준을 충족하는 기관"이란 다음 각 호의 기준을 모두 충족하는 기관을 말한다.

1. 정보보호인증시험에 관한 사항을 업무로 하는 법인일 것
2. 정보보호인증시험 업무를 담당하는 기술 능력이 있는 인력(상시근무 인력 2명을 포함한다)과 전담 조직을 갖출 것
3. 정보보호인증시험 업무를 수행할 설비와 시험공간 등 시험환경을 갖출 것
4. 정보보호인증시험 업무를 수행할 수 있는 운영 능력을 갖출 것

② 인증시험대행기관의 지정을 받으려는 자는 제1항에 따른 지정기준을 충족하였음을 증명하는 서류를 첨부하여 과학기술정보통신부장관에게 인증시험대행기관의 지정을 신청해야 한다.

③ 제2항에 따른 신청을 받은 과학기술정보통신부장관은 제1항에 따른 지정기준을 충족하였는지를 심사하여 인증시험대행기관으로 지정할 수 있다.

④ 제3항에 따라 인증시험대행기관을 지정한 과학기술정보통신부장관은 과학기술정보통신부령으로 정하는 지정서를 신청인에게 발급하고, 관보 및 인터넷 홈페이지에 공고해야 한다.

⑤ 제3항에 따른 지정의 유효기간은 3년 이내의 범위에서 과학기술정보통신부장관이 정하며, 유효기간이 만료된 후 계속 인증시험대행기관의 업무를 수행하려면 유효기간이 끝나기 6개월 전부터 유효기간 만료일 전까지 재지정을 신청해야 한다.

⑥ 제5항에 따른 재지정 신청에 대한 심사 결과를 통지받을 때까지 그 지정은 유효한 것으로 본다.

⑦ 제1항부터 제6항까지의 규정에 따른 인증시험대행기관의 지정기준, 지정절차 및 재지정 등에 관한 세부 사항은 과학기술정보통신부장관이 정하여 고시한다.

[본조신설 2020.12.8.]

제60조의8(인증시험대행기관의 사후관리 및 지정취소) ① 인증시험대행기관은 전년도 인증시험실적을 과학기술정보통신부령으로 정하는 보고서에 기재하여 매년 1월 31일까지 과학기술정보통신부장관에게 제출해야 한다.

② 과학기술정보통신부장관은 법 제48조의6제4항에 따른 지정기준을 충족하는지 또는 같은 조 제5항 각 호의 지정취소 사유에 해당하는지를 확인하기 위하여 인증시험대행기관에 자료 제출을 요청하거나 현장을 방문할 수 있다.

③ 법 제48조의6제5항에 따라 인증시험대행기관의 지정을 취소한 과학기술정보통신부장관은 그 사실을 해당 기관에 통보하고, 관보 및 인터넷 홈페이지에 공고해야 한다.

[본조신설 2020.12.8.]

제60조의9(정보보호인증에 관한 업무 등의 위탁) 과학기술정보통신부장관은 법 제48조의6제6항에 따라 다음 각 호의 업무를 인터넷진흥원에 위탁한다.

1. 제60조의3제1항, 제2항 및 제4항부터 제6항까지의 규정에 따른 정보보호인증 신청서의 접수, 정보보호인증시험의 실시 의뢰, 정보보호인증시험 결과보고서의 접수, 정보보호인증서 발급, 정보보호인증 및 정보보호인증 취소의 공고

2. 제60조의4제2항 및 제4항에 따른 정보보호인증 유효기간 연장 신청의 접수, 정보보호인증서 발급 및 정보보호인증의 공고

3. 제60조의6에 따른 정보보호인증의 취약점 보완 검토 및 취약점 보완요청서 발송

지원

[본조신설 2020.12.8.]

제61조(영리목적의 광고성 정보 전송기준) ① 법 제50조제1항제1호에서 "대통령령으로 정한 기간"이란 해당 재화등의 거래가 종료된 날부터 6개월을 말한다. <개정 2014.11.28.>

② 법 제50조제3항 단서에서 "대통령령으로 정하는 매체"란 전자우편을 말한다. <신설 2014.11.28.>

③ 법 제50조제4항에 따라 전자적 전송매체를 이용하여 영리목적의 광고성 정보를 전송하는 자가 해당 정보에 명시하여야 할 사항과 그 방법은 별표 6과 같다. <개정 2014.11.28.>

제62조(수신거부 또는 수신동의 철회용 무료 전화서비스 등의 제공) 법 제50조제6항에 따라 전자적 전송매체를 이용하여 영리목적의 광고성 정보를 전송하는 자는 별표 6에서 정하는 바에 따라 수신거부 및 수신동의 철회용 무료전화서비스 등을 해당 정보에 명시하여 수신자에게 이를 제공하여야 한다. <개정 2011.3.29., 2014. 11.28.>

제62조의2(수신동의 등 처리 결과의 통지) 법 제50조제7항에 따라 전자적 전송매체를 이용하여 영리목적의 광고성 정보를 전송하려는 자는 수신자가 수신동의, 수신거부 또는 수신동의 철회 의사를 표시한 날부터 14일 이내에 다음 각 호의 사항을 해당 수신자에게 알려야 한다.

1. 전송자의 명칭

2. 수신자의 수신동의, 수신거부 또는 수신동의 철회 사실과 해당 의사를 표시한 날짜

3. 처리 결과

[본조신설 2014.11.28.]

제62조의3(수신동의 여부의 확인) ① 법 제50조제1항 또는 제3항에 따라 수신자의 사전 동의를 받은 자는 같은 조 제8항에 따라 그 수신동의를 받은 날부터 2년마다(매 2년이 되는 해의 수신동의를 받은 날과 같

은 날 전까지를 말한다) 해당 수신자의 수신동의 여부를 확인하여야 한다.
② 제1항에 따라 수신동의 여부를 확인하려는 자는 수신자에게 다음 각 호의 사항을 밝혀야 한다.
1. 전송자의 명칭
2. 수신자의 수신동의 사실과 수신에 동의한 날짜
3. 수신동의에 대한 유지 또는 철회의 의사를 표시하는 방법
[본조신설 2014.11.28.]

제63조(영리목적의 광고성 프로그램 등의 설치 제한 장치) 법 제50조의5 전단에서 "대통령령으로 정하는 정보처리장치"란 휴대인터넷·휴대전화 등과 같이 정보통신망에 연결되어 정보를 송수신 할 수 있는 정보처리장치를 말한다. <개정 2011. 8.29.>

제64조(영리목적의 광고성 정보전송차단 소프트웨어 등 개발 지원) ① 방송통신위원회는 법 제50조의6에 따라 법 제50조를 위반하여 전송되는 영리목적의 광고성 정보를 편리하게 차단하거나 신고할 수 있는 소프트웨어나 컴퓨터프로그램(이하 "광고차단·신고 소프트웨어등"이라 한다)을 개발·보급하는 공공기관·법인·단체 등에 대하여 예산의 범위에서 해당 사업비의 전부 또는 일부를 지원할 수 있다.
② 방송통신위원회는 정보통신서비스 제공자 및 이용자에게 제1항에 따라 개발된 광고차단·신고 소프트웨어등을 사용하도록 권고할 수 있다. <개정 2009.1.28., 2020.8.4.>

제65조(인터넷진흥원의 운영 등 <개정 2010.10.1.>) ① 과학기술정보통신부장관, 행정안전부장관, 방송통신위원회 또는 개인정보보호위원회는 법 제52조제3항 각 호에 따른 인터넷진흥원의 업무와 관련 있는 공무원의 파견근무를 관계 기관의 장에게 요청할 수 있다. <개정 2010.10.1., 2013.3.23., 2014.11.19., 2017.7.26., 2020.8.4.>
② 제1항에 따라 공무원을 파견한 관계 기관의 장이 파견된 자에 대하여 파견근무기간 중 복귀시켜야 할 경우에는 미리 파견을 요청한 기관의 장과 협의하여야 한다.
③ 인터넷진흥원의 장은 과학기술정보통신부장관, 행정안전부장관 또는 방송통신위원회의 승인을 받아 법 제52조제3항제4호에 따른 업무 중 일부를 정보통신 관련 연구기관이 수행하도록 할 수 있다. <개정 2010. 10.1., 2013.3.23., 2014.11.19., 2017.7.26.>
④ 인터넷진흥원의 장은 법 제52조제3항에 따른 업무를 수행할 때 해당 업무가 공공기관의 정보보호와 관련되는 경우에는 관계기관의 장의 승인을 받아야 한다. <개정 2010.10.1.>
⑤ 인터넷진흥원은 법 제52조제3항제10호 및 제21호의 광고성 정보 전송에 관한 사업을 추진하기 위하여 다음 각 호의 업무를 수행한다. <신설 2020.8.4.>
1. 광고성 정보 전송 관련 고충처리 및 상담
2. 광고성 정보 전송과 관련된 법 제64조제10항에 따른 기술적 자문 및 그 밖에 필요한 지원
3. 광고성 정보의 불법적 전송 방지 관련 대책 연구
4. 광고성 정보의 불법적 전송 방지를 위한 교육 및 홍보
5. 제1호부터 제4호까지의 규정에 따른 업무와 관련되는 업무
⑥ 방송통신위원회는 광고성 정보 전송과 관련하여 법 제64조제1항 및 제3항에 따른 정보통신서비스 제공자에 대한 관계 물품·서류 등의 제출 요구 및 검사업무를 효율적으로 수행하기 위하여 필요한 경우에는「국가공무원법」제32조의4에 따라 소속 공무원을 인터넷진흥원에 파견할 수 있다. <신설 2020.8.4.>

제66조 삭제<2020.8.4.>

제6장의2 통신과금서비스 <신설 2008.3.28.>

제66조의2(등록요건) ① 법 제53조에 따라 통신과금서비스제공자로 등록하려는 자는

다음 각 호의 요건을 모두 갖추어야 한다. <개정 2013.3.23., 2017.7.26.>

1. 자기자본, 출자총액 또는 기본재산에 대한 부채총액의 비율이 100분의 200 이내의 범위에서 과학기술정보통신부장관이 정하여 고시하는 비율 이하일 것. 이 경우 대주주가「독점규제 및 공정거래에 관한 법률」제2조제2호에 따른 기업집단(같은 법 시행령 제17조제1항제1호 및 제2호에 해당하는 기업집단은 제외한다)에 속하는 회사이면 그 기업집단을 기준으로 계산하되, 그 기업집단에 속하는 회사 중 금융업 또는 보험업을 영위하는 회사는 제외하고 계산한다.

2. 업무를 수행할 수 있는 다음 각 목의 인력과 물적 설비를 모두 갖출 것
   가. 전산업무 종사경력이 2년 이상인 5명 이상의 임직원
   나. 통신과금서비스를 원활하게 제공하는 데 필요한 전산설비와 각종 컴퓨터프로그램
   다. 법 제57조제2항에 따른 정보보호시스템

3. 자본금, 출자총액 또는 기본재산이 제2항에 따른 금액 이상일 것

② 법 제53조제2항에서 "대통령령으로 정하는 금액"이란 10억원을 말한다.

[본조신설 2008.3.28.]

제66조의3(등록절차) ① 법 제53조에 따라 통신과금서비스제공자로 등록하려는 자는 다음 각 호의 사항이 포함된 등록신청서를 과학기술정보통신부장관에게 제출하여야 한다. <개정 2013.3. 23., 2017.7.26.>

1. 상호 및 주된 사무소의 소재지
2. 대표자의 성명
3. 자본금, 출자총액 또는 기본재산
4. 출자자(과학기술정보통신부장관이 정하여 고시하는 소액출자자는 제외한다)의 성명 또는 명칭과 그 지분율

② 제1항의 등록신청서에는 다음 각 호의 서류를 첨부하여야 한다.

1. 정관
2. 제66조의2에 따른 등록요건을 갖추었음을 증명할 수 있는 서류
3. 업무개시 후 3년간의 사업계획서(추정 재무제표와 예상수지계산서를 포함한다)
4. 통신과금서비스이용자보호계획서(제66조의7부터 제66조의9까지의 사항을 포함하여야 한다)

③ 제1항에 따라 등록신청서를 제출받은 과학기술정보통신부장관은「전자정부법」제36조제1항에 따른 행정정보의 공동이용을 통하여 법인 등기사항증명서를 확인하여야 한다. <개정 2010. 5.4., 2010.11.2, 2013.3.23., 2017.7.26.>

④ 과학기술정보통신부장관은 제1항 및 제2항에 따라 제출받은 서류에 흠결이 있으면 신청인에게 서류를 제출받은 날부터 10일 이내에 보완하여 제출할 것을 요청할 수 있다. <개정 2013.3.23., 2017.7.26.>

⑤ 과학기술정보통신부장관은 통신과금서비스제공자의 등록을 한 때에는 그 내용을 관보에 공고하고 인터넷 등을 통하여 일반인에게 알려야 한다. <개정 2013.3.23., 2017.7.26.>

[본조신설 2008.3.28.]

제66조의4(등록의 결격사유) 법 제54조제1호에서 "대통령령으로 정하는 출자자"란 다음 각 호의 어느 하나에 해당하는 자를 말한다. <개정 2008.7.29., 2017.9.5.>

1. 해당 법인의 의결권 있는 발행주식 또는 출자지분(이하 이 조에서 "주식등"이라 한다)을 기준으로 본인과「금융회사의 지배구조에 관한 법률 시행령」제3조제1항 각 호의 어느 하나에 해당하는 특수관계인이 누구의 명의로 하든지 자기의 계산으로 소유하는 주식등을 합하여 그 수가 가장 많은 경우의 그 본인

2. 누구의 명의로 하든지 자기의 계산으로 해당 법인의 주식등의 100분의 10 이상을 소유하는 자 또는 임원의 임면 등의 방법으로 그 법인의 주요 경영사항에 대

하여 사실상의 영향력을 행사하는 주주
로서「금융회사의 지배구조에 관한 법률
시행령」제3조제1항 각 호의 어느 하나에
해당하는 특수관계인

[본조신설 2008.3.28.]

제66조의5(행정처분) ① 삭제 <2015.12.22>
② 과학기술정보통신부장관은 법 제55조에
따라 통신과금서비스제공자의 등록을 취소
하려는 경우에는 청문을 실시하여야 한다.
<개정 2013.3.23., 2017.7.26.>
③ 과학기술정보통신부장관은 법 제55조에
따라 통신과금서비스제공자의 등록을 취소
한 경우에는 그 내용을 관보에 공고하고
인터넷 등을 통하여 일반인에게 알려야 한
다. <개정 2013.3.23., 2017.7.26.>

[본조신설 2008.3.28.]

**제66조의6(통신과금서비스의 안정성 · 신뢰성
확보를 위한 필요 조치)** 통신과금서비스를
통한 거래의 안정성과 신뢰성을 확보하기
위하여 통신과금서비스제공자가 법 제57조
제2항에 따라 하여야 하는 관리적 조치와
기술적 조치는 별표 7과 같다.

[본조신설 2008.3.28.]

**제66조의7(거래기록의 보존기간 및 약관 변
경 방법)**<개정 2014.11.28.> ① 통신과금서비
스제공자는 법 제58조제4항 및 제7항에 따
라 다음 각 호의 사항에 관한 기록을 해당
거래를 한 날부터 1년간 보존하여야 한다.
다만, 건당 거래 금액이 1만원을 초과하는
거래인 경우에는 5년간 보존하여야 한다.
<개정 2011.8.29., 2013.3.23., 2014.11.28., 2017.7.26.,
2018.12. 11.>
1. 통신과금서비스를 이용한 거래의 종류
2. 거래금액
3. 통신과금서비스를 통한 구매·이용의
   거래 상대방(통신과금서비스를 이용하여
   그 대가를 받고 재화 또는 용역을 판매·
   제공하는 자를 말한다. 이하 "거래 상대
   방"이라 한다)
4. 거래일시
5. 대금을 청구·징수하는 전기통신역무의

가입자번호
6. 해당 거래와 관련한 전기통신역무의 접
   속에 관한 사항
7. 거래의 신청 및 조건의 변경에 관한 사항
8. 거래의 승인에 관한 사항
9. 그 밖에 과학기술정보통신부장관이 정
   하여 고시하는 사항
② 제1항에 따른 거래기록은 서면, 마이크
로필름, 디스크, 자기테이프, 그 밖의 전산
정보처리조직에 의하여 보존하여야 한다.
다만, 디스크, 자기테이프, 그 밖의 전산정
보처리조직에 의하여 보존하는 경우에는「
전자문서 및 전자거래 기본법」제5조제1항
각 호의 요건을 모두 갖추어야 한다. <개정
2012.8.31.>
③ 통신과금서비스제공자(법 제2조제1항제
10호가목의 업무를 제공하는 자로 한정한
다)는 법 제58조제6항에 따라 약관을 변경
하는 때에는 전자우편·서면·팩스·전화
또는 이와 유사한 방법 중 어느 하나의 방
법으로 통신과금서비스이용자에게 통지해
야 한다. <신설 2014.11.28., 2021.1.5.>
④ 통신과금서비스이용자는 변경되는 약관
에 대하여 제3항에 따른 통지를 받은 날부
터 변경되는 약관의 시행일 전의 영업일까
지 이의를 제기할 수 있다. <신설 2014.
11.28.>

[본조신설 2008.3.28.]

[제66조의8에서 이동 2018.12.11.]

**제66조의8(구매자정보 제공 요청의 내용 및
절차 등)** ① 통신과금서비스이용자는 법
제58조의2제1항 전단에 따라 거래 상대방
에게 재화 또는 용역을 구매·이용한 자의
이름과 생년월일에 대한 정보(이하 "구매
자정보"라 한다)의 제공을 요청하는 경우
다음 각 호의 사항을 기재한 구매자정보
제공 요청서(전자문서를 포함한다)를 제출
하여야 한다.
1. 통신과금서비스이용자의 인적사항: 이
   름, 생년월일 및 연락처(전화번호·전자
   우편주소 등을 말한다)
2. 요청대상 결제내역: 결제에 사용된 전화

번호, 결제일시 및 금액

3. 개별 재화 또는 용역별로 구분 기재된 구매자정보를 요청한다는 내용

② 법 제59조제2항에 따라 분쟁 조정 및 해결 등을 시행하는 기관 또는 단체가 구매자정보 제공 요청을 대행하는 경우에는 제1항의 요청서에 해당 통신과금서비스이용자가 제공 요청 대행에 동의하였음을 확인할 수 있는 서류(전자문서를 포함한다)를 첨부하여야 한다.

[본조신설 2018.12.11.]

[종전 제66조의8은 제66조의7로 이동 2018.12.11.]

제66조의9(이의신청 및 권리구제를 위한 절차) ① 통신과금서비스제공자는 법 제59조제3항에 따른 이의신청 및 권리구제를 위하여 통신과금서비스이용자 보호책임자 및 담당자를 지정하고, 그 연락처(전화번호, 팩스번호, 전자우편주소 등을 말한다)를 인터넷 등을 통하여 통신과금서비스이용자에게 알려야 한다. <개정 2018.12.11., 2021.1.5.>

② 통신과금서비스이용자는 서면(전자문서를 포함한다), 전화, 팩스 등을 통하여 통신과금서비스제공자에게 통신과금서비스와 관련된 이의신청을 할 수 있다. <개정 2021.1.5.>

③ 통신과금서비스제공자는 제2항에 따른 이의신청을 받은 날부터 2주일 이내에 그 조사 또는 처리 결과를 통신과금서비스이용자에게 알려야 한다.

[본조신설 2008.3.28.]

제6장의3 국제협력 <신설 2008.3.28.>

제67조 삭제<2020.8.4.>

제7장 보 칙

제68조(자료제출 등) 법 제64조제1항제3호에서 "이용자 보호를 위하여 필요한 경우로서 대통령령으로 정하는 경우"란 다음 각 호의 어느 하나에 해당하는 경우를 말한다. <개정 2008.3.28., 2011. 8.29.>

1. 법 제41조제1항 각 호의 청소년보호를 위한 시책의 마련을 위하여 필요한 경우

2. 법 제42조의3제3항의 청소년보호책임자의 청소년보호업무 수행 여부를 확인하기 위하여 필요한 경우

3. 삭제<2012.8.17.>

제68조의2(시정조치의 명령의 공표방법 등) ① 과학기술정보통신부장관 또는 방송통신위원회는 법 제64조제4항에 따라 정보통신서비스 제공자에게 시정조치의 명령을 받은 사실의 공표를 명하는 때에는 다음 각 호의 사항을 고려하여 공표의 내용·횟수·매체 및 지면의 크기 등을 정하여 이를 명하여야 한다. <개정 2011.9.29., 2013.3.23., 2017.7.26., 2020.8.4.>

1. 위반행위의 내용 및 정도

2. 위반행위의 기간 및 횟수

② 과학기술정보통신부장관 또는 방송통신위원회는 제1항에 따라 시정조치의 명령을 받은 사실의 공표를 명할 때에는 해당 정보통신서비스 제공자와 공표 문안 등에 관하여 협의할 수 있다. <개정 2011.9.29., 2013.3.23., 2017.7.26., 2020.8.4.>

[본조신설 2009.1.28.]

제69조(시정명령의 공개) ① 법 제64조에 따른 시정조치를 명한 사실의 공개는 다음 각 호의 어느 하나에 해당하는 경우에 할 수 있다. 이 경우 과학기술정보통신부장관 또는 방송통신위원회는 해당 정보통신서비스 제공자에게 그 사실을 미리 알려야 한다. <개정 2008.3.28., 2009.1.28., 2011.9.29., 2013.3.23., 2017.7.26., 2020.8.4.>

1. 법 제71조부터 제74조까지의 규정에 해당하는 행위로 시정명령을 받은 경우

2. 연 2회 이상 시정명령을 받은 경우

② 제1항에 따른 시정명령의 공개는 인터넷 홈페이지 또는 「신문 등의 진흥에 관한 법률」에 따라 전국을 보급지역으로 하는 일반일간신문 등에 게재하는 방법으로 한다. <개정 2010.1.27.>

제69조의2(투명성 보고서 제출의무자의 범

위) 법 제64조의5제1항 각 호 외의 부분에서 "대통령령으로 정하는 기준에 해당하는 자"란 불법촬영물등 유통방지 책임자 지정 의무자를 말한다.

[본조신설 2020.12.8.]

제69조의3 삭제<2020.8.4.>

제69조의4 삭제<2020.8.4.>

제70조(권한의 위임·위탁) ① 과학기술정보통신부장관은 법 제65조제1항에 따라 다음 각 호에 해당하는 자에 대한 법 제76조에 따른 과태료 부과·징수의 권한을 중앙전파관리소장에게 위임한다. <개정 2008.3.28., 2008.7.3., 2010.10.1., 2013.3.23., 2014.11.28., 2017.7.26., 2018.9.28., 2019.6.11., 2019.6.25.>

1. 「전기통신사업법 시행령」제22조제2항제2호에 따른 회선설비 미보유사업자
2. 법 제45조의3제1항에 따라 정보보호 최고책임자를 지정하고 신고하여야 하는 자
3. 법 제53조제1항에 따라 통신과금서비스 제공자로 등록을 한 자

② 과학기술정보통신부장관은 법 제65조제1항에 따라 다음 각 호의 권한을 중앙전파관리소장에게 위임한다. <신설 2020.8.4.>

1. 법 제45조의3에 따른 정보보호 최고책임자 지정의 신고
2. 법 제53조제1항에 따른 통신과금서비스 제공자 등록
3. 법 제53조제4항에 따른 통신과금서비스 제공자의 변경등록, 사업의 양도·양수 또는 합병·상속, 사업의 승계 및 사업의 휴지·폐지·해산의 신고
4. 법 제55조제1항에 따른 통신과금서비스 제공자에 대한 등록취소
5. 법 제56조제1항에 따른 통신과금서비스에 관한 약관의 신고(변경신고를 포함한다)
6. 법 제56조제2항에 따른 통신과금서비스 제공자에 대한 약관변경의 권고
7. 법 제61조에 따른 통신과금서비스 제공 거부, 정지 또는 제한의 명령
8. 법 제53조부터 제61조까지의 규정을 위반한 사실을 확인하기 위한 법 제64조제1항

및 제3항에 따른 자료제출 요구와 검사
9. 법 제53조제1항에 따라 통신과금서비스 제공자로 등록을 한 자에 대한 법 제64조제4항에 따른 시정조치의 명령

③ 방송통신위원회는 법 제65조제1항에 따라 다음 각 호의 권한을 방송통신사무소 소장에게 위임한다. <신설 2020.8.4.>

1. 법 제50조, 제50조의3제1항, 제50조의4, 제50조의5, 제50조의7 및 제50조의8의 규정을 위반한 자에 대한 법 제64조제4항에 따른 시정조치의 명령 및 공표명령
2. 법 제50조, 제50조의4제4항, 제50조의5 및 제50조의7제1항·제2항의 규정을 위반한 자에 대한 법 제76조에 따른 과태료 부과·징수

④ 방송통신위원회는 법 제65조제3항에 따라 다음 각 호의 업무를 인터넷진흥원의 장에게 위탁한다. <개정 2008.3.28., 2010.10.1., 2011.9.29., 2012.8.17., 2014.11.28., 2020.8.4.>

1. 법 제22조의2, 제23조의2 및 제23조의3의 규정을 위반하거나 법 제23조의4제1항 각 호의 어느 하나에 해당한 사실을 확인하기 위한 법 제64조제1항 및 제3항에 따른 자료제출 요구 및 검사에 관한 업무(이용자 보호와 관련하여 인터넷진흥원에 접수된 고충처리 및 상담사항으로 한정한다)
2. 법 제50조, 제50조의3부터 제50조의5까지, 제50조의7 및 제50조의8을 위반한 사실을 확인하기 위한 법 제64조제1항부터 제3항까지의 규정에 따른 자료제출 요구 및 검사에 관한 업무(광고성 정보 전송행위와 관련하여 인터넷진흥원에 접수된 고충처리 및 상담사항만 해당한다)

⑤ 삭제<2020.8.4.>

제70조의2(고유식별정보의 처리) 과학기술정보통신부장관 또는 방송통신위원회(제70조에 따라 방송통신위원회의 권한을 위탁받은 자를 포함한다)는 법 제64조제1항부터 제3항까지의 규정에 따른 자료 등의 제출 요구, 열람, 검사 등에 관한 사무를 수행하기 위하여 불가피한 경우 「개인정보 보호법

시행령」제19조제1호 또는 제4호에 따른 주민등록번호 또는 외국인등록번호가 포함된 자료를 처리할 수 있다. <개정 2017.7.26., 2020.8.4.>

1. 삭제<2020.8.4.>
2. 삭제<2020.8.4.>
[본조신설 2014.8.6.]

제71조(규제의 재검토) ① 삭제 <2020.3.3>
② 과학기술정보통신부장관은 다음 각 호의 사항에 대하여 다음 각 호의 기준일을 기준으로 3년마다(매 3년이 되는 해의 기준일과 같은 날 전까지를 말한다) 그 타당성을 검토하여 개선 등의 조치를 하여야 한다. <개정 2016.12.30., 2017.7.26., 2018.12.11., 2019.6.11., 2020.12.8.>

1. 제36조의7제2항 및 제4항에 따른 정보보호 최고책임자의 자격요건과 같은 조 제3항에 따른 정보통신서비스 제공자의 범위: 2020년 1월 1일
2. 제37조에 따른 집적정보통신시설사업자의 보호조치: 2017년 1월 1일
3. 제38조에 따른 보험가입 의무와 최저보험금액: 2017년 1월 1일
4. 제49조에 따른 정보보호 관리체계 인증 대상자의 범위: 2014년 1월 1일
5. 제51조에 따른 인증의 사후관리: 2017년 1월 1일
6. 제53조에 따른 정보보호 관리체계 인증기관 및 정보보호 관리체계 심사기관의 지정기준: 2017년 1월 1일
7. 제53조의2에 따른 정보보호 관리체계 인증기관 및 정보보호 관리체계 심사기관의 지정절차: 2017년 1월 1일
8. 제66조의2에 따른 통신과금서비스제공자 등록요건: 2014년 1월 1일
9. 제66조의7에 따른 거래기록의 보존기간

및 방법: 2014년 1월 1일
③ 삭제<2016.12.30.>
④ 방송통신위원회는 다음 각 호의 사항에 대하여 다음 각 호의 기준일을 기준으로 3년마다(매 3년이 되는 해의 기준일과 같은 날 전까지를 말한다) 그 타당성을 검토하여 개선 등의 조치를 하여야 한다. <개정 2014.11.28., 2016.12.30., 2019.6. 11.>

1. 삭제<2020.8.4.>
2. 삭제<2020.8.4.>
3. 삭제<2020.8.4.>
4. 제25조에 따른 청소년보호책임자 지정 의무자의 범위: 2015년 1월 1일
5. 제27조에 따른 청소년보호책임자의 지정 기한: 2015년 1월 1일
[본조신설 2013.12.30.]

제72조 삭제<2010.12.27.>

제73조 삭제<2009.8.18.>

제74조(과태료의 부과기준) 법 제76조제1항부터 제3항까지의 규정에 따른 과태료의 부과기준은 별표 9와 같다.
[전문개정 2010.10.1.]

부 칙(소상공인기본법 시행령) <제31429호, 2021.2.2>

제1조(시행일) 이 영은 2021년 2월 5일부터 시행한다.

제2조(다른 법령의 개정) ①부터 ⑧까지 생략
⑨ 정보통신망 이용촉진 및 정보보호 등에 관한 법률 시행령 일부를 다음과 같이 개정한다.
제36조의7제1항제2호를 다음과 같이 한다.
2.「소상공인기본법」제2조에 따른 소상공인
⑩부터 ⑭까지 생략

제3조 생략

[부록 9]

정보통신망 이용촉진 및 정보보호 등에 관한 법률 시행규칙

[시행 2021.3.31.]
[과학기술정보통신부령 제71호, 2021.3.31., 일부개정]

제1조(목적) 이 규칙은「정보통신망 이용촉진 및 정보보호 등에 관한 법률」및 같은 법 시행령에서 위임된 사항과 그 시행에 필요한 사항을 규정함을 목적으로 한다.

제2조(정보보호 최고책임자 지정 신고 등) ① 「정보통신망 이용촉진 및 정보보호 등에 관한 법률 시행령」(이하 "영"이라 한다) 제36조의7에 따라 정보보호 최고책임자를 지정하고 신고하려는 정보통신서비스 제공자는 별지 제2호서식의 정보보호 최고책임자 지정신고서를 미래창조과학부장관에게 제출(전자문서를 통한 제출을 포함한다)하여야 한다. <개정 2015.12.23., 2016.6.2.>
② 제1항에 따라 정보보호 최고책임자 지정신고서를 제출받은 미래창조과학부장관은「전자정부법」제36조제1항에 따른 행정정보의 공동이용을 통하여 법인 등기사항증명서(법인인 경우만 해당한다) 또는 사업자등록증(개인인 경우만 해당한다)을 확인하여야 한다. 다만, 신고인이 사업자등록증의 확인에 동의하지 아니하는 경우에는 해당 서류의 사본을 제출하도록 하여야 한다.
[본조신설 2016.6.2.]

제3조(정보보호 관리체계 인증심사 일부의 생략) ① 과학기술정보통신부장관은「정보통신망 이용촉진 및 정보보호 등에 관한 법률」(이하 "법"이라 한다) 제47조제2항에 따라 인증을 받아야 하는 자가 다음 각 호의 어느 하나에 해당하는 국제표준 정보보호 인증을 받거나 정보보호 조치를 취한 경우에는 같은 조 제3항에 따라 같은 조 제1항에 따른 인증심사의 일부를 생략할 수 있다. <개정 2017.7.26., 2021.3. 31.>

1.「품질경영 및 공산품안전관리법」제7조제2항에 따른 국제인정기관협력기구에 가입된 인정기관이 인정한 인증기관으로부터 받은 국제표준 정보보호경영시스템 인증
2.「개인정보 보호법」제32조의2에 따른 개인정보 보호 인증
3.「정보통신기반 보호법」제9조에 따른 주요정보통신기반시설의 취약점 분석・평가
4.「전자정부법」제56조제3항에 따른 보안조치(영 제49조제2항제1호나목에 해당하는 자가 법 제47조제2항에 따라 인증을 받아야 하는 해를 기준으로 그 전년도에 해당 보안조치를 한 경우로 한정한다)
② 제1항에 따라 정보보호 관리체계 인증심사의 일부를 생략하려는 경우에는 다음 각 호의 요건을 모두 충족하여야 한다.
1. 해당 국제표준 정보보호 인증 또는 정보보호 조치의 범위가 영 제47조제2항에 따른 정보보호 관리체계 인증의 범위와 일치할 것
2. 정보보호 관리체계 인증 신청 및 심사 시에 해당 국제표준 정보보호 인증이나 정보보호 조치가 유효하게 유지되고 있을 것
③ 법 제47조제3항에 따라 정보보호 관리체계 인증심사 일부의 생략을 받으려는 자는 인증심사 일부의 생략을 신청하는 서류에 국제표준 정보보호 인증서, 정보보호 조치 결과보고서,「전자정부법」제56조제3항에 따른 보안조치에 관하여 과학기술정보통신부장관이 정하여 고시하는 결과보고서(제1항제4호에 해당하는 경우로 한정한다)

등 인증심사의 일부 생략 대상인 사실을 증명할 수 있는 서류를 첨부하여 제출해야 한다. <개정 2021.3.31.>

[본조신설 2016.6.2.]

제4조(정보통신망연결기기등 정보보호인증의 절차 등) ① 영 제60조의3제1항 각 호 외의 부분에 따른 정보통신망연결기기등(법 제45조제1항제2호에 따른 정보통신망연결기기등을 말한다. 이하 같다) 정보보호인증신청서는 별지 제3호서식과 같다.

② 영 제60조의3제1항제3호에서 "과학기술정보통신부령으로 정하는 서류"란 다음 각 호의 서류를 말한다.

1. 정보통신망연결기기등의 하드웨어 설계도
2. 사업자 등록증 또는 고유번호증

③ 영 제60조의3제5항에 따른 정보통신망연결기기등 정보보호인증서는 별지 제4호서식과 같다.

[본조신설 2020.12.10.]

제5조(정보보호인증의 유효기간 등) ① 영 제60조의4제2항에 따른 정보보호인증의 유효기간을 연장하려는 자는 별지 제5호서식의 정보통신망연결기기등 정보보호인증 유효기간 연장신청서에 영 제60조의3제1항 각 호의 서류, 이 규칙 제4조제2항 각 호의 서류 및 해당 정보보호인증의 인증서를 첨부하여 과학기술정보통신부장관에게 제출해

야 한다.

② 영 제60조의4제4항에 따른 정보통신망연결기기등 정보보호인증서는 별지 제4호서식과 같다.

[본조신설 2020.12.10.]

제6조(정보통신망연결기기등 인증시험대행기관의 지정) 영 제60조의7제4항에 따른 인증시험대행기관(법 제48조의6제5항에 따른 인증시험대행기관을 말한다. 이하 같다) 지정서는 별지 제6호서식과 같다.

[본조신설 2020.12.10.]

제7조(인증시험대행기관의 사후관리) 영 제60조의8제1항에 따른 정보통신망연결기기등 인증시험실적 보고서는 별지 제7호서식과 같다.

[본조신설 2020.12.10.]

제8조 삭제<2014.11.28.>

제9조 삭제<2014.11.28.>

제9조의2 < 2016.6.2. >

제10조 삭제<2015.12.23.>

부 칙 <제71호, 2021.3.31>

이 규칙은 공포한 날부터 시행한다.

■ 판례 색인 ■

▪ 사항 색인 ▪

공저자 약력

이 창 범 / 김장법률사무소 고문

저자는 인터넷 및 정보보호 관련 법제도 전문가다. 한국인터넷진흥원 등에서 30년 넘게 관련 법제도를 연구하였고, 정보통신망법, 개인정보보호법, 클라우드컴퓨팅법, 제조물책임법 등 다수의 법안을 기초하였다. 정보인권특별위원회(인권위), 신산업규제혁신위원회(국조실), 개인정보법령해석자문위원회(방통위/행안부), ICT규제개선위원회(과기부), 클라우드컴퓨팅규제개선민관협의회(과기부), 디지털성범죄민관협의회(여성부), 소비자분쟁조정위원회(공정위), 임상지침실행위원회/혁신의료기술위원회(대한의학회) 등에서 오랫동안 정부위원으로 활동 중이다. 저서로는 개인정보보호법 등 10여권이 있으며 50여편의 논문이 있다.

황 창 근 / 홍익대 법대 교수

저자는 행정법과 정보법 분야를 연구하고 있으며 정보통신망법, 개인정보보호법 등 여러 정보법제의 입법 등의 자문을 하고 있다. 개인정보분쟁조정위원회(개보위), 법령해석심의위원회(법제처), 군인사소청심사위원회(국방부), 인터넷자율정책기구(KISO) 정책위원, 중앙행정심판위원회(국민권익위), 방통위 행정심판위원회, 영상물등급위원회(문체부), 변호사(법무법인 한중), 군법무관(9회) 등에서 활동을 하거나 현재 활동 중에 있다. 자율주행차의 법과 윤리 등 여러 저서와 논문이 있다.

정 필 운 / 한국교원대학교 교수

저자는 헌법과 정보법, 교육법 연구자이다. 한국전산원(현재 한국지능정보사회진흥원)·한국방송통신전파진흥원 선임연구원으로 근무하였고, 정보화촉진기본법(현재 지능정보화기본법), 전자정부법, 정보통신망법, 개인정보보호법, 클라우드컴퓨팅법 등을 제·개정하는데 참여하였다. 현재 한국법과인권교육학회장, 한국인터넷법학회 수석부회장, 대한교육법학회 부회장·편집위원장, 한국공법학회 기획이사, 한국사회과교육학회 학술운영이사 등으로 활동하고 있다. 저서로는 「전파법연구」(공저), 「전기통신사업법연구」(공저), 「방송법연구」(공저), 「한국인의 법과 생활」(공저) 등이 있으며, 헌법과 정보법, 교육법을 주제로 한 여러 논문이 있다.

이론 & 실무 정보통신망법

초판발행   2021년 7월 20일

지은이   이창범 · 황창근 · 정필운
펴낸이   안종만 · 안상준

편 집   김상인
기획/마케팅   김한유
표지디자인   BEN STORY
제 작   고철민 · 조영환

펴낸곳   (주) **박영사**
                  서울특별시 금천구 가산디지털2로 53, 210호(가산동, 한라시그마밸리)
                  등록 1959. 3. 11. 제300-1959-1호(倫)
전 화   02)733-6771
f a x   02)736-4818
e-mail   pys@pybook.co.kr
homepage   www.pybook.co.kr
ISBN   979-11-303-3925-2 93360

정 가   30,000원